Die Drusen Und Ihre Vorläufer...

Philipp Wolff

Die Drusen

und

ihre Vorläufer.

Von

Dr. Philipp Wolff,

evangel. Stadtpfarrer zu Rottweil.

Leipzig 1845.

bei Friedr. Chr. Wilh. Vogel.

Vorwort.

Silvestre de Sacy — gegen dessen Manen ich mich ge-
drungen fühle, als seiner dankbaren Schüler einer, an der
Spitze dieses Buchs den innigsten Dank und die höchste
Hochachtung auszusprechen — hat kurz vor seinem Tode
ein Werk vollendet, in welchem er seinen Forschungen
über die Religionen des Orients die Krone aufgesetzt hat,
ich meine das Werk: *Exposé de la religion des Druzes,
tiré des livres religieux de cette secte, et précédé d'une
introduction et de la vie du Khalife Hakem biamr-allah.
Paris* 1838, 2 *Bände* (von denen der erste DXVII und
234, der zweite 708 Seiten enthält). In diesem Werke
wird das religiöse System der Drusen, über welches bis
auf den heutigen Tag allerlei, theils ganz erdichtete, theils
halbwahre Vorstellungen verbreitet sind, auf eine so gründ-
liche und klare Weise dargestellt, dass dabei nur wenig
zu wünschen übrig bleibt.

Ich ergriff dieses Buch, da ich für die Sectengeschichte
des Islam immer ein besonderes Interesse hatte, mit grosser Begierde, und es entständ sofort der Gedanke in mir,
dasselbe, da es mir als ein für jeden Historiker und insbesondere für den Kirchen- und Dogmenhistoriker höchst
wichtiges Werk erschien, vollständig ins Deutsche zu übersetzen. Ich überzeugte mich aber bald, dass — bei der
grossen Ausdehnung und der bisweiligen Weitschweifigkeit
dieses Werkes — ein getreuer Auszug aus demselben weit
mehr als eine vollständige Uebersetzung geeignet seyn

möchte, den Wünschen derjenigen zu entsprechen, welche sich für die Religionsgeschichte des Orients interessiren.

Doch es ist nicht blos ein Auszug aus dem genannten Sacy'schen Werke, was hier dargeboten wird; sondern meine Arbeit gibt auch gewissermaassen eine Vervollständigung desselben.

Es ist nämlich eine anerkannte Sache, dass zum klaren Verständniss und zur wahren Würdigung eines religiösen Systems eine historische Nachweisung der Stellung desselben nöthig ist, oder dass ein solches nur in seinem historischen Zusammenhange erfasst werden kann. Diesem Bedürfniss hat nun zwar auch Sacy in der ausführlichen Einleitung zu seiner Darstellung des Religionssystems der Drusen zu entsprechen gesucht. Er hat in dieser Einleitung insbesondere sehr ausführlich diejenige Secte abgehandelt, welche als unmittelbare Vorläuferin der Secte der Drusen anzusehen ist — ich meine: die Secte der Ismaëliten und Karmaten —; allein so reichhaltig und dankenswerth auch diese Einleitung Sacy's ist, um so mehr, als sie aus lauter Originalquellen geschöpft ist: so enthält sie doch blos eine lose verbundene Masse verschiedener für das Verständniss der Drusenreligion nützlicher Mittheilungen, und es fehlt in derselben der fortlaufende Faden der Geschichte, die lückenlose Aneinanderreihung.

In dieser Beziehung glaubte ich das Sacy'sche Werk vervollständigen zu müssen, und ich versuchte daher, die da und dort über die ältern Secten des Islam zerstreuten Notizen an den Faden einer fortlaufenden Geschichte zu knüpfen. Der vorliegende Band kann daher zugleich als die erste Abtheilung einer allgemeinen Geschichte der Secten des Islam betrachtet werden.

Ich lasse hier einige allgemeine Bemerkungen über die Sectenbildung im Islam, sowie über die verschiedenen Arten der muhammedanischen Secten und den historischen Verlauf derselben folgen.

Man bedenke, aus welch verschiedenartigen Bestandtheilen die Religion Muhammed's zusammengesetzt und zu welcher Zeit dieselbe entstanden ist; man bedenke ferner,

wie schnell und unter welch günstigen Verhältnissen dieselbe sich ausgebreitet hat; dass die Kirche Muhammed's
nicht erst Jahrhunderte lang, wie die christliche, eine verfolgte oder blos geduldete gewesen, sondern dass sie alsbald eine siegende geworden ist: so hat man die Ursachen
der so schnell und so zahlreich, wie Pilze, in derselben
auftauchenden Secten gefunden. Ja, als eine eklektische
Religion trug die Religion Muhammed's den Keim des
Sectenwesens in sich; die Secten, kann man sagen, sind
bei ihr nicht sowohl von aussen an- als vielmehr von innen
herausgewachsen. Die Richtigkeit dieser Bemerkung wird
gewissermaassen durch einen Ausspruch Muhammed's, der
dahin lautet, dass in seiner Religion mehr Secten entstehen
würden als in irgend einer frühern Religion (s. S. ix), be-
währt. Denn lautet dieser Ausspruch Muhammed's nicht
wie eine Erklärung, dass in seiner Religion, *ihrer Anlage
nach*, viele Secten entstehen müssen?

Zur schnellen Entwicklung dieser Secten hat aber
namentlich Zweierlei beigetragen: einmal nämlich das frühe
Einbrechen der Thronstreitigkeiten, oder des Streites über
die Frage, wer der rechtmässige Nachfolger Muhammed's
sey, und fürs Andere das Bekanntwerden der griechischen
(platonischen und namentlich aristotelischen) Philosophie
unter den ersten Abbassiden, wodurch eine grosse und allgemeine Regsamkeit im wissenschaftlichen Forschen und
namentlich in der Theologie herbeigeführt wurde.

Diesen zwei Motiven der Sectenbildung zufolge sind
gleich vom Anfange an zwei wesentlich verschiedene Arten
von Secten, die freilich mehr oder weniger wieder inein-
ander schmolzen, zu unterscheiden, nämlich: wissenschaft-
lich - theologische und kirchlich - politische, oder Spaltungen
der Schule und Spaltungen des Lebens *).

---

*) So unterscheidet auch Schahristani, bei dem man S. 15 (ed.
Cureton) liest: وانقسمت الاختلافات بعده الى قسمين احدها
الاختلاف فى الامامة والثانى الاختلاف فى الاصول

Die erstern, bei denen zweierlei Richtungen — eine rationalistische und eine hyperorthodoxe — zu unterscheiden sind, waren ohne ernstere Folgen *); denn wenn auch gleich den Urhebern derselben daran gelegen war, eine grosse Anzahl von Anhängern zu erhalten: so suchten sie dieselben nicht unter dem Volke, sondern in dem Kreise der Lehrjünglinge; und es scheint, dass das Volk um die Lehrstreitigkeiten der Theologen, deren Theologie eitel Scholasticismus war, sich nie viel bekümmert habe. Eine Ausnahme fand blos in Beziehung auf die Streitfrage von der Erschaffung oder Nichterschaffung des Koran Statt, für welche das Volk eine Zeit lang grosses Interesse zeigte; aber auch in Beziehung auf diese Frage wäre wohl das Volk theilnahmlos geblieben, wenn nicht der Khalifenhof sich in diese Angelegenheit gemischt und dadurch dasselbe gleichsam zur Theilnahme aufgefordert hätte.

Die Spaltungen der andern Art — die kirchlich-politischen —, bei denen gleichfalls zwei Hauptrichtungen zu unterscheiden sind — eine antischiitische (gegen Ali) und eine schiitische (für Ali) — hatten, da sie sich auf einem ganz andern Grund und Boden bewegten, oder da bei ihnen eine ganz andere Tendenz vorherrschte, als bei den Spaltungen der erstern Art, auch ganz andere, höchst bedenkliche Folgen. Die Stifter oder Häupter derselben, denen es nicht sowohl daran lag, diesem oder jenem Lehrsatze Geltung zu verschaffen, als vielmehr die Zügel der Herrschaft in die Hände zu bekommen, mussten nämlich vor allem darnach trachten, unter dem Volke sich Anhang zu verschaffen, was allerlei Unruhen und Empörungen zur Folge hatte. Ein besonders wirksames, von den Schiiten namentlich angewandtes Mittel zur Erreichung dieses Zweckes war, ausser der Waffengewalt, die Aussendung von Daï's, d. i. Herzurufern, Einladern, Werbern oder

---

*) Die Unruhen, welche z. B. die Dschahmiten (s. S. 33 ff.) und die Moschabbihten (s. S. 45 ff.) erregten, waren von keiner grossen Bedeutung.

Missionären, wozu schlaue und in Selbstverläugnung geübte Leute gewählt wurden. Ueber das Thun und Treiben dieser ächt-jesuitischen Sendboten, welche es trefflich verstanden, unter allerlei Vorspiegelungen Dörfer, Städte und ganze Länder zu Gunsten ihrer Herrschafts-Prätendenten aufzuwiegeln, und welche ihre Schritte namentlich nach weniger civilisirten Ländern, wo sie leichteres Spiel hatten, richteten, sind in dem Abschnitte von den Ismaëliten und Karmaten merkwürdige Dinge zu lesen.

Wenn es aber auch den Gründern oder Parteiführern dieser kirchlich-politischen Secten mehr um Gewinnung der Gewalt zu thun war: so findet man bei ihnen doch auch, und namentlich wieder bei den Schiiten, eine nicht geringe wissenschaftlich-theologische Regsamkeit, welche merkwürdige Systeme erzeugte. Diese Systeme, welche geeignet waren, dem leichtgläubigen und unwissenden Volke zu imponiren und die Augen desselben zu verblenden, und welche allen Leidenschaften schmeichelten, tragen mehr oder weniger das Gepräge des Naturalismus und Materialismus, des Pantheismus und Atheismus. Den bedeutendern derselben liegen magische, das ist altpersische, Religionsideen zu Grunde. Einige sind auch in einem gewissen Grade mit jüdischen und christlichen Ideen gefärbt.

Nach den angegebenen Thatsachen dürfte die Capitelabtheilung dieses Buchs, nach welcher im ersten Capitel von den rationalistischen, im zweiten von den hyperorthodoxen, im dritten von den antischiitischen und im vierten von den schiitischen Secten (wo zuletzt die Drusen-Secte an die Reihe kommt) die Rede ist, als die natürlichste erscheinen.

Mehr oder weniger stimmen mit dieser Eintheilung die arabischen Historiker überein. Zuvörderst werden von denselben einstimmig zweierlei Hauptgattungen von Secten unterschieden, 1) *dissensiones circa radices, quae* (wie es bei Pococke heisst) *subjectum sunt theologiae scholasticae*, und 2) *dissensiones circa ramos, quae subjectum sunt scientiae juris.* Secten der letztern Gattung sind vier: die Hanefiten, die Malekiten, die Schafeiten und die Hanbaliten. Diese sogenannten orthodoxen Secten oder Ritus konnten, als mehr juridische Secten, in unserer Geschichte keinen Platz finden. Die Secten der erstern Gattung, welche zum Unterschiede von denen der zweiten Gattung als heterodoxe bezeichnet werden, werden von Schahristani in vier *), von Abulfaradsch in sechs (Pococke, Text S. 19, Noten S. 212), von Dschordschani oder el Idschi in acht Classen (v. Hammer, Journal asiatiq. Tom. VI. S. 321) eingetheilt. Die Zahl aber sämmtlicher heterodoxen Secten wird von ihnen auf 73 angegeben **).

Die vier Classen Schahristani's sind: 1) die Kadariten (mit Einschluss der Motasiliten); 2) die Ssefatiten; 3) die Kharedschiten; 4) die Schiiten. Diese Eintheilung entspricht ganz der unsrigen in: Rationalisten, Hyperorthodoxe, Antischiiten, Schiiten. — Die sechs Classen des Abulfaradsch sind: 1) die Motasiliten (mit Einschluss der Kadariten); 2) die Ssefatiten; 3) die Dschabariten; 4) die Mordschiten; 5) die Waiditen und Kharedschiten; 6) die Schiiten. Hiervon findet man Nr. 1 in unserm ersten, Nr. 2 u. 3 in unserm zweiten, Nr. 4 u. 5 in unserm dritten, Nr. 6 in unserm vierten Capitel. Die acht Classen des Dschordschani sind: 1) die Motasiliten; 2) die Schiiten; 3) die Kharedschiten; 4) die Mordschiten; 5) die Nadschariten; 6) die Dschabariten; 7) die Moschabbihten; 8) die Nadschiiten. Hiervon findet man Nr. 1 in unserm ersten, Nr. 5, 6 u. 7 in unserm zweiten, Nr. 3 u. 4 in unserm

---

*) Pococke, S. 212. Die Worte Schahristani's (S. 5.) sind:

كبار الفرق الاسلامية اربع القدرية الصفاتية الخوارج الشيعة ثم يتركب بعضها مع بعض وينتشعب عن كل فرقة اصناف فتنصل الى ثلث وسبعين فرقة

**) Hammer-Purgstall führt in den Wiener Jahrbüchern 1843 (Heft 1, S. 5 — 16) 257 Secten auf und bemerkt daselbst, dass nach Makrisi von den Ghulat (d. i. den Ultraschiiten) allein 300 verschiedene Secten gezählt wurden.

dritten, und Nr. 2 in unserm vierten Capitel. Die Nadschiiten (Nr. 8) sind eigentlich keine Secte, sondern es
sind dies die Rechtgläubigen. Von Schahristani werden
sie als diejenige Secte bezeichnet, welche allein bleiben,
sich retten wird, während alle andern untergehen werden;
und er ist geneigt, unter derselben die Aschariten zu verstehen, das heisst die Anhänger jenes Aschari, welcher
den Weg der Vermittlung eingeschlagen hat und von dem
in unserm ersten und zweiten Capitel oft die Rede ist. —
Wenn die muhammedanischen Theologen die Zahl der
Secten im Islam auf 73 angeben, während sie die Magier,
d. h. die Anhänger der altpersischen Religion 70, die Juden 71 und die Christen 72 Secten haben lassen: so scheinen sie mit jener grössern Zahl ihrer Secten einen Vorzug
des Islam vor den genannten Religionen andeuten zu wollen. Sie berufen sich aber für die Zahl 73 auf den an-
geblichen Ausspruch Muhammed's: „Mein Volk ist (wird)
in 73 Secten getheilt, welche alle verdammt werden ausser
einer, der, welcher ich und meine Genossen angehören."

Was nun noch den historischen Verlauf der Secten
des Islam betrifft, so ist schon oben angedeutet worden,
dass sämmtliche Hauptarten derselben sehr frühzeitig und
fast zu gleicher Zeit entstanden sind. Zuerst aber, schon
zur Zeit der Prophetengenossen, entstand die rationalistische Secte der Kadariten und Motasiliten, welcher sich
sofort die hyperorthodoxen Secten der Dschabariten und
Ssefatiten entgegenstellten. Diese wissenschaftlich-theolo-
gischen Secten konnten aber nur so lange in voller Kraft
bestehen, so lange die Wissenschaft von dem Khalifenhofe
begünstigt und beschützt wurde. Sie wurden in dem Maase
schwächer, je schwächer der Thron von Bagdad wurde.
Dagegen fanden die kirchlich-politischen Secten, deren
Ursprung gleichfalls in die Zeit der Prophetengenossen fällt,
ihr volles Gedeihen und ihre höchste Entwicklung erst in
der Zeit, wo der Thron von Bagdad schon aufs höchste
geschwächt war. Wenn aber die Schwächung dieses Thrones
ihrem Gedeihen förderlich war, so brachte der Sturz desselben und der Einfall der Mongolen auch ihnen den Sturz.

Indess haben sich Reste derselben zum Theil bis auf den heutigen Tag erhalten. Dem allgemeinen Strom des Verderbens vermochten auch die namentlich in Persien einheimischen mystischen Secten, aus deren Mitte herrliche, bewundernswürdige poëtische Producte hervorgegangen sind, und welche tiefer fühlenden, ernsteren Seelen eine erwünschte Zufluchtsstätte boten, nicht zu entgehen, wiewohl sie sich noch am längsten erhielten.

Diesen allgemeinen Bemerkungen habe ich noch beizufügen:

1. Wenn der hier versuchten geschichtlichen Darstellung der Secten des Islam der Vorwurf gemacht werden wollte, dass sie eine unkritische und unpragmatische sey: so ist darauf zu erwiedern, dass die Zeit zu einer wahrhaft kritischen und pragmatischen Sectengeschichte des Islam noch nicht gekommen ist, da von dem reichen Schatze der historischen und theologischen Werke der Muhammedaner bis jetzt erst Weniges zu Tage gefördert ist *). Es ist übrigens darauf geachtet worden, dass in den Text nur Angaben glaubwürdiger Schriftsteller kamen. Ebenso ist, so weit es möglich war, versucht worden, in den jedem Abschnitte vorangeschickten einleitenden Bemerkungen den Zusammenhang der einzelnen Secten miteinander und den Grund oder die Nothwendigkeit ihrer Entstehung nachzuweisen.

2. Als ein Mangel der vorliegenden Geschichte dürfte es auch erscheinen, dass in derselben die Entwicklung der einzelnen Dogmen nicht in die Augen fällt. Allein, abgesehen davon, dass es schwer seyn dürfte, im Islam eine innere Entwicklung der Dogmen nachzuweisen: so ist nicht zu vergessen, dass hier nicht sowohl eine Dogmen- als

---

*) Eins der Hauptwerke oder wohl das Hauptwerk für die muhammedanische Sectengeschichte — das von Pococke und Marracci gehörig ausgebeutete Buch Schahristani's „über die religiösen und philosophischen Secten" — wird jetzt im Original von Cureton herausgegeben. Der erste Theil erschien London 1842.

vielmehr eine Sectengeschichte gegeben werden sollte. Es
möchte aber hier am Platze seyn, eine Uebersicht derjenigen Dogmen zu geben, welche die hauptsächlichsten Gegenstände theologischer Erörterungen oder Streitigkeiten
gewesen sind. — Es waren dies vor Allem 1) das Dogma
von Gottes Wesen und Eigenschaften; 2) das Dogma von
dem Willen oder der Freiheit des Menschen; 3) die Lehre
von dem Propheten und dem Imamat (oder die Frage: wer
der rechtmässige Nachfolger des Propheten sey und was
für Eigenschaften dieser Nachfolger haben müsse). Die
beiden erstern Lehren wurden namentlich von den theo-
logisch-wissenschaftlichen, die letztere von den kirchlich-
politischen Secten behandelt. Die Drusen und ihre unmittelbaren Vorgänger, die Ismaëliten, zogen alle Dogmen in
den Kreis ihrer Untersuchung; sie bildeten vollständige
Lehrsysteme. Ein mehr untergeordneter Gegenstand der
Untersuchung war die Lehre von den letzten Dingen,
welche man in dem Abschnitte von den Waïditen zusammengestellt findet. In demselben Abschnitte, sowie in dem
vorangehenden Abschnitte von den Mordschiten ist auch
die Rede von der Sünde und ihren Folgen, sowie von den
Bedingungen der Sündenvergebung. Bei einer Dogmen-
geschichte des Islam könnte man daher folgende vier Abschnitte machen: 1) Theologie oder Lehre von Gott; 2)
Anthropologie oder Lehre von dem Menschen; 3) Prophetologie d. i. Lehre von dem Propheten und dessen Nachfolgern (gewissermaassen unserer Christologie entsprechend);
4) Eschatologie, und hier wäre das Wenige, was über die
Sünde disputirt worden, einzuschieben. Im Grunde dieselbe
Eintheilung ist die des Abulfaradsch, welcher (nach Pococke) sagt: *quae circa radices sunt differentiae, ad qua-*
tuor reducuntur capita, quorum primum est: attributa et
unitas dei; secundum: decretum ejus et judicium; tertium:
promissa et minae; quartum: prophetia et antistitis munus;
denn das zweite Capitel von dem *decretum et judicium*
dei behandelt die Frage: ob der Mensch ganz von der
Willensbestimmung Gottes abhänge, oder ob er eigenen,
freien Willen habe; das dritte Capitel aber, *promissa et*

minae, enthält nichts anderes als die Lehre von den Folgen der Sünde und den letzten Dingen. Auch Schahristani
(ed. Cureton, S. 4) stimmt mit dieser Eintheilung überein
(vgl. Pococke, S. 208 ff.). — Zu bemerken möchte hier
noch etwa seyn, dass die in diesem Bande abgehandelten
Secten einen Zeitraum von ungefähr vier Jahrhunderten
umfassen.

3. Bei der Uebersetzung aus Sacy ist nicht sowohl
eine fliessende Sprache als vielmehr Genauigkeit (unter
Vermeidung der von Sacy beliebten Breite) beabsichtigt
worden. Wo der arabische Text vorlag, ist derselbe
nicht ausser Augen gelassen worden.

4. Eine Angabe der benutzten Schriften erscheint hier
unnöthig, da dieselben an den betreffenden Orten genannt
sind. Unerwähnt aber darf hier nicht bleiben, dass das
treffliche Werk Pococke's, Specimen historiae Arabum, edidit
J. White, Oxoniae 1806, die wesentlichsten Dienste geleistet hat. Die arabischen Schriftsteller aber, welche in dem
Buche erwähnt werden, findet man am Schlusse verzeichnet.

Rottweil am Neckar den 1. Juni 1845.

Wolff.

Inhalt.

Das religiöse System der Drusen.

Erstes Capitel.

Die Rationalisten.

Erster Abschnitt.

Die Kadariten.

Eine der Grundlehren Muhammeds ist bekanntlich die Lehre von dem decretum divinum (arabisch: kadar oder kadr), die Lehre, dass alle Dinge, die geschehen, nach einem ewigen und unabänderlichen Rathschluss Gottes *) geschehen. Der Glaube an dieses decretum divinum, sowie die Hoffnung auf die, den treuen Gläubigen in dem Paradies verheissenen Belohnungen waren es, was den ersten Glaubenskämpfern des Islam jenen Heldenmuth verlieh, der sie gegen alle Gefahren und selbst gegen den Tod trotzig machte und der sie überall zum Sieg führte; wie denn auch heute noch dieser Glaube an das decretum divinum die Bekenner des Islam in den Stand setzt, unter allen Stürmen des Schicksals in grösster Ruhe verbleiben zu können.

Aber noch in der Zeit der Prophetengenossen, nachdem kaum der ersten gewaltigen Kriege allübertönende Stimme verklungen war, geschah es, dass sich gegen die genannte Grundlehre des Islam, die sich im Laufe der Zeiten immer mehr und mehr zu einem todten Fatalismus gestaltete, Stimmen erhoben. Es entstand die Secte der Kadariten, welche bald in der umfassendern Secte der Motasiliten verschwand.

Vernehmen wir die Berichte arabischer Schriftsteller über den Ursprung und die Lehre dieser Secte. Bei Makrisi (in seiner histo-

---

*) Ueber den Unterschied von kadr und kada, decretum und consilium Dei, s. Pococke, Specimen historiae Arabum, ed. White, S. 211.

1

rischen und topographischen Beschreibung Aegyptens) lesen wir
(nach Sacy, Einleitung S. IX): „Also (d. h. während alle Welt dem
einfachen Glauben an die Lehren Muhammeds ergeben war, ohne
viel zu fragen oder zu philosophiren) verstrich das Zeitalter der
Prophetengenossen, bis man, noch zu ihrer Zeit, anfing die Lehre
vom Kadar, das heisst hier von der Macht, dem freien Willen des
Menschen, aufzustellen und zu behaupten, dass die Dinge (die
Handlungen der Menschen) selbstständig seyen, das heisst, dass
Gott keineswegs durch frühere, ewige Beschlüsse seine Creaturen zu
irgend einer ihrer Handlungen oder Neigungen bestimmt habe."
Genauer drückt sich Abulfaradsch (bei Pococke, Specimen hist. Arab.
S. 20) über die Benennung und die Lehre dieser Secte aus. Er
sagt: „Der Name Kadariten ist ihnen gegeben worden, weil sie das
Kadar (decretum divinum) läugnen, nicht weil sie es behaupten.
Sie, fährt Abulfaradsch fort, lehren nämlich: dass der Mensch die
Macht habe, entweder gute oder schlechte Handlungen zu begehen,
und dass er für sein Thun entweder Lohn oder Strafe verdiene, denn
Gott dürfe man keineswegs das Böse und das Unrecht, das geschehe,
zuschreiben. Diese Lehre heissen sie: *die Billigkeit*." Ganz ähnlich sagt Schahristani (bei Pococke S. 236) von den Kadariten:
„Darin sind sie Alle einig, dass der Mensch freien Willen habe und
dass er selbst der Urheber aller seiner Handlungen, der guten wie
der bösen sey, dass er deshalb am Tage des Gerichts entweder
Lohn oder Strafe zu erwarten habe, dass man Gott nimmermehr
das Böse und das Unrecht, noch irgend eine ungläubige oder auf-
rührerische Handlung zuschreiben dürfe, weil, wenn er Unrecht her-
vorbrächte, er ein Ungerechter wäre, gleichwie, sofern er Gerechtigkeit schaffe, er ein Gerechter sey." Der Verfasser des Buchs der
Definitionen (Sacy S. XII) bezeichnet die Kadariten kurz also: „Die
Kadariten sind diejenigen, welche behaupten, dass jeder Mensch der
Urheber seiner Thaten sey, und die nicht zugeben, dass der Unglaube
und die Sünde von göttlicher Vorherbestimmung abhängen."

Was die ersten Anfänge der kadaritischen Secte betrifft, so
berichtet Makrisi (bei Sacy S. IX) Folgendes: „Der erste, welcher die
Lehre verkündigte, der man den Namen Kadar gegeben hat, war
Maabed ben Khaled Dschohni (bei Pococke S. 233 Maabad Joha-
miensis). Maabed stand in starkem Verkehr mit ʿHasan ben AbulʿHasan
von Bassra. Derselbe verkündigte diese Lehre zu Bassra, und die

Einwohner von Bassra nahmen seine Lehre an, weil sie sahen, dass sie von Amru ben Obeïd *) angenommen worden war. Maabed selber hatte diese dogmatische Ansicht von Abu Junus Senbawaih, mit dem Zunamen Aswari, erhalten. Da aber die Lehre Maabed's viele Unruhen verursachte, liess ihn Heddschadsch auf Befehl des Khalifen Abdalmelik ben Merwan im Jahr 80 d. H. foltern und sodann hängen. Abdallah, Sohn des Khalifen Omar, trat gegen die Lehre des Maabed von dem freien Willen des Menschen auf; nichts desto weniger fand dieselbe eine grosse Anzahl Anhänger, so dass schon die ersten Prophetengenossen anfingen gegen die Kadariten zu reden und sie die Gläubigen ermahnten, keine Gemeinschaft mit denselben zu haben, wie man solches in den Sammlungen der Ueberlieferung ('hadits) findet. Der Kadhi Ata ben Jesar folgte auch der Meinung der Kadariten. Er besuchte gemeinschaftlich mit Maabed Dschohni den 'Hasan von Bassra. Beide sagten einmal (von ihren Gegnern redend): Diese Leute da vergiessen Menschenblut und wagen hernach zu behaupten, dass alle unsere Handlungen dem Beschlusse Gottes gemäss geschehen. Und 'Hasan versetzte: Das lügen sie, die Feinde Gottes. Durch diese Rede und andere ähnliche schloss er sich der Lehre Maabed's an."

Die Anhänger des liberi arbitrii liessen sich übrigens den ihnen gegebenen Namen Kadariten, als einen durch zwei Aussprüche Muhammeds gebrandmarkten, nicht gefallen; vielmehr gaben sie diesen Namen ihren Gegnern. Nach der Ueberlieferung (Sacy S. XI. Poc. S. 234) soll nämlich Muhammed gesagt haben: „Die Kadariten sind die Magier dieses Volkes"; und wiederum: „Die Kadariten sind in dem Punkt des Kadar die Feinde Gottes." Mit diesem Namen der Kadariten, sagten nun die Anhänger des liberi arbitrii, seyen nicht sie bezeichnet, denn „mit welchem Recht könnten doch sie, welche das Kadar läugnen, Kadariten genannt werden? sey es ja doch nicht der Brauch, dass man einen nach dem, was er läugne, sondern vielmehr nach dem, was er behaupte, benenne." Zum nähern Beweis aber, dass Muhammed in jenen Aussprüchen nicht sie, die Anhänger

---

*) Amru ben Obeïd, gestorben im Jahre 144 d. H., war, nach einigen Historikern, der Erste, dem der Name Motasilite gegeben wurde. S. Abulf. Annal. musl. II, S. 15 u. 628; Herbelot bibl. or. u. d. W. Amru. Sacy. Vgl. unten S. 6.

des liberi arbitrii, sondern ihre Gegner im Auge gehabt habe, beruft sich ihr Wortführer al Motharresi auf zwei andere Aussprüche Muhammeds, sowie auf einen Ausspruch ʿHasan's. Muhammed soll nämlich (im Koran) gesagt haben: „Wenn sie (die Gottlosen) etwas Schändliches begangen haben, sagen sie: wir haben gefunden, dass unsere Väter auch so gehandelt haben, und Gott hat es uns so befohlen. Sprich: Gott befiehlt nichts Schändliches." Und wiederum: „Verflucht seyen die Kadariten und Mordschiten (über diese s. Cap. 3. Abschn. 3) durch die Zunge der siebzig Propheten"; und darüber befragt, wen er unter den Kadariten verstehe, habe er geantwortet: „Diejenigen, welche behaupten, dass Gott selbst sie zu Sündern bestimmt habe und dass er sie doch dafür strafe." Der Ausspruch ʿHasan's aber, auf den sich Motharresi beruft, ist folgender: „Gott hat Muhammed zu den Arabern gesandt, da sie Kadariten und Dschabariten (über diese leztern Cap. 2. Abschn. 1) waren, welche ihre Sünden auf Gott schieben." Aus diesen Aussprüchen, meint Motharresi, gehe hervor, dass Muhammed unter den Kadariten, die er verfluche, nicht sie, die den Grund der Sünde von Gott abwälzen, gemeint haben könne.

Dagegen sagen die Gegner unserer Secte: es sey kein Zweifel, dass sie, die Bekenner des liberi arbitrii, in jenen oben angeführten Aussprüchen Muhammeds, wo er die Kadariten Magier heisse, gemeint seyen, weil sie wie die Magier zwei Principien, ein Princip des Guten und ein Princip des Bösen, annehmen, was die Dschabariten nicht thuen. So liest man in dem Buch al Mogreb (bei Pococke S. 234): „Sie (die Bekenner des liberi arbitrii) gleichen wirklich den Magiern, denn sie schreiben sich selber die Urheberschaft der Dinge zu, indem sie sagen: „„wir selbst bringen alles Schlechte und Schändliche hervor, und nicht Gott""", während die Anhänger der Sunnah (die Orthodoxen) auch das Böse dem ewigen Rathschluss Gottes zuschreiben, doch so, dass sie nicht sagen, es geschehe dasselbe nach seinem Wohlgefallen, sondern nach seinem ewigen Willen; denn es ist ein Unterschied zwischen Wohlgefallen und Willen, sowohl dem Wortton als dem Sprachgebrauch nach; wie man zum Beispiel von einem Kranken, der eine Arznei nimmt, sagt: er will dieselbe, aber nicht: er hat daran Wohlgefallen." Auf ähnliche Weise begründet auch Ebnol atsir diese Ansicht. Er sagt: „Muhammed hat sie (die Anhänger des liberi arbitrii) Magier genannt wegen der Aehnlichkeit, welche zwischen ihrer Secte und der der Magier Statt findet; denn wie die Magier zwei Principien annehmen, das Licht und die Finsterniss, indem sie behaupten, dass das Gute ein Werk des Lichts, das Böse dagegen ein Werk der Finsterniss sey: so schreiben auch die Kadariten das Gute Gott zu, das Böse aber dem Menschen und dem Teufel, da doch Gott Beides zugleich geschaffen hat und keins von Beidem ohne seinen Willen geschehen kann; denn dem Menschen ist blos die That oder die Ausführung des Guten oder Bösen, Gott aber die Urheberschaft davon zuzuschreiben."

So weiss die eine wie die andere Partei, die Anhänger wie die Gegner des freien Willens, mit nicht unerheblichen Gründen den von Muhammed verfluchten Namen der Kadariten von sich abzuwenden; und es möchte schwer zu entscheiden seyn, welche von beiden Parteien mit grösserem Recht diesen Namen verdiene, oder welche Muhammed in jenem verfluchenden Ausspruch im Auge gehabt habe. Nauwerk (Notiz über das arabische Buch „Gabe der aufrichtigen Freunde" S. 85) meint, dass dieser Name mit grösserem Recht den Dschabariten (den Gegnern des freien Willens und Anhängern des Kadar) zukomme. Dagegen lässt sich behaupten, dass die Vergleichung mit den Magiern blos auf die Anhänger des freien Willens, die wie die Magier gewissermaassen Dualisten sind, passe, weshalb wir eher geneigt sind der Ansicht eines Motharresi beizutreten. Wie dem aber auch sey, oder welcher Ansicht man beitreten mag: so viel ist gewiss, dass der Name Kadariten unserer Secte, den Anhängern des freien Willens, geblieben ist, bis er sich unter dem allgemeinern Namen Motasiliten verloren hat, was sehr bald geschehen zu seyn scheint.

Noch könnte man fragen: wie kam denn Muhammed dazu, jenen verdammenden Ausspruch über die Kadariten zu thun?. Gab es denn etwa schon zu seiner Zeit Theologen in der Mitte des Islam, welche die Lehre von dem decretum divinum anfochten? In diesem Fall würde sich der Anfang des muhammedanischen Sectenwesens in die Zeit Muhammeds zurückdatiren. Es ist aber wohl nicht glaublich, dass in jener bewegten und begeisterten Zeit der ersten Verkündigung des Islam schon theologische Bedenklichkeiten aufgekommen seyen (wogegen auch der bestimmte Ausspruch Makrisi's ist, s. oben S. 2), oder dass ein Jünger des Islam es gewagt hätte, zu den

Lebzeiten des Propheten ein von demselben aufgestelltes Dogma anzugreifen. Es bleibt daher, wenn man nicht die Aechtheit jenes
Ausspruchs bezweifeln oder den Knoten zerhauen will, nichts Anderes
übrig, als denselben entweder als einen prophetischen (anticipiren-
den) Ausspruch anzusehen, oder aber zu glauben, Muhammed habe
bei jenem Ausspruch nicht an Anhänger seiner Religion, sondern an
die einer verwandten, vielleicht an die christlichen Pelagianer, die
er wohl gekannt haben konnte, ja musste, gedacht.

Es ist noch zu bemerken übrig, dass sich zu der kadaritischen
Lehre von dem freien Willen, welche von ihren Anhängern „die Gerechtigkeit" genannt wurde, namentlich auch die Drusen bekannten
(vgl. Sacy II, 474 ff.). Amru ben Obeïd hat zur Vertheidigung der
kadaritischen Lehre ein besonderes Buch unter dem Titel „Buch über
die Gerechtigkeit und das Einheitsbekenntniss" geschrieben.

Zweiter Abschnitt.
Die Motasiliten.

Die von Maabed zuerst öffentlich ausgesprochene Lehre von dem
freien Willen des Menschen, oder die Lehre der Kadariten, erhielt
ihre weitere Entwicklung und gewissermaassen philosophische Begründung durch die Motasiliten. Eine Zeit lang scheinen beide Namen ohne Unterschied den Anhängern des freien Willens gegeben
worden oder neben einander gelaufen zu seyn; denn ein und dasselbe Dogma wird von den einen Dogmenhistorikern als ein kadari-
tisches, von den andern als ein motasilitisches bezeichnet. Es scheint
aber bald an die Stelle des anstössigen, streitigen und mehr speciellen Namens Kadariten der weniger anstössige, mehr allgemeine
Name Motasilifen getreten zu seyn *). — Die Motasiliten, welche

---

*) Bei den arabischen Dogmenhistorikern, und ihnen zufolge auch
bei den europäischen Orientalisten, herrscht in Beziehung auf diese Namen
eine merkwürdige Verwirrung, indem die einen sagen: die Motasiliten
gehören zu den Kadariten, und die andern umgekehrt: die Kadariten
gehören zu den Motasiliten. Es kann aber wohl kein Zweifel seyn,
dass der allgemeinere Name Motasiliten (er bedeutet im Allgemeinen
Sectirer, Abtrünnige) später ist als der specielle Kadariten.

ausser der von den Kadariten aufgenommenen Frage über das Kadar noch andere verwandte Fragen in den Kreis ihrer Untersuchungen zogen, waren unter den Ersten, welche die unter dem Khalifen Mamun übersetzten philosophischen Schriften der Griechen studirten und die griechische Philosophie anwandten, wie dies Makrisi bei Sacy S. XXII berichtet; und ihre Lehren verbreiteten sich bald in Irak, Khorasan und Mawaralnahr, und eine grosse Anzahl Gelehrter bekannte sich zu denselben *).

Als Urheber unserer Secte, deren Ursprung in den Anfang des zweiten Jahrhunderts d. H. fällt (s. Sacy S. XVIII), wird von den arabischen Schriftstellern einstimmig genannt: *Wassel Ibn Ata*, ein Schüler des Kadariten ʿHasan von Bassra. Den Namen eines Motasiliten erhielt er, nach Schahristani, aus folgendem Anlass: Es sey einmal in Gegenwart ʿHasan's die Frage aufgeworfen worden, ob diejenigen, welche sich eine schwere Sünde haben zu Schulden kommen lassen, noch als Gläubige anzusehen seyen oder nicht. Da habe Wassel, ohne die Antwort seines Lehrers abzuwarten, sich entfernt und gegen einige seiner Mitschüler seine eigene Ansicht über diese Frage ausgesprochen; ʿHasan aber habe darüber sich also geäussert: Wassel hat sich von uns getrennt (itasala ana); und daher sey denn er und seine Anhänger Motasiliten d. i. Getrennte, Abtrünnige genannt worden. Ebenso gibt Ebnol Kassai den Ursprung dieses Namens an. Er sagt: „Die Motasiliten sind die Anhänger des Wassel Ibn Ata al Ghassâl, der sich von der Schule ʿHasan's, des Bassrensers, getrennt hat." Mit diesen beiden Schriftstellern in der Hauptsache übereinstimmend, doch mit einigen Modificationen spricht sich Ibn Challikan in dem Leben des Wassel also über den Ursprung des Namens Motasilite aus: „ʿWassel Ibn Ata pflegte den Vorlesungen ʿHasan's beizuwohnen. Als sich nun da einmal ein Streit über die Frage erhob, ob grobe Sünder auch noch als Gläubige anzusehen seyen, und die ʿKharedschiten (vgl. Cap. 3. Abschn. 1) behaupteten, dass solche keine Gläubige mehr genannt werden können, während sonst alle der Ansicht waren, dass sie doch noch Gläubige seyen, da widersprach Wassel dieser doppelten Ansicht und sagte: Wenn einer von diesem Volk (der Bekenner des Islam) grober Sünde

---

*) z. B. Motharresi, Samakhschari (vgl. Sacy Anthologie S. 233 u. 270), Masudi (vgl. Sacy Chrest. I, S. 353).

sich schuldig macht, so ist er weder ein Gläubiger, noch ein Ungläubiger, sondern er nimmt eine Stelle ein zwischen diesen beiden
Stellen. Da stiess ihn 'Hasan aus seinem Hörsaal hinaus. So
trennte sich Wassel von 'Hasan und es schloss sich ihm Amru
ben Obeïd an (vgl. oben S. 3). Beiden aber, sowie ihren Anhängern wurde der Name Motasiliten d. i. Abtrünnige gegeben *). Dem
Ibn Challikan zufolge scheint also Wassel den Namen eines Abtrünnigen
(Motasiliten) aus einem doppelten Grunde erhalten zu haben, einmal
weil er über jene bei 'Hasan aufgeworfene Streitfrage von beiden
Parteien abgewichen, und sodann weil er von seinem Lehrer und
seinen Mitschülern sich getrennt hat **). Ibn Challikan heisst den
Wassel und seinen ersten Anhänger Amru Scholastiker, al motakallimuna, eigentlich Hinundherreder, Disputirer, ein Titel, den er ihrem
Lehrer 'Hasan noch nicht gibt. Auch Ghasâli nennt die Motasiliten
eine Partei von Hinundherredern und Leuten der Nachforschung und
Betrachtung, das heisst eine Secte von Scholastikern und speculativen Philosophen oder Theologen. Sie selbst aber heissen sich, wie
schon die ersten Kadariten, Anhänger (Bekenner) der Gerechtigkeit
und der Einheit (vgl. Sacy Chrestom. ar. I, S. 349 f.).

Stellen wir nun die Lehrsätze der verschiedenen motasilitischen
Parteien (denn die Motasiliten haben sich bald in verschiedene Parteien getheilt) zusammen. Was zuerst die Lehre von dem *Kadar*
oder *von dem freien Willen des Menschen* betrifft, so haben sie
darüber nach Schahristani folgende Sätze aufgestellt: „Gott ist weise
und gerecht; ihm darf man das Böse und das Unrecht nicht zuschreiben, auch darf man nicht annehmen, dass er von den Men-

---

*) Der Name Motasilite scheint nicht erst jezt aufgekommen, sondern
schon früher in Gebrauch gewesen zu seyn, nach dem, was in Hammer's
Gemäldesaal I, S. 324 zu lesen ist, wo es heisst: „Saad der Sohn des
Ebi Wakkass und Abdallah der Sohn Omar's verweigerten die Huldi-
gung Ali's; so auch Moghaire der Sohn Schaabe's und mit ihnen ein
Dutzend der angesehensten Männer, welche unter der Regierung Osman's
Almosen eingesammelt oder andere Aemter verwaltet hatten. Alle diese
wurden mit dem Namen Motasel d. i. der Abweichenden belegt (Abulf.
Annal. II, 213), welches von nun an eine Benennung politischer Sectirer,
sowie der der Chawaridsch von Missvergnügten und Rebellen geblieben."

**) Man vgl. Beidhawi in Sacy's Anthologie S. 32 u. 33.

schen das Gegentheil von dem wolle, was er befiehlt, oder dass er
sie zu etwas bestimme und dann sie dafür belohne; vielmehr ist
der Mensch selbsthandelnd; das Gute wie das Böse, der Glaube
wie der Unglaube, der Gehorsam wie der Ungehorsam sind sein
Werk, und ihm wird nach seinem Thun vergolten; Gott aber hat
ihm zu all diesem die Macht gegeben. Die Werke des Menschen
bestehen in Bewegungen und Ausruhungen und Bestrebungen, im
Nachforschen und Lernen; und es ist nicht denkbar, dass zu dem
Menschen [von Gott] gesagt werde: thue [dies oder das], wenn er
nicht im Stande wäre [dies oder das] zu thun; fühlt ja doch der
Mensch in sich selbst eine Macht und Thätigkeit. Wer daher solches läugnet, der läugnet Unwidersprechliches.“

Der Motasilite *Notzam*, das Haupt der Notzamiten, ging so weit,
dass er behauptete: „Böses und Unrechtes zu thun sey gar nicht in
Gottes Vermögen, oder solches stehe nicht in seiner Macht,“ eine
Behauptung, die wie Schahristani hiezu bemerkt, gegen den Sinn seiner Genossen (der andern Motasiliten) ist, denn diese behaupten:
„Gott könne das Böse thun, aber er thue es nicht, weil es schimpf-
lich sey.“ Im Gegensatz zu Notzam hat ein anderer Motasilite,
Mosdar, das Haupt der nach ihm genannten Mosdariten, behauptet:
„Gott könne lügen und Verbrechen begehen, und wenn er es thun
würde, so wäre er ein Lügner und Verbrecher.“ Nach dem Verfasser des Scharkhol Mawakef haben die erwähnten Notzamiten behauptet: „Gott habe nicht die Macht, an seinen Dienern (den Menschen) etwas zu thun, was ihnen nicht beliebig sey; auch habe er
nicht die Macht, in der andern Welt den Lohn oder die Strafe der
Paradieses- oder Höllenbewohner zu vermehren oder zu verringern.
Sie, fügt er bei, glaubten Gott auf keine andere Weise von dem
Bösen und Schimpflichen frei machen zu können als dadurch, dass
sie ihm die Macht dazu entzogen; indem sie es aber also machen,
sind sie wie die, welche von dem Regen in die Traufe kommen.“
Ebenso hat (nach Schahristani) eine andere Partei der Motasiliten,
die *Heschamiten*, behauptet: „Man dürfe nicht sagen, Gott habe
den Ungläubigen erschaffen, denn der Ungläubige sey ein aus Unglauben und einem Menschen zusammengesetztes Wesen, Gott aber schaffe
nicht den Unglauben (vgl. S. 18).“ Das Haupt dieser Heschamiten war so fanatisch, dass er behauptete: „Es sey erlaubt, diejenigen, die seiner Lehre widersprechen, zu tödten und zu über-

fallen, ihre Güter zu rauben und zu stehlen, weil sie Ungläubige seyen, deren Blut man vergiessen dürfe."

Ein zweites und drittes Dogma, gegen welches die Motasiliten hauptsächlich polemisirten, war das Dogma von der *Person und den Eigenschaften Gottes* und von dem *göttlichen Ursprung und der Ewigkeit des Koran.* Was von ihnen in Beziehung auf diese Dogmen aufgestellt wurde, wird in folgender Stelle bei Abulfaradsch kurz also angegeben: „Die Motasiliten sind darin einig, dass sie die ewigen Attribute von dem Wesen Gottes entfernen, indem sie nichts von der Unterscheidung der Personen wissen wollen, wie die Christen sie aufstellen *). Von ihnen sagen die einen (die strengern): Gott sey allwissend nach seinem Wesen, nicht durch seine Allwissenheit; ebenso: er sey mächtig und lebendig nach seinem Wesen und nicht durch seine Macht und sein Leben. Die andern (mildern) sagen: Gott sey allwissend vermöge seiner Allwissenheit, welche sein Wesen sey; ebenso: er sey mächtig und lebendig vermöge seiner Macht und seines Lebens, welche zu seinem Wesen gehören. Die einen also läugnen überhaupt die Attribute; die andern nehmen zwar Attribute an, behaupten aber, sie seyen das Wesen. Weiter lehren sie einstimmig, dass das Wort Gottes geschaffen worden sey in dem Subject (in einer bestimmten Person), dass es aus Buchstaben und Lauten bestehe und dass es in den Büchern durch die Schrift abgebildet werde. Die Läugnung aber aller Attribute stammt von den Philosophen her, die behaupten, dass das Wesen Gottes die Einheit sey, mit Ausschliessung aller Vielfachheit. Ein Motasilite, Namens Ahmed ben ʿ*Hajet,* nach Sacy und Hammer wohl richtiger ʿ*Habet,* hat behauptet, dass Christus einen wirklichen Körper angenommen habe, und dass er das ewige incarnirte fleischgewordene Wort sey, wie die Christen sagen. Ein anderer Motasilite, Namens *Isa,* mit dem Beinamen Merdad, nach Sacy richtiger Mosdar, ist so weit gegangen zu behaupten, dass der Koran geschaffen worden, und dass die Araber im Stande gewesen wären, ein demselben an Redeschmuck und Beredsamkeit gleiches Buch zu schreiben, wenn es ihnen nicht verboten gewesen wäre, an so etwas zu denken."

Zur Erläuterung dieser Stelle fügen wir hier zunächst alle jene Stellen aus arabischen Historikern bei, welche Pococke (in seinen

*) Es ist zu bemerken, dass Abulfaradsch ein Christ war.

Noten) auf so sorgfältige Weise gesammelt hat. Der erste Satz bei Abulfaradsch „die Motasiliten sind darin einig, dass sie die ewigen Attribute von dem Wesen Gottes entfernen" wird durch Schahristani bestätigt. Dieser sagt nämlich: „Was die ganze Secte der Motasiliten einstimmig annimmt, ist: dass Gott ewig sey und dass die Ewigkeit im eigentlichen Sinn das Attribut seines Wesens sey; dass sie die ewigen Attribute durchaus läugnen, indem sie sagen: Gott ist allwissend vermöge seines Wesens (oder an und für sich), allmächtig vermöge seines Wesens, lebendig vermöge seines Wesens *), nicht durch die Allwissenheit, oder die Allmacht, oder das Leben: denn das seyen ewige Attribute und Bezeichnungen von Selbstständigem, so dass, wenn diese Attribute Theil hätten an der Ewigkeit, welche das eigentlichste Attribut ist, sie dann auch an der Gottheit Theil hätten (d. h. wenn man diese Eigenschaften Gott zuschriebe als ewige Eigenschaften, so hätte man mehrere Götter)." Schahristani bemerkt hiezu noch, dass, wenn die einen sagen: Gott sey allwissend vermöge seines Wesens, nicht durch die Allwissenheit, so sey das eine Negation des Attributs; und wenn die andern sagen: Gott sey allwissend durch die Allwissenheit, welche sein Wesen sey, so sey das eine Affirmation des Wesens, welches selbst nichts Anderes sey als ein Attribut, oder eine Affirmation des Attributs, welches selbst nichts Anderes sey als das Wesen. Aber es waren, wie Schahristani noch weiter bemerkt, nicht Alle, welche die Formel „vermöge seines Wesens" gebrauchten, in der Erklärung derselben einig. *Dschobbai* (al Jobbaiensis) zum Beispiel, sagt er, erklärte dieselbe so: „dass Gott allwissend ist, begründet nicht ein Attribut, das die Allwissenheit wäre, oder einen Zustand, der nöthig machte, dass er allwissend sey." Dagegen habe dessen Sohn *Abu al Haschem* erklärt: jener Ausdruck „Gott sey vermöge seines Wesens allwissend" wolle sagen, dass ihm eine Beschaffenheit zukomme, welche eine bekannte Eigenschaft, aber später sey als das, was sein eigentliches Wesen sey. Dazu bemerkt dann noch Schahristani, dass jene Frage

---

*) So sagt auch Maimonides: Gott existire, aber nicht vermöge der Existenz; er lebe, aber nicht vermöge des Lebens; er sey allmächtig, aber nicht vermöge der Allmacht; er sey allwissend, aber nicht vermöge der Allwissenheit; sondern Alles sey bei ihm Einheit, die jede Vielfachheit ausschliesse. (Pococke.)

über die Attribute Gottes anfangs noch nicht reif gewesen sey, dass
sie aber sodann von den Nachfolgern und Anhängern Wassel's, nachdem
sie die Bücher der Philosophen gelesen, zur Reife gebracht worden.

Zu dem zweiten Satz des Abulfaradsch „indem sie nichts wissen wollen von der Unterscheidung der Personen" bringt Pococke
folgende Stelle aus dem Buch al Mawakef bei: „Die Motasiliten
sagten (gegen die, welche Gott ewige Attribute zuschreiben): Die
Christen schon gelten für Ungläubige, weil sie drei Ewigseyende
(Wesen) annehmen, was ist nun vollends von denen zu halten,
welche sieben oder noch mehr Ewigseyende annehmen!" denn „fügt
der Verfasser des Mawakef bei, Gott Attribute zuschreiben, ist ihnen
so viel wie mehrere Ewigseyende annehmen. Und Schahristani sagt:
„Sie behaupten, Gott der Erhabene sey ein Einiger in seinem Wesen,
ihm komme keine Theilung und kein Attribut zu, er sey auch ein
Einiger in seinen Werken und habe keinen Genossen, und so gebe
es kein anderes Ewigseyendes ausser seinem Wesen, er habe keinen
Theilhaber an seinen Werken, und es sey ganz unmöglich, dass es
zwei Ewigseyende gebe." Mit kurzen Worten hat Wassel, der Stifter
der motasilitischen Secte, sich so ausgedrückt: „Wer eine ewige
Eigenschaft aufstellt, der stellt zwei Götter auf."

Was die Behauptung betrifft „Gott wisse vermöge seiner Allwis-
senheit, welche sein Wesen sey", so ist dies nach Schahristani die
Ansicht der *Hodailiten*, d. i. der Anhänger des Hamdan Abu Hodail[*].
Und diese Ansicht, fügt Schahristani bei, hat er genommen von den
Philosophen, welche behaupten: das Wesen Gottes sey eins und
schliesse durchaus alle Vielheit aus, die Attribute aber seyen nicht
Accessorien zu dem Wesen, die an seinem Wesen sich befinden,
sondern sie seyen das Wesen selbst.

Eine weitere einstimmige Behauptung der Motasiliten war nach
Abulfaradsch (s. oben S. 10) die: „dass das Wort Gottes geschaffen
worden sey in dem Subject (in einer bestimmten Person)." Dasselbe
bestätigt auch Schahristani, der hierüber also berichtet: „Auch
darin stimmen sie überein, dass das Wort Gottes hervorgebracht
und geschaffen sey in dem Subject (in einzelnen bestimmten Sub-
jecten, d. h. wohl, dass es durch bestimmte Personen sey ausge-

---

[*] Sacy S. XXXIX: Schüler des Abu Hodheïl Mohammed, mit dem
Beinamen Allaf (d. i. der Futterhändler).

sprochen worden), dass es aus Buchstaben und Lauten bestehe, dass man es durch die Schrift nachbilden könne, und dass, was in dem Subject (in der einzelnen, bestimmten Person) sich finde, zufällig sey und vorübergehend." Nach Hodail ist, wie Schahristani weiter berichtet, das Wort zum Theil nicht im Subject, wie z. B. jenes Wort Gottes „Es sey", zum Theil im Subject, wie der Befehl, das Verbot, die Erzählung, die Frage u. dgl. *). Und Dschobbai, der Stifter der Dschobbaïten (al Jobbaiensis bei Pococke) sagt: „Gott rede in Worten, die er in einem bestimmten Subject erschaffe, wie z. B. (wie der Verfasser des Mawakef beifügt) in der [im Himmel] aufbewahrten Tafel, oder in Gabriel, oder dem Propheten u. dgl." Im Gegensatz gegen diese motasilitische Lehre, bemerkt Pococke, sagen die, welche für orthodox gelten wollen: „Das Wort Gottes bestehe weder in Lauten, noch in Buchstaben, auch sey es nicht geschaffen und in einem besondern Subject enthalten (einer besondern Person mitgetheilt): eine Differenz, welche der Verfasser des Buchs Mawakef und dessen Erklärer dadurch glauben ausgleichen zu können, dass man zwischen ausgesprochenem und gedachtem Wort unterscheide."

Abulfaradsch erwähnt gegen das Ende seines Berichts über die Motasiliten noch der besonderen Ansichten eines Hajet (richtiger ʿHabet) und eines Merdad (richtiger Mosdar; s. oben S. 10). Diese beiden, ʿHabet und Mosdar, waren, kann man sagen, die Repräsentanten der Ultramotasiliten und scheinen bedeutende Männer gewesen zu seyn. Vernehmen wir daher noch Näheres über dieselben! Von ʿHabet sagt Schahristani: er habe zu der Secte der Notzamiten, einer untergeordneten motasilitischen Secte, gehört, später aber habe er, nachdem sich ihm durch Lesung philosophischer Bücher neue Ansichten gebildet hätten, selbst eine Secte gestiftet, die nach ihm Habetiten genannt worden sey. Er habe, sagt Schahristani weiter, mit den Christen in ihrem Glaubensbekenntniss behauptet, dass Christus derjenige sey, welcher die Menschen am jüngsten Tag richten

---

*) Sacy a. a. O. Die Hodheiliten sagten: que parmi les paroles divines il y en a qui n'ont point été créées dans un sujet, comme, par exemple, cette parole qui a donné l'être à toutes les créatures, *sois*; et d'autres qui ont créées dans un sujet, comme sont tous les préceptes positifs et négatifs.

werde *), und dass er eine Incarnation des ewigen Worts sey. Doch an einer andern Stelle sagt Schahristani von ihm: „Er hat behauptet, dass die Creaturen zwei Schöpfer haben; der eine von ihnen sey von Ewigkeit her, und das sey Gott der Erhabene, der andere, aber sey erst mit der Zeit entstanden und das sey der Messias Christus." Dasselbe lassen ihn auch der Verfasser des Mawakef und Ebnol Kassai behaupten. „Er, sagen diese, hat behauptet: Die Welt habe zwei Götter, einen ewigen, und das sey Gott der Erhabene, und einen neu entstandenen, welches der Messias sey." Ausführlicher berichtet über diesen ʿHabet Sacy (nach Makrisi) S. XLII also: Ahmed ben ʿHabit, hervorgegangen aus der Schule des Ibrahim ben Jesar, Naddham, der Stifter der ʿHabititen, würde kaum verdienen zu den Moslimen gezählt zu werden, wenn er nicht seine Lehre auf Koranstellen gegründet hätte. Er behauptete zwei Götter, einen ewigen und einen geschaffenen; der letztere war Jesus der Messias. Er lehrte, dass der Messias Gottes Sohn sey und dass derselbe am jüngsten Tag die Menschen richten werde nach ihren Werken. Zum Beweis hiefür berief er sich auf folgende Stelle im Koran (Sur. 2, v. 205): „Was Anderes haben sie zu erwarten, als dass Gott zu ihnen komme in einem Wolken-Gezelt?" Ueber das Wort des Propheten „dass Gott den Adam nach seinem Bild erschaffen" sagte er: dies bedeute, dass er ihn nach dem Bilde Adams selbst geschaffen habe. (Unter diesem Bild, bemerkt hiezu Sacy, verstand er wahrscheinlich die ewige Idee Gottes, der Schöpfung Urbild.) Er behauptete auch, dass Muhammed in dem Ausspruch „Ihr werdet unsern Herrn [in dem Paradies] sehen, wie ihr den Mond an dem Tage von Bedr sahet," von Jesus gesprochen habe. Er lehrte, dass es unter den vierfüssigen Thieren, den Vögeln, den Reptilien und sogar unter den Schnaken und Mücken Propheten gebe, eine Lehre, die er auf folgende Worte des Koran gründete: „Es gibt kein Volk, das nicht seine Prediger gehabt hätte" (Sur. 35, v. 22), und wiederum „die vierfüssigen Thiere, die auf dem Erdboden leben, und die Vögel, die in der Luft fliegen, sind euch verwandte Völker"; sowie auf das Wort des Propheten: „Wenn die Hunde nicht ein euch verwandtes Volk wären, so würde ich

---

*) Vgl. Gerock, Christologie des Koran S. 135 ff.

sicherlich befohlen haben, sie umzubringen." Hiedurch, bemerkt
Sacy, gab er sich als einen Anhänger der Lehre von der Seelenwanderung zu erkennen. Er behauptete ferner, dass Gott die Schöpfung in dem Paradies angefangen habe, und dass die, welche aus
demselben hinausgekommen, nur ihrer Sünden wegen daraus gekommen seyen. Er schalt über die grosse Frauenzahl Muhammeds und
und sagte, Abu dsorr Gafari sey mässiger und frömmer gewesen
als der Prophet. Er behauptete auch, die zeitlichen Güter oder
Uebel seyen die Belohnung der guten Werke und die Strafe der
Sünden. Ausserdem behauptete er eine successive Incarnation des
Geistes Gottes in dem Imamen.

Noch bedeutender und einflussreicher als die Habetiten waren
die Mosdariten d. i. die Anhänger des Isa, zubenannt al Mosdar,
der so weit ging, dass er behauptete, der Koran sey geschaffen.
Nach Schahristani hat dieser Mosdar gegen das prophetische Wort
„Wer sagt, dass der Koran geschaffen sey, der ist ein Ungläubiger"
zu behaupten gewagt: „Wer sagt dass der Koran ewig sey, der ist
ein Ungläubiger (denn ein solcher habe zwei Ewigseyende)." Schahristani fügt diesem bei: er habe in der Ungläubig-Erklärung so sehr
alles Maass überschritten, dass er sogar solche für Ungläubige erklärte, die bekannten „Es gibt keinen Gott ausser Gott", und als er
einmal von Abraham Ebnol Sendi über das ganze Menschengeschlecht
befragt worden, habe er erklärt: Alle seyen Ungläubige; als aber
jener Abraham ihm hierauf versetzt habe: in das Paradies, das so
weit ist als der Raum des Himmels und der Erde, wirst also blos
du und die drei, welche deine Ansicht theilen, eingehen, — sey er
zum Schweigen gebracht worden. Sacy berichtet über Mosdar nach
Makrisi Folgendes: Abu Musa Isa ben Sabah mit dem Beinamen
Mosdar, ein Mann von einer so ausserordentlichen Selbstbeherrschung,
dass er den Namen „der Mönch der Motasiliten" erhielt, lehrte:
Gott könne lügen und Ungerechtigkeiten begehen, ohne dass dadurch
seine göttliche Majestät irgendwie verletzt werde; bei einer und
derselben Handlung können zwei Mitwirkende seyn, Gott und der
Mensch, wie dies bei der Erzeugung der Fall sey (d. h. wohl, bemerkt hiezu Sacy, wie bei der Erzeugung eines Kindes Vater und
Mutter mitwirken). Er behauptete, dass der Koran nichts Ausseror-
dentliches habe, dass die Menschen nicht blos im Stande seyen,
etwas an Redeschmuck Aehnliches, sondern sogar noch etwas Treff-

-licheres hervorzubringen *). Er war der erste unter den Motasiliten, welcher die Lehre von der Erschaffung des Koran aufstellte. Er lehrte auch: wer behaupte, dass man Gott mit den Augen des Leibes sehen werde, ohne die Art und Weise zu bestimmen, wie solches geschehen werde, der sey ein Ungläubiger, und wer an dem Unglauben eines solchen Menschen zweifle, der sey selber ein Ungläubiger.

Zwei Schüler von Mosdar, die beiden *Dschafar* (die Stifter der Dschafariten), berichtet Schahristani, haben behauptet: „Gott der Erhabene habe den Koran geschaffen auf einer im Himmel aufbewahrten Tafel, und es gehe nicht an, dass er (der Koran, der im Himmel seinen Platz habe) von da weggebracht worden, da es unmöglich sey, dass ein und dasselbe Ding zugleich an zweierlei Orten sich befinde; was wir daher lesen (unser Koran) das sey nur eine Nachbildung dessen, was zuerst auf der aufbewahrten Tafel geschrieben worden, und das sey unser Werk und unsere Schöpfung."

Nach den Berichten der arabischen Historiker, eines Abulfeda, Abulfaradsch und anderer hat die von Mosdar angeregte Streitfrage von der Erschaffung des Koran ernste, ja sogar blutige Folgen gehabt. Einige abbassidische Khalifen nämlich (wie Mamun, Motasem, Wathek), welche diese motasilitische Lehre angenommen, wollten dieselbe von Jedermann angenommen wissen und verfügten über die Widerspenstigen die grausamsten Strafen; und erst der Khalif Motawakkel machte diesen Verfolgungen der Anhänger der Ewigkeit des Koran ein Ende, indem er den Ausspruch that, dass man über dieses Dogma nicht mehr streiten solle **). Bemerkenswerth ist, dass

---

*) Die Moslimen, bemerkt hiezu Sacy, behaupten einstimmig, dass der Styl des Koran ein immerfort bestehendes Wunder sey und dass kein Mensch etwas demselben sich Annäherndes hervorbringen könne, was man die Wunder des Koran heisst. Uebrigens hat, nach Schahristani und dem Verfasser des Mawakef, solches nicht zuerst Mosdar, sondern vor ihm schon Notzam geläugnet. Gott, habe Notzam behauptet, habe die Araber davon abgehalten (ein Buch, wie der Koran ist, zu schreiben), sonst wären sie es wohl im Stande gewesen. Pococke S. 224. — Einen Grund gegen die Ewigkeit des Koran glaubten die Motasiliten in dem Gebrauche des Präteritum in gewissen Stellen des Koran zu finden, s. Sacy Anthologie S. 28.

**) Näheres hierüber s. bei Hamacker, Specimen catalogi. S. 126.

selbst Samakhschari, der Verfasser jenes berühmten Commentars über den Koran, al Keschaf, ein Anhänger der Mosdar'schen Lehre war; er hat, erzählen Abulfeda und Ibn Challikan, in der Vorrede zu seinem Commentar die Worte geschrieben: „Gepriesen sey Gott, welcher den Koran erschaffen hat", später aber sey von seinen Freunden an die Stelle des Wortes „erschaffen" das Wort „herabgesandt" gesetzt worden. Nach Andern hat er diese Aenderung selbst vorgenommen, indem er sich vor seinem Tode noch zu der orthodoxen Lehre bekehrt habe *).

Es ist hier noch einer höchst sonderbaren Ansicht über den Koran zu erwähnen, nämlich der des *Dschahed*, des Hauptes der Dschahediten, welcher nach der Behauptung Schahristani's einer der berühmtesten Motasiliten und Verfasser vieler Bücher war. Dieser Dschahed sprach nämlich die unbegreifliche Behauptung aus: „Der Koran sey ein Körper, welcher bald in einen Menschen, bald in ein Thier verwandelt werden könne." Als ein solches, fügt Pococke bei, wollte ihn der ommiadische Khalife Walid (wahrscheinlich der elfte dieses Namens) behandeln, als er so lange mit Pfeilen, die er in der Hand hatte, auf ihn schoss, bis er ihn ganz zerfleischt hatte.

Ueber die oben S. 9 erwähnte motasilitische Secte der *Heschamiten* berichtet Sacy (S. 39—42 seiner Einleitung) Folgendes: „Die Heschamiten, Anhänger des Hescham ben Amru, mit dem Zunamen Futi, hatten viele besondere Ansichten. Sie fürchteten sich so sehr der Freiheit des Menschen zu nahe zu treten und ihn bei der Hervorbringung seiner Werke von Gott abhängig zu machen, dass sie gegen folgende Ausdrücke des Koran: „Gott ist's, der die Herzen der Moslimen eng verbunden hat (Sur. 3, 98); er ist's, der die Liebe zum Glauben den Gläubigen einflösst und der die Ungläubigen irre führt" (Sur. 49, 7; 33, 9) protestirten. Sie behaupteten: „Das Paradies und die Hölle seyen unerschaffen; die Huri's des Paradieses bleiben immerfort Jungfrauen, auch nachdem sie den Auserwählten zu Diensten gewesen; der Satan dringe nicht in das Herz

Anm. 491. u. bei Rehm, Handbuch der Geschichte des Mittelalters II. Bd. 2. Abthl. S. 25. 29.
*) Vgl. Hamaker a. a. O. S. 125. Anm. 490.

der Menschen ein; vielmehr gehen seine Versuchungen ausserhalb des Menschen vor und Gott erst lasse sie ins Herz des Menschen dringen" (wohl aber, ohne irgend einen Einfluss auf die Bestimmung seines Willens zu üben). Sie protestirten gegen die Behauptung, dass Gott den Ungläubigen erschaffen, denn dann, sagen sie, würde ja der Unglaube, der an dem Ungläubigen hafte, von Gott herkommen. Sie verwahren sich gegen den Namen Gottes "der da schadet und der da nützt". Sie griffen die Wahrhaftigkeit des Koran an, indem sie nicht glauben wollten, dass den Israeliten ein Weg durchs Meer geöffnet worden, dass der Stab des Moses in eine Schlange verwandelt worden, dass Jesus durch die Macht Gottes Todte auferweckt, dass auf den Befehl Muhammeds der Mond sich in zwei Hälften getheilt habe. Sie hatten auch besondere Ansichten über das Imamat; sie läugneten nämlich, dass es in Zeiten, wo Bürgerkrieg, Empörung, Theilung unter den Moslimen herrsche, einen Imam geben könne, und behaupteten, "dass die Stelle des Imamats nur dann könne besetzt werden oder gültig besetzt seyn, wenn alle Gläubigen Einer Meinung seyen und sie in Frieden leben." Hieraus folgerten sie, dass Ali kein gültiger Imam gewesen sey, da er in einer Zeit der Unruhe und Theilungen, nach der Ermordung Osman's, zur Herrschaft gelangt sey. Diese Ansicht theilten mit ihnen einige andere Motasiliten.

Ueber eine weitere motasilitische Secte, die der *Moammeriten* berichtet Sacy (nach Makrisi) Folgendes: "Die Moammeriten, Anhänger des Muhammed ben Abbad Salami, lehrten unter Anderm: der Mensch beherrsche den Körper, habe aber keineswegs seine Wohnung in demselben; auf den Menschen passen nicht die Bestimmungen der Länge oder Breite, der Farbe, der Bewegung oder der Ruhe; er wohne nicht an einem bestimmten Ort und sey nicht in einen Raum eingeschlossen, er könne weder gesehen, noch berührt werden. Sie schrieben dem Menschen dieselben Eigenschaften zu wie Gott und gaben von ihm dieselbe Definition. Sie behaupteten, die Menschen würden entweder Theil bekommen an den Freuden des Paradieses oder an den Martern der Hölle, ohne jedoch deshalb in jenem oder in dieser ihren Aufenthalt zu bekommen. Nach ihnen ist der Wille einer Sache in Gott nicht Gott, sondern ein von der Schöpfung verschiedener Act. Zur Bezeichnung der Ewigkeit Gottes wollten sie nicht das Wort kadim gebrauchen, weil dieses Wort von der Wurzel kadama, d. i. früher seyn, herkomme." (Man wird, fügt hier Sacy bei, dieselbe Lehre bei Hamsa finden, dem das Wort kadim [sonst: der Ewige] nicht Gott bezeichnet, sondern die erste seiner Creaturen, die allgemeine Intelligenz.)

Zu den erwähnten zehn motasilitischen Secten, den Wasseliten, Notzamiten, Dschobbaïten, Hodheiliten, ʿHabetiten, Mosdariten, Dschafariten, Dschahethiten, Heschamiten und Moammeriten *), kommen noch

---

*) Ueber diese zehn Secten liest man bei Hammer (nach Dschordschani im Journal asiatique von Paris Bd. VI. S. 321 u. f.) und Maracci (im dritten Theil seiner Prodromi ad refutationem Alcorani S. 74 u. f.) Folgendes:

1. Die *Wasseliten*. Hammer: Les *Wassiliyé* qui prennent leur nom d'Abou Hodeifa Wassil fils d'Ata; ils blament Osman et ses meurtriers également, et croient à une troisième demeure entre le paradis et l'enfer. — Maracci: Vaselitae, asseclae Vaseli Abu Hodeiphae, negant attributa dei, nempe scientiam, potentiam et voluntatem, et adstruunt praedestinationem, qua homo praedeterminatur ad necessario et non libere operandum. Et docent, reum culpae mortalis neque esse absolute fidelem neque absolute infidelem.

2. Die *Notzamiten*. Hammer: Les *Nidhamiyé* disciples d'Ibrahim fils de Seyar Nidham mort l'an 135 (752) qui mêla les dogmes des philosophes à ceux des Kadrites; ils enseignent l'impuissance absolue de dieu de rien faire qui ne soit pour le bien de ses créatures et de rien ajouter aux recompenses du paradis ou aux punitions de l'enfer. L'homme selon eux c'est l'esprit auquel le corps sert d'instrument; les accidens tels que les couleurs, les gouts sont des corps; la science est égale à l'ignorance et la foi à l'infidelité. Dieu a tout créé à la fois, et la priorité ou postériorité des créatures consiste seulement en ce qu'elles restent encore cachées ou viennent à paraitre; ils nient que les versets du Coran soient un miracle. — Maracci: Nadhamitae asseclae Abrahami filii Jossari, cognomine Nadhami. Qui cum legisset libros philosophorum, miscuit doctrinam suam cum doctrina eorum, et fuit sententia ejus: quod, etiamsi deus vellet, non posset esse auctor mali et peccati. At vero socii ejus senserunt, posse quidem deum peccati esse auctorem, sed nullo modo unquam futurum.

3. Die *Dschobbaïten*. Hammer: Les *Djebaiyé* disciples d'Abou Ali Mohammed fils d'Abdoul Wahab al Djebaiyé. Ils prétendaient que la parole de dieu est composée de lettres et de sons, que l'homme est la créature de ses actions, que le fidèle ou l'infidèle qui a commis de grands crimes sans s'en être repenti reste à jamais dans l'enfer, que les saints n'ont point le pouvoir des miracles, que les prophètes sont des innocents. — Maracci: Gebaitae et Bahascemitae. Primi fuerunt asseclae Mohammedi

2*

zehn weitere, von denen wir vier bei Hammer und Maracci, sechs aber blos bei Hammer aufgeführt finden, so dass es zusammen nicht weniger als zwanzig (eine Zahl, die leicht noch vermehrt werden könnte) motasilitische Secten sind, welche einander zum Theil ganz

---

patris Aly et filii Abdal Vahabi Gebajensis; secundi vero Abdal Salami Abu Hascemi. Asseruerunt, deum loqui sermone a se creato pro re nata et vero sermone, cum vocibus praecisis et coordinatione litterarum. Negaverunt, videri posse deum sine oculis corporeis in paradiso. Asseruerunt, hominem producere operationes suas per potentiam superadditam sanitati corporum et sospitati membrorum, et eum qui peccatum aliquod mortale perpetraverit, neque fidelem esse neque infidelem, sed improbum ac scelestum (arabice fasek: praevaricatorem), et si in eo mortuus fuerit, aeternam Gehennae poenam subiturum. Postremo pronunciaverunt, deum nihil celare servos suos eorum quae ipse novit.

4. Die *Hodheiliten* (Hodaïliten). Hammer: Les *Hudeiliyé* disciples d'Abu Hudeil fils de Hamdan. Ils confondent les attributs avec l'essence de dieu et disent, que les actions des élus et des damnés sont créées, sans qu'ils puissent s'en faire un merite ou en être accusés. — Maracci: Hadilitae asseclae Hadili Hamdani filii Hadili Alaphi, doctoris motazelitae, qui tenuit sententiam praedestinationis, sicut socii ejus, nisi quod partim fuit Cadrita et partim Gebarita. Nam sententia ejus fuit circa motus eorum, qui erant in futuro seculo, eos fore necessarios, nec liberos potestati hominis, et omnes a déo producendos; eosdemque motus cessaturos et mutandos in quietem perpetuam; et in hujusmodi quiete aggregandas voluptates ex habitatoribus paradisi et inferni. (Videtur significare tam habitatores paradisi quam Gehennae magnam voluptatem percepturos ex hac quiete.)

5. Die *'Habetiten*. Hammer: Les *Habithiyé* disciples d'Ahmed fils de Habith qui était un des disciples de Nidham. Ils établirent deux dieux: l'un ancien et éternel, l'autre produit dans le tems qui était le Messie qui jugera les hommes au dernier jugement. — Maracci: Hajetitae et Hadattitae (diese Hadattitae sind wohl gleich den 'Hadbiten bei Hammer, s. no. 19), qui asseclae fuerunt Ahmedi filii Hajeti, et Phadeli filii Hadatti: qui cum legissent libros philosophorum miscuerunt doctrinam suam cum doctrina eorum. Tres autem novas opiniones tenuere: primam, qua statuerunt sententiam de Christi divinitate, et asseruerunt, eum judicaturum creaturas in futuro seculo. Secundam, qua asseruerunt metempsychosin, nempe transmigrationem animarum in alia corpora, de corpore in corpus transeundo, et id quod obvium est quietis et laboris ordinatum esse super ultimum ejus. (Videtur sensus esse: in ultima transmigratione futuram esse felicitatem vel infelicitatem animae a deo ordinatam.) Hominem vero constitutum esse inter duas res, nempe ope-

unähnlich sind, und von denen, wie der Verfasser des Mawakef sagt, die einen die andern Ungläubige schelten.

Jene vier von Hammer und Maracci gemeinschaftlich aufgeführten Secten sind: die *Baschriten*, *Tsemamiten*, *Khajathiten* und

---

rationem et retributionem. Tertiam, qua dixerunt, se visuros esse dominum suum in die resurrectionis intellectu, non oculis corporeis.

6. Die *Mosdariten*. Hammer: Les *Masdariyé* disciples d'Abou Mousa fils d'Isa fils de Ssabit el Masdar qui était un des disciples de Beschr. Il admettait la possibilité que dieu fût menteur et injuste et que les hommes puissent produire un ouvrage qui égalât le Coran et le surpassât même en éloquence. — Maracci: Masdaritae asseclae Isae filii Sobeihi, qui cognominatus fuit Masdar et appellabatur monachus Motazelitarum; vitam quippe a mundanis rebus alienam instituit, et discessit a sociis suis excogitando sententias valde absurdas, inter quas una fuit: homines posse facere librum similem Alcorano in eloquéntia, ordine et facundia. Et ipse etiam ausus est asserere, Alcoranum esse creatum; et infidelem pronunciavit eum qui se ingereret in imperium; et infidelitatis damnavit homines universos, ita ut dixerit ei quidam Sonnita: igitur nemo intrabit in paradisum, cujus amplitudo (juxta Alcoranum) est sicut amplitudo coeli et terrae, nisi tu et tres illi qui tecum sentiunt? Quo audito erubuit et tacuit.

7. Die *Dschafariten*. Hammer: Les *Djaaferiyé*, disciples de Djaafer fils de Djaafer fils de Moubaschir, prétendent que dieu ne saurait être plus injuste envers les hommes raisonnables que ne le sont les enfans et les maniaques. Ibn ol Moubaschir était un des esprits forts (Zindik = Freigeister) les plus renommés. — Maracci erwähnt der Dschafariten gar nicht.

8. Die *Dschahethiten*. Hammer: Les *Djahisiyé* disciples d'Amrou fils de Bahr ol Djâhis, un des plus grands savans qui vivait du temps des califes Moteassem et Motewekil. Ils disaient que le feu de l'enfer attire ceux qui doivent y entrer, que le bien et le mal sont des actions de l'homme, que le Coran est un corps tantôt mâle, tantôt femelle. — Maracci: Giachetitae asseclae Amrui filii Bahri Giacheti, qui fuit ex praestantissimis Motazelitis et congessit libros eorum. Discessit a sociis suis per quasdam opiniones, quarum prima fuit: damnatos ad Gehennam non moraturos in ea semper, sed transituros in naturam ignis, ignem vero attracturum esse ad seipsum damnatos, absque eo quod ullus ingrediatur in eum. Secunda: quemlibet hominem, ubi cognoverit deum esse dominum suum et Mahumetum esse legatum ejus, evadere fidelem, nec ad aliud obligari. Tertia: Alcoranum esse corpus, quod possit transmutari aliquando in hominem, aliquando in bestiam. Tenuit autem sententiam negantem attributa dei.

Beschamiten; die blos bei Hammer aufgeführten sechs aber sind: die *Amriten, Aswariten, Uskafiten, Ssalechiten, ʿHadbiten, Cabiten* *).

Fragen wir nun, nachdem wir die Berichte arabischer Historiker über die verschiedenen Lehrmeinungen der verschiedenen mota-

---

9. Die *Heschamiten.* **Hammer: Les** *Heschamiyé,* **disciples de Hescham fils d'Amrou al Gouthi,** poussèrent plus loin que tous les autres Kadrites la doctrine de la volonté libre de l'homme; ils prétendirent que, dans le Coran, il n'y a point de preuves pour ce qui est permis et défendu, et que l'imamat exige l'unanimité de toutes les voix. — **Maracci: Hasciamitae,** asseclae **Hasciamí filii Amrui Caratiensis,** qui excessit in asserenda sententia de praedestinatione plus quam omnes socii sui, a quibus discessit in quibusdam opinionibus, quarum prima fuit: deum non unire inter se corda fidelium, sed ipsos hoc facere libere et ex propria electione. Secunda: neque allicere fideles ad fidem, neque adornare illam in cordibus eorum, neque obdurare corda eorum, aut aures eorum aggravare, aut oculos excaecare. Tertia: summum pontificatum non esse alligatum nisi universitati gentis, sine determinatione primogeniti familiae. Quarta: paradisum et gehennam nunc non esse creata. Quinta: deum non creasse infidelitatem, nam creare infidelitatem esset infidelitas.

10. Die *Moammeriten.* **Hammer: Les** *Moammeriyé* **disciples de Moammer fils d'Ibad es Selmi;** ils disent que dieu n'a créé que des corps dont la production et l'anéantissement ne sont que des accidens, que dieu ne se connait pas lui-même, et que l'homme n'agit jamais sans volonté. — **Maracci: Moammeritae,** asseclae **Moammeri filii Ebadi Salamiensis;** et hic fuit praecipuus Cadritarum, et large propagavit sententiam de negatione attributorum, et de praedestinatione, et de mutatione fidelis in infidelem ob aliquod peccatum grave, et de inductione hominis in errorem facta a deo.

*) Ueber diese weitern zehn motasilitischen Secten liest man bei Hammer und Maracci Folgendes:

11. Die *Baschriten.* **Hammer: Les** *Beschriyé* **disciples de Beschr fils d'Almohamer.** Ils disent que dieu a le pouvoir de punir un enfant, mais que s'il le fait, il faut supposer, que l'enfant est déjà parvenu à l'usage de sa raison. — **Maracci: Basceritae,** asseclae **Basceri filii Mohameri,** qui fuit ex principibus Motazelitarum. Hic excogitavit opinionem de productione actuum humanorum (Abraham Ekhellensis vertit: de omnimoda libertate et absoluta independentia actuum humanorum) et excessit in ea, discedens a sententia sociorum suorum in nonnullis quaestionibus. Existimavit, deum posse torquere infantem (id est mittere illum in Gehennam), sed id si faciat, fore iniquum. Deum porro esse tantae beni-

silitischen Secten vernommen haben: was ist das allen diesen Secten
Gemeinschaftliche? Es ist dies nicht eine bestimmte Lehre; denn
da haben wir, im Gegensatz zu der von dem Stifter der Motasiliten
im Interesse der Einheit Gottes aufgestellten Lehre, dass Gott attri-

---

gnitatis, ut, si ea uti vellet, fideles fierent omnes qui sunt in mundo
et mererentur fide sua praemium maximum. Sed non est dei facere hoc
cum creaturis suis, neque exigitur ab ejus providentia, ut faciat id,
quod est optimum. Si quem poeniteat peccati mortalis et deinde ad illud
revertatur, volunt redire illi id quod merebatur de poena prioris peccati,
antequam poenitentiam ageret de illo.

12. Die *Tsemamiten*. Hammer: Les *Themamiyé* disciples de The-
mamé fils d'Echuss en Nemiri, soutiennent que les actions accidentelles ne
sauraient être attribuées à aucun agent, ni à l'homme ni à dieu; qu'au jour
du jugement les juifs, les chrétiens et les mages seront de la poussière
et n'entreront ni dans l'enfer ni dans le paradis de même que les bêtes
et les enfans; que toutes les connaissances sont necessaires, qu'il n'y a
point d'action de l'homme sans volonté, que le monde est l'ouvrage de
dieu, d'après sa nature. — Maracci: Themamitae asseclae Themamae
filii Basceri Namirensis qui fuit unus ex antesignanis Motazelitarum; et
discessit a sociis suis in his sententiis: homines peccatores in Gehenna
perpetuo manebunt. Operationes liberae (seu opera ex libertate prove-
nientia) non habent auctorem producentem. Infideles, idololatrae, Sadducaei, Judaei, Christiani, Magi et Dahariae (seu Schismatici) in die resurrectionis in pulverem redigendi sunt, et eodem modo infantes infidelium.

13. Die *Khajathiten*. Hammer: Les *Khaïathiyé* disciples d'Aboul
Houssein fils d'Abou Amru el Kaïath. Ils disent que le néant est une chose,
que la volonté de dieu s'est manifestée dans ses propres actions par la
création et dans celle de ses serviteurs par son commandement, qu'il
entend et voit tout, et que c'est par ce moyen qu'il est omniscient,
qu'il se voit lui-même ou d'autres. — Maracci: Chajatitae asseclae
Ebn Alhoseini filii Amrui Chajatitae, qui discessit a suis sociis in quibusdam opinionibus, ex quibus una fuit: substantiam esse substantiam
per privationem, et similiter accidens; et nigredinem et albedinem esse
accidens et nigredinem et albedinem per privationem.

14. Die *Beschamiten*. Hammer: Les *Beschemiyé* disciples d'Abou
Haschem, disent que le repentir d'un péché n'est point valable, tant qu'on
persévère dans un autre dont on reconnait la turpitude; que le repentir
n'est pas valable non plus lorsqu'on ne se trouve plus en état de pécher,
comme par exemple le repentir du menteur après qu'il est devenu muet,
ou de l'adultère après être devenu impuissant. — Maracci hat die Beschamiten in Gemeinschaft mit den Dschobbaïten (s. oben no. 3) aufgeführt.

butlos sey, andere Motasiliten behaupten hören, dass es zwei Götter, einen ewigen und einen geschaffenen, gebe. (Dies behaupteten die 'Habetiten, s. oben S. 13.) Ebenso haben wir unter den Motasiliten solche kennen gelernt (die Hodailiten, s. oben S. 12), welche der kadaritisch-motasilitischen Lehre von der Freiheit des menschlichen Willens nicht sehr hold sind. Und was jene dritte motasilitische

---

Die folgenden sechs motasilitischen Secten werden blos bei Hammer aufgeführt.

15. Die *Amriten.* — Les *Amroutyé*, disciples d'Amrou fils d'Obeïd, dont la doctrine diffère peu de celle des Wassiliyé.

16. Die *Aswariten.* — Les *Eswariyé*, disciples d'Eswari, s'accordent pour la plupart des dogmes avec les Nisamiyé.

17. Die *Uskafiten.* — Les *Ouskafiyé*, disciples d'Abu Djaafer al Ouskaf.

18. Die *Ssalechiten.* — Les *Ssalihiyé*, disciples de Ssalihi, admirent que les hommes peuvent être doués de science, de la puissance, de volonté, de l'ouïe et de la vue, quand même dieu ne serait point vivant.

19. Die *'Hadbiten.* — Les *Hadbiyé*, disciples de Fadhl Hadbi, sont d'accord avec les Habithiyé excepté qu'ils croient encore à la metempsychose. Diese 'Hadbiten sind wohl gleich den Hadattiten bei Maracci (s. no. 5).

20. Die *Cabiten.* — Les *Kaabiyé*, disciples d'Aboul Kasim fils de Mohammed al Kaabi qui était un des disciples de Djâhis. Ils disent que le Seigneur agit sans sa volonté et qu'il ne voit ni soi même ni d'autres que par le moyen de sa science.

Wir glaubten diese zwei Berichte Hammer's und Maracci's nicht in den Text aufnehmen zu dürfen, weil dieselben in denjenigen Lehrpuncten, mit welchen sich die Motasiliten hauptsächlich beschäftigten, keine neuen Aufschlüsse geben, was sie aber Neues oder Besonderes geben, nur einzelne, abgesonderte Meinungen sind, die nicht leicht in ein Ganzes werden zusammengebracht werden können. Wir glaubten aber diese zwei Berichte vollständig, und zwar im französichen und lateinischen Original und mit der Orthographie ihrer Verfasser hier in die Noten aufnehmen zu müssen, theils weil sie in den Hauptpuncten zur Bestätigung des im Text Gesagten dienen können, theils um unsern Lesern zu zeigen, wie verschieden und von welch oberflächlicher und unkritischer Art die Auffassungen und Darstellungen der arabischen Historiker, welche Hammer und Maracci übersetzt haben, sind, und zugleich auch, auf welche abweichende, verschiedene Weise unsere Orientalisten übersetzen und schreiben. Das Lateinische des Maracci auf eine verständliche Weise zu übersetzen wäre überdies manchmal nicht nur schwer, sondern unmöglich gewesen.

Lehre von der Erschaffung des Koran und dessen Nachahmbarkeit
betrifft, so war sie erst das Erzeugniss späterer Motasiliten. Wenn
nun aber nicht eine bestimmte Lehre das allen Motasiliten Gemeinschaftliche ist, was ist es dann? Nichts anderes, als ein gewisser Gebrauch der Vernunft, bei welchem der Mensch, unbekümmert um
die Schriftlehre, wiewohl sie immer zu seinen Zwecken benutzend,
nicht sowohl die Ehre Gottes als vielmehr die eigene Ehre sucht
und vertheidigt, — ein Rationalisiren und Philosophiren, welches,
eines guten Grundes entbehrend, so zu sagen seine Freude daran
hat, Schlösser in die Luft zu bauen. Die Motasiliten (d. h. Abtrünnige, Sectirer) waren mit einem Wort Rationalisten *). Dabei
konnten die Ansichten der einzelnen von einander sehr verschieden
seyn, wie ja auch die christlichen Rationalisten in manchen Puncten
sehr verschiedene Ansichten haben; denn der Rationalismus ist ein
Hut, unter den die verschiedensten Köpfe und Ansichten gehen.
Hiemit übereinstimmend ist, was bei Sacy S. 37 seiner Einleitung
gelesen wird: „Die Motasiliten lehrten einstimmig, dass alle zum
Heil des Menschen nothwendigen Kenntnisse aus der Vernunft zu
schöpfen seyen, dass man dieselben vor der Verkündigung des Gesetzes und vor wie nach der Offenbarung, blos durch das Licht der
Vernunft erwerben könne, also dass sie auf nothwendige Weise ver-
pflichtend seyen für alle Menschen, in allen Zeiten und an allen
Orten."

Wenn aber auch das allen Motasiliten Gemeinschaftliche nicht
bestimmte Glaubensartikel sind, so sind doch gewisse Lehren so

---

*) Nauwerk, Notiz über das arabische Buch „Gabe der aufrichtigen
Freunde", sagt (S. 15): es sey nicht zu läugnen, dass die Motasiliten
unter den arabischen Theologen und Gelehrten überhaupt am nachdrück-
lichsten die Rechte des menschlichen Geistes gegen die Anmaassungen
des Autoritätsglauben verfochten. Dies sind wir bereit zuzugeben, indem wir nicht verkennen, dass der Rationalismus ein tüchtiges Gegen-
mittel gegen das Ueberhandnehmen eines blinden Autoritätsglaubens ist.
Nauwerk a. a. O. S. 86 bemerkt noch: „ Charakteristisch für diese Secte
ist auch, dass sie das Wort Iman (fides) nicht als blossen Glauben
verstanden, wie die Orthodoxen, sondern als den Glauben, das Bekenntniss und die entsprechende Handlungsweise zugleich: wodurch sie,
wie es scheint, den missbräuchlichen Ansichten über die Verdienstlich-
keit des [todten] Glaubens entgegenwirken wollten."

ziemlich bei den meisten derselben zu treffen. Dies sind die drei
oben genannten Lehren 1) von dem freien Willen des Menschen,
welcher Lehre die der Dschabariten entgegengesetzt ist; 2) die Lehre
von der Attributlosigkeit Gottes, deren Gegner die Ssefatiten (Anthropomorphisten) sind; und 3) die Lehre von der Erschaffung des Koran.

Dritter Abschnitt.
Die Brüder der Reinigkeit.

Dies waren eine Bassrenser Gelehrten-Gesellschaft, zu deren
Entstehung ohne Zweifel die Motasiliten Anlass gegeben haben. Man
könnte sie wohl auch eine Abart der Motasiliten heissen. Auffallend
ist, dass von diesen Reinigkeitsbrüdern weder bei Maracci, noch bei
Sacy, noch bei Hammer die Rede ist, da sie von nicht geringer Bedeutung gewesen zu seyn scheinen. Nähere Aufmerksamkeit ist denselben zuerst gewidmet worden von Nauwerk, in dem Buche: „Notiz
über das arabische Buch Tochfat [Tho'fet] ichwân assafa d. i. Gabe
der aufrichtigen Freunde, Berlin 1837." Von demselben wird als
die bemerkenswertheste Notiz, welche sich über diesen Verein bei
arabischen Historikern finde, diejenige bezeichnet, welche sich bei
Abulfaradsch in seiner Geschichte der Dynastien S. 330 ff. (ed.
Pococke) findet und welche also lautet: „Abu Hajjan Attauhidi erzählte: Es fragte mich der Wesir des Samsâm addaulet ben Addad
addaulet nach Seid Ibn Rafâet um das Jahr 373, mit den Worten:
Ich höre beständig über den Seid Ibn Rafâet Dinge, welche mir
eine üble Meinung einflössen, und eine Lehre, deren ich mich nicht
erinnere. Nun habe ich aber gehört, dass du ihn besuchst, mit
ihm Sitzungen hältst und viel mit ihm redest. Wer aber lange vertraut mit einem Menschen war, vermag über dessen verborgene Ansicht Aufschluss zu geben. Ich antwortete: Er besitzt überwie-
genden Scharfsinn und einen lebhaften Geist. Er sagte: Welches
ist aber dabei seine Lehre? Ich erwiederte: Er hängt keiner bestimmten Secte an; doch hielt er sich eine geraume Zeit in Bassra
auf, und traf dort eine Gesellschaft für die verschiedenen Arten der
Wissenschaft an, welcher er sich dann anschloss und diente. Diese
Schaar war durch engen Umgang vertraut geworden, durch Freundschaft vergesellschaftet und in Heiligkeit, Reinheit und aufrichtiger

Gesinnung vereinigt: so dass sie eine Lehre unter sich gründeten, durch welche sie den Weg zum Besitz des Wohlgefallens Gottes zu betreten behaupteten. Sie erklärten nämlich, dass das Religionsgesetz durch Unwissenheit besudelt und mit Irrthümern vermengt worden sey, und dass der einzige Weg, es abzuwaschen und zu reinigen, in der Philosophie liege. Sie behaupteten, wenn die griechische Philosophie und das arabische Religionsgesetz verbunden wären, würde etwas Vollkommenes entstanden seyn. Sie verfassten nun fünfzig Abhandlungen über fünfzig Arten der Weisheit und eine einundfünfzigste Schrift, welche die Arten jener Schriften compendiarisch und gedrängt enthielt. Das Ganze nannten sie: Abhandlungen der aufrichtigen Freunde, indem sie ihre Namen verheimlichten. Sie verbreiteten dieselben unter die Schreiber und verschenkten sie an die Leute. Sie hatten diese Abhandlungen mit religiösen Ausdrücken angefüllt, mit Parabeln aus dem Religionsgesetz, mit unbekannten Bezeichnungen und irreführenden Anweisungen. Dieselben verbreiten sich zerstreut über alle Zweige, ohne Vollständigkeit und ohne zu genügen; sie enthalten Mährchen, Allegorien, Zusammengestoppeltes und Gemengsel. Sie mühten sich also ab, ohne zu nützen, und arbeiteten sich matt, ohne zu ergötzen, sie webten, aber es gerieth zu dünn, und kämmten, dass sie die Zähne ausbrachen. Ueberhaupt sind es Schriften, welche Verlangen erregen, ohne zu befriedigen, und welche keine klaren Gründe und Beweisführungen liefern. Da deren Verfasser ihre Namen verheimlicht hatten, so war man über den Urheber uneinig. Alle redeten aber nur vermittelst Vermuthens und Rathens, indem Einige sagten, die Abhandlungen seyen von einem alidischen Imam, Andere, sie seyen das Werk eines motasilitischen Scholastikers aus der früheren Zeit."

Durch diese Stelle aus Abulfaradsch mag der oben gethane Ausspruch, dass man die Brüder der Reinigkeit eine Abart der Motasiliten heissen könne, begründet erscheinen. Zugleich lässt sich aus dieser Stelle schliessen, dass Ibn Rafâet das Haupt, wenn auch nicht der Urheber dieses Vereins gewesen *). Es geht aber auch

---

*) Bei Hadschi Chalfa im bibliographischen Lexicon werden als vorzüglichere Mitglieder der Gesellschaft genannt: Abu Soleiman Muhammed Ibn Nasr (gewöhnlich Ibn Abdalmokaddes genannt), Abulhasan Ali Ibn Harun Assendschani, Abu Ahmed Annahrdschuri, Alaufi, Seid Ibn Rafâet.

aus dieser Stelle, sowie noch bestimmter aus den vorliegenden Proben der literarischen Hinterlassenschaft dieses Vereins hervor, dass zwischen ihnen und den Motasiliten ein wesentlicher Unterschied in der Lehrform Statt gefunden. Man kann nämlich die von den Brüdern der Reinigkeit angewandte Lehrform, gegenüber der motasilitischen, welche mehr oder weniger eine wissenschaftliche war, kurzweg als eine populäre bezeichnen. In dieser ihrer Lehr- oder Darstellungsweise scheint auch der Grund zu liegen, dass ihr Name nie besondere Achtung erlangt hat und dass derselbe, wie es scheint, bald vergessen worden ist; denn es sind nur wenige Schriftsteller, welche ihrer Erwähnung thun, und von denen, welche sie erwähnen, ist keiner, der sie rühmte *). Jene ihre populäre Lehrweise musste sie nämlich nicht nur bei den Leuten der Wissenschaft, den scholastischen Theologen, sondern auch bei dem Volke in Misscredit bringen; denn das Volk wird, so lange der Glaube unter demselben nicht erstorben ist, nie an einem populären Rationalismus Gefallen finden; es wird vielmehr einen solchen verabscheuen, während es vor einem Rationalismus, der sich in wissenschaftlicher Form bewegt, immer einen gewissen Respect bewahren wird, und wäre es auch blos darum, weil es denselben nicht versteht.

Von den 51 Schriften, welche nach der obigen Angabe des Abulfaradsch von den Brüdern der Reinigkeit herausgegeben worden sind, ist bis jetzt blos eine einzige in Druck erschienen, nämlich „Die Gabe der aufrichtigen Freunde Tochfat ichwän assafa", ein Octavband von 440 weitläufig gedruckten Seiten, Calcutta 1812. Handschriftlich sind zu Gotha zehn jener Abhandlungen vorhanden; es sind Lehrbücher der reinen Mathematik, Geometrie, Astronomie, Musik und mehrerer philosophischer Disciplinen, als der Ethik, meistens nach Aristoteles (s. Nauwerk S. 22). Das Tochfat ist wahrscheinlich die einundfünfzigste jener Schriften, die eine Recapitulation des Ganzen liefern sollte. Ueber den Geist oder die Tendenz

---

*) Vgl. das Urtheil des Abu Hajjan, und Pococke, Specimen hist. Ar. S. 370, wo wir lesen: quid de ipsis censuerit acutissimus philosophus Ebn Sayeg (Ibn Sajigh in der ersten Hälfte des 12. Jahrh. nach Chr.) patet ex his ipsius verbis, ubi de sententia minus sibi probata loquitur: „non est autem haec sententia cujusquam ex antiquioribus, verum sententia Echwano' ssafa a veritate aberrantium."

dieses Buchs lässt sich Nauwerk also vernehmen: „Es herrscht in
dem Tochfat Vorliebe für den Syncretismus aristotelischer und neu-
platonischer Philosopheme, jedoch auf eine gemässigte Weise, in
Verbindung gebracht mit den Sätzen des Islam. Der Strahl der
ursprünglichen peripatetischen Philosophie fiel erst gebrochen durch
den Neuplatonismus auf die Araber: woraus sich die grellere oder
mildere neuplatonische Farbe fast aller arabischen Philosophen erklärt. Die gleiche Erscheinung würde also auch bei den Bassrenser
Gelehrten nicht befremden. Die Eigenschaft der griechischen Philosophie, in welcher diese Männer Heilmittel für den kränkelnden
Islam erblickten, mochte ihnen wohl zumeist jene Lebhaftigkeit und
Wärme der innern Anschauung seyn, welche der neuplatonischen
Philosophie eigen ist. Sie konnten es für möglich halten, die immer
mehr erstarrenden Formen der Religion Muhammeds vermittelst der
regsamen und feurigen Philosophie der Einbildungskraft mit neuem
Leben zu erfüllen, und die todten Sätze des historischen Glaubens
durch Speculation zu befruchten. Ob der ganze Bassrenser Verein
von dieser Richtung beseelt war oder nur einige Mitglieder desselben, ist nicht zu entscheiden; dem Verfasser des Tochfat darf man
sie zuschreiben, jedoch in gemildertem Grade. Denn neben seinem
Hang zur speculativen Mystik und zur allegorisirenden Symbolik tritt,
öfter durch jenen Hang schattirt, ein entschieden praktischer Sinn
hervor, und die Einprägung ethischer Ideen und Vorschriften für das
öffentliche und Privatleben ist der erklärte Hauptzweck des Ganzen.“

Wir geben hier noch, zu weiterer Begründung des über die
Brüder der Reinigkeit Gesagten, eine kurze Inhaltsanzeige des Buches
Tochfat, wie wir sie bei Nauwerk S. 23—25 finden. Man könnte
das Buch betiteln: „Der Streit zwischen den Menschen und Thieren.“
Diese beiden Parteien bringen ihre Klagen vor den König der Genien
Biweresp Schahmerdan, auf der nahe dem Aequator gelegenen Insel
Belasaghun. Die Hausthiere beschweren sich über die Härte und
Grausamkeit der Menschen, diese über den Ungehorsam und die
Pflichtvergessenheit der Thiere. Die letztern verlangen geradezu die
Freiheit, und der Streitpunct entwickelt sich dahin, ob die Menschen
das Recht haben, über die Thiere zu herrschen. Der Genienkönig
findet die Sache so wichtig, dass er einen Gerichtshof aus den
Weisen und Rechtskundigen der Genien zusammenberuft. Die Haus-
thiere, um den durch Individuen der meisten Nationen repräsentirten

Menschen das Gleichgewicht zu halten, schickten Gesandtschaften an die sechs Classen der Thiere, die wilden Thiere, Vögel, Raubvögel, Insecten, Reptilien und Fische. Alle diese werden um Unterstützung gebeten und jede Classe sendet einen fähigen beredten Gesandten. Bei dieser Gelegenheit und auch im Folgenden sind die naturhistorischen Darstellungen häufig. Jetzt beginnt die eigentliche Gerichtssitzung, in welcher als Vorspiel die Selbstbeschreibung der verschiedenen Nationen und Thiergeschlechter zu betrachten ist. Die Verhandlung selbst besteht darin, dass die Menschen alle ihre Wissenschaften und Künste, ihre politischen und religiösen Einrichtungen, überhaupt die Vorzüge ihrer ganzen Cultur und Verfeinerung als eben so viele Gründe und Beweise des Herrschaftsrechtes über die Thiere aufstellen. Dann folgt abwechselnd die Widerlegung durch die Thierredner (den Schakal, die Nachtigall, den Papagai, den Frosch, die Grille und die Bienenkönigin, die in Person erschienen war). Durch sie werden alle einzelnen Puncte beantwortet, wobei natürlich das Schwächen- und Sündenregister der Menschheit nicht geschont wird. Der Grund, welcher endlich die Entscheidung herbeiführt, ist die Unsterblichkeit und das künftige Leben. Die Richter erklären, mit Zustimmung der Thiere, die Menschen für deren rechtmässige Herren *).

Auszüge aus diesem Buche gibt Nauwerk in der oben angegebenen Schrift. Nähere Aufschlüsse über die Brüder der Reinigkeit sind erst zu erwarten.

Wir gehen nunmehr zu den Gegnern der bisher behandelten Secten über.

---

*) Eine speciellere Inhaltsanzeige hat geliefert Hammer, Wiener Jahrbücher 1818, Band II, S. 89—119. (Nauwerk.)

Zweites Capitel.
Die Hyperorthodoxen.

Erster Abschnitt.
Die Dschabariten.

Die von den Kadariten angefochtene Lehre von dem decretum divinum, dem Kadar, verlangte ihre Vertheidiger. Als solche traten die Dschabariten auf; es konnte aber nicht anders seyn, als dass dieselben in ihrer Vertheidigung der orthodoxen Lehre zu dem andern Extrem kamen, oder dass sie über die orthodoxe Lehre hinausgingen. Geben wir zuerst eine Erklärung des Namens.

Das Wort dschabar, von welchem diese Secte ihren Namen hat, wird (wie Pococke S. 239 berichtet) definirt als „das Läugnen der wirklichen (positiven) Eigenschaften an dem Menschen und das Uebertragen derselben auf Gott den Erhabenen", so von Schahristani, oder „als das Uebertragen der Handlung des Menschen auf Gott", so von dem Verfasser des Mawakef und Ebnol Kassai. Das Wort dschabar bedeutet also, fügt Pococke bei, hier so viel wie das Wort kahr (القهر), d. i. Zwang; und das Wort Dschabarit bedeutet daher einen solchen, der behauptet, dass der Mensch alles gezwungen (nämlich durch die Macht der göttlichen Bestimmung gezwungen) thue, mit einem Wort einen Zwänger (Hammer übersetzt forçat) *). Von den Lexicographen wird zur Erklärung des Worts dschabar nichts anderes gesagt, als es sey das Gegentheil von kadr.

Was nun aber die Lehre der Dschabariten betrifft, so gibt Abulfaradsch, den wir auch hier wieder zu Grunde legen wollen, dieselbe also an: „Das Gegentheil der Kadariten sind die Dschabariten, welche das Handeln (aus Selbstbestimmung) und die Macht zum Handeln von Seiten des Menschen läugnen und sagen, dass Gott der Erhabene sowohl die Handlungen als die Macht zum Handeln bei dem Menschen schaffe, und dass diese Macht keinen Ein-

---

*) Maimonides (ad Pirke Aboth, Sect. 8) übersetzt das Wort madschbur durch מוכרח und das Wort dschabar durch הכרחת, d. i. necessitas, coactio. (Poc.)

fluss auf jenes Handeln habe (d. h. wohl, dass diese Macht keine freie, sondern eine gebundene sey). Es gibt auch einige unter ihnen, welche behaupten, dass der Mensch eine Macht [von Gott bekommen] habe, die einigen Einfluss auf sein Handeln habe (d. h. solche, die dem Menschen einen gewissen freien Spielraum lassen) und welche sagen, Gott sey unumschränkter Herr über seine Geschöpfe und er könne mit ihnen thun was er wolle, ohne dass Jemand fragen dürfe, warum er so oder so thue; wenn er daher alle Menschen ohne Unterschied in das Paradies einliesse, so würde das kein Unrecht seyn, und wenn er sie alle in die Hölle schickte, so wäre das wiederum keine Ungerechtigkeit, sondern er würde in jedem Falle gerecht handeln. Denn nach ihrer Meinung ist der gerecht, welcher an denen, über die er das Herrschaftsrecht hat, dasselbe übt."

Nach Abulfaradsch gibt es also zwei Parteien unter den Dschabariten, strenge und gemässigte, oder wie sie von arabischen Historikern benannt werden, reine Dschabariten und mittelhaltende. Die reinen sind diejenigen, welche dem Menschen durchaus alles freie Handeln und alle Macht zum Handeln absprechen; zu den mittelhaltenden, gemässigten, gehören diejenigen, welche der von Gott im Menschen geschaffenen Macht einigen Einfluss auf die Handlungen des Menschen zugestehen, oder diejenigen, welche dem Menschen eine gewisse Macht zugestehen, aber blos eine solche, die durchaus keinen Einfluss auf seine Handlungen habe. Schahristani will blos die Letzteren Dschabariten heissen, die Ersteren, sagt er, seyen keine Dschabariten mehr *).

Fassen wir nun zunächst die strengern oder reinen Dschabariten näher ins Auge. Nach Schahristani lehren dieselben: „Der Mensch könne keine Handlung durch sich selbst thun, auch dürfe

---

*) Maracci S. 75: Sunt autem variae scholae Gebaritarum. Prima appellatur *pura*, quae nimirum negat absolute homini actionem et potentiam ad illam. Secunda *media*, quae concedit homini potentiam, sed omnino expertem actus. Porro qui tribuit potentiae creatae exercitium et vocat illud meritum, non est Gebarita. Motazelitae vero vocant eum, qui non tribuit potentiae creatae exercitium in inchoatione et productione (اِسْتَقَلَّ لا جبريَّة) Estakalam (?) non Gebaritam.

man ihm gar kein Selbstvermögen zuschreiben, sondern er sey gezwungen bei dem was er thue; er habe keine Macht und keinen Willen und keine freie Wahl, sondern Gott schaffe in ihm alle seine Handlungen, gleichwie er sie in den leblosen Geschöpfen schaffe, und diese Handlungen werden ihm nur metaphorischer Weise zugeschrieben, wie man auch leblosen Dingen Handlungen zuschreibe, wenn man z. B. sage: der Baum bringt Früchte, das Wasser läuft, der Stein bewegt sich. Wie aber die Handlungen des Menschen Nothwendigkeit seyen, so seyen es auch der Lohn und die Strafe, und ebenso die gesetzlichen Pflichten." Aehnliches lässt sie auch Motharresi behaupten, nämlich: „Dass in der Wirklichkeit gar Niemandem freies Handeln zukomme ausser Gott allein, und dass die Menschen zu den Handlungen, die ihnen zugeschrieben werden, sich nicht anders verhalten als wie der Baum zu dem Winde, der ihn bewegt." Nach Ebnol Kassai lehrten sie: „Der Mensch habe durchaus keine Macht, weder eine wirkende, noch eine erwerbende *), sondern er befinde sich in derselben Stellung, wie die leblosen Geschöpfe. Auch werde es geschehen, dass Himmel und Hölle vergehen werden, nachdem die Menschen, je nachdem sie es verdient, in den einen oder die andere eingegangen seyn werden, so dass am Ende nichts mehr existiren werde, ausser Gott allein."

An der Spitze dieser strengen Dschabariten stand ein gewisser *Dschahm ben Safwan*, der gegen das Ende der ommiadischen Dynastie hingerichtet wurde, und dessen Anhänger nach ihm *Dschahmiten* benannt wurden. Dieser Dschahm war aber nicht blos ein schroffer Dschabarite, sondern er war merkwürdiger Weise in andern Puncten (namentlich in der Lehre von den Attributen Gottes) ein ebenso schroffer Motasilite. Er muss ein sehr heftiger, fanatischer Mensch gewesen seyn, wie aus folgendem Berichte Makrisi's (bei Sacy S. XVII) hervorgeht, wo es heisst: „Diese neue Lehre verursachte grosse Unruhen, denn Dschahm behauptete, dass Gott keine Attri-

---

*) Erwerbung, acquisitio — casb — wird genannt der concursus in actione producenda, quo sibi homo laudem vel vituperium *acquirit*. Ebnol Kassai definirt das Wort so: „Casb actio est quae dirigitur ad afferendam utilitatem vel amovendum damnum, ideoque non dicitur de actione dei utpote qui nec sibi utilitatem nec damnum acquirit." Poc. S. 240.

bute zukommen. Er erregte unter den Moslimen Zweifel, welche
für den Islam sehr traurige Folgen hatten und welche eine grosse
Menge von Uebeln herbeiführten. Kurz vor dem Ende des ersten
Jahrhunderts der Hedschra hatte seine Lehre, welche bis zum Tatil
(d. h. bis zur Aufhebung jeder Handlung Gottes) ging, schon viele
Anhänger. Die Lehrer des Islam hatten einen grossen Abscheu vor
seiner Lehre, sie überboten sich in dem Eifer, sie zu verdammen,
und zu erklären, dass wer ihr folge, im Irrthum sey. Sie warnten
die Moslimen, keinen Umgang mit den Dschahmiten zu haben, erklärten sich in Hinsicht auf das, was Gott betrifft, als ihre Feinde,
verdammten diejenigen, welche ihre Schulen besuchten, und verfassten Bücher sie zu widerlegen, wie das allen denjenigen bekannt ist,
welche diese Dinge studirt haben." Sacy berichtet in der Note zu
dieser Stelle noch Folgendes über diesen Dschahm: „Er läugnete
alle Attribute Gottes und wollte nicht, dass man Gott dieselben
Eigenschaften gebe, mit welchen man die Creaturen bezeichne; er
behauptete, der Mensch habe zu nichts Macht, und man könne ihm
weder Macht noch Fähigkeit zum Handeln beilegen; Himmel und
Hölle werden aufhören zu seyn, die Bewohner des einen und der
andern werden aller Bewegung beraubt werden. Ferner behauptete
er, dass wer Gott [und die Wahrheit] erkannt habe, seinen Glauben aber nicht bekenne, deshalb noch kein Ungläubiger sey, weil
das Stillschweigen, das er halte, die Erkenntniss die er habe, nicht
aufhebe, und er deshalb nicht weniger gläubig sey." (Die Motasiliten hiessen einen solchen einen Ungläubigen, vgl. Beidhawi in
Sacy's Anthologie S. 17.) „Die Motasiliten, fügt Sacy bei, erklärten
den Dschahm für einen Gottlosen, weil er läugnete, dass der Mensch
Herr seiner Handlungen sey; und die Sunniten (d. h. die Orthodoxen) thaten dies, weil er die göttlichen Attribute läugnete, weil
er behauptete, dass der Koran geschaffen sey, und weil er nicht
glauben wollte, dass man Gott am jüngsten Tage sehen solle. Er
behauptete auch, dass man befugt sey, gegen einen Fürsten sich zu
erheben, wenn er seine Macht missbrauche *)."

---

*) Bei Hammer a. a. O. liest man über die Dschabariten und ins-
besondere die Dschahmiten Folgendes: Les Djeberiyé, c. a. d. les forçats,
enseignent que toutes les actions de l'homme sont forcées, ou médiate-
ment ou immédiatement. Les uns attribuent à l'homme la faculté d'ac-

Zur Begründung ihrer Ansicht beriefen sich die strengen Dscha
bariten, welche dem Menschen absolut alle freie Willensthätigkeit
absprechen, auf Aussprüche Muhammeds (wie wir dies auch ihre
Gegner, die Kadariten, haben thun sehen, s. S. **3** oben), wie z. B.
auf folgenden. Nach der prophetischen Ueberlieferung sollen Adam
und Moses vor Gott folgendes Gespräch geführt haben: „Moses:
Dich, o Adam, hat Gott mit seiner Hand erschaffen, er hat dir
seinen Geist eingehaucht, hat den Engeln befohlen, dich anzubeten, und dich ins Paradies gesetzt; deine Sünde aber war schuld,
dass die Menschen aus dem Paradies geworfen wurden. Adam:
Dich, Moses, hat Gott sich zum Gesandten gewählt; er hat dir sein
Wort anvertraut, indem er dir die Tafeln gab, auf welchen Alles
erklärt ist, und er hat dir eine Unterredung mit sich vergönnt; wie
viele Jahre vor meiner Erschaffung findest du, dass das Gesetz von
Gott geschrieben worden? Moses: Vierzig Jahre. Adam: Und hast
du darin die Worte geschrieben gefunden: Adam ist von seinem

---

quérir (casb S. 33) du mérite d'une action sans qu'il fasse de l'impression lui même; d'autres comme les Djehemites, disciples de Djehem fils
de Safwan, nient et l'impression et l'acquisition du mérite. Ils disent
que les hommes n'ont pas plus de pouvoir et de volonté que les mi-
néraux, que dieu ne sait point les choses avant qu'elles existent et les
événements avant qu'ils arrivent, et que la parole de dieu est créée. —
Marracci berichtet über die Dschahmiten also: Gehamitae, asseclae Ge-
hami, filii Sephuani, qui fuit ex Gebaritis puris, et convenit cum Motazelitis in negatione attributorum aeternorum; quaedam vero addidit ex
propria sententia. Primo: non posse praedicari de creatore attributum,
quod praedicatur de creatura; hoc enim ostenderet, similitudinem esse
inter creaturam et creatorem. Secundo: dari scientias de novo productas in deo excelso (لا في محل i. e. non in certo ac determinato loco
et tempore). Tertio: tot esse scientias de novo productas, quot sunt
scibilia. Quarto: hominem nihil posse nec praedicari de eo facultatem
activam, sed cogi ac necessario adigi ad opera sua, et carere potentia,
voluntate et arbitrio, sed deum producere in eo operationes ejus, sicut
producit in reliquis rebus. Quinto: praemium et poenam esse per
coactionem, sicut coacte fiunt opera. Sexto: paradisum et gehennam
leviora fieri post ingressum animarum in ea; et delectationem beatorum
percipi ex voluptate utriusque, sicut poena damnatorum percipitur ex
eo, quod apprehendunt mali in utroque (i. e. in paradiso et gehenna).
Septimo: eum qui habet notitiam fidei in corde suo, et lingua negat eam,
non esse infidelem ob negationem suam.

Herrn abgefallen und hat sich verirrt. Moses: Ja. Adam: Wie kannst du daher mich für etwas verantwortlich machen, wovon Gott vierzig Jahre vor meiner Erschaffung geschrieben, dass ich es thun werde? Und so hat, sprach Muhammed, Adam den Moses besiegt und zwar doppelt." Ein anderer Ausspruch Muhammeds, auf den sich die Dschabariten berufen, lautet: „Glücklich ist, wer glücklich gewesen ist in dem Leibe seiner Mutter, und unglücklich ist, wer unglücklich gewesen ist in dem Leibe seiner Mutter" (d. h. wer dazu prädestinirt worden).

Gehen wir nun zu den gemässigten Dschabariten über, deren Ansicht in der Mitte steht zwischen der kadaritischen und streng dschabaritischen. Zu ihnen gehören die *Nadschariten*, Anhänger des *Hasan ben Muhammed al Nadschar*, die *Darariten*, Anhänger des *Darar ben Amru*, und (nach dem Verfasser des Mawakef und nach Ebnol Kassai) die *Aschariten*.

Die Erstern, die *Nadschariten*, lehrten nach Schahristani: Gott schaffe alle Werke der Menschen, sowohl die guten wie die bösen, die schönen, wie die hässlichen; aber der Mensch sey es, der sich dieselben zu eigen mache. Auch gestehen sie der in den Menschen [durch Gott] geschaffenen Macht einen gewissen Einfluss oder Eindruck auf ihre Handlungen zu, welchen sie Aneignung (casb) nennen*).

---

*) Nach Hammer und Marracci zerfallen die Nadschariten in drei Parteien. Hammer: Les Nedjariyé, disciples de Muhammed fils d'Houssain en Nedjar, s'accordent avec les orthodoxes (Sunnites) dans l'opinion que les actions sont créées et que la demande de l'obeïssance doit accompagner l'action. Avec les Schiites ils s'accordent à nier les attributs positifs et à soutenir que la parole de dieu n'est pas éternelle, mais produite dans le temps. Les trois branches, les *Berghoussiyé, Zaaferaniyé* et *Mostedriké* diffèrent seulement dans leurs opinions sur la parole de dieu. — Marracci: Nagiaritae, asseclae Hoseini filii Mohammedi, cognomento Nagiari: cujus sententiam plerique Motazelitarum sequuntur. Et quamvis ipsi dividantur in sectas, non tamen dissentiunt in effatis fundamentalibus. Sunt autem *Zaaphranitae, Barghutitae, Mostadrakitae.* Conveniunt vero cum Motazelitis in rejectione attributorum scientiae, potentiae, voluntatis, auditus, visus et vitae. Cum Saphatitis (s. unten S. 45) autem, in productione operum. Et inter eorum asserta est: deum velle se ipsum, sicut novit se ipsum; velle item bonum ac malum, et utile ac noxium; et eum producere opera hominum, hominem vero per ea mereri. Denegant visionem dei per oculos corporeos in

Ganz ähnlich lehren die *Darariten:* Die Handlungen des Menschen seyen wirklich von Gott geschaffen, der Mensch aber eigne sich dieselben wirklich an *).

Näher auf die Sache ging *Aschari* ein, dem es besonders ernst gewesen zu seyn scheint, eine Annäherung und Vereinigung der verschiedenen Parteien zu Stande zu bringen. Derselbe hat, nach Schahristani, gelehrt: Der Wille Gottes sey ein einiger, ewiger, der sich auf alles was er wolle, sowohl in Hinsicht auf seine eigenen Werke als auf die Werke der Menschen beziehe, auf die letztern insofern, als sie von ihm erschaffen seyen, nicht insofern, als sie von den Menschen angeeignet würden. Darum, fügt Schahristani bei, sagt denn Aschari auch: Gott will Alles, das Gute sowohl wie das Böse, das Nützliche sowohl wie das Schädliche. Da er aber Willen hat und [Vorher]Wissen, so will er von den Menschen nichts anderes, als was er [von ihnen] weiss, und er hat der Feder befohlen, dass sie Alles in dem bei ihm aufbewahrten Buche aufschreibe. Das nun ist sein Urtheil und sein Rathschluss und seine Bestimmung, wovon

---

paradiso. Deinde asserunt, deum convertere virtutem, quae est in corde, ad oculum, ut comprehendat ipsum deum per cognitionem: et haec est visio. Barghutitae autem dicunt, sermonem dei, dum legitur, esse accidens; cum autem scriptum fuerit, esse corpus. Zaaphranitae vero dicunt, sermonem dei esse aliud ab eo; omne autem, quod est aliud ab eo, est creatum. Mostadrakitae item dicunt, sermonem dei esse aliud ab eo et creatum, quamvis Mahumetus dixerit, sermonem dei esse increatum, significans alium sermonem scriptum aliis characteribus ab iis, quos nobis tradidit.

*) Bei Marracci findet sich über die Darariten Folgendes: Quinta (schola Gebaritarum) Dararitae et Haphsitae, asseclae Darari filii Amrui, et Haphsi filii Alcardi; et in ea secta conveniunt ambo in faciendo deum otiosum (oder nach Andern: in assignandis attributis dei per negationem privationis seu defectus). Nam cum dicunt, deum esse scientem et potentem, intendunt dicere, non esse ignorantem nec imbecillem. Tribuunt etiam deo quidditatem seu formam quandam, quam non novit nisi ipse, et desumpserunt eam ab Abu Honeipha. Asserunt etiam, hominem habere sextum sensum, quo visurus sit deum die resurrectionis. Praeterea, pontificatum competere etiam aliis praeter Corasinos; ita ut, si simul conveniant Corasinus et Nabataeus, praeferre debeamus Nabataeam, eo quod hic sit minor numero; et ubi adversetur legi, possumus illum deponere. Demnach waren die Darariten zugleich Motasiliten. Vgl. auch Sacy S. XXXIX seiner Einleitung. Anm. 2.

nichts verändert oder umgangen werden kann. Aschari musste demnach, bemerkt Schahristani, auch zugeben, dass es Gebote für den Menschen gebe, deren Erfüllung nicht in seiner Macht liege. Aschari lässt also dem Menschen eine gewisse Macht zukommen, doch ist das keine solche, die irgend etwas Neues oder Eigenes (von Gott nicht Gewusstes oder nicht Gewolltes) hervorbringen könnte; wie dies noch deutlicher aus folgender Stelle hervorgeht, wo er sagt: „Gott hat seine Wege (Regeln) so geordnet, dass er entweder *nach* der [von ihm im Menschen neu]erschaffenen Macht oder *unter* derselben und *mit* derselben zur freien Disposition des Menschen stehende Handlungen erschafft, die der Mensch [wenn er will] sich aneignen kann; und diese zur Disposition des Menschen stehenden Handlungen werden casb, Aneignung, genannt. Diese Handlungen aber stehen sowohl hinsichtlich ihres Erschaffenseyns von Seiten Gottes in der Ewigkeit oder in der Zeit, als auch hinsichtlich ihrer Ausführung oder Aneignung von Seiten des Menschen unter der Macht Gottes."

Auf ähnliche Weise stellt auch der Verfasser des Scharkhol Mawakef die ascharitische Lehre dar, indem er sagt: „Die der Wahl des Menschen anheimgestellten Handlungen stehen einzig und allein unter der Macht Gottes; in des Menschen Macht sey keine Einwirkung auf jene Handlungen (d. h. die Menschen können dieselben nicht selber hervorbringen), sondern der preiswürdige Gott habe die Ordnung getroffen, dass er in den Menschen eine Macht und Wahlfähigkeit gelegt habe, und dass er dann, wenn er (Gott) es nicht verhindere, eine von ihm gewusste (gewollte), durch des Menschen Macht und Wahlfähigkeit ausgeführte, Handlung entstehen lasse. Die Handlungen der Menschen seyen also von Gott, in der Ewigkeit oder in der Zeit, erschaffen, werden aber von den Menschen ausgeführt oder angeeignet; die Aneignung von Seiten des Menschen bestehe aber in nichts anderm als in dem Gebrauch seiner Macht oder seines Willens, welche jedoch nicht von der Art seyen, dass sie irgend einen Einfluss oder Eindruck auf das Entstehen der Handlungen selbst haben könnten."

Der Verfasser des Scharkhol Tawalea' gibt die verschiedenen Modificationen der semidschabaritischen Lehre also an: „Der Scheikh *Abul 'Hasan Aschari*, sagt er, hat gelehrt, dass alle Handlungen der Menschen unter der Macht Gottes stehen, sie seyen von ihm erschaffen, und die Macht des Menschen habe durchaus keinen Einfluss auf das von Gott Bestimmte, sondern die Macht des Menschen und das von Gott Bestimmte (die prädestinirten Handlungen) fallen beide unter die Macht Gottes." Der Kadhi *Abu Bekr* dagegen lehrte: „Die Substanz der Handlungen des Menschen stehe unter der Macht Gottes, das Werden dieser Handlungen aber zum Gehorsam, wie z. B. zum Gebet, oder zum Ungehorsam, wie z. B. zur Hurerei, das seyen Accidenzien der Handlungen, die unter der Macht des Menschen stehen." Der *Imam der beiden heiligen Städte* (Mekka und Medina) und *Abul 'Hasan* (oder Abul Hosein), der Bassrenser, und andere Gelehrte sagten: „Die Handlungen der Menschen stehen unter einer Macht, welche Gott in den Menschen erschaffen habe. Gott lasse nämlich in den Menschen Macht und freien Willen entstehen, dann aber lasse diese Macht und dieser freie Wille des Menschen das von Gott Bestimmte entstehen." Der Lehrer *Abul 'Hasan* (Abu Ishak nach Sacy) endlich, bemerkt der genannte Schriftsteller, lehrte: „Das was Einfluss habe auf die Handlungen des Menschen, sey gemeinschaftlich die Macht Gottes und die Macht des Menschen." Nachdem der Verfasser des Scharkhol Tawalea diese verschiedenen semidschabaritischen Ansichten mitgetheilt, fährt er also fort: „Die Alten (Gläubigen) haben, da sie einerseits einen offenbaren Unterschied wahrzunehmen glaubten zwischen den Handlungen der Menschen und den Hervorbringungen der leblosen Geschöpfe, welche keine Kenntniss und Wahlfähigkeit haben, andererseits aber auch den Satz glaubten festhalten zu müssen „„dass Gott der Schöpfer aller Dinge sey""", somit auch der Schöpfer der menschlichen Handlungen, — die Alten haben aus diesem doppelten Betracht einen mittlern Weg eingeschlagen und gelehrt: Die Handlungen des Menschen stehen unter der Macht Gottes und der Aneignung des Menschen (d. h. werden von Gott geschaffen, von dem Menschen aber angeeignet); Gott habe nämlich die Ordnung getroffen, dass, wenn ein Mensch seinen Sinn zum Gehorsam neige, er (Gott) in ihm die Handlung des Gehorsams schaffe, und wenn er seinen Sinn zum Ungehorsam neige, Gott in ihm die Handlung des Ungehorsams schaffe. Auf diese Weise sey der Mensch der Quasi-Hervorbringer seiner Handlungen, nicht aber der wirkliche Hervorbringer derselben." Doch, fügt er bei, werden auch bei dieser Darstellung nicht alle Schwierigkeiten gehoben, da ja auch jene Neigungen der Seele [entweder zum Gehorsam oder zum Ungehorsam] für Gottes Werk erklärt werden können, mit welcher Annahme dem Menschen aller Einfluss auf seine Handlungen oder alle Aneignung oder Mitwirkung genommen würde. Wegen solcher Schwierigkeiten haben daher, setzt er bei, die Alten sich auf keine weiteren Untersuchungen dieses Gegenstandes einlassen wollen: da es bei allen Disputationen über diese Sache meistens auf nichts anderes hinauskomme, als entweder darauf, dass alle Gebote und Verbote unnöthig seyen, oder darauf, dass Gott Genossen seiner Macht habe. Andere, bemerkt er noch, welche sich genauer haben ausdrücken wollen, haben folgende Formel gebraucht: „Die Handlungen der Menschen seyen nicht Handlungen des Zwangs, aber auch nicht Handlungen der Willkühr, sondern sie seyen etwas zwischen diesem Beidem *)." Gott schaffe nämlich im Menschen Macht und Willen und bereite diese so, dass sie Einfluss auf seine (des Menschen) Handlungen haben; sie, diese Macht und dieser Wille des Menschen, bringen sodann die Werke zur Ausführung. Alles nämlich, was von Gott erschaffen werde, werde zum Theil unmittelbar von ihm erschaffen, zum Theil durch gewisse Mittel und Ursachen; nicht als ob diese Mittel und Ursachen an sich nothwendig wären zur Hervorbringung irgend eines Werkes, sondern Gott habe sie dem Menschen angeschaffen und habe die Ordnung getroffen, dass sie mitwirken, und so seyen denn die der Wahl unterworfenen Werke, welche dem Menschen zugeschrieben werden, *von Gott erschaffen, der Macht des Menschen aber anheimgegeben*, — jener Macht nämlich, die Gott im Menschen erschaffen, auf dass sie zur Ausführung der Werke mitwirke. „Doch, schliesst unser Referent, es ist rathsamer, in dieser Sache den Weg der Alten einzuschlagen und darüber keine näheren Untersuchungen anzustellen, und zu sagen: Gott allein kann hier das Rechte wissen **)."

---

*) So sagt der Schiite *Mohammed Ebn Ali al Baker:* esse rem in medio inter duo extrema positam, ut nec sit coactio, nec libera permissio. Poc. S. 259.

**) Wir fügen hier noch die Ansicht des Schiiten Muhammed Ebn Ali al Baker bei, der lehrte: „deum velle in nobis aliquid, et velle a nobis aliquid; et quod in nobis vult hoc a nobis occultasse, quod autem a nobis vult hoc nobis revelasse. Quid autem rei est quod circa ea quae in nobis vult deus occupati, ea quae a nobis vult neglectui habeamus?" Poc. S. 259.

Noch ist der semidschabaritische Begriff von Gerechtigkeit näher ins Auge zu fassen. Der motasilitischen Ansicht entgegen, nach welcher die Gerechtigkeit darin besteht, dass was der Verstand für gut befunden, richtig und gehörig ausgeführt werde, lehren nämlich die Semidschabariten: „Gott sey gerecht in seinen Werken, d. h. er bewege sich in seinem Reich und Besitzthum, thue da was er wolle und beschliesse was ihm gutdünke; denn die Gerechtigkeit bestehe darin, dass eine Sache an ihren Platz gestellt werde, oder dass einer sich in seinem Gebiet nach seinen Willensbestimmungen bewege *); während die Ungerechtigkeit darin bestehe, dass einer sich in dem Gebiet eines Andern bewege, was, fügt Schahristani bei, von Gott nicht denkbar ist, weil er aller Dinge Herr ist." Auch in diesem Puncte ging Aschari etwas näher auf die Sache ein. Er behauptete nach Schahristani: „Gott, der Regent der von ihm geschaffenen Welt, thut was er will und beschliesst was ihm gefällt. Und wenn er alle Creaturen in das Paradies eingehen liesse, so wäre das kein Unrecht von ihm, und wiederum, wenn er sie alle in die Hölle schickte, so wäre das keine Ungerechtigkeit: denn Ungerechtigkeit ist, wenn einer sich in dem bewegt, was nicht in sein Gebiet gehört (d. h. wenn er etwas thut, wozu er kein Recht hat), oder wenn man eine Sache an einen ungehörigen Platz stellt. Da nun aber Gott unumschränkter Herr aller Dinge ist, so kann bei ihm von keiner Ungerechtigkeit oder Unbilligkeit die Rede seyn." Und an einer andern Stelle sagt Aschari: „Das Auferlegen von Befehlen sey für Gott nichts nothwendiges, da für ihn daraus weder Nutzen noch Schaden entstehen könne. Er habe die Macht, den Menschen entweder zu belohnen oder zu bestrafen, wie auch ihnen Gnade angedeihen zu lassen, aus freiem Willen. Wenn er den Menschen belohne oder ihm irgend Gutes zukommen lasse, so sey das von seiner Seite reine Gnade (ohne Verdienst des Menschen), wenn er aber den Menschen strafe und züchtige, so sey das blos Gerechtigkeit, und da dürfe man nicht, wie es viele Leute machen, fragen: warum er so gehandelt."

Makrisi (bei Sacy II, S. 473 Anm.) gibt von der Lehre Aschari's folgende Darstellung. „Er, sagt er, lehrte, dass alle verbindenden

---

*) Diese Lehre, bemerkt Sacy II, S. 472, stimmt mit der des Koran, Sur. 17, 15 u. 16, überein.

Pflichten auf die durch das Organ des Gehörs erhaltene Belehrung gegründet seyen; dass die Vernunft keinerlei Pflicht auferlege, dass sie nichts weder billige noch verwerfe; dass die Erkenntniss Gottes, die Dankbarkeit für erhaltene Wohlthaten, die Belohnung des Gehorsamen, die Bestrafung des Widerspenstigen, dass dies alles gegründet sey auf das Zeugniss des Gehörs, und nicht in der Vernunft. Er gab nicht zu, dass Gott verbunden sey, das Gute zu thun oder auf die beste Weise zu handeln oder Güte zu beweisen; vielmehr behauptete er, dass das Vergelten, das Gute, die Güte, die Wohlthaten nichts anderes seyen als Erweise seiner lauteren Freigebigkeit (Gnade); dass Gott keinerlei Nutzen habe von der Dankbarkeit des Menschen, der ihm Dankopfer darbringe, wie auch keinerlei Schaden von der Undankbarkeit des Undankbaren; dass seine Grösse und Heiligkeit über solches alles weit erhaben sey. Er lehrte, dass die Sendung der Gesandten Gottes Statt haben kann, aber dass sie nicht nothwendig, wie auch dass sie nicht unmöglich sey, und dass, wenn Gott einen Gesandten sende, der aus seiner (Gottes) Macht wunderbare Thaten verrichte und die Menschen zu Gott rufe und einlade, man verbunden sey, ihm das Ohr zu leihen, seine Worte zu hören, seinen Befehlen zu gehorchen und dessen sich zu enthalten, was er verbietet." Wir werden auf Aschari im nächsten Abschnitt zurückkommen.

Der Verfasser des Scharkhol Tawalea fasst das von den Semidschabariten in Betreff der Gerechtigkeit Gottes Gelehrte kurz also zusammen: „Der Lohn ist Gnade (fadl) von Gott, und die Strafe Gerechtigkeit ('adl); Gehorsam aber ist Hinweisung auf zukünftigen Lohn, und Ungehorsam ist ein Zeichen nachfolgender Strafe." Und an einer andern Stelle: „Die guten Werke sind Ankündigungen von Heil, und die schlechten Werke sind Anzeichen von Unheil *)."

Werfen wir, nachdem wir nunmehr die verschiedenen Ansichten der Dschabariten vernommen haben, noch einen zusammenfassenden Rückblick auf diese Secte.

---

*) Dieselbe Ansicht ist in der von dem Schiiten Muhammed Ebn Ali al Baker gebrauchten Gebetsformel ausgesprochen, welche also lautet: „O deus, tibi laus est si tibi obsecutus fuero, et tibi ratio [ob quam condemner] si in te rebellis fuero; non est mihi nec alii cuipiam beneficentia, cum bene fecerimus, nec mihi nec alii cuipiam ratio [qua excusemur] cum male fecerimus." Pec. S. 259.

1) Die *schroffen* oder *reinen Dschabariten* sind die einzigen consequenten, aber ihre Consequenz (wie jede zu weit getriebene Consequenz) führte sie zu den absurdesten Behauptungen. Sie standen nämlich nicht an zu behaupten, dass der Mensch Gott gegenüber sich nicht anders verhalte als wie ein Baum oder Stein, dass es daher blosse Metapher sey, wenn man von einem Menschen sage, er habe das oder das gethan. Sie machten also den Menschen zu einem Ding, zu einer Maschine, indem sie ihm alle Selbstthätigkeit raubten. Diese Lehre, welche für die Sittlichkeit gefährlich erschien, dieweil in Folge derselben alle Gebote und Verbote als etwas Ueberflüssiges erscheinen konnten, oder dieweil es nach derselben als ganz einerlei erscheinen konnte, was der Mensch thue, ob Gutes oder Böses, — fand an denen, welche sich zu Glaubenshütern berufen fühlten, den orthodoxen Theologen, die eifrigsten Gegner; wie denn auch andererseits die freier Denkenden, die rationalistischen Theologen, diese Lehre als eine dem gesunden Menschenverstand widersprechende mit aller Macht bekämpften. Die reinen Dschabariten scheinen auch durch die genannten zweierlei Gegner in ziemlich engen Schranken gehalten worden zu seyn und nie einen besonders grossen Anhang gewonnen zu haben.

2) Die *gemässigten Dschabariten.* Das Bestreben dieser war, zu vermitteln, nämlich die Vernunft mit dem Dogma, oder die Ansprüche des gesunden Menschenverstandes mit gewissen Sätzen des Koran. Dabei haben sich die Einen mehr auf die Seite der Vernunft, die Andern mehr auf die Seite des Dogma's geneigt.

a) Die Erstern lehrten: Gott allein zwar sey der Schöpfer aller Handlungen der Menschen, sowohl der guten als der bösen, der Schöpfer alles dessen was geschehe, ohne ihn (seinen Willen) könne nichts geschehen; aber sie legen dabei dem Menschen eine Macht der Aneignung und Abweisung bei, die er von Gott erhalten, eine Macht, die ihn, je nachdem er dieselbe entweder zum Guten oder Bösen gebrauche, entweder des Lohnes oder der Strafe würdig mache. Diese Ansicht zählte, als die praktischste und klarste, die meisten Anhänger (zu ihr bekannten sich die Nadschariten und Darariten [auch die Hafsiten nach Marracci], ferner der Kadhi Abu Bekr, der Imam Abul ʿHasan u. s. w.; auch was der Verfasser des Scharkhol Tawalea „die Ansicht der Alten" heisst, gehört hieher); sie ist auch in der That am meisten geeignet, verschiedene Ansprüche auf gleiche Weise zu befriedigen, nämlich die des Glaubens und die der Vernunft, wenn, könnte man sagen, dieselben bescheiden sind.

b) Die Andern glaubten im Interesse des Dogma's von der alleinigen Urheberschaft Gottes die von den obengenannten Dschabariten schon sehr beschränkte Macht des Menschen noch mehr beschränken zu müssen. Die Menschen, lehrten sie, können durch die ihnen von Gott verliehene Macht sich eines Lohnes nicht würdig machen, oder keinen Lohn *verdienen;* sondern wenn ein Mensch von Gott belohnt werde, so sey das reine Gnade Gottes, und wenn einer bestraft werde, so sey das blos Gerechtigkeit. Die Macht des Menschen ist ihnen also blos eine Scheinmacht. An der Spitze dieser Dschabariten steht Aschari, dessen Lehre von verschiedenen Schriftstellern ziemlich verschieden dargestellt wird, wovon der Grund in der Unklarheit derselben liegen dürfte.

Wenn wir nun auch auf die Kadariten oder Motasiliten zurückblicken, so können wir drei Hauptansichten über das Kadar, die Macht Gottes und die Freiheit des Menschen unterscheiden, von denen jede wieder verschiedene Modificationen hat.

Die *erste* ist die der Motasiliten oder Kadariten. Diese lassen dem Menschen, um Gott aller Urheberschaft des Bösen zu entbinden, volle Freiheit zum Guten wie zum Bösen. Die *zweite* ist die der reinen Dschabariten. Diese lassen, um Gott nicht Mitgenossen seiner Herrschaft zu geben, ihn auch den Urheber des Bösen seyn, und nehmen dem Menschen alle Freiheit, machen ihn zur blossen Maschine. In der Mitte zwischen diesen beiden Ansichten steht *drittens* die der gemässigten Dschabariten, welche zwar Gott über Alles Herr seyn lassen, dabei aber auch dem Menschen eine gewisse, mehr oder weniger beschränkte Macht einräumen. Wir haben also im Islam wie im Christenthum Pelagianer, Augustinianer und Semipelagianer.

Zweiter Abschnitt.

Die Ssefatiten und Moschabbihten.

Muhammed hatte im Koran Gott einen Ewigen, Lebendigen, Allwissenden, Allmächtigen u. s. f. genannt; er hatte ihm ausser diesen göttlichen Eigenschaften auch noch, so zu sagen, menschliche Eigenschaften beigelegt, wenn er von einem Antlitz, einer Hand, einem Mund Gottes sprach. Niemandem fiel es ein, an jener erstern Art der Eigenschaften Gottes zu zweifeln oder ihm solche abzusprechen; und in Betreff der andern Art, so fand Niemand Anstoss daran (man nahm sie wohl für das, was sie waren, für Anthropomorphismen). Die ersten Theologen suchten blos die verschiedenen Eigenschaften Gottes unter gewisse Classen zu bringen, ohne dass sie dadurch einen wesentlichen Unterschied zwischen denselben angenommen hätten. Sie unterschieden 1) *wesenhafte* (ruhende), 2) *schaffende* und 3) *beschreibende* Attribute. Zu den wesenhaften zählten sie die der Ewigkeit und Lebendigkeit, zu den schaffenden die der Allmacht, Allwissenheit u. dgl., zu den beschreibenden die der Hände, des Antlitzes u. dgl.; über die letztern enthielten sie sich aller nähern Bestimmungen, indem sie blos zu sagen pflegten: „Solche (Attribute) sind im Gesetzbuche ausgesprochen und wir nennen sie beschreibende."

Nun trat aber zu Anfang des zweiten Jahrhunderts d. H., durch die griechische Philosophie geweckt, die Secte der Motasiliten ins Leben. Diese läugneten, wie wir oben S. 10 gesehen haben, aus Furcht der Vielgötterei, alle Attribute Gottes, oder machten wenigstens wesentliche Unterschiede zwischen diesen Attributen. Aber das alte Dogma von den Attributen Gottes fand bald seine Vertheidiger, von denen natürlicher Weise, wie immer, ein Theil weit über das Dogma hinaus und zum andern Extrem überging. Diese Vertheidiger des alten Dogma's sind die *Ssefatiten*, so benannt, weil sie Gott *ssefat* d. i. Eigenschaften zuerkannten, wie ihre Gegner, die Motasiliten, in dieser Hinsicht Moathiliten, d. i. Entzieher der Eigenschaften Gottes, genannt wurden. Die Ssefatiten stehen also zu den Motasiliten in demselben Verhältniss, wie die Dschabariten zu den Kadariten. Ein Theil dieser Ssefatiten schritt von der Annahme von Attributen Gottes zu einer etwas gar zu weit getriebenen Vergleichung Gottes mit dem Menschen, welche in crassen Anthropomorphismus auslief. Dies sind die Moschabbihten, d. i. Vergleicher oder Anthropomorphisten.

Vernehmen wir nun das Nähere über die Lehre sowie über die Lehrer und Anhänger dieser Secte. Abulfaradsch zuvörderst lässt sich also hierüber vernehmen: „Den Motasiliten entgegen sind die Ssefatiten, welche Gott ewige Attribute, z. B. Wissen, Macht, Leben und andere dergleichen zuerkennen. Einige von ihnen schrieben Gott auch nicht blos Attribute wie Hören, Sehen, Sprechen zu, sondern sogar auch einen Körper, und behaupteten: dass, wenn im Koran vom Sitzen Gottes auf einem Throne, vom Erschaffen durch die Hand Gottes und ähnlichen Attributen Gottes die Rede sey, man dieselben nicht anders als im eigentlichen Sinn zu nehmen und dass man nicht zu einer allegorischen Erklärung derselben sich zu wenden habe. Doch Einige von ihnen, wie Abul 'Hasan Aschari und Andere, welche der Scholastik ergeben waren, sind dem Vergleichen der Eigenschaften Gottes mit denen des Menschen entgegen; und das ist die Ansicht derer, welche an die traditionellen Aussprüche Muhammeds und seiner Genossen glauben. Und so ist die Lehre der Ssefatiten in die der Ascharíten übergegangen." -

Es sind demnach, wie es zweierlei Arten von Dschabaríten gibt, auch zweierlei Arten von Ssefatiten zu unterscheiden, schroffe und gemässigte, welche letzteren wiederum in zwei Unterarten auseinandergehen. Fassen wir zuerst die *schroffen Ssefatiten* oder die Moschabbihten näher ins Auge. Diese glaubten, im Gegensatz gegen die Motasiliten, Gott nicht blos alle möglichen Attribute, sondern sogar auch einen Körper beilegen zu müssen. Sie behaupteten nach Schahristani: „Ihr Angebeteter (d. i. Gott) sey eine Gestalt, aus Gliedern und Theilen, sowohl geistigen als körperlichen, bestehend, von der man sagen dürfe, dass sie sich bewege, und herab- und hinaufsteige. Sie gaben auch zu, dass Gott berührt und mit Händen gegriffen werden könne, und sagten, dass die Reinen unter den Gläubigen ihn sowohl in dieser Welt als in der andern umfassen können, wenn sie in der Selbstverläugnung und dem Tugendeifer zu dem Ziele der Reinheit und der Verbindung mit ihm gekommen seyen; ja sogar dass er in dieser Welt mit den Augen gesehen werden könne und dass er sie (die Reinen) sehe und sie ihn." Eine bedeutende Rolle unter diesen Anthropomorphisten hat ein gewisser

Keram (Abu Abdallah Sedschestani) gespielt, von welchem Makrisi (bei Sacy I, Einl. S. XIX) uns Folgendes berichtet: „Er behauptete die Existenz göttlicher Attribute und trieb dieses Dogma so weit, dass er Gott einen Körper und eine Gestalt, ähnlich dem Körper und der Gestalt der Creaturen, zuschrieb. Er machte die Pilgerreise nach Mekka, kam von da nach Syrien, starb 256 d. H. in Zogar und wurde in Jerusalem beerdigt. Es waren in diesem Lande mehr als zwanzigtausend Anhänger von ihm, die ein frommes und sehr ernstes Leben führten, ohne diejenigen zu zählen, welche er in den östlicheren Gegenden hatte und deren Zahl sich nicht berechnen liess. Er war Imam der beiden Secten der Schafeïten und der Hanefiten. Zwischen den Keramiten und den Motasiliten fanden Streitigkeiten und Kriege in grosser Zahl und zu verschiedenen Zeiten Statt." Nach Schahristani waren es zwölf Arten von Keramiten *)-

---

*) Bei Marracci werden die Keramiten als die dritte Secte der Ssefatiten (als die erste werden genannt die Ascharíten, als die zweite die Moschabbihten) aufgeführt und Folgendes über sie berichtet: Caramitae, qui dicuntur etiam Hasciavitae, Calamitae et Mogiassemitae, sunt asseclae Mohammedi Abu Abdallah Caramitae, quem inter Saphatitas numeravimus, quia propugnat attributa dei; nisi quod in illis devenit ad ponendam corporeitatem in deo et similitudinem cum creaturis. Dividuntur autem in duodecim sectas; sed praecipuae sunt sex: Abeditae, Baunitae, Dauscitae, Ashaphitae, Vaheditae, et propiores ipsis sunt Haidamitae. Opinio Caramitae fuit quod deus ille quem colebat requiesceret super thronum, quem ex parte superiori volebat esse essentiam, et absolute tribuebat ei nomen substantiae, affirmans partim esse essentiam, partim substantiam; et ipsum (deum) contingere thronum eique adhaerere ex parte superiori. Et concessit in eo translationem et mutationem et descensum. Quidam porro ex his dicunt, illum sedere super quandam partem throni. Alii id negant et volunt, eum sedere super totum thronum. Alii opinantur eum sedere in convexo seu declivi throni. Deinde cum dissiderent invicem, dixerunt Abeditae: inter deum et thronum tantam esse distantiam, ut, si mensuraretur studiose, cum lapidibus pretiosis (qui sunt in throno) pertingeret ad illum. Haidamitae vero dixerunt: inter deum et thronum tantum esse intervallum, quantum pertingi vel confici non possit, et ipsum (thronum) esse intermedium mundo intermediatione perpetua; et negant partem declivem seu inferiorem illius, et adstruunt superiorem et intermediam. Et quidam absolute admittunt in deo vocem corpoream. Et dicunt his proximi, deum stare in essentia sua.

Andere Ssefatiten gingen in der sinnlichen Vorstellungsweise von Gott noch weiter. So soll ein gewisser *David Dschawari* (al Jawariensis) behauptet haben: Sein Gott sey Leib und Fleisch und Blut; er habe Theile und Glieder, wie z. B. Hände und Füsse, ein Haupt und eine Zunge, Augen und Ohren; doch sey sein Körper nicht wie andere Körper, sein Fleisch nicht wie anderes Fleisch, sein Blut nicht wie anderes Blut, und so sey es mit allen andern Eigenschaften; überhaupt sey er keiner der Creaturen gleich und nichts sey ihm gleich. Auch soll er behauptet haben: Gott sey hohl vom Scheitel bis auf die Brust, von da nach unten aber dicht, er habe schwarzes Haar und ein krauses Kopfhaar.

Ein anderer Ssefatite, *Hescham ben Salem Dschulaki*, dessen Anhänger nach ihm *Dschulakiten* benannt wurden und welche zugleich der Classe der Rafedhiten (über diese s. weiter unten) angehörten, soll nach Makrisi (bei Sacy I, Einl. S. XLV. vgl. II, S. 43 Anm. 1) gelehrt haben: „Dass Gott eine menschliche Gestalt habe, dessen obere Hälfte hohl und dessen untere dicht sey, dass er nicht aus Fleisch und Blut gebildet, sondern dass er ein ausdehnbares Licht sey, dass er fünf Sinne habe gleich denen des Menschen, wie auch Hände, Füsse, einen Mund, Augen, Ohren, dass er schwarze Haare habe mit Ausnahme der Barthaare und der Haare an den Geschlechtstheilen.

Wiederum lehrten die *Bajaniten*, eine andere Abart der Moschabbihten, indem sie die Stelle im Koran, Sur. 28, 88: „Alle Dinge werden vergehen, ausser sein Antlitz" wörtlich nahmen, dass Gott eine menschliche Gestalt habe und dass er, mit einziger Ausnahme seines Antlitzes, ganz vergehen werde. (Vgl. Cap. 4. B. 6.)

Höchst sonderbare Dinge behaupteten die *Mogaïriten*, welche, wie die Dschulakiten, zugleich Rafedhiten waren. Sie hatten ihren Ursprung und ihren Namen von *Mogaïra ben Saad, Idschli*, welcher sich selbst das Imamat nach Muhammed ben Abdallah ben Hasan anmaasste, und der, von zwanzig Personen begleitet, in Kufa sich gegen Khaled ben Abdallah Kasri*) erhob. Mogaïra behauptete ein Prophet zu seyn und führte als Beweis seines Prophetseyns die

---

*) S. über diesen Kasri Abulf. Annal. musl. I. p. 43 und Annot. hist. p. 108 u. 127.

Kenntniss an, welche er von dem grossen Namen *) (Gottes) hätte,
sowie dass er die Macht habe, Todte zu erwecken. Nach ihm ist
Gott ein Lichtmann, der auf dem Haupte eine Lichtkrone hat; seine
Glieder sind gleich den Buchstaben des Alphabets und seine Füsse
einem Elif (der Buchstabe a). Als Gott, lehrte er weiter, die Welt
schaffen wollte, - schrieb er mit eigenem Finger die Handlungen
der Menschen, sowohl die guten wie die bösen, auf; aber bei dem
Anblick der Sünden, welche die Menschen begehen sollten, gerieth
er in eine solche Wuth, dass er schwitzte, und aus seinem Schweiss
bildeten sich zwei Meere, das eine von salzigem und das andere
von süssem Wasser. Aus dem ersten wurden die Ungläubigen gebildet und aus dem andern die Schiiten **).

Noch ein paar andere schroffe Ssefatiten - Secten werden bei Marracci aufgeführt ***).

---

*) Es scheint, dass diese Idee von „dem grossen Namen" von den
Juden entlehnt war. Man weiss, welche Kraft die Talmudisten dem
Namen Gottes, den sie שם המפורש nennen, beilegen. (S.)

**) Bei Hammer liest man über die Moschabbihten Folgendes: Les
Mouschebihé c. a. d. les assimilans, qui assimilent dieu aux créatures;
ils ressemblent beaucoup à quelques sectes de Schiites Ghoulats, comme
les Sabaiyé, Beïaniyé, Moghaïriyé et d'autres. Il y en a eu comme
Madhar, Hems et Hedjimi qui ont dit que dieu est un corps de chair
et de sang qui a des membres, et quelques uns ont été jusqu'à lui at-
tribuer les parties sexuelles; d'autres comme les Kiramiyé, les disciples
d'Abou Abdallah Mohammed fils de Kiram, disent qu'il n'y a d'autre jurisprudence que cette d'Abou Hanifah et point d'autre foi que celle de
Mohammed fils de Kiram. Les opinions des assimilans sont très - nom-
breuses et variées. Quelques uns croient que dieu réside dans l'arche
e. a. d. l'empyrée, et se disputent si l'empyrée est plein ou vide. D'autres se permettent l'expression de corps, mais se disputent si c'est un
corps étendu de tous les côtés ou non; ils enseignent que dieu n'a de
pouvoir que sur les événemens qui tiennent à son essence, et non sur
ceux qui sont étrangers à son essence; que la prophétie et l'apostolat
sont deux attributs existants dans la personne du prophète, indépendants
de la révélation, des miracles et de la pureté. Ils admettent plusieurs
prophètes et la co - existence de deux imams contemporains, comme Ali
et Moäwia, que la foi s'étend sur tous, excepté sur les renégats, que
la foi de l'hypocrite, comme foi, est égale à celle du prophète.

***) Ex his, Mosceabehitis i. e. assimilantibus, heisst es hier, non-
nulli inclinant ad sententiam *Halulitarum* (qui tenent, posse divinum

4

Fragen wir, nachdem wir die verschiedenen moschabbihtischen Ansichten, vernommen, nach dem Entstehungsgrunde derselben, so scheint derselbe namentlich in dem Glauben gelegen zu haben, dass in dem Koran alles wörtlich zu verstehen sey, ein Glaube, der die Ausgeburt einer übertrieben hohen Ansicht von dem Koran ist. Doch aus diesem Glauben allein lassen sich nicht alle die verschiedenen moschabbihtischen Aeusserungen begreifen oder erklären. Wir müssen noch einen äusseren Grund suchen, und diesen finden wir in einem gewissen jüdischen Einfluss, wie dies schon Schahristani bemerkt hat, der sagt: „Die meisten ihrer Meinungen haben sie genommen von den Juden, bei denen es in der Natur liegt, Gott mit den Menschen zu vergleichen, wobei sie so weit gehen, dass sie ihn bei der noachischen Fluth Thränen des Mitleidens vergiessen lassen." Diese Juden sind aber keine andern, als die Karaïten, wie dies Malek Ebn Ans ausdrücklich bemerkt hat, indem er sagt: „Zu diesen Irrthümern hat sie jene jüdische Secte, die man Karaïten heisst, geleitet und die dergleichen Dinge in dem Gesetz Mose's also verstanden wissen wollen." Auf einem weniger sinnlichen, ja auf einem gewissermaassen übersinnlichen, geistigen Standpuncte stehen diejenigen unter den Moschabbihten, welche nur den Reinen unter den Gläubigen, die da das Ziel der Reinheit und Gottverbindung erlangt haben, die Gottheit sichtbar und fühlbar seyn lassen. In ihnen haben wir die erste Spur der muhammedanischen Mystiker.

Wir gehen zu den *gemässigten Ssefatiten* über, welche mit den schroffen blos in der Annahme von Attributen Gottes überein-

---

naturam uniri cum humana in eadem persona). Dicunt enim, posse creatorem apparere in forma hominis, sicut Gabriel apparuit in forma hominis Arabis, et ostendit sese Mariae similem illi. Ad hoc vero confirmandum allegant verba Mahumeti, qui dixit: „Vidi dominum meum in pulcherrima figura"; et ex pentateucho id, quod dixit Moyses: „Facie ad faciem alloquutus sum deum et haec dixit mihi." Et Gholatae (d. h. die Ultra-Schiiten) sunt ex Sciaitis (Schiiten), qui tenent sententiam ejusdem unionis naturae divinae cum humana; et hanc dicunt modo fieri in parte divinitatis, modo in tota. Als die vierte Art der Ssefatiten (s. oben S. 47, Anm.) nennt Marracci die *Ghamamitas* (i. e. nubilatores), qui censent, deum descendere quotannis in nubibus tempore veris et circumire totam terram, atque inde evenire, ut terra sic revirescat et reflorescat.

stimmen, in der Erklärung derselben aber — ob sie buchstäblich oder metaphorisch zu verstehen seyen — von ihnen abweichen. Sie sagen nämlich: „Wir wissen vermöge unserer Erkenntniss, dass Gott seines Gleichen nicht hat und dass keine der Creaturen ihm gleich ist; aber wir wissen nicht die Bedeutung derjenigen Worte, welche von Beiden (Gott und dem Menschen) dasselbe auszusagen scheinen, und wir glauben auch nicht, dass es uns obliegt, solche Worte zu erklären; es genügt, dass wir glauben und bekennen: „„Er hat keinen Genossen und ihm ist nichts gleich.““ Zu dieser Classe von Ssefatiten gehörte ein gewisser *Malek Ebn Ans*, der gesagt hat: „Das Sitzen auf dem Throne ist etwas Unerklärbares, das Glauben daran aber ist nothwendig, das Fragen darnach oder das Erklärenwollen ist Unglaube.“ Aehnlich haben sich *Ahmed Ibn Hanbal* und *David von Ispahan* (Asfahaniensis) und Andere ausgesprochen: „Wir glauben an das, was im Koran steht, wollen aber nichts wissen von einer allegorischen Erklärung, nachdem wir zu der festen Erkenntniss gelangt sind, dass Gott, der Ruhm- und Preiswürdige, unter den Creaturen seines Gleichen nicht hat; denn von allem, was man sich denken mag, ist er der Schöpfer und Urheber.“ Sie hüteten sich aber vor aller Vergleichung (Gottes mit dem Menschen) so sehr, dass sie sagten: „Wer seine Hand bewegt, wenn er im Koran die Worte liest: „„Ich habe mit meiner Hand erschaffen““ oder wer den Finger aufhebt, wenn er die Worte im Koran liest: „„Das Herz des Gläubigen ist zwischen zwei Fingern von den Fingern des Barmherzigen““, der verdient, dass man ihm die Hand oder die Finger abhaue.“ Genauer noch ist die Ansicht der gemässigten Ssefatiten aus folgenden Worten zu ersehen, wenn sie sagen: „Wir glauben an alles das, was von unserm Gott (im Koran) ausgesagt ist, dem Aeusserlichen nach, und halten es für wahrhaftig dem Innerlichen nach (d. h. wir glauben an das, was von Gott gesagt ist, wie es die Worte sagen, und sind dabei überzeugt, dass diese Worte eine innere, für uns verborgene Wahrheit in sich schliessen), überlassen aber die Kenntniss davon Gott, bestreben uns auch nicht, solches zu erklären. Das gehört zu den Bedingungen und Stätzen des Glaubens.“

Diese Ssefatiten hüteten sich aber, wie sie selbst sagten, vor der Erklärung aller Gott und dem Menschen auf gleiche Weise zukommenden Attribute aus einem doppelten Grunde, einmal nämlich

4 *

darum, weil, wie sie sagen, solches im Koran verboten sey, und
sodann zweitens, weil das Erklären eine Sache sey, welche vom
Conjecturiren und Meinen abhänge, es aber nicht erlaubt sey, dass
einer von den Eigenschaften Gottes blos nach Conjecturen oder Meinungen spreche; denn auf diese Weise könne es geschehen, dass
einer die Worte des Koran anders verstehe, als sie der Verfasser
verstanden wissen wolle. Einige dieser Ssefatiten waren so ängst-
lich, dass sie Ausdrücke wie „Hand, Antlitz Gottes" gar nicht in
eine andere Sprache übersetzen zu dürfen glaubten, aus Furcht, sie
möchten falsch übersetzt werden. Und das, dass man bei einer
Uebersetzung solche Ausdrücke in der Sprache, in welcher sie
ursprünglich ausgesprochen worden (d. h. in der arabischen), bei-
behalte, das hiessen sie den sichern Weg.

Unter diejenigen, welche die Ansichten der gemässigten Ssefatiten angenommen, gehört auch jener Aschari, den wir im vorigen
Abschnitte als den kräftigsten Vermittler der verschiedenen dschabaritischen und kadaritischen Meinungen kennen gelernt haben. Derselbe hat aber die Ansichten der Ssefatiten nicht blos angenommen,
sondern er hat, wie Schahristani sagt, diese ihre Ansichten durch
scholastische (philosophische) Beweismittel näher begründet. Seine
Lehre aber, fügt Schahristani bei, ist die derjenigen geworden, welche
der Ueberlieferung und dem allgemeinen Glauben anhängen, und so
ist die ssefatitische Secte in die ascharitische Secte übergegangen.
Leider ist jene nähere Begründung in keiner der uns zu Gebote
stehenden Schriften mitgetheilt. Dagegen dürfte es wohl hier am
Platze seyn, ein zwischen Aschari und seinem Lehrer Dschobbai vor-
gefallenes und von dem Verfasser des Mawakef erzähltes Gespräch
mitzutheilen, ein Gespräch, das zur Folge gehabt haben soll, dass
Aschari die motasilitische Schule, der er früher angehangen, verlassen und von nun an dieselbe bekämpft habe. Die Streitfrage war:
was von dem jenseitigen Zustande dreier Brüder zu halten sey, von
denen der eine im Gehorsam, der andere im Ungehorsam gegen
Gott gelebt habe, der dritte aber als Kind gestorben sey? Dschobbai
beantwortete diese Frage dahin, dass der erstere im Paradies Belohnung erhalten, der zweite in der Hölle Strafe finden, der dritte
unbelohnt und unbestraft bleiben werde. Aschari: „Wenn aber der
dritte sage: O mein Gott, wenn du mich hättest länger leben lassen, dass ich mit meinem gehorsamen Bruder hätte ins Paradies

eingehen können, so wäre mir das besser gewesen."? Dschobbai: „Dä werde Gott ihm antworten: Ich weiss, dass wenn du länger gelebt hättest, du ein Verbrecher geworden und darum in die Hölle geworfen worden wärest." Aschari: „Wenn aber der Zweite sage: Mein Gott, warum hast du mich nicht als Kind sterben lassen, wie meinen Bruder; dann hätte ich nicht durch Sünden die Hölle verdient."? Dschobbai (nach Sefadi in dem Commentar zu dem Gedicht des Tograi; der Verfasser des Mawakef lässt den Dschobbai auf diese Frage verstummen): „Er hat ihn am Leben erhalten, um ihm Gelegenheit zu lassen, die höchsten Stufen des Lohnes zu erreichen, und das war für ihn das Beste." Aschari: „Aus demselben Grunde hätte er aber auch jenen als Kind gestorbenen Bruder länger am Leben lassen sollen." Dschobbai, hierauf keine Antwort mehr wissend: „Bist du diabolisirt?" Aschari: „Ich bin nicht diabolisirt, sondern der Esel meines Lehrers ist auf der Brücke stehen geblieben" *).

---

*) Wir fügen hier noch bei, was man bei Marracci über die Aschariten, die von ihm als die erste Secte der Ssefatiten aufgeführt werden, liest. Es ist Folgendes: Asciaritae, asseclae Aly Abul Hasani Ebn Ismaelis Asciaritae, statuunt in deo attributa, sed amovent ab eo omnem similitudinem cum creaturis. Dicunt etiam, deum scire universalia et particularia nihilque ab eo usquam abscondi aut esse illi impossibile sive in coelo, sive in terra, nullamque inter eum et res creatas similitudinem intercedere; neque nosse, quomodo ipse sit, nisi ipsum; sermonem vero illius revelatum esse increatum. Non concedunt homini actum, neque potentiam ad actum; sed volunt omnia provenire ex motibus et quietibus ejus; ipsum vero esse praedestinatum et coactum ad operandum. Autumant, fidelium infantes omnes esse in paradiso. Haec secta admodum placuit, donec incidit disceptatio inter eum et inter Amruum filium Aasi. Nam cum hic dixisset ei: an deus rationem exiget ab unoquoque singillatim? respondit Abu Musa Asciarita: ego ita judico. Dixit ei Amruus: an ergo deus praedeterminaverit me ad aliquid et deinde puniet me propter illud? Ita, inquit ille. Cui Amruus: quare? Quia, inquit, nullo modo ille tecum inique aget. Quo audito Amruus obmutuit. Ex hujus autem asseclis quidam affirmant, impotentiam ad faciendum librum similem Alcorano provenisse ex parte mutationis factae a deo in illis, qui a Mahumeto ad hoc provocabantur. Hoc autem evenit praeter consuetum; et ex parte narrationum, quae sunt in eo de rebus arcanis et occultis.

Zum Schlusse dieses Abschnitts möge bemerkt werden, dass die Lehre Aschari's, der zugleich Dschabarit und Ssefatit war (früher war er Rationalist), später für orthodox erklärt wurde (s. Sacy I, S. XIV). Dem Aschari (um noch einen Ueberblick über die verschiedenen hyperorthodoxen Secten, deren Anzahl nicht viel kleiner ist als die der rationalistischen, zu geben) sehr nahe stehend waren unter den Dschabariten die Nadschariten, Darariten, der Kadi Abu Bekr u. A. (s. oben S. 36—39), unter den Ssefatiten Malek Ebn Ans, Ahmed Ebn Hanbal u. A. (s. oben S. 51). Die andern Secten der schroffen Dschabariten und der schroffen Ssefatiten, als da sind die Dschahmiten (S. 33), Keramiten (S. 47), Dschulakiten, Mogaïriten u. A. (s. oben S. 48) verdienen nur insofern den Namen von hyperorthodoxen, als sie *über* das Dogma hinausgehen; denn sie sind zum Theil heterodoxer als die Rationalisten. Noch mag bemerkt werden, dass, während bei den rationalistischen Secten der sogenannte gesunde Menschenverstand eine Hauptrolle spielte, es bei den hyperorthodoxen, wenigstens bei den Ultra's, die Phantasie war, welche stark mitspielte, und dass, während bei jenen die griechische Philosophie grossen Einfluss übte, bei diesen von der jüdischen Dogmatik solcher Einfluss ausging.

Drittes Capitel.
Die Antischiiten.

Eine Frage, welche gleich in den ersten Zeiten des Islam die Gemüther der Gläubigen bewegen musste, war diese: „Wer ist der rechtmässige Nachfolger und Stellvertreter des Propheten, der rechte Imam?" *) Diese Frage zunächst war es, welche zu der

---

*) Imam wird definirt als „derjenige, welcher in geistlichen und weltlichen Dingen dem ganzen muhammedanischen Volke vorsteht"; oder als „derjenige, welcher in diesen Dingen die Stelle Muhammeds vertritt und den Beruf hat, über die Aufrechterhaltung der Gesetze und die Befestigung der Religion zu wachen, und dem jedermann Gehorsam schuldig ist." (Poc. S. 268.) Später wurde dieser Titel viel allgemeiner und von jedem Sectenhaupte in Anspruch genommen.

Entstehung derjenigen Secten Veranlassung gab, welche wir in diesem und dem folgenden Capitel zu betrachten haben. Diese Secten verdanken also ihre Entstehung nicht sowohl einem religiös - philosophischen, als vielmehr einem politischen Interesse, und unterscheiden sich dadurch wesentlich von den bisher betrachteten. Es blieb aber bei ihnen natürlicher Weise nicht bei der einen genannten Frage, sondern es wurden von ihnen ausser verschiedenen verwandten Fragen, z. B. über die nöthigen Eigenschaften des Imam, die Nothwendigkeit eines solchen, die Zahl derselben u. dgl., alle möglichen dogmatischen und kirchlichen Fragen in den Kreis ihrer Betrachtung gezogen, und in Bezug auf diese dogmatischen Fragen waren die Einen von ihnen Rationalisten, die Andern Orthodoxen oder Hyperorthodoxen.

Was aber die oben genannte Frage, wer der rechtmässige Nachfolger und Stellvertreter des Propheten sey, betrifft, so gingen die Muhammedaner über dieselbe in zwei grosse Parteien auseinander. Die Einen erklärten sich für Ali und dessen Familie; dies sind die *Schiiten*. Die Andern, ihre Gegner, von denen die Einen für die ommiadische, die Andern für die abbassidische Dynastie waren, wollen wir mit dem gemeinschaftlichen Namen „*Antischiiten*" bezeichnen.

Von Letzteren wird in den folg. vier Abschnitten die Rede seyn.

Erster Abschnitt.
Die Kharedschiten.

Der Name *Kharedschite* bezeichnet ursprünglich im Allgemeinen einen solchen, der, wie Schahristani sagt, dem rechtmässigen, allgemein anerkannten Imam sich widersetzt, einen Abtrünnigen, Empörer (von *kharadscha* weggehen von einem, einen verlassen, sich einem widersetzen). Eine andere Ableitung (nämlich von *kherddsch* vectigal, tributum) liegt der Erklärung des Ebnol Kassai zu Grunde, welcher sagt: „Kharedschiten sind diejenigen, welche ohne Erlaubniss des Fürsten Tribut einnehmen." Es sind aber mit dem Namen eines Kharedschiten zu verschiedenen Zeiten verschiedene Leute bezeichnet worden.

Die Ersten [*]), welchen dieser Name zu Theil geworden, waren

---

[*]) Nach Hammer, Gemäldesaal I, S. 313, waren die Ersten, welche den Namen Kharedschiten (welches Wort Hammer durch „*Auszüglinge*"

jene Zwölftausend *) unter der Anführung eines gewissen Abdallah ben Wahab des Rasebiten, welche, nachdem sie mit Ali in der Schlacht von Seffin gewesen waren, von ihm abgefallen (indem sie sich dem Urtheil der aufgestellten Schiedsrichter widersetzten), später aber von ihm fast sämmtlich niedergemacht worden sind **). Diese ersten Kharedschiten wurden auch *Muhakemiten* oder *Hakemiten* genannt, ein Name, den sie daher bekamen, dass einer von ihnen auf das Gerücht hin, dass Ali und Moawia über die Aufstellung von Schieds- richtern ***) übereingekommen seyen, den Ausspruch that: „Willst du Dinge der Religion durch menschliche Schiedsrichter entscheiden lassen? Wir erkennen keinen andern Schiedsrichter als Gott an." Auch der Name 'Horuriten wurde ihnen gegeben, weil sie sich nach ihrer Trennung von Ali zuvörderst nach Horura und dann nach Nahrawan zurückzogen.

übersetzt) erhielten, jene durch Ibn Saba aufgereizten Missvergnügten von Kufa, Bassra und Aegypten (700 oder 900 von Aegypten, 300 oder 500 von Kufa, ein paar Hundert von Bassra), welche unter Osman nach Mekka auszogen und von denen die Aegypter den Ali, die von Kufa den Sobeir, den Sohn Awwam's, die von Bassra den Talha, den Sohn Abdallah's, zum Khalifen ausrufen wollten. — Der Name der Auszüg- linge, fügt Hammer an dieser Stelle bei, blieb von nun an im Islam die Benennung von Neuerern, Sectirern, Empörern wider die Macht des Khalifen.

*) Nach Hammer a. a. O , S. 342, waren es blos Viertausend.

**) Elmakin S. 39 sagt: Ali habe Alle, welche dem Abdallah ben Wahab gefolgt und in ihrem Irrthum verharrt seyen, bis auf den letzten Mann niedergemacht. Dasselbe behaupten Abulfeda (der übrigens diese Niederlage, anstatt im Jahr 38, im Jahr 37 d. H. geschehen lässt) und Al Dschannabi. Von den Anhängern Ali's dagegen sind nach Abulfeda bei dieser Schlacht nur sieben, nach Dschannabi blos sechs umgekom- men. Schahristani sagt: „Ali schlug sie in einem heftigen Treffen bei Nahrawan, so dass von ihnen weniger als zehn entkamen, während von den Gläubigen (seinen Anhängern) weniger als zehn umkam. Zwei von ihnen aber entflohen nach Omman, zwei nach Carmanien, zwei nach Sedschestan, zwei nach Dschezirah, einer nach Tel Mauron in Jemen. Und von ihnen, fügt er bei, ist die Secte der Kharedschiten in diesen Gegenden ausgegangen, welche heut zu Tage noch existirt." (Poc.)

***) Die zu Schiedsrichtern bestimmten Männer waren nach Hammer a. a. O., S. 341, Abu Musa Eschaari und Amru. Man vgl. überhaupt Hammer a. a. O., S. 340—342, und Sacy Exposé I, S. LXII.

Ueber diese ersten Kharedschiten berichtet Makrisi (bei Sacy S. XII) also: „Sie lehrten, dass wer eine Sünde begehe, dadurch aufhöre ein Gläubiger zu seyn, und dass es nicht gesetzwidrig sey, gegen den Imam sich zu erheben und ihn zu bekämpfen (versteht sich, blos wenn er seiner Pflicht vergisst). Abdallah ben Abbas hatte einen Streit mit ihnen über diesen Gegenstand, konnte sie aber nicht von ihrem Irrthume zurückbringen. Ali bekriegte sie und tödtete ihrer eine grosse Anzahl, wie es die Geschichtsschreiber bezeugen. Dessenungeachtet nahm aber die Zahl der Kharedschiten sehr beträchtlich zu. Mehrere der ersten Imame oder Lehrer des Islam waren der Anhänglichkeit an diese Secte beschuldigt und die Sammler der Ueberlieferungen (hadits) lassen glauben, dass von denen, auf deren Bericht diese Ueberlieferungen gegründet sind, mehr als einer dieser Secte ergeben war."

Abulfaradsch (bei Pococke Spec. S. 24) spricht sich also über die Kharedschiten aus: „Den Schiiten entgegen sind die Kharedschiten. Von ihnen beschuldigen die Einen den Ali einer ungerechten Verwaltung; Andere von ihnen gehen in ihren Beschuldigungen Ali's so weit, dass sie ihn des Unglaubens bezüchtigen; noch Andere von ihnen sind der Meinung, dass es wohl angehe, gar keinen Vorsteher des Islam in der Welt zu haben, und meinen, dass wenn ja einer nöthig sey, so könne man einen Jeden dazu machen, sey er ein Sklave oder ein Freier, ein Nabatäer *) oder ein Koreischite, wenn er nur gerecht sey; sobald er aber von dem Rechte abweiche, so müsse er abgesetzt und getödtet werden."

Uebereinstimmend mit Abulfaradsch, der in der angeführten Stelle schon dreierlei Arten von Kharedschiten unterscheidet, gibt Schahristani als die wesentlichen Puncte der kharedschitischen Häresie folgende zwei an: erstens dass sie sagen, Ali habe darin gefehlt, dass er in Sachen der Religion, wo doch nur Gott allein Schiedsrichter seyn könne, Menschen zu Schiedsrichtern aufgestellt habe [dies

---

*) Die Nabatäer sind nach Motharresi (bei Poc. S. 268) Menschen, die in der Umgebung von Irak leben; es gebe aber, bemerkt derselbe Schriftsteller, Redensarten, wo der Name Nabatäer so viel bedeute wie „Einer aus dem gemeinen Volk." In diesem Sinne ist das Wort hier zu nehmen. Vgl. über die Nabatäer Quatremère im Nouveau Journal asiatique, Bd. XV, S. 1 ff.

sagten die Muhakemiten s. S. 56], und dass sie sogar ihn des Unglaubens bezüchtigt und Verwünschungen gegen ihn ausgesprochen
haben; zweitens, dass sie zu dem Vorsteheramt (Imamat) auch einen
Nicht-Koreischiten für fähig halten, wenn er nur gerecht und gläubig und auch mit jenen andern Eigenschaften versehen sey, die zu
solchem Amt erforderlich sind, und dass sie meinen, ein Imam sey,
sobald er von dem Recht abweiche, abzusetzen und zu tödten;
sowie dass es angehe, gar keinen Vorsteher des Islam in der Welt
zu haben; wenn aber je ein solcher nöthig sey, dass man dazu
dann einen Jeden, sey er ein Sklave oder ein Freier, ein Nabatäer
oder ein Koreischite, machen könne.

Die letztere Meinung, dass man überhaupt ohne Imam seyn
könne, war, wie dies Schahristani an einer andern Stelle bemerkt,
die der Nodschdatiten, d. h. der Anhänger eines gewissen Nodschdat,
dessen Meinung Schahristani näher also angibt: „Die Menschen haben
überhaupt gar keinen Imam nöthig, es liege ihnen selbst ob, ihre
Angelegenheiten recht zu leiten; wenn sie aber sehen, dass die
rechte Leitung ihrer Angelegenheiten nur durch einen Imam geschehen könne, und wenn sie dann einen solchen aufstellen, so sey
nichts dagegen einzuwenden."

Von einer andern besondern Art von Kharedschiten berichtet
Sacy noch S. LXII in folgenden Worten: „Unter die Secten der Kharedschiten gehören auch die *Schebibiten*, Schüler eines gewissen
Schebib ben Jesid ben Abu-Naim. Schebib empörte sich unter dem
Khalifat des Abdalmelik ben Merwan, und es fanden zwischen ihm
und Heddschadsch häufige Feindseligkeiten Statt. Die Schebibiten hatten dieselbe Lehre wie die Mohakemiten; was sie aber von den
andern Kharedschiten unterschied, war ihre Behauptung, dass auch
eine Frau das Imamat und Khalifat führen könne. Schebib verord-
nete, dass seine Mutter, Gazala, ihm im Khalifat nachfolgen solle.
Dieselbe kam nach Kufa, verrichtete daselbst die Geschäfte eines
Khatib oder Predigers, hielt das Morgengebet in der grossen Moschee,
und las das erstemal die Sure von der Kuh (die zweite Sure) und
ein andermal die Sure von der Familie Imran (die dritte Sure) vor.

Bei Hammer a. a. O. werden ausser den Mohakemiten noch
folgende sechs Arten von Kharedschiten aufgeführt: die *Baihasiten,
Esarikiten, Aadseriten, Asferiten, Ibadhiten, Adscharditen*. Ebenso
werden auch bei Marracci ausser den Mohakemiten noch sechs

Classen von Kharedschiten genannt, nämlich folgende: die *Esarikiten*, *Nodschdatiten* (oder Aadseriten), *Adschariditen*, *Thaalebiten*, *Iba-dhiten*, *Asferiten*. Zwischen der Angabe bei Hammer und Marracci findet also der Unterschied Statt: dass bei Marracci die Thaalebiten eine der sieben Hauptarten bilden, während sie bei Hammer blos als eine Unterart der Adschariditen aufgeführt werden, wogegen bei Hammer als siebente Hauptart die Baihasiten genannt werden, welche bei Marracci nur als eine Unterart der Nodschdatiten aufgeführt werden. Ein grösserer Unterschied findet zwischen Hammer und Marracci in der Angabe der Unterarten dieser Secten Statt. Hammer nämlich nennt vier Unterarten bei den Ibadhiten und zehn bei den Adscha-riditen, und unterscheidet bei der zehnten derselben wieder vier Arten. Bei Marracci haben die Nodschdatiten (oder Aadseriten) sie-ben Unterarten (worunter die Baihasiten); ebensoviel Unterarten haben bei ihm die Adschariditen wie auch die Thaalebiten, während die Ibadhiten bei ihm blos drei Unterarten haben. Alle zusammen-gezählt sind es also bei Hammer 25 Arten von Kharedschiten (darunter ist blos eine, und zwar eine unbenannte, die bei Marracci nicht ge-nannt ist), bei Marracci 31 Arten. Wir wollen nun dieses Heer unter dem Texte (denn in den Text sie aufzunehmen sind sie nicht würdig) aufrücken lassen und Mann für Mann dasselbe mustern, indem wir das vollständigere Register des Marracci zu Grunde legen *).

---

*) I. Die *Mohakemiten*. Ueber diese liest man bei Marracci ziem-lich übereinstimmend mit dem oben S. 57 über dieselben Vernommenen Folgendes: Mohakemitae priores: qui desciverunt ab Aly cum duodecim millibus virorum, qui addicti erant jejunio et orationi; et ipsi censue-runt eligi posse pontificem extra gentem Corasinam, ita ut, quemcunque ipsi elegissent suis sententiis, dummodo esset ab injustitia remotus, pro pontifice haberetur. Si quis vero ab ejus obedientia descivisset, contra hunc bellum moveri oportere. Quod si immutaret leges et deviaret a justo, deponendum omnino esse et occidendum. Porro hi fuerunt acer-rimi mortalium in asserenda inter homines aequalitate, et concedebant, posse omnino nullum esse in mundo pontificem. Quod si necessitas illum exigeret, censebant eligi posse sive servum, sive liberum, sive Corasi-num, sive Nabataeum. — Bei Hammer: Les Mouhkemé c'étaient douze mille hommes qui se soulevèrent contre Ali et le taxèrent d'infidèle. Ils croient que l'établissement d'un imam est permis, mais non pas néces-saire. Ils tiennent Osman et la plupart des compagnons du prophète pour infidèles.

II. Die *Ezarikiten*. Bei Marracci liest man über dieselben Folgendes: Azarecitae sunt asseclae Abu Rascidi Naphaei filii Alazraci, et habent octo haereses. Prima est: quod infidelitatis damnant Aly et utuntur pro hoc auctoritate et verbis ipsius Alcorani etc. Recte vero fecisse censent Abdal Rahman filium Molgem, cum occidit Aly; et dicunt, deum id approbasse in Alcorano. Et infidelitatis damnant Othman filium Ophae, et Thalham et Zobeirum et Aisam (uxorem dilectam Mahameti, quae in aciem prodiit et pugnavit contra Aly et victa est) et Abdallab filium Abbasi et ceteros Moslemos cum eis, et publice docent, eos ad Gehennam in aeternum damnatos fuisse. Secunda: infidelitatis damnant residentes domi, dum vocantur ad pugnam; et primi docuerunt, ab hujusmodi hominibus esse recedendum, damnantes infidelitatis omnes, qui non emigrant domo, dum eundum est ad bellum. Tertia: permittunt occidere infantes et uxores schismaticorum. Quarta: negant lapidandum esse adulterum, cum id non inveniatur in Alcorano; et irritant poenam convicii virorum (nempe sodomitici sceleris reorum, quibus, juxta Alcoranum, convicium est irrogandum) non tamen convicii mulierum. Quinta: censent infantes infidelium esse in Gehenna cum patribus suis. Sexta: pronunciant, pietatem neque in verbo, neque in facto esse necessariam. Septima: existimant, posse deum mittere prophetam, quem sciat postea evasurum infidelem, vel qui infidelis fuerit antea; et peccata tam gravia quam levia sunt apud eos infidelitas. Octava: asserunt, reum peccati gravis esse infidelem et perpetuo in Gehenna puniendum. — Bei Hammer: Les Ezariké ou les disciples de Nasir fils d'Ezrak, déclarent Ali comme infidèle et croient qu' Ibn Meldjem avait raison de le tuer. Ils déclarent infidèles les compagnons du prophète, Osman, Zobair, Talha et Aïché, croient qu'il est permis de tuer les femmes et les enfans des adversaires, et qu'il ne doit point y avoir de lapidation pour l'adultère, ni de peine pour ceux qui injurient les femmes.

III. Die *Nodschdatiten* oder *Aadseriten*. Marracci: Nageditae (qui etiam dicuntur Adritae) sunt asseclae Nagedae filii Ameri Hanaphaei, qui etiam Asemus dictus fuit. Horum hae sunt opiniones. Qui in aspectu semel deliquerit vel unicum mendacium protulerit, etiamsi ad haec coactus fuerit, censendus est idololatra. Qui vero adulterium vel furtum perpetraverit vel vinum biberit, etiamsi sponte neque coactus haec fecerit, non est censendus idololatra. Neque putant necessarium esse pontificem ullum; sed satis esse, ut homines inter sese res decidant ex aequo et bono. — Bei Hammer liest man kurz also: Les Aazeriyé e. a. d. les excusans, qui excusent tous les crimes avec l'ignorance des branches de la loi; ils disent qu'un imam n'est point nécessaire, mais qu'il est permis d'en établir un. Vgl. oben S. 58. Marracci gibt folgende sieben Unterarten an:

1. *Baihascitae* (Baihasiten) asseclae Abu Baihasci Alhaidami filii Giaberi, qui censuit, immunem esse a culpa illam, qui fecit rem illicitam, nesciens utrum esset illicita an licita; quae est sententia opposita

sententiae Vaphekitarum. Hic vero eos oppugnat asserens, fidem exigere, ut quilibet dignoscat verum a falso; et fidem esse scientiam in corde, nec requirere verba aut opera. Refertur praeterea dixisse: fidem esse confessionem et scientiam, neque unam harum rerum posse esse sine altera. — Bei Hammer, wo die Baihasiten als eine Hauptart aufgeführt werden, liest man über dieselben: Les Beïhisiyé, disciples de Beïhis, fils de Heissam, fils de Djaber. Ils disent que la foi et la science sont en Dieu; que ceux qui tombent dans l'erreur ne sont point coupables d'infidélité jusqu' à ce que l'imam ne décerne leur cas; que les enfans sont comme leurs pères, fidèles ou infidèles. Quelques uns d'entre eux croient qu'il est permis de s'enivrer de vin; d'autres croient que c'est un grand péché.

2. *Auphitae.* Eorum duplex est sententia. Alii enim dicunt: quisquis fugiens regreditur a bello, ad quod profectus fuerat, evitandus est tamquam hostis. Alii vero dicunt: nequaquam, imo tanquam amicus recipiendus est; nihil enim sibi illicitum perpetravit. Utraque autem pars convenit in hoc, quod ubi pontifex infidelis fuerit, infidelis etiam erit populus tam praesens quam absens. Porro ebrietas apud eos est infidelitas. Non fatentur, esse infidelitatem id, cum quo non est conjunctum aliud peccatum grave, cujusmodi est, omittere orationem, jejunium et similia.

3. *Ahloltaphsiri* (d. h. die Leute der Erklärung, die Interpretisten) censent, eum qui ex Moslemis emittit professionem fidei illis verbis: „Non est Deus nisi Deus, Mahumetus legatus Dei" debere scire interpretationem ejus et qualia sint ea, quae continet.

4. *Ashabolsewali* (d. i. die Freunde des Fragens, die Frager) asserunt, hominem esse Moslemum seu fidelem, si confiteatur unum deum et Mahumetum legatum ejus, et credat summarie sive implicite quae deus revelavit. Quod si nescierit ea quae deus praescripsit, interrogetur de illis, neque vis aut noxa ulla ei inferatur ob ignorantiam eorum, donec instruatur et deinde interrogetur. Quod si rem vetitam admiserit, cujus prohibitionem ignorabat, attamen infidelitatis damnetur.

5. *Mohallelitae* (i. e. Licitistae) dicunt: nihil prohibemus nisi quod prohibuit Deus in Alcorano circa comestibilia.

6. *Mophauveditae* (i. e. Arbitrarii) asserunt, deum reliquisse arbitrio hominum opera eorum, neque illum habere voluntatem in operibus eorum. Praeterea ebrietatem, quae provenit ex potu rei licitae, non esse puniendam in ebrio ob id quod fecerit aut dixerit tempore ebrietatis.

7. *Salehitae,* discipuli Salehi filii Masrahi. (De his nihil occurrit nota dignum).

IV. Die *Adschariditen.* Marracci: Agiareditae sunt asseclae Abdal Charimi filii Agiaredi, qui convenit cum Nagieditis in ipsorum opinionibus. Fertur singulares tenuisse sententias, nempe: necessarium esse separare se ab infante, donec vocetur ad fidem, in qua debet instrui cum pervenerit ad aetatem adultam; infantes autem idololatrarum esse in Gehenna cam patribus suis. Neque censuit, opes in bello captas posse distribui in praedam, nisi occiso domino earum. Existimant autem Agiareditae, profectionem ad bellum esse opus supererogationis, non autem praeceptum. Condemnant infidelitatis omnia peccata gravia. Rejiciunt Suram Joseph ex Alcorano, arbitrantes eam esse meram historiam, quales sunt aliae. — Hammer: Les Adjaridé, disciples d'Abderrahman fils d'Adjarid, soutiennent que l'enfant ne saurait être capable d'infidélité avant qu'il parvienne à l'âge de la raison, où il doit être appelé à l'islam. Diese Adschariditen haben nach Marracci sieben, nach Hammer zehn Unterarten. Es sind folgende:

1. *Salatitae.* Marracci: Asseclae Othmanis filii Salati; asserunt: nullum recipiendum in socium vel amicum, nisi postquam professionem in religione Mahometana emiserit; ideo arcendos esse infantes a societate, donec adulti Moslemi fiant. Et quidem infantibus tam fidelium quam infidelium nullam competere aliorum amicitiam vel inimicitiam, donec ad aetatem adultam pervenerint. — Hammer: Les Saltiyé, disciples d'Osman fils d'Abou Salt, enseignent les mêmes points que les Adjaridé, excepté qu'ils déclarent les enfans privilégiés c. a. d. dans un état, où ni mérite ni péché ne saurait être attribué jusqu'à ce qu'ils parviennent à l'âge de la raison, et sont appelés à l'islam.

2. *Maimunitae.* Marracci: Asseclae Maimunis Agiareditae, a quibus tamen discessit in statuenda praedestinatione tam circa bonum quam circa malum hominis; et praeterea in asserendo, hominem esse primum auctorem et productorem suarum operationum, et in adstruenda potentia operativa ante actum.. Docuit etiam, deum velle bonum, non autem malum; neque eum habere voluntatem in peccatis hominum. Praeterea concedit conjugium cum filiabus filiarum, fratrum ac sororum (Eckellensis vertit: matrimonia contrahere cum filiabus filiarum, et filiorum, fratrum ac sororum); neque prohibet conjugium filiorum et filiarum earundem. Negant etiam, Suram Joseph esse legitimam scripturam Alcorani. Concedunt, occidi posse principem tyrannum, et eos etiam qui consentiunt tyrannidi ejus. Ajunt, infidelium infantes esse in paradiso una cum fidelibus. — Hammer: Les Meimouniyé, disciples de Meimoun fils d'Amrou, établissent la libre volonté de l'homme; ils disent que Dieu veut seulement le bien et non pas les péchés; ils permettent le mariage entre les cousins et cousines, tiennent la Sourate de Joseph pour apocryphe et la regardent comme un conte.

3. *Hamzitae.* Marracci: Discipuli Hamzae filii Adraci conveniunt cum Maimunitis in sententia praedestinationis ceterisque opinionibus; solum dissentiunt in hoc, quod volunt, infantes infidelium et eos, qui contrarii sunt suae sectae, omnes in tartarum esse detrudendos. Praeterea concessit Hamza, dari posse duos pontifices simul eodem tempore, quamdiu non sint hostes superati neque concio congregata. — Hammer: Les Hamziyé disciples de Hamza fils d'Edrek s'accordent avec les Mei-

menniyé, excepté qu'ils disent que les enfans des infidèles vont en enfer, tandis que les Adjaridé les mettent en paradis.

4. *Atraphitae.* Marracci: Hi tenent sententiam Hamzae circa praedestinationem; in eo solum differunt, quod excusant a culpa eos, qui ob ignorantiam omittunt aliquid a lege praescriptum. — Hammer: Les Etrafiyé s'accordent avec les Hamziyé. Leur chef était un homme du Sedjistan, nommé Ghalib; ils s'accordent avec les orthodoxes (Sounnites) dans la doctrine du libre arbitre qu'ils nient comme eux.

5. *Chalphitae.* Marracci: Discipuli Chalphi, qui fuit unus ex Charegitis Caramaniae. Hi referunt totam praedestinationem, tam quoad bonum quam quoad malum, ad deum, et in hoc procedunt juxta sententiam Sonnae, nisi quod ipsi dicunt: Si deus puniret homines propter opera, ad quae ipse eos praedestinavit, esset iniquus. Dicunt etiam, infantes infidelium damnari ad Gehennam. — Hammer: Les Khalefiyé, disciples de Khalef, ce sont les Khawaridjé du Kerman et du Mekran; ils attribuent le mal comme le bien à Dieu et mettent les enfans des idolâtres au feu, quand même ils n'auraient pas encore été coupables d'idolâtrie.

6. *Hazemitae.* Marracci: Asseclae Hazemi, asserunt: deum producere opera hominum, neque esse in potestate illius facere nisi id quod vult, neque cessare unquam ab amore amicorum et ab odio inimicorum suorum. — Hammer: Les Hazimiyé, disciples de Hazim le fils d'Aatsim, n'admettent point l'état privilégié (برّ) d'Ali.

7. *Scioaibitae* (Schoaibiten; die Schebibiten bei Sacy s. ob. S. 58). Marracci: Discipuli Scioaibi filii Mohammedi, qui sensit cum Maimune et Agiareditis, sed discessit ab eis, quando propalavit epinionem de praedestinatione. Porro Scioaibitae volunt, deum creare opera hominum, et homines acquirere illa ac lucrari voluntate et potentia, et ideo rationem reddituros esse de eis, sive bona sint sive mala, et praemium pro eis aut poenam recepturos. — Hammer: Les Schoaibiyé, disciples de Schoaïb fils de Mohammed s'accordent avec les Meimouniyé, excepté en ce qui regarde le libre arbitre. Von den drei weitern Unterarten, welche Hammer aufführt, werden bei Marracci zwei, die Malumiten und die Madschhuliten, als Unterarten der Thaalebiten aufgeführt, die dritte aber, die Thaalebiten, bilden bei Marracci eine Hauptart.

V. Die *Thaalebiten.* Marracci: Thalabitae sunt asseclae cujusdam Thalabae, qui consensit utraque manu cum Abdalcarino filio Agiaredi, sed tandem dissenserunt in opinione circa infantes. Dicebat enim Thalaba: Ego amicus sum eorum, sive parvi sint sive magni, donec dignoscatur in eis, utrum amplectantur veritatem ac justitiam, an vero complaceant sibi in iniquitate. Separati sunt igitur Agiareditae a Thalaba, qui etiam fertur dixisse: non est eis quod circa infantes statuant aliquid de amicitia vel inimicitia, donec adolescant et proponatur illis fides; quam si susceperint, amicos habeto; si renuerint, infideles censeto. —

Hammer: Les Thaalibé, disciples de Thaaleb, fils d'Aamir, établissent la sainteté (welayet) des enfans, jusqu'à ce qu'ils parviennent à l'âge de raison. Unterarten derselben:

1. Marracci: *Achnasitae*, discipuli Achnasi filii Caisi, concedunt conjugium Moslemorum cum infidelibus gentis suae et cum reis gravium peccatorum. In ceteris opinionibus innituntur principiis Charegitarum. — Hammer: Les Akhnasiyé, disciples d'Akhnas fils de Kais, professent la même doctrine que les Thaalibé, excepté qu'ils ne croient point que celui qui se trouve dans le pays des idolâtres partage leur coulpe, mais qu'il doit être jugé d'après ses actions c. a. d. d'après sa foi ou son infidélité.

2. Marracci: *Moabeditae*, asseclae Moabedi, adversantur Achnaso in eo quod erronee statuit circa conjugium Moslemorum cum idololatris gentis suae. Et concedunt, ut pro pluribus sagittis, quibus extrahendis utebantur ad sortiendas eleemosynas vel dotes feminarum, satis esset extrahere sagittam unam, si instaret metus ab hostibus. — Hammer: Les Maabediyé, disciples de Maabed fils d'Abderrahman, ne partagent pas l'opinion des Akhnasiyé que le mariage entre croyans et idolâtres soit permis.

3. Marracci: *Rasciditae* (Reschiditen) asseclae Rascidi Tasini; vocantur etiam Asciaritae (Aschariten, d. i. Zehner, Decimani). Nihil circa hos notabile occurrit. Bei Hammer werden sie nicht erwähnt.

4. Marracci: *Sciaibanitae* (Schaibaniten) asseclae sunt Sciaibani filii Moslemae Charegitae. Fertur autem, Ziadum filium Abdalrahmanis Sciaibanitam dixisse: deus non scivit, donec creavit sibi ipsi scientiam. Res vero cognoscuntur ab eo, quando jam productae sunt et existunt. — Hammer: Les Scheibaniyé, disciples de Scheiban fils de Selma, nient le libre arbitre.

5. Marracci: *Mocarremitae* asseclae sunt Mocarremi filii cujusdam viri Agelitae, qui fuit e schola Thalabitarum, separavitque se ab eis docens: eum qui orationem omittit esse infidelem, non quatenus orationem omittit, sed ob ignorantiam, quam ostendit se habere de deo; et negat hoc de omni alio peccato lethali, neque aliud discrimen hujus rei assignat, nisi quia ignoranter putat, deum in ceteris suis peccatis nescire id, quod ipse occulte vel manifeste agit. Porro deum amicos vel inimicos habere homines juxta illum statum, in quo moriuntur et pergunt ad eum, non autem juxta opera quae faciunt nunc, haec enim non sunt constituta seu praedeterminata extremo fini hominis; sed si perseveraverit in eo, quod profitetur, habebitur pro fideli; alioqui non aestimabitur talis. — Hammer: Les Moukrimiyé, disciples de Moukrimi fils d'Aadjeli, disent que celui qui néglige la prière est un infidèle.

6 u. 7. Marracci: *Maalamitae* (Malumiten) et *Maghulitae* (Madschbuliten) (quasi dicas Scientifici et Ignoratici) innituntur principiis Hazemitarum, nisi quod Maalumitae dicunt: qui non novit deum secundum omnia nomina et attributa ejus, censebitur deum ignorare, donec

evadat sciens omnia haec; et tunc erit fidelis. Adstruunt etiam potentiam esse simul cum actu et actum dicunt esse creatum. Propterea
Hazemitae separaverunt se ab illis. Maghulitae autem dicunt: qui novit partem nominum et attributorum dei et partem ignorat, attamen
novit deum. Dicunt etiam, opera hominum produci seu creari a deo. —
Bei Hammer, der diese zwei Secten unter den Adschariditen aufführt,
liest man über dieselben Folgendes: Les Maloumiyé s'accordent avec les
Hazimiyé, excepté qu'ils disent que tout homme qui reconnait dieu avec
tous ses noms et attributs, est vrai croyant, et que ceux qui ne le con-
naissent pas de cette manière sont infidèles. — Les Medjhouliyé s'accordent avec les Hazimiyé à la différence près qu'ils disent, qu'il suffit de
connaitre quelques noms et quelques attributs de dieu, pour être au
nombre des croyans.

VI. Die *Ibadhiten*. Marracci: Abaditae discipuli fuerunt Abdallah
filii Abadi, qui descivit in diebus Meruani filii Mohammedi. Hi putant, regionem Moslemorum sibi adversantium esse regionem colentium unum deum,
excepta habitatione regis tyranni, quae est habitatio iniquitatis. Tenent,
reos gravium peccatorum cultores quidem esse unius dei, non tamen
esse fideles; et opera hominum produci penitus et totaliter a deo,
acquiri tamen ab hominibus non metaphorice, sed vere et proprie. Nam
vocant suum pontificem Emir almumenina (Herrscher der Gläubigen).
Quisquis perpetrat grave peccatum, infidelis est, infidelitate non religionis,
sed ingratitudinis erga beneficia dei. Admittunt sententiam de infantibus
infidelium, sed disceptant circa peccatum eorum, utrum idololatria vo-
canda sit, nec ne. — Hammer: Les Ibadhiyé, les disciples d'Abdallah
fils d'Ibadh, déclarent la guerre contre les infidèles qui ne sont pas idolâtres légitimes. Ils disent que leur pays est pays de l'Islam, excepté
le camp de leur sultan; que celui qui commet un grand péché est mou-
wahid, c. a. d. qu'il professe encore l'unité de dieu, quoiqu'il ne soit
plus moumin c. a. d. vrai croyant; que l'action du serviteur a été
créée par dieu; que les pécheurs sont des infidèles, parceque l'infidélité
(kafr) est de l'ingratitude envers dieu *). — Unterarten:

1. Marracci: *Haphsitae* asseclae Haphsi filii Mochdadi, qui discessit
ab illis asserendo, cultum plurium deorum et fidem esse unum habitum,
nempe cognitionem dei. Qui cognoverit deum et negaverit alia, quae
sunt praeter eum, puta, Mahumetam, Alcoranum, resurrectionem, paradisum, Gehennam etc., aut lethale peccatum perpetrarit: est infidelis
in deum, sed immunis ab idololatria. — Hammer: Les Hafsiyé, disci-

---

*) In seinem Gemäldesaal II, S. 174, sagt Hammer von den Ibadhije,
sie lehrten, dass alles gleichgültig, nichts gut und nichts böse, nichts
erlaubt und nichts verboten sey. — Es war aber dies wohl eine andere
Secte.

ples d'Abou Hafs fils d'Aboulmikdem, vont plus loin que les Ibadhiyé, en disant que la connaissance de dieu est un terme mitoyen entre la foi et l'idolâtrie; que celui qui reconnait dieu sans croire aux prophètes, à l'enfer, est un infidèle, sans qu'il soit un idolâtre.

2. Marracci: *Jeziditae* discipuli Jezidi filii Anisae, qui tenuit sententias priorum Mohakemitarum. Credidit autem, deum missurum esse legatum ex barbaris, et traditurum eidem librum, quem jam scriptum tenet in coelo, et descendere faciet eum super illum, totam simul. Docuit, omne peccatum, sive grave sive leve, esse polythejam. — Hammer: Les Yezidiyé, disciples de Yezid fils d'Enisé, vont plus loin que les Ibadhiyé, en disant qu'un prophète persan doit être envoyé avec un livre écrit aux cieux. Ils prétendent que tout péché, soit grand soit petit, est idolâtrie (schurk).

3. Marracci: *Harethitae* asseclae Harethi Abaditae. De his nihil occurrit peculiare. — Hammer: Les Haretsiyé, les disciples d'Aboulharets, diffèrent d'opinion des Ibadhiyé par rapport à la libre volonté, en ce qu'ils ne croient point que les actions des hommes soient créées. La

4e subdivision des Ibadhiyé, liest man bei Hammer weiter, soutient que tout ce qui se fait conformément aux ordres de dieu est obéissance, quand même dieu ne serait pas le but des actions.

VII. Die *Asferiten.* Marracci: Sapharitae, qui dicuntur etiam Ziaditae, fuerunt discipuli Ziadi filii Asphari et adversarii Azarecitarum et Nageditarum et Abaderitarum in quibusdam sententiis. Dicebant: eum, qui facit opera mala, quibus est statuta poena a lege, non esse idololatram, nec infidelem. Qui autem facit alia peccata, v. g. omittendo orationem vel eleemosynam statutam, hunc dicebant esse infidelem. Praeterea addebant: Nos sumus fideles apud nosmet ipsos seu in nostra opinione, sed nescimus, an simus extra fidem coram deo. Asserebant etiam idololatriam esse duplicem: alteram, qua praestatur obedientia Satanae; alteram, qua adorantur idola. Infidelitatem quoque esse duplicem: ingratitudinem scilicet erga divina beneficia, et abnegationem supremi dominii dei. — Hammer: Les Asferiyé, les disciples de Zead fils d'Asfer, s'élevèrent contre l'opinion des Ezariké, et ils soutiennent que l'infidélité consiste dans le repos des armes; ils disent que ceux qui commettent des péchés doivent être qualifiés d'après l'espèce du péché, de voleurs, d'adultères, mais non pas d'infidèles; que l'abandon de la prière et du jeûne est le plus grand péché *).

---

*) Kharedschitische Ansichten über das Imamat oder die Forderungen an den Imam hatten auch die Heschamiten, s. oben S. 18, und die Darariten, s. oben S. 37.

Und wir bemerken hier blos, dass die meisten Streitfragen dieser verschiedenen Arten kharedschitischer Secten zum grossen Theil
sehr geringfügiger, kleinlicher, ganz scholastischer Natur waren,
wie die Frage *de statu infantum*, welche bei ihnen besonders
beliebt gewesen zu seyn scheint; oder die Frage: welche Sünde
die grössere sey? Was aber allen Kharedschiten, unter denen
sonst grosse Verschiedenheit der Ansichten Statt findet, indem die
Einen rationalistisch, die Andern hyperorthodox gesinnt waren, gemeinschaftlich ist: ist die Abneigung gegen das Haus Ali, sowie der
Glaube, dass der Imam, sobald er ungerecht werde, abzusetzen sey.
Die Strengern oder Schroffern unter den Kharedschiten neigten sich
zum Republicanismus. Wir fügen nur noch bei, dass die Kharedschiten im Laufe der Zeit, nachdem sich die Gegensätze, die zwischen ihnen und ihren Gegnern (den Schiiten) Statt gefunden, abge-
schliffen hatten und die ursprüngliche Erbitterung gewichen war, in
die Eine grosse Secte der Sunniten, welche man gemässigte Antischiiten heissen kann, zusammengeflossen sind. Dabei mögen sich
immerhin einzelne gegen Ali besonders feindselige Parteien erhalten
haben und vielleicht auch jetzt noch, namentlich in der Türkei, sich
vorfinden.

Zweiter Abschnitt.
Die Rawenditen.

Die *Rawenditen*, ohne Zweifel so benannt von dem Orte Râwend
in Khorasan, ihrem ursprünglichen Wohnsitz *), waren zwar zunächst
blos politische Parteigänger, sowohl gegen die Ommiaden als auch
gegen das Haus Ali, zu Gunsten des Hauses Abbas; da sie aber
auch besondere religiöse Meinungen hatten, namentlich in Bezug auf
das Imamat, so glaubten wir ihnen hier einen Platz einräumen zu
müssen.

Wir lesen über dieselben bei Sacy **) in der vielerwähnten
Einleitung, S. LV—LXI, Folgendes: „Es waren nicht blos die An-

---

*) So sagt Sacy S. LVII, Anm. 1.

**) Sonst ist ihrer in den uns zu Gebote stehenden Schriften nir-
gends Erwähnung gethan, ausser in dem Gemäldesaal Hammer's, Bd. II,

5*

hänger Ali's und der von demselben abstammenden Imame, welche
dem Moawia und den andern Khalifen aus dem Hause der Ommiaden
das Recht auf das Khalifat absprachen; schon vor dem Ende des
ersten Jahrhunderts der Hedschra hatte sich, namentlich in den öst-
licher gelegenen Provinzen des Khalifats, eine mächtige Partei zu
Gunsten der Abkömmlinge des Abbas, eines Onkels des Propheten,
gebildet. Diese Leute wollten den Abu Bekr, Omar und Osman nicht
als gesetzliche Nachfolger Muhammeds anerkennen; sie meinten, dass
ihm Abbas hätte nachfolgen sollen. Doch machten sie eine Ausnahme
zu Gunsten Ali's, des Gemahls der Fatime; da sie aber die Oberherrschaft als eine Erbschaft der Familie Muhammeds ansahen, konnten sie in den Ommiaden nur Usurpatoren sehen. Jene Nachkommen
des Abbas hatten, wie die Ali's, eine Mission und Missionäre (Werber) *), welche im Geheimen Anhänger für sie warben und Contributionen für sie erhoben. Es ist ziemlich gewiss, dass, wie die
Anhänger Ali's in Bezug auf das Haus Ali's, so die Anhänger der
Abbassiden in Bezug auf das Geschlecht Abbas' eine Transmigration
der Gottheit (oder vielmehr des in Muhammed gewesenen göttlichen
Geistes) von einem Imam auf den andern angenommen **). In Khorasan waren namentlich die Rawenditen die wärmsten Anhänger des
Hauses Abbas; ihnen insbesondere und dem Eifer des berühmten
Feldherrn Abu Moslem, welchem die Schlechtigkeit der Abkömmlinge
Moawia's, die sich überall verhasst machten, Vorschub that, ver-
dankten die Abbassiden ihre Erhebung auf den Thron. Abu Moslem
wurde mächtig unterstützt von einem andern Anhänger derselben Familie, dem Abu Selma, zubenannt Khallal. Dieser aber wurde für
seine Dienste schlecht belohnt, denn der zweite abbassidische Khalife, Mansur, liess ihn, nachdem er ihn zu seinem Wesir gemacht
hatte, umbringen. Kein günstigeres Loos hatte Abu Moslem, aber
vielleicht zog er sich sein Unglück durch einen, wenigstens unklugen

---

S. 172—174, und in Rehm's Handbuch der Geschichte des Mittelalters,
Bd. II. Abth. 2. S. 11. Im engern Sinne gehören sie nicht zu den
Kharedschiten.

*) Der berühmte Feldherr, Abu Moslem, hatte den Titel „Herr
der Werbung." (S.)

**) Man sieht dies, sagt Sacy, daraus, dass sie dem Khalifen Man-
sur göttliche Ehre erweisen wollten. Vgl. Abulf. Annal. musl. II. S. 13.

Ungehorsam gegen die Befehle Saffah's zu. Der Secten - und Unabhängigkeitsgeist, fährt Sacy fort, war im Islam so verbreitet, dass selbst diejenigen, welche mit dem grössten Eifer die Partei der Abbassiden ergriffen hatten, sich bald unter sich theilten. Masudi berichtet uns, dass noch zu Lebzeiten des Abu Moslem in Khorasan eine Secte der Moslemiten entstand, welche den Abu Moslem als Imam anerkannten. Nach dessen Tode theilten sich dieselben wieder in zwei Parteien; die eine behauptete, dass er nicht gestorben sey und dass er auch nicht sterben würde, bevor er seine Lehre, welche sie „die Gerechtigkeit" nannten, nicht zur Anerkennung gebracht habe; die andere Partei, welche behauptete, dass er gestorben sey, verlieh das Imamat seiner Tochter Fatime, daher sie Fatimiden genannt wurden. Masudi versichert, dass noch zur Zeit, wo er schrieb, im Jahre 332 d. H. Secten existirten, welche von jener abstammten. Von einer andern Seite fanden sich auch solche, welche zum Gegenstande ihrer Anbetung oder wenigstens ihrer Verehrung jenen Abu Selma machten, der auf Mansur's Befehl umgebracht wurde, denn es wird bei Makrisi eine Secte der *Baslemiten* *) erwähnt, welche lehrten, dass das Imamat von Muhammed auf Ali und seine Söhne, Hasan und Hosein, Fatimens Söhne, sodann auf einen andern Sohn Ali's, Muhammed Ebn alhanefijja, von diesem auf dessen Sohn Abu Haschem Abdallah, hierauf auf Ali ben Abdallah ben Abbas, dann auf Abulabbas Saffah und hernach auf Abu Selma, Saffah's Wesir, übergegangen sey. Makrisi behauptet mit Bestimmtheit, dass diese Baslemiten ein Zweig der Rawenditen gewesen seyen."

„Kurze Zeit hernach, fährt Sacy fort, trat ein anderer Mann in demselben Lande auf, um mit der Leichtgläubigkeit des Volkes zu spielen. Es war *Mokanna* **), über welchen Makrisi also berichtet: „„Es erhob sich in dem Bezirke von Kesch, im Lande Mawaralnahr, ein Mann von Meru, welcher einäugig war und sich Haschem nannte. Derselbe behauptete, dass Abu Selma, dieweil der Geist Gottes in ihn übergegangen, Gott war, und dass von Abu Selma die Gottheit

---

*) Sacy glaubt, dass dieser Name aus dem Namen Abu Selma durch Zusammenziehung entstanden sey.

**) Ueber die verschiedenen Namen desselben vgl. Abulf. Annal. musl. II, S. 46, und Adler (nach Ibn Challican) in Eichhorn's Repertor. für bibl. und morgenl. Literatur Bd. XV, S. 292 ff.

auf ihn, Haschem, übergegangen sey. Seine Lehre verbreitete sich in diesem Lande. Er verschleierte sich, um sich den Augen seiner Anhänger zu verhüllen, und hatte sich ein goldenes Gesicht (Maske) machen lassen, woher er den Namen Mokanna erhielt. Einmal baten ihn seine Anhänger, dass er sie sein Angesicht offen möge sehen lassen; er versprach ihnen solches, so sie dasselbe ansehen könnten ohne verbrannt zu werden. Er stellte nun vor sich einen Sonnenspiegel, so dass die Strahlen der Sonne auf denselben fielen; wie sie daher kamen, um sein Angesicht zu sehen, wurden die Einen verbrannt, die Andern aber zogen sich zurück. Durch diesen Kunstgriff irregeführt blieben sie überzeugt, dass er (ein) Gott wäre, und dass die Augen der Sterblichen seinen Blick nicht ertragen könnten. In ihren Kriegen riefen sie seine Gottheit an."

Bei den Rawenditen finden wir also die erste Spur von Menschenvergötterung im Islam; wie auch die erste Spur jener Lehre von der Transmigration der Gottheit (des göttlichen Geistes) in menschliche Personen, welche später von gewissen Ultraschiiten weiter ausgebildet wurde und bei denselben eine Hauptrolle spielte.

Dritter Abschnitt.
Die Mordschiten.

Insofern die *Mordschiten* (wenigstens ein Theil derselben) in gewissen, das Imamat betreffenden Fragen mit den Kharedschiten übereinstimmen, sie auch sämmtlich dem Ali abgeneigt sind, glaubten wir dieselben in das Capitel von den Antischiiten einreihen zu müssen, wiewohl sie hinsichtlich anderer Ansichten, die ihnen eigen waren, den Dschabariten oder auch den Kadariten hätten beigeordnet werden können. Aus demselben Grunde werden wir auch den *Waïditen*, welche in gewisser Hinsicht die Gegenfüssler der Mordschiten sind, eine Stelle in diesem Capitel (im folgenden vierten Abschnitte) einräumen. Es sind aber die beiden Secten der Mordschiten und Waïditen neben einander zu stellen, weil sie beide dieselben Fragen (von der Folge der Sünde und der Bedeutung des Glaubens und der Werke) behandelt haben.

Was nun die Mordschiten betrifft, so berichtet über dieselben Abulfaradsch (bei Pococke S. 22) also: „Sie behaupten, dass das

Urtheil über den Gläubigen, der eine grosse Sünde begangen hat,
bis auf den Tag der Auferstehung verschoben werde, oder dass er
erst an diesem Tage werde gerichtet werden. Demgemäss enthalten
sie sich jedes, sowohl verdammenden als seligpreisenden Urtheils über
die Gläubigen in dieser Welt. Sie behaupten auch, dass, wenn man
Glauben habe, der Ungehorsam (wider Gottes Gebote) nichts schade,
sowie dass, wenn man keinen Glauben habe, der Gehorsam nichts
nütze." — Dieser letztere Satz war eine natürliche Consequenz der
dschabaritischen Ansicht, nach welcher der Wille und die Macht
des Menschen gleich Null ist.

Von jener Behauptung, dass das Urtheil über die Gläubigen bis
zur Auferstehung *verschoben* werde, haben sie ihren Namen erhalten,
welcher nichts anderes bedeutet als „*Verschieber*". So erklären wenigstens mehrere Schriftsteller den Namen, z. B. Ebnol Atsir, welcher
von ihnen sagt: „Die Mordschiten sind eine der Secten des Islam,
welche behaupten, dass bei dem Glauben der Ungehorsam nichts
schade, und dass bei dem Unglauben der Gehorsam nichts nütze;
den Namen Mordschiten haben sie aber daher, weil sie behaupten,
dass Gott die Züchtigung für begangene Verbrechen verschiebe (*ardscha*)
d. h. erst später eintreten lasse." Aehnlich sagt Motharresi: „Mordschiten werden diejenigen genannt, welche sich alles entscheidenden
Urtheils über diejenigen enthalten, welche sich grobe Sünden zu
Schulden kommen lassen, und welche Niemand selig preisen, noch
verdammen, sondern das Urtheil verschoben wissen wollen bis auf
den Tag der Auferstehung." Eine andere, auf einer verwandten Bedeutung von *ardscha* (nämlich zurück-, nachsetzen) beruhende Erklärung des Namens Mordschiten gibt Scharistani. Er sagt: „Sie heissen so, weil sie die That der Gesinnung oder dem Vorsatze nachsetzen." Ebenso der Verfasser des Scharkhol Mawakef: „Weil sie
die That auf eine niedrigere Stufe setzen als die Gesinnung und
das Bekenntniss des Glaubens." Und Firusabad (im Kamus): „Sie
haben ihren Namen daher, weil sie das Wort, d. i. das Bekenntniss,
den Glauben, vorsetzen, d. h. für wichtiger halten, und die That
nachsetzen." Mordschiten wäre also, dieser Erklärung gemäss, gleich
„*Nachsetzer*". Von derselben Bedeutung des Wortes *ardscha* (zurücksetzen) ausgehend sagen Andere: Sie haben den Namen daher,
weil sie den Ali von der ersten Rangstufe auf die vierte zurücksetzen.
Noch Andere erklären, an eine dritte Bedeutung des Wortes *ardscha*

oder vielmehr *radscha*, nämlich des Hoffens sich haltend, den Namen Mordschiten durch „*Hoffnunggeber*", und sagen, dieser Name komme ihnen darum zu, weil sie die Hoffnung geben, dass, wenn man Glauben habe, der Ungehorsam nichts schade.

In dem angegebenen Lehrpuncte war bei allen Mordschiten Uebereinstimmung, in andern Lehrpuncten dagegen waren sie sehr verschiedener Ansicht. Schahristani (bei Marracci) unterscheidet viererlei Arten von Mordschiten, nämlich: 1) *reine* Mordschiten, 2) *kadaritische*, 3) *dschabaritische*, 4) *kharedschitische;* und bei den reinen Mordschiten wieder drei Unterarten, nämlich die *Junisiten*, die *Obeïditen*, die *Ghasaniten*. Bei Hammer werden fünf Unterarten aufgeführt *).

---

*) Marracci: *Morgitae* sunt genus hominum, qui tractant de fide et operibus per eam praestandis. In quibusdam tamen conveniunt cum Charegitis, quae spectant ad summum pontificatum. Porro Morgitae dicunt: non nocere cum fide praevaricationem seu inobedientiam, sicut non prodest cum infidelitate obedientia; et supplicium infidelis differri usque ad diem resurrectionis. — Ganz ähnlich bei Hammer: Les Mordjiyé qui subordonnent les actions aux intentions, qui font tout leur mérite; ils disent que le péché ne nuit point quand il est joint avec la foi, de même que l'obéissance n'a aucun mérite avec l'infidélité. — Unterarten:

1. Die *reinen Mordschiten*. Marracci: Morgitae puri subdividuntur in

a) *Jonasitas*, qui fuere discipuli Jonae Namirensis. Hic docuit, fidem esse cognitionem dei et humilem subjectionem eidem, et fugam inquirendi de eo plus quam opus sit, et amare eum ex corde. Caetera autem opera obedientialia, quae sunt citra cognitionem dei, non pertinent ad fidem; neque ea omittere nocet veritati fidei, neque propterea aliquis a deo punietur. — Bei Hammer kurz also: Les Younisiyé, disciples de Younis Nemiri, disent que la foi consiste dans la connaissance de dieu, dans la soumission et dans un coeur rempli d'amour.

b) Marracci: *Obeiditae* asseclae Obeidi Almoctabi, qui dixit: omnia peccata, praeter polythejam (seu plurium deorum cultum) sine dubio dimittentur; et si quis moriatur in fide unitatis dei, nihil penitus nocebit ei ullum peccatum. Dicebant autem Obeiditae: scientia dei non addit quidquam supra eum; et sermo ejus non addit quidquam supra eum; et deus habet formam hominis. — Hammer: Les Obeïdiyé, disciples d'Obeïd al moukasib, vont plus loin que les Younisiyé, en disant que dieu a la forme humaine.

c) Marracci: *Assanitae* discipuli Assani Cuphensis, qui censuit, fidem esse cognitionem dei et legati ejus, et confessionem eorum, quae

In Beziehung auf diese verschiedenen Unterarten gilt dieselbe Bemerkung, die oben am Schlusse des ersten Abschnittes dieses Capitels, S. 67, gemacht worden, nämlich dass die Streitfragen der verschiedenen Mordschiten ganz scholastischer Natur seyen. Wir

tradita sunt ei a deo, summatim et implicite, non autem explicite et enucleate. Fidem autem nec augeri posse nec minui. Si quis dixerit: scio deum prohibuisse esum carnis porcinae; sed nescio, utrum porcus, quem prohibuit deus, sit haec ovis an aliud animal: erit fidelis. Et si dixerit: scio, deum praecepisse peregrinationem ad templum meccanum, sed nescio an hoc templum sit in India: erit fidelis. — Hammer: Les Ghassaniyé, disciples de Ghassan de Koufa, disent que la foi consiste non seulement dans la connaissance de dieu, mais aussi dans celle de son prophète; que la foi ne croît et ne décroît point; que l'ignorance des préceptes positifs ne constitue pas encore l'infidélité. Bei Pococke S. 253 heisst es von den reinen Mordschiten: „qui et in sectas quinque divisi."

2. Die *kadaritischen Mordschiten*. Marracci: Morgitae Cadritae sunt asseclae Salehi filii Amrui Salehitae, et Mohammedi Sciobeidi et Abu Sciamari et Ghailani; et hi omnes conciliant doctrinam Cadriticam et Morgiticam. Sed discedunt a Morgitis puris in quibusdam. Dicunt enim primo: si quis dixerit: tertius trium (id est trinitatem Christianorum tenuerit), non est infidelis, quamvis haec locutio non usurpetur publice nisi ab infideli. Secundo: fides est cognitio dei et humilis subjectio illi. Tertio: negare Mahumetum stat cum recta fide. Quarto: oratio non pertinet ad cultum dei. Quinto: sola fides pertinet ad cultum dei, et est simplex habitus, nec recipit magis et minus. Porro Abu Sciamar Cadrita censuit, confessionem eorum, quae deus revelavit prophetis et legatis, non ingredi in fundamentum fidei; nullum habitum particularem ex habitibus fidei vocandum esse fidem aut partem fidei, sed omnes simul sumptos esse fidem; praedestinationem pendere ab homine, nec aliquid de ea referri in deum. At vero Gailanus, filius Meruani Cadritae, censuit, fidem esse cognitionem dei et humilem subjectionem illi, et dilectionem ejus ex corde, et confessionem eorum, quae revelata sunt Mahumeto. Cognitio autem haec in radice duplex est: creativa, qua quis cognoscit, mundo fuisse factorem et animae suae creatorem; et haec cognitio non vocatur fides, sed cognitio altera, quae est acquisita. At vero

3. Morgitae Gebaritae, die *dschabaritischen Mordschiten*, qui etiam dicuntur *Thaubanitae*, eo quod asseclae sint Abu Thaubanis Morgitae, censuerunt, fidem esse cognitionem et confessionem dei et legatorum ejus et omnium eorum, quae ab intellectu cognoscuntur esse facienda; quae vero cognoscuntur esse omittenda, non pertinere ad fidem; retributio enim pro operibus tota pertinet ad fidem. Dixit vero in suis effatis

glaubten daher, auf dieselben nicht näher eingehen und sämmtlichen Unterarten blos eine Stelle unter dem Texte einräumen zu dürfen.

Was die Zeit der Entstehung der mordschitischen Secte betrifft, so ist hierüber auf den folgenden Abschnitt zu verweisen: wie überhaupt im nächsten Abschnitt nochmals auf die Mordschiten zurückzukommen ist.

Vierter Abschnitt.
Die Waïditen.

Die *Waïditen* *), welche Schahristani ausdrücklich zu den Kharedschiten rechnet, sind gewissermaassen die Antipoden der Mordschiten,

---

Mohammedns filius Sciobeidi, et Abu Sciamar, et Gailan filius Mernanis Damasceni, et Jonas filius Amranis, et Alphadlus Racascius. et Alattabius et Salehus filius Amrui ex una concordique sententia: quod si deus ignoscat uni peccatori in extremo judicio, ignoscet etiam omnibus peccatoribus fidelibus ejusdem conditionis. Convenerunt etiam, quod fidelis punietur in die judicii super pontem Sorat, positum supra medium Gehennae, et pertinget ad eum ustulatio ignis illius, et per hoc torquebitur juxta modum culpae suae. — Hammer: Les Thobaniyé, disciples de Thoban le Mordjite, disent que la foi consiste dans la connaissance de dieu et de ses prophètes et de tout ce que la raison défend. Vgl. den folg. Abschn.

4. Die *kharedschitischen Mordschiten.* Marracci: Denique Morgitae, et Charegitae, qui etiam dicuntur *Taumanitae,* eo quod asseclae sint Taumanis Abu Moadi, dicunt: fidem esse immunitatem ab infidelitate, et constare pluribus habitibus, sine quibus omnibus vel aliquo eorum erit quis infidelis; nullus tamen eorum singillatim dicitur fides aut pars fidei. Nullum peccatum, sive grave fuerit sive leve, constituit hominem praevaricatorem. Praedicti habitus sunt: cognitio, credulitas firma, sinceritas, charitas, et confessio illius quod tradidit Mahumetus. Porro: adorare solem et lunam et simulacra et alias res non est per se infidelitas, sed signum infidelitatis. — Hammer: Les Thomeniyé, disciples d'Abou Mead ebn Thomeni, disent que la foi, c'est la connaissance, l'amour, la pureté, la constance, et que l'infidélité consiste non seulement dans l'abondon de toutes ces qualités, mais aussi dans celui d'un partie; infidèles sont ceux qui négligent la prière, frappent les prophètes; que l'adoration des idoles n'est pas en soi-même de l'infidélité, mais seulement un signe d'infidélité.

*) Es scheint diese Secte, nach den spärlichen Nachrichten über dieselbe, nicht sehr ausgebreitet gewesen zu seyn. In dem langen Secten-

denn sie haben, nach Abulfaradsch, gelehrt: „dass, wer eine grosse Sünde begehe, vom Glauben abgefallen sey, und dass ein solcher darum ewig in der Hölle bleiben werde, wenn er auch gleich ein Gläubiger (Moslim) sey; dabei aber geben sie zu, dass die Strafe eines solchen Gläubigen leichter seyn werde, als die eines Ungläubigen (Nicht-Moslimen)." Nach Schahristani heissen die Waïditen Jeden, der eine grosse Sünde begeht, einen Ungläubigen, und lassen einen solchen ewig in der Hölle bleiben *).

Von dieser Lehre, der Bedrohung mit ewiger Höllenstrafe, sollen sie ihren Namen, der nichts anderes bedeutet als *„Droher"* erhalten haben.

Dieser waïditischen Lehre von der Strafbarkeit der Gläubigen und der Ewigkeit der Höllenstrafe waren aber nicht blos die Mordschiten, sondern auch andere Secten entgegen. Stellen wir hier die wichtigsten Ansichten über die Bedeutung der Hölle und die Dauer der Höllenstrafe, sowie über die den Ungläubigen und Sündern bevorstehenden Strafen zusammen.

Der Mordschite *Mokatel*, von der Unterart der Thaubaniten (s. oben S. **73**) hat gelehrt, dass der Ungehorsam (die Sünde) dem Bekenner der Einheit Gottes und dem Gläubigen nichts schade und dass ein Gläubiger nie in die Hölle kommen werde. Dagegen lässt Mokatel den sündebeladenen Gläubigen in eine Art Fegfeuer kommen; er sagt nämlich: „Gott werde ohne Umstände verzeihen was nicht Unglauben sey; den Gläubigen aber, der gesündigt habe, werde Gott strafen am Tage der Auferstehung, auf der mitten über der Hölle befindlichen Brücke Sorat, dort werde ihn nämlich die Hitze des Feuers und seine Flamme treffen, und auf solche Weise werde er gezüchtigt nach Maasgabe seiner Verbrechen, dann aber dürfe er in das Paradies eingehen."

---

register bei Hammer wird sie gar nicht erwähnt. Ebenso gedenkt Sacy derselben (wie auch der mordschitischen) gar nicht. Marracci erwähnt sie nur einmal gelegentlich ganz kurz in dem Abschnitte von den Kharedschiten.

*) Noch weiter ist ein gewisser Dschaafer Ebn Mobaschschar, ein Notzamite (vgl. oben S. 9) gegangen, welcher behauptet hat: dass wer nur ein Körnchen stehle, ein Gottloser sey und vom Glauben gänzlich abgefallen.

Ein anderer Mordschite, ein gewisser *Baschar*, liess die frevelhaften Gläubigen zwar in die Hölle kommen, aber auch wieder heraus. Er behauptete nach Schahristani: „Wenn auch Gott die groben Sünder in die Hölle schickt, so wird er sie aus derselben wieder herauskommen lassen, nachdem sie die Strafe für ihr Verbrechen erstanden; denn dass sie ewig in der Hölle bleiben sollten, das sey nicht möglich, und mit der Gerechtigkeit Gottes nicht vereinbar."

Mit Baschar ziemlich übereinstimmend hat der für orthodox geltende *Aschari* gelehrt: „Wenn Einer, der eine schwere Sünde begangen hat, ohne Reue hinscheidet, so fällt er dem Urtheile Gottes anheim. Es wird aber entweder Gott ihm verzeihen nach seiner Barmherzigkeit, oder der Prophet wird für ihn sich verwenden (als sein Mittler auftreten), nach dem Worte desselben: „„Meine Verwendung (mein Mittleramt) kommt denen aus meinem Volke zu gut, welche sich schwer versündigt haben"" ; oder es wird Gott einen solchen züchtigen nach Maasgabe seines Verbrechens, wornach er aber ihn nach seiner Barmherzigkeit in das Paradies aufnehmen wird; keineswegs jedoch ist anzunehmen, dass ein solcher ewig mit den Ungläubigen in der Hölle bleiben werde, da wir die Verheissung erhalten haben: dass wer in seinem Herzen auch nur einen Gran Glauben habe, aus dem Feuer werde herauskommen."

Dagegen behaupteten die *Motasiliten*, in Uebereinstimmung mit den Waïditen, dass ein Moslim, wenn er eine grobe Sünde begangen habe und er ohne Reue aus der Welt scheide, ewige Höllenstrafe verdient habe; doch meinten sie, dass die Strafe eines Moslim leichter seyn werde, als die eines Nicht-Moslim. *Wassel*, der Stifter der motasilitischen Secte, drückte sich hierüber so aus: „Wenn ein eines groben Verbrechens schuldiger Moslim aus dem irdischen Leben ohne Reue scheidet, so kommt er in die Hölle, um ewig darin zu bleiben; denn es gibt jenseits nur zwei Wohnorte, den Wohnort des Paradieses und den Wohnort der Verdammniss; doch die Züchtigung des Moslim wird leichter seyn und seine Stufe höher als die des Nicht-Moslim."

Die *Dschahmiten* (Schüler des Dschahm s. oben S. 33.) behaupteten, dass Paradies und Hölle vergehen werden, wenn Alle in dieselben eingetreten seyn werden. Die Worte des Koran aber „um darin ewig zu bleiben", sagen sie, seyen hyperbolisch zu verstehen und nicht buchstäblich, wie man auch von einem König sage: „möge seine Herrschaft ewig dauern."

Eine besondere Ansicht wiederum hatte *Dschahed* (s. oben S. 17), welcher lehrte: dass die in die Hölle Verstossenen nicht ewige Züchtigung zu dulden haben, sondern dass sie in die Natur des Feuers werden umgewandelt werden, oder dass das Feuer (der Hölle) seine Leute (die dazu Bestimmten) an sich ziehe, ohne dass Jemand in dasselbe geworfen werde.

Für die *Khattabiten* (eine schiitische Secte; s. unten Cap. 4, B) hatte das Paradies und die Hölle blos eine symbolische Bedeutung. Das Paradies war ihnen, nach Ebnol Kassai, das Angenehme, und die Hölle das Bittere dieses Lebens. Nach Schahristani behaupteten sie: dass die Welt (Erde) nicht vergehen werde, dass das Paradies nichts anderes sey als das Gute und Angenehme, was dem Menschen zu Theil werde, und die Hölle dagegen nichts anderes als das Böse und Beschwerliche, das ihn treffe. Dieser Lehre gemäss erklärten sie: dass das Weintrinken und die Unzucht und andere verbotene Dinge erlaubt und dass das Beten und der Gehorsam gegen die Vorschriften des Gesetzes unnöthig seyen (vgl. Sacy Einl. S. XLIX).

Die *Themamiten* (eine motasilitische Secte; s. oben S. 23) lehrten, dass die Ungläubigen, als da seyen die Juden, Christen, Mager u. s. w. werden in Staub verwandelt werden, ohne ins Paradies oder in die Hölle einzugehen.

Ueber die Waïditen, um zu diesen zurückzukehren, ist nur noch eine Stelle aus Schahristani beizubringen, die sich auf die Zeit ihrer Entstehung bezieht: „Die Waïditen", so lesen wir bei dem genannten Schriftsteller, „die zu den Kharedschiten gehören, und die Mordschiten, die zu den Dschabariten gehören *), und die Kadariten fingen ihre Secten an zur Zeit 'Hasans (s. oben S. 7); Wassel aber hat sich von denselben und von seinem Lehrer getrennt (*itasala*) durch die Behauptung, dass ein schwerer Sünder weder ein Gläubiger noch ein Ungläubiger sey, weshalb er und seine Anhänger Motasiliten genannt wurden" (s. oben S. 8). Hiernach hätte also die waïditische Be-

---

*) Inwiefern Schahristani die Mordschiten hier zu den Dschabariten rechnen kann, ist aus der oben S. 70 gegebenen Bemerkung ersichtlich.

hauptung (dass wer einer grossen Sünde sich schuldig gemacht habe, kein Gläubiger mehr sey) zu der Entstehung der motasilitischen Secte Anlass gegeben.

Viertes Capitel.
Die Schiiten.

Die in den drei vorangehenden Capiteln betrachteten Secten haben uns bereits die verschiedenartigsten theologischen (und auch untheologischen) Meinungen geliefert. Wir sahen, wie die Moschabbihten Gott vermenschlichten und wie die Rawenditen den Menschen (gewisse Menschen) vergotteten; wir sahen, wie die schroffen Dschabariten den Menschen zu einer blossen Sache, zu einer Maschine herabwürdigten, und wie die schroffen Kadariten dagegen dem Menschen eine die Gottheit beschränkende Macht verliehen; wir sahen, wie die Mordschiten den Glauben so weit über alle Werke erhoben, dass sie den gottlosesten Gläubigen in das Paradies kommen liessen, und wie die Waïditen dagegen den Gläubigen, ob der geringsten Missethat, wie den Ungläubigen die Hölle androhten. Wer sollte, wenn er diese und andere in den vorangehenden Capiteln dargelegten theologischen Meinungen überblickt, nicht bekennen und ausrufen: Da sieht man, wie weit die menschliche Vernunft und die menschliche Phantasie (denn diese spielt bei den muhammedanischen Theologen keine geringe Rolle) sich verirren, wohin die theologisch-philosophische Rechthaberei führen kann.

Doch was wir bei den bisher betrachteten Secten Schroffes und Extremes, Lächerliches und Abgeschmacktes, Phantastisches und Irreligiöses kennen gelernt haben (eine anerkennende Erwähnung verdienen hier die namentlich von Aschari gemachten Versuche zur Vermittlung der Extreme): es ist dies Alles nur ein Vorschmack dessen, was wir bei den schiitischen Secten finden werden. Denn hier, bei den Schiiten, wird sich uns der crasseste Pantheismus, der phantastischste Gnosticismus, der schamloseste Unglaube, der frechste Atheismus und Materialismus vor die Augen stellen. Nicht als ob alle Schiiten solcher Dinge sich schuldig gemacht hätten;

nein, es gab unter denselben auch fromme und vernünftige Gläubige (wie z. B. Mohammed Ebn Ali al Baker; s. oben im Capitel von den Dschabariten S. 40), und die gewöhnlichen oder gemässigten Schiiten zeichneten sich fast blos durch ihre Anhänglichkeit an das Haus Ali aus; aber gerade die bedeutendsten und hervorragendsten der schiitischen Secten neigten sich alle mehr oder weniger zu den angegebenen Irrthümern. Am weitesten gingen die Ismaëliten, Nossaïriten, Karmaten und Drusen.

Bevor wir nun an die Darstellung der einzelnen schiitischen Secten gehen, mögen vorerst einige Worte über die Bedeutung des Namens „Schiiten", über die Entstehungszeit derselben, über die Anzahl ihrer Secten, sowie über die allgemeinen Lehrsätze der Schiiten gesagt werden.

Die Benennung der Schiiten ist analog der Benennung anderer Secten. Wie nämlich der Name Motasiliten *Sichlossager* und der Name Kharedschiten *Abtrünnige* bedeutet (s. oben S. 8 u. S. 55), so bedeutet der Name Schiiten (von *schaa*, das unter andern die Bedeutung *sectatus fuit* hat) nichts anderes als *Sectirer* *). Es hat demnach eine Partei der andern gleiche oder ähnliche Schimpfnamen gegeben. Eine ähnliche Bedeutung hat der einem grossen Theile der Schiiten zukommende Name *Rafedhiten*, nämlich *Widerspenstige* **). Sie selber gaben sich, ähnlich wie die Kadariten und Motasiliten, den Namen *Adliten*, d. h. die *Gerechtigkeitsfreunde*.

Was die Entstehungszeit der Schiiten betrifft, so berichtet darüber Makrisi (bei Sacy Einl. S. XIII) also: „Gleichfalls zur Zeit der Prophetengenossen entstand die Secte der Schiiten, welche sich durch eine besondere Anhänglichkeit an Ali auszeichnen, und schon zu jener

---

*) Ein Herr Dr. Worms (im Journal asiatiq. 1842, S. 242) bezweifelt diese Ableitung und will dagegen das Wort Schiiten ableiten von der Wurzel *schia* und gleichbedeutend seyn lassen mit *maschricune* d. i. Polytheisten.

**) Nach den Einen war dieser Name zuerst denjenigen Moslimen gegeben, welche der Wahl Abubekr's und Omar's zum Khalifenthum abhold waren; nach Andern denjenigen, welche sich dem Seid ben Ali ben Hosein, dem Sohne des Khalifen Ali, widersetzten und sich von ihm trennten, als er sich weigerte, den Abubekr und Omar zu verfluchen, weil, wie er sagte, „sie beide die Wesire seines Grossvaters Muhammed gewesen seyen." Man sehe Sacy Einl. S. XLVIII, Exposé II, S. 587.

Zeit fing man an, übertrieben hohe Meinungen über Ali aufzustellen. Ali liess aber mehrere, welche solche übertrieben hohe Meinungen von ihm hegten, verbrennen. Bei solcher Gelegenheit soll er den Vers ausgesprochen haben:

> Als ich die Sache kommen sah auf so übertriebene Stufen,
> Hab' ich mein Feuer angezünd't und hab' Kanbar'n *) gerufen."

Der Urheber der gemässigten Schiiten war Ali ben Ismael ben Maitsam, zubenannt Tammar (s. unten Cap. 4, A); der Urheber der Ultra-Schiiten dagegen Ebn Ssaba (vgl. unten Cap. 4, B).

Die Zahl der schiitischen und der von den Schiiten ausgegangenen Secten ist grösser als die aller andern Secten, so dass Einige jenen Ausspruch des Propheten, „dass in seiner Religion mehr als siebenzig Secten entstehen würden", blos von den schiitischen Secten verstanden wissen wollen. Dschordschani bei Hammer theilt dieselben in drei Classen: 1) die *Ghulat* (d. h. die Uebertriebenen), 2) die *Seïditen*, 3) die *Imamiten*. Bei der erstgenannten Classe werden achtzehn, bei der zweiten drei Unterarten genannt **). Schahristani bei Marracci nimmt fünf Hauptclassen an: 1) die *Caisaniten*, 2) die *Seïditen*, 3) die *Imamiten*, 4) die *Ismaëliten*, 5) die *Ghulat*. Die erste Classe hat bei ihm vier, die zweite drei, die dritte vier, die vierte zwei und die fünfte zwölf Unterarten. Wir theilen die Schiiten blos in zwei Hauptclassen: 1) die *gemässigten*, 2) die *Ultra-Schiiten*.

Was noch die allgemeinen Glaubens- oder Lehrsätze der Schiiten betrifft, so berichtet darüber Abulfaradsch (bei Pococke Spec. hist. Arab. S. 22) also: „Die Schiiten sind diejenigen, welche Partei nehmen für Ali ben Abu Taleb, und behaupten, dass das Imamat, nach dem Propheten, auf ihn übergegangen sey und dass dasselbe nur mit Unrecht seiner Familie könne entrissen werden. Auch behaupten sie alle, dass der Imam nothwendig sich aller grossen und

---

*) Kanbar ist der Name eines Freigelassenen Ali's. (S.)

**) „Sehr interessant, sagt Hammer, Gemäldesaal Bd. III, S. 239, ist die Auskunft, welche das Hakkoljakin Bl. 118 über die verschiedenen Secten der Schii gibt, von denen heute nur noch drei bestehen, nämlich: die Ismailije, die Seidije und Imamije; erloschen sind die Eftahije, Wakifije, Keisanije, Namusije."

kleinen Sünden enthalten müsse, und dass das Imamat eine der Hauptstützen der Religion sey, welches der Prophet nicht habe vernachlässigen oder dem Gutdünken des Volkes habe überlassen dürfen.

Fast ebenso spricht sich Schahristani aus. „Die Schiiten, sagt er, sind diejenigen, welche für Ali Partei nehmen und welche ihm das Khalifat und Imamat zusprechen, als nach einem offenbaren und verborgenen Zeugniss und Befehl ihm übertragen, und welche behaupten, dass das Imamat in seiner Familie bleiben müsse, und dass, wenn es nicht darin bleibe, es derselben nur durch Unrecht von Seiten Anderer oder durch Schwachheit von Seiten der Seinigen entzogen werden könne: denn das Imamat sey nicht ein gemeiner Beruf, zu welchem das Volk jeden Beliebigen wählen könne, sondern ein Grundartikel des Glaubens und eine Hauptstütze desselben, welche der Prophet nicht habe vernachlässigen und hintenstellen oder dem Volke überlassen und anheimgeben dürfen. Einige gingen sogar so weit zu behaupten: die Religion bestehe einzig und allein in der Kenntniss des Imam." Weiter gibt Schahristani als allgemeine schiitische Lehrpuncte noch folgende an: „Der Imam müsse nothwendigerweise näher bezeichnet und [durch den Koran oder den Propheten] angekündigt [bestellt] seyn; der Imam müsse nothwendig sich aller, sowohl der grossen als der kleinen Sünden enthalten; ein jeder Gläubige müsse erklären, wem er anhange und wem nicht, durch Wort oder That oder Bündniss, und es dürfe keiner neutral seyn oder sich verstellen" (welch letzterer Behauptung übrigens einige der Seiditen widersprachen. S. unten S. 83 f.).

A. Die gemässigten Schiiten.

Dahin rechnen wir alle diejenigen, welche sich begnügten, Ali für den rechtmässigen Imam zu erklären, ohne ihn zu vergöttern, und welche sich vom Pantheismus und Atheismus fern gehalten haben. Eine der bedeutendsten Stellen unter diesen gemässigten Schiiten nehmen ein

1. Die Imamiten.

Die Imamiten, welche zu der Partei der Rafedhiten gehören, behaupten, dass das Imamat nach Muhammed rechtmässig dem Ali gehörte, und dass der Prophet ihn ausdrücklich zu seinem

Nachfolger bezeichnet habe. Sie waren aber hinsichtlich des Nach-
folgerechts im Imamat nach Ali getheilter Ansicht. Die meisten
unter ihnen behaupteten, dass sämmtliche Prophetengenossen, ausser
Ali, seinen Söhnen 'Hasan und 'Hosein, dem Abu Dharr Ghifari *),
Salman Faresi und wenigen Andern, sich der Apostasie schuldig gemacht haben, indem sie Ali und seine Söhne ihres Rechts auf das
Imamat beraubten.

Der erste Urheber der Lehre der Imamiten war *Ali ben Ismael
ben Maitsam*, zubenannt *Tammar*, einer der Begleiter Ali's **).

Unter den Imamiten war eine Classe, die man die *Zwölfer*
(*itsna ascheris*) nannte, weil sie zwölf Imame annahmen und behaupteten, dass dieselben, deren letzter der Mehdi ist, welcher eines
Tages kommen soll, alle durch einen ausdrücklichen Willen des Propheten als rechtmässige Erben des Imamats bezeichnet worden seyen.
Sie sind hierin andern Imamiten entgegengesetzt, welche die Reihenfolge der Imame nicht über den Musa ben Dschafar hinaus verfolgten.

Diese, *Musaïten* genannt von wegen ihrer Anhänglichkeit an
Musa ben Dschafar, behaupten, dass das Imamat von Dschafar auf
seinen Sohn Musa übergegangen sey. Sie nehmen auch an, dass
Musa nicht gestorben sey und dass er derjenige Imam sey, dessen
Wiederkehr man zu erwarten habe. Man nennt sie auch *Wakefiten*
von *wakafa* (anhalten, stehen bleiben), weil sie in der Reihenfolge
der Imame bei Musa ben Dschafar stehen bleiben ***).

Andere Imamiten, *Kataïten* genannt, beschränken die Reihenfolge der Imame auf Ali, 'Hasan, 'Hosein, Ali ben 'Hosein, Muhammed ben Ali, Dschafar ben Muhammed, Musa ben Dschafar, Ali ben
Musa. Bei dem letzteren schliessen sie (schneiden sie) die Reihenfolge der Imame ab und daher haben sie ihren Namen, welcher
nichts anderes bedeutet als *Abschneider, Abschliesser* (von *kataa*

---

*) Ueber diesen s. Eichhorn Mon. ant. hist. Ar. p. 74; Pococke
S. 566; Abulf. Annal. 1, p. 260. (S.)

**) Bei Marracci liest man über die Imamiten kurz: Emamitae seu
Pontificii attribuunt pontificatum τῷ Aly post Mahumetum jure manifesto
et designatione certa facta a Mahumeto. Und bei Hammer: Les Ima-
miyé s'accordent à reconnaitre les imams dans les descendans d'Ali jusqu'à Djaafer es sadik, après lequel ils diffèrent d'opinion.

***) Vgl. über die Bedeutung des Wortes unten bei Ebn Ssaba S. 91.

abschneiden). Sie erkennen nicht das Imamat Muhammeds ben Ali ben Musa, wie auch nicht das des 'Hosein ben Muhammed ben Ali ben Musa an *).

Bei Marracci werden folgende vier Unterarten der Imamiten aufgeführt: 1) die *Bakeriten* oder *Wakefiten* und *Dschafariten* **), 2) die *Nawausiten* ***), 3) die *Aphtahiten* †), 4) die *Schomaititen* ††).

2. Die Seïditen

haben ihren Namen von *Seïd ben Ali, ben 'Hosein, ben Ali ben Abu Taleb*. Sie erkennen den Seïd als Imam an und halten Jeden für

---

*) Marracci verwechselt die Kadaïten mit den Zwölfern und zählt sie, wie auch die Musaïten, zu den Ismaëliten. (S.)

**) Diese sind nichts anderes als die Mussïten. Marracci sagt über dieselben: Bakeritae, Vaphekitae et Giaapheritae, asseclae Mohammedi Abu Giaapheri filii Aly cognominé Albakeri et filii ejus Giaapheri cognomine Alsadeki. Hi tam Albakero quam Giaaphero tribuunt pontificatum. Quidam tamen tribuunt tantum Albakero, asserentes, eum esse rediturum ad vitam, eo quod fuerit vir amplissimae intelligentiae et copiosissimae scientiae.

***) Navausitae, ita dicti a nomine auctoris vel loci. Hi affirmant, Alsadekum seu Giaapherum (supra commemoratum) non esse mortuum, sed adhuc vivere, et manifestaturum sese et fore directorem (d. h. der Mehdi); Aly vero mortuum esse, sed resurrecturum ante diem generalis resurrectionis, et repleturum esse terram justitia, sicut plena fuerat iniquitate.

†) Aphtabitae, asseclae Aphtahi filii Alsadeki. Hi affirmant, pontificem mortuum non esse lavandum, neque orandum esse pro eo, neque accipiendum esse sigillum seu annulum ejus, neque sepeliendum nisi ab alio pontifice.

††) Sciamititae, asseclae Jahiae filii Abu Sciamiti. De his nihil peculiare dicendum occurrit. — Makrisi (bei Sacy II. S. 591) nennt als Urheber dieser Secte einen gewissen Jahja ben Schomaït Ahmasi (Ebn Kotaïba nennt ihn Ahmar ben Schamit, s. Abulf. Annal. musl. I, annot. hist. S. 94) und fügt bei, dass er einer der Anführer der Armee Mokhtar's war, dass Mokhtar ihn an der Spitze der Truppen Bassra's zur Bekriegung Mosab's ben Sobeïr aussandte und dass er in der Citadelle dieser Stadt getödtet wurde. Diese Secte, fügt Sacy bei, behauptet, dass das Imamat von Dschafar auf seinen Sohn Muhammed und auf dessen Söhne übergegangen sey. Die Schamatis, welche der Drusenschriftsteller Behaëddin neant, sind, meint Sacy, wohl keine andern als die Schomaititen bei Makrisi und Marracci.

des Imamats fähig, der folgende Eigenschaften hat: Wissenschaft, Frömmigkeit, Tapferkeit, eine Genealogie, die auf Fatimen, sey es durch Hasan oder durch ʿHosein, zurückgeht; wozu nach Einigen noch kommen muss: eine schöne Physiognomie und Freiheit von physischen Fehlern. Die Seiditen bekennen sich in allen andern Puncten, ausser der Frage über das Imamat, zu der Lehre der Motasiliten. Seid ben Ali war ein Schüler des Wassel ben Ata, des Gründers der Motasiliten, gewesen. Er behauptete, dass Ali mehr gewesen sey als Abu Bekr und Omar, erkannte aber doch diese beiden als rechtmässige Imame an. Einige gaben sogar zu, dass es zu gleicher Zeit in zwei verschiedenen Ländern zwei Imame geben könne, sofern sie nur beide die erforderlichen Eigenschaften haben *).

Als eine Unterart der Seiditen werden bei Sacy II, S. 591 genannt die *Dscharuditen*. Sie sind, lesen wir daselbst, die Anhänger des *Abu Dscharud*, zubenannt *Abulnedschm Siad, ben Mondhar Abdi*. Sie lehrten, dass der Prophet den Ali durch eine genaue, ausdrückliche Erklärung, wiewohl nur seine Eigenschaften, nicht seinen Namen nennend, als seinen Nachfolger bezeichnet habe, und dass die Menschen sich treulos bewiesen hätten, indem sie den Ali, ʿHasan, Hosein und ihre Söhne nicht als Herrscher anerkannten. Die Dscharuditen waren aber unter sich selbst über die Frage der Nachfolge im Imamat getheilt. Einige von ihnen behaupteten, dass die Kenntniss der Abkömmlinge Ali's ihnen, wie Muhammed, durch eine unmittelbare Offenbarung Gottes eingegeben sey, ohne irgend eine menschliche Beihülfe, und dass sie dieselbe nicht verlieren könnten **).

---

*) Bei Marracci liest man über die Seiditen: Zaiditae sectati sunt Zaidum filium Aly nepotis Aly generi Mahumeti. Hi statuerunt, pontificatum non posse consistere nisi in filiis Phatemae filiae Mahumeti et uxoris ejusdem Aly. Quidam eorum concesserunt, fieri posse electionem duorum pontificum in duabus regionibus, dummodo essent Phatemitae, docti, temperati, strenui ac liberales. — Bei Hammer blos: Les Zeidiyé dérivent leur nom de Zeid, le fils d'Ali le fils de Zein elabédin, et se subdivisent en trois branches.

**) Marracci: Giaruditae assoclae Abul Giarudi, qui etiam dissenserunt inter se in instituendo et transferendo pontificatu. Quidam detulerunt illum Mohammedo filio Abdallah, qui fuit tertius ab Aly. Sed hi quoque discordes fuere inter se. Quidam enim, postquam occisus fuerat, dicebant, illum nunquam occisus fuisse, sed adhuc vivere, et

Ausser diesen Dscharuditen werden bei Hammer und Marracci als Unterarten der Seiditen noch genannt: die *Suleïmaniten* *) und die *Ssalechiten* oder *Abtariten* (bei Hammer *Beïteriye*) **).

---

rediturum esse et impleturum terram justitia; quidam vero fatebantur, illum mortuum fuisse; quidam denique ex Giaruditis putaverunt, scientiam nepotum Aly fuisse sicut scientiam prophetae Mahumeti, ita ut fuerit illis infusa et producta a deo absque opera magistri, neque posset ab illis auferri. — Hammer: Les Djaroudiyé, disciples d'Abou'ldjaroud al bakir, nommé Serdjoun c. a. d. un démon qui habite le rivage de la mer; ils disent que l'intention du prophète était de laisser l'Imamat à Ali, qu' après Hassan et Housseïa l'Imamat était incertain dans leurs enfans, et que ceux seulement qui se soulevèrent l'épée à la main étaient des imams; ils ne sont pas d'accord sur le dernier imam attendu encore.

*) Marracci: Solimanitae assaclae Solimani filii Giorciri, cujus sententia fuit: pontificatum esse electivum inter homines generatim, et convenire, ut electio fiat a duobus praestantissimis Moslemorum et eligatur optimus inter multos bonos. Damnabat pontifices Raphedarum, quod dixissent, deum mutabilem esse in suis sententiis; et quod admitterent loqutionem tropicam seu figuratam (id est aequivocationem seu restrictionem mentalem in loquendo). Sequuti sunt autem eum in hoc quidam Motazelitae, qui praeterea dixerunt, pontificatum esse quidem utilem ad conservationem religionis, sed non esse necessarium ad cognitionem dei, et posse conferri dignis, etiamsi aliquis esset dignior. — Hammer: Les Souleïmaniyé, nommés d'après Soleïman le fils de Djerir, soutiennent que l'Imamat appartient de droit au plus excellent, qu' ainsi il appartenait de droit à Aboubekr et à Omar; mais ils tiennent pour infidèles Osman, Zobeir, Aïché.

**) Marracci: Salehitae, qui et Abtaritae, discipuli Salehi filii Haii et Cathiri Nubiensis cognomine Abtaris. Hi concedunt, pontificatum posse conferri digno, postposito digniori, si hic sponte cedat juri suo. Requirant etiam, ut, qui eligendus sit pontifex, sit strenuus, bellator, doctus, temperatus, fortis ac liberalis. Aliqui vero addunt conditionem, ut sit decorus aspectu. Vgl. oben bei den Seiditen. — Hammer: Les Beïteriyé, disciples de Beïter es soumir, s'accordent pour la plupart avec les Souleïmaniyé pour ce qui regarde Osman. — Ces trois branches de Zeidiyé, fügt Hammer bei, ne sont hérétiques que dans les dogmes, mais dans la jurisprudence ils suivent presque tous la doctrine orthodoxe d'Abou Hanifah.

Eine weitere Classe der gemässigten Schiiten sind

3. die Caïsaniten.

Ueber diese liest man bei Sacy II, S. 592, Folgendes: „Die Caïsaniten sind Schüler des Caïsan, eines Freigelassenen Ali's, der den Muhammed ben Hanefijja zum Lehrer hatte. Andere sagen: Caïsan sey der Name des Mokhtar ben Obaid Thakefi, der den Mord Hoseïns zu rächen unternahm. Die Caïsaniten behaupten: der Nachfolger Ali's im Imamat sey Muhammed ben Hanefijja, weil Ali demselben die Fahne am Tage des Kameels anvertraute, und weil 'Hosein ihn zu seinem Stellvertreter erklärte, als er sich auf den Weg nach Kufa begab; aber sie sind hinsichtlich der Nachfolge im Imamat, nach dem Tode Muhammeds, getheilter Meinung. Nach Einigen fiel das Recht des Imamats nach demselben auf die Söhne Hasan's und Hosein's zurück; nach Andern ging es auf Abu Haschem Abdallah ben Muhammed ben Hanefijja über. Die Caïsaniten lehren: es sey möglich, dass Gott seinen Willen ändere. Eine der caisanitischen Secten liess das Imamat nach Muhammed ben Hanefijja auf Abdallah ben Moawia übergehen. Derselbe lehrte, dass die Seelen nach und nach in verschiedene Subjecte übergehen und dass diese Subjecte, seyen es Menschen oder Thiere, die Belohnungen und die Bestrafungen treffen; dass die Seele Gottes auch auf dieselbe Weise in verschiedene Subjecte und zuletzt in ihn selbst übergegangen sey; dass die Gottheit und die Prophetie in ihm eingeschlossen wären und dass er daher die verborgenen Dinge kenne. Seine Schüler beteten ihn an; sie läugneten die Auferstehung, indem sie vorgaben, dass die Seelenwanderung in dieser Welt selber vor sich gehe und dass Lohn und Strafe die genannten Personen treffe. Nach dem Tode Abdallah's behaupteten einige seiner Schüler, dass er noch am Leben sey und dass er wiedererscheinen würde. Andere, welche ihn gestorben seyn liessen, behaupteten, dass seine Seele auf den Ishak ben Seid ben Hareth übergegangen sey. Diese, *Harethiten* genannt, lebten epikuräisch, indem sie nichts für unerlaubt hielten und sich keinerlei Genuss versagten."

Marracci gibt viererlei Unterarten an: 1) die *Mokhtariten;* 2) die *Haschemiten,* welche wiederum drei Unterarten haben, die *Haremiten, Mosdakiten* und *Harethiten;* 3) die *Bajaniten;* 4) die *Rasamiten.* Die beiden letztern werden bei Hammer richtiger zu den

Ghulat (den Ultra-Schiiten) gerechnet, wie denn überhaupt diese ganze dritte Classe, dazu gerechnet werden könnte. Der Caisaniten selber geschieht bei Hammer keine Erwähnung *).

---

*) Man liest bei Marracci über die Caisaniten und ihre Unterarten Folgendes:

Caisanitae, discipuli Caisani, qui fuit libertus Aly, felicis memoriae, et juxta quosdam discipulus Mohammedi filii Hanaphiae, profitentur de eodem Aly quaedam, quae excedunt conditionem illius, quod scilicet comprehenderit omnes scientias, quod didicerit a Sendis populis Indiae arcana quaedam, in quorum summa continebatur scientia interpretandi occulta ac recondita, et cosmographiam et animasticam. Et inter eorum sententias est: religionem esse obedientiam hominis (id est obedire iis, quae dicunt Emami seu pontifices), ita ut quidam eorum eo devenerint, ut reliquerint judicia legis post assecurationem obedientiae hominis. Quidam ausi sunt infirmare fidem de resurrectione. Quidam tenuerunt sententiam de transmigratione animarum, de unione naturae divinae cum humana, et de regressu hominis in hunc mundum post mortem. Hi autem in alias sectas dividuntur, quae sunt

1. *Mochtaritae*, asseclae Mochtari Abu Obeïdi, qui fuit primo Charegita, deinde Sciaita et Caisanita, et asseruit pontificatum Mohammedo filio Hanaphiae post Aly, et occisus est post Hasanum et Hoseinum. Invitabat autem homines ad eum (nempe ad Mohammedum filium Hanaphiae) jactans se esse ex praeconibus et sectatoribus ejus, et ostentabat scientias fucatas ac vanas. Cum autem Mohammedus filius Hanaphiae illi in hoc consensisset, separavit se deinde ab eo. Inter ejus (Mochtari) sententias hae sunt: potest in deum cadere mutatio sententiae, dum apparet ei aliquid aliter quam ante cognoverat, et videt aliquid esse rectius eo quod ante voluerat. Arrogabat autem sibi scientiam successuum futurorum, sive per revelationem, sive per epistolam acceptam a pontifice. Cum autem sociis suis aliquid eventurum praedixisset: si res evenisset, dabat eam pro argumento veritatis praedicationis suae; sin minus, dicebat aliter deo de novo visum esse. Inter ea, quibus vano stupore alios percellebat, erat quod diceret: se habere sedem antiquam, quam variegatis atragulis exornaverat, et asserebat esse ex reliquiis Aly imperatoris fidelium et habendam esse a suis loco arcae filiorum Israel. Cum autem adversarios suos bello aggrederetur, adducebat eam in aciem ac dicebat: pugnate, nam victoriam ac triumphum referetis; et in hac sede erit vobis securitas et spes; angeli vero descendent super vos ad vos corroborandos. Refertur historia de columbis albis, quae apparuerunt in aëre. Praedixerat enim illis, angelos descensuros ad eos in figura columbarum albarum. Veneruntque columbae albae, sicut praedixerat, et dixit: en angeli. Alsajedus Namirensis credebat, illum non esse mortuum, et interim commorari in monte Radua, inter leonem et pardum

Zählen wir die erwähnten Arten der gemässigten Schiiten zusammen, so sind es nicht weniger als neunzehn, eine Zahl, die wohl leicht noch vermehrt werden könnte. Grösser noch ist die Zahl der Ultra-Schiiten, zu denen wir jetzt übergehen.

B. Die Ultra-Schiiten.

Im Gegensatz zu den gemässigten Schiiten bezeichnet Schahristani die Ultra-Schiiten — Ghulat, d. h. eigentlich die Maasüberschreitenden

---

custodientes eum; emanare apud eum duos fontes copiosos, mellis et aquae; ipsum rediturum, postquam latuisset, et repleturum terram justitia, sicut repleta fuerat iniquitate. Et perorebuit hoc in populo, ita ut haberet illud pro articulo fidei et uno ex praecipuis dogmatibus Schiitarum. Meminit Asphahahius hujus facti dicens: venit quidam ad Alsajedum Namiratum dixitque ei: audivi te tenere regressum post mortem. At ille: vera, inquit, audisti. Haec est mea sententia et fides. Visne mihi dare unum denarium pro centum denariis, quos reddam tibi, quando post mortem regrediar? Cui respondit homo: utique debb, imo etiam aliquid plus hoc, si inveneris, qui sit mihi vas, te regressurum esse hominem. At Alsajedus: Et quem vis me redire? Respondit ille: metuo, ne redeas canis aut porcus, et absumas facultates meas in meam perniciem. Quo audito tacuit Alsajedus. Post mortem autem Mohammedi filii Hanaphiae divisi sunt Caisanitae in varias sectas.

2. Secunda Caisanitarum secta est Hascemitarum, qui sunt asseclae Hascephiae Abu Hascemi filii Mohammedi, post cujus mortem in quinque sectiones se diviserunt. (Harum quaelibet ab alia dissentit in assignanda successione ad pontificatum.) Quinta asserit illum Abdallaho filio Mauviae, et hujus sententiae fuere: animas emigrare a persona in personam, et praemium et poenam cadere in has personas, sive sint homines sive animalia bruta. Eodem modo emigrasse etiam animam dei in varias personas, donec pervenit ad se (nempe Habdallahum) et in se resedit divinitas et prophetia; propterea se nosse res arcanas. Coluit igitur eum schola ejus ex Schiith, qui negaverunt resurrectionem, asserentes transmigrationem animarum fieri in hoc mundo, et praemium et poenam rependi in his personis. Ab hoc orti sunt Haretmitae et Mostachitae in Mesopotamia. Et periit Abdallah in Charasana, divisique sunt asseclae ejus in varias sententias. Quidam dicebant, eum adhuc vivere et rediturum. Quidam, mortuum esse et animam ejus transmigrasse in Isaco filium Zaidi filii Harethi, a quo orti sunt Haretitae; qui dicunt indifferentem et arbitrariam usum rerum prohibitarum, et vivunt in hoc mundo vitam ab omni molestia remotam (agnosce Epicureos). Vgl. oben im Texte. — Die Bejanites und Rasamites verweisen wir in den folgenden Abschnitt.

genannt — als solche, welche in Bezug auf ihre Imame so sehr alles
Maas überschritten, dass sie denselben mehr als menschliche Verehrung erwiesen und ihnen göttliche Eigenschaften zumaassen. Andererseits haben sie aber auch, wie sie Menschen zu Göttern gemacht
haben, die Gottheit in die menschliche Sphäre herabgezogen, wie
gleichfalls Schahristani bemerkt, der also fortfährt: „Bald haben sie
einen ihrer Imame Gott gleichgestellt, bald aber Gott der Creatur;
so haben sie nach zwei Seiten hin das Maas überschritten."

Als gemeinsame Lehre aller Ultra-Schüten nennt Schahristani
(bei Poc. S. 261) die Lehre von der *tenasukh*, der Seelenwanderung,
und dem *holul*, das ist, nach Schahristani's Erklärung, dem Glauben,
dass Gott an jedem Orte sey, dass er mit jeder Zunge spreche und
dass er in irgend einer körperlichen Gestalt oder menschlichen Person erscheine. Näheres über diese beiden Lehrpuncte lesen wir
(gleichfalls nach Schahristani) bei Sacy, Einleit. S. LVI f., und es
dürfte zum Verständniss dieser öfter vorkommenden Lehrpuncte am
Platze seyn, das daselbst sich vorfindende hier mitzutheilen.

„Was die *tenasukh* — die Seelenwanderung — betrifft, heisst es
dort, so sagt Schahristani (von den Kameliten sprechend), es gebe
vier Arten von Seelenwanderung (*almaskh, alnaskh, alfaskh* und
alraskh genannt), und er verspricht eine nähere Erklärung dieser
verschiedenen Arten bei Abhandlung der Secten des Magismus. Er
scheint aber dieses Versprechen nicht gehalten zu haben. Er
sagt nämlich blos an zwei Stellen, dass der höchste Grad der Seelenwanderung, oder das Höchste, was ein Mensch bei der Seelenwanderung werden könne, sey, dass er ein Engel oder ein Prophet,
und das Niedrigste, dass er ein Dämon oder eine Schlange werde." *)

---

*) Bei Marracci liest man (S. 84) hierüber Folgendes: Metempsy-
chosis (seu transmigratio animarum in alia corpora) fuit opinio magorum
Mezdacitarum et Brachmanum Indorum, et philosophorum, et Sabaeorum.
Hi etiam pronunciant, deum existere in quolibet loco, loqui in qualibet
lingua, apparere sub figura cujuslibet personae. Et haec est significatio
vocis *holul* (h. e. descensus vel residentiae dei in creaturis). Hujusmodi
autem descensus modo est in parte, modo in tota divinitate. Gradus
autem metempsychoseon quatuor sunt. Primus dicitur almaskh i. e. mutatio in deteriorem formam; secundus alnaskh i. e. totalis transformatio
seu abolitio prioris formae et alterius substitutio; tertius alfaskh, d. e.
dissolutio in partes vel potius oblivio sui ipsius vel immutatio quoad

„Ueber das 'Holul, das Einwohnen der Gottheit in einem menschlichen Wesen, gibt er — bei Abhandlung der Harraniten, einer sabäischen Secte — folgende Erörterung: Sie (die Harraniten) lehrten, dass Gott einzig (einfach) und vielfach sey; einzig, vermöge seines Wesens; vielfach, weil er sich in körperlichen Gestalten für die Augen des Menschen vervielfältige. Diese körperlichen Gestalten, fügt er bei, sind die sieben die Welt regierenden Planeten und die guten, weisheitsvollen, bevorzugten irdischen Personen, in denen er sich offenbart und sichtbar macht, ohne dass er deshalb aufhörte ein einziger zu seyn. Er unterscheidet zweierlei Arten der Inwohnung Gottes (in körperlichen Gestalten): die vollständige Inwohnung oder die Inwohnung seines Wesens, und die theilweise Inwohnung oder die Inwohnung eines Theiles seines Wesens. Die vollständige Inwohnung ist z. B. die Erscheinung eines Engels in einer körperlichen Gestalt, oder die Satan's in der Gestalt eines Thieres. Die theilweise Inwohnung hat Statt nach Maasgabe der Beschaffenkeit des Wesens, in welchem dieselbe Statt findet. Die Harraniten, fügt er bei, verglichen die sieben Planeten mit den sieben Gliedern des Menschen, und sie sagten: Gott sey thätig (handelnd) entweder in allen Planeten zu gleicher Zeit, ohne dass er deshalb aufhöre Einer zu seyn, oder in jedem besonders, nach dem Grade seines Einwirkens auf sie, oder dem Grade seiner Personification in denselben. Sie behaupteten auch: Er spricht mit unserer Zunge, er sieht mit unsern Augen, hört mit unsern Ohren, breitet aus oder zieht zusammen mit unsern Händen, er kommt oder geht mit unsern Füssen, er handelt mit unsern Gliedern." *)

Man sollte erwarten, dass bei den Ultra-Schiiten eine besonders grosse Vorliebe für Ali und dessen Familie zu finden wäre; allein

---

aliquam partem; quartus alraskh i. e. ita ut servetur eadem figura seu species exterior.

*) Bei Marracci liest man über die Ultra-Schiiten: Golatae seu Galitae sunt, qui excedunt in juribus seu excellentiis pontificum suorum, ita ut tribuant illis divinitatem, eximentes eos e numero creaturarum, aequiparantes eos cum deo et deum cum ipsis. Sententiae autem Golatarum ad quatuor rediguntur: assimilationem, mutationem, regressum et transmigrationem. Pro diversitate autem regionum diversis nominibus appellantur. — Bei Hammer blos: Les Ghoulats, c. a. d. qui exagèrent, se subdivisent en dix huit sectes.

dies ist nicht der Fall. Wir werden vielmehr unter ihnen solche finden, bei denen Ali im fernen Hintergrunde steht. Dies ist am meisten bei den Drusen der Fall. Es sind aber in das weite Capitel der Ultra-Schiiten alle diejenigen Secten aufzunehmen, welche die acceptirte Reihenfolge der Khalifen und die herrschenden Khalifen nicht anerkannten und welche sich zugleich durch pantheistische und atheistische Ideen und durch revolutionäre Bestrebungen gegen Kirche und Staat, gegen den Glauben und die Wissenschaft des Islam auszeichneten. Die Haupthebel solcher Bestrebungen waren Ehrgeiz und Herrschsucht; das Hauptmittel, welches dabei angewendet wurde, die Allegorie (allegorische Erklärung der Schrift), und eine Mischung von Philosophie und Phantasie. Was aber solche Bestrebungen begünstigte, war die Unwissenheit und Leichtgläubigkeit des Volkes.

Lassen wir nun die einzelnen ultra-schiitischen Secten, soweit als es möglich ist, chronologisch die Revue passiren! Die Reihe derselben, von welchen bei manchen nicht viel mehr als der Name bekannt ist, wird die Secte der Drusen schliessen.

1. *Die Ssabaïten.*

Wie bereits erwähnt worden, war der Urheber der ultra-schiitischen Secten *Ebn Ssaba.* Ueber denselben und die von ihm abstammende Secte lesen wir bei Sacy (Einl. S. XIII ff. nach Makrisi) Folgendes:

„Zur Zeit Ali's trat auch (zugleich mit den Kharedschiten) auf Abdallah ben Wahab ben Ssaba, bekannt unter dem Namen Ebn alsauda Ssabai, ein gewesener Jude. Er war der Erste, welcher behauptete, dass der Prophet das Imamat nach ihm dem Ali vermacht und dass Ali, einer förmlichen und ausdrücklichen Verfügung gemäss, die rechtmässigsten Ansprüche gehabt habe, der Nachfolger und Stellvertreter des Gesandten Gottes für die Regierung seines Volkes zu werden. Er war auch der Erste, welcher behauptete, dass Ali nach seinem Tode wieder auf die Welt kommen würde, was er gleichfalls von Muhammed behauptete. Nach ihm war Ali nicht getödtet worden, sondern am Leben geblieben. In Ali, lehrte er weiter, war ein Theil der Gottheit, er kam auf den Wolken; der Donner war seine Stimme und der Blitz seine Ruthe; es sey unzweifelhaft, dass er eines Tages wieder auf die Erde komme und dass er sie, die mit Ungerechtigkeit erfüllte, mit Gerechtigkeit erfülle. Von diesem Ebn Ssaba haben ihren Ursprung alle jene Secten der Ultra-Rafedhiten, welche sich zu der Lehre vom *tewakkuf* bekennen, die in dem Glauben besteht, dass das Imamat gewissen dazu bestimmten Personen vermacht sey *), wie die Imamiten (d. h. die Zwölfer) solches von den zwölf Imamen, und wie es die Ismaëliten von Ebn Ismael ben Dschafar Sadik behaupten. Von ihm kommt auch her das Dogma von dem Verschwinden des Imam und das von seiner Wiederkehr nach seinem Tode, wie die Imamiten solches noch heut zu Tage von demjenigen glauben, den sie *Saheb alserdab* **) nennen, ein Dogma, welches man *tenasukh alarwach* (d. h. Seelenwanderung) heisst. Sie haben auch von ihm die Meinung angenommen, dass ein Theil der Gottheit in den Nachfolgern Ali's wohne und dass diese deshalb ein nothwendiges Recht auf das Imamat haben, gleichwie Adam ein Recht auf die Anbetungen der Engel hatte (weil er durch den Hauch der Gottheit ein lebendiges Wesen geworden war). Diese Meinung wurde von den *Daïs* ***) der fatimitischen Khalifen in Aegypten ausgebreitet. Ebn Ssaba war es, der den Aufruhr gegen Osman wagte und den Tod dieses Khalifen herbeiführte. Ebn Ssaba hatte viele Anhänger in allen Hauptstädten und in den wichtigsten Provinzen. So vermehrten sich die Schiiten beträchtlich; sie waren die directen Gegner der Kharedschiten; ihre Partei erhielt täglich neue Kräfte und ihre Zahl wurde sehr beträchtlich." †)

---

*) Eine andere Erklärung haben wir weiter oben vernommen.

**) d. h. „der sich im Keller aufhält" (vgl. Abulf. Annal. musl. II, S. 221). Das Wort *serdab* ist persisch und bedeutet einen Ort, wo das Wasser kühl erhalten wird; von demselben kommt wahrscheinlich das französische Wort *serdeau*. (S.)

***) Das ist der Name derjenigen Werber, welche heimlich für die Familie Ali's warben. (S.) — Später werden wir demselben oft begegnen.

†) Bei Hammer liest man über Ebn Ssaba Folgendes: Abdallah fils de Saba disait à Ali: tu es dieu; sur quoi Ali l'exila à Madain. C'était un juif converti qui établit le premier le droit exclusif d'Ali à l'Imamat. Il prétendit, qu' Ali n'avait point été tué, qu'il n'était pas mort, qu' Ibn Meldjem avait tué un démon, que la demeure d'Ali est dans les nues, que le tonnerre est sa voix et l'éclair son fouet; c'est pourquoi,

2. Die Khattabiten.

Ueber diese liest man bei Sacy (Einleit. S. XLIX) Folgendes:
„Unter den Rafedhiten ist eine der bedeutendsten Secten die der
Khattabiten, Anhänger des *Abul Khattab Muhammed*. Die Khattabiten,
welche zu der Classe der Anthropomorphisten gehören, erweisen
eine unbegränzte Verehrung dem Imam Dschafar Sadik. Sie theilen
sich in eine Menge Unterarten (nach Sacy II, S. 652. Anm. 1, waren
es fünfzig). Die Einen von ihnen, wie die *Moammeriten* *), lehren,
dass die Welt kein Ende haben werde, dass das Paradies nichts
anderes sey, als das Angenehme, was dem Menschen in dieser Welt
zu Theil werde, und die Hölle nichts anderes, als die Uebel, die er
zu leiden habe. Sie erlauben das Weintrinken, die Unzucht und
alle von dem Gesetze verbotenen Dinge, und erklären das Gebet für
etwas Unnöthiges (vgl. oben S. 77). Die Moammeriten lehren auch
die Seelenwanderung. — Die *Bezighiten* **), ein anderer Zweig der
Khattabiten, behaupteten, dass Dschafar Gott sey, und dass die Menschen ihn nicht wirklich sehen, sondern bloss zu sehen glauben.
Sie liessen jeden Gläubigen inspirirt seyn und behaupteten, dass es
unter ihnen Menschen gebe, die vortrefflicher seyen, als die Engel
Gabriel und Michael, und vortrefflicher als Muhammed. Auch gaben
sie vor, dass ihre Todten ihnen Morgens und Abends erschienen. —
Eine weitere Classe der Khattabiten hatte den Namen *Omaïriten*,
weil sie einen gewissen *Omaïr ben Bejan* zum Nachfolger des

---

en entendant le tonnerre, ils disent: salut à toi, ô prince des fidèles. —
Aehnlich bei Marracci: Sabaïtae asseclae Abdallah filii Sabae, qui dixit
ad Aly: tu es tū, id est tu es deus. Dicitur autem prius fuisse Judaeus
et dixisse eadem verba de Josue. Pronunciavit, τῷ Aly competere pontificatum de jure divino, neque illum occisum fuisse, sed adhuc vivere,
et in eo esse particulam divinitatis. Hujus asseclae asserunt pontificatum non solum praesentibus, sed iis etiam, qui quamvis absentes, non-
dum tamen mortui sunt, sed latent et apparituri sunt in mundo. Hi
etiam tenent sententiam de translatione particulae divinitatis in pontifices,
et ad eam probandam ferunt, cum laesus fuisset unus oculus Aly,
dixisse Omarem: quid dicam de manu dei? rapit oculum in sacrario dei.
Vgl. auch Pococke S. 260.

*) Andere Moammeriten kamen vor unter den Motaziliten s. S. 19. 22.

**) Dieser Name findet sich, wie Sacy bemerkt, in den Manuscripten
verschieden geschrieben; vielleicht, fügt er bei, sey die wahre Lesart:
Bezikten.

Abul Khattab nach dessen Tode erklärten. Sie schlugen ein Zelt in Kufa auf, wo sie sich versammelten, um Dschafar Sadik anzubeten; als aber Jesid ben Omaïr solches erfuhr, liess er ihren Imam Omair ben Bejan hängen. Alle khattabitischen Secten geben vor, dass der Imam Dschafar ihnen eine Haut, *dschifr* genannt, hinterlassen habe, welche Alles enthalte, was man brauche, um die verborgenen Dinge zu erkennen, oder den Koran zu erklären. Nach ihnen ist in den Worten des Koran (Sur. 2, Vs. 63) „„Gott hat befohlen, eine Kuh zu opfern““ von Ayescha die Rede. Unter dem Weine und den Glücks-spielen, die im Koran verboten sind, verstehen sie Abu Bekr und Omar; ebenso unter den im Koran erwähnten Götzen *Dschibt* und *Tagut* den Moáwia und dessen Feldherrn Amru ben Alâs." — „Die meisten dieser Träumereien, fügt Sacy bei, finden sich wieder in den Büchern der Drusen." *)

---

*) Bei Marracci liest man über die Khattabiten Folgendes: Chotta-bitae asseclae Mohammedi Abul Chottabi, qui usurpavit sibi pontificatum et pronunciavit, pontifices esse prophetas atque etiam deos. Divisi sunt autem post mortem ejus asseclae illius, et inter eos quidam censuerunt: mundum semper duraturum, et paradisum esse quidquid hominibus ob-venit fausti ac felicis, Gehennam vero quidquid tristis et infelicis iisdem contingit. Licitum autem fecerunt vinum et fornicationem et cetera a deo prohibita et omissionem divinorum praeceptorum. Homines hujus sectae dicebantur etiam Moammeritae; et quidam censuerunt, post mor-tem Abul Chottabi pontificatum declinasse, et Giaapherum fuisse deum, et omnem fidelem habere revelationem divinam, nec posse quidquam fa-cere nisi per revelationem factam sibi a deo (agnosce, fügt hier merk-würdiger Weise Marracci bei, in his duabus sectis Lutheranos et Cal-vinistas). Censebant etiam, inter suos asseclas esse aliquos excellentiores Gabriele et Michaele. Praeterea attribuebant sibi omnes visionem ocu-larem mortuorum suorum, mane et vespere. Vocantur etiam hujuscemodi Sciaitae: *Mozighitae, Bozighitae, Agelitae* et *Mophdelitae*. Sed, fügt Marracci bei, nihil circa hos notabile occurrit. — Bei Hammer liest man über die Khattabiten: Les Khatabiyé, disciples d'Abou Khatab al Asadi, disent que les imams sont des prophètes et des dieux, que Djaafer al sadik est dieu, mais qu'Abou Khatab, qui est aussi dieu, a le rang devant lui et devant Ali. Ils croient que le paradis consiste dans les délices de ce monde, et l'enfer en ses peines, que rien n'est défendu, et que chaque fidèle a ses révélations; ils fondent cette doctrine sur le texte de Coran: „il n'est pas d'âme qui meure sans la permission de dieu." Or, disent ils, cette permission est une révélation de dieu. Quelques uns d'entre eux disent, que le calife, après que Abou Khatâb a été tué,

3. *Die Kameliten.*

„Die Kameliten, sagt Sacy (Einl. S. LI), Schüler eines *Abu Kamel,*
hatten in Bezug auf die Imamats-Rechte Ali's eine so übertriebene
Meinung, dass sie nicht nur alle Genossen des Propheten, weil sie
die Oberherrschaft Andern ausser Ali liessen, sondern auch Ali
selber der Treulosigkeit beschuldigten, weil er unterlassen habe, zur
Behauptung seines Rechtes die Waffen zu ergreifen. Sie lehrten auch
das Uebergehen der göttlichen Lichter auf die Imame" (d. h. sie bekannten sich zu der Lehre von dem *tenasukh*, s. oben S. 89) *).

4. *Die Dschenachiten.*

Der Stifter derselben war *Abdallah ben Moawia ben Dschafar
Dhuldschenahein* (d. i. des zwei Flügel Habenden) *ben Abu Taleb.*
Er behauptete Gott zu seyn und sagte, dass die Kenntniss in seinem
Herzen hervorsprosse wie die Pilze auf der Erde, dass der Geist
Gottes von einem Propheten auf den andern, dann auf Ali und zuletzt auf ihn übergegangen sey. Er erlaubte den Wein, das Fleisch
gestorbener Thiere und blutschänderische Verbindungen. Er läugnete
die Auferstehung, erklärte den Koran allegorisch und behauptete, mit
Berufung auf die Stelle im Koran (Sur. 5, Vs. 94): „Diejenigen, welche
glauben und gute Werke thun, sind in Bezug auf die Nahrungs-
mittel, mit denen sie sich ernähren, keiner Sünde schuldig, sofern
sie Gott fürchten, Glauben haben und gute Werke thun": dass alle
Gesetze des Koran, welche das Fleisch gestorbener Thiere, Blut und
Schweinefleisch verbieten, nichts anderes als bildliche Ausdrücke seyen,
womit gewisse Personen, die man verabscheuen müsse, als da seyen

---

est Moammer; et d'autres disent que c'est Bezigh, plus excellent que
les archanges Gabriel et Michel.

*) Marracci: Kamelitae, asseclae Abu Kameli, qui infidelitatis con-
demnavit omnes Mahumeti socios, eo quod in creando pontifice praeter-
misissent Aly, quem etiam vituperabat, quod jus suum quaerere omisisset.
Denique propugnabat metempsychosin. — Hammer: Les Kamiliyé, disciples d'Abou Kamil qui accusa les compagnons du prophète et Ali lui-
même d'infidélité; les premiers pour ne lui avoir pas rendu hommage,
le second pour avoir renoncé à ses droits. Ils croient à la metempsy-
cose et disent que l'imamat est la lumière propagée d'un individu à
l'autre.

Abu Bekr, Omar, Osman und Moawia, bezeichnet werden, und dass ebenso andererseits alle im Koran enthaltenen Vorschriften gewisse Personen bezeichnen, denen man Ergebenheit zu beweisen habe, als da seyen Ali, 'Hasan, 'Hosein und ihre Söhne *).

5. *Die Manssuriten.*

Einen würdigen Anhang zu den Dschenachiten, sagt Sacy (a. a. O. S. LIII) bildet *Abu Manssur Idschli* (oder Adschali), der Stifter der nach ihm genannten Manssuriten. Er behauptete, dass er dem Muhammed Bakir im Imamat gefolgt sey, dass er, sobald das Imamat auf ihn gekommen, in den Himmel erhoben worden sey, dass Gott mit eigener Hand ihm das Haupt berührt und zu ihm gesprochen habe: „Gehe hinab, mein Sohn, und verkündige mein Gesetz den Menschen", dass er sofort hinabgestiegen und dass er „das Stück, welches vom Himmel fällt" sey, von dem es im Koran heisse (Sur. 52, Vs. 43): „Wenn sie ein Stück sehen, das vom Himmel fällt, so sagen sie: das ist eine angehäufte Wolke." Die Bewohner des Paradieses sind nach ihm keine andern, als gewisse Personen, für die man Ergebenheit haben muss, wie Ali und seine Söhne; und die Bewohner der Hölle sind ihm diejenigen, gegen welche man Feindschaft haben müsse, wie Abu Bekr, Omar, Osman und Moawia **).

---

*) Bei Hammer liest man über diese Dschenachiten: Les Djenahiyé, disciples d'Abdallah ben Abdallah ben Djafer dsil djenaheïn c. a. d. doué de deux ailes, qui disait que l'esprit de dieu transmigra d'Adam à Seth et aux autres prophètes jusqu'à Ali, ses trois enfans, et puis à lui-même Abdallah. Ils nient la résurrection et croient qu'il est permis de boire du vin et de s'abondonner à la fornication. — Bei Marracci werden die Dschenachiten gar nicht erwähnt.

**) Marracci: Maasuritae, asseclae Abu Mansuri Agilei, qui asseruit sibi pontificatum, sequutaque est eum magna multitudo. Deinde captus et cruci affixus est. Hic dicebat: Aly fuisse frustum cadens e coelo, et hujusmodi frustum esse deum. Cum autem arrogavit sibi pontificatum, vulgavit, se ascendisse in caelum, et vidisse deum suum, contrectantem manu caput ipsius dicentemque sibi: fili mi, descenda et annuncia hominibus legem meam. Deinde se descendisse in terram et se esse frustum illud cadens e coelo. Censuit praeterea, paradisum esse hominem, cujus jussi simus esse amici, et Gehennam esse alium hominem, cui jussi simus esse inimici. Et alia multa confinxit, quae longum esset explicare. — Hammer: Les Manssouriyé, disciples de Manssour

6. *Die Ghorabiten*
und einige andere untergeordnete Secten.

Die Ghorabiten, oder nach Sacy (Einl. S. LIV) Garabiten, behaupteten, dass der Engel Gabriel von Gott zu Ali geschickt worden sey und dass er sich aus Täuschung an Muhammed gewandt habe. Ihr Erkennungszeichen, wenn sie sich versammelten, bestand in der Anrede „Verwünschet den der Flügel hat"; worauf der Gläubige zu erwiedern hatte: „Gabriel." Ihren Namen haben sie (nach Hammer) daher, dass sie sagten: Muhammed glich dem Ali wie ein Rabe (*ghorab*) dem andern.

Eine Unterart dieser Ghorabiten waren die *Dhemmiten*. Nach ihnen war Muhammed eigentlich nur der Gesandte und Diener Ali's, aber, sagen sie, er missbrauchte seine Sendung und liess sich selber als Prophet anerkennen; später befriedigte er den Ali dadurch, dass er ihm seine Tochter Fatime zur Frau gab. Einige von ihnen halten Ali und Muhammed für Götter und geben dem Muhammed den Vorrang. Andere lassen fünf Personen, die *Ashab alkesa* *), an der Gottheit Theil nehmen. Dies sind: Muhammed, Ali, Fatime, Hasan und Hosein. Diese fünf sind nach ihnen nur Eins und Dasselbe, und der Geist wohnt in ihnen auf vollkommen gleiche Weise, ohne dass der eine einen Vorrang vor dem andern hätte. Sie sagen Fatim statt (der Femininalform) Fatima **).

---

al adjeli disent que l'Imamat appartient à Mohammed Ali fils de Houssein, duquel il fut transféré à Manssour, que celui-ci monta à ciel, où dieu lui toucha de la main la tête, en lui disant: „va, mon fils, et porte mon message!" Selon eux le paradis n'est que le nom de l'imam (Ali) et l'enfer le nom de ses adversaires, comme Aboubekr; les devoirs sont les noms des hommes que l'imam recommanda comme amis, et les choses défendues les noms de ceux qu'il commanda de regarder comme ennemis.

*) c. a. d. sagt Sacy, je pense, les possesseurs de la noblesse. Nach einer Bemerkung des Herrn v. Slane aber (Journ. asiatiq. Juillet 1838. S. 103) bedeutet der Ausdruck „ashab alkesa" *les gens du manteau*, das heisst: Muhammed, Ali, Fatime, Hasan und Hosein. Er verweist dabei auf Niebuhr, Description de l'Aarabié I. p. 15. edit. de Paris 1779.

**) Hammer: Les Ghorabiyé, les partisans du Corbeau, disent que Mohammed ressembla à Ali comme un corbeau à un autre, de sorte que Gabriel portant le message de dieu à Ali se trompa en le délivrant à

Ausser den angeführten sechs Arten ultraschiitischer Secten werden bei Hammer und Marracci noch genannt:

Die Moghairiten.

Bajaniten.

Heschamiten.

Sarariten.

Junisiten.

Schaithaniten (d. i. Teufelsbrüder) oder Nomaniten.

Resamiten.

Mofawaditen.

Bedhaïten.

Cajaliten. *)

Mohammed. Ils tiennent l'un et l'autre pour des dieux, mais Ali pour
le plus excellent. Quelques-uns d'eux reconnaissent cinq dieux: Mohammed, Ali, Hassan, Houssein et Fatimé, dont ils ne prononcent pas
le nom, pour ne pas compromettre la divinité par la terminaison féminine.

Nach Marracci gehören zu den Ghorabiten: die *Albaitae*, asseclae
Albae filii Dharai Hasadaei, qui praeferebat τὸν Aly Mahumeto vocabat-
que eum deum et censebat, Mahumetum missum fuisse ab Aly, ut vo-
caret homines ad sequelam ipsius; sed Mahumetum vocavisse eos ad se
ipsam. Vocatur etiam haec secta *Damaitae*, ex quibus quidam, licet
tam Aly quam Mahumeto tribuant divinitatem, praeferunt tamen in ea
τὸν Aly Mahumeto. Et *Ainitae*, ex quibus quidam praeferunt in divinitate Mahumetum τῷ Aly. Et *Maimitae*, ex quibus quidam autumant,
angelum Gabrielem errasse accipiendo Mahumetum pro Aly, ad quem
constituendum prophetam a deo missus fuerat, deceptus similitudine
utriusque; ita enim similis erat alter alteri ut corvus corvo: quamobrem
hi dicti sunt etiam Ghorabitae (i. e. Corvini). Ex his nonnulli tribuunt
divinitatem Mahumeto, Aly, Phatemae, Hassano et Hoseino, et dicunt
hos quinque esse unam rem, et spiritum habitare in eis aequaliter,
neque unum esse alio excellentiorem.

*) Man liest bei Marracci und Hammer über die genannten Secten
Folgendes:

Marracci: *Mogheiritae* asseclae Mogheiri filii Saidi Agelitae. Hi
tribuunt pontificatum Mohammedo filio Abdallah filii Hoseini nepotis Mahumeti, et credunt, illum adhuc vivere, quamvis revera mortuus sit.
Porro Mogheira postea attribuit sibi ipsi pontificatum et prophetiam et
exorbitavit in laudibus Aly, affirmans, illum esse deum; tenuitque sententiam de corporeitate dei, asserens, illum habere corpus et membra
et formam hominis luce undique perfusi, coronam ex luce in capite ge-
stantis, et ex ejus corde promanare sapientiam. Postquam autem his

occisus fuit, discipuli ejus divisi sunt in varias sectas; et quidam ex his dixerunt, illum rediturum esse et ideo expectandum; alii vero dicebant, expectandum esse pontificem Mohammedum, de quo Mogheira dixerat asseclis suis: expectate eum, quia redibit, et Gabriel et Michael inaugurabunt eum. — Hammer: Moghair, fils de Saïd al adjeli, dit: dieu est un corps qui a la forme humaine, un homme lumineux dont le coeur est la source de la sagesse, qui créa le monde en prononçant les saints noms, et écrivit sur ses mains les actions de ses serviteurs. Il se fâcha des péchés et en sua de colère, sa sueur forma deux océans, l'un d'eau salée et l'autre d'eau douce. Il se regarda dans la mer de lumière, où il aperçut son ombre. Il détacha un morceau de son ombre réfléchie par l'océan de lumière et en créa le soleil et la lune; il anéantit le reste de l'ombre lumineuse pour qu'il n'y ait rien qui puisse lui être égalé. Il créa de la mer d'eau salée les infidèles et de celle de lumière les fidèles. L'imam qu'ils attendent encore est Zakaria fils de Mohammed fils d'Ali fils de Houssein fils d'Ali qui est encore vivant et caché dont la montagne de Hadjer. Man vgl. S. 48.

Marracci: *Bajanitae*, asseclae Bajani filii Simeonis Nahadiensis, qui tenuerunt, pontificatum transisse ad eum, et ipse fuit ex Golatis, qui asserebant Aly filio Abu Talebi divinitatem; dicebant enim, resedisse in eo particulam divinitatis et unitam esse cum eo in corpore ejus, et per hanc scivisse res arcanas, victorias obtinuisse de infidelibus et aliquando apparuisse in umbraculo nubium, et vocem ejus fuisse tonitru, scuticam vero fulgetrum. Deinde asserebat Bajanus, translatam fuisse ad se particulam illam divinitatis per modum transmigrationis, et per hoc meruisse supremi antistitis gradum. Hanc porro particulam esse illam, per quam meruit Adam ab angelis adorari. — Hammer: Béyan, fils de Semaan et temini en nahedi et yemini, dit: dieu a la forme humaine, il périra entièrement, son visage seul sera excepté. L'esprit de dieu s'incorpora dans Ali, puis dans son fils Mohammed Ibn Hanifiyé, et puis dans Ebn Haschem. Vgl. oben S. 48.

Die *Heschamiten*. Marracci: Hasciamitae, qui in duas classes dividuntur. Quidam enim sequuntur Hasciamum filium Hakemi, qui fuit auctor doctrinae de similitudine inter deum et creaturas; quidam vero Hasciamum filium Salemi Gevalikii, qui fuit ejusdem sententiae. Dicebat autem prior Hasciamus, deum suum esse corpus habens membra et dimensiones, nihil tamen habere simile cum creaturis. Tribuebat vero illi septem palmos altitudinis et asserebat, eum esse in omni loco peculiariter et speciali ratione; et habere motum, qui esset ejus operatio, non tamen moveri de loco ad locum. Alias etiam plurimas fabulas admiscebat. Addebat, deum sedendo adhaerere ac tangere thronum ita adaequate, ut nihil supersit dee respectu throni neque throno respectu dei. Hasciamus vero, filius Salemi, asserebat: deum habere figuram hominis, cujus pars superior esset concava, inferior autem solida; et ipsum esse lucem late coruscantem et habere quinque sensus, et manus et pedes

7*

et aures et oculos et os et caesariem nigram, non tamen habere carnem et sanguinem. Concessit, prophetas posse praevaricari, non autem pontifices. — Hammer: Les Heschamiyé, disciples de Hescham fils de Hakem al djewaliki, croient que dieu est un corps qui a de la longueur, de la largeur et de la profondeur, qu'il est comme une plaque d'argent reluisante de tous les côtés, qu'il a couleur, goût, odeur; qu'il s'asseoit, qu'il se meut, qu'il se repose, qu'il soit ce qui se passe sous la poussière par le moyen des rayons qui émanent de lui; qu'il sait les choses seulement après leur existence, et non pas avant; qu'il touche aux cieux par sept palmes (اشبار) égaux entre eux; que sa parole est un attribut et incrée; que les imams sont des innocens. Vgl. oben S. 48 und Sacy II, S. 43, Anm. 1.

Die *Sararilen*. Marracci: Zararitae, asseclae cujusdam Zararae, qui dicebat, scientiam in pontifice esse necessariam neque cadere posse in eum ignorantiam, quia omnes scientiae et cognitiones ejus sunt illi concreatae et necessariae. — Hammer: Les Zérariyé, disciples de Zéraret, fils d'Aïn, soutiennent que les attributs de dieu ne sont point éternels, mais que dieu existait avant ses attributs, de sorte qu'il y avait un temps où il n'était ni vivant ni tout-puissant ni tout-voyant ni tout-entendant ni omniscient.

Die *Junisiten*. Marracci: Junasitae discipuli Junasi seu Jonae filii Abdalrahmanis Kamiensis, qui existimavit, angelos portare thronum et thronum portare deum. — Hammer: Les Younisiyé, disciples de Younis fils d'Abderrahman al Kami, disent que, quoique les anges portent le trône de dieu (arche), le trône est plus fort qu'eux.

Die *Schaithaniten* oder *Nomaniten*. Marracci: Nohamanitae discipuli Mohammedi filii Noamani, qui cognominatus fuit Satanas Altaki. Hic convenit cum Hasciamo filio Hakemi, deum nullam rem scire antequam ipse existat, et divinae potentiae decretum esse voluntatem, voluntatem vero esse operationem. Dixit etiam: deum esse lucem in figura hominis, sed voluit asserere, esse corpus. Docuit solam sectam Sciaitarum perducere ad salutem in futuro seculo, exclusis omnibus aliis sectis. (Agnosce, hätte hier Marracci ausrufen können, in hac secta Catholicos ultramontanos!) — Hammer: Les Scheithaniyé sont les disciples de Mohammed fils de Nooman, surnommé le Satan. Ils disaient que dieu est de la lumière incorporelle, ayant figure humaine, et qu'il sait les choses seulement après leur existence.

Die *Rasamiten*. Marracci: Razamitae, discipuli Razami filii incerti patris. Hi detulerunt pontificatum ad quemdam Abu Moslemum, et asseruerunt, animam dei descendisse et quievisse in eo. — Hammer: Les Rézamiyé disent que l'Imamat passa d'Ali à Mohammed fils de Hanifiyé, de lui à son fils Abdallah, puis à Ali fils d'Abdallah, puis à Abbas et à ses enfant jusqu'à Manssour. Quelques-uns d'eux croient la divinité incorporée dans Abou Moslem et d'autres dans Mokannaa.

Und bei Sacy (II, S. 593) noch

   die Kaschkawiten und

   die Hamrawiten *).

Die Sendikiten (Zendisten), welche Marracci am Ende seines Secten-register anführt, sind nichts anderes als Anhänger der Zendlehre **).

7. *Die Ismaëliten und Karmaten.*

Unter den Secten der Ultra - Schiiten gehören die Ismaëliten und Karmaten zu den bedeutendsten, oder vielmehr zu den furchtbarsten, abscheulichsten. Ueber das Verhältniss beider zu einander sey hier vorläufig bemerkt, dass die Karmaten aus den Ismaëliten hervorge-gangen sind, und dass diese nahezu den Gipfel ihrer Entwicklung in jenen gefunden haben. Als weitere Bevorwortung mögen die Worte Sacy's dienen, die wir in seiner schon oft angeführten Ein-

---

Die *Cajaliten* werden blos bei Marracci erwähnt, wo man über die-selben liest: Cajalitae asseclae Ahmedi filii Cajali, qui adinvenit pro-positiones novas et haereticas, quamobrem destitutus fuit a suis, qui etiam anathematizaverunt eum. Inter ejus propositiones sunt nonnullae peregrinae prorsus ac barbarae, cujusmodi est: mundos esse tres: altis-simum, infimum et humanum, de quibus multa fabulosa commentus est.

Die *Mofawaditen*, und die *Bedhaïten* werden blos bei Hammer mit folgenden kurzen Worten erwähnt: Les Mofawadiyé croient que dieu déféra la création du monde à Mohammed et que celui-ci la déféra à Ali. — Les Bedaïyé c. a. d. les initians donnent à Ali l'initiative de toutes les choses.

*) Von den erstern gibt Sacy blos den Namen an, da er nirgends über dieselben etwas gefunden habe; über die letztern bemerkt er, dass sie, da Behaëddin sage, sie seyen Schüler eines Ishak zubenannt Ah-mar, vielleicht eins seyen mit den Ishakiten und Nossaïriten, vgl. unten Cap. 4, B, 8.

**) Man liest über dieselben daselbst: Zandakei (seu Sadducaei) seu Manichaei asseclae Manetis Zandakaei. Hoc autem nomine vocati sunt, qui habebant librum nomine Zand, quem Zoroaster jactabat de-scendisse ad se de coelo. Quisquis vero libri hujus dogmata sectaretur, appellabant eum Zandium, sed postea arabice dictus fuit Zandekus. — Nach einer Bemerkung Nauwerck's (Notiz über das arab. Buch Tochfat ichwan assafa S. 82) lebte unter der Regierung Kobad's, Vaters des Anuschirwan, ein Pseudoprophet Masdegh mit dem Beinamen Sendik. Vgl. Herbelot, Biblioth. orient. s. v. Mazdak.

leitung lesen, woselbst er die Karmaten — als die speciellen Vorläufer der Drusen — besonders ausführlich behandelt. Hier sagt
Sacy, S. XXXIV ff., von den Karmaten redend:

„Der wahre Zweck dieser Secte, welche mehr als alle andern
Secten mit der Philosophie Missbrauch und welche das Allegorisiren
aufs höchste trieb, war: die Menschen zum Atheismus und zur
Unsittlichkeit zu verführen und sie die ersten ewigen Grundsätze der
Ordnung und der Gerechtigkeit, die dem Herzen des Menschen von
dem Urheber seines Daseyns eingeprägt sind, und noch mehr, alle
Begriffe von Offenbarung und göttlicher Autorität verachten zu lehren.
Diese Secte, welche den absolutesten Materialismus lehrte, hütete
sich indess wohl, allen denen, welche sie gewinnen wollte, ohne
Unterschied ihre Grundsätze in schamloser Nacktheit zu offenbaren
und das entsetzliche Gemälde ihrer Consequenzen vor Augen zu stellen. Ihre Häupter hatten es wohl gefühlt, dass die Menschen, so
gross auch das Verderbniss ihres Herzens seyn möge, zu einem solchen gänzlichen Verderbniss des Geistes nur nach und nach und
durch versteckte und fast unmerkliche Mittel gebracht werden können; und dass, sofern man die Menschen sicher verführen kann,
wenn man ihren Leidenschaften schmeichelt, man, um ihr Gewissen
nicht zu revoltiren, zuvor das natürliche Licht ihres Geistes auf eine
geschickte und behutsame Weise blenden müsse, was sie durch
allerlei Mittel und namentlich dadurch zu erreichen suchten, dass
sie erheuchelte Achtung zeigten für die Autorität, welche sie zu
Grunde richten wollten. Die Karmaten bemühten sich, wie alle,
welche sich Philosophen zu seyn rühmen, einen grossen Anhang zu
bekommen; Menschen aller Religionen waren ihnen recht, wenn sie
nur ihre Zahl vermehrten und dadurch den Credit, die Macht und
die Hülfsquellen ihrer Secte. Nichts aber war geeigneter zu Erreichung dieses Zweckes als jenes allegorische System, welches sich
auf gleiche Weise auf das mosaische Gesetz, auf das Evangelium
und den Koran anwenden liess. Nicht alle Menschen waren auf
gleiche Weise empfänglich für die Eindrücke, welche man ihnen beizubringen suchte; das verschiedene Alter, die Erziehung, die Vor-
urtheile, der Unterschied der Temperamente, die unendlich verschie-
denartige Richtung der Leidenschaften verlangten, dass man verschiedene Wege einschlug, um ein und dasselbe Ziel zu erreichen. Es
musste deshalb der Verkündiger dieser philosophischen Secte den

Anhängern Ali's ein Schiite und den Sunniten ein Sunnite, den Christen ein Christ und den Juden ein Jude seyn; er musste sich gottesfürchtig oder freidenkerisch, frech oder behutsam zeigen, je nach dem Charakter derjenigen, aus welchen er Proselyten machen wollte; er durfte die Lehre seiner Secte nur nach und nach enthüllen. Blos eine kleine Zahl von Menschen durfte zu dem Range der Eingeweihten zugelassen werden; die grosse Mehrzahl wurde blos auf gewisse, verschiedene Stufen der Erkenntniss gebracht. Die einzige unerlässliche, aufs strengste geforderte Bedingung der Aufnahme unter die Zahl der Getreuen war ein blinder Gehorsam gegen das Oberhaupt der Secte und seine Abgeordneten, und die Erklärung, seine natürlichen Fähigkeiten und sein Hab und Gut der Vertheidigung und Vollstreckung seiner Willensbestimmungen opfern zu wollen."

So weit Sacy. Wir geben nunmehr die äussere Geschichte der Ismaëliten und Karmaten, soweit dieselbe hieher gehört, mit Ausschliessung des rein Politischen, wie sie von Sacy in der angeführten Einleitung dargestellt ist. Was zunächst die *Ismaëliten* betrifft, so berichtet Sacy a. a. O. S. LXIV ff. darüber also:

„Der Name Ismaëliten beweist, dass sie ursprünglich eine Partei zu Gunsten eines Imams, Namens *Ismaël*, waren. Dieser Ismaël kann kein anderer seyn als Ismaël, Sohn des Dschafar Sadik. Dschafar nimmt die sechste Stelle unter den zwölf Imamen ein, welche von den sogenannten Zwölfern (s. oben S. 82) angenommen werden und die das Imamat von Dschafar auf dessen Sohn Musa übergehen lassen. Die Ismaëliten dagegen nahmen nur sieben Imame an, welche wohl keine andern waren als: *Ali;* seine beiden Söhne, *'Hasan* und *'Hoseïn; Ali Zeïn-elabidin,* Sohn des 'Hoseïn; *Muhammed,* Sohn des Ali; *Dschafar Sadik,* Sohn des genannten Muhammed, und *Ismaël,* Sohn des Dschafar *). Die Secte der Ismaëliten muss daher ihren Anfang genommen haben um das Jahr 148 d. H., welches das Todesjahr des Dschafar ist. Vermuthlich haben nach dem Tode Ismaël's, des Sohnes Dschafar's, alle Ismaëliten als seinen Nachfolger im Imamat seinen Sohn Muhammed ben Ismaël anerkannt,

---

*) Es ist zu bemerken, dass unter denjenigen Schiiten, welche nur sieben Imame annehmen, nicht alle einig waren über den letzten, siebenten Imam, der den Titel „der sich Erhebende" und „der Herr der Zeit" führt. (Sacy.)

blos mit dem Unterschiede, dass die Einen, dieweil sie nur sieben
Imame haben wollten, aus dieser Zahl den Ismaël, Sohn des Dschafar und Vater des Muhammed ausschlossen, und dass die Andern
Beide, den Ismaël und seinen Sohn Muhammed, gelten liessen, indem
sie dieselben vielleicht nur als eine und dieselbe Person, ansahen.
Ueber die Verhältnisse dieser Secte während der Lebzeiten Muhammeds, des Sohnes Ismaël's, ist nichts bekannt; vielleicht," meint Sacy,
„hat sie erst nach dessen Tode eine regelmässige Gestalt und Organisation erhalten; denn es scheint nach allen vorhandenen Berichten,
dass die Wiederkunft Muhammeds, des Sohnes Ismaël's, das Haupt-
dogma der Ismaëliten war, dass Alles in seinem Namen geschah
und dass man sich zu seinem Dienste stellte, um bei seiner erwarteten Wiederkunft ihm alsbald folgen zu können. Es scheint, dass
vor der Eroberung Afrika's durch den ersten fatimitischen Khalifen
die Secte der Ismaëliten nach und nach sieben Häupter oder Imame
gehabt hatte, das heisst sieben Personen, von denen das Recht auf
das Imamat und wohl auch die Theilnahme an der göttlichen Natur
übergegangen war auf Obeïdallah, den ersten fatimischen Khalifen *).
Diese sieben Imame waren nach den Drusenbüchern: Ismaël, Sohn
Muhammeds; Muhammed, Sohn Ismaëls; Ahmed, Sohn Mohammeds;
Abdallah, Sohn Ahmed's, von dem Geschlecht des Maimun Kaddah;
Muhammed (oder vielmehr Ahmed), Sohn Abdallahs; Hosein, Sohn
Muhammeds, aus dem Geschlecht des Maimun Kaddah; endlich Ab-
dallah, Vater des Mehdi, der sich auch Ahmed nannte. Diese sieben
Imame heissen die *verborgenen Imame*, weil sie genöthigt waren,
sich verborgen zu halten, um sich den Verfolgungen der Abbassiden
zu entziehen. Sie mussten von dem Hingange Muhammeds des Sohnes
Ismaëls an bis in die letzten Jahre des dritten Jahrhunderts d. H.
ihre Sache im Stillen treiben. Ahmed, der fünfte jener Imame, be-

---

*) Nach Ebn Khaldun nehmen die Ismaëliten als Imam nach Dschafar
Sadik, seinen Sohn Ismaël an, obwohl dieser Ismaël vor seinem Vater
gestorben ist, weil er von Dschafar dazu designirt gewesen sey. Nach
Ismaël nehmen sie drei verborgene Imame an, nämlich: Muhammed, den
Sohn Ismaëls; dessen Sohn Dschafar Musaddik; Mohammed, den Sohn
Dschafar's, und nach ihm Obeidallah den Mehdi. Andere glaubten noch,
dass Ismaël, Dschafar's Sohn, nicht gestorben sey, sondern dass man
ihn blos für todt ausgegeben habe, um ihn den Verfolgungen der Abbassiden zu entziehen. (Sacy.)

hauptete das Imamat im Jahr 278 d. H., wie man weiter unten bei
der Geschichte Karmat's sehen wird. Die Lehre unserer Secte war
in ein System gebracht worden und hatte eine geordnete Gestalt
erhalten durch seinen Vater *Abdallah*, ungefähr um das Jahr 250
d. H. Abdallah war ein wohlunterrichteter Mann; sein Vater Maimun bekannte sich äusserlich zu der Lehre der Schiiten, aber innerlich war er ein Sendiki, d. h. ein Materialist. Als dessen Vater,
oder — nach einem der Manuscripte des Makrisi — dessen väterlichen Onkel *) nennt man einen gewissen Daïsan, welcher der
Secte der Thanewiten, d. h. der Dualisten, angehörte, unter welchen
Dualisten aber nicht die eigentlichen Dualisten, die Ormuzd als das
Princip des Lichts und Ahriman als das Princip der Finsterniss
ansehen, sondern eine Secte der Motasiliten zu verstehen ist, welche
alles Gute von Gott und alles Böse von den Menschen ableiten, und
daher Dualisten genannt wurden (vgl. oben S. 8 f.). Abdallah ist
nach Abulfeda (Annal. muslem. Bd. II, S. 311) Verfasser eines „Die
Wage“ betitelten Buches, in welchem materialistische Grundsätze ausgesprochen sind. Das,“ fügt Sacy bei, „ist wohl zu glauben, wenn
er, wie unsere Autoren versichern, der Gründer des philosophischen
Systems der Karmaten ist; denn die Karmaten verdienen ohne Zweifel,
wie Makrisi es thut, unter die Sendikiten **), d. h. Materialisten,
gezählt zu werden. Nach Abulfeda hatte Abdallah den Beinamen
Kaddah, d. i. Augenarzt; nach den Büchern der Drusen war das
der Beiname seines Vaters Maimun. Es ist ziemlich wahrscheinlich,“ meint Sacy, „dass Vater und Sohn diesen Beinamen gehabt
haben, und vielleicht haben sie beide dieselbe Profession ausgeübt.
Abulfeda lässt den Maimun von Caradsch — einer Stadt in Dsche-
bal — und von Ispahan herkommen und von da den Abdallah nach
Ahwaz, von hier nach Bassra und endlich nach Salamia kommen.
Makrisi sagt blos, dass er von Ahwaz war und dass, als er sich
zu fliehen genöthigt sah, er zuvörderst nach Bassra und dann nach
Salamia geflohen sey.“

---

*) Nowaïri lässt ihn einen Sohn des Daïsan seyn. Ebenso Abulfeda
und einige Manuscripte des Makrisi.

**) Man vgl. über diesen Namen, was oben S. 101, Anm. ** aus
Marracci beigebracht worden.

„Abdallah, sagt Makrisi, hatte vollkommene Kenntniss von allen Religionen und allen Secten. Er setzte ein Lehrsystem zusammen, das in sieben Grade der Erkenntniss getheilt war, welche Grade der Proselyt nach und nach durchgehen musste, bis er, alle Religion von sich abstreifend, ein Gottesläugner würde, keine Sittenregel mehr anerkannte, an keine Belohnung oder Bestrafung im jenseitigen Leben mehr glaubte und davon sich überzeugte, dass er und seines Gleichen allein in der Wahrheit, alle anders Denkenden aber im Irrthume seyen. Abdallah verlangte dabei, dass man Muhammed den Sohn Ismaëls, eines Sohnes des Dschafar Sadik, als Imam anerkenne. Der Ruf seiner Kenntnisse und seines Eifers für Verbreitung der schiitischen Lehre wurde gross; er schickte auch überallhin Missionäre aus, seine Lehre zu verbreiten und Proselyten für dieselbe zu werben. Da aber Pläne wider ihn geschmiedet wurden, sah er sich genöthigt, Ahwaz und Asker-mokarram, wo er seinen Sitz aufgeschlagen und grosse Reichthümer sich gesammelt hatte, zu verlassen. Er zog sich nach Bassra und von hier nach Salamia in Syrien zurück, wo er starb. Sein Sohn Ahmed wurde daselbst sein Nachfolger, und dieser war es, der den Daï Hosein Ahwazi, der seinem Vater Abdallah nach Salamia gefolgt war, nach Irak sandte." *)

„Man sieht," fügt Sacy hier bei, „wenn man die Ausdrücke dieses Berichtes wohl erwägt, dass Abdallah den Muhammed, Sohn Ismaëls, nur darum als Imam anerkannte und nur darum seine Anerkennung von Seiten der Moslimen verlangte, um sich selber dadurch eine mächtige Partei zu verschaffen und so leichter die Schiiten und namentlich die Ismaëliten zu gewinnen: denn einem Menschen, dessen Zweck war, den Materialismus, den Atheismus und die Unsittlichkeit zu verbreiten, konnte nicht viel daran gelegen seyn, ob dieser oder jener Nachkomme Ali's das Imamat einnehme. Aber es war für ihn von Wichtigkeit, ein Mittel zu haben, die Völker gegen ihren Fürsten aufzuwiegeln; und ein solches Mittel war sein erheuchelter Eifer für einen Nachkommen Ali's, welches um so mächtiger wirken musste, als es mit einem religiösen Schleier umhüllt war. Dasselbe bemerkt auch auf scharfsinnige Weise ein von Nowaïri citirter Schriftsteller."

_____

*) Ein ausführlicher Bericht über Abdallah sowie dessen Vater und Sohn, von Nowaïri, findet sich bei Sacy Bd. 1, S. CCCCXL f.

„Im Anfang, sagt dieser, versicherte man, dass Muhammed, Ismaëls Sohn, am Leben sey, dass er nicht gestorben sey, dass er erscheinen solle am Ende der Zeiten, dass er der Mehdi — Erlöser — sey, den die Moslimen erwarten. Aber die Absicht des Verführers Abdallah war nicht, für den Muhammed, Ismaëls Sohn, Proselyten zu gewinnen und ihm die Anerkennung, als des rechtmässigen Oberhauptes, zu verschaffen; sondern das war nur ein Mittel, dessen er sich bediente, um die Geister derer zu gewinnen, welche er zu seiner Partei zog, und durch welches er sich versicherte, dass es ihm gelungen sey, sie zu verführen, und dass er sie in seinen Netzen habe, was auch vorher ihr Glaube gewesen, ob sie Sunniten waren oder Schiiten."

„Die Secte der Ismaëliten ist wohl," meint Sacy, „vor Abdallah nur eine gewöhnliche schiitische Secte gewesen, die sich von andern nur dadurch unterschied, dass sie als letzten Imam den Muhammed, Ismaëls Sohn, ansah, und dass sie sich zu dem allegorischen System bekannte, dessen Urheber dieser Muhammed, oder vielleicht sein Grossvater, Dschafar Sadik, gewesen war. Abdallah aber, sobald er das Haupt der Ismaëliten geworden, trieb die Sache weiter; er suchte auf der Grundlage jener mystischen Lehre, welche ihm ein leichtes Mittel darbot, alle Vorschriften der Religion, dadurch dass er sie auf einfache Allegorien zurückführte, umzustossen, den Materialismus aufzubauen."

Wir gehen zu der Geschichte der *Karmaten* über. Hier mag zuerst der kurze, übersichtliche Bericht des Makrisi, den wir bei Sacy a. a. O. S. XX ff. lesen, Platz finden. „Indess," heisst es dort, „verbreitete sich die Secte der Schiiten immer weiter, bis dass man die Secte der Karmaten entstehen sah, deren Urheber *Hamdan ben Aschath*, mit dem Beinamen *Karmat* *), war. Die Rede von den Karmaten kam im Jahre 264 auf, und es war die Gegend von Bassra, wo diese Secte zuerst erschien; sie breitete sich zuvörderst in Irak aus. In Syrien sah man die Karmaten unter dem Namen Saheb-alkhal, Modatthar und Motawwak **). In Bahreïn erhob sich

---

*) Den Grund und die verschied-ne Deutung dieses Namens s. weiter unten.

**) *Saheb-alkhal* oder Saheb al schamet oder auch Abu Schamet, d. h. der Mann, der einen Leberflecken im Gesichte hat, war der Beider Karmate Abu Saïd Dschenabi, von Dschenaba gebürtig *); seine Macht und die seiner Nachkommen wurde daselbst sehr beträchtlich. Sie schlugen die Armeen von Bagdad und machten die abbassidischen Khalifen zittern; sie legten den Einwohnern von Bagdad, von Khorasan, von Syrien, von Aegypten und Jemen jährliche Contributionen auf und trugen ihre Waffen bis nach Bagdad und Syrien, nach Aegypten und dem Hedschas. Ihre Daï's verbreiteten sich nach allen Seiten. Eine grosse Anzahl von Menschen trat in ihre Secte ein und bekannte sich zu ihrer Lehre, welche sie *„die Wissenschaft des innern Sinnes"* nannten, weshalb sie auch *Bateniten,* Innerer, genannt wurden. Diese Lehre besteht darin, die Vorschriften des Islam allegorisch zu deuten und an die Stelle ihrer äusserlichen Beobachtung Dinge zu setzen, die nur auf Einbildung gegründet waren, und ebenso die Verse des Korans allegorisch zu erklären und ihnen gezwungene Deutungen zu geben; und dieses, fügt Makrisi bei, thun sie nur, um den trügerischen Lehrsätzen, die sie in ihrem Kopfe erdacht haben, Eingang zu verschaffen. So sind sie selber irre geführt worden und so haben sie viele Andere mit sich in Irrthum gezogen."

Makrisi gibt in dieser Stelle den Zusammenhang der Ismaëliten mit den Karmaten nicht an. Dieser geht aber deutlich aus der Darstellung der Geschichte der Karmaten, die wir bei Sacy a. a. O. S. CLXVII ff. lesen, und welcher namentlich Nowaïri zu Grunde gelegt ist, hervor. Wir lassen hier eine Uebersetzung Sacy's folgen.

---

name eines Karmatenanführers Namens 'Hosein, der sich später Ahmed nannte und für den Mehdi angesehen seyn wollte. S. Abulf. Annal. musl. II. S. 291 u. 730. Vgl. weiter unten. — *Modatthar,* d. h. der in eine Decke Eingewickelte, war der Beiname eines andern Karmaten, eines Neffen des 'Hosein, den dieser zu seinem Nachfolger ernannt hatte. S. a. a. O. S. 291 u. 729. — *Motawwak* ist der Beiname eines Anführers, der die Armee der Karmaten in Syrien, zur Zeit des 'Hosein, befehligte. S. Elmakin Hist. Sarac. S. 132. (Sacy.)

*) Abu Saïd ben Behram (Annal. musl. II. S. 325). Abulfeda (a. a. O. III. p. 129) spricht von einer Stadt in Kirman, Namens Dschenab. Im Kamus liest man: Dschennaba, mit Teschdid, ist eine Stadt gegenüber von Kharek gelegen, von woher die Karmaten gekommen sind. Kharek ist der Name einer Insel des persischen Meerbusens. (Sacy.)

Als Hoseïn, jener von Ahmed, dem Sohne Abdallah's, nach Irak gesandte Missionär in der angebauten Gegend von Kufa angekommen war, begegnete er daselbst einem Manne, Namens Hamdan ben Aschath. Hamdan führte einen mit Gras beladenen Ochsen. Hoseïn befragte ihn um den Weg nach Kess-Nahram. Hamdam erwiederte ihm, dass er gerade auch dahin wolle. Hoseïn fragte ihn dann noch nach der Lage eines benachbarten Ortes von Daur, einem Dorfe, in dem Hamdan seine Wohnung aufgeschlagen hatte. Hoseïn und Hamdan gingen nun mit einander. Nachdem sie aber einige Zeit mit einander gegangen waren, sagte Hamdan zu Hoseïn: Du scheinst sehr weit her gekommen und sehr müde zu seyn; setze dich daher auf diesen meinen Stier. Hoseïn antwortete ihm: Es ist mir nicht befohlen worden, solches zu thun. Worauf Hamdan ihm versetzte: Es könnte nach deiner Aeusserung scheinen, als ob dir von Jemand besondere Befehle gegeben worden wären. Hoseïn bejahte das. Nun wer ist denn, fragte ihn sofort Hamdan, derjenige, von dem du derlei Gebote und Verbote erhältst? Das ist, erwiederte ihm Hoseïn, mein Herr, der auch der deinige ist, der Herr dieser und der zukünftigen Welt. Hamdan, sehr erstaunt über diese Sprache, dachte zuvörderst über den Sinn nach, den sie haben konnte, dann aber sagte er zu seinem Reisegenossen, nachdem er ihn aufmerksam betrachtet hatte: Es gibt keinen Andern, der da Herr wäre über alle Dinge, als Gott den Erhabenen. Das ist, versetzte Hoseïn, wahr, aber Gott verleiht die Herrschaft wem er will. Hamdan fragte hierauf den Hoseïn: Was willst du in dem Dorfe thun, nach dessen Weg du mich gefragt hast? Ich will dahin, antwortete Hoseïn, um einer Anzahl von Menschen, die dort wohnen, die Kenntniss eines der Geheimnisse Gottes zu bringen; ich habe Befehl erhalten, diesem Dorfe Heil zu verschaffen, seine Einwohner zu bereichern, sie zu befreien, sie in Besitz der Güter ihrer Herren zu setzen. Hierauf fing er an den Hamdan einzuladen, seine Lehre anzunehmen. Hamdan versetzte ihm hierauf: Ich beschwöre dich im Namen Gottes mir mitzutheilen, was du von dieser Wissenschaft besitzest; befreie mich und Gott wird dich befreien. Das ist, entgegnete ihm Hoseïn, eine Sache, die ich nicht thun kann, es sey denn, dass du zuvor mir ein Gelübde ablegst und dass du dich verbindest durch ein Versprechen, ähnlich dem Gelübde, welches Gott immer von seinen Propheten und Gesandten verlangt hat; dann erst kann ich dir Dinge sagen, die dir nützlich seyn werden. Hamdan fuhr fort dringende Bitten an ihn zu thun, welchen dann Hosein endlich Gehör gab. Sie setzten sich unterwegs und Hosein liess den Hamdan das Gelübde ablegen, das vor der Aufnahme in die Secte abzulegen ist; hierauf fragte er ihn nach seinem Namen. Hamdan sagte ihm, dass er sich Karmat nenne, und lud ihn ein, mit ihm zu kommen und bei ihm seine Wohnung zu nehmen. Ich habe, sagte er ihm, Brüder, die ich dir zuführen werde, dass du denselben einen ähnlichen, dem Mehdi verbindenden Schwur abnehmest. Hosein folgte der Einladung und begleitete den Hamdan, und nachdem er in der Wohnung desselben angekommen war, empfing er daselbst die Schwüre der Einwohner dieses Orts. Er verweilte einige Zeit bei Hamdan, welcher, von Bewunderung für ihn erfüllt, ihn mit vieler Rücksicht behandelte und ihm unbegränzte Achtung erwies. Hosein führte wirklich ein sehr frommes Leben; er fastete den ganzen Tag und wachte bei Nacht; man schätzte sich glücklich, wenn man ihn eine einzige Nacht bei sich in seinem Hause sehen durfte. Er gewann seinen Lebensunterhalt meistens durch Kleiderverfertigen; man glaubte, dass er, sowie die von seiner Hand verfertigten Kleider Glück bringen. Später, als die Zeit der Reife der Datteln herangekommen war, trat er in den Dienst eines sowohl wegen seiner Wissenschaft, seiner Tugenden und seines Eifers für die Lehre der Einheit, als auch wegen seines Reichthums angesehenen Einwohners von Kufa, Namens Abu Abdallah Muhammed, ben Omar, ben Schehab Adewi, als Hüter der Datteln. Hosein versah diesen Dienst mit der grössten Aufmerksamkeit und der gewissenhaftesten Treue, während die meisten Menschen ihren Dienst nur mit grosser Nachlässigkeit versehen. Dies geschah im Jahr 264 d. H. Das Zutrauen, das man zu ihm hatte, wurde so immer mehr vergrössert; und da auch er selber vollkommenes Zutrauen zu Hamdan Karmat gefasst hatte, so entdeckte er ihm alle seine Absichten, ohne sich irgend mehr gegen ihn zu verstellen. Sein ganzes Benehmen aber, bemerkt hierzu der arabische Berichterstatter, seine Rechtschaffenheit, seine gewissenhafte Treue, seine Frömmigkeit, seine Selbstzüchtigungen waren nichts als Betrügerei und Kunstgriffe. — Als Hosein dem Tode nahe war, ernannte er den Hamdan ben Aschath, mit dem Beinamen Karmat, zu seinem Nachfolger.

Es mag hier am Platze seyn, die Bedeutung des Namens „Karmat" oder vielmehr die verschiedenen Deutungen desselben anzugeben. Nach Makrisi, bei Sacy a. a. O. S. XX, hatte Hamdan den Beinamen „Karmat" darum erhalten, weil er von kleiner untersetzter Statur war, sehr kurze Füsse hatte und nur sehr kleine Schritte nahm *). Nach Nowaïri (bei Sacy CLXIX Anm.) war Karmat der Name des dem Hamdan zugehörigen Stiers. Andere (wie Bibars Mansuri) sagen, dass in der nabatäischen Sprache das Wort *Karamita*, das man in *Karmat* verwandelte, einen Menschen bezeichne, der rothe Augen habe. Eine ganz andere Deutung des Namens gibt der erste Drusen - Schriftsteller Hamsa. Nach ihm (s. Sacy, Bd. II, S. 125) bedeutet der Name Karmaten Stirnrunzler, von dem Worte *karmata*, die Stirn runzeln. Dieser Name, fügt er hei, sey jedem Unitarier und daher auch den Ismaëliten gegeben worden. Als Grund aber der Entstehung des Namens Stirnrunzler gibt Hamsa den Befehl eines Missionärs, Namens Sarsar, an, des Inhalts: „Wenn ihr nach Hadschar kommt, so runzelt eure Stirn und macht ein saures Gesicht gegen die Einwohner dieses Orts." Bibars Mansuri sagt noch, dass Einige den Ursprung der Karmaten auf einen Mann von Kufa, Namens Muhammed Warrak, mit dem Beinamen Mokarmit, zurückführen. Nach Andern sey Karmat der Name eines Sklaven des Ismaël, des Sohnes des Dschafar Sadik, gewesen. Diese beiden letztern Meinungen, fügt Sacy bei, scheinen wenig Grund zu haben. Nach Dschordschani bei Hammer (Journal asiat. Bd. VI) war Karmat der Name eines Dorfes in der Nähe von Wasith **).

---

*) Auf ähnliche Weise wird der Name Karmat von Hammer (Gemäldesaal Bd. III, S. 10) erklärt. „Der Name Karmath, welcher im Arabischen hässlich, zwergicht und verworren bedeutet, war ihrem Vater wegen seiner kleinen und hässlichen Figur beigelegt worden, und blieb seinen Nachkommen; so heisst schneller, verworrener Gang karmathischer Schritt, und kleine verworrene Schriftzüge die karmathische Schrift." Uebrigens hat Hr. von Hammer ganz Unrecht, wenn er den Ursprung des Namens von Abu Tahir — denn der ist unter „ihrem Vater" gemeint — herleitet: denn nicht von ihm, sondern von Hamdan kommt diese Benennung Karmathen her.

**) Wir fügen hier noch bei, was man bei Pococke (in der Authorum Nomenclatura S. 356) über die Bedeutung des Namens „Karmaten" und das Wesen dieser Secte liest. Es ist Folgendes: Karmatiani vel Kermatiani juxta Ebn Chalican secta blasphemi cujusdam impostoris, ab hospite potius ipsius quam ab ipse denominata. Alii aliam nominis rationem

Vernehmen wir, ehe wir die Geschichte der Karmaten weiter verfolgen, noch einen andern Bericht über Hoseïn und Karmat, nämlich den des Bibars Mansuri, den Sacy in seiner Einl. S. CLXXI ff. mittheilt.

Es kam ein Mann, lesen wir dort, aus der Provinz Khuzistan, um sich an einem Orte der Gegend von Kufa, Namens Nahraïn, niederzulassen; er schlug daselbst seine Wohnung auf und lebte dort in grosser Frömmigkeit und Entsagung. Er beschäftigte sich mit Verfertigung von Flechtwerken aus Palmblättern, lebte von dem Ertrage seiner Arbeit, betete Tag und Nacht und fastete beständig. Diese Lebensweise setzte er längere Zeit fort. Wenn Jemand zu ihm kam und sich zu ihm hinsetzte, brachte er das Gespräch alsbald auf Religionsgegenstände, forderte ihn auf, der Welt zu entsagen und legte ihm ans Herz, dass er verbunden sey, fünfzigmal des Tages zu beten. Als sich das Gerücht von der Lehre, die er predigte, unter den Einwohnern dieses Ortes verbreitet hatte, sagte er ihnen, dass er den Auftrag erhalten habe, die Menschen einzuladen, einen Nachkommen des Propheten als Imam anzuerkennen. Er hatte seine Wohnung in jenem Orte bei einem Gärtner, welcher daselbst mit Kräutern und Gemüse Handel trieb. Als bei diesem Gärtner einige Kaufleute, welche die Ernte einer in der Nähe seiner Wohnung befindlichen Palmenpflanzung gekauft hatten, nach einem Dattelnhüter gefragt hatten, empfahl er denselben seinen frommen Hausgenossen; sie übertrugen ihm das Geschäft der Hütung ihrer Datteln und kamen mit ihm über den ihm zu gebenden Lohn überein. In Folge ihrer Uebereinkunft hütete er nun ihre Datteln, indem er zugleich den grössten Theil des Tages mit Beten zubrachte,

---

reddunt: dictos scilicet a duce quodam ipsorum, qui Karmata appellatus est, quod statura brevi seu contracta et facie deformi fuerit, quae vocis istius apud Arabes significatio. Alii a sectae authore, qui Hamdan Karmat dictus est, a villa quadam ita appellata denominatos volunt. Quisquis tandem fuerit, ad religionem suam e paganis et deserti incolis, quibus nec intellectus fuit nec religio, invitans, dicto audientes habuit, qui ab initiis obscuris eo potentiae creverunt, ut vix credenda patraverint. Fecerunt in Islamismo, quod nec ante nec post eos fecit e Moslemis quisquam, et occuparunt magnam partem regionum Eraki et Hejazi, nec non regionum Orientis et Syriae usque ad portam Mesri sive Cairo. Exorti sunt circa annum Hejrae 278.

wobei er fastete und nichts ass als ein Pfund Datteln, welche der Gärtner ihm lieferte und von denen er die Steine dem Gärtner sorgfältig zurückgab. Als jene Kaufleute es für gelegen hielten, ihre Datteln herunterzuthun, fanden sie sich bei dem Gärtner ein, rechneten daselbst mit dem Hüter ab und bezahlten ihm seinen Lohn. Dieser aber seinerseits hielt mit dem Gärtner Rechnung wegen der ihm von demselben gelieferten Datteln, wobei er den Werth der Steine in Abzug brachte. Die Kaufleute, welche es mit anhörten, dass er die Steine in Abzug brachte, wurden darüber entrüstet, denn sie waren der Meinung, dass er von ihren Datteln gegessen, und schlugen ihn deshalb, indem sie sprachen: Ist's nicht genug, dass du unsere Datteln gegessen hast, musstest du auch noch unsere Steine verkaufen? Der Gärtner aber klärte sie über die Sache auf, und als sie ihren Irrthum erkannt hatten, bereueten sie es, ihn so übel behandelt zu haben, und baten ihn dafür um Entschuldigung. Er verzieh ihnen, und dieser Vorfall trug dazu bei, seinen Credit an diesem Orte zu vermehren. Bald hierauf wurde er von einer Krankheit befallen und blieb auf dem Wege liegen. Es war aber in jenem Dorfe ein Mann, Namens Hamdan, der unter dem Namen Karamita bekannt war, ein Wort, das in der nabatäischen Sprache einen Menschen bezeichnet, der rothe Augen hat (s. oben S. 111). Dieser Mann war Besitzer von Stieren, die er zum Transport von Getreide aus Sowad brauchte. Jener Gärtner forderte den Karamita auf, den Kranken mit sich in sein Haus zu nehmen und für ihn Sorge zu tragen, indem er ihm sagte, dass es ein rechtschaffener Mann und ein Fremder sey. Karamita that es und unser Frommer blieb in seinem Hause, bis er vollständig hergestellt war; hierauf nahm er dort seinen Wohnsitz und predigte seine Lehre den Leuten dieses Ortes, die sich ihm anschlossen. Wenn aber Einer zu seiner Lehre überging, nahm er von demselben ein Goldstück, indem er sagte, dass das für den Imam sey. Er wählte sich unter ihnen zwölf Nakib's, indem er hierin Moses und Jesus nachahmte, und gab denselben den Auftrag, die andern Menschen zur Annahme seiner Lehre einzuladen. Er legte seinen Schülern auf, fünfzig Gebete des Tages zu sprechen und schrieb ihnen noch andere Uebungen der Frömmigkeit vor, welche sie von ihren gewöhnlichen Arbeiten abhielten, so dass die Felder unbebaut blieben und alle nützlichen Arbeiten vernachlässigt wurden. Einem gewissen Haïsam oder Haïdham, der Ländereien in dieser Gegend besass, war es besonders aufgefallen, dass die Leute ihre Arbeiten vernachlässigten; er forschte daher nach, woher dieses komme, und bei dieser Gelegenheit erfuhr er die ganze Geschichte jenes Missionärs. Er liess ihn nun vor sich kommen und stellte ihn über sein Betragen zur Rede. Aber dieser lud ihn statt aller Antwort ein, seine Lehre anzunehmen. Haïsam aber liess ihn festnehmen und in ein Haus einschliessen, mit dem Vorsatz, ihn des andern Morgens aus dem Leben zu schaffen. Den Schlüssel zu dem Orte, in welchem er eingeschlossen war, hatte er aber selber zu sich genommen, und als er sich zur Ruhe legte, legte er denselben unter sein Kopfkissen. Sein Schlaf war aber ein gar fester, weil er ausserordentlich viel getrunken hatte. Diesen seinen Schlaf wusste nun eine seiner Mägde, die eine grosse Verehrung für den Missionär wegen seines beständigen Fastens und Betens gefasst hatte, zu benutzen; sie nahm den Schlüssel, gab dem Gefangenen die Freiheit und legte dann, nachdem sie das Thor wieder geschlossen hatte, den Schlüssel wieder an den Ort, von wo sie ihn genommen hatte. Sobald Haïsam aufwachte, dachte er an seinen Gefangenen; aber wie er an den Ort hinkam, wo er ihn eingeschlossen hatte, war dieser leer. Die Nachricht hiervon verbreitete sich schnell weiter und trug dazu bei, das Volk zu verführen, welches glaubte, dass der Gefangene bei geschlossenen Thüren entkommen sey; denn die Magd, welche diesen Irrthum hätte heben können, hatte guten Grund, das Geheimniss seiner Befreiung zu bewahren. Kurze Zeit hierauf zeigte er sich einigen seiner Schüler, welche auf dem Felde in ziemlicher Entfernung von dem Dorfe beschäftigt waren, und versicherte ihnen, dass Engel ihn befreit und in die Wüste gebracht hätten und dass kein Mensch die Macht habe ihm zu schaden. Indess fürchtete er doch für sein Leben und ging deshalb von da weg nach Syrien. Man nannte ihn Karamita nach dem, der ihm Gastfreundschaft erwiesen. Später wurde dieser Name erweicht und Karmat ausgesprochen. Nach Abulfaradsch zog er sich nach Palästina zurück, verschwand hierauf auch aus diesem Lande, ohne dass man erfahren, was aus ihm geworden.

Aus diesen beiden Berichten des Nowaïri und des Bibars Mansuri über Hoseïn und Karmat geht hervor, wie sehr die Orientalen zum Mythisiren geneigt sind. Was aber an diesen Berichten historisch und was fabelhaft, oder welcher von beiden der Wahrheit getreuer sey, ist nicht auszumitteln. Wir geben daher zu der weitern Geschichte der Karmaten über. Wir folgen aber auch hier wieder Saey, der seiner Darstellung der weitern Geschichte der Karmaten den Bericht des Nowaïri zu Grunde gelegt hat.

Hamdan mit dem Beinamen Karmat, lesen wir dort a. a. O. S. CLXXXIV, von dem Daï Hoseïn in alle seine Geheimnisse eingeweiht und von demselben zu seinem Nachfolger ernannt, schickte nach allen Seiten in Sowad *) Missionäre aus, um Proselyten daselbst zu gewinnen, und zog auch wirklich eine grosse Anzahl Einwohner jenes Landes zu seiner Partei. Unter denen, welche in der Folge einen grossen Ruf erlangt haben, ist zu nennen Zacruja, Sohn von Mahruja Selmani, oder persisch ausgesprochen Zicrwaïh ben Mihrwaïh. Von den Daï's aber, welche zunächst unter der Autorität Karmat's wirkten, war der bedeutendste ein gewisser Abdan. Dieser Abdan hatte eine Schwester Karmat's zur Frau, und die Frau Karmat's war eine Schwester Abdan's. Karmat, ein Mann von viel Geist, erfinderisch in Hülfsmitteln, von einnehmendem Wesen, listig, beseelt von einem maaslosen Ehrgeiz, um jeden Preis ein berühmter Mann zu werden, ergriff mit Eifer diese Gelegenheit, sich bekannt zu machen, und liess, indem er seine schlechten Absichten durch den Schleier der Wissenschaft und eines grossen Eifers für die Partei der Schiiten verhüllte, den Aufruf an die Völker ergehen, den Muhammed Sohn des Ismaël, des Sohnes Dschafar's, als Imam anzuerkennen. Zacruja, dessen oben Erwähnung geschehen, hatte sich an Abdan angeschlossen, welcher, da er an ihm grosse Talente bemerkt hatte, ihm zum Daï über eine sehr ausgedehnte Landschaft von Sowad bestellte. Abdan hatte eine grosse Anzahl untergeordneter Daï's unter sich, die in seinem Sprengel vertheilt waren und von denen jeder einmal im Monat die Orte seines Bezirks besuchte. Ausser der grossen Zahl von Proselyten, welche diese Secte in Sowad hatte, wurden auch einige Araber, welche die Lehre derselben angenommen, mit dem Missionsämte bekleidet, und diese verbreiteten die Secte unter mehreren arabischen Stämmen. Sie machte daselbst grosse Fortschritte

---

*) *Sowad* bezeichnet im Allgemeinen die bebaute und bewohnte Umgegend jeder Stadt, insbesondere aber die von Kufa und Bassra. S. Freytag Lexic. arab. Vgl. Rosenmüller in den Fundgruben des Orients Bd. II, S. 199.

und der Beitritt jener arabischen Stämme trug zu beträchtlicher Ver-
stärkung der Partei Karmat's bei, welcher von nun an seinem Ehrgeize einen grösseren Schwung gab und anfing, seines Credits sich
dazu zu bedienen, um sich zum Herrn alles Guts seiner Anhänger
zu machen. Es ist merkwürdig, die Maasregeln kennen zu lernen,
welcher dieser schändliche Betrüger anwandte, um diesen Zweck zu
erreichen.

Zuvörderst verlangte er von allen seinen Schülern eine kleine
Beisteuer unter dem Namen „Fitr“. Dies ist der Name, den die
Muhammedaner dem Almosen geben, welches zu Ende des Fasten-
monats Ramadhan gegeben wird. Diese Beisteuer bestand nur aus
einem Silberstück für jeden Kopf von Männern, Weibern und Kindern; Jedermann war alsbald bereit, dieselbe zu bezahlen. Nach
Verfluss einiger Zeit legte er ihnen eine andere Beisteuer auf unter
dem Namen „Hidschra“ *). Diese bestand in einem Goldstück,
zahlbar für jede Person, welche das Alter der Vernunft erreicht
hatte. Um diese Erpressung zu autorisiren, hielt er ihnen die Worte
im Koran (Sur. 9, Vs. 54) vor, wo Gott also spricht: „Nehmet
von ihren Gütern ein Almosen, ihr werdet sie durch dieses Mittel
reinigen und sie heiligen; betet für sie, denn eure Gebete sind für
sie eine Quelle der Beruhigung. Gott hört und weiss Alles.“ Er
sagte ihnen, dass die neue Beisteuer, welche er von ihnen verlange,
nichts anderes sey, als die Anwendung und Vollführung jener Worte.
Auch diese Beisteuer wurde von seinen Anhängern mit grosser Bereitwilligkeit bezahlt; sie unterstützten sich gegenseitig, um dieselbe
entrichten zu können, und diejenigen, welche die Mittel dazu hatten, bezahlten für die Armen. Nicht lange hernach verlangte er
von ihnen das „Bulgha“ **), das aus sieben Goldstücken bestand.
Er behauptete nämlich, dass das jene authentische Probe sey, von
welcher in folgender Stelle des Koran (Sur. 27, Vs. 65) die Rede

---

*) Dieses Wort bedeutet Flucht. Vielleicht enthielt es eine Anspie-
lung auf die Flucht Muhammed's. Möglich wäre es auch, dass diese
Beisteuer so benannt worden wäre als bestimmt zur Unterhaltung eines
Ortes, der „Fluchthaus“ hiess, ein Ort, wohin sich die Daï's zurückzogen, wenn sie fürchteten verfolgt zu werden. Von diesem Hause wird
weiter unten [vgl. S. 119] die Rede seyn. (Sacy.)

**) Bulgha bedeutet die zur Erhaltung des Lebens nöthige Nahrung.

sey, wo es heisst: „Sage ihnen: bringet authentische Proben herbei, wenn ihr wahrhaftig seyd!" Er sagte ihnen auch, dass das die höchste Stufe sey für Jeden, der da die Vollkommenheit des Glaubens erreichen und unter die Ersten, die wahrhaftigen Menschen gezählt werden wolle; dass sie (welche diese sieben Goldstücke bezahlen) es seyen, welchen der Name der Nächststehenden, d. h. der Begünstigtsten (Sur. 3, Vs. 40), zukomme. Er hatte immer ein ausgezeichnetes und sehr wohlschmeckendes Gericht bereit, welches er in kleine Portionen von der Grösse einer Haselnuss theilte; hiervon gab er eine Portion einem Jeden von denen, welche ihm sieben Goldstücke bezahlten, indem er sagte, dass das die Nahrung der Paradieses - Einwohner sey, welche dem Imam vom Himmel gesendet worden, und dass ihm solches gleichsam als Marken (cachets) *) gegeben worden, damit er dem Daï hundert Bulgha's zukommen lasse, wofür dieser dagegen ihm siebenhundert Goldstücke zu ersetzen habe. Nachdem es ihm gelungen war, diese Beisteuer von seinen Anhängern zu erlangen, verlangte er von ihnen den fünften Theil alles dessen, was sie besassen oder durch Arbeit erwarben, und er autorisirte diese Erpressung durch folgende Worte Gottes (Sur. 8, Vs. 42): „Wisset, dass von aller Beute, die ihr macht, Gott und seinem Apostel ein Fünftel gehört." Sie schätzten daher Alles was sie besassen, Kleider und andere Geräthschaften, und bezahlten ihm von ihrem Werthe den fünften Theil mit einer so grossen Gewissenhaftigkeit, dass eine Frau den fünften Theil von dem Werthe des Fadens, den sie spann, und die Männer den fünften Theil des Ertrags ihrer Arbeit bezahlten. Nachdem solches einmal eingeführt war, legte er ihnen die Pflicht des „Ulfa", d. i. der Vereinigung, auf. Diese Pflicht bestand darin, dass sie alle ihre Güter zusammenzuthun hatten und dass Alle dieselben gemeinschaftlich geniessen sollten, so dass keiner von ihnen mehr etwas sein eigen nennen und irgend im Vortheil gegen seine Brüder seyn konnte. Diese neue Einrichtung wurde auf die Anführung folgender Stelle im Koran gestützt: „Erinnert euch der Gnade, welche Gott euch erwiesen hat, als ihr Feinde waret, und dass er eure Herzen vereinigt hat, so dass ihr

---

*) Sacy bemerkt hierzu: peut - être cela veut - il dire comme des amulettes.

durch seine Gnade Brüder geworden seyd. Wenn du dafür alle Güter der Erde zusammen verwendet hättest, so wäre es dir doch niemals gelungen, ihre Herzen mit einander zu vereinigen; aber Gott hat sie vereinigt, denn er ist mächtig und weise" (Sur. 3, Vs. 98; 8, Vs. 64). Er versicherte ihnen, dass sie nicht nöthig hätten, Geld aufzubewahren, weil die ganze Erde ihnen zu eigen würde, ohne dass irgend ein Anderer Theil daran bekomme. „Das ist," sagte er ihnen, „die Probe, durch welche ihr erprobt werden musstet, auf dass wir kennen lernten, wie ihr euch betragen würdet." Er forderte sie auch auf, Waffen zu kaufen und zu rüsten. Dies alles geschah im Jahr 267 d. H. Die Daï's wählten in jeglichem Orte einen zuverlässigen Mann, dem die Einwohner alles was ihnen gehörte, als Ochsen, Schafe, Juwelen, Meubles u. s. f. zu übergeben hatten. Derselbe lieferte denen, die nackt waren, Kleider und sorgte für alle ihre Bedürfnisse, so dass sich unter ihnen kein Armer und Dürftiger mehr fand. Jedermann arbeitete mit Fleiss und Eifer, um sich einen ausgezeichneten Rang zu verdienen durch den Vortheil, den er dem Gemeinwesen verschaffte; die Frauen brachten und legten zusammen Alles, was sie durch ihr Spinnen verdienten, und selbst die kleinen Kinder brachten den Lohn, den sie für das Vogelverscheuchen erhielten. Niemand besass etwas Eigenes ausser seinem Schwert und seinen Waffen. Nachdem er solches alles zu Stande gebracht hatte und wirklich auch Jedermann sich dazu bereit zeigte, befahl er den Daï's, in einer gewissen Nacht alle Weiber zu versammeln, um sich ohne Unterschied mit allen Männern zu vermischen. Das sey, sagte er, die Vollkommenheit und der letzte Grad der Freundschaft und der brüderlichen Vereinigung *). Oft brachte und erbot ein Mann seine eigene Frau einem seiner Brüder, wenn solches ihm Vergnügen machte. Als er sah, dass er vollkommen Herr über ihre Geister geworden, als er sich ihres Gehorsams ganz versichert hatte und als er ihren Verstand für hinlänglich bear-

---

*) Wir können nicht umhin, hier auf folgende Stelle in Raumer's Hohenstaufen III, S. 136, aufmerksam zu machen: „Ein Schmied Manasse stiftete eine Gilde, wo zwölf Männer die zwölf Apostel vorstellten, ein Mädchen aber die heilige Jungfrau, bei welcher jene angeblich zur Erhöhung der Gemeinschaft und Brüderschaft nach der Reihe schliefen."

beitet sah, fing er an, sie vollends ganz in die Irre zu führen, er
hielt ihnen Beweisgründe vor, die er aus der Lehre der Dualisten
entlehnte. Sie nahmen aber ohne Schwierigkeit alles an, was er
ihnen vorstellte, so dass er sie aller Religion beraubte und sie aller
jener Pflichten der Frömmigkeit und Gottesfurcht entledigte, welche
er ihnen anfangs vorgeschrieben hatte. Er erlaubte ihnen den Raub
und jede Art von Unsittlichkeit, und forderte sie auf, das Joch des
Gebets, des Fastens und der andern Vorschriften abzuschütteln. Er
lehrte sie, dass sie an keine jener Verbindlichkeiten gebunden seyen,
und dass sie ungestraft die Güter ihrer Gegner rauben und deren
Blut vergiessen könnten; dass die Erkenntniss des Herrn der Wahrheit, zu welcher er sie gerufen habe, ihnen alles andere ersetze,
und dass sie bei dieser Erkenntniss nichts mehr zu fürchten haben,
weder Sünde noch Strafe.

Nachdem dieser schändliche Betrüger solche Lehren verkündigt,
und als eine grosse Zahl seiner Schüler sich durch alle Arten ab-
scheulicher Handlungen hervorgethan hatte, indem sie plünderten,
wo es ihnen gefiel, und indem sie tödteten und niedermachten alle,
welche ihnen einigen Widerstand leisteten, verbreitete sich grosser
Schrecken unter den Menschen, welche mit lebhafter Bestürzung die
Waffen in deren Händen sahen. Viele ihrer Nachbarn oder derer,
welche in ihrer Umgebung lebten, erwiesen sich daher ihnen als
Freunde, aus Furcht vor ihren Gewaltthätigkeiten.

Zu der Zeit versammelten sich die Daï's und beschlossen einen
Ort zu wählen, der ihnen eine Zufluchtsstätte seyn sollte, wohin sie
sich zurückziehen und wo sie sich versammeln könnten. Sie wählten zu dieser Zufluchtsstätte in dem Sowad von Kufa einen Ort
Namens Mehimabad, welcher in dem Districte liegt, der an den Eu-
phrat gränzt, und der zu den Domainen des Sultans gehörte, die
man Kasemijjat nannte. Sie brachten grosse Steine dahin und um-
gaben den Ort in kurzer Zeit mit einer festen Mauer. Sie erbauten
daselbst ein ungeheures Gebäude, in welches sich eine grosse Anzahl von Männern und Frauen aller Cantone hinzog. Diese Stätte
wurde *Haus der Flucht* genannt. Dies geschah im Jahr 277 d. H.
Von dieser Zeit an fürchtete sie alle Welt, und sie dagegen, nunmehr stärker als jemals, fürchteten Niemand mehr. Der Zustand, in
welchem sich damals das Reich der Khalifen befand, das da von
den Resten der Kharedschiten und von dem Anführer der Senditen

(Zindjes) *) bedrängt wurde, und noch andere Umstände begünstigten das Emporkommen dieser Räuber.

Karmat unterhielt eine beständige Correspondenz mit den Häuptern der ismaëlitischen Secte, welche in Salamia residirten. Dort war unterdessen Ahmed gestorben und an dessen Stelle sein Sohn getreten. Dieser schrieb einen Brief an Hamdan Karmat, der denselben nicht befriedigte. Karmat bemerkte nämlich darin Ausdrücke, die verschieden waren von den bis dahin gebrauchten, und Dinge, welche der ursprünglichen Unterweisung nicht angemessen waren. Es stiegen daher Zweifel in ihm auf und er vermuthete, dass irgend eine Aenderung vorgegangen sey. Karmat wollte deshalb, um darüber aufgeklärt zu werden, einen seiner Daï's, Namens Ebn Melih, nach Salamia schicken; da sich aber dieser entschuldigte, liess er seinen Daï Abdan zu sich kommen und beauftragte denselben, an Ort und Stelle Aufklärung zu suchen über die Zweifel, welche er gefasst hatte. Als Abdan in Salamia angekommen war, erfuhr er, dass der Betrüger, mit dem sie bisher immer correspondirt hatten, gestorben war; er ging nun zu dessen Sohn **) und fragte ihn, wer nach seines Vaters Tode nun der Hoddscha und welches der Imam sey, welchem zu gehorchen er die Völker auffordere. Statt eine Antwort hierauf zu geben, wandte er sich an den Abgesandten selbst mit der Frage: „Nun, welches ist denn wohl dieser Imam?" Es

---

*) Nach einer Bemerkung bei Sacy II, S. 603, verstehen die Drusen unter diesem Namen, der eigentlich die Bewohner von Zanguebar bezeichnet, die Feinde der unitarischen (d. h. ihrer) Religion. Vgl. Herbelot, Bibl. orient. s. v. Zeng', und oben S. 101 u. 105.

**) Nowaïri nennt diesen Sohn nicht bei Namen. Es muss aber wohl Hoseïn ben Ahmed gewesen seyn, oder, wenn man sich an gewisse Genealogien hält, Muhammed ben Ahmed, Vater des Hoseïn. Es ist aber glaublicher, dass hier von Hoseïn die Rede ist, sey es nun, dass man ihn als Sohn oder als Enkel Ahmed's ansehe; denn Bibars sagt, dass Hoseïn, nach Salamia gekommen, dort die Schätze gefunden, welche sein Grossvater Abdallah daselbst aufgehäuft habe, dass er sich selbst die Titel eines Wasi, d. i. Bevollmächtigten, und des Sahib alamr, d. i. Herrn der Sache, gegeben, was ja die Namen des Imam sich aneignen heisst. Die Daï's von Jemen correspondirten mit ihm. In der Folge erhielt dieser Sohn Kaddah's den Namen Sahib alnakat, d. i. Herr der Kameelstute, weil er eine solche ritt, wenn er in die Schlacht ging. (Sacy.)

ist, antwortete ihm Abdan: Muhammed, der Sohn Ismaëls des Sohnes
Dschafar's, der Herr des Jahrhunderts, welchem zu gehorchen euer
Vater di e Menschen aufforderte und dessen Hoddscha er war. Ueber
diese Antwort gab der Sohn des Verstorbenen seine Unzufriedenheit
zu erkennen und sagte zu Abdan: „Muhammed, der Sohn Ismaëls,
hat in all diesem kein Recht, es hat keinen andern Imam gegeben,
als meinen Vater, der von Maimun, dem Sohne des Daïsan, abstammte, und jetzt behaupte ich seinen Platz." Aus diesen Worten
ersah Abdan, was an der Sache war; er unterrichtete sich gründ-
lich von der Wahrheit und erkannte, dass alle jene Dinge nicht zu
Gunsten Muhammed's, des Sohnes Ismaël's, geschahen, sondern dass
das nur ein Kunstgriff war, dessen man sich bediente, um die Menschen zu verführen, und dass jener Verführer nicht von Akil, dem
Sohne des Abu Taleb *), abstammte.

Abdan, zu Karmat zurückgekehrt, erstattete diesem Bericht über
alles, was er erfahren hatte, und erhielt sofort von ihm den Befehl,
die Daï's alle zu versammeln, ihnen seine Entdeckungen mitzutheilen
und ihnen die weitere Verbreitung jener Lehre zu untersagen. Abdan vollzog diesen Befehl und die Verkündigung [dass Muhammed,
der Sohn Ismaël's, der rechte Imam sey] wurde in dem von ihnen
abhängigen Lande eingestellt, aber sie konnten deren Einstellung
nicht auch in den andern Ländern, wo sie sich verbreitet hatte,
bewirken. Die Daï's Karmat's brachen von diesem Zeitpuncte an
alle Correspondenz mit denen von Salamia ab.

Indessen hatte einer der Söhne Kaddah's (d. h. des Abdallah
oder des Ahmed seines Sohnes, denn Kaddah scheint der Beiname
jener Familie von Maimun an gewesen zu seyn), welcher abgeschickt
worden war, um in Talekan seinen Sitz aufzuschlagen, woselbst es
Daï's gab, bei Karmat logirt, als er auf dem Wege nach Talekan
über Sowad kam. Nach einem langen Aufenthalte zu Talekan kam
derselbe den Karmat zu besuchen. Karmat war aber damals nach
Calwadha abgegangen. Der Sohn Kaddah's begab sich daher nach
Calwadha, aber daselbst angekommen, erfuhr er, dass Karmat bereits
diesen Ort wieder verlassen habe, ohne dass man ihm sagen konnte,

---

*) Wie Nowaïri, so sagt auch Bibars, dass Ahmed, Sohn Abdal-
lah's, sich für einen Nachkommen Akil's, des Lieblingssohnes des Abu
Taleb, ausgab. (Sacy.)

wohin er von da gegangen. Von dieser Zeit an hörte man nicht mehr von Karmat sprechen und man hat nie Kenntniss von seinem Tode, oder von dem, was ihm begegnet, erhalten.

Da aber der Sohn Kaddah's den Karmat nicht hatte auffinden können, kam er nach dem Sowad von Kufa zurück, wo er in dem Hause des Abdan abstieg. Er machte sofort demselben sowie den andern Daï's Vorwürfe darüber, dass sie die Correspondenz mit ihm abgebrochen hätten. Abdan erklärte ihm aber hierauf, dass sie die Verkündigung eingestellt hätten und dass sie für Verbreitung der Secte nichts mehr thun wollten; dass sein Vater sie getäuscht habe, indem er sie habe glauben machen, dass er von Akil, dem Sohne Abu Taleb's abstamme, und dass er die Völker zur Anerkennung des Mehdi berufe. „Wir," fügte er bei, „handelten diesem gemäss; aber sowie wir erkannt haben, dass jenes alles ohne Grund war, dass euer Vater von der Familie Maimun's, des Sohnes Daïsan's, und dass er selber der Herr der Sache, d. h. der Mehdi, sey, da haben wir Gott um Verzeihung für das von uns gethane Uebel gebeten. Es ist genug, dass euer Vater uns der Untreue [wider den Propheten] schuldig gemacht hat. Ihr sollet uns nicht aufs Neue dazu verleiten, darum entfernt euch von hier und kehret nach Hause zurück."

Abdan sprach dergestalt zu dem Sohne Kaddah's, weil er wirklich in aller Aufrichtigkeit der Lehre der Secte entsagt hatte. Als dieser aber sah, dass von Abdan nichts mehr zu hoffen sey, suchte er den Zacruja, den Sohn des Mahruja auf, unterrichtete diesen von dem ganzen Benehmen Abdan's und von der Antwort, die er von ihm erhalten. Zacruja nahm ihn so gut auf, als er es nur hatte wünschen können, und sie kamen darin überein, dass der Sohn Kaddah's den Zacruja als Daï aufstellen und dass dieser ihn als Oberhaupt an seines Vaters Stelle anerkennen sollte, sowie dass die Sammlung der Beisteuern und die Werbungen für ihn geschehen sollten. Zacruja meinte aber, dass ihr Thun ohne Erfolg bleiben werde, so lange Abdan am Leben sey, weil Abdan der oberste Daï des ganzen Landes war, weil alle andern Daï's von ihm ihre Macht erhielten und weil alle Anhänger der Secte unter seiner Hand waren, so dass er, Zacruja, nur über diejenigen verfügen könnte, welche in seinen eigenen District gehörten. Sie beschlossen in Folge hiervon, den Abdan aus dem Leben zu schaffen. Zacruja liess nun eine grosse Anzahl der ihm Nahestehenden und derer, zu denen er am

meisten Vertrauen hatte, zusammenkommen; er berief sie vor den
Sohn Kaddah's und sagte ihnen, dass der Hoddscha todt und dass
das da sein Sohn wäre, der seinen Platz nun einnehme. Die Versammelten bezeugten ihm die grösste Achtung und sprachen zu ihm:
„Befehlet über uns was euch gefällt." Er befahl ihnen, den Abdan
umzubringen, indem er erklärte, dass derselbe ein Rebell und Abtrünniger sey. Und schon die folgende Nacht gingen diese Leute
zu Abdan und tödteten ihn. Nun war aber Zacruja von Abdan abhängig und Abdan war es, der ihm das Amt eines Daï übertragen
hatte. Als daher das Gerücht sich verbreitet hatte, dass Zacruja
den Abdan habe umbringen lassen, so suchten ihn die Daï's und
die Karmaten auf, um ihn zu tödten. Zacruja hatte sich aber, da
er seinen Plan misslungen sah, versteckt und er sprach zu dem
Sohne Kaddah's: „Ihr sehet, wie die Sachen sich gewendet haben.
Ich kann nicht gut stehen weder für eure Sicherheit noch für die
meinige; kehret daher in euer Land zurück und lasset mich. Ich
hoffe, dass die Sachen sich ändern werden, dass ich mich werde
der Geister bemächtigen und dass ich euch den Gehorsam der Völker werde verschaffen können; wenn mir solches gelingt, werde ich
es euch alsbald wissen lassen, dass ihr dann bei mir euch einfin-
det." Der Sohn Kaddah's kehrte auf dieses hin nach Talekan zurück und Zacruja hielt sich immer verborgen, indem er von Dorf
zu Dorf ging. Dies geschah im Jahr 286. Indessen suchten die
Karmaten immer nach ihm und die Anhänger Abdan's passten ihm
beständig auf. Er hatte sich eine unterirdische Zufluchtsstätte bereitet von der Art der unterirdischen Sklavenkerker, die man Mata-
more nennt, an deren Eingang ein Stein war. Als er einmal in
ein Dorf kam, wo Leute waren, die ihn suchten, rettete ihn eine
Frau, die in demselben Hause wohnte; sie nahm nämlich einen
tragbaren Ofen und stellte ihn neben den Stein [der vor dem Keller
war, in dem er sich befand], hierauf zündete sie ein Feuer an und
that, als ob sie Brod backen wollte; so wurde seine Zufluchtsstätte
nicht entdeckt. Also musste er sich verbergen während der Jahre
286 u. 287. Wie er nun sah, dass alle Einwohner von Sowad,
die von seinem eigenen Districte ausgenommen, ihn verlassen hatten,
schickte er im Jahr 288 seinen Sohn Hasan nach Syrien, mit einem
andern Karmaten, Namens Hasan ben Ahmed, mit dem Beinamen
Abulhoseïn, und befahl ihnen, ihre Lehre unter den arabischen

Stämmen der Benu-Kelb auszubreiten und sie einzuladen, als Imam einen der Nachkommen Muhammed's, des Sohnes Ismael's, anzuerkennen. Sie fanden unter diesen Arabern bald eine grosse Anzahl Schüler, die sich ihnen unterwarfen. Man nannte dieselben *Fatimiten.* Unterdessen wurde der Sohn Kaddah's, der nach Talekan zurückgekehrt war, wegen des Stillschweigens des Zacruja ungeduldig, und nachdem er demselben mehreremal geschrieben, ob er noch nicht zu ihm kommen dürfe, Zacruja aber ihm immer geantwortet hatte, dass er noch warten solle, reiste er ab, um nach Irak sich zu begeben. In Sowad angelangt, suchte er die Zufluchtsstätte des Zacruja auf und war so geschickt, dieselbe zu entdecken. Dieser unterrichtete ihn nun über den guten Erfolg, den seine Abgesandten in Syrien errungen hatten, was ihm sofort das Verlangen einflösste, sich dahin zu begeben, um sich daselbst als Imam anerkennen zu lassen. Zacruja billigte seinen Plan und gab ihm einen seiner Neffen mit, Namens Isa ben Mahuja, oder vielmehr, persisch ausgesprochen, Mahwaïh d. h. Mondgleich, der den Beinamen Modatthar hatte, und einen andern jungen Anverwandlen, der den Beinamen Motawwak führte und welcher Waffenschmied war (vgl. S. 107 f.). Er gab ihnen aber an seinen Sohn Hasan in Syrien ein Schreiben mit, in welchem er demselben die Ankunft des Hoddscha ankündigte und Gehorsam gegen denselben befahl. Als der Sohn Kaddah's bei den Arabern des Stammes Benu-Kelb angekommen war, stellte sich ihm Hasan alsbald vor und bezeugte ihm viele Freude über seine Ankunft, versammelte auch sofort seine Anhänger und sagte zu ihnen: „Hier sehet ihr den Genossen des Imam." Dieselben waren entzückt ihn zu sehen, und versprachen, ihm zu gehorchen. Er gab ihnen dann sofort den Befehl, sich zum Kriege zu rüsten, indem er sie versicherte, dass der Sieg ihrer warte. Dieses fiel im Jahr 289 vor. Die Folgen dieses Kriegs waren für den Sohn Kaddah's unheilbringend, denn er wurde in einer Schlacht bei Damascus getödtet und seine Truppen wurden zerstreut *). Nowaïri bemerkt, dass dieser Karmatenfürst goldene und silberne Münzen habe schlagen

---

*) Dieser Karmatenfürst, Sahib alnakat zubenannt, ist ohne Zweifel derselbe, den Abulfeda Jahja nennt und von dem er sagt, dass er unter den Karmaten den Namen „der Scheikh" geführt habe. S. Abulf. Annal. musl. II. p. 291. (Sacy.)

lassen, mit der Aufschrift, auf der einen Seite: „Sprich: die Wahrheit ist gekommen und die Lüge ist verschwunden" (Sur. 17, Vs. 83); und auf der andern Seite: „Es gibt keinen andern Gott als Gott; sprich: Ich verlange von euch hierfür keine andere Belohnung ausser die Zuneigung zu der Verwandtschaft" (Sur. 42, Vs. 22).

Nach dem Tode des Sohnes Kaddah's stellte sich Hasan, der Sohn Zacruja's selbst an die Spitze der Karmaten. Er liess sich Ahmed nennen und erhielt den Beinamen Abulabbas. Von Andern dieses Namens unterschied man ihn durch den Spitznamen Sahib-alschama, d. h. Fleckenherr, den man ihm wegen eines kleinen Fleckens gab, den er im Gesicht hatte *). Muhammed, Sohn Soleiman's, Catib zubenannt, erfocht einen wichtigen Sieg über Hasan Sahib-alschama und über seine Karmaten. Als Hasan sah, dass er ihnen keinen Muth mehr einflössen konnte, ergriff er die Flucht unter dem Vorwande, dass er sich nach Bagdad begeben wolle, wo er eine mächtige Partei habe; vorher aber ernannte er einen gewissen Abulhosein Kasem ben Ahmed zu seinem Stellvertreter, dem er Verhaltungsmaasregeln zu schreiben versprach. Er wurde aber auf dieser seiner Flucht mit seinen Begleitern, dem Modatthar, Neffen des Zacruja, und dem Motawwak ergriffen und musste mit denselben seine Verbrechen durch einen qualvollen Tod büssen.

Das tragische Ende dieser Häupter der Karmaten und einige andere Beispiele von Strenge gegen ihre Mitglieder hielten einige Zeit die Araber, welche ihre Partei ergriffen hatten, im Zaum. Sie wohnten in Ruhe zu Samawa, als sie einen Brief von Zacruja erhielten, der ihre Hoffnungen aufs neue belebte. Er sagte ihnen nämlich in diesem Briefe, dass er durch eine höhere Offenbarung erfahren habe, dass Sahib-alschama und sein Bruder **) getödtet worden und dass nach ihrem Tode sein Imam, der am Leben sey, erscheinen und triumphiren würde. Die Sache verhielt sich aber so: Kasem ben Ahmed, mit dem Beinamen Abulhosein, welchen Hasan, der Sohn Zacruja's, als er die Flucht ergriff, als seinen Stellvertreter in Sa-

---

*) Nach Abulfeda nannte er sich Hoseïn, war Bruder von Jachja, liess sich als den Mehdi anerkennen und erklärte den Modatthar, Sohn Jachja's, zu seinem Nachfolger. (Vgl. S. 107 f.)

**) Das heisst sein Geschwisterkind, Isa ben Mahuja mit dem Beinamen Modatthar.

lamia zurückgelassen hatte, begab sich, als er die verzweifelte Lage
der Angelegenheiten der Karmaten sah, nach Sowad, unterrichtete
den Zacruja über die Stellung derjenigen Karmaten, über welche
sein Sohn ihm die Herrschaft überlassen, und sagte ihm, dass die
Flucht Hasan's Unruhen unter ihnen erregt und dass er für seine
Person schlimme Folgen hiervon befürchtend, es für angemessen gehalten habe, sie zu verlassen. Zacruja war aber mit diesem seinem
Benehmen ganz und gar unzufrieden und gab ihm namentlich darüber
seine Missbilligung zu erkennen, dass er, ohne ihn zuvor davon in
Kenntniss gesetzt zu haben, zu ihm gekommen, der da einerseits
durch die Nachstellungen der Regierung und andererseits durch die
der Anhänger Abdan's, welche ihm den Tod dieses Daï zuschrieben,
fortwährend beunruhigt sey. Zacruja schickte hierauf, an die Stelle
dieses Kasem einen seiner Schüler, Namens Mohammed ben Abdallah,
ben Saïd, mit dem Beinamen Abu Ganem, nach Syrien. Dieser Mann,
der früher Schullehrer war, begab sich nach Syrien im Jahr 293
und gab sich den Namen Nasir.

Nasir machte anfangs gute Geschäfte in Syrien, nachher aber
wendete sich die Sache und er wurde getödtet. Als Zacruja solches
erfahren, schickte er wieder den vorhin erwähnten Kasem nach Syrien, auf dass er die Trümmer seiner Partei dort sammelte. Kasem
that solches und begab sich sodann mit denselben nach Kufa. Als
er aber von da nach Alderna, einem an dem Flusse Ziad in Sowad
gelegenen Dorfe gekommen war, verband sich Zacruja, der in diesem Dorfe sich versteckt gehalten, mit ihm. Dies geschah in demselben Jahr 293. Kasem stellte den aus seinem Schlupfwinkel nun
hervorgetretenen Zacruja seinen Truppen mit den Worten vor: „Das
ist euer Meister, euer Herr, euer Patron, den ihr erwartet!“ Auf
diese Worte hin stiegen sie alle vom Pferde und warfen sich auf
die Erde nieder. Man errichtete ihm ein grosses Zelt, um welches
herum sie Processionen anstellten mit grosser Freude. Und nun
stellten sich auch alle seine Anhänger, die er in Sowad hatte, bei
ihm ein, so dass er sich an der Spitze eines zahlreichen Heeres sah.

Im Jahr 294 griff Zacruja, an der Spitze seiner Karmaten, die
Karawanen von Mekka an, beraubte sie und machte zwanzigtausend
Pilger nieder. Der Khalife schickte eine Armee gegen ihn. Die
Karmaten wurden geschlagen und Zacruja selbst gefangen genommen.
Er sollte an den Khalifen geschickt werden, aber er starb unterwegs

an den Folgen seiner Wunden. Sein Haupt wurde nach Bagdad gebracht. Die Partei des Zacruja war durch seinen Tod nicht ganz und gar erloschen, aber seine Anhänger spalteten sich und einige behaupteten, dass Zacruja nicht gestorben sey.

Im Jahr 295 gründete ein neuer Verführer, Namens Abu Khatem, eine besondere Secte unter einem Theile der Karmaten in Sowad, welche man von dem Namen ihres Daï, Burani, die *Buraniten* nannte. Abu Khatem untersagte seinen Schülern den Genuss von Knoblauch, Lauch und Rüben, verbot ihnen, das Blut irgend eines Thieres zu vergiessen, hiess sie alle religiösen Gebräuche aufgeben und schrieb ihnen viele Dinge vor, welche nur von Narren und Blödsinnigen beobachtet werden konnten. Diese Art von Karmaten wurden die *Nakaliten* genannt. Nach Verfluss eines Jahres war von diesem Abu Khatem keine Rede mehr.

Ein *anderer Zweig* der Karmaten hatte seinen Wohnsitz in dem Theile Arabiens, der an den persischen Meerbusen gränzt, und dieser brachte dem Islam noch empfindlichere Schläge bei als die Karmaten von Sewad. Dieser andere Zweig der Karmaten verdankte seine Entstehung oder wenigstens sein Emporkommen und Gedeihen dem *Abu Saïd Hasan, ben Behram*, mit dem Beinamen *Dschenabi*. Abu Saïd war persischer Abkunft und seines Handwerks ein Kürschner. — Vernehmen wir, wie Ebn Atsir bei Nowaïri die Anfänge der Secte der Karmaten von Bahreïn erzählt.

Im Jahr 281 kam ein Mann, Namens Jachja, Sohn des Mehdi[*]), nach Elkalif und nahm seine Wohnung bei einem Schiiten aus der Classe der Ultra-Schiiten, welcher sich Ali ben Mali ben Hamdan nannte. Er sagte ihm, dass er von dem Mehdi zu den Schiiten gesandt sey, um sie zu seiner Anerkennung einzuladen und ihnen zu verkündigen, dass sein Erscheinen nahe bevorstehe. Ali ben Mali versammelte die Schiiten von Elkatif und zeigte ihnen den Brief, welchen Jachja, Sohn des Mehdi, ihm für sie übergeben hatte. Sie versicherten ihn ihrer Unterwürfigkeit und versprachen ihm, die Waffen für ihn zu ergreifen, wenn er erscheinen würde. Dieselben Unterwürfigkeitsbezeugungen und Versprechungen machten ihm alle Einwohner der Ortschaften in Bahreïn. Abu Saïd Dschenabi war

---

[*]) Vermuthlich ist das derselbe, der sonst Sahib alnakat und „der Scheikh" genannt wurde. [S. die Anm. S. 124.] (Sacy.)

einer von diesen Proselyten. Jachja, Sohn des Mehdi, entfernte sich
nun und erschien einige Zeit später wieder, indem er, wie er
sagte, einen von dem Mehdi an seine Schiiten gerichteten Brief
brachte, in welchem geschrieben stand: „Mein Abgesandter Jachja,
Sohn des Mehdi, hat mich von eurer Ergebenheit in Kenntniss gesetzt; ein Jeder von euch bezahle ihm daher sechs Goldstücke und
zwei Drittel." Sie thaten es. Jachja aber entfernte sich nun wieder und kam hierauf mit einem neuen Briefe zurück, in welchem
ihnen der fünfte Theil aller ihrer Güter abgefordert wurde. Auch
hierzu zeigten sie sich bereit. Man sagt, fügt Ebn Atsir bei,
Abu Said Dschenabi habe dem Jachja, als er bei ihm eingekehrt,
zu essen gegeben und dann, als er aus seinem Hause ging, seiner
Frau geheissen ihn aufzusuchen und ihm nichts zu versagen, was
er von ihr verlangen würde. Als aber dem Statthalter diese Sache
zu Ohren gekommen, liess er den Jachja schlagen und ihm die
Haare und den Bart abscheeren. Abu Said aber floh nach Dschenaba und Jachja begab sich zu den arabischen Stämmen Kelab,
Okaïl und Hares, die sich seinem Willen unterwarfen und die Partei
des Abu Said ergriffen, welcher sich bald an der Spitze einer beträchtlichen Streitmacht sah und im Jahr 286 in Bahrein zu erscheinen anfing.

Es scheint, dass Abu Said bereits vor der Ankunft des Jachja
zu Elkatif Kenntniss von der ismaëlitischen Lehre hatte, sey es,
dass er sie von Einwohnern Sowad's, auf einer Reise, die er in
die Gegend von Kufa gemacht hatte, erhalten, oder dass er daselbst
von Hamdan Karmat selbst in dieselbe eingeweiht und von diesem
schon zum Daï in Elkatif bestellt worden. Nowaïri berichtet diese
beiden Meinungen; die letztere ist wahrscheinlicher, denn da die
Schüler Abu Said's unter dem Namen der Karmaten bekannt geworden sind, so ist anzunehmen, dass Abu Said von Hamdan Karmat
selbst seine Sendung erhalten. Er nahm seinen Wohnsitz zu Elkatif,
das damals eine sehr ansehnliche Stadt war, und betrieb daselbst
einen Mehlhandel mit einer unantastbaren Rechtschaffenheit, während
er zu gleicher Zeit sich mit der Verbreitung seiner Lehre beschäftigte. Er gewann bald eine grosse Anzahl Proselyten, von denen die
meisten Fleischer, Lastträger und andere gemeine Leute waren.

Der Scherif Abulhasan erzählt, Abu Said habe während seines
Aufenthaltes in Elkatif erfahren, dass in diesem Lande bereits ein

anderer, vor ihm von Abdan abgesandter Daï, Namens Abu Zacaria Samami, sey, und er habe dann, von Eifersucht getrieben, sich der Person desselben bemächtigt, ihn in ein Haus eingeschlossen und ihn daselbst Hungers sterben lassen. Diese That habe ihm aber auch den Hass der Schüler des Daï Abu Zacaria zugezogen.

Nichts, bemerkt Nowaïri, war den Plänen des Abu Saïd günstiger, als die Natur der Völker, unter welchen er sein Wesen trieb. Er fand nämlich unter ihnen eine zahlreiche Classe roher, unwissender, Krieg gewohnter, aller Kenntniss der Religionsgesetze entbehrender Menschen, daher er schnell grosse Erfolge finden konnte, ohne auf irgend einen Widerstand zu stossen. Die Proselyten, die er daselbst gewann, halfen ihm bald die benachbarten Landschaften sich unterwürfig machen. Die Strenge, mit welcher er die Oerter behandelte, welche ihm einigen Widerstand geleistet hatten, indem er sie der Plünderung preisgab und alle ihre Einwohner über die Klinge springen liess, verbreitete einen solchen Schrecken in allen benachbarten Gegenden, dass die Einwohner entweder gleich sich ihm unterwarfen oder ihr Vaterland verliessen. Nachdem Abu Saïd seine Residenz in Lahsa aufgeschlagen hatte, unternahm er die Belagerung von Hadschar, der Hauptstadt von Bahreïn, das nur zwei Meilen von Lahsa entfernt ist und welches der Sitz des Fürsten, sowie der aller Kaufleute und anderer ansehnlicher Leute des Landes war. Die Belagerung dieses Platzes dauerte gegen zwei Jahre und kostete ihn viele Leute; während dieser Zeit verstärkte sich aber seine Partei alle Tage durch Hinzukommen verschiedener arabischer Stämme. Endlich wurde er Herr der Stadt, indem er ihnen das nöthige Wasser abschnitt. Als die Belagerten sahen, dass ihr Untergang gewiss war, retteten sich die Einen gegen das Meer hin und begaben sich auf die Inseln Adal *), Siraf und andere; die Andern nahmen die Lehre des Abu Saïd an und schlossen sich an ihn an; Viele aber, welche weder haben fliehen noch seine Religion annehmen wollen, wurden niedergemacht. Die Stadt wurde geplündert

---

*) Herr von Slane (im Journal asiat. Juillet 1838) will anstatt Adal lesen: Awal, denn, sagt er, die Insel Awal, im persischen Meerbusen gelegen, ist sehr bekannt, während Adal das nicht ist; auch berichtet der Geograph Ibn Saïd (gestorben im Jahr 673 d. H.), dass es dort noch zu seiner Zeit Karmaten gegeben habe.

und zerstört, und in Folge der Zerstörung Hadschars wurde Lahsa die Hauptstadt von Bahreïn.

Abu Saïd versuchte hierauf die Eroberung von Oman, aber er entsagte diesem Plane, als eine Abtheilung von sechshundert Mann, welche er dahin geschickt hatte, von der Bevölkerung Omans nie-dergemacht worden war. Die sechs Mann aber von dieser Abthei-lung, welche dem Tode entgangen waren, liess Abu Saïd hinrichten, indem er sagte, dass sie ihr Versprechen nicht erfüllt und ihren Genossen nicht beigestanden haben.

Abu Saïd, der über die gegen ihn gesandten Armeen des Kha-lifen Motadhed-billah verschiedene Vortheile gewann, wurde im Jahr 301 mit mehrern andern Karmatenhäuptlingen von einem seiner Eunuchen ermordet. An seine Stelle trat vorerst der eine seiner Söhne *Abulkasem Saïd*, aber nur so lange, bis ein anderer seiner Söhne, Abu Taher, den er als seinen Nachfolger bezeichnet hatte, im Stande war, die Regierung selber zu übernehmen. Es geschah im Jahr 305, dass *Abu Taher Soleïman* die Zügel der Regierung ergriff.

Abu Taher ist in der Geschichte der Moslimen berüchtigt durch die Uebel, welche er dem Reiche und der Religion brachte. Im Jahr 311 bemächtigte er sich der Stadt Bassra. Im folgenden Jahre plünderte er die Mekka-Karawane und eroberte Kufa, das er wieder verliess, sobald er alle Gegenstände von einigem Werthe daraus weggebracht hatte. Im Jahr 315 erschien Abu Taher aufs Neue in Kufa und in Irak; er trug einen bedeutenden Sieg über die Truppen des Khalifen davon und verbreitete Schrecken bis nach Bagdad. Im Jahr 317 geschah durch die Karmaten Abu Taher's die Einnahme von Mekka; die von den Moslimen als heilig verehrten Orte wurden entweiht und mit dem Blute der Pilger bespritzt und der schwarze Stein hinweggenommen.

Abu Taher starb an den Masern im Jahr 332, wie auch sein Bruder Abu Mansur Ahmed. Ihre beiden andern Brüder, Abulkasem Saïd, welches der ältere war, und Abulabbas, wurden ihre Nach-folger. Unter ihrer Regierung geschah es, dass der schwarze Stein von den Karmaten wieder nach Mekka gebracht wurde. Veranlassung hierzu gab ein Brief Obeïdallah's, des ersten Khalifen aus der Dyna-stie der Fatimiten, an den Häuptling der Karmaten. Dieser Brief lautete also: „Ihr habt, schrieb er, die Vorwürfe, welche man uns macht, gerechtfertigt, ihr habt öffentlich unsere Macht verdächtigt, als ob sie den Unglauben und die Häresie begünstige. Wenn ihr den Mekkanern nicht wieder zurückstellt, was ihr ihnen genommen habt, wenn ihr den schwarzen Stein nicht wieder an seine Stelle bringet und wenn ihr die Decke der Kaaba nicht zurückgebet, so habe ich mit euch nichts mehr zu thun, weder in dieser noch in der andern Welt." Dieser Brief that seine Wirkung [*]). Hamsa bei Abulfeda (Annal. musl. II, S. 752) bemerkt, Abu Taher habe den Obeïdallah als sein Oberhaupt anerkannt und die Khotba in seinem Namen verrichten (d. h. für ihn in den Moscheen beten) lassen; da er aber für seine Unterwürfigkeit nicht nach Hoffen sey belohnt worden, habe er später aufgehört, die Oberherrschaft Obeïdallah's anzuerkennen.

Im Jahr 358 trat *Sabur*, Sohn Abu Taher's, mit Ansprüchen auf die Herrschaft seiner Onkel auf, wurde aber in ein Gefängniss geworfen, wo er starb (Abulf. a. a. O. S. 505).

Im Jahr 360 kam *Hasan*, Sohn des Abu Mansur Ahmed und Enkel des Abu Saïd Dschenabi, an den die Herrschaft über die Karmaten Hadschars übergegangen war, nach Kufa, in der Absicht, seine Waffen nach Syrien zu tragen. Vernehmen wir, was zu diesem neuen Einfall der Karmaten Veranlassung gegeben.

Unter der Dynastie der Ikhschiden (Akhschiden) war den Karmaten unter dem Namen eines Vergleichs eine jährliche, bei der Finanzkammer von Damascus zu erhebende Contribution von dreimalhunderttausend Goldstücken zugesagt worden. Als nun der fatimiti-

---

[*]) Herr v. Slane macht hierzu a. a. O. folgende Bemerkung: „Wir gestehen, dass, obwohl wir die Aechtheit dieses Briefes anerkennen, wir die Meinung Ibn Challikan's theilen, welcher läugnet, dass dieser Brief die Karmaten veranlasst habe, den schwarzen Stein den Mekkanern zurückzugeben; denn die Plünderung Mekka's hatte Statt im Jahr 317 d. H.; der Mehdi starb im Jahr 322, und der schwarze Stein wurde erst im Jahr 339, also 17 Jahre nach dem Tode Obeïdallah's, an seine alte Stelle zurückgebracht. Deshalb scheint uns, dass jener Brief nicht die von Obeïdallah erwartete Wirkung gethan und dass er nicht die Veranlassung zu der Zurückführung des heiligen Steins gegeben hat. Die von Reiske citirte Conjectur Elmakin's gibt einen, wohl glaublichen, Grund der verspäteten Zurückführung desselben an. S. Abulf. Annal. II, S. 768.

9 *

sche Khalife Moëzz Herr von Aegypten geworden war, und Dschafar ben Fellah für ihn Syrien erobert hatte, hielten die Karmaten das für eine günstige Gelegenheit sich zu vergrössern. Hasan schritt daher bis Kufa vor und rückte, von Bakhtijar, einem Prinzen aus der Familie Bowaïh, welcher ihm die Waffen des Arsenals von Bagdad gab und viermalhundertausend von Abu Tagleb. ben Nasir eddaula ben Hamdan erhobene Goldstücke verschaffte, und von diesem Abu Tagleb selbst, welcher ihm nicht nur die angegebene Summe gern gab, sondern ihm auch noch Futter und Truppen lieferte, unterstützt, ins Feld. Dem Abu Tagleb war das eine erwünschte Gelegenheit, sich an Dschafar ben Fellah zu rächen, der an ihm einen Brief in beleidigendem und drohendem Tone gesandt hatte; dies war es, was ihn bestimmte, die Pläne des Karmatenfürsten zu begünstigen. Die Truppen der Ikschiden, welche, durch die Eroberung der Fatimiten aus Aegypten vertrieben, nach Syrien und Palästina zurückwichen, verstärkten die Armee des Hasan. Dieser Fürst, welcher von Kufa nach Rahba gegangen war, rückte bis Damascus vor und wurde Herr dieser Stadt. Von hier marschirte er gegen Aegypten, nachdem er noch andere Eroberungen in Syrien und Palästina gemacht hatte. Für einen Augenblick die Ausführung seiner Pläne unterbrechend, kehrte er nach Lahsa zurück, aber er kam bald wieder nach Syrien und Palästina und rüstete sich nun zum Einfall in Aegypten. Er rüstete eine Flotte aus, mit welcher er den Nil hinauffuhr, und machte sich an die Belagerung der Hauptstadt Aegyptens, welche durch einen Graben geschützt war. Es fielen mehrere Gefechte zwischen den Karmaten und den ägyptischen Truppen vor, welche ein gewisser Dschauhar befehligte und welche hinter dem Graben verschanzt waren. Dschauhar, den diese lebhaften und wiederholten Angriffe sehr beunruhigten, schrieb in einem sehr dringenden Tone an seinen Herrn, Moëzz, der noch in Kaïrowan war, dass er doch selber nach Aegypten kommen möchte. Moëzz gab seiner dringenden Aufforderung Gehör und kam nach Aegypten im Jahr 362. Von hier aus schickte er einen Brief an Hasan, in welchem er ihm vorstellte, dass, da die Lehre, zu welcher er sich bekenne, von der der Karmaten nicht verschieden sey, sie in gutem Einverständniss mit einander leben sollten. Hasan, der ihm auf diesen Brief sehr kurz geantwortet hatte, drang in Aegypten ein und rückte bis Aïn-schems vor. Er liess überall bis nach Saïd hin

Contributionen erheben, belagerte Kaïro und bemächtigte sich des Grabens. Der Untergang des Moëzz war gewiss., wenn es ihm nicht gelungen wäre, den Hasan Mofarradsch ben Dscherrah, dessen Truppen einen grossen Theil der Streitmacht des Hasan ausmachten, zu verführen. Der Preis dieses Verraths ward auf hunderttausend Goldstücke festgesetzt. Da aber Moëzz diese Summe viel zu bedeutend fand., liess er Kupferstücke verfertigen, welche man vergoldete; man that sie in Säcke und bei jedem Sacke legte man obenan einige gute Goldstücke, um die falschen, die unten waren, zu verdecken; man band die Säcke zu und übergab sie dem Mofarradsch, nachdem man ihm die feierlichsten Versprechungen abgenommen, dem mit ihm getroffenen Uebereinkommen treu seyn zu wollen. So geschah es denn, dass bei dem nächsten Treffen zwischen den Karmaten und den Aegyptiern, wo es am hitzigsten war, jener Verräther mit all den Seinigen sich aus dem Gedränge zurückzog. Diese Desertion verursachte die Niederlage des Hasan, der sich genöthigt sah, die Flucht zu ergreifen, im Jahr 363. Als Damascus hierauf von den Truppen des Moëzz wieder genommen worden war, empörten sich die Einwohner im Jahr 364 und riefen die Karmaten zu Hülfe. Asis, der Nachfolger des Moëzz, zog aber gegen dieselben und schlug sie bei Ramla. Hasan starb zu Ramla im Jahr 366. Sein Nachfolger war Dschafar, einer seiner Vettern. Abulfeda (Annal. musl. II, S. 535) berichtet, dass in demselben Jahre noch ein anderer Karmate von Bedeutung gestorben sey, nämlich Jusuf ben Hasan, und dass nach dessen Tode die Karmaten von sechs Verwaltern regiert worden seyen, welche den Titel „Seïd" führten. Zwei dieser Seïd, Namens Dschafar und Ishak, nahmen Kufa im Jahr 375, aber sie wurden von den Truppen des Samsam-eddaula geschlagen und genöthigt Kufa zu räumen. Von dieser Zeit an hörte man von den Karmaten in Irak und Syrien nicht mehr sprechen.

Im Jahr 378 sammelte ein Araber, Namens Asfar, grosse Streitkräfte und es fiel zwischen seiner Armee und der der Karmaten ein Treffen vor, in welchem die letztern geschlagen wurden und ihr Oberhaupt das Leben verlor. Asfar rückte gegen Lahsa vor, wo die Karmaten sich einschlossen und befestigten. Dann zog er gegen die Stadt Elkatif, bemächtigte sich derselben, nahm alles Gepäck, die Sklaven und das Vieh der Karmaten daselbst hinweg und zog sich hierauf nach Bassra zurück. Dieser Verlust zerstörte die Macht

der Karmaten, von welchen in der Geschichte von nun an nicht
mehr die Rede war.

So Nowaïri. Man findet indess in den Büchern der Drusen
eine Stelle, aus welcher hervorzugehen scheint, dass die Karmaten
einen Einfall in Aegypten machten unter der Regierung des Hakem,
also später als 386 und vor 411 *). Diese Stelle lautet also:

„Abschrift des von Karmati bei seinem Kommen nach Aegypten
an unsern Herrn, den Hakem biamr allah, den Fürsten der Gläubigen
geschriebenen Brief. — Im Namen Gottes des Gnädigen und Barmherzigen!
Wir sind angekommen mit den Türken Khorasans, den Pferden Arabiens,
den Schwertern Indiens, den Panzern Davids, den Schilden Tibets,
den Lanzen Elkhatts. Wir marschiren leichten Schrittes. Ueberliefere
mir daher die Stadt und du sollst alle Sicherheit haben für deine
Person, deine Güter, dein ganzes Haus und deine Kinder. So ist es!"

Der Emir antwortete ihm: „Dass du von einem Marschiren leichten Schrittes sprichst, das ist ein Beweis deines wenigen Verstandes
und die Folge eines unwiderruflichen göttlichen Beschlusses, der geschrieben stehet in einem gewissen Buche. Denn wir haben aus
dem verborgenen Buche und der geheim gehaltenen Wissenschaft ersehen, dass unser Land werden soll ein Grab für eure Leiber und
dass wir erben sollen eure Reichthümer und Wohnungen. Wisse
also, dass das Unglück dich umgibt und dass der Tod dich treffen
wird. Du bist nicht aus eigenem Entschluss hierher gekommen, sondern Gott ist es, der dich hierher geführt hat, um an dir und deinen Begleitern seine wunderbare Macht zu zeigen. Ich danke Gott
für die mir erwiesene Gnade, über euch zu triumphiren, was nach
der achten Stunde des Montages geschehen wird, in jenem Augenblicke, wo keine Entschuldigung den Gottlosen wird etwas helfen
können. Die Verfluchung und der Aufenthalt an einem entsetzlichen
Orte werden euer Theil seyn. Heil aber wird einem Jeden, welcher der rechten Leitung folgt und die schrecklichen Folgen des
Verderbens fürchtet; einem Jeden, der da die Rache Gottes in dem
andern Leben und in diesem fürchtet. Er ist uns volle Genüge

---

*) Nach Hammer (Gemäldsaal III, S. 229) geschah dieser Einfall
unter Asis (Aziz), dem Vater Hakem's.

und wir haben bei ihm keines andern nöthig; er ist es auch, von
dem alle die (grossen) Verkündiger geredet haben." *)

Es ist, bemerkt hierzu Sacy, schwer, dieses Factum einer durch
einen Karmatenfürsten, man weiss nicht welchen, gegen Aegypten
unternommenen Expedition mit dem vollkommenen Stillschweigen der
Geschichtschreiber über ein solches Ereigniss zu vereinigen. Es wäre
möglich, meint Sacy, dass diese Briefe, wenn sie wirklich geschrieben worden, in die Regierungszeit des Moëzz oder in die seines
Sohnes Asis gehören, und dass denselben der Name Hakem's auf-
gedrückt worden in Folge jener Meinung der Ismaëliten, nach welcher sie glaubten, dass es immer eine und dieselbe Person, ein und
dasselbe göttliche Wesen sey, das sich zu verschiedenen Zeiten unter
verschiedenen menschlichen Gestalten offenbare. Nach dem Systeme
der Drusen fanden diese Offenbarungen in der Person des Hakem
ihren Schlusspunct, während die Ismaëliten die göttliche Natur auch
auf seine Nachfolger übergehen lassen. Sey dem nun wie ihm wolle,
in den Büchern der Drusen findet sich ein Beweis, dass die Karmaten von Lahsa im Jahr 429 noch von sechs Verwaltern, welche
den Titel Seid führten, regiert worden sind.

Im Bisherigen ist von der Verbreitung der Ismaëliten und Karmaten in Sowad, Irak, Syrien und Bahrein die Rede gewesen. Diese
Secte hatte sich aber auch nach Jemen und in Magreb verbreitet.
Der Anfang ihrer Verbreitung in den genannten Ländern fällt in die
Zeit, in welcher sie in Sowad durch Hosein Ahwazi, den Lehrer
des Hamdan Karmat, eingeführt wurde. Denn Ebn Hauscheb, der
erste nach Jemen gesandte Missionär, erhielt diese Mission von Ahmed, Sohn des Abdallah Kaddah. Sacy gibt die Geschichte dieses
Zweiges der Ismaëliten, des dritten Hauptzweiges, weil er in die

---

*) „Alle die (grossen) Verkündiger." Damit will er sagen, dass
alle Propheten und die Gründer aller Religionen bei ihren Verkündi-
gungen und Anordnungen nichts anderes im Auge gehabt haben als die
unitarische Religion und die Feststellung der unumschränkten Macht des
Mehdi und seiner Nachfolger, in welchen die Gottheit wohnt. Dies
findet man in jedem Augenblicke in der Lehre der Ismaëliten, sowie in
der der Drusen. Unter „dem andern und dem gegenwärtigen Leben"
ist zu verstehen die Epoche der Manifestation und des Triumphs der
unitarischen Religion und die Zeitalter, welche dieser Epoche vorangegangen sind. (Sacy.)

Geschichte der Dynastie der Fatimiten gehöre, in dem Leben Hakem's. Wir werden dieselbe, um Wiederholungen zu vermeiden, am Ende dieses Abschnitts (bei der übersichtlichen Darstellung des historischen Verlaufs der Ismaëliten und Karmaten) nachholen.

Gehen wir nun, nach der Erzählung der äussern Geschichte der Ismaëliten und Karmaten zu der *Darstellung ihrer Lehre* über. Auch hier ist Sacy's Einleitung unsere Hauptquelle, und wir glauben den Zweck der Erlangung einer soweit als möglich gründlichen Kenntniss dieser Lehre am besten zu erreichen, wenn wir die verschiedenen, bei Sacy über diese Lehre sich vorfindenden, da und dort zerstreuten Stellen in einer getreuen Uebersetzung zusammenstellen. In Betreff des Gründers oder vielmehr Vollenders der ismaëlitischen Lehre, des Abdallah, verweisen wir auf das oben S. 105 ff. Mitgetheilte.

Vernehmen wir zuvörderst, was Sacy S. LXXIV ff. nach Makrisi und Nowaïri *) über diese Lehre berichtet.

Nachdem ein Daï — so beginnt Sacy — die Aufmerksamkeit des zu machenden Proselyten durch eine verstellte und heuchlerische Frömmigkeit gefesselt hat, wendet er als *erstes* und *kräftigstes Mittel* ihn zu verführen dasjenige an, welches bei allen Ungläubigen, was für einer Religion sie angehören mögen, angewendet wird, und welches darin besteht, Fragen vorzulegen über dunkle Gegenstände, über den Sinn gewisser Stellen im Koran, über die geistige Bedeutung

---

*) Sacy bemerkt, dass diese beiden Schriftsteller wahrscheinlich aus einer und derselben Quelle geschöpft haben, da sie fast immer dieselben Ausdrücke gebrauchen, dass dabei aber Nowaïri manchmal etwas ausführlicher sey, weshalb er namentlich diesem folge. Nowaïri, bemerkt Sacy weiter, habe seinen ganzen Bericht aus einem Werke ausgezogen, dessen Titel nicht angegeben, als dessen Verfasser aber ein Scherif, Namens Abulhasan Mohammed ben Ali, mit dem Beinamen Akhu Mohsin, genannt sey. Jener Abulhasan sey ein Nachkomme Muhammed's des Sohnes Ismaël's, des Sohnes Dschafar's, und Nowaïri zähle zwischen ihm und Muhammed, dem Sohne Ismaël's, nur fünf Generationen, so dass man Grund habe zu glauben, dass er ein Zeitgenosse Obeïdallah's, des ersten fatimitischen Khalifen, gewesen, was, wenn man noch dazu nehme, dass er mit dem Zweige der Scherife, die von Muhammed dem Sohne Ismaël's abstammen, in engster Verbindung gestanden habe, zu der Annahme berechtige, dass er müsse wohlunterrichtet gewesen seyn. Endlich bemerkt Sacy, dass er diesen Schriftsteller sprechen lasse, indem er nur hier und da seine Reflexionen abkürze.

verschiedener Verordnungen des Gesetzes und über einige zur Physik
gehörende Dinge. Die Daï's wählen zum Gegenstand ihrer Unterre-
dungen Dinge, welche viel Dunkelheit und Ungewissheit enthalten,
und deren Kenntniss den Gelehrten von Auszeichnung vorbehalten
und nur solchen Männern eigen ist, deren erworbene oder natürliche
Einsicht derjenigen, welche der Daï selbst hat, gleichkommt. Wenn
der Daï in dem zu gewinnenden Proselyten einen Mann von Geist
oder einen wohlunterrichteten, an die Controverse gewöhnten Mann
findet, so erweist er sich ihm willfährig, bezeugt ihm alle Art von
Achtung und Rücksicht, stimmt allem bei, was er sagt, und insinuirt sich bei ihm, indem er sich selbst in allem dem, wovon er
glaubt, dass es diesem Manne gefallen könne, und in der Kenntniss
der Religion, zu welcher sich dieser bekennt, wohlunterrichtet stellt.
Er macht es kluger Weise so, aus Furcht, jener Mann möchte seine
Absichten sonst errathen und schlimme Gerüchte über ihn ausstreuen,
seine Kniffe und Kunstgriffe möchten entdeckt und so das Geheimniss seines Dienstes verrathen werden. Wenn dagegen der Daï es
mit einem leicht verführbaren Menschen, mit einem Menschen von
wenig und von ungebildetem Geiste zu thun hat, so richtet er Worte
an ihn, die geeignet sind, dessen ganze Aufmerksamkeit zu fesseln;
er sagt ihm nämlich, dass die Religion eine verborgene Wissenschaft
sey, dass die meisten Menschen sie verkennen oder nicht kennen,
dass, wenn die Moslimen wüssten, welchen Grad der Erkenntniss
Gott aus einer ganz besondern Gnade den Imamen mitgetheilt habe,
unter ihnen keine Verschiedenheit der Meinungen Statt finden würde.
Auf solche Worte hin bildet der, an den sie gerichtet sind, sich
alsbald ein, dass der Daï seltene und tiefe Kenntnisse besitze, und
es wird in ihm der Wunsch rege, zu erfahren, was die mysteriösen
Worte des Daï bedeuten. Dieser aber nimmt — sey es, dass er
mehrere Personen oder nur eine vor sich hat — zum Gegenstand
der Besprechung die Bedeutung gewisser Stellen des Koran, die
durch die Religion vorgeschriebenen Gebräuche, den buchstäblichen
und allegorischen Sinn von Koranversen und dergleichen andere
Dinge, an welchen ein wohlunterrichteter Moslim keinen Zweifel haben kann. Auf solche Weise bringt er seinen Zuhörern die Ueberzeugung bei, dass er einen hohen Schatz von Wissenschaft besitze,
welche den Gelehrigen von grossem Nutzen seyn könne. Hierauf
versichert er ihnen, dass an dem Unglück der Moslimen, an dem

Verderbniss ihres Glaubens, an der Entstehung so vieler verschiedenen Secten und an dem Aufkommen der Herrschaft der Leidenschaften, welche die Menschen irre geführt haben, nichts anderes Schuld gewesen als die Untreue, welche sie sich haben zu Schulden kommen lassen gegen die Imame, die ihnen gegeben worden, um über die Beobachtung ihrer Gesetze zu wachen, um diese Gesetze auf ihren wahren Gegenstand zurückzuführen und um den verborgenen Sinn und die innere Bedeutung derselben auf Erden zu bewahren. Da aber die Menschen der Leitung der Imame sich entzogen haben, haben sie über Alles mit ihrer eigenen Vernunft urtheilen und nichts annehmen wollen als was ihnen recht geschienen nach ihrem eigenen Urtheile, oder was sie von ihren Vorfahren und ihren Häuptern empfangen, von solchen Menschen, die sich sklavisch den Königen ergeben, aus Verlangen nach Gütern dieser Welt, welche zu jeder Zeit die Quelle der Sünde seyen, von Menschen, die da seyen wie die Armeen der Tyrannen und die Krieger der Sünder, die keine andern Wünsche haben als auf die vergängliche Welt bezügliche, und die nur darnach trachten, die Autorität zu erlangen über die Niedrigen, und dem Apostel Gottes durch Kunstgriffe das ihm angehörende Volk zu entreissen, sein Buch zu verderben, die auf Tradition gestützten Gesetze zu verändern, seine Nachkommen aus dem Leben zu schaffen, sein Gesetz zu verdrehen, die Menschen anders als wie er es gethan zu behandeln, endlich mit aller Halsstarrigkeit sich denjenigen zu widersetzen, welche ihm im Imamat gefolgt seyen. Daher sey es gekommen, dass diejenigen, welche die Lehre jener Leute angenommen, in eine Art von Betäubung und Tollheit gefallen und dass sie selber in eine Menge von Irrthümern verfallen seyen, indem sie und ihre Schüler denselben gefolgt. Hierauf sagen sie, indem sie den Ton weiser und gute Rathschläge gebender Männer annehmen, denjenigen, welche sie anhören, dass die Lehre der Religion Muhammed's nicht eine glänzende Lehre sey, geeignet, durch verführerische Aussendinge zu schmeicheln, oder den Leidenschaften der Menschen und den Neigungen der Sterblichen angemessen, dass sie nicht eine Lehre sey, welche jede Zunge leicht erklären könne oder deren Verständniss der grossen Menge offen stehe; sie sagen, dass die Religion im Gegentheil eine schwere, ja sehr schwere Sache sey, eine sehr mühsam zu tragende Last, eine abstruse und tiefe Wissenschaft; dass Gott sie mit allen seinen Schleiern verhüllt habe;

dass sie eine Sache von zu grosser Wichtigkeit sey, als dass sie
dem profanen Gebrauche der Schlechten überlassen werden könnte;
dass sie sey das verborgene Geheimniss Gottes und sein undurch-
dringliches Mysterium; dass nur ein Engel der ersten Classe, oder
ein mit einer göttlichen Mission beauftragter Prophet, oder endlich
ein treuer, erprobter Diener Gottes im Stande sey, die Last dieser
erhabenen Wissenschaft zu tragen. Sie sagen viele andere dergleichen Dinge. Mit all dem aber imponiren sie den Unwissenden.
Diese gewinnen die Ueberzeugung, dass jene Männer (die Daï's) im
Besitze der werthvollsten und für ihre Zuhörer höchst nützlicher
Kenntnisse seyen; sie betrachten den Daï mit Bewunderung, und
alle andern Menschen, in deren Mitte sie leben, scheinen ihnen nur
Gottlose zu seyn. Indess sind die angeführten Reden, wie sie ein
Daï zu halten pflegt, nur eine Art Vorspiel; sie haben keinen
andern Zweck, als diejenigen, welche er verführen will, gewissermaassen zu bändigen, um sie dahin zu bringen, dass sie sich durch
das, was man ihnen in der Folge mittheilen muss, nicht erschrecken
lassen. Dieses ist der erste Schritt, den man sie thun lässt, um
sie nach und nach dahin zu bringen, dass sie ihre Religion verlassen; dies ist die Grundlage der ganzen Lehre jener Sectirer, und
der Stachel, welcher die Neugierde reizt und den Wunsch entstehen
lässt, ihre Lehrsätze kennen zu lernen. Oft verbinden die Daï's hiermit gewisse Fragen über Dinge, welchen man, wie sie versichern,
einen geistigen Sinn geben muss, weil sie nichts anderes als eine
Art sinnlicher Darstellung der wahren Frömmigkeit seyen. Hier einige
der Fragen, welche sie vorlegen: *)

Was bedeutet das Kieselsteinwerfen und das Laufen zwischen
Safa und Merwa (was die Mekka-Pilgrime zu thun pflegen)? —
Warum ist eine Frau, welche von wegen ihrer monatlichen Reini-
gung das Fasten und das Gebet unterlassen hat, gehalten, die Ver-
säumniss des Fastens wieder gut zu machen, während sie die des
Gebets nicht wieder gut machen muss? **) — Warum muss der durch
den Samenerguss verunreinigte Mensch, wo ja doch nur eine kleine
Quantität von ihrer Natur nach reiner Flüssigkeit von ihm geht, sich

---

*) Vgl. Hammer, Gemäldesaal, Bd. III. S. 237 ff.

**) Man sehe Muradja, Tableau de l'empire othoman I, 154. Char-
din, Voyage de Perse VII, 173. (Sacy.)

am ganzen Körper waschen, während der Erguss des unreinen und
vielen Urins ihm diese Art der Reinigung nicht auferlegt? — Warum
hat Gott zur Erschaffung der Welt sieben [1]) Tage gebraucht? Konnte
er sie nicht in einer Stunde erschaffen? — Welches ist die Bedeutung der Brücke Sirat, von welcher im Koran sprichwörtlich die
Rede ist? [2]) — Was bedeuten die beiden Engel, welche man Aufschreiber und Beobachter nennt? Warum werden wir sie nicht gewahr? Hat Gott befürchtet, wir möchten eines Tags uns wider ihn
mit Uebermuth erheben, und wir möchten ihn Lügen strafen? Hat
solche Furcht ihn veranlasst, zu unserer Ueberwachung hellsehende
Augen aufzustellen, Aufschreiber anzustellen, um eine Sache gegen
uns zu finden und das Ganze auf Papier aufzeichnen zu lassen? [3])
— Was bedeutet die Verwandlung der Erde in ein Ding, das nicht
die Erde seyn wird? [4]) — Was sind in Wahrheit die Qualen der
Hölle? Wie kann es wahr seyn, dass die Haut der Verdammten in
eine andere Haut werde verwandelt werden, auf dass diese neue
Haut, die doch keinen Theil an ihren Sünden gehabt haben kann,
den Qualen der Hölle anheimfalle? [5]) — Was ist der Sinn der
Worte: „An jenem Tage werden es acht seyn, die den Thron deines
Herrn tragen werden"? [6]) — Was ist der Teufel, die bösen Geister, deren im Koran Erwähnung geschieht, und was sind das für
Eigenschaften, welche ihnen gegeben werden? Wo ist ihr Aufent-
haltsort und von welcher Ausdehnung ist ihre Macht? — Wer ist
unter Gog und Magog [7]), Harut und Marut [8]) zu verstehen? — Was

---

1) Bei Makrisi liest man : sechs Tage. (S.)

2) Es handelt sich hier wahrscheinlich von der Stelle Sur. 36, Vs.
66. (S.)

3) Man sehe Pococke, Not. ad port. mos. p. 278; Chardin, Voyage
de Perse VII, 46; Birghilu Risaleh S. 149; Marracci, Refut. Alcor.
S. 589, die Note zu Vs. 1 der 37. Sure, und S. 781. (S.)

4) Man sehe Pococke, Not. ad port. mos. p. 274; Sale, Preliminary
discourse to the Alcor. S. 113. (S.)

5) Sur. 4, Vs. 54; Birghilu Risaleh S. 163. (S.)

6) Sur. 69, Vs. 17. Birgh. Ris. S. 147.

7) Sur. 18, Vs. 93 und Sur. 21, Vs. 96.

8) *Harut* und *Marut* sind die Namen zweier Engel, welche die
Menschen die Magie gelehrt haben. S. Sur. 2, Vs. 96.

bedeuten die sieben Thore der Hölle und die acht Thore des Paradieses? [1]) — Was ist das für ein Baum, der Baum Zakkum, welcher in der Tiefe der Hölle wächst? [2]) — Was ist das Thier der
Erde, die Häupter der Dämonen, der Baum, der genannt wird „der
im Koran verfluchte Baum", der Feigenbaum und der Olivenbaum? [3])
— Was ist die Bedeutung der Worte: „Diejenigen, welche rückwärts
gehen, und diejenigen, welche sich verbergen"? [4]) — Was bedeuten die Buchstabenzeichen Elif lam mim und Elif lam mim sad?
und die: Caf he ja aïn sad, Ha mim aïn sin kaf und andere ähnliche? [5]) — Warum sind sieben Himmel geschaffen worden und
eben so viel Erdreiche? und warum besteht auch die erste Sure des
Korans aus sieben Versen? — Warum sind zwölf Quellen eröffnet
worden? [6]) Warum ist die Zahl der Monate auf zwölf festgesetzt
worden? [7])

Sie, so fährt unser Berichterstatter fort, machen viele Fragen
dieser Art, um die Ueberzeugung herbeizuführen, dass alle jene
Dinge einen tiefen Sinn und unerklärliche Mysterien in sich schliessen. Hierauf sprechen sie zu ihren Zöglingen folgendermaassen:

Was thut für euch derjenige, welcher den Koran, die Sunna
und die mystischen Bedeutungen der in der moslimischen Religion
nothwendig zu befolgenden Pflichten erklärt? Denket zuvörderst über
folgende Fragen nach: Wo sind eure Seelen? welches ist ihre Gestalt? wo ist ihr Wohnort? welches ist ihr erster Anfang? was ist
der Mensch, und was ist er in der Wirklichkeit? was für ein Unterschied ist zwischen seinem Leben und dem Leben der vierfüssigen
Thiere, zwischen dem Leben der vierfüssigen Thiere und dem der

---

1) Sur. 39, Vs. 71 u. 73. Sur. 15, Vs. 43; Birgh. Ris. S. 157 u.
162; Sacy's Anthologie gramm. ar. S. 72.

2) Sur. 37, Vs. 63,

3) Sale, Prelim. disc. S. 105. Marracci Refut. Alcor. S. 513; Birgh.
Ris. S. 145. — Sur. 37, Vs. 66. — Sur. 17, Vs. 62. — Sur. 95, Vs. 1.

4) Sur. 81, Vs. 16.

5) Es handelt sich hier von den Monogrammen, die sich am Anfange mehrerer Suren finden und deren Sinn man nicht weiss. Vgl.
Sacy Anthol. gramm. ar. S. 49.

6) Sur. 2, Vs. 59.

7) Sur. 9, Vs. 37.

kriechenden, zwischen dem Leben der kriechenden Thiere und dem der Pflanzen? Was bedeuten die Worte des Apostels Gottes: „Eva ist aus einer Seite Adams erschaffen worden"? Was will dieses Axiom der Philosophie sagen, dass der Mensch eine Welt im Kleinen und dass die Welt ein Mensch im Grossen sey? Warum hat der Mensch einen aufrechten Gang erhalten, im Gegensatz gegen alle andern Geschöpfe? Warum hat er zehn Finger an den Händen und zehn Zehen an den Füssen und warum haben vier seiner Finger drei Knöchelchen oder Glieder, während der Daumen nur zwei hat? Warum hat er am Kopfe allein sieben Oeffnungen, während er am ganzen übrigen Körper deren nur zwei hat? Warum hat er zwölf Wirbelbeine im Rücken und sieben im Genick? Warum hat sein Kopf die Gestalt eines Mim, seine zwei Hände die eines Ha, sein Bauch die eines Mim und seine zwei Schenkel die eines Dal erhalten, so dass er das Zeichen MHMD bildet, welches *Muhammed* bedeutet? Warum stellt er, wenn er aufrecht steht, ein Elif vor, und warum wird er, wenn er niederkniet, einem Lam, und wenn er sich niederlegt, einem He ähnlich, welches zusammen das Zeichen ALH bildet, das *ilah*, d. i. Gott, bedeutet? Warum sind eurer Knochen gerade so viel als es sind? Warum habt ihr die und die Anzahl von Zähnen? Warum sind die bedeutendsten eurer Glieder so oder so?

Sie machen mehrere andere ähnliche Fragen aus der Anatomie und sprechen von den Pulsadern, von den Gliedern und ihrem hauptsächlichen Gebrauche. Hierauf sprechen sie weiter zu denen, welche ihnen Gehör geben, also: Werdet ihr keine Betrachtung anstellen über euern eigenen Stand? werdet ihr nicht hieran mit Aufmerksamkeit denken, und werdet ihr es nicht erkennen, dass der, welcher euch erschaffen hat, weise ist, dass er nicht aufs Ungefähr handelt, dass er alles dies mit Weisheit gemacht hat und dass er aus geheimen und verborgenen Gründen vereinigt hat, was er vereinigt hat, und getheilt, was er getheilt hat? Wie könnet ihr glauben, dass es euch gestattet sey, eure Aufmerksamkeit von all diesen Dingen abzulenken, während dem ihr doch die Worte Gottes im Koran vernehmet: „Werdet ihr auf euch selbst keine Aufmerksamkeit richten?" (Sur. 51, Vs. 21); und wiederum: „Es gibt Zeichen auf der Erde, Zeichen für diejenigen, welche glauben mit fester Treue" (Vs. 20); und wiederum: „Gott legt den Menschen Gleichnisse vor, um zu sehen, ob sie darauf Bedacht nehmen werden"

(Sur. 14, Vs. 80); und wiederum: „Wir zeigen ihnen unsere Zeichen, in den Regionen der Erde und an ihren eigenen Personen, um sie deutlich sehen zu lassen, dass solches (unsere Worte) die Wahrheit ist" (Sur. 41, Vs. 54). Was haben doch die Ungläubigen erkannt, entweder an ihren eigenen Personen oder in dem Universum, oder was haben sie als die Wahrheit erkannt? und welche Wahrheit kann derjenige erkennen, welcher die wahre Frömmigkeit verkennt oder verläugnet? Zeigen diese Worte euch nicht an, dass die Absicht Gottes gewesen ist, euch an die [Oerter *) zu führen, wo die verborgenen Dinge niedergelegt und in welchen Geheimnisse eingeschlossen sind? Wenn ihr hierauf eure Aufmerksamkeit richtet und wenn ihr sie kennen lernen würdet, so würdet ihr befreit werden von der Betäubung und los werden alles Irrthums, und die erhabensten Erkenntnisse würden euch geoffenbart werden. Sehet ihr nicht ein, dass ihr euch selbst nicht kennet, was eine Unkenntniss ist, aus welcher die Unkenntniss aller andern Dinge kommt? Sagt Gott nicht: „Derjenige, welcher blind ist in Bezug auf die Dinge dieser Welt, ist auch blind in Bezug auf die des andern Lebens, und ein Solcher wandelt auf dem Pfade des Irrthums" (Sur. 17, Vs. 74)?

Dies sind Beispiele von Fragen, welche die Daï's vorlegen und welche sie durch allegorische Erklärung des Korans, der Sunna und der Gesetze beantworten; denn die Antworten auf jene Fragen sind Allegorien, welche man für die wahre Bedeutung und für die richtige Erklärung der religiösen, durch die Gesetze festgestellten Gebräuche ausgibt **). Ein grosser Theil dieser Antworten ist von den Philosophen, die sich mit der Frage über die Gerechtigkeit Gottes beschäftigten, hergenommen.

Wenn nun alle diese Fragen, fährt unser Berichterstatter fort, in der Seele dessen, dem sie vorgelegt worden sind, Zweifel, Verwunderung und Verwirrung haben entstehen lassen; wenn sich seiner ein lebhaftes Verlangen, die Lösung derselben zu erfahren, bemächtigt hat; wenn er, vor Begierde sie kennen zu lernen brennend, verlangt unterrichtet zu werden: dann benehmen sich diese Lehrer

---

*) Diese Oerter sind die Imame, Verwahrer der Geheimnisse. (S.)

**) Die Stelle ist nicht ganz klar; vielleicht, sagt Sacy, ist der Text corrumpirt.

gegen ihn, wie sich die Wahrsager, die Marktschreier, die Geschich-
tenerzähler gegen das gemeine Volk, das sie anhört, benehmen.
Jene Leute fangen nämlich damit an, dass sie ihren Zuhörern eine
hohe Idee von der Wichtigkeit dessen, was sie denselben mittheilen
wollen, beibringen; und wenn sie so die Aufmerksamkeit ihrer
Zuhörer geweckt und ihre Neugierde entflammt haben, dann brechen
sie auf einmal mitten in ihrer Mittheilung ab, um das Verlangen der
auf den Ausgang der Sache gespannten Zuhörer zu steigern. Gerade
so machen es die Daï's. Sie fangen damit an, dass sie lange Reden halten und allerlei Fragen vorlegen, dann auf einmal brechen
sie ab. Durch diesen Kunstgriff flössen sie denjenigen, die sie zu
Proselyten zu machen suchen, eine gewaltige Neugierde ein, das zu
erfahren, was sie ihnen noch zu sagen haben und wovon sie ihnen
nur das Vorspiel gegeben haben; wenn man sie aber ersucht, den
allegorischen Sinn aller jener Dinge zu erklären, antworten sie:
„Hütet euch wohl, in dieser Sache euch nicht zu übereilen; die Religion Gottes ist eine Sache von zu grossem Werth, als dass man
sie denjenigen, die ihrer nicht würdig sind, anvertrauen könnte,
und dass man sie also der Gefahr aussetzen dürfte, ein Gegenstand
des Spiels und des Spasses zu werden. So oft Gott einem seiner
Diener eine prophetische Mission hat anvertrauen wollen, hat er
immer, bevor er ihn wirklich mit solchem Geschäft beauftragt hat,
ein Gelübde von ihm verlangt, wie im Koran gesagt wird: »Wir
haben ein Gelübde verlangt von den Propheten, von dir, von Noah,
von Abraham, von Moses, von Jesus dem Sohn der Maria; wir haben ihnen ein sehr strenges Gelübde abgenommen« (Sur. 33, Vs. 7).
Wiederum sagt Gott: »Es gibt unter den Gläubigen Menschen, welche
aufrichtig gewesen sind in dem Gelübde, das sie Gott abgelegt haben; es gibt unter ihnen aber auch solche, welche todt sind, und
andere, welche noch [das Ziel ihres Lebens] erwarten, und sie haben
[ihre Gelübde] nicht gebrochen« (Sur. 33, Vs. 23). An einer andern
Stelle sagt er (Gott) noch: »O ihr, die ihr den Glauben ergriffen
habt, haltet treulich eure Gelübde« (Sur. 5, Vs. 1); und wiederum:
»Werdet nicht Uebertreter eurer Gelübde, nachdem ihr euch auf
eine unwiderrufliche Weise verbunden habt; ihr habt Gott selbst zum
Bürgen eurer Versprechungen genommen, Gott weiss alles was ihr
thut. Werdet nicht gleich jener Frau, die ihren Faden, nachdem
sie ihn gut zusammengedreht hat, wieder aufdreht« (Sur. 16, Vs. 98

u. 84). Gott sagt auch: »Wir haben angenommen das Gelübde der Kinder Ismaël's« (Sur. 2, Vs. 77). Es gibt eine Menge anderer ähnlicher Stellen, durch welche Gott bezeugt, dass er nur gegen diejenigen Rechte zu üben habe, von welchen er ein Gelübde erhalten hat. Gelobet daher durch Handschlag eurer rechten Hand, und versprechet mir unter den heiligsten Schwüren und Versicherungen, dass ihr unser Geheimniss nicht verbreiten, dass ihr Niemandem, wer es auch sey, gegen uns Beistand leisten, dass ihr uns keinerlei Falle stellen, dass ihr uns nur die Wahrheit sagen und dass ihr euch mit keinem unserer Feinde gegen uns verbinden wollet."

Indem die Daï's es also machen, beabsichtigen sie mehrere Dinge. Fürs Erste wollen sie durch die äussern Zeichen der Unterwürfigkeit und des Gehorsams, welche ihnen der Proselyt gibt, den Grad der Unruhe und der Verwirrung kennen lernen, welchen sie in seine Seele geworfen haben, oder den Eindruck, welchen ihre Reden auf ihn gemacht haben. Fürs Zweite wollen sie sich dadurch versichern, dass ihr Geheimniss nicht verrathen und dass ihre Absichten nicht verbreitet werden, ausser nachdem sie alles vorbereitet und nach und nach zugerüstet haben für den Erfolg ihrer Pläne. Fürs Dritte endlich wollen sie den Proselyten an den Gehorsam und an blinde Unterwürfigkeit gewöhnen; sie wollen, dass es ihm zur Gewohnheit werde, sich von ihnen nach ihrem Belieben führen zu lassen, ihnen blindlings zu folgen und für sie eine unbegränzte Achtung zu haben; denn eigentlich ist es Grundsatz ihrer Lehre, dass man Schwüre ohne Weiteres brechen dürfe, dass man sie für nichts zu halten und darauf keine Rücksicht zu nehmen habe, wenn man einmal zu dem Ziele gelangt ist, wohin sie nach und nach ihre Schüler zu führen beabsichtigen. Sie gebrauchen also die Schwüre und Versicherungen, welche sie verlangen, nur als eine Schranke, geeignet, die Anhänger anderer Religionen zurückzuhalten, so lange sie noch einige Zweifel hegen und sich für verpflichtet halten, nach den Regeln der Frömmigkeit sich zu richten.

Wenn der Proselyt sich bereit zeigt, den Schwur zu leisten, den man ihm abverlangt; wenn er, in Folge der Unruhe und Verwirrung, in welche er versetzt worden, sich dem von ihm Verlangten mit tiefer Ergebung unterwirft; dann sagt der Daï zu ihm: „Gebet uns nun von euren Gütern ein Pfand und ein Angeld, das da sey wie der Vorläufer der Offenbarung, welche wir euch von unserer

Lehre zu machen haben, und der Erkenntniss, welche wir euch davon geben werden." Dies, fügt unser Berichterstatter bei, ist ein neues Mittel, dessen sie sich bedienen, um zu erfahren, bis auf welchen Punct sie die Seele des Proselyten erschüttert haben, bis auf welchen Grad er ihren Reden sich ergeben hat, und wie viel sie auf seine Bereitwilligkeit, ihnen weiter Gehör zu schenken, rechnen können. Die Summe, welche der Proselyt als Contribution zu bezahlen hat, ist verschieden und wird von dem Daï nach Maasgabe des Vermögens des Proselyten bestimmt. Wenn aber der Proselyt sich weigert, den verlangten Schwur zu leisten, oder wenn er, nachdem er ihn geleistet hat, sich weigert, die ihm abverlangte Summe zu bezahlen, so entdeckt ihm der Daï von seiner Lehre nichts Weiteres, sondern überlässt ihn auf immer der Unruhe, in die er ihn geworfen, und den Zweifeln, die er in seiner Seele hervorgerufen hat.

Zweiter Grad der Einweihung. Wenn der Proselyt angenommen hat, was ihm in dem ersten Grade ist kund gethan worden, wenn er die Ueberzeugung gewonnen hat, dass die Menschen durch Annahme der Lehre der moslimischen Prediger der vorangegangenen Jahrhunderte sich haben in Irrthum führen lassen, und wenn man ihn hinreichend in diesem falschen Glauben befestigt findet, fängt man an, ihm die Ueberzeugung beizubringen, dass selbst die Erfüllung der Pflichten, welche der Mensch gegen Gott hat, und der Gesetze, welche Gott seinen Dienern auferlegt, ihm (Gott) nicht angenehm sey, wenn man die Kenntniss seiner Lehre nicht durch Vermittlung der Imame erhalte, welchen er die Autorität über die Menschen gegeben und welchen er aufgetragen, darüber zu wachen, dass seine Gesetze erhalten und auf eine seinem Willen gemässe Weise beobachtet werden. Bei der Auseinandersetzung dieses Theils ihres Systems und in der Wahl der Beweise, auf welche sie sich stützen, befolgen sie dieselbe Methode wie die Imamiten (s. oben S. 81 f.); sie nehmen ihre Beweisgründe aus dem Koran und aus der Vernunft, bis dass der Proselyt vollkommen überwiesen ist; und erst wenn sie sich versichert haben, dass seine Ueberzeugung eine vollkommene ist, lassen sie ihn zu dem dritten Grade übergehen.

Dritter Grad der Einweihung. In diesem dritten Grade wird der Proselyt in dem unterrichtet, was er in Bezug auf die Imame zu glauben hat. Man belehrt ihn, dass der Imame sieben an der Zahl seyen, ebenso achtungswerth durch ihr persönliches Verdienst wie

durch ihre Zahl, und dass die Siebenzahl bei ihnen sey festgesetzt
worden wie bei allen den wichtigsten und eine Hauptrolle in der
Natur spielenden Geschöpfen, als da seyen die Planeten, die Himmel
und die Erdreiche *). `Man macht ihn sodann auf alle die Dinge
aufmerksam, bei welchen sich die Siebenzahl findet und von welchen in der Darstellung des vierten Grades die Rede seyn wird.
Nachdem der Proselyt über das, was die Zahl der Imame betrifft,
belehrt worden, sagt ihm der Daï, diese Imame seyen: Ali ben Abu
Taleb; seine zwei Söhne Hasan und Hoseïn; Ali ben Hoseïn mit
dem Beinamen Zeïn elabidin; Muhammed, sein Sohn, mit dem Beinamen Aldschelil alradhi (d. h. der Ausgezeichnete, Gottwohlgefällige);
Abu Abdallah Dschafar, al Sadik (d. i. der Wahrhaftige) zubenannt,
Sohn Muhammed's; den siebenten heissen sie Alkaïm (das Oberhaupt),
den Herrn des Endes der Zeit. Einige unter ihnen erkennen als
den Kaïm die Person Muhammed's des Sohnes Ismaël's, des Sohnes
Dschafar's an, ohne vor ihm den Ismaël, Sohn Dschafar's, anzunehmen. Andere nehmen zuvor den Ismaël an und lassen ihm folgen
Alkaïm Muhammed, ben Ismaël, ben Dschafar. Diejenigen, welche
der letztern Meinung folgen, bekommen mehr als sieben Imame **).
Der Proselyt kann diese Ansicht, welche die Zahl der Imame auf
sieben beschränkt, nicht annehmen, ohne durch dieselbe aus der Zahl
der Imame sechs von denen auszuscheiden, welche gewöhnlich als
solche anerkannt werden, nämlich: Musa ben Dschafar; Ali ben Musa;
Muhammed ben Ali; Ali ben Muhammed; Hasan ben Ali; und Muhammed, dessen Wiederkunft erwartet wird. Wenn der Proselyt dem
Glauben schenkt, was der Daï ihn in dieser Hinsicht lehrt, fängt
dieser, mehr Zuversicht fassend, an, ihn von der Lehre des Imamats ***) abzulenken. Er macht ihn abgeneigt gegen Abulhasan Musa,

---

*) Muhammed nimmt im Koran sieben Erdreiche und sieben Himme
an. Sur. 65, Vs. 12. Die Juden haben dieselbe Meinung. S. Basnage,
Hist. des Juifs, Tom. VI. S. 705. (Sacy.)

**) Sie konnten, bemerkt Sacy, nicht acht Imame annehmen, ohne
ihr ganzes System zu zerstören. Es sey daher wahrscheinlich, dass sie
Ismaël und seinen Sohn Muhammed als eine und dieselbe Person, als
den wahrhaftigen Alkaïm betrachtet haben. (Sacy.)

***) d. h. von der Ansicht der Imamiten und überhaupt derjenigen,
welche die Reihenfolge von zwölf Imamen annehmen. (Sacy.)

ben Dschafar, indem er demselben Sachen aufbürdet, die nicht wahr sind, und versichert, dass die Imamiten, indem sie zwölf Imame annehmen, sich nothwendig von der Wahrheit entfernen. Die Absicht des Daï hierbei ist, den Proselyten unmerklich dahin zu bringen, dass er die Lehre der Imamiten verwerfe, wie er ihn vorher dahin nach und nach gebracht hat, dass er gegen die Lehrsätze der andern Moslimen Zweifel fasste, wie wir das bei dem ersten Grade gesehen haben. Ihre Ausschliessung des Abulhasan aber, oder wie Andere ihn nennen Abu Ibrahim Musa ben Dschafar, von dem Imamat suchen sie auf folgende Weise zu rechtfertigen. Wir haben, sagen sie, bei dem, welchen wir als unser Oberhaupt anerkennen, bei Muhammed ben Ismaël ben Dschafar, die Kenntniss aller verborgenen Dinge und die des innern, geistigen Sinnes aller bekannten Dinge gefunden, und wir finden nichts von alle dem bei einem Andern ausser ihm. Sie fügen bisweilen dieser Erklärung gewisse der Ehre des Abulhasan Musa ben Dschafar nachtheilige Anekdoten bei und beschuldigen ihn grober Sünden, woraus sie den Schluss ziehen, dass er nicht habe Imam seyn können. Die Schiiten, sagen sie, deren einmüthige Uebereinstimmung der kräftigste Beweis der Wahrheit ist, sind alle darin einig, dass seit Hoseïn (der seinem Bruder Hasan gefolgt) das Imamat nur in directer Linie unter den Nachkommen des vorangegangenen Imams weiter gehen kann. Wir stimmen mit den Schiiten überein, und wir erkennen wie sie als rechtmässigen Imam Dschafar ben Muhammed an; aber es ist zwischen ihnen und uns über die Frage Meinungsverschiedenheit, welcher unter seinen Söhnen am meisten der Nachfolge im Imamat würdig sey. Wir finden bei dem, den wir als unser Oberhaupt anerkennen, die Wissenschaft der allegorischen Interpretation, die Erklärung des Aeussern der Dinge *), das Geheimniss des erhabenen Gottes seinem ganzen verborgenen Thun nach, und unter sich übereinstimmende Nachweisungen in Bezug auf alle Dinge, worüber man Fragen machen kann, und in Bezug auf alles, was nicht existirt, die Erklärung aller dunkeln, die innern, geistigen Bedeutungen der äusserlichen Dinge, die Allegorien und wiederum den allegorischen

---

*) Das Wort „Dinge" (elemuru) bedeutet im Allgemeinen, in dem Style dieser Secte, die religiösen Gesetze oder Institutionen. (S.)

Sinn der Allegorien *). Unter allen Secten der Schiiten haben wir
allein seine Wissenschaft ererbt und können sie mittheilen; wir
haben sie durch Tradition erhalten von ihm selbst und von denjenigen, welchen unsere Gegner keine andere Person entgegenzusetzen
wissen, die würdig wäre, mit uns hierin zu rivalisiren, bei welcher
sich solch hoher Grad der Wissenschaft fände oder der sich rühmen
könnte, sie zu besitzen. Dies beweist, dass der, den wir als unser
Oberhaupt anerkennen, des Imamats würdiger war als alle andern
Söhne Dschafar's. Ueberdies erzählen sie allerlei lügenhafte Geschichten von den Söhnen Dschafar's, indem sie gegen den einen dieses,
gegen den andern jenes vorbringen; Beschuldigungen, die alle falsch
sind, jener grossen Männer unwürdig und blos auf Volksgerüchte
gegründet. Keiner von ihnen, sagen sie, ist vollkommen frei von
Vorwürfen, ausser der, den wir als unser Oberhaupt anerkennen;
daraus folgt nothwendiger Weise, dass er und kein anderer der Herr
der Sache ist **). Der Zweck aber, bemerkt hierzu unser Berichterstatter, warum die Anhänger dieser verkünstelten Lehre den Musa
ben Dschafar so herabsetzen, ist nicht, um dadurch dem Ismaël ben
Dschafar oder dem Muhammed ben Ismaël einen Vorzug über jenen
zu verschaffen, sondern alles das ist in ihren Händen nichts anderes
als was in den Händen des Künstlers das Handwerkszeug ist, das
er nicht entbehren kann zur Verfertigung des unternommenen Werkes.

---

*) Der Sinn hiervon ist, dass bei allen Fragen, die man bei Gele-
genheit der unter die sinnliche Wahrnehmung fallenden Dinge, sowohl
in Bezug auf die Eigenschaften, welche sie haben, als auch in Bezug
auf die, welche sie nicht haben, machen könne, der Grund und die Lösung in der allegorischen Erklärung zu finden sey. So gut man fragen
kann, warum die Dinge von der oder der Art sind, warum z. B. es
sieben Planeten, sieben Himmel gebe u. s. w., ebensogut kann man fragen,
warum gewisse Sachen nicht seyen, z. B. ein achter Planet u. dgl. Die
Allegorie gibt von allem diesem den Grund an; denn da die sieben Planeten, die sieben Himmel u. dgl. die sieben Imame vorstellen, so be-
greift man, warum Gott nur sieben und nicht mehr Planeten erschaffen
hat. (Sacy.)

**) Dieser Ausdruck, wie mehrere andere, z. B. „der Bezeichnete“,
ist gleichbedeutend mit Imam. Diese unklare Ausdrucksweise steht mit
dem geheimnissvollen Wesen in Verbindung, das in der Correspondenz
der Daï's mit ihren Amtsgenossen oder ihren Oberhäuptern herrschte.
(Sacy.)

Wenn der, den sie verführen wollen, sich ihnen ergeben und allen ihren Reden ein gelehriges Ohr geliehen hat, dann sind sie versichert, Herr seines Geistes zu seyn und dann führen sie ihn weiter, wie es ihnen gut dünkt.

Vierter Grad der Einweihung. Dieser vierte Grad besteht darin, den Proselyten zu lehren, dass der Propheten, welche den Auftrag gehabt, die von ihnen vorgefundenen Religionen abzuschaffen und an deren Stelle andere einzuführen, der Oberhäupter der verschiedenen Perioden und der verschiedenen Revolutionen, der Sprecher bei den Dingen *), wie der Imame, sieben seyen, dass jeder von ihnen nothwendigerweise neben sich habe eine andere Person haben müssen, welche die Bestimmung gehabt, von ihm seine Lehre zu empfangen, sie aufrecht zu erhalten unter seinem Volke, wie auch ihm als Gehülfe zu dienen und als Begleiter während seines Lebens, und nach seinem Tode seine Stelle einzunehmen; dass dieser ebenso diese Lehre habe einem Dritten mittheilen müssen, welcher zu ihm in demselben Verhältniss stand, in welchem er vordem zu dem Propheten gestanden, von dem er die Lehre empfangen; dass auf diese Weise ein jeder von ihnen, nachdem er der Nachfolger eines andern gewesen, einen Nachfolger für sich gehabt habe, dass also in einer ununterbrochenen Reihenfolge sieben einander gefolgt seyen, in derselben Religion; dass diese Sieben den Namen der Schweigsamen (*Samit*) **) haben, darum, dass sie der vorgefundenen Religion sich angeschlossen und den Fusstapfen Eines und desselben, dessen, der der Erste von ihnen war, gefolgt. Der Gehülfe der Propheten, der erste der Schweiger, wird von ihnen *Sus* genannt, aber sie geben ihm oft auch einen andern Namen ***). Sie fügen bei, dass, wenn

---

*) *Natik* d. i. Sprecher, so nennen die Ismaëliten den Urheber jeder neuen Religion. Ueber den Ausspruch „Dinge" s. die Note auf S. 149.

**) Sie heissen „Schweigsame", weil sie nichts Neues lehren, wodurch sie sich wesentlich von den sieben Propheten unterscheiden, welche den Namen Natik (Sprecher oder Lehrer) haben. Die Secte der Khattabiten (s. oben S. 93 f.) nahm auch bei jeder Nation oder vielmehr in jeder Religion einen Natik und einen Samit an. (Makrisi bei S.)

***) Das Wort *Sus*, welches „natürlicher Charakter, Quelle, Ursprung, Wurzel" bedeutet, wurde von den Bateniten wahrscheinlich in diesem letztern Sinne genommen, und sie nannten so den ersten Samit, weil von ihm die andern Samit's und die übrigen Menschen die

die Reihenfolge dieser Sieben vollendet und ihre Periode an ihr Ziel
gelangt sey, eine neue Periode auf dieselbe folge, in welcher ein
Prophet auftrete, der das Gesetz seines Vorgängers abschaffe und
ein neues aufstelle; dass dieser neue Prophet, gerade so wie sein
Vorgänger, wieder sieben Nachfolger habe; dass, wenn diese Reihenfolge wieder vollendet sey, dann wieder ein neuer, die vorge-
fundene Religion umgestaltender Prophet auftrete, auf den gleicherweise sieben Schweiger folgen, und dass das so fortgehe, bis dass
der siebente Prophet erscheine, welcher alle vorher bestandenen Religionen abschaffe und welcher das Oberhaupt der letzten Zeit, der
letzte Natik (Sprecher) sey. — Hierauf geben sie die Namen und die
Benennungen aller dieser Personen an.

Der erste *) dieser Propheten, der Sprecher, ist *Adam*; sein
Begleiter, sein Sus und sein Sohn ist Seth. Man nennt hierauf die
übrigen der sieben Schweiger (*Samit*), deren Beruf es war, seinem
Gesetze zu folgen. Der zweite Prophet-Sprecher ist *Noah*; denn
Noah hat ein neues Gesetz eingeführt und das des Adam abgeschafft;
sein Begleiter und Sus war sein Sohn Sem, dem andere Schweiger
gefolgt sind, welche sich zur Religion des Noah bekannt haben, bis
auf die Zahl sieben. Der dritte der Propheten-Sprecher ist *Abraham*,
der Freund Gottes; er hat ein neues Gesetz verkündigt, wodurch er
die Gesetze des Adam und des Noah abgeschafft hat. Während seines
Lebens ist sein Sohn Ismaël sein Begleiter und sein Sus gewesen;
nach seinem Tode hat dieser seine Stelle eingenommen und die Feststellung seines Gesetzes vollendet. Auf Ismaël sind andere Schweiger
gefolgt, die sich zur Religion Abraham's bekannten, bis dass die

---

Lehre des Natik erhielten. In den Büchern der Drusen wird immer, so oft
von der Lehre der Bateniten die Rede ist, der Begleiter, der Gehülfe,
der erste Schüler des Natik *Asas* genannt, was „Fundament" bedeutet.
Diesen Namen Asas führt namentlich Ali, der Gehülfe und Begleiter des
Natik Muhammed. Dieses Wort Asas hat vielleicht Abulhasan im Sinne,
wenn er sagt, dass sie dem Sus oft auch einen andern Namen gaben.
Man vgl. über das Wort „Sus" Sacy in den Notices et Extrait de Ma-
nuscrits IV. p. 133. (S.)

*) Sacy bemerkt, dass er in der Darstellung der Reihenfolge der
sieben Natik's vorzüglich den Text des Makrisi, der hier ausführlicher
sey, zu Grunde gelegt, dabei aber doch einige von Nowaïri entlehnten
Phrasen eingestreut habe.

Periode der sieben Schweiger erfüllt war. Der vierte der Propheten-Sprecher ist *Moses*, Sohn des Amram. Er hat durch das von ihm eingeführte Gesetz die Gesetze von Adam, Noah und Abraham abgeschafft. Aaron, sein Bruder, ist ihm während seines Lebens sein Begleiter und sein Sus gewesen. Da aber Aaron noch zu den Lebzeiten des Moses gestorben ist, hat sich, nach dem Tode dieses Propheten, Josua, Sohn des Nun, erhoben und ist sein Nachfolger geworden. Er hat sich stillschweigend zu seiner Religion bekannt und hat die Feststellung derselben vollendet. Von ihm haben dieselbe andere erhalten bis auf Johannes, den Sohn des Zacharias, welcher der letzte der Schweiger in der Religion des Moses gewesen ist. Der fünfte der Propheten-Sprecher ist der Messias *Jesus*, Sohn der Maria; denn er hat ein Gesetz gelehrt, durch welches er die Gesetze aller seiner Vorgänger abgeschafft hat *). Sein Sus ist Simon Sefa **) gewesen, welchem andere Schweiger, die sich zur Religion des Messias bekannt haben, gefolgt sind, bis auf die Zahl sieben. Das Gesetz des Messias hat sich erhalten bis auf den sechsten Propheten-Sprecher *Muhammed*, den Sohn Abdallah's. Muhammed hat eine neue Religion gelehrt, durch welche er alle die Religionen abgeschafft hat, die von den vorhergehenden Propheten eingeführt worden sind. Sein Begleiter und Sus ist gewesen Ali, Sohn Abu Taleb's, welchem sechs andere Personen gefolgt sind, die da sich stillschweigend zu dem Gesetze Muhammed's bekannt und auf einander die Geheimnisse seiner Religion vererbt haben. Diese sind: Hasan ben Ali und sein zweiter Sohn Hoseïn; Ali ben Hoseïn; Muhammed ben Ali; Dschafar ben Muhammed, und Ismaël ben Dschafar Sadik; dieser letztgenannte ist, unter den verborgenen Imamen, der letzte der Schweiger. Der siebente der Propheten-Sprecher ist *das Oberhaupt* oder *der Herr der Zeit* (nämlich der gegenwärtigen), ein Name, unter welchem die Ismaëliten den Muhammed ben Ismaël verstehen. In ihm finden alle die Kenntnisse, welche man „die Wissenschaften

---

*) Bei Noweïri liest man, dass der Messias seine Lehre von Johannes, dem letzten von den Sieben der vorangehenden Periode, empfangen habe, und dass er von Johannes aufgestellt und unterrichtet worden sey. (S.)

**) Sefa d. i. Caiphas; aber die Ismaëliten nehmen das Wort als ein arabisches, welches „die Reinheit" bedeutet. (S.)

der Ersten" *) nennt, ihr Ende. Er hat die Wissenschaft des innern
und mystischen Sinnes der Dinge eingeführt und aufgedeckt; von
ihm, und von gar keinem andern, hat man die Erklärung derselben
zu empfangen. Jedermann ist verpflichtet ihm zu folgen, ihm sich
zu unterwerfen, ihm zu gehorchen und sich seiner Leitung zu ergeben, weil, wenn man ihm folgt und sich nach seiner Lehre richtet,
man auf dem rechten Wege ist, und weil man im Gegentheil in dem
Irrthume und in der Betäubung ist, wenn man sich von ihm abwendet.

Dies ist, fährt Nowaïri fort, ein neuer Grad, mit welchem der
Daï den Proselyten einen grossen Schritt thun lässt, indem er ihn
zur Annahme eines weitern Propheten nach Muhammed bringt. Hierdurch bahnt er für denselben den Weg der Lossagung von der Religion, und lässt ihn eine Wahrheit verläugnen, die von allen Bekennern des Islam angenommen wird. Denn das ist in der That ein
von allen Bekennern des Islam anerkannter Lehrsatz, dass Muhammed das Siegel der Propheten sey, dass es nach ihm keinen andern
Propheten geben könne, dass das Reich seiner Religion dauern und
sein Gesetz beobachtet werden müsse, bis dass Gott von der Erde
und von allem, was auf der Erde ist, wieder Besitz ergreife. Dieser
Lehrsatz kommt von Muhammed selbst, sein Volk hat ihn von ihm
erhalten und ihn wohl verstanden; er wird von Niemand angefoch-
ten, und das ist einer der Glaubensartikel aller Moslimen, dass man
nach Muhammed, weder zu seinen Lebzeiten noch nach seinem Tode,
keinen andern Propheten erwarten dürfe. Dieser vierte Grad der
Einweihung ist also der erste, in welchem der Daï den Proselyten
in Apostasie fallen und ihn einen Platz unter den Ungläubigen nehmen lässt, ohne dass derselbe bemerkt, aus was er heraus und in
was er hinein kommt.

Fünfter Grad der Einweihung. Wenn der Proselyt den Unterricht aller vorangegangenen Grade durchlaufen hat und wenn er mit
dieser Lehre vertraut geworden ist, so ist der Weg hinreichend ge-
bahnt und geebnet, um ihm eine grosse Idee von dem Werthe der
Zahlen zu geben. Man befestigt diese Lehre von der Wichtigkeit der

---

*) Dieser Ausdruck, der in den Büchern der Drusen und in dem
Style der Bateniten oft vorkommt, ist entgegengesetzt dem „der Wissen-
schaft der Letzten", womit die allegorische und mystische Lehre, das
Tawil, bezeichnet wird. (S.)

Zahlen, indem man ihm die Lehre von den Elementen, welche zur
Bildung des Universums mitgewirkt haben, und andere Lehrsätze bei-
bringt, wovon in der Darstellung des achten Grades ausführlicher die
Rede seyn wird, Lehrsätze, die alle verkehrt, gottlos und von verschiedenen philosophischen Secten entlehnt sind. Mit diesen Lehrsätzen lehrt man ihn auch, die durch die Imame bewahrten Traditionen zu verwerfen, über den Zustand der Religion mit Verachtung
zu sprechen, den Umsturz aller von dem Propheten befohlenen frommen Uebungen zu erwarten, der gewöhnlichen Auslegung der äussern Vorschriften andere innere Vorschriften unterzuschieben; wenig
zu halten auf den Sinn, welchen der Buchstabe des Koran bietet,
oder die Texte, auf welche die gesetzlichen Verpflichtungen gegründet
sind, wenn man der wahren Bedeutung, welche die Worte in der
arabischen Sprache haben, folge. Ist der Proselyt ein Perser, so
wirft man den Persern ihre schimpfliche Unterwerfung und ihre Er-
niedrigung vor; man lässt sie die Araber ansehen als ihre Feinde,
ihre Unterdrücker, unter deren Tyrannei sie seufzen. Ist der Proselyt ein Araber, so sagt man ihm, dass sich die Perser die Rechte
auf die geistliche und weltliche Oberherrschaft, welche den Arabern
zustanden, angeeignet haben, dass die Araber von ihrer Oberherrschaft nur noch einen leeren Namen haben, während alle Güter der
Welt, auf welche die Araber den meisten Anspruch haben, in den
Händen der Perser seyen. Je nachdem der Daï mehr oder weniger
unterrichtet, mehr oder weniger geübt ist in seinem Dienste, fügt
er zu allem dem noch andere Dinge, welche anzuführen zu weitläufig
wäre. Man gibt hierauf dem Proselyten einige Anfangsgründe der
Geometrie zur Kenntniss der Figuren und lehrt ihn, dass die natürlichen Beschaffenheiten der Zahlen, Beschaffenheiten, welche man in
der Ordnung (des Universums) wahrnehme, eine Quelle seyen, aus
welcher man die den Imamen eigenthümlichen Wissenschaften ableiten könne, und ein Mittel, das zu den der prophetischen Familie
angehörigen Kenntnissen führe. Man lehrt ihn zum Beispiel, dass
jeder Imam begleitet werde von Hoddscha's *); die über die Erde

---

*) Das Wort „hoddscha" bedeutet Beweismittel, Grund. Hier ist
es der Titel gewisser Religionslehrer. So hat z. B. der berühmte muhammedanische Theologe Gazzali den Beinamen „hoddschat alislam",
Beweisgrund des Islam. (Sacy.)

verbreitet seyen und deren Zahl immer auf zwölf festgesetzt sey, wie die der Imame auf sieben; und zum Beweis hiefür erinnert man ihn, dass Gott nichts aufs Ungefähr schaffe, nichts, ohne bestimmte von einer weisheitsvollen Vernunft angegebene Ideen. Wenn es anders wäre, fügt man bei, warum hat dann Gott die Zahl der Planeten, von welchen diese Welt regiert wird, auf sieben festgesetzt? warum hat er sieben Himmel, sieben Erdreiche und andere Dinge in der Siebenzahl erschaffen? Ebenso nun entsprechen die zwölf Hoddscha's den zwölf Zeichen des Thierkreises, deren Kraft so gross sey, den zwölf Monaten, welche Jedermann kennt, den zwölf Nakib's oder Stammführern der Israëliten, und den zwölf Nakib's, welche sich Muhammed bei seiner Flucht aus Medina erwählt hat. Der Mensch hat an seiner Hand vier Finger, von denen jeder drei Glieder hat, was zusammen zwölf Glieder macht. Jede Hand hat auch einen Daumen, der nur ein einziges Knöchelchen hat und welcher die Stütze der ganzen Hand ist. Der Körper des Menschen stellt die Erde vor, seine Finger die vier Inseln *), die Glieder an den Fingern die Hoddscha's der Inseln, der Daumen ist das Bild dessen, durch den die Erde und alles, was sie enthält, erhalten wird; die zwei Glieder des Daumen stellen vor den Imam und seinen Sus, welche untheilbar sind. Aus denselben Gründen finden sich beim Menschen zwölf Rücken-Wirbelbeine, als Bilder der zwölf Hoddscha's, und sieben Nacken-Wirbelbeine, die über die andern erhaben sind, als Embleme der sieben Propheten und der sieben Imame. Ebenso verhält es sich mit den sieben Oeffnungen, welche, an dem obern Theile des menschlichen Körpers, an seinem Haupte, sich vorfindend, den ganzen Leib beherrschen. Die Daï's fügen viele andere Dinge der Art bei, durch welche sie den Proselyten ihrer Lehre zutraulich machen und ihn auf den Weg bringen, alle von den Propheten herrührende Religionen zu verlassen und an ihrer Stelle die Lehre der Philosophen anzunehmen. Dabei versäumen sie nichts, wenn sie bei

---

*) Das Wort „*Inseln*" bedeutet in der Sprache der Drusen und in der der Bateniten den ganzen Umfang des einem Ober-Daï anvertrauten Landes, seinen Sprengel. In den Büchern der Drusen ist oft von zwölf Inseln und zwölf Hoddscha's die Rede. Ohne Zweifel theilten die Ismaëliten den ganzen Umfang der Gegenden, in welche sie ihre Daï's schickten, nur in vier Theile oder Provinzen; vielleicht aber enthielt jede Provinz drei Unterabtheilungen. (Sacy.)

ihren Proselyten noch einen Rest von Religion gewahr werden, um ihren Irrlehren leichten Eingang zu verschaffen.

Sechster Grad der Einweihung. In diesem sechsten Grade, zu welchem man erst dann überschreitet, wenn der Proselyt wohl befestigt ist in dem Glauben an alles ihm bisher Gelehrte, und wenn man seiner Discretion und seiner Verschwiegenheit versichert seyn darf, fängt der Daï an, den Proselyten einzuweihen in den Sinn der von dem Gesetze vorgeschriebenen Verpflichtungen, welchen sie eine ganz andere Bedeutung geben als alle andere Moslimen. Hierdurch vermögen sie ihre Schüler, die Uebung jener Pflichten ganz zu unterlassen. Sie allegorisiren z. B. die Vorschriften über das Gebet, den Zehenten, die Pilgerfahrt, die von den Pilgern zu beobachtenden Dinge, die gesetzliche Reinigkeit und andere religiöse Gebräuche und wenden sie auf ganz andere Dinge an, von denen in der Darstellung des achten Grades der Einweihung die Rede seyn wird. Diese allegorische Erklärung geschieht nach gewissen Regeln mit aller Vorsicht, nicht aufs Ungewisse, und ohne Uebereilung. Zuvörderst nämlich bringt man dem Proselyten bei, dass jene frommen Gebräuche eingeführt worden als Sinnbilder jener Dinge, von denen später die Rede seyn wird. Wenn man ihn für stark genug hält, sich der gewöhnlichen Meinung der Moslimen in Bezug auf die Beobachtung jener frommen Gebräuche gänzlich zu entschlagen, und wenn man ihn nach und nach dazu vermocht hat, denselben zu entsagen, so macht der Daï keine weitere Schwierigkeit ihn zu belehren, dass alle jene Gebräuche nur als Räthsel von Philosophen unter die Propheten und Imame seyen hingestellt worden *), dass man jene frommen Uebungen nur für Mittel angesehen habe, das gemeine Volk in Abhängigkeit zu erhalten, sie zu Handlungen anzutreiben, die der Gesellschaft nützlich seyn können, sie auf solche Weise zu verhindern, sich gegenseitig Unrecht zu thun und Räubereien zu begehen. Nichtsdestoweniger wird zu gleicher Zeit den Urhebern jener Verordnungen

---

*) Man gibt zuvörderst den Gesetzen einen allegorischen Sinn, ohne ihren buchstäblichen Sinn aufzuheben und ohne dass eine Verpflichtung der andern Schaden bringt; dann geht man aber weiter und erklärt das Ganze der Gesetzgebung für glückliche Kunstgriffe, dazu erdacht, das gemeine Volk zu täuschen. (Sacy.)

viel Verehrung bewiesen und die tiefe Weisheit gerühmt, welche sie solche Gesetze habe geben lassen.

Ist es gelungen, den Proselyten von allem dem zu überzeugen, so geht man weiter. Man lehrt ihn, eine Unterscheidung zu machen zwischen den Propheten und den Philosophen, als da sind Plato, Aristoteles und Andere *). Man rühmt ihm die Vortrefflichkeit der Grundsätze der letztern, und man fängt an sehr frech zu sprechen über den Urheber jener gesetzlichen Verordnungen, wie auch die Imame verächtlich zu behandeln und ihr Betragen scharf zu tadeln. Alles das findet leichten Eingang in Herzen, welche dadurch, dass man ihnen ihren vorigen Glauben genommen, für schlechte Eindrücke der Art empfänglich geworden sind; und wegen der ersten Unterweisungen, in welchen man sie nach und nach mit dieser verkehrten Lehre bekannt gemacht hat, kommt es nicht vor, dass sie solche Lehrsätze mit Entsetzen zurückweisen.

Siebenter Grad der Einweihung. Soll der Proselyt über den sechsten Grad hinausgeführt werden, so muss der Daï ein geschickter Mann seyn, wohlunterrichtet in der ganzen Lehre seiner Secte und besonders tüchtig. Ist der Daï selber nur ein irregeführter Mann, nur ein Werkzeug, dessen man sich bedient, um Leute zu gewinnen und den Weg zu ebnen, kennt er selber von der Lehre seiner Secte nur die niedern Grade, dann kann er natürlicher Weise seine Proselyten nicht weiter bringen. Wenn aber ein Daï im Stande ist und den Willen hat, seinen Proselyten in die tiefern Geheimnisse seiner Lehre einzuweihen, so spricht er zu demselben folgendermaassen: „Ihr erkennet es als wahr an, dass der Urheber des vorbildlichen Gesetzes, der Gründer der Religion, für sich allein nicht genug ist, dass er unumgänglich einen Zweiten bei sich haben muss, der in seinem Namen spricht, damit Zwei beisammen seyen, von denen der

---

*) Makrisi ist hier genauer. Der Daï, sagt er, stellt dem Proselyten die Lehre der Philosophen vor Augen, fordert ihn auf, die philosophischen Ansichten von Plato, Aristoteles, Pythagoras und Anderer zu betrachten; warnt ihn, historische Traditionen blindlings anzunehmen, und blos auf mündliche Berichte oder Hörensagen gestützte Beweise für sichere Beweise zu halten, und legt ihm ans Herz, dass Vernunftbeweise weit vorzüglicher seyen und dass man sich nur an solche zu halten habe. (Sacy.)

Urheber des Vorangegangenen, das schreibt Makrisi diesem Vorangegangenen selbst zu. Nach ihnen, sagt der letztere, hat der Vorangegangene weder Ursprung noch Eigenschaften; man kann sein Wesen weder mündlich erklären noch schriftlich bestimmen; man kann
von ihm nicht sagen, dass er existire noch dass er nicht existire,
und so auch nicht, dass er weise oder unwissend, mächtig oder
unmächtig sey. Ebenso ist es mit allen andern Eigenschaften; denn
sie behaupten, dass man ihm kein Attribut zuschreiben könne, ohne
ihn mit geschaffenen Wesen zu vermischen, und dass man ebenso
ihm kein Attribut absprechen könne, ohne in Gottesläugnung zu verfallen. Sie sagen auch von demselben: er ist weder alt (ewig),
noch in der Zeit entstanden; das Alte das ist sein Befehl und sein
Wort; und was in der Zeit entstanden ist, das sind seine Geschöpfe und die Wesen, denen er das Daseyn gegeben hat.

Die Verschiedenheit, sagt hierzu Sacy, welche man hier zwischen Makrisi und Nowaïri bemerkt, kommt nicht von einem Irrthume,
den der eine oder der andere dieser beiden Schriftsteller begangen;
sondern sie hat ihren Grund in der Verschiedenheit der Ansichten,
welche in diesem Puncte unter den Ismaëliten herrschte. Dies gehe
deutlich aus einer von dem Drusen Hamsa geschriebenen Abhandlung
hervor, in welcher derselbe die Meinungen der alten Lehrer der Bateniten in Bezug auf den Vorangegangenen und das Wesen, von dem
er sein Daseyn erhalten — von den Drusen *Wort* und *Rede* benannt
— erklärt.

„Von den frühern Lehrern," heisst es hier, „haben die einen
gesagt, dass der Vorangegangene der ausgezeichnetste Name und das
erhabenste aller Dinge gewesen sey, dass ihm die Anbetung und
Verehrung gebührte mit Ausschluss von allem andern, zu jeder Zeit
und in allen Zeitaltern, was", fügt Hamsa bei, „die Irreligion selber
ist. Andere haben gesagt, der Vorangegangene sey das Licht des
Schöpfers, aber es sey ein Licht, das mit dem Geiste oder den Gedanken nicht ergriffen werden könne. Dies," bemerkt er, „ist eine
wahre Vielgötterei, zu behaupten, dass der Schöpfer etwas Unbegreifliches sey und dass sein Diener (Geschöpf) auch etwas Unbegreifliches sey. Wo wäre denn der Unterschied zwischen Herr und Diener?
Das ist eine Abgeschmacktheit, ein wahrer Polytheismus, eine irrthüm-
liche Meinung. Einige Andere haben gesagt, dass das Wort über dem
Vorangegangenen stehe und dass sie dabei doch ein und dasselbige

Ding seyen, ohne dass irgend ein Unterschied zwischen ihnen Statt finde. Aber das ist eine dem gesunden Verstand widerstreitende Sache, dass das Männliche sey das Weibliche, oder das Weibliche das Männliche; dass der Emir sey der Kämmerer, oder der Kämmerer der Emir; dass die Sonne sey der Mond, oder der Mond die Sonne; dass die Nacht sey der Tag, und der Tag die Nacht; dass der Himmel sey die Erde, und die Erde der Himmel; das ist eine abgeschmackte und unmögliche Sache. Ausserdem sind sie alle in der Behauptung einig, dass der (das) Vorangegangene die Ursache der Ruhe und der Kälte und dass der (das) Nachfolgende die Quelle der Wärme und der Bewegung sey. Sie machen also aus dem Vorangegangenen die Welt des unsichtbaren Nichts und aus dem Nachfolgenden die Welt der Existenz. Dies ist aber jener ihrer Behauptung, dass der (das) Vorangegangene Gott sey, geradezu entgegengesetzt. Und wie könnte er es doch seyn, da sie aus dem Nachfolgenden die vorzüglichere Welt machen? Denn sobald sie diesen Satz aufstellen, müssen sie zugestehen, dass der Nachfolgende vorzüglicher ist als der Vorangegangene, weil der Nachfolgende die Wärme und die Bewegung besitzt, was der natürliche Charakter des Lebens und der Existenz ist, und weil dem Vorangegangenen die Kälte und die Ruhe zukommt, was der natürliche Charakter des Todes und des Nichts ist: sind ja doch gewiss das Leben und die Existenz vorzüglicher als der Tod und das Nichts. Daher widerspricht es dem gesunden Verstande, dass der Vorangerückte besser sey als der Voranrückende; der Empfangende besser als der Mittheilende, der Geöffnete besser als der Oeffnende."

Aus dieser Stelle geht hervor, dass die Ismaëliten oft den Vorangegangenen mit dem, von welchem er sein Daseyn erhielt, verwechseln. — Kehren wir zu dem Texte des Nowaïri zurück.

Wenn man, fährt Nowaïri fort, solche Dogmen annimmt, entsagt man nothwendigerweise jeder auf der Autorität einer Prophetenmission beruhenden Religion, was es auch für eine sey; und diejenigen, welche sich dieselben zu eigen machen, können nur noch unter die Materialisten und Dualisten gezählt werden.

Ausserdem, fährt unser Berichterstatter fort, lehren diese Leute, dass der Nachfolgende durch seine Werke und Bestrebungen den Grad des Vorangegangenen erlange; dass der Prophet - Sprecher durch sein gutes Benehmen den Grad des Nachfolgenden erreiche und an

seine Stelle trete; dass der Sus durch seine Bestrebungen den Grad
des Sprechers erlange und ihm gleich werde; dass der Daï durch
seine Werke und Bestrebungen erlange den Grad des Sus und ihm ganz
gleich werde; dass dies überhaupt der Lauf der Welt sey in ihren
verschiedenen Zeitaltern und sich folgenden Perioden. Hierauf lehrt
der Daï den Proselyten, dass das, was einen wahrhaftigen Propheten, einen Sprecher charakterisire, nicht, wie man gewöhnlich sage,
die Wunder und Zeichen und ausserordentlichen Wirkungen, die von
ihm ausgehen, seyen; dass die rechten Wunder, welche Beweise
des von Gott Gesandtseyns seyen, bestehen in der Einführung gewisser politischer Institutionen, welche ein wohlgeordnetes Regiment
herbeiführen; in weisen Grundsätzen, aus denen sich ein philoso-
phisches System construire; in geistreichen Lehren, vermittelst welcher alles, was die primitive Bildung des Himmels und der Erde,
und alle Substanzen und Accidenzien, die das Universum einschliesse,
betrifft, auf die Realität der Dinge*), bald unter Sinnbildern, welche
nur von Gelehrten verstanden werden können, bald unter klaren und
Jedermann begreiflichen Ausdrücken gedeutet werde; endlich in der
Bildung eines Religionssystems, welches die Menschen auf die Autorität des Propheten hin annehmen. Nach diesem setzt der Daï dem
Proselyten auseinander, was der Koran sey und was der Ausdruck
„Wort Gottes" bedeute, wo er Erklärungen gibt, die von den gewöhnlichen Erklärungen aller, die an eine Offenbarung glauben, abweichen. Ebenso legt er der Auferstehung, dem Ende der Welt,
dem jüngsten Gericht, der Vergeltung des Guten und Bösen eine
ganz besondere Bedeutung unter, die mit der Bedeutung jener Dinge,
wie sie die Bekenner der Einheit Gottes angeben, nichts gemein
hat. Dies alles bedeutet nämlich nach ihrer Erklärung nichts anderes,
als die Umwälzungen der Gestirne und des Weltalls, die in gewissen
Zeitabschnitten auf einander folgen, die Entstehung und Vernichtung

---

*) Sacy bemerkt, dass hier der Text bei Makrisi deutlicher sey
und dass er nach demselben übersetzt habe. Der Verfasser, bemerkt
Sacy weiter, will sprechen von einem allegorischen System, welches
auf die unsichtbaren und geistigen Dinge, die einzigen wirklichen, alles
deutet, was man von der Erschaffung der Welt erzählt, was aber in
Wahrheit nichts anderes ist als das Bild oder Emblem der geistigen
Dinge.

aller Dinge — je nach der Beschaffenheit und dem Zusammenkommen der Elemente —, ganz der Lehre gemäss, die in den Büchern der Philosophen auseinandergesetzt wird.

Neunter Grad der Einweihung. Wenn der Proselyt alle die bisher besprochenen Kenntnisse sich erworben hat, so veranlasst man ihn dann zu prüfen die Dinge, welche existiren, und die Natur und die Beschaffenheiten derselben zu untersuchen nach der Methode der Philosophen und nach ihren Büchern (d. h. man veranlasst ihn zu metaphysischen Untersuchungen). Alles Frühere ist nur angewendet worden als Mittel, den Proselyten zur Kenntniss der Ansichten der Philosophen zu führen und zur Entdeckung von Dingen, welche ihnen unbekannt geblieben sind, vermittelst Anschliessung an die von denselben befolgte Methode, eine Methode, die auf die vier Elemente gegründet ist, welche nach ihnen die Quellen und die constituirenden Principien aller Substanzen sind, sowie auf das Studium dessen, was Bezug hat auf den Himmel, die Gestirne, die Seele, den Geist und andere ähnliche Gegenstände, von welchen sie, wie Jedermann es weiss, in ihren Schriften gehandelt haben.

Diejenigen, welche zu diesem Grade der Unterweisung gelangen, nehmen irgend eins der Systeme jener Ungläubigen an, welche an die Ewigkeit der elementarischen Principien der Substanzen glauben. Die im Bisherigen auseinandergesetzte Lehre, welche darin besteht, die durch die Tradition bewahrten Thatsachen und die Fundamentallehrsätze des Glaubens für nichts anderes anzusehen als gleichsam für Räthsel, deren wahre Bedeutung die Lehre von den elementarischen Principien, von der Verwandlung der Substanzen, von der Bildung der durch (die)*) Zusammensetzung entstandenen Wesen ist, beruht auf (dem Unterschiede) gewisser Zustände, auf gewissen Principien, endlich auf (einem Systeme, welches für sie, so zu sagen) eine Art von grosser Offenbarung ist, von der sie die Urheber sind. (Sie ziehen) zum Beispiel in Betracht, was die Intelligenz sey in Bezug auf die Seele; der Himmel in Bezug auf die Intelligenz; was

---

*) Das in Parenthesen Eingeschlossene sind von Sacy beigesetzte Worte. Sacy glaubt den sehr dunkeln und unvollständigen Text hierdurch richtig vervollständigt zu haben. Es ist aber nicht zu läugnen, dass diese Stelle, die wir ganz wörtlich übersetzt haben, auch so noch eine dunkle ist.

die elementarischen Eigenschaften und die Accidenzien seyen in Bezug
auf die Seele und die Intelligenz; sie ziehen in Betracht den Zustand
der bildungsfähigen Dinge, sowie derer, die vernichtet werden können; die Wirkungen, welche die Materie erfährt durch die nach und
nach erfolgende Veränderung verschiedener Accidenzien und die Disposition der elementarischen Principien; sie werfen die Frage auf, ob
die Ursache verschieden sey von der Wirkung, welche sie hervor-
bringt. Einige erkennen einen ewigen Schöpfer an und geben ihm
die Elemente und die primitiven Principien bei; oder sie haben
auch die entgegengesetzte Meinung. Sie untersuchen, was jene Elemente seyen, welches ihre Definitionen seyen, was man genau wisse
über ihre (wahrhaftigen) wirklichen Eigenschaften und durch welche
Mittel man sie könne kennen lernen. Oft nimmt der Eingeweihte,
welcher zur Kenntniss aller dieser Dinge gelangt ist, die Meinungen
des Mani (Manes) oder die des Sohnes Daïsan's (des Bardesanes) an;
bald adoptirt er das System der Magier, bald das des Aristoteles
oder des Plato; am häufigsten entlehnt er von jedem dieser Systeme
einige Ideen, die er zusammenmischt, wie das gewöhnlich bei solchen Leuten der Fall ist, welche (indem sie die Wahrheit verlassen)
in eine Art von Betäubung fallen.

Alle die genannten Mittel, welche man in den ersten Graden
der Unterweisung anwendet, haben nichts anderes zu bewirken als
den Proselyten dahin zu bringen, dass er die auf Offenbarung und
prophetische Missionen gegründeten Religionen verlasse; dieses Mittel
ist gleicherweise in Betreff aller Religionen gut als eine Art von
räthselhafter Vorbereitung; durch Anwendung der allegorischen Erklärungsweise verdreht man den Sinn der Worte jeder Religion, um
sie der neuen Lehre anzupassen, wobei man Sorge hat sich nach
dem zu richten, was dem Proselyten gefällt, welches auch die Religion sey, der er angehört, wie dies in der Folge näher angegeben
werden soll. Um den Proselyten von dem wieder abzubringen, was
man ihn im Anfange rücksichtlich des Imamats und der prophetischen Mission gelehrt hat, sucht man ihn alle andern Imame und
Propheten als weit unter Muhammed ben Ismaël, dem Haupte und
Meister der letzten Periode, stehend ansehen zu lehren. Man sagt
ihnen, dass keiner von ihnen ein Wunder verrichtet, noch von Gott
irgend eine den Menschen mitzutheilende Offenbarung erhalten habe,
wie es diejenigen behaupten, welche sich an den buchstäblichen und

äusserlichen Sinn der heiligen Bücher halten; dass der Prophet ein Mann sey, ausgezeichnet durch die Reinheit (und Vollkommenheit seiner Intelligenz), und dass diese Reinheit der Intelligenz eben gerade das sey, was man Prophetie nenne; dass Gott dem Geiste des Propheten eingebe, was er wolle, dass dieses eben das sey, was man „Wort" heisse; dass der Prophet hierauf dasselbe in einen Leib einkleide und es den Geschöpfen mittheile; dass er durch solches Mittel das System religiöser Institutionen aufstelle, welches ihm für die Regierung der Menschen am vortheilhaftesten dünke; dass dem Menschen geboten sey, diese Institutionen eine Zeit lang zu beobachten, dass er aber hernach sich nicht mehr darum zu bekümmern habe. [Man ist daher nicht verbunden, sich nach diesen Gesetzen zu richten, ausser so lange als dies nöthig ist zur Handhabung der Ordnung und für die Bewahrung der weltlichen Interessen. Derjenige, welcher (die Wahrheit) kennt, ist keineswegs verbunden, diese Gesetze zu befolgen; die Erkenntniss, in deren Besitz er ist, genügt ihm, denn sie ist die sichere Wahrheit, nach welcher man trachten muss. Ausserhalb dieser Erkenntniss sind alle gesetzlichen Verordnungen nichts als drückende Lasten, auferlegt den Ungläubigen und solchen Leuten, welche die Ursachen und den Zweck jener Verordnungen nicht kennen.] *) Diese Lehre gilt gleicherweise von allen Gesetzen, welche den Gebrauch gewisser Dinge untersagen. Nach diesen lehrt man, dass Abraham, Moses, Jesus und alle die andern Propheten nichts gewesen seyen als politische Propheten, Stifter bürgerlicher Gesetze, dass sie Unterricht erhalten haben von den Propheten der Philosophie, als da seyen Plato und andere Philosophen dieser Art, und dass sie ihre Religionen nur eingeführt haben, um die Menschen zu der Lehre der Propheten der Philosophie zu führen. Urtheile selbst, sagt man zu dem Proselyten, indem man einen Propheten und einen Philosophen neben einander stellt, welcher von beiden Propheten der weisere sey. Man zeigt ihm dann auch, dass an mehrern der prophetischen Verordnungen Fehler und wesentlich schlechte Dinge seyen; man fordert ihn auf, sich von denselben abzuwenden; man macht ihn darauf aufmerksam, dass

---

*) Das in Klammern Eingeschlossene hat Sacy aus Makrisi genommen, da der Text bei Nowaïri corrumpirt sey.

ihr Wandel ein schlechter gewesen sey und dass sie die Seelen getödtet haben, und man sagt ihm andere ähnliche Dinge. Hinsichtlich des Muhammed ben Ismaël ben Dschafar lehrt man den Proselyten anfänglich, dass er wieder erscheinen werde in der Welt; aber hernach sagt man ihm, dass er in der That nur in der geistigen Welt erscheinen werde, wenn man vor ihm wandle im Nachdenken über die mystischen Lehren; seine gegenwärtige Manifestation aber bestehe in der Verkündigung seiner Lehre, welche den Menschen durch die Zunge seiner treuen Diener mitgetheilt werde. Man sagt ihm auch, dass die Araber Gott ein Gräuel seyen, darum dass sie Hoseïn, den Sohn Ali's, getödtet haben, und dass Gott ihnen die Erbfolge der Imame im Khalifat genommen habe, wie er den Kindern Israëls, weil sie die Propheten getödtet hätten, die Erbfolge im Prophetenthum genommen; dass dagegen die Unterthanen und Nachfolger der Kosroës (der persischen Könige) allein Theil bekommen haben an den Rechten der Nachfolge im Khalifat.

Dies ist der Hauptinhalt dessen, was die Daï's dem Proselyten vor Augen halten, übrigens nur in dem Falle, wenn dieser ihren Worten gläubiges Gehör schenkt. Wenn dagegen der Daï mit dem Proselyten nichts ausrichtet, oder sobald er ihn gegen die Annahme irgend eines seiner Lehrsätze sich sträuben sieht, lässt er ihn in dem Grade der Einweihung stehen, in welchem er sich befindet.

Dieses System der Unterweisung, fügt unser Berichterstatter bei, und dieser Plan der Verführung wurde zuvörderst von den Daï's gemeinschaftlich berathen, bevor sie an die Ausführung ihres Werkes gingen; hierauf gingen sie auseinander und verbreiteten diese ihre Lehre in verschiedenen Ländern, und fanden — nach Verhältniss ihrer Talente und Bemühungen — mehr oder weniger Erfolg. Es gelang ihnen aber besonders zur Zeit des Abu Saïd Dschenabi (s. oben S. 127) ihre Secte zu vergrössern. Diese ursprüngliche Lehre erfuhr aber in der Folge verschiedene Aenderungen und die Secte theilte sich in verschiedene Zweige, seit ihrer Verbreitung in Magreb, Aegypten und Syrien. Es traten insbesondere Veränderungen ein in Betreff Muhammed's ben Ismaël, welchen man anfänglich für den Imam anerkennen liess, und man setzte an seine Stelle einen Abkömmling jenes Abdallah ben Maimun Kaddah, dessen Nachkommen in Magreb, Aegypten und Syrien geherrscht haben.

Auf die Darstellung dieser neun Grade *) lässt nun unser Berichterstatter die Eidesformel folgen, welche der Proselyt vor seiner
Aufnahme 'in die Secte abzulegen hatte. Wir wollen es auch so
machen. Zuvor jedoch möge auf Eins aufmerksam gemacht werden.
Oben nämlich, S. 106, haben wir gelesen: Abdallah setzte ein Lehrsystem zusammen, das in sieben Grade der Erkenntniss oder Einweihung getheilt war u. s. w.; und nun sind doch eben neun solcher Grade aufgeführt worden. Sacy sucht diesen Widerspruch nicht
zu erklären, ja er macht gar nicht darauf aufmerksam. Derselbe
löst sich aber ganz einfach durch die (bei Taylor, Geschichte des
Muhammedanismus, S. 153, sich vorfindende) Bemerkung Makrisi's,
„dass in Aegypten die Grade von sieben auf neun vermehrt worden
seyen." Nach Dschordschani (bei Hammer, Journal asiatiq. Bd. VI)
hatten die sieben (ursprünglichen) Grade folgende Benennungen: Der
erste Grad hiess *tafarrus* d. i. Kenntniss der Physiognomie; der zweite
tanis d. i. die Kunst, den Proselyten zutraulich zu machen, dadurch
dass man seinen Wünschen entgegenkommt; der dritte *taschkik* d. i.
das Zweifelerregen hinsichtlich der im Koran gesagten Dinge, sowie
hinsichtlich der Bedeutung der Gebete und der Fasten und dgl.;
der vierte Grad heisst *rabt* d. i. Gelübde, welches in zweierlei bestand, erstens in dem Versprechen, die Geheimnisse zu bewahren,
und zweitens in dem Versprechen, dem Imam in schwierigen Verhältnissen beizustehen; der fünfte Grad, *tadlis* genannt, bestand darin
dass den Proselyten, um ihre Zuneigung zu vermehren, der Zutritt
zu den ausgezeichnetsten Männern der Secte gestattet wurde; der
sechste hiess *tasis* d. i. Bekräftigung in den Versprechungen; der
siebente endlich *khalu* d. i. Lossagung von allem Glauben an die
positive Religion **). Vernehmen wir nun die von unserm bisherigen
Berichterstatter mitgetheilte

Eidesformel, welche man den Proselyten vor der Einweihung ablegen lässt.

Indem sich der Daï zu dem, welchem er den Schwur abnehmen will, wendet, spricht er also:

---

*) Man vergleiche die Darstelluug derselben bei Hammer, Gemälde-
saal Bd. III, S. 237—240, und bei Taylor, Geschichte des Muhammedanismus S. 153.

**) Bei Taylor a. a. O. liest man: „Hassan (der Assassine) redu-

„Du versprichst und machst dich verbindlich vor Gott und gegen ihn, du machst dich gleicherweise verbindlich gegen seinen Apostel, seine Propheten, seine Engel und seine Gesandten, in Gemässheit der Versprechungen, Verträge und Gelübde, welche er immer von den Propheten verlangt hat: geheim zu halten alles, was du gehört hast oder was du hören wirst, alles was du gelehrt worden bist oder in der Folge lernen wirst, alles was du bereits erkannt hast oder was du in Zukunft erkennen wirst, nämlich in Bezug auf mich oder denjenigen, welcher in diesem Lande *) wohnt als der oberste Diener und Abgesandte des Herrn der Wahrheit, des Imam, desjenigen, den ich, wie du weisst, als solchen anerkenne und dessen durch Gelübde ihm verbundene Anhänger ich alle aufrichtig liebe, oder auch in Bezug auf seine Brüder, seine Freunde, seine Kinder, die Leute seines Hauses, die ihm gehorchen, seiner Religion folgen und ihm reine und aufrichtige Ergebung beweisen, seyen es Männer oder Frauen, Grosse oder Kleine. Du versprichst, dass du nichts von allem diesem aussagen wollest, weder wenig noch viel; dass du durchaus nichts sagen wollest, was zur Entdeckung davon verhelfen könnte; dass du nichts sagen wollest, als was zu sagen dir ist erlaubt worden, sey es von mir selbst oder von dem Obern, der in diesem Lande wohnt; dass du dich hierin an meine Befehle halten wollest, ohne sie zu überschreiten noch ihnen irgend eine Ausdehnung zu geben. Die von dir zu befolgende Regel, sowohl vor als nach dem Gelübde, das du heute ablegst, die du in deinen Reden wie in deinen Handlungen zu beobachten hast, besteht in dem Glauben, dass es ausser Gott keinen andern Gott gebe, dass er der Einzige sey und keinen Genossen habe, dass Muhammed sein Diener und Apostel sey; dass das Paradies, das Höllenfeuer, der Tod und die Auferstehung wahrhaftige und wirkliche Dinge seyen; dass die Stunde des Weltgerichts gewiss und ohne allen Zweifel kommen werde; dass Gott diejenigen gewiss auferwecken werde, welche in

_____

cirte die Zahl der Grade in dem ismaëlitischen Lehrgebäude wieder auf sieben und führte eine zweckmässigere Steigerung der Lehren ein."

*) Die Daï's jeder Insel oder Provinz waren abhängig von einem Ober-Daï, von welchem sie ihre Vollmachten erhielten und welchem sie über alles die Secte Betreffende Rechenschaft geben mussten. Ebenso war es bei den Drusen. (Sacy.)

den Gräbern liegen. Weiter verlangt diese Regel von dir, das Gebet
zur vorgeschriebenen Zeit zu verrichten, den schuldigen Zehnten zu
bezahlen, im Monat Ramadhan zu fasten, die Pilgerfahrt zum heiligen Hause zu machen, zu kämpfen für die Sache Gottes, wie es
Pflicht ist nach dem von Gott und seinen Gesandten darüber gegebenen Gebote; den Freunden Gottes Freund, dagegen seinen Feinden
Feind zu seyn; anzuerkennen die von Gott ausgegangenen verbind-
lichen Gesetze, seine Befehle, sowie auch die auf die Autorität oder
das Beispiel seines Propheten (dem und dessen ganzer heiligen Familie Gott gnädig seyn und den Frieden verleihen wolle!) gegründeten Gesetze, sowohl im Geheimen und innerlich, als auch öffentlich und äusserlich. Denn das Bündniss, das du heute schliessest,
soll, weit entfernt, jene Verpflichtungen aufzuheben, sie vielmehr
consolidiren; soll, anstatt sie locker zu machen, sie befestigen; soll,
weit entfernt, die Verbindlichkeit derselben ferne zu rücken, sie
näher rücken; soll, anstatt von derselben zu entbinden, sie mehr
einschärfen; soll die Bedeutung davon, anstatt sie zu verdunkeln,
klarer machen. Dies gilt in Bezug auf den äussern und innern
Sinn, und in Bezug auf alles, was die Propheten von Seiten ihres
Herrn (die Gnade Gottes ruhe auf ihnen allen!) verkündigt haben,
nach den in dem gegenwärtigen Gelübde auseinandergesetzten Bedingungen und Clauseln. Willst du dich nun zu diesem allem verpflichten, so sprich: Ja!"

Der Proselyt spricht Ja; hierauf fährt der Daï also fort:

„Das mit dir geschlossene Bündniss und die dir anvertraute
Sache verlangen, dass du auf keinerlei Weise die Gelübde, die man
dich ablegen lässt, offenbarest, weder während unsers Lebens noch
nach unserm Tode, weder gezwungen noch freiwillig, weder in
Hoffnung eines zu erlangenden Gutes, noch aus Furcht eines bevorstehenden Uebels, weder im Unglück noch im Glück, weder in der
Aussicht eines Gewinnes, noch um einem Schaden zu entgehen, und
dass du vor Gott erscheinen wollest, dieses Geheimniss bei dir tragend, und dass du das dir Anvertraute treu bewahren wollest, gemäss den in gegenwärtigem Bündniss ausgesprochenen Bedingungen.
Du versprichst auch und machst dich verbindlich und verpflichtest
dich gegen Gott und ebenso gegen seinen Gesandten (Gott sey ihm
gnädig und verleihe Heil ihm und seiner Familie!) mich vertheidigen
zu wollen, mich und alle, die ich dir nennen und bezeichnen werde,

gegen alle Gefahren, gegen die du dich selber schützen würdest; mir und deinem Oberhaupte, welches der Freund Gottes ist, sowohl äusserlich als innerlich aufrichtige Ergebenheit zu beweisen. Hüte dich wohl, eine Treulosigkeit zu begehen gegen Gott und seinen treuen Freund, oder gegen uns oder irgend einen unserer Brüder, unserer Freunde oder überhaupt derjenigen, von denen du weisst, dass sie zu den Unsrigen gehören; hüte dich auch wohl, ihnen irgend ein Unrecht zuzufügen, aus was für einer Ursache es seyn mag, weder an ihrer Familie noch an ihren Gütern, weder durch irgendwelche Rathschläge, noch dadurch, dass du in Betreff deiner Verpflichtungen und Versprechungen deine Zuflucht zu Erklärungen nähmest, welche die Verwirklichung derselben zu nichte machen würden. Wenn du irgend eins der dir hier untersagten Dinge thust und zwar wissentlich, mit dem Bewusstseyn, dass du hierin gegen deine Verpflichtung fehlest, und wenn du des Versprechens, das du heute ablegest, uneingedenk bist, dann wirst du nichts mehr gemein haben mit Gott, dem Schöpfer des Himmels und der Erde, der dich erschaffen hat, der die einzelnen Theile deines Wesens zusammengesetzt und vereinigt, der dich überhäuft hat mit den Gütern der Religion und den Gütern dieses und des zukünftigen Lebens. Du wirst nichts mehr gemein haben mit seinen Gesandten, sowohl denen der frühern Jahrhunderte als auch denen der letzten Zeitalter, mit seinen Lieblingsengeln, mit den geistigen Cherubinen, den vollkommenen Worten *), den sieben Versen **), dem verehrungswürdigen Koran, dem Pentateuch, dem Psalmbuch, dem weisen Rathe ***), nichts mit keiner Religion, die von Gott in den der letzten Wohnung vorangegangenen Zeiten genehmigt worden †), nichts mit keinem Diener Gottes, der sein Wohlgefallen verdient hat. Du wirst aufhören zu den Schaaren Gottes zu gehören und unter der Zahl seiner Freunde zu seyn, und

---

*) Hierunter sind wahrscheinlich die zehn Gebote verstanden. (S.)

**) Das ist die erste Sure des Korans. (S.)

***) Dies ist einer der Namen des Korans. (S.)

†) Nach einer andern Lesart: in dem Augenblicke *der Ankunft des letzten Hauses*. Dieses Wort bedeutet in der gewöhnlichen Sprache der Moslimen *das jenseitige Leben, die andere Welt*; aber in diesem mystischen Jargon ist vermuthlich unter *dem letzten Hause* der Triumph der Lehre der Ismaëliten oder Bateniten zu verstehen. (S.)

wirst den Schaaren des Satans zugetheilt und unter die Zahl seiner
Freunde gesetzt werden; Gott wird dich gänzlich verlassen, wird
dich alsbald seine Rache und Strafen empfinden lassen und wird
dich in das Feuer der Hölle stürzen, wo es keine Barmherzigkeit
gibt. Du wirst kein Recht mehr haben auf den Beistand der Kraft
und der Macht Gottes, sondern wirst auf deine eigene Kraft und
auf deine eigene Macht beschränkt werden. Die Verfluchung, welche
Gott über den Teufel ausgesprochen hat, wird auf dich fallen, jene
Verfluchung, durch welche er ihn aus dem Paradies ausgeschlossen
und für immer in das Feuer gewiesen hat. Wenn du gegen etwas
von alle dem handelst, so wirst du Gott gegen dich aufgebracht
finden am Tage der Auferstehung, an jenem Tage, wo du vor ihm
erscheinen wirst. Du wirst dich genöthigt sehen, wie durch ein
strenges Gelübde, die Pilgerfahrt zum heiligen Hause dreissigmal zu
machen und zwar zu Fusse und barhäuptig und barfuss, und wirst
dich dieser Verpflichtung gegen Gott durch nichts anderes als durch
buchstäbliche Erfüllung derselben entledigen können. Alles, was du
in dem Augenblicke, wo du deinem Gelübde zuwider handelst, besitzest, wird als Almosen den Armen und Bedürftigen zufallen, mit
welchen du durch keine Bande des Bluts oder der Verwandtschaft
verbunden bist, ohne dass Gott dir für solche Almosen eine Belohnung schuldig würde und ohne dass dir dieselben als Verdienst an-
gerechnet würden. Jeder Sklave, der in deinem Besitze ist oder
den du bis auf den Tag deines Todes erwerben kannst, sey es ein
männlicher oder weiblicher, soll frei werden vor Gott; alle Frauen,
die du geheirathet hast oder die du heirathen wirst bis auf den
Tag deines Todes, werden, wenn du deinem Gelübde zuwider handelst, von dir getrennt werden und zwar auf gesetzliche und unwiderrufliche Weise*), ohne Hoffnung des Wiederzusammenkommens**);

---

*) Man sehe über diesen Ausdruck das Hidaja Bd. I, S. 201. (S.)

**) Eigentlich heisst es: sie werden geschieden werden, wie wenn
sie dreimal wären abgewiesen worden, was einem Manne es unmöglich
macht, seine Frau wieder zu nehmen, es sey denn, dass sie in der
Zwischenzeit einem andern angehört hat. Diese Scheidung, von welcher
in unserm Texte die Rede ist, ist vier andern Arten der Scheidung
entgegengesetzt, deren Namen und Erklärung Sacy hier beifügt, wir
aber, als nicht dieses Ortes, weglassen. Man sehe noch Hidaja Bd. I,
S. 264, 289 u. 255.

der Genuss alles dessen, was dir gehört, an Personen und Gütern, wird dir untersagt werden und bei jeder Scheidung wird es durchaus sein Verbleiben haben *). Ich nehme dir diesen Schwur ab im Namen deines Imam und deines Hoddscha und du schwörst ihn dem einen und dem andern. Ist es der Fall, dass du etwas in der Absicht, im Willen oder in den Gedanken hast, was dem entgegen ist, was ich von dir verlange und dessen Beobachtung ich dich schwören lasse, so behält doch nichtsdestoweniger dieser Schwur vom Anfange bis zum Ende alle seine Kraft gegen dich, ist für dich verbindlich und Gott wird von dir keine andere Genugthuung annehmen, als die genaue Vollstreckung alles dessen, was er besagt, und des zwischen dir und mir geschlossenen Uebereinkommens. Sprich: Ja!" Der Proselyt spricht Ja!

Dies ist, fügt Nowaïri bei, die Eidesformel, durch welche man diejenigen, welche man verführen will, fängt. Man erinnert sie in derselben an die Pflichten des Gebets, des Zehnten, des Fastens, der Pilgerfahrt und an die andern vom Islam vorgeschriebenen Verpflichtungen, so dass sie in allem dem, was sie vornehmen, nichts Anstössiges oder Tadelnswürdiges finden. Aber alles das soll nur in dem Proselyten Zutrauen erwecken zu jenen gottlosen Lehren und soll ihn nach und nach dahin bringen, alle oben mitgetheilten Lehrsätze anzunehmen.

Ein *drittes* höchst wichtiges Document über die Lehre der Ismaëliten theilt uns Sacy S. CXLVIII — CLXV seiner Einleitung mit. Es sind dies

Instructionen für die Daï's.

Auch dieses Document rührt von dem Scherif Abulhasan (s. oben S. 136, Anm.) her, welcher versichert, es in einem *Kitab alsijaset* d. i. „Abhandlung über die Politik" betitelten Buche gelesen zu haben. Nowaïri hat einen Auszug daraus gemacht und dieser ist es, den uns Sacy mittheilt. Diese Instructionen lauten so:

„Habt ihr es mit einem Schiiten zu thun, so gebt ihm euch auch als einen Schiiten und zwar als einen eifrigen zu erkennen. Um euch bei demselben zu insinuiren, habt ihr euch in ein Gespräch

---

*) Es ist hier die Scheidung zu verstehen, welche dadurch geschieht, dass der Mann zur Frau sagt: Du bist für mich wie der Rücken meiner Mutter. Vgl. Hidaja I, S. 327.

einzulassen über die von den Moslimen an Ali und seinen Kindern begangene Ungerechtigkeit, über den Mord, den sie an Hosein begangen,
und über die Gefangenschaft, in welche sie seine Töchter gebracht.
Ihr sagt solchen Leuten, dass ihr nichts gemein haben wollt mit
Teïm und Adi *), sowie auch nichts mit den Nachkommen des Omajja
oder des Abbas. Ihr habt vor ihnen noch andere ähnliche Reden
zu führen, die sie mit Vergnügen anhören und die bei ihnen leicht
Eingang finden werden. So ihr diesen Weg einschlaget, werden die
Leute dieser Secte bald und leicht dahin gebracht seyn, wohin ihr
sie führen wollet."

„Habt ihr es mit einem Sabäer zu thun, so sprechet, um euch
bei ihm zu insinuiren, mit ihm über die Siebenzahl und die Dinge,
wo diese Zahl vorkommt."

„Habt ihr es mit einem Anhänger des Magismus zu thun, so
sind ja im Grunde seine Ansichten den eurigen gleich. Ihr habt
daher bei einem solchen gleich mit dem vierten Grade der Einweihung anzufangen und namentlich die ausgezeichnete Bedeutung des
Feuers, des Lichtes und der Sonne hervorzuheben, und ihn alsbald
über den »Vorangegangenen« zu unterrichten, denn er ist es, den die
Magier unter dem Namen Ahriman kennen. Sein Nachfolger, der
Verborgene, ist nach ihrer Ansicht das gute Princip, und die Finsterniss, die verborgene, ist in ihrem System das böse Princip **).
Unter allen Völkern sind die Magier und Sabäer diejenigen, welche
am meisten Verwandtschaft mit uns haben und deren Lehre sich
am meisten der unsrigen nähert; aber aus Mangel an rechter Kenntniss derselben haben sie einige Irrthümer dabei aufkommen lassen."

„Habt ihr es mit einem Juden zu thun, so sucht zuvörderst
seine Aufmerksamkeit dadurch zu gewinnen, dass ihr ihm saget von

---

*) *Teïm* ist der Name des Oberhauptes desjenigen arabischen Stammes, von welchem der erste Khalife, Abu Bekr, abstammte. Teïm war
Sohn des Morra, ben Caab, ben Lowaï. Von *Adi*, einem andern Sohne
des Caab ben Lowaï stammte Omar, der Nachfolger Abu Bekr's ab.
S. Eichhorn, Monum. vetust. hist. Arab. S. 78. (Sacy.)

**) Es ist sonderbar, dass hier das gute Princip dem Ahriman
untergeordnet wird und dass die Finsterniss, d. h. das böse Princip,
von demselben Ahriman unterschieden wird. Es ist dies entweder ein
Missverständniss des Berichterstatters, oder ist der Text verdorben.
(Sacy.)

dem Messias, das heisst von dem Messias der Juden, dem falschen Messias *); that ihm kund, dass dieser Messias erschienen sey in der Person des Mehdi (des Muhammed ben Ismaël); dass die Kenntniss (Anerkennung) des Mehdi die Ruhe der Handlungen verschaffe (d. h. die Pflichten der Beobachtung des Gesetzes aufhebe) und der schweren Verpflichtungen entledige, wie es ihm geboten sey, am Tage des Sabbaths zu ruhen. Ihr werdet sein Herz gewinnen, wenn ihr übel sprechet von den Christen und den unwissenden Moslimen, darum dass sie behaupten, Jesus sey nicht wie andere Menschen erzeugt worden und er habe keinen Vater gehabt. Versichert ihn, dass Joseph der Zimmermann sein Vater und dass Maria seine Mutter sey, dass Joseph an Maria alle Rechte geübt habe, welche ein Mann über seine Frau hat. Mit solchen und ähnlichen Vorstellungen werdet ihr bald einen Proselyten gewonnen haben."

"Gegenüber von Christen werdet ihr euch dadurch den Weg bahnen, dass ihr von den Juden und Moslimen ohne Unterschied übel sprechet, dass ihr bezeuget, ihr erkennet die Wahrheit des christlichen Glaubensbekenntnisses an und dass ihr ihnen dasselbe auf allegorische Weise erkläret. Sagt ihnen auch, dass sie den Paraklet verkannt haben und lehret sie, dass der Paraklet kommen werde und dass er eben es sey, zu dem ihr sie rufet."

"Habt ihr einen Menschen aus der Secte der Dualisten (der Manichäer) vor euch (und ihr wisset ja, dass dies die Secte ist, von welcher ihr herkommet), so haltet ihm alsbald einen Theil der Lehren vor Augen, welche zu dem sechsten Grade der Einweihung gehören, also schon zu dem höhern Unterricht; nämlich die Lehre von der Mischung der Finsterniss und des Lichtes, und alles was sich im Folgenden auf diesen Gegenstand bezieht bis an das Ende jenes Capitels. Hierdurch werdet ihr euch des Geistes jener Leute bemächtigen und ihr Vertrauen gewinnen. Findet ihr einen unter ihnen, den ihr glaubet vollkommen euch anvertrauen zu dürfen, so werdet ihr ihm das ganze Geheimniss enthüllen."

"Ist der, mit welchem ihr es zu thun habt, ein Anhänger der Lehre der Philosophen, so ist es euch nicht unbekannt, dass das

---

*) d. h. demjenigen, den die Juden erwarten als den Befreier ihrer Nation; denn der christliche Messias wird von den Moslimen als ein wahrer Prophet anerkannt. (S.)

Wesentliche unserer Lehre auf den Ansichten der Philosophen beruht und dass wir mit ihnen übereinstimmen hinsichtlich der von den
Propheten eingeführten Religionen und hinsichtlich der Ewigkeit der
Welt. Nur gibt es unter ihnen Einige, die sich von uns dadurch
unterscheiden, dass sie ein die Welt regierendes Wesen annehmen,
das sie übrigens nicht kennen. Findet es sich, dass die, mit welchen wir es zu thun haben, mit uns übereinstimmen und dass sie
kein die Welt regierendes Wesen anerkennen, so ist zwischen unserer
Lehre und der ihrigen kein Unterschied mehr."

„Habt ihr es mit einem Dualisten zu thun, so seyd ihr des
Sieges gewiss. Das Erste, was ihr bei einem solchen zu thun habt,
ist: das Dogma von der Einheit Gottes zu verwerfen und zu ihm
zu sprechen von dem »Vorangegangenen und dem Nachfolgenden«, und
von der Art und Weise, wie der eine von ihnen von dem andern
abhängt, wie solches in dem ersten und dritten Grade des höhern
Unterrichts auseinandergesetzt ist." *)

„Habt ihr es mit einem Sunniten zu thun, so sprechet vor ihm
mit Achtung von Abu Bekr und von Omar, macht Lobeserhebungen
über ihre Verdienste, sparet nicht den Tadel gegen Ali und seine
Kinder; erzählet Ereignisse aus ihrem Leben, die tadelnswerth sind.
Thut ihm zu wissen, dass Abu Bekr und Omar der Lehre nicht
fremd waren, welche ihr ihn lehren wollet. Habt ihr euch nur
einmal durch dieses Mittel bei ihm insinuirt, so werdet ihr ihn
führen können, wohin ihr wollet, und werdet Herr über ihn seyn.
Nun habt ihr euch von ihm feste Versprechungen geben zu lassen
und ihn durch die theuersten Gelübde und die heiligsten Schwüre
zu fesseln, auf dass ihr einen Schild und einen festen Platz für
eure Sicherheit habt. Hütet euch, selbst solchen, die sich gelehrig
zeigen und unterwürfig gegen alles, was ihr ihnen vorstellet, zu
bald Dogmen anzuvertrauen, an welchen ihr Geist ein Aergerniss
oder einen Anstoss nehmen könnte; führet sie nur unmerklich und
stufenweise dahin; lasst sie nur Schritt für Schritt vorwärts kommen.
Es gibt solche unter ihnen, welche ihr euch begnügen müsset zu
der Partei und dem Glauben der Schiiten zu bringen, zu dem Glauben,

*) Es ist klar, dass unter dem ersten und dritten Grade des höhern
Unterrichts der sechste und achte Grad der Einweihung zu verstehen
ist. Der höhere Unterricht fängt also mit dem sechsten Grade an. (S.)

dass Muhammed ben Ismaël der Imam und dass er noch am Leben sey; gehet mit solchen nicht weiter; rühmt euch bei ihnen einer grossen Uneigennützigkeit und einer tiefen Verachtung des Goldes und Silbers; erweist euch gegen sie mit aller Sanftmuth und Bescheidenheit; heisset sie die fünfzig Gebete verrichten; empfehlet ihnen an, die Lüge, die Hurerei, die Sodomiterei und den Gebrauch des Weines zu vermeiden. Seyd wohl besorgt, ihnen mit Sanftmuth und auf ansprechende und einschmeichelnde Weise eure Befehle zu geben. Sie werden euch von grossem Nutzen seyn gegen die Gefahren, mit welchem das Schicksal euch bedrohen kann, gegen die Gegner, denen ihr begegnen könnet, oder gegen Leute von den Unsrigen, welche die Gesinnungen gegen euch ändern und Hindernisse euch in den Weg legen sollten. Fordert also einen Menschen von jener Classe nicht auf, seinem Cultus und seinem Gott, seiner Religion, dem Imamat Ali's und seiner Söhne bis auf Muhammed ben Ismaël ben Dschafar, zu entsagen; setzet ihm nur die Beweise auseinander, die da hergenommen sind von den Dingen, welche in der Siebenzahl existiren, schlaget ihn durch das Gebet ganz darnieder. Denn wenn ihr hernach irgend Jemandem den Befehl geben wollet, ihm zu nehmen was ihm das Theuerste ist und sogar sein Geld, so wird er sich keinem eurer Befehle widersetzen; und wenn der Tod sich ihm nähern wird, wird er euch all sein Besitzthum vermachen und euch zu seinen Erben machen; er wird glauben, in der ganzen Welt Niemand finden zu können, der seines ganzen Vertrauens würdiger wäre als ihr. Es gibt auch solche unter ihnen, die ihr zu einem höheren Grade führen und welchen ihr es eröffnen könnet, dass die Religion Muhammed's aufgehoben sey. Ihr habt einem solchen zu sagen, dass der siebente Prophet-Sprecher (d. i. Muhammed ben Ismaël) in der Wahrheit das Siegel der Propheten sey, dass er als Prophet-Sprecher ein neues Gesetz einführe, wie seine Vorgänger, dass er eine neue Ordnung der Dinge bringe; dass Muhammed das Oberhaupt der sechsten Periode sey und dass Ali nicht Imam gewesen 'sey. Sprechet hierüber mit viel Klugheit und einer weisen Vorsicht: denn das ist ein sehr wichtiger Punct, eine Kenntniss von höchst bedeutender Folge, welche Hoffnung gibt, zu Lehren eines höhern Grades übergehen zu können; und dies wird euch helfen, die Idee von der Sendung der Propheten zu zerstören, welche jene Leute aus der Religion, die sie bekannten, geschöpft hatten. Nur

sehr wenige werden unter ihnen seyn, die ihr werdet weiter bringen
und denen ihr unsere Lehre hinsichtlich des Korans, seines Verfas-
sers und seiner Gesetze werdet offenbaren können. Lasset euch
nicht unkluger Weise hinreissen, der Mehrzahl derer, die ihr bis
dahin gebracht habt, die höheren Kenntnisse mitzutheilen. Ihr dürfet solches nur wagen, nachdem ihr euch durch einen langen Umgang und eine lange Freundschaft versichert habt, dass sie all euer
Vertrauen verdienen. Dies wird euch von grossem Nutzen seyn gegenüber von denjenigen, welche ihr bis zu diesem Puncte geführt
haben werdet, um die Autorität der Bücher zu zerstören, von denen
sie behaupten, dass sie geoffenbart worden seyen: denn dies sind
gleichsam die Prämissen (dieses Theils unserer Lehre). Einer kleinen Zahl nur, die ihr für fähig haltet, weiter in die Kenntniss
unsers Systems eingeführt zu werden, werdet ihr zu erkennen geben,
dass der Kaïm *) todt ist, dass er wieder erscheinen werde in der
Welt auf eine geistige Weise, und dass die Menschen zu ihm wiederkehren werden durch ihre Verbindung mit den geistigen Figuren **);
dass er die Diener (Gottes, d. i. die Menschen) von einander schei-
den werde durch den Befehl Gottes ***), welcher Rache nehmen
werde an den Ungläubigen zu Gunsten derer, die an die geistigen
Figuren glauben. Solches wird euch ausserordentliche Dienste leisten gegenüber von denjenigen, welche ihr zur Annahme dieser Lehre
bewogen habt, um das Dogma von der Auferstehung und von dem
Hervorgehen der Todten aus ihren Gräbern zu zerstören, ein Dogma,
zu dessen Glauben sie sich bekannten. Von diesem Grade aus werdet
ihr Einige bis dahin führen können, dass sie dem Glauben an die
Existenz der himmlischen Wesen, die unter dem Namen der Engel
bekannt sind, und dem an die Erschaffung (des Menschen) auf der

---

*) Hiermit ist wahrscheinlich Muhammed ben Ismaël gemeint. (S.)

**) „Die geistigen Figuren" sind in dem Systeme der Drusen und
ohne Zweifel auch in dem der Ismaëliten die wahren Dogmen, die sich
mit den Seelen vereinigen und sich in ihnen so zu sagen incarniren,
wenn sie den Unterricht mit Gelehrigkeit annehmen und wenn sie
glauben. (S.)

***) Die Scheidung zwischen den Guten und Bösen am jüngsten
Tage soll das Werk eines Wesens seyn, das in dem System der Drusen
„der Befehl Gottes" genannt wird. (S.)

Erde entsagen, und dass sie glauben, es habe vor Adam viele andere
Menschen gegeben. Ihr werdet, um solches darzuthun, jene Beweise
anwenden, die sich in den Büchern unserer vorangegangenen Lehrer
finden. Wenn ihr diesen Punct erreicht haben werdet, wird er euch
von ausserordentlichem Nutzen seyn, um das Dogma von der Existenz
Gottes und von der Sendung der Engel zu den Propheten zu zerstören und demselben die Wahrheit, das ist die Ewigkeit des Universums, zu substituiren. Es wird unter ihnen andere geben, welche
ihr bis zu den ersten Begriffen des Grades, welcher die Einheit
Gottes *) betrifft, werdet bringen können. Ihr werdet euch bei ihnen
insinuiren, wenn ihr zu diesem Zwecke Gebrauch machet von dem
Buche, das den Titel führt: »Die Lehre, welche der Seele die Ge-
sundheit verschafft«, und ihr werdet sie lehren, dass Gott ohne Subject und ohne Attribut ist. Dies wird euch erlauben, zu denen,
welche ihr bis dahin gebracht habt, mit Verachtung von den Göttern
zu sprechen, welche sie anbeten. Ihr könnet denen, welche ihr bis
zu diesem Grade geführt habt, zu erkennen geben, wie wir es auch
euch selbst zu erkennen gegeben haben, was in der Wirklichkeit der
Imam sey, und könnet ihnen offenbaren, dass Ismaël und sein Sohn
Muhammed nur die Thore seyen, die zu ihm führen. Ihr könnet
sofort ihnen gegenüber leicht das angebliche Imamat Ali's zerstören
und offen erklären, wem in der Wirklichkeit das Imamat zugehöre.
Höret nicht auf, also langsam und nach und nach vorwärts zu schreiten
in den verschiedenen Capiteln der neun Grade, bis dass ihr unmerklich und stufenweise zum letzten Ziel gelanget. Jedes Capitel, das
ihr erklären werdet, wird dazu dienen, das vorangegangene zu befestigen, und dieses selber wird durch die vorangegangenen Capitel
befestigt. Seyd darauf bedacht, in eurem ganzen Benehmen das
grösste Geheimniss zu bewahren, wie solches der Prophet der Moslimen seinen intimsten Vertrauten anempfohlen hat, indem er zu ihnen
sagte: »Haltet euch an das Geheimniss in eurem ganzen Benehmen.«
Entdecket aus keinerlei Grund und auf keinerlei Weise einem Proselyten, was ihr einem andern, der schon weiter vorgeschritten ist,
entdecket. Versäumet nichts, um euch Achtung zu verschaffen, und

---

*) „Die Einheit Gottes" ist hier nicht in dem gewöhnlichen Sinne
der Moslimen zu nehmen.

zu dem Zwecke führet vor den Augen des Volks ein ernstes, enthaltsames Leben, und vermeidet sorgfältig alles, was getadelt werden könnte. Tretet nie in ein allzu genaues Verhältniss mit denjenigen eurer Brüder, welche die vollständige Kenntniss eurer Lehre erlangt haben, wie die es gemacht haben, die euch vorangegangen sind; denn jene Leute haben, nachdem sie anfänglich an der Befestigung ihres Gebäudes gearbeitet haben, am Ende ihr Werk zerstört. Werdet ihr euch an diesen Plan halten und werdet ihr euch genau nach diesem Gange richten, so werdet ihr denselbigen Weg gehen, den die Propheten gegangen sind, und euer Benehmen wird dem ihrigen gleich kommen. Das ist indess noch nicht alles: ihr müsst auch bemüht seyn, eine gewisse Gewandtheit der Finger zu erlangen, müsset lernen, die Augen und die Blicke durch Taschenspielerkünste zu verblenden, um Wunder thun zu können, wie man sie euren Vorgängern zuschreibt. Ihr müsset euch auch Kenntniss verschaffen von den Geschichten der alten Gesetzgeber, ihren Abenteuern, ihren Systemen und ihren Secten, auf dass ihr auf eine Weise sprechen könnet, wie es den Leuten eures Jahrhunderts am besten gefällt. Dadurch werden eure Bemühungen mit Erfolg gekrönt werden; ihr werdet Zutrauen gewinnen, ihr werdet mehr Ansprüche auf den Dank eures Imams erhalten, euer Ruf wird wachsen. Derer, die eintreten werden (in unsere Secte) nach eurem Tode, werden viel mehr seyn, als derer, welche sich derselben zu euren Lebzeiten angeschlossen haben werden. Die Lehre der Wahrheit wird euch und euren Nachkommen nach euch nützlich seyn. Die Sache der Wahrheit wird den Sieg davon tragen. Durch eure Bemühungen, durch euren Dienst und den Dienst eurer Genossen — welches Männer von Auszeichnung und voll Intelligenz sind — werdet ihr für euch, für die, welche euch folgen werden, und für eure Nachkommenschaft ein grösseres Gut erwerben, als sich irgend ein Mensch erwerben kann. Dies sind die Anweisungen, die ich euch gebe und die ihre Anwendung finden auf alle die Religionen, welche die Propheten, ein jeder nach Maassgabe ihres Grades der Intelligenz, aufgestellt haben."

Derselbige Scherif Abulhasan (s. oben S. 136, Anm.) behauptet in dem Werke „Buch der Politik", aus welchem er die vorstehenden Instructionen ausgezogen hat, ein Capitel gefunden zu haben, in welchem Folgendes zu lesen war:

„Unser ruhmvoller und heiliger Scheikh hat eine Schrift verfasst, aus welcher das vorliegende Buch nur ein Auszug ist. Er gibt in dieser seinen Daï's Anweisungen über die Art und Weise, wie sie sich gegen die Völker der verschiedenen Religionen zu benehmen haben. Hier sagt er insbesondere über das gegen die Moslimen zu beobachtende Verfahren Folgendes: »Wenn du die Oberhand über sie gewonnen, wenn du den Krieg gegen sie mit glücklichem Erfolge geführt, wenn du sie besiegt haben wirst, so ziehe das Schwert wider sie. Alles früher Gelehrte sind Kunstgriffe, die ich dich gelehrt habe und durch welche du die Völker dir zugewandt hast. Sie alle sind unsere Feinde: bemächtige dich also ihrer Güter und schaffe ihre Weiber und ihre Kinder aus dem Leben. Lass dich durch kein Band bestimmen, sie zu schonen; lass keins ihrer Dörfer stehen; lass durch kein Gefühl von Mitleid dich rühren zu Gunsten der Anhänger Ali's. Wäre es einem von ihnen gelungen, ein Reich zu bilden wie die andern Propheten, so hätten wir von seiner Seite viele Uebel zu ertragen gehabt und kraft der angeblich ererbten Rechte würde er über diese Esel eine härtere Herrschaft geübt haben, als selbst die war, welche sein Grossvater ausgeübt hat. Hüte dich also über die Nachkommen Ali's, welche du finden kannst, die Augen zuzuschliessen, das heisst: tödte sie, wenn sie in deine Hand fallen. Erlaube keinem von denen, die von dir abhangen, ihnen Vertrauen zu schenken. Durch solches Mittel wirst du den wahren Weg gehen und wirst ein volles Vertrauen verdienen; du wirst wandeln in beständigem Glück durch den Einfluss der Wissenschaft; du wirst die Andern leiten und wirst selber geleitet werden zu dem Guten. Unserm Gott sey Lob gesagt in allen Umständen für die Geschenke, die er uns gemacht hat; möge seine Gunst ruhen auf seinen auserwählten Dienern.«"

Unter „seinem Gott", fügt der Scherif bei, versteht er denjenigen, welcher ihm erlaubt hat den Genuss jeder Art unerlaubter Vergnügungen, der ihn geblendet, von dem rechten Pfade abgelenkt und auf den Weg des Irrthums geführt hat; und unter „seinen auserwählten Dienern" versteht er seine Daï's, welche die Menschen in die Irre führen.

Ein *viertes* hierher gehöriges Document ist ein Brief des Ebn Zacruja (s. oben S. 124) an einen Daï, Namens Dschafar ben Hamid, welchen Sacy S. CCIV — CCVI nach Nowaïri mittheilt. Dieser Brief lautet also:

„Im Namen des allbarmherzigen Gottes! Von Seiten des Mehdi, desjenigen, welcher des Beistandes von Oben sich erfreut, welcher Beistand verleiht der Religion Gottes, welcher der Sache des Befehls Gottes dient, welcher die Menschen ruft zur Unterwerfung unter das Buch Gottes, welcher das Heiligthum Gottes beschirmt gegen jeglichen Angriff, welcher auserwählt ist unter allen Abkömmlingen des Gesandten Gottes; von Seiten des Fürsten der Gläubigen, des Imam der Moslimen, dessen, der preisgibt die Gottlosen der Schande, der zerschmettert die Uebertreter, der das Garaus macht den Häretikern, der tödtet die Ungerechten, der vernichtet die Schändlichen; von Seiten dessen, der das Licht desjenigen ist, welchem Gott mit seiner Hülfe beisteht, und der die Ungehorsamen zerstreut; dessen, der in Vollziehung setzt die Gesetze des besten der Gesandten, und der der Sohn des ausgezeichnetsten der Abgesandten ist. Möge Gott ihm gnädig seyn und seiner ganzen heiligen Familie und ihnen verleihen den Frieden!"

„An Dschafar ben Hamid, den Kurden. Der Friede sey über dir! Ich sage von deinetwegen Dank dem Gott, der der einzige wahrhaftige Gott ist, und ich bitte ihn, gnädig zu seyn dem Muhammed, meinem Grossvater, dem Apostel Gottes. Möge Gott ihn mit seiner Gunst überhäufen und ihm den Frieden verleihen!"

„Um nun zur Sache zu kommen — so haben wir Alles, was vor deiner Ankunft geschehen ist, erfahren, das Betragen der Feinde Gottes, der Gottlosen, alle die Räubereien und Verheerungen, welche sie in deinem Territorium begangen haben. Wir sind darüber in grosse Betrübniss versetzt worden und haben in Folge hiervon beschlossen, zur Uebernahme des Befehls der Streitkräfte, welche wir an jenem Orte haben, einen Mann zu schicken, durch dessen Dienst Gott Rache nehmen wird an unsern Feinden, jenen Ungerechten, die Räubereien ausüben auf der Erde. Wir haben eine Truppe Gläubiger nach der Stadt Emessa geschickt und wir sind im Begriff ihnen zu folgen; wir haben ihnen Befehl gegeben nach deinem Bezirke zu marschiren, um die Feinde Gottes aufzusuchen, wo sie auch seyn mögen, und wir hoffen, dass Gott uns denselben Sieg über sie verleihen wird, den er uns über ihres Gleichen zu verleihen gewohnt ist. Möge nur dein Herz und die Herzen aller unserer Getreuen, die dir folgen, ein festes Vertrauen haben auf Gott und auf seine Hülfe, welche uns niemals fehlt, um uns über alle diejenigen trium-

phiren zu lassen, welche das Joch des Gehorsams abschütteln und
den Glauben verlassen. Beeile dich, uns Nachricht zu geben über
alles, was in deinem Bezirke vorkommen, und über alles, was sich
Neues ereignen wird, und verbirg uns nichts. Sey gepriesen,
o mein Gott!"

Die Grussformel bei ihren Briefen, fügt hier Nowaïri bei, heisst:
„Friede!" und die Schlussformel ihres religiösen Wunsches lautet:
„Lob Gott dem Herrn des Weltalls! Möge Gott gnädig seyn meinem
Grossvater, seinem Apostel und allen, die zu seiner Familie gehören,
und ihnen reichlichen Frieden verleihen!" Wenn die Stellvertreter
dieser Karmaten ihm schrieben, fingen sie ihre Briefe mit derselben
Formel an.

Ein *fünftes* hierher gehöriges Document ist jener Brief des fatimitischen Khalifen Moëzz an den Karmatenhäuptling Hasan, dessen
oben, S. 132, Erwähnung geschehen und auf welchen dieser blos
geantwortet: „Wir haben deinen Brief erhalten, der viel Worte hat,
aber wenig besagt; wir werden selber seiner Spur folgen, und damit genug." Zur Bevorwortung dieses Briefes sagt Nowaïri, indem er
die eigenen Worte des Scherifs Abulhasan anführt (Sacy S. CCXXVIII):

„Als Moëzz nach Aegypten gekommen war, entschloss er sich,
an Hasan ben Ahmed zu schreiben, um ihm zu verstehen zu geben,
dass sie eine und dieselbe Secte seyen und dass die Karmaten ihre
Lehre von den Ismaëliten erhalten hätten; dass die Ismaëliten in
dieser Angelegenheit ihre Häupter und dass sie es seyen, denen die
Karmaten ihre Macht zu verdanken haben. Er fügte hierzu Drohungen, indem er sich damals schmeichelte, dass er durch die Antwort, welche Hasan auf seinen Brief geben würde, erfahren würde,
was dieser im Sinne habe, und ob Hasan auf die Nachricht von
seiner Ankunft in Aegypten hin Furcht gefasst habe oder nicht. Hasan
ben Ahmed wusste wohl, dass die beiden Secten eigentlich nur eine
seyen: denn es war ihm nicht unbekannt, dass sie beide die äussere
und die innere Lehre (die buchstäbliche und allegorische Erklärungsweise) annehmen; und in der That sie waren alle Atheisten, sie
erlaubten sich gleiche Zügellosigkeiten in Beziehung auf Menschen
und Güter und läugneten alles Prophetenthum. Indess erlaubten sie,
obwohl sie in der Lehre übereinstimmten, Anhänger der andern Partei,
wenn sie die Oberhand über dieselbe gewonnen, ohne Gnade und
Barmherzigkeit zu tödten."

Die Adresse des Briefs lautete: „Von dem Diener Gottes, seinem treuen Freunde, dem ausgezeichnetsten seiner Geschöpfe, seinem auserwählten Maadd Abu Temim, ben Ismaël Moëzz-lidinallah, dem Fürsten der Gläubigen, dem Abkömmlinge des besten der Propheten, dem Enkel Ali's des ausgezeichnetsten der Gesandten Gottes, an Hasan ben Ahmed, ben Hasan."

Der Brief lautete also: „Der constante Gebrauch der Natik's (Sprecher, s. oben S. 150), der Weg der Imame und der Propheten, das Benehmen der Gesandten und Abgeordneten Gottes, welche uns vorangegangen sind (die Gunst Gottes ruhe auf ihnen und auf unsern Vorfahren!), ist in allen frühern Jahrhunderten, Zeitaltern, Zeiten und Epochen, wenn sie sich erhoben haben, den Gesetzen Gottes Geltung zu verschaffen, und wenn sie aufgestellt worden sind, seine Befehle zu vollstrecken, immer gewesen: zuvörderst Aufforderungen und zuletzt Drohungen ergehen zu lassen, bevor sie die Beschlüsse Gottes gegen die Bösen und Abtrünnigen in Ausführung brachten, und solches thaten sie, dass die Ungehorsamen überführt würden und dass die wohlverdiente Strafe auf diejenigen fiele, welche sich trennen und einen falschen Weg einschlagen würden. Solches ist den Worten Gottes des Erhabenen gemäss, welcher sagt: »Wir haben sie nie gestraft ohne ihnen zuvor einen Apostel gesandt zu haben« (Sur. 17, Vs. 16); und wiederum: »Es gibt kein Volk, das nicht seinen Prediger gehabt hätte« (Sur. 35, Vs. 22); sowie auch diesen Worten: »Sage ihnen: Das ist meine Handlungsweise; wir rufen zu Gott, ich und diejenigen, welche mir folgen, indem wir sichere Beweise geben. Gott sey gelobt! Ich bin nicht aus der Zahl der Polytheisten« (Sur. 12, Vs. 108); und wiederum: »Wenn sie glauben, sowie ihr geglaubt habt, so werden sie auf dem rechten Wege seyn; aber wenn sie sich abwenden, werden sie auf einem Wege der Empörung seyn« (Sur. 2, Vs. 131). Um nun zur Sache zu kommen — o Menschen, wir loben Gott um alles dessen willen, was an ihm Lobenswerthes ist; wir rühmen ihn wegen der erhabenen Vollkommenheiten, die er besitzt, mit einem ewigen Lobe, einem ausgezeichneten und unaufhörlichen Rühmen, indem wir ihm Dank sagen für den Ueberfluss seiner Wohlthaten und für die Grösse seiner Geschenke. Wir bitten ihn, uns das Geschenk seines Beistands zu verleihen, uns zu helfen ihm gehorsam zu seyn, uns zu stärken durch seine mächtige Unterstützung. Wir flehen ihn an, uns

zu beschützen und uns beizustehen gegen die Versuchung unserer
eigenen Neigungen, gegen die Fallstricke dessen, der seine Schlingen
auf den Pfad des rechten Wegs legt. Wir beschwören ihn, immer
in reichem Maasse auszubreiten seine vollkommensten Gunstbezeigungen und seine kostbarsten Segnungen und Geschenke überfliessen
zu lassen über seine Freunde der vergangenen Jahrhunderte, über
seine Stellvertreter, die ihnen gefolgt sind, das heisst über uns und
unsere Vorfahren, welche den rechten Weg eingeschlagen haben und
auf den guten Pfad geleitet worden sind, die von ihm auserwählt
worden sind, die nach der Wahrheit geurtheilt und sich der Gerechtigkeit gemäss betragen haben. O Menschen, ihr habt von Seiten
eures Herrn überzeugende Proben erhalten; wer die Augen geöffnet
halten wird, der wird Lohn dafür erhalten; wer sie aber verschlossen haben wird, den wird dafür Strafe treffen. Dies möge als Aufforderung dienen jedem, der denkt, und als Ankündigung jedem Menschen, der die Augen öffnet und nachdenkt. — O Menschen, wenn
Gott etwas will, so fasst er einen Beschluss darüber; wenn er einen
Beschluss fasst, so führt er ihn auch aus. So hat er durch einen
in Bezug auf uns gefassten Beschluss, bevor irgend etwas existirte,
erschaffen unsere Körper und hervorgebracht unsere Seelen, indem
er uns die Macht gewährte und uns mit der Kraft ausrüstete, in
einer Zeit, wo noch keine Himmel gebildet waren und die Erde
noch nicht ausgebreitet, wo die Sonne noch nicht erglänzte und der
Mond seinen Lauf noch nicht hatte an den Himmeln während der
Nacht, wo noch kein Planet am Himmel lief und die Nacht mit
ihren Schleiern die Erde noch nicht bedeckte, wo noch kein Him-
melsgewölbe die Erde einhüllte, noch keine Zunge sprach, noch kein
Flügel flog, wo noch keine Nacht, kein Tag, keine Sphäre sich
drehte, kein Gestirn am Himmel schwebte. Wir sind der erste seiner
Gedanken, das letzte seiner Werke; gebildet durch die Macht und
den Beschluss (Gottes) und durch einen wohlgemeinten Befehl, von
aller Ewigkeit. Wie sein Befehl gekommen ist zu dem Augenblick
seiner Vollendung und wie die Vollziehung seiner Plane beschlossen
worden ist, hat er uns beehrt durch die Hervorbringung aller Creaturen; er hat aus unserer Substanz geschaffen und hervorgebracht
ausserhalb die Elemente; er hat erschaffen aus unserem Wesen das
Licht und die Finsterniss, die Bewegung und die Ruhe, und in
Folge seiner Beschlüsse, die in seinem Vorherwissen lange vorher

gefasst waren, haben alle die Dinge, die ihr sehet, die Existenz
erhalten: die sich drehenden Sphären, die am Himmel schwebenden
Gestirne, die Nacht und der Tag, die unerfasslichen Wunder des Weltalls, die erfasslichen Zeugnisse seiner Beschlüsse; alle geschehenen
Ereignisse, deren Andenken die Geschichte bewahrt, alle die Ideen
von Gattungen, Gestalten und Arten, welche die Seelen in sich enthalten, alle feine und grobe Dinge, alle Dinge, welche Existenz erhalten haben oder welche im Nichts geblieben sind, alles was innerlich ist oder äusserlich, erfassbar durch die Vermögen des Geistes
oder greifbar und erkennbar durch die Sinne; was nahe ist oder
entfernt, was abwärts geht oder aufwärts — Alles ist erschaffen
worden für uns und unsertwegen, als eben so viele Zeichen, bestimmt auf uns hinzuweisen, als eben so viele Figuren, geeignet zur
Erkenntniss von uns zu führen, als Figuren, deren Gott sich bedienen wollte, um zu uns zu leiten diejenigen, welche einen rechten
Sinn und ein richtiges Urtheil haben, die von uns empfangen haben
vor dieser Zeit ausgezeichnete Geschenke, und die sich dazu verstanden haben, als Gegenstand ihrer Religion den innern Sinn *)
anzuerkennen. — Gott hat hierauf hervorgehen lassen aus dem Geheimnisse seines Wissens und aus dem Schatze seiner Beschlüsse den
Adam und die Eva, die beiden ersten Eltern, auf dass sie das Werkzeug der Hervorbringung des menschlichen Geschlechtes würden, auf
dass sie würden ein Emblem der durch die starke und energische
Macht dessen, der den Namen Maadd **) führt, hervorgebrachten
Offenbarung. Er hat sie zusammen verbunden durch die Ehe, und
sie haben Kinder erzeugt, deren Zahl sich vermehrt hat, und also
sind wir der Reihe nach aus reinen Lenden und heiligen und ausge-

---

*) Dieser „innere Sinn", Maana, ist die mit dem Imamat vereinigte
Gottheit. Die Nossaïriten beten noch heute den Maana, den innern Sinn,
an. Diejenigen, von welchen Moëzz hier spricht, sind die Generationen
der Präadamiten, deren in den Drusenbüchern oft Erwähnung geschieht.
(Sacy.)

**) Das will heissen, dass, wie das menschliche Geschlecht her-
vorgebracht worden sey durch die Vereinigung des Adam und der Eva,
ebenso auch in dem Gange der Religion die Hervorbringung der Proselyten durch die Vereinigung der Seelen mit den Wahrheiten zu Stande
komme. Maadd ist der Eigenname des Meëzz. (S.)

zeichneten Gebärmüttern hervorgegangen *). Alle die Lenden und alle
die Gebärmütter, welche uns enthalten haben, haben ein Wissen und
eine Macht geoffenbart, welche von uns kamen. Dies ist also fort-
gegangen bis auf unsern ersten Grossahn und unsern ausgezeichneten
Vater, den Herrn aller Abgesandten, den Imam aller Propheten, den
Ahmed und Muhammed **) (die Gnade Gottes ruhe auf ihm und auf
seiner Nachkommenschaft aller Orten!): seine Wohlthaten sind gross
gewesen und seine Arbeiten berühmt. Er hat die Polytheisten aus-
gerottet, die Gottlosen darniedergeschlagen, die Wahrheit geoffenbart,
die Wahrhaftigkeit ausgeübt; er hat sich hervorgethan durch das
Dogma der Einheit und er hat die Religion bekannt, welche die
Ewigkeit Gottes lehrt. Durch diese Religion sind die Idole gefallen,
ist der Islam befestigt, ist der Glaube geoffenbart worden, sind die
Zauberei und die Messe verschwunden, sind der Unglaube und die
Glaubenslosigkeit aufgehoben, ist das Feuer der Götzenaltäre ausgelöscht, sind in die Flucht geschlagen worden die Anbeter der Idole.
Er hat den Koran gebracht, welcher Zeugniss gegeben hat der Wahrheit, in welchem sich finden alle die geschehenen Ereignisse und
alles was geschehen soll bis auf den bestimmten Tag; den Koran,
der die Erklärung der frühern Bücher, »der vom Himmel gesandten
Schriften« enthält; der die Bedeutung aller Dinge in sich schliesst;
der Leitung ist und Gnade, ein Licht und eine leuchtende Fackel. —
Alles das aber ist nichts anderes als Zeichen, die sich auf uns beziehen, Vorspiele, uns vorangeschickt, Mittel, um unsere Offenbarung
vorzubereiten, Leitungen, Hinweisungen, Zeugnisse, Anzeichen von
guter Vorbedeutung, heilige, göttliche, treue, welche existiren,
welche hervorgebracht worden sind, welche die Existenz erhalten
haben, welche vorbereitet worden sind. Kein Natik hat gesprochen,
kein Prophet ist gesandt worden, kein Abgesandter ist erschienen,
der nicht uns angezeigt, der nicht zum Zwecke gehabt hätte, auf uns
die Blicke zu richten, der auf uns nicht hingewiesen hätte in seinen

---

*) Diese Lehre, nach welcher die Seele des Imam als der Reihe
nach von Generation zu Generation in verschiedene körperliche Gestalten übergehend betrachtet wird, ist ein Dogma, das von vielen Schiiten
angenommen ist, und auf welchem das Religionssystem der Drusen beruht. (Sacy.)

**) Beides sind Benennungen des Propheten. (S.)

Schriften und Reden, in den Emblemen seiner Lehre und den allegorischen Figuren seiner Unterweisung. Diese Hinweisungen existiren
wirklich und sind nicht nichtig, sie sind innerliche und äusserliche,
erkannt von allen denjenigen des heiligen Volkes, welche die Verkündigung gehört haben, welche gesehen und geschaut haben. Diejenigen aber unter euch, welche Solchem keine Aufmerksamkeit geschenkt haben, oder die es vergessen, die sich verirrt haben oder
in Irrthum gefallen sind, die mögen die alten Bücher und die geoffenbarten Schriften betrachten, ihre Augen richten auf den Koran
und auf die Erklärungen, welche er enthält, mögen, wenn sie in
der Unwissenheit sind, die unterrichteten Leute fragen; denn Gott
hat gesagt: »Wenn ihr unwissend seyd, so fraget die, welche wissend sind« (Sur. 16, Vs. 45)." *)

Dieser Brief, fügt Sacy bei, wirft ein grosses Licht auf die Prä-
tentionen der Fatimiten und auf ihre mystische Lehre, und beweist,
dass ihr System sich wenig von dem der Drusen unterschied. Diese
Identität, sagt Sacy noch weiter, wird auch von Hamsa anerkannt
in einer Schrift, wo er die Geschichte der Anfänge der ismaëlitischen
Secte in den Städten Hadschar und Lahsa erzählt; er erkennt dort
die Karmaten als wahre Unitarier an und sagt geradezu, dass Abu
Saïd, Abu Taher und mehrere andere Karmatenhäuptlinge Diener des
wahren Gottes, des Hakem, gewesen seyen. Moktana, ein anderer
Drusen-Schriftsteller, richtet ebenfalls einen Brief an die Häuptlinge
— die Seid's — von Lahsa, und erinnert an die Dienste, welche ihre
Vorfahren der unitarischen Religion erwiesen haben.

Noch theilt Sacy in seiner Einleitung S. CLXXVII — CLXXXII
fürs Sechste eine nach Ebn Atsir's Angabe aus einem Buche der Karmaten entnommene Stelle mit, welche wir, obwohl der Inhalt derselben gar nicht karmatisch oder ismaëlitisch lautet, doch hier ebenfalls mittheilen, weil wir nichts bei Seite liegen lassen zu dürfen
glauben, was, wenn auch mit Unrecht oder aus Versehen, den Karmaten zugeschrieben wird **). Die Stelle lautet also:

---

*) Sacy theilt hier in einer Anmerkung noch verschiedene Bruch-
stücke dieses Briefs aus einem Buche des Nowaïri über die Geschichte
der Fatimiten mit. Da dieselben aber nichts als Wiederholungen des
schon Gesagten und leere Phrasen und Drohungen enthalten, glauben
wir sie bei Seite liegen lassen zu dürfen.

**) Man vergl. den folg. Abschnitt, von den Nossaïriten.

„Dies ist es, was da sagt Alfaradsch, der Sohn Othman's, aus dem Dorfe Nasrana, der Daï des Messias, welcher ist Jesus, welcher ist das Wort, welcher ist der Mehdi, welcher ist Ahmed ben Muhammed, ben Hanefijja, welcher ist Gabriel. Er berichtete, dass der Messias ihm unter einer menschlichen Figur erschienen sey und ihm gesagt habe: »Du bist der Daï, du bist der Hoddscha, du bist die Kameelin, du bist das Thier *), du bist Johannes ben Zacarja, du bist der heilige Geist«; dass er ihn unterwiesen habe, dass die Verpflichtung des Gebethaltens in vier Beugungen bestehe, nämlich in zwei vor dem Aufgange der Sonne und in zwei nach ihrem Untergange; dass die Aufrufung zum Gebet darin bestehe, bei jedem Rufe viermal zu sagen: »Gott ist gross«; zweimal: »Ich bezeuge, dass es keinen andern Gott gibt ausser Gott«; hierauf: »Ich bezeuge, dass Adam der Apostel Gottes ist, ich bezeuge dass Noah der Apostel Gottes ist, ich bezeuge dass Abraham der Apostel Gottes ist, ich bezeuge dass Moses der Apostel Gottes ist, ich bezeuge dass Jesus der Apostel Gottes ist, ich bezeuge dass Muhammed der Apostel Gottes ist, ich bezeuge dass Ahmed ben Muhammed ben Hanefijja der Apostel Gottes ist«; dass man bei jeder Beugung lesen müsse das Istiftah (das erste Capitel) des von Gott dem Ahmed ben Muhammed ben Hanefijja geoffenbarten Buches; dass Jerusalem der Ort sey, gegen welchen man sich beim Beten zu richten habe; dass der Tag der gottesdienstlichen Versammlung der Montag sey und dass man an diesem Tage nichts thun dürfe; dass die zu lesende Sure folgende sey: »Gelobt werde Gott durch sein Wort und gepriesen werde er durch seinen Namen, er, der seinen treuen Freunden beisteht durch den Dienst seiner treuen Freunde. Sprich: Die Neumonde sind Zeitabschnitte, bestimmt für die Menschen (Sur. 2, Vs. 185); dem äussern Sinne nach handelt es sich von den Jahren, von der Chronologie, von den Monaten und Tagen; aber dem innern Sinne nach handelt es sich von meinen getreuen Freunden, welche meine Ansichten meine Diener kennen gelehrt haben. O ihr Einsichtsvollen, verehret mich, denn ich bin derjenige, dem man keine

---

*) Wohl eine Anspielung auf die Kameelin des Propheten Saleh (Sur. 74, Vs. 7) und auf das Thier, welches aus der Erde steigen und dessen Erscheinung eins der Zeichen des Weltendes und des jüngsten Tages seyn soll. (Sacy.)

Rechenschaft über sein Thun abfordert. Ich bin der Wissende und der Weise. Ich prüfe meine Diener und setze auf die Probe meine Creaturen; wer meine Prüfungen bestehen wird und die Leiden, welche ich ihm schicke, und die Drangsale, durch welche ich seine Tüchtigkeit oder Untüchtigkeit erprobe, den werde ich in meinen Garten setzen und werde ihn auf ewig Theil nehmen lassen an meiner Wonne; wer aber meinen Befehlen untreu werden und meine Gesandten als Lügner behandeln wird, den werde ich ewig, mit Schande bedeckt, in Pein und Qual verharren lassen. Ich habe die Frist, welche ich bestimmt hatte, geschlossen; ich habe meinen Willen durch die Zungen meiner Abgesandten geoffenbart. Kein Hochmüthiger hat sich wider mich erhoben, den ich nicht gedemüthigt, kein Mächtiger, den ich nicht erniedrigt hätte. Unheil über den, der halsstarrig auf seinen Meinungen besteht, der verharrt in seiner Thorheit; über die, welche sagen: Wir werden nicht aufhören uns daran zu halten unbestechbar und daran zu glauben unabänderlich. Dies sind die Ungläubigen.« Nach der Hersagung dieser Worte musste man die Beugung machen und bei derselben sprechen: »Gelobt sey mein Herr, der Herr des Ruhms! er werde erhoben über die Reden, welche die Gottlosen über ihn halten«; was man zweimal zu wiederholen hatte; hierauf musste man sich niederwerfen und dabei zweimal sprechen: »Gott ist sehr gross«; hierauf zweimal: »Gott ist sehr erhaben.« — Unter andern Dingen befahl er zwei Tage im Jahre zu fasten, an den Festen Mihrdschan und Neuruz; er verbot den Palmenwein und erlaubte dagegen den Traubenwein; er schrieb vor, wegen einer Verunreinigung dürfe man sich nicht am ganzen Leibe nach dem »Gosl« benannten Ritus waschen, sondern man solle sich hier mit der »Wodhu« benannten Abwaschung, die man vor dem Gebet anwende, begnügen; er befahl, ohne Barmherzigkeit diejenigen zu tödten, welche die Waffen wider ihn ergriffen, diejenigen dagegen, welche ohne die Waffen wider ihn zu ergreifen seine Lehre nicht annehmen wollten, blos einer Contribution zu unterwerfen; endlich befahl er, von keinem Thiere zu essen, das Hauzähne oder Klauen hätte." — Nach Bibars war auch die Pilgerfahrt nach Jerusalem vorgeschrieben.

Wir haben es schon oben ausgesprochen, dass der Inhalt dieser Stelle gar nicht karmatisch oder ismaëlitisch laute; denn die Karmaten und Ismaëliten nahmen als letzten Imam den Muhammed ben

Ismaël ben Dschafar an; auch findet sich der Name Alfaradsch ben Othman sonst nirgends in der Geschichte der Ismaëliten. Für was soll man nun aber den Urheber dieser Stelle halten? Wir vermuthen, dass es ein Jude gewesen, der ismaëlitische Grundsätze zu den seinigen gemacht oder vielmehr sie zu seinen Zwecken angewandt und gemissbraucht habe. Zu dieser Vermuthung berechtigt namentlich der Anfang und das Ende dieser Stelle.

Wir haben bis jetzt sechs Documente für die Lehre der Ismaëliten und Karmaten beigebracht. Diesen, sämmtlich aus Sacy's Einleitung zu seiner Darstellung der Drusen-Religion entnommenen sechs Documenten haben wir noch ein *siebentes* — aus dem Dschordschani'schen Verzeichnisse der 73 Secten des Islam —, welches Hammer im VI. Bande des Journal asiat. mitgetheilt hat, beizufügen. Daselbst lesen wir unter Nr. XVIII über die Ismaëliten Folgendes:

„Die Ismaëliten haben sieben verschiedene Namen *). Sie heissen nämlich 1) *Bateniten*, d. h. Innerer, weil sie ausser dem äussern (buchstäblichen) Sinn einen innern (allegorischen) Sinn der heiligen Schrift annehmen. Sie sagen von dem innern Sinne, dass er sich zu dem äussern wie das Mark zu den dasselbe enthaltenden Knochen verhalte, und behaupten, dass, wer sich blos an den äussern Sinn halte, sich mit eiteln nichtigen Dingen ermüde, und dass, wer dem innern Sinne folge, sich aller Vorschriften der Religion entledigen könne. — 2) *Karmaten*, nach Hamdan von Karmat, einem Dorfe in der Nähe von Wasith (vgl. oben S. 107 ff.). — 3) *Khurremiten*, d. h. die Frechen, weil sie sich alle verbotenen Genüsse erlauben. — 4) *Sabiiten* (Sebiéyé) d. h. Siebener, weil sie sieben Propheten als Träger des Wortes Gottes annehmen, nämlich: Adam, Noah, Abraham, Moses, Jesus, Muhammed und den Mehdi, und zwischen jedem dieser sieben Träger des Wortes Gottes sieben Imame; der Imam, welcher die Offenbarung von Gott hat, überträgt sie dem Hoddscha, dieser dem Dsu-massat, der Dsu-massat den Thoren (portes) d. h. den Missionären der Secte, welche den Neubekehrten

*) Hammer bemerkt hierzu, dass ausser den Namen, welche sie sich selbst geben, sie von ihren Gegnern auch noch Talimiten, Mazdekiten, Molahiden genannt worden seyen und verweist auf eine Abhandlung Sacy's über die Dynastie der Assassinen und die Etymologie ihres Namens.

die Schwüre · abnehmen und sie im Namen des Imam verpflichten. Auf der vierten Stufe der Eingeweihten steht der Ober-Missionär, auf der fünften der autorisirte oder gewöhnliche Missionär, welcher die Thore der Wissenschaft und der Kenntnisse den Candidaten eröffnet. Der auf der sechsten Stufe Stehende heisst der Beller, Aufforderer, weil er die Getreuen (Menschen) durch seine Reden und Ermahnungen auffordert, dem Missionär zu folgen, wie der Spürhund dem Jäger die Spur anzeigt, die er zu verfolgen hat. Die siebente Stufe nimmt der Gläubige ein, welcher ihm folgt. Es sind also sieben Stufen, wie es sieben Himmel, sieben Meere, sieben Länder, sieben Tage in der Woche, sieben Planeten gibt. — 5) *Babekiten*, weil mehrere von ihnen Babek, dem Frechen, gefolgt sind, welcher die Fahne des Aufruhrs in Adserbaidschan aufgepflanzt hat. — 6) *Muhammeriten*, d. h. die Röthlichen, von den rothen Kleidern, welche sie trugen. — 7) *Ismaëliten*, weil sie den Ismaël ben Dschafar al sadik für den (letzten) rechtmässigen Imam halten. Diese Secte, fügt Dschordschani bei, stammt von einer Secte fanatischer Magier her, welche, als sie einsahen, dass sie den Islam nicht durch Waffengewalt unterdrücken könnten, sich bemühten, seine Fundamente durch die allegorische Erklärungsweise zu untergraben und durch dieses Mittel die einfachen Leute zu fangen und nach und nach zur Annahme ihrer Dogmen zu bringen. Die Häupter dieser Lehre waren Hamdan von Karmat und Abdallah ben Maimum al Kaddah, welche ein besonderes Prüfungssystem für die Candidaten — um zu erfahren, ob einer für die Berufung fähig sey oder nicht — aufstellten. Sie verboten, in ihrer allegorischen Ausdrucksweise, »Samen auf salzigem Boden auszustreuen« d. h. untüchtige Menschen zu Proselyten zu werben, und »in einem Hause, wo eine Lampe sey, zu sprechen« d. h. in Gegenwart eines Weisen oder Schriftgelehrten. Nun lässt Dschordschani die Benennungen der sieben Grade der Einweihung folgen, welche wir schon oben S. 167 mitgetheilt haben. Hierauf fährt er also fort: Wenn der Candidat bei dieser (siebenten) Stufe angelangt war, war er reif, um in die Lehre von der Indifferenz der Handlungen und von der innern Erklärungsweise, nach ihrem Zwecke, eingeweiht zu werden. Sie lehrten: Gott sey weder existirend noch nicht existirend, weder wissend noch unwissend, weder mächtig noch schwach, und mengten unter ihre Dogmen Philosopheme. Hasan ben Muhammed al Sabah (der Stifter der Assassinen) begann eine neue Mission in der Eigenschaft eines in unmittelbarem Verkehr mit dem Imam stehenden Hoddscha, verbot die Mittheilung der Wissenschaften an das gemeine Volk und untersagte den Unterrichteten das Lesen der alten Bücher, aus Furcht, dass sie die Abscheulichkeiten seiner Lehre entdecken möchten. Sie traten alle religiösen Institutionen mit Füssen, bemächtigten sich der festen Plätze, machten sich den Königen furchtbar, verkündigten die Abschaffung aller göttlichen Gebote, die Indifferenz der Handlungen, und lebten wie Thiere ohne geistige Oberhäupter und ohne die Bande irgend eines Gesetzes." *)

Versuchen wir nun aus den beigebrachten sieben Documenten ein klares Bild der Ismaëliten und Karmaten zu construiren.

Wir fragen 1) nach ihrer Glaubenslehre; 2) nach ihrer Pflichtenlehre; 3) nach ihrer äussern und innern Organisation; 4) nach ihrem historischen Verlauf.

1. Als der Haupt- und Haltpunct der ismaëlitischen Glaubenslehre erscheint uns die von Abdallah aufgestellte *Prophetologie.* Das Wesentliche dieser Prophetologie besteht in Folgendem: Es gibt sieben Propheten, Natik's d. i. Sprecher, Lehrer genannt, von denen jeder einzelne sieben auf einander folgende Gehülfen oder Apostel, Samit's d. i. Schweiger genannt, hat. Der erste dieser Apostel (oder, wie man sie noch bezeichnender heissen könnte, Adjutanten) — den besondern Titel „Sus" d. i. Quelle, Ursprung, Wurzel, führend —

---

*) Wir fügen hier noch bei, was man bei Marracci über die (frühern) *Bateniten* liest. Es ist Folgendes: Batenitae, i. e. Internistae, (quibus opposili sunt Dhaharitae i. e. Exterioristae) asserunt, omni externo ac patenti esse internum ac latens, id est: verba externa Alcorani et Sonnae habere internas, nempe mysticas et allegoricas interpretationes, nec accipienda esse juxta literalem sonum. Et celebris est opinio eorum, sed contradicit et adversatur Alcorano et Sonnae; neque habet auctores antiquos approbatos. Porro Batenitae antiqui miscuerunt doctrinam suam cum doctrina aliquorum philosophorum, et asseruerunt: deum esse neque existentem neque non existentem, neque scientem neque ignorantem, neque potentem neque imbecillem, et ita de ceteris attributis. Nam si haec ponamus in deo, ponemus etiam communionem inter eum et inter creaturas; si vero a deo rejiciamus, eandem communionem excludemus. Neque poterant judicare, haec absolute ponenda esse in deo, neque absolute de eo neganda; dicebant enim: deus neque est aeternus, neque de novo productus, sed praeceptum et verbum ejus sunt aeterna; creatio vero ejus et res creatae sunt novae ac recentes.

empfängt unmittelbar von dem jedesmaligen Propheten die Lehre oder Religion desselben, er hat sie weiter zu verbreiten und aufrecht zu erhalten, er ist während der Lebzeiten des Propheten dessen Gehülfe und Begleiter; nach dem Tode des Propheten aber tritt er an dessen Stelle und nimmt nun selber einen Gehülfen oder Adjutanten an, der zu ihm in dasselbe Verhältniss tritt, in welchem er selber früher zu dem Propheten gestanden, und der dasselbe zu thun bekommt, was er selber früher zu thun hatte. Auf diese Weise folgen sich in ununterbrochener Reihenfolge sieben Apostel — schweigende oder stumme Propheten — von denen jeder zu seinem Vorgänger und Nachfolger in dasselbe Verhältniss tritt, in welchem der Prophet und dessen erster Gehülfe zu einander gestanden; das heisst: ein jeder wird zuerst Gehülfe des Propheten-Vertreters und dann nach dessen Tode wird er selber Propheten-Vertreter. — Ist die Reihenfolge dieser sieben Apostel oder stummen d. h. nichts Neues lehrenden Propheten vollendet, dann tritt ein neuer Prophet auf, welcher der Begründer einer neuen Religion wird und mit welchem eine neue Weltperiode beginnt. So folgen sich in ununterbrochener Reihe sieben Propheten-Sprecher mit je sieben Aposteln oder stummen Propheten. Geben wir, des Gesammtüberblicks halber, die schon oben S. 151 f. angeführten Namen dieser Propheten und ihrer Apostel hier nochmals an.

Der *erste* Prophet-Sprecher ist *Adam;* sein erster Apostel — Sus — ist Seth. Wer die übrigen sechs gewesen, ist nicht angegeben. Der *zweite* Prophet-Sprecher ist *Noah;* sein erster Apostel war sein Sohn Sem. Auch hier sind die folgenden sechs nicht genannt. Der *dritte* Prophet-Sprecher ist *Abraham.* Sein erster Gehülfe — sein Sus — war sein Sohn Ismaël. Die andern schweigenden Propheten dieser Periode werden wiederum nicht angegeben. Der *vierte* Prophet-Sprecher ist *Moses.* Als dessen Apostel werden drei genannt, nämlich als der erste sein Bruder Aaron, als der zweite Josua, als der letzte, siebente, Johannes, Sohn des Zacharias. Der *fünfte* Prophet-Sprecher ist der Messias *Jesus,* Sohn der Maria. Sein Sus war Simon Sefa. Die andern auf Simon folgenden Prophetenvertreter werden nicht genannt. Der *sechste* Prophet-Sprecher ist *Muhammed.* Als die sieben schweigenden Propheten (gewöhnlich Imame genannt) der von Muhammed gestifteten Religion werden genannt: Ali der Sohn Abu Taleb's, Hasan ben Ali, Hosein ben Ali,

Ali ben Hoseïn, Muhammed ben Ali, Dschafar ben Muhammed und
Ismaël ben Dschafar al Sadik. Der *siebente* Prophet-Sprecher, der
Stifter der ismaëlitischen Religion und noch (seit seinem Hingang) das
unsichtbare Oberhaupt derselben, ist *Muhammed ben Ismaël*. Ihm werden allerlei Titel gegeben, nämlich: Oberhaupt oder Herr der Zeit; al
Kaïm, d. i. der sich Erhebende; Herr der Sache; der Bezeichnete; Wasi,
d. i. Bevollmächtigter; Wali, d. i. der Vorgesetzte. Der am häufigsten
ihm zukommende Titel aber ist der des Mehdi d. h. des rechten
Führers oder des Erlösers, ein Titel, den mehrere Secten- und Dyna-
stienstifter angenommen, namentlich Obeïdallah, der Stifter der fatimitischen Dynastie in Afrika und Aegypten (in neuester Zeit wieder
das Haupt der Wechabiten). Oft wird er auch Imam genannt, ein
Titel, den sich alle Häupter der Ismaëliten anmaassten. Wer die
Apostel oder nachfolgenden Stellvertreter dieses siebenten Propheten
gewesen, ist nicht angegeben. Es kann aber keiner Frage unterliegen, dass Abdallah — der Begründer des ismaëlitischen Lehrsystems — die Nachkommen des Muhammed ben Ismaël, unter welchen er selber der vierte war, als solche angesehen wissen wollte[*].
Den Schlusspunct dieser Prophetologie des Abdallah bildet die Lehre
von der dereinstigen Wiedererscheinung des Muhammed ben Ismaël
(die nach Ablauf der siebenten Weltperiode erfolgen und mit welcher für die Bekenner der ismaëlitischen Religion ein goldenes Zeitalter anbrechen sollte). Was aber die Art dieser Wiedererscheinung
des Muhammed ben Ismaël betrifft, so wird ausdrücklich gelehrt,
„dass er auf geistige Weise in der Welt wieder erscheinen werde,
und dass die Menschen zu ihm wiederkehren werden durch ihre
Verbindung mit den geistigen Figuren"[**]; und an einer andern Stelle:
„dass er nur in der geistigen Welt erscheinen werde, wenn man vor

---

[*] Nach den Drusenbüchern waren die sieben ersten Nachfolger
Muhammed's ben Ismaël, die den Namen der sieben verborgenen
Imame (weil sie sich wegen der Verfolgungen der abbassidischen Khalifen verborgen halten und ihr Wesen im Geheimen treiben mussten)
führten, folgende: Ismaël ben Muhammed, Muhammed ben Ismaël, Ahmed ben Muhammed, Abdallah ben Ahmed aus dem Geschlecht des Maimun Kaddah, Muhammed oder vielmehr Ahmed ben Abdallah, Hoseïn ben
Muhammed (oder vielmehr ben Ahmed), endlich Abdallah Vater des Mehdi
(d. h des Obeïdallah?), der sich auch Ahmed nannte.

[**] Vgl. oben S. 177.

hm wandle im Nachdenken über die mystische Lehre." Diese Lehre von einem „geistigen" Wiedererscheinen Muhammed's ben Ismaël ward indess nur den tiefer Eingeweihten vorbehalten; das gemeine Volk, oder die in den niedern Graden der Einweihung Stehenden machte man ein leibliches, persönliches Wiedererscheinen glauben. In dieser Lehre von der Wiedererscheinung des Muhammed ben Ismaël liegt der Haltpunct und die hauptsächlichste Anziehungskraft der ganzen ismaëlitischen Religion. Indessen haben, nach unsern arabischen Berichterstattern, weder Abdallah selbst noch die nachfolgenden Häupter der Ismaëliten an eine Wiedererscheinung des siebenten Propheten — weder an eine leibliche noch an eine geistige — *geglaubt*, sondern sie haben diese Lehre nur aufgestellt und angenommen, um einen Stützpunct ihrer Autorität zu haben. Denn, sagen jene Berichterstatter weiter, sie dachten, wie über alle von den Moslimen anerkannten Propheten, so auch über den von ihnen als Schlussstein der Propheten aufgestellten Muhammed ben Ismaël geringschätzend, sie sahen in allen diesen Propheten nichts als „politische Propheten, Stifter bürgerlicher Gesetze", sie setzten dieselben weit unter die Philosophen, wie einen Plato und Aristoteles, welche sie Propheten der Philosophie oder philosophische Propheten nannten und in Betreff deren sie behaupteten, dass alle Propheten von diesen philosophischen Propheten Unterricht erhalten und dass sie ihre Religionen nur eingeführt haben, um die Menschen zu der Lehre der Propheten der Philosophie zu führen.

Uebrigens suchte Abdallah die Siebenzahl der Propheten und Propheten-Stellvertreter als eine nicht zufällige, sondern als eine nothwendige darzustellen, indem er sagte: Wie es sieben Himmel, sieben Erdreiche, sieben Planeten und dgl. gibt (und, fügte er bei, Gott hat nichts aufs Ungefähr erschaffen, nichts ohne bestimmte von einer weisheitsvollen Vernunft angegebene Ideen), ebenso gibt es und muss es sieben Propheten, sieben Propheten-Stellvertreter oder sieben Imame geben. Ausser dieser Siebenzahl finden wir in dem ismaëlitischen Lehrsystem auch noch eine Zwölfzahl. Es wird nämlich behauptet, dass jeder Imam, d. h. Propheten-Stellvertreter, von Hoddscha's, einer Art Apostel (vgl. oben S. 154) begleitet werde, die auf Erden verbreitet seyen und deren Zahl immer auf zwölf festgesetzt sey. Diese zwölf Hoddscha's sollen den zwölf Zeichen des Thierkreises, den zwölf Monaten, den zwölf Stammführern der Israëliten, den zwölf Nakib's, welche sich Muhammed bei seiner Flucht aus Medina erwählt habe, den zwölf Wirbelbeinen an dem menschlichen Körper u. dgl. entsprechen. (S. oben S. 155.)

Gehen wir nun von der Prophetologie der Ismaëliten zur Darstellung ihrer Lehre von Gott über. Diese ihre *Theologie* entspricht bis auf einen gewissen Punct ganz genau ihrer Prophetologie, ja man kann sagen, dass jene nichts als ein Abbild dieser sey *). Es wird nämlich gelehrt, dass, wie zur Begründung einer Religion Zwei gehören, die immer nothwendig beisammen seyn müssten — der Prophet-Sprecher und sein Apostel, der in seinem Namen spricht, der Natik und der Samit, von denen der Eine der ursprüngliche, der Andere der abstammende, der Eine der primitive, der Andere der secundäre ist —, ebenso von Anfang der Welt zwei Wesen gewesen seyen, welche das gemeinschaftliche Princip der Einrichtung des Weltalls seyen und die Ordnung in demselben aufrecht erhalten. Das eine dieser Wesen sey das mittheilende, das andere das empfangende; das eine sey erhaben, das andere untergeordnet; das eine habe vor dem andern existirt, das andere sey durch das erste erschaffen worden und zwar aus der eigenen Substanz des ersten, es existire durch dasselbe und könnte ohne dasselbe gar nicht existiren; das eine bringe primitive Dinge hervor, des andere gebe denselben die Gestalt und bilde daraus zusammengesetzte Dinge. Diese Lehre von zwei göttlichen Wesen sucht Abdallah durch Aussprüche des Korans zu rechtfertigen, wie wir dies oben, S. 105 ff., gesehen haben. Indess musste dem Abdallah daran gelegen seyn, den Muhammedanern gegenüber den Vorwurf des Dualismus, den man dieser seiner Lehre machen konnte, zu beseitigen. Hierin finden wir den Grund der weitern Lehre „dass jenes erste der göttlichen Wesen wiederum seine Existenz erhalten habe von demjenigen, von dem es sie erhalten, auf dieselbe Weise wie das zweite der göttlichen Wesen sein Daseyn erhalten von dem ersten, mit dem Unterschiede, dass dasjenige Wesen, von welchem jenes erste das Daseyn erhalten, weder Namen noch Attribute habe und dass Niemand von demselben spre-

---

*) Nach der Darstellung unsers Berichterstatters erscheint umgekehrt die Prophetologie als ein Abbild der Theologie. Es ist uns aber wahrscheinlicher, dass Abdallah von der Prophetologie ausgegangen und die Theologie nach derselben geformt habe.

chen dürfe noch ihm irgend eine Anbetung erweisen." Indem Abdallah also die beiden das Weltall regierenden Wesen einem dritten
göttlichen Wesen, einem Urgotte, unterordnete, mochte er glauben,
die Einheit Gottes gerettet oder den wahren Unitarismus gefunden
zu haben. Indess war dieser von Abdallah aufgestellte Unterschied
eines primitiven Gottes, der doch eigentlich nicht primitiv war, und
eines Urgottes ein zu spitzfündiger und zu flüssiger, als dass nicht
vielfach eine Verwechslung oder Identificirung dieser beiden hätte
eintreten müssen. Dass dies wirklich der Fall gewesen, haben wir
oben gesehen. Ja es scheint sogar, dass viele Ismaëliten von
jenem über den primitiven Gott stehenden Urgott nichts gewusst
haben oder haben wissen wollen, wiewohl andererseits die Ismaëliten sich dessen rühmen, dass sie Unitaristen seyen, d. h. dass sie
die wahre Einheit Gottes erkannt haben, was sie nur konnten, wenn
sie jenen Urgott annahmen. Was nun aber noch die Art der Entstehung jenes primitiven Gottes aus dem Urgott und wiederum die
der Entstehung jenes zweiten göttlichen Wesens aus dem ersten betrifft, so scheint Abdallah nichts Bestimmtes darüber gelehrt zu haben.
Unser Berichterstatter sagt blos, dass in diesem Puncte eine Meinungsverschiedenheit unter den Anhängern der Lehre Abdallah's Statt
finde, und zwar, wie er sich ausdrückt, sowohl hinsichtlich der
Mittel, durch welche das primitive Wesen sein Daseyn erhalten von
jenem Urwesen, das weder Namen noch Eigenschaften hat, als auch
in Bezug auf die Art und Weise der Entstehung des primitiven Wesens, ob sie nämlich von Seiten jenes Wesens ohne Namen freiwillig
gewesen oder unfreiwillig; endlich auch in Beziehung auf die Art
und Weise, wie das zweite jener göttlichen Wesen gebildet worden
von dem ersten. Vergeblich aber erwarten wir eine nähere Auseinandersetzung oder Begründung dieser Meinungsverschiedenheit. Es
wird blos angegeben: Die Einen sagen: das primitive Wesen sey
hervorgebracht worden durch einen jenem Urwesen beigekommenen
(schlechten) Gedanken, und ebenso sey das secundäre göttliche Wesen hervorgebracht worden durch einen dem primitiven beigekommenen Gedanken, wie, fügt unser Berichterstatter bei, einige der
Magier den Ahriman aus dem Alten durch einen schlechten Gedanken, welchen dieser gehabt habe, entstehen lassen. Nach Andern
habe der Urgott gedacht: könnte ich wohl oder könnte ich nicht
ein mir gleiches Wesen bilden? und so, durch diesen Gedanken,

sey das primitive göttliche Wesen gebildet worden und durch einen ähnlichen, diesem primitiven Wesen beigekommenen Gedanken das zweite. — Sollen wir nun kurz sagen, was denn eigentlich die Religion der Ismaëliten, d. h. der Anhänger Abdallah's, gewesen sey, so können wir uns nicht anders ausdrücken, als: sie war Dualismus, Polytheismus, Unitarismus, je nachdem man hinweglässt oder hinzuthut. Sie war Dualismus, wenn man bei jenen beiden göttlichen Wesen, dem primitiven und secundären, stehen bleibt; Polytheimus, d. h. Trinitarismus, wenn man dazu noch den Gott nimmt, der keinen Namen und keine Eigenschaften hat; Unitarismus, d. h. eine Art von Pantheismus, wenn man jene beiden göttlichen Wesen, das primitive und secundäre, in dem namen- und attributlosen Gott d. h. in Nichts aufgehen lässt. Das heisst nun aber mit Einem Worte nichts anderes, als: ihre Religion war Atheismus oder Naturalismus. Hiermit ist jedoch nicht gesagt, dass alle Ismaëliten Atheisten oder Naturalisten waren. Dies waren nur die Wenigen von ihnen, welche die höchsten Grade der Einweihung erhalten hatten. Die Uebrigen behielten den Glauben bei, dem sie zuvor ergeben gewesen waren, blieben also Monotheisten oder Dualisten, nur mussten sie noch dazu das Dogma von der Prophetenschaft des Muhammed ben Ismaël und von dessen Wiedererscheinung annehmen. Die Bekennung dieses Dogma's war das Hauptkennzeichen eines Ismaëliten. Dass aber Abdallah und die tiefer Eingeweihten unter seinen frühern und spätern Anhängern reine Atheisten oder Naturalisten waren, das erheben die schon mitgetheilten Aussprüche desselben (wie die von der Ewigkeit der elementarischen Principien der Substanzen, von der Verwandlung der Substanzen, der durch Zusammensetzung entstandenen Wesen und dergleichen, — Dogmen, die er, wie unser Berichterstatter richtig bemerkt, da und dort entlehnt und ohne Kenntniss unter einander gemischt hatte) über allen Zweifel. Noch unumwundener aber gab sich Abdallah als einen Atheisten oder Naturalisten zu erkennen in den Instructionen für die Daï's (die Werber), wo er unter anderm sagt (s. S. 175): „Findet es sich, dass die, mit welchen wir es zu thun haben, mit uns übereinstimmen und dass sie kein die Welt regierendes Wesen annehmen, so ist zwischen unserer Lehre und der ihrigen kein Unterschied mehr." Und wiederum (S. 177): „Von diesem Puncte aus werdet ihr Einige bis dahin führen können, dass sie dem Glauben an die Existenz der himmlischen Wesen, die unter dem Namen der

Engel bekannt sind, und dem an die Erschaffung des Menschen auf Erden entsagen, und dass sie glauben, es habe vor Adam viele andere Menschen gegeben. Ist euch dies gelungen, dann werdet ihr auch das Dogma von der Existenz Gottes und von der Sendung der Engel zu den Propheten zerstören und demselben die Wahrheit, das heisst die Ewigkeit des Universums, substituiren können." Eine natürliche Folge dieser Läugnung Gottes war die Läugnung der Vergeltung des Guten und Bösen, sowie die Läugnung eines andern Lebens; denn wer soll das Gute und Böse vergelten, wenn kein Gott da ist; und wie könnte ein jenseitiges Leben gehofft oder gefürchtet werden, wenn man keinen jenseitigen Gott glaubt. An die Stelle der Hoffnung eines andern Lebens wurde aber — gleichsam zum Ersatz — die eines bald anbrechen sollenden goldenen Zeitalters, wo mit der Wiedererscheinung des höchsten Propheten die Wahrheit, d. h. die ismaëlitische Religion (oder vielmehr Irreligion), den Sieg über alle Welt davon tragen sollte, gesetzt. Eine ebenso natürliche Folge jenes Atheismus war auch — denn wo man keinen Gott glaubt, ist man nur zu sehr geneigt, sich selbst zu einem Gott zu machen — die Selbstvergottungslehre, die wir in den Worten unsers Berichterstatters finden, wo er sagt: „Diese Leute lehren auch, dass der secundäre Gott durch seine Werke und Bestrebungen den Grad des primitiven erlange, dass ebenso der Prophet-Sprecher durch sein gutes Benehmen den Grad des secundären Gottes erreiche und an seine Stelle trete, dass der Sus, der erste Propheten-Stellvertreter, durch seine Bestrebungen den Grad des Sprechers erlange und ihm gleich werde, dass der Daï durch seine Werke und Bestrebungen den Grad des Sus erlange und ihm ganz gleich werde." Diese Lehre von dem Aufsteigen zu immer höheren Würden bis zur höchsten des primitiven Gottes ist ein würdiger Schlussstein der ganzen ismaëlitischen Glaubenslehre, die Vollendung des Naturalismus.

2. Wir gehen zur Darstellung der ismaëlitischen *Pflichtenlehre* über. Mit der Destruction jener Glaubensartikel, welche jeder geoffenbarten Religion eigen sind — von der Existenz eines die Welt regierenden göttlichen Wesens, von der Vergeltung des Guten und Bösen, von einem jenseitigen Leben u. s. f. — musste natürlich die Destruction aller der Pflichten Hand in Hand gehen, welche jene Religionen vorschreiben. Aber es war nicht genug, dass Abdallah seine Schüler unter dem Vorgeben, „die Erkenntniss des Herrn der

Wahrheit, zu welcher er sie gerufen habe, ersetze ihnen alles andere", von den Pflichten des Betens, Fastens u. dgl. entband, er erlaubte ihnen auch Raub und jede Art von Unsittlichkeit, ja Mord und Todtschlag; denn, sagte er, „bei der Erkenntniss des Herrn der Wahrheit haben sie nichts mehr zu fürchten, weder Sünde noch Strafe." Eine besondere abscheuliche Sitte, welche Karmat, der weiter ging als Abdallah, unter seinen Anhängern eingeführt wissen wollte, die aber doch nicht sehr weit sich verbreitet zu haben scheint, war die Weibergemeinschaft, von welcher er sagte: „sie sey die Vollkommenheit und der letzte Grad der Freundschaft und der brüderlichen Vereinigung." Bei dieser abscheulichen Zügellosigkeit und entsetzlichen Losgebundenheit von allen Pflichten der Religion waren indess die Ismaëliten nichts weniger als aller Pflichten entbunden. Vielmehr wurden ihnen anstatt der sanft zügelnden Fesseln religiöser Pflichten Fesseln der schwersten und gefährlichsten Art angelegt, die nicht Wenigen von ihnen den Tod brachten. Dahin gehört vor Allem die Pflicht eines unbedingten, völlig willenlosen Gehorsams gegen ihre Vorgesetzten und insbesondere gegen das Haupt ihrer Secte. Mit dieser Pflicht des Gehorsams war verbunden die der Vertheidigung ihrer Obern, gewiss keine leichte und gefahrlose Pflicht. Dazu kam als eine dritte Hauptpflicht die der Verschwiegenheit, an deren Haltung den Häuptern der Secte vor Allem gelegen seyn musste, daher sie dieselbe auch unter den stärksten Drohungen einschärften. Zu diesen Pflichten, zu deren Haltung Jeder vor der Aufnahme in die Secte sich durch einen schrecklichen Eid verbindlich machen musste, kam noch die Verpflichtung zur Entrichtung verschiedener, anfangs kleiner, dann immer grösserer Abgaben, ja später sogar zur Entäusserung alles eigenen Besitzes, den eines Schwertes ausgenommen: denn Abdallah wollte eine völlige Gütergemeinschaft eingeführt wissen. Noch besondere Pflichten hatten die Daï's, die Lehrer oder Werber der Secte. Ihnen, deren Aufgabe es war, Leute aus allen Religionen für die Secte zu gewinnen, lag es, um Achtung zu erwerben, ob, alles sorgfältig zu vermeiden, was irgend Tadel verdienen konnte, die strengste Rechtlichkeit zu beobachten, überhaupt ein enthaltsames, ernstes, frommes Leben zu führen. Aber das war noch nicht Alles. In den Instructionen für die Daï's wird ihnen noch weiter vorgeschrieben: „Ihr müsset auch bemüht seyn, eine gewisse Gewandtheit der Finger zu erlangen;

mässet lernen, die Augen und die Blicke durch Taschenspielerkünste zu verblenden, um Wunder thun zu können" u. dgl. Wo sie aber mit ihren Worten und Künsten der Verführung nichts ausrichten könnten, da sollten sie Gewalt brauchen, sich aller Güter bemächtigen, Weiber und Kinder aus dem Leben schaffen, Alles tödten was in ihre Hand falle. — Auffallend oder vielmehr empörend ist es, wie die Häupter und Lehrer der Secte, während sie so geflissentlich auf alle Entsittlichung hinarbeiteten und allen Glauben an Gott zu untergraben suchten, dabei stets die frömmsten Redensarten im Munde führen, von Gottvertrauen, dem Siege ihrer heiligen Sache u. dgl. reden konnten.

Bei der Betrachtung dieser Glaubens- und Pflichtenlehre der Ismaëliten muss sich die doppelte Frage aufdrängen: Wie konnte doch eine solche abscheuliche Lehre aufgestellt werden, und wie konnte eine solche Lehre so grossen Anhang finden? Was die erste dieser Fragen betrifft, so werden wir uns die Entstehung einer Lehre, wie die des Abdallah war, erklären können, wenn wir bedenken, von wie vielen politischen und religiösen Parteien zur Zeit des Abdallah die muhammedanische Welt zerrissen war und wie sehr damals sowohl eine missverstandene Philosophie als auch der alte Magismus um sich gegriffen hatte. Musste da nicht, fragen wir einfach, der Versuch gerechtfertigt erscheinen, eine Lehre aufzustellen, die so zu sagen Alles in Allem vereinte, die für den Schiiten so gut wie für den Sunniten, für die Muhammedaner sowohl wie für die Christen, für die Magier wie für die Juden passte? Als einen solchen Versuch, glauben wir, haben wir das Werk des Abdallah anzusehen, und wir würden diesem Urheber des ismaëlitischen Lehrsystems wohl Unrecht thun, wenn wir diesen seinen Versuch einzig und allein aus feindseligen Gesinnungen wider den Islam und andere geoffenbarte Religionen ableiten wollten, wie dies die Meinung unserer arabischen Berichterstatter ist. Wir glauben vielmehr, dass denselben neben jenen feindseligen Gesinnungen auch ein gewisser philosophischer Drang zur Aufstellung seiner Lehre gebracht habe. Dass ihm aber — dies die Antwort auf die zweite der obigen Fragen — dieser sein Versuch so trefflich gelungen, oder dass seine Lehre in verschiedenen Ländern des Orients so grossen Anhang gefunden, erklärt sich zum Theil schon aus der Natur dieser seiner Lehre selbst, zum Theil aus dem Allegorisations- (und Accommodations-) System, mit Hülfe dessen dieselbe begründet und welches zur Empfehlung oder Verbreitung derselben angewandt wurde, zum Theil endlich aus der tiefen moralischen und religiösen Gesunkenheit der damaligen Völker des Orients. Was den ersten Erklärungsgrund betrifft, so kann nämlich das gewiss keinem Zweifel unterliegen, dass die Lehre des Abdallah schon darum Vielen gefallen musste, weil sie (die einzige Lehre von der Prophetenschaft des Muhammed ben Ismaël und dessen zu erwartender Wiedererscheinung ausgenommen) rein negativer und destructiver Art war; denn wie hätte nicht das Vielen erwünscht seyn müssen, keinen Gott mehr glauben, keins der vom Propheten vorgeschriebenen Gebote, wie das des Betens, Fastens u. dgl. befolgen, keine Bestrafung des Bösen fürchten zu dürfen? Hat ja doch von jeher das Niederreissen von Glaubenswahrheiten und das Umstossen religiöser Pflichten, wenn es mit einem gewissen Anstande, oder mit, der Selbstsucht schmeichelnden, sogenannten philosophischen Gründen geschieht, von jeher auf die Gemüther grossen Einfluss geübt und immer der Beistimmung Vieler sich zu erfreuen gehabt! Nun hatte freilich Abdallah seinen Anhängern, während er sie von allen religiösen Pflichten entband, andere schwere Pflichten aufgelegt, wie wir oben gesehen haben; aber die Schwere dieser Pflichten wusste er zu erleichtern durch die Eröffnung jener glänzenden Aussichten auf eine (nahe bevorstehende) Zeit, wo die Anhänger seiner Lehre in Hülle und Fülle würden leben können und zu Herren der Erde würden gemacht werden. Als sehr wirksam für die Verbreitung der ismaëlitischen Lehre musste sich auch das Allegorisationssystem zeigen, vermittelst dessen dieselbe begründet und welches zur Empfehlung und Verbreitung derselben angewandt wurde *): denn was ist lockender und verführender als die Aussicht, welche der allegorische Schrifterklärer gibt, über die tiefere, innere, verborgene Bedeutung der Schriftworte und religiösen Gebote oder Sitten Aufklärung zu erhalten und so über die Meinungen und Ansichten des gemeinen Volks erhoben zu werden. Dieses Allegorisationssystem, dessen sich die Werber der Secte so trefflich zu bedienen wussten, musste sich aber um so wirksamer zeigen, als ihnen mit demselben eine unumschränkte Accommodation gestattet war, vermöge deren sie sich auf

---

*) Die ismaëlitische Lehre wurde deshalb „Wissenschaft des innern Sinnes" und ihre Anhänger Bateniten d. i. Innerer genannt.

den Standpunct eines Jeglichen herablassen, Jedem schmeicheln, Jedem
in seinen Ansichten und Ueberzeugungen bis auf einen gewissen Punct
Recht geben, Allen Alles seyn durften. — Bei allem dem wäre aber
wohl eine so schnelle und weite Verbreitung der ismaëlitischen Secte
nicht möglich gewesen, wenn nicht unter den damaligen Völkern des
Orients bereits eine grosse Irreligiosität und Demoralisation wäre
verbreitet gewesen: denn von den Lehrern der Theologie, deren es
im dritten und vierten Jahrhundert viele und namhafte gegeben hat,
konnte kein heilsamer Einfluss auf das Volk ausgehen, da sie sich
mehr mit Untersuchung spitzfündiger Fragen und mit scholastischen
Zänkereien oder mit Sammlung von Traditionssprüchen als mit theologischer Begründung des Islam befassten. Ebensowenig konnte von
dem geistlichen Haupte des Islam, dem Khalifen, ein günstiger Einfluss auf die Völker des Islam ausgehen, da in der genannten Zeit
seine Macht bereits gebrochen und sein Reich in viele unabhängige
Reiche getheilt war, mit dem Dahinschwinden seiner weltlichen Macht
aber auch die geistliche dahin war. In dem genannten Zustande der
damaligen Völker des Orients findet auch Nowaïri einen Hauptgrund
der schnellen Verbreitung der ismaëlitischen Secte. Nachdem aber
einmal dieselbe festen Fuss gefasst hatte, kam als das mächtigste
Mittel ihrer weitern Verbreitung die Gewalt der Waffen dazu, wie
dies aus den Worten des Nowaïri hervorgeht, welcher bemerkt:
„Die Strenge, mit welcher Abu Saïd — einer der eifrigsten Werber
der Secte — diejenigen Oerter behandelte, welche ihm einigen Widerstand geleistet hatten, indem er sie der Plünderung preisgab und
alle ihre Einwohner über die Klinge springen liess, verbreitete einen
solchen Schrecken in allen benachbarten Gegenden, dass die Einwohner entweder gleich sich unterwarfen oder ihr Vaterland verliessen." Nehmen wir alle diese Puncte zusammen, so werden wir
uns über die schnelle und weite Verbreitung der ismaëlitischen Secte
nicht mehr verwundern dürfen.

3. Versuchen wir nun, auch über die *Organisation* der Secte
eine klare Ansicht zu gewinnen. An der Spitze stand als unsicht-
bares Oberhaupt Muhammed ben Ismaël, der siebente der Propheten-
Sprecher. (Als solches wurde er von fast allen Arten der Ismaëliten
anerkannt.) Seine sichtbaren Stellvertreter waren die den Titel Hoddscha oder auch Imam führenden jedesmaligen Häupter der Secte. Als
deren erster ist wohl kein anderer als Abdallah, der Begründer des

ismaëlitischen Lehrsystems, anzusehen. Diese Würde des Propheten-
Stellvertreters oder Hoddscha's (oder Imams) war eine erbliche d. h.
sie ging vom Vater auf den Sohn über. Zur Zeit, wo Karmat, der
Stifter der Karmaten, für die ismaëlitische Lehre gewonnen wurde,
behauptete diese Stelle des Imam oder Hoddscha Ahmed, der Sohn
des Abdallah. Aber schon unter dessen Sohn und Nachfolger, Hoseïn, sank die Macht und das Ansehen der, so zu sagen, rechtmässigen, ersten Dynastie ismaëlitischer Imame, und es erstand eine
zweite durch den eben genannten Karmat, indem er die Oberhoheit
des Hoseïn nicht anerkannte, sondern für sich selbst die höchste
Würde eines Imam ansprach. Nun suchte zwar nach dem Tode
Karmat's einer von dessen Ober-Daï's, Zacruja, dem Hoseïn (d. h.
dem Hause Abdallah's) wieder das Imamat zu verschaffen; aber er
vermochte nur diejenigen Karmaten zur Anerkennung des Imamats
Hoseïn's zu bringen, unter welchen er (Zacruja) selbst als Daï gewirkt hatte. So blieb die Macht des Hauses Abdallah geschwächt,
bis sie durch Obeïdallah, den kräftigsten Abkömmling Abdallah's und
Stifter der Fatimiten in Afrika und Aegypten, wieder gehoben wurde.
Denn auch die Ismaëliten oder Karmaten von Bahrein, sowie die
von Jemen und Magreb scheinen seit Karmat's Abfall von Hoseïn die
Oberhoheit desselben sowie seiner Nachfolger nicht mehr anerkannt
oder wenigstens sich nichts um dieselbe bekümmert zu haben. —
Jedem Imam oder Hoddscha, d. h. dem sichtbaren Haupte, dem
Fürsten der Secte, zunächst stand der Ober-Daï, der Werber der
Werber, welcher eine grosse Anzahl untergeordneter Daï's, die wieder in verschiedene Classen zerfielen, unter sich hatte. Diese Daï's,
die Werkzeuge der Verbreitung der ismaëlitischen Lehre, haben aber
nicht blos den Beruf gehabt, Leute für ihre Secte zu werben durch
Verkündigung der ismaëlitischen Lehre, sondern ihnen war auch,
jedem in seinem Districte, das ganze Verwaltungsgeschäft — in geistlichen und weltlichen Dingen — anheimgegeben, wozu sie mit grosser
Gewalt ausgerüstet waren, denn sie durften nach Gutdünken hinrichten lassen, wen sie wollten. Dabei aber waren sie ihrem Ober-
Daï, und dieser dem Fürsten unbedingten Gehorsam schuldig. Nach
Nowaïri (s. oben S. 115) war jeder Daï verpflichtet, einmal im
Monat die Orte seines Bezirks zu besuchen. In Magreb, d. h. Nord-
afrika, wurden an gewissen Tagen Zusammenkünfte, Sitzungen, gehalten, wo der Ober-Daï den Eingeweihten, namentlich den Daï's,

Schriften oder Reden vorlas, welche zuvor die Approbation des Imam erhalten hatten und in welcher die eigenthümlichen Lehren der Secte auseinandergesetzt wurden (Sacy Einl. S. CCLXXIV). Eine solche Vorlesung fand z. B. an dem Freitage Statt, an welchem Obeïdallah in Rakkada den Titel des Mehdi, Fürsten der Gläubigen, annahm (Sacy a. a. O.). Später, unter dem dritten fatimitischen Herrscher in Afrika, dem Enkel Obeïdallah's, Moëzz, wurde daselbst eine besondere Lehranstalt für die Geheimlehre der Ismaëliten gegründet, welche den Namen *„Haus der Wissenschaft"* führte, und welche — unter demselben Namen — mit der Uebersiedelung der fatimitischen Herrscher von Afrika nach Aegypten, nach Kairo verpflanzt wurde, wo ihr von Hakem, dem von den Drusen als Gott angebeteten, sechsten Herrscher der Fatimiten, *„das Haus der Weisheit"* — die erste vollständige Universität — an die Seite gesetzt wurde*). Was nun die Schüler oder Bekenner der ismaëlitischen Lehre betrifft, so waren dieselben nach den verschiedenen Graden der Einweihung oder Stufen der Erkenntniss in eben so viele verschiedene Classen getheilt. Solcher Grade oder Stufen waren ursprünglich sieben. Später aber wurden sie, und zwar in Aegypten, auf neun vermehrt, bis sie durch Hasan, den Stifter der Assassinen, wieder auf sieben reducirt wurden. Auffallend ist, dass mit Ausnahme des Dschordschani, der (s. oben S. 167) die Namen der sieben Grade angibt, unsre übrigen arabischen Berichterstatter nur über die spätern neun Grade Bericht geben. Es lässt sich dies übrigens daraus erklären, dass ihnen, weil sie in Aegypten lebten, die Kenntnissnahme dieser neun Grade näher gelegen als die der sieben. Suchen wir uns einen Ueberblick über diesen Stufengang der ismaëlitischen Geheimlehre zu verschaffen. In dem *ersten* Grade der Einweihung wurden dem zu machenden Proselyten keine anderen Mittheilungen gemacht als solche, welche geeignet waren, Zweifel, Verwunderung und Verwirrung in seinem Gemüthe zu erregen. Zu dem Behufe wurden ihm allerlei Fragen über dunkle Gegenstände vorgelegt, und ihm angedeutet, dass deren Beantwortung nirgends anders als in der batenitischen Lehre gefunden werden könne. Im *zweiten* Grade wurde derselbe über die Nothwendigkeit

---

*) Man sehe: Hammer, Gemäldesaal, Bd. III, S. 235 ff.; Quatremère, Description de la maison de la science, in den Mémoires géograph. et histor. sur l'Egypte, II. S. 474 ff.

des Imamats belehrt, das heisst darüber, dass nur durch Vermittlung der Imame eine rechte Kenntniss von dem Wesen und den Geboten Gottes erlangt werden könne. Im *dritten* Grade wurden demselben die Namen dieser Imame genannt, und auseinandergesetzt, dass und warum deren nur sieben gewesen seyen und seyn könnten. Im *vierten* wurde er gleicherweise über die Siebenzahl der Propheten belehrt und ihm als der siebente dieser Propheten Muhammed ben Ismaël genannt. (Dies ist, bemerken unsere arabischen Berichterstatter, der erste Grad, in welchem der Daï seinen Schüler in offenbare Apostasie vom Islam, wo Muhammed als der [sechste] letzte und erhabenste der Propheten gilt, fallen lässt.) Im *fünften* Grade begannen die philosophischen Unterweisungen oder Beweisführungen, wenn man sie so nennen darf, denn es waren nur abgerissene, da und dort entlehnte philosophische Lehrsätze, mit denen der Proselyt bekannt gemacht wurde. Ausserdem wurde er in diesem Grade mit der Lehre von den zwölf Hoddscha's, den auf der Erde verbreiteten Gehülfen der Imame, bekannt gemacht. Im *sechsten* Grade wurde der Anfang mit der allegorischen Erklärung der religiösen Sitten und Vorschriften (des Fastens, der Pilgerfahrt u. dgl.) gemacht und die Philosophie (eines Plato und Aristoteles) immer mehr empfohlen und angepriesen. Im *siebenten* Grade wurde dem Proselyten das Wesen der Gottheit enthüllt, das heisst, es wurde ihm offenbart, dass es zwei göttliche Wesen gebe, den Vorangegangenen und den Nachfolgenden. Im *achten* Grade wurde ihm offenbart, dass es ausser diesen beiden göttlichen Wesen noch ein höheres drittes gebe, welches sich von jenen dadurch unterscheide, dass es ganz attributlos sey. Hier ist der Anfang des Pantheismus. Auch wurde in diesem Grade die allegorische Erklärung (in Bezug auf die Lehre von der Vergeltung des Guten und Bösen, von der Auferstehung, dem jüngsten Gericht und dgl.) weiter ausgeführt. Im *neunten* Grade endlich wurde dem Proselyten ohne Weiteres erklärt, dass alle positiven Religionen ungenügend oder gemein, geringfügig seyen, und dass alle Religionsstifter oder Propheten unbedeutende Leute — nur politische Propheten — gewesen und keiner Verehrung würdig seyen; dass, wer die Wahrheit erkannt habe, nicht mehr verbunden sey, die religiösen Gesetze zu befolgen, und dass die Erkenntniss der Wahrheit genüge.

Es braucht wohl kaum bemerkt zu werden, dass nur eine kleine Anzahl der Ismaëliten die höhern oder letztern Grade der Einweihung erhalten haben könne. Waren ja doch nicht einmal alle Daï's in die tiefern Geheimlehren der Secte eingeweiht. (Vgl. oben S. 157.)

Nach Dschordschani fand ausser dieser — ursprünglich sieben-, später neungliedrigen — Abstufung der Erkenntniss oder Einweihung noch eine andere siebengliedrige Abstufung oder Rangordnung unter den Ismaëliten Statt. Nach derselben war auf der ersten Stufe der Imam, welcher die Offenbarung von Gott erhält; auf der zweiten der Hoddscha; auf der dritten der Dsu-massat *); auf der vierten der Ober-Daï; auf der fünften der untergeordnete oder gewöhnliche Daï; auf der sechsten der Beller, Aufforderer — eine noch untergeordnetere Art von Daï's —; auf der siebenten der Gläubige. Dschordschani scheint aber eine unter den spätern Drusen herrschende oder eingeführte Rangordnung irrthümlicher Weise auf die Ismaëliten übergetragen zu haben, wie überhaupt sein ganzer Bericht über die Ismaëliten sowie über die andern Secten ein höchst ungenauer ist. So ist insbesondere auch seine Angabe, dass die Ismaëliten sieben verschiedene Namen gehabt haben, eine ganz ungenaue und willkührliche. — Wir haben hier noch die vereinzelt dastehende Angabe des Abulfeda beizufügen, dass im Jahr 366 d. H. die Karmaten von sechs Verwaltern regiert worden seyen.

4. Wir beschliessen dieses Capitel über die Secte der Ismaëliten und Karmaten mit einer übersichtlichen *Darstellung ihres historischen Verlaufs.*

Die Secte der Ismaëliten war in ihren ersten Anfängen nur eine gewöhnliche schiitische Secte, wie es deren viele gegeben hat, und hat erst im Verlaufe der Zeiten jene alle Religion und Sittlichkeit verachtende, den Islam untergrabende, staatenaufwieglerische Stellung angenommen. Als ihr erstes Haupt oder als ihr Stifter ist der im Jahr 148 d. H. verstorbene Nachkömmling Ali's *Ismaël ben Dschafar Sadik* anzusehen. Von ihm rührt wohl auch ohne Zweifel der Name Ismaëliten her. Ebenso scheint er der Erste gewesen zu seyn, der die allegorische Erklärungsweise der heiligen Schriften einführte oder in Anwendung brachte. Nach seinem Tode wurde von den meisten seiner Anhänger sein Sohn *Muhammed ben Ismaël* als Oberhaupt anerkannt und derselbe blieb, auch nachdem er gestorben,

---

*) S oben S. 190.

das Oberhaupt, nämlich das unsichtbare Oberhaupt der Secte, das heisst, sein Name wurde überall vorangestellt, Alles auf seinen Namen bezogen oder von ihm abgeleitet. Dem Muhammed ben Ismaël scheint es gelungen zu seyn, die von seinem Vater erhobenen Ansprüche weiter zu begründen; auch scheint er die Lehre desselben weiter ausgeführt zu haben. Aber erst der vierte Nachfolger Ismaël's, *Abdallah ben Ahmed*, aus dem Geschlecht des Maimun Kaddah (s. oben S. 191), ein Mann, der, wie Makrisi sagt, von allen Religionen und allen Secten vollkommene Kenntniss hatte, wurde um 250 d. H. der Stifter des Lehrsystems, welches wir im Obigen näher kennen gelernt haben. Er lebte zwischen 260 und 264 zu Salamia und Bassra. Unter ihm fing die Secte an in weitern Kreisen sich zu verbreiten. Noch grössere Ausdehnung erhielt sie unter seinem Sohne und Nachfolger im Imamat *Ahmed*, welcher überallhin seine Daï's sandte. Wir sehen aus dem Stamme der Secte fast gleichzeitig *drei* bedeutende Zweige erwachsen, nämlich: 1) in Irak (Kufa); 2) in Bahrein; 3) in Jemen und Magreb *).

1. In *Irak* (Kufa) wurde durch den von Ahmed abgesandten Daï *Hoseïn Ahwazi* um 264 für die Secte gewonnen: *Hamdan ben Aschath al Karmat*, ein Mann, wie Nowaïri sagt, von vielem Geist, erfinderisch in Hülfsmitteln, von einnehmendem Wesen, listig, beseelt von maasslosem Ehrgeize, um jeden Preis ein berühmter Mann zu werden. Von ihm her bekamen die Ismaëliten den Namen Karmaten. Hamdan nahm die Lehre Abdallah's, wie sie ihm von dem Daï Hoseïn mitgetheilt wurde, unverändert an, indem er sie nur praktisch noch weiter entwickelte. (Die Güter- und Weiber-Gemeinschaft zum Beispiel ist von ihm ausgegangen.) Im Jahr 277 liess er in dem Sowad von Kufa das „Haus der Flucht" erbauen, eine Veste, die ihm und den Seinigen zur Zuflucht diente. Die tüchtigsten der Daï's Hamdan's waren *Zacruja* und *Abdan*. Obwohl mit unumschränkter Macht herrschend blieb doch Hamdan dem in Salamia lebenden Imam (Oberhaupt) der Ismaëliten, Ahmed, gewissermaassen unterthan. Nach dem Tode des Ahmed aber erklärte sich Hamdan für unabhängig und brach die Verbindung mit den Ismaëliten und deren Oberhaupte in Salamia ab. Zur Wiederanknüpfung dieser Verbindung kam nun zwar

---

*) Der Nebenzweige gab es auch einige.

ein Sohn Kaddah's, d. h. wahrscheinlich Hoseïn, nach dem Sowad von Kufa, aber Hamdan war nirgends aufzufinden, er war verschwunden — auf immer, Niemand wusste wie. Jener Sohn Kaddah's versuchte sofort den obersten Daï Hamdan's, Abdan, für sich und seine Sache zu gewinnen, aber Abdan hatte kurz zuvor der ismaëlitischen Lehre entsagt, da er der Falschheit derselben auf den Grund gekommen. Nun versuchte es Hoseïn mit dem andern Ober-Daï Hamdan's, dem Zacruja. Dieser liess sich gewinnen und auf sein Anstiften wurde Abdan im Jahr 286 ermordet. Da aber Abdan einen grossen Anhang gehabt hatte, musste Zacruja, als Mörder des Abdan, sich flüchtig machen und zwei Jahre lang sich verborgen halten, der Sohn Kaddah's aber heimkehren. Im Jahr 288 schickte Zacruja seinen Sohn Hasan mit einem andern Karmaten, Namens Hasan ben Ahmed Abulhoseïn, nach Syrien, um die ismaëlitische Lehre unter dem Stamme der Benu-Kelb auszubreiten. Auf die Nachricht von dem günstigen Erfolge ihres Versuches verfügte sich der Sohn-Kaddah's selbst, begleitet von Modatthar und Motawwak, zu den Arabern des Stammes Benu-Kelb und wurde von denselben als „Genosse des Imam" mit Jubel aufgenommen. In einer Schlacht aber bei Damascus wurde er besiegt und getödtet und seine Truppen zerstreut. Dies geschah im Jahr 289. Nun stellte sich Hasan, Zacruja's Sohn, indem er den Namen Ahmed Abulabbas annahm (er wurde auch Sahib al schama d. i. Fleckenherr genannt) selbst an die Spitze. Er wurde aber von Muhammed ben Soleiman mit dem Beinamen al Catib besiegt, auf der Flucht sammt Modatthar und Motawwak ergriffen und qualvoll ums Leben gebracht. Vor seiner Flucht hatte er einen gewissen Abulhoseïn Kasem zu seinem Stellvertreter aufgestellt, aber derselbe glaubte sich nicht halten zu können, und begab sich daher zu Zacruja. Mit ihm unzufrieden schickte Zacruja nun einen gewissen Abu Ganem, der sich Nasir hiess, einen gewesenen Schulmeister, nach Syrien, um 293. Nach dessen bald erfolgtem Tode wurde aber wiederum jener Abulhoseïn Kasem dahin abgeordnet, der den nun aus seinem Schlupfwinkel hervorgegangenen Zacruja den Truppen mit den Worten vorstellte: „Das ist euer Meister, euer Herr, euer Patron." An der Spitze eines zahlreichen Heeres (denn auf die Nachricht von seiner Ankunft stellten sich alle seine Anhänger, die er in Sowad hatte, ein) griff Zacruja im Jahr 294 die Mekka-Karawane an, und machte zwanzigtausend Pilger nieder.

Aber eine von dem Khalifen aus Bagdad gegen ihn ausgesandte Armee schlug die Karmaten; Zacruja selbst wurde gefangen genommen und starb auf dem Wege nach Bagdad an den erhaltenen Wunden. Mit seinem Tode war zwar die Macht der Karmaten in Syrien gebrochen, aber dieselben dauerten, in verschiedene Parteien sich spaltend, noch lange fort. Eine besondere Secte unter denselben stiftete (in Sowad) Abu Khatem, die man, nach dem Namen ihres Daï Burani, *Buraniten* nannte. Sie wurden auch *Nakaliten* genannt. Nach Verfluss eines Jahres war aber keine Rede mehr von ihnen.

2. Nach *Bahreïn* brachte die ismaëlitische Lehre *Jachja ben Mehdi* ums Jahr 281. Ihre weitere Ausbreitung aber daselbst erhielt sie durch *Abu Saïd Dschenabi*, einen Kürschner, der sich bald an der Spitze einer beträchtlichen Streitmacht sah und im Jahr 286 in Bahreïn zu wirken anfing. Dschenabi war ohne Zweifel schon vor dem Erscheinen Jachja's in Bahreïn mit der ismaëlitischen Lehre bekannt, ja es ist wahrscheinlich, dass er von al Karmat selbst für dieselbe gewonnen worden ist oder dass er seine Sendung von diesem erhalten hat; da seine Anhänger nicht Ismaëliten, sondern Karmaten genannt wurden. Dieselben waren meistens Fleischer, Lastträger und andere gemeine Leute. Abu Saïd, der über die gegen ihn gesandte Armée des Khalifen Motadhed-billah verschiedene Vortheile gewann, wurde mit mehreren andern Karmatenhäuptlingen von einem seiner Eunuchen ermordet. (Vgl. auch Hammer Gemäldesaal Bd. III, S. 10.) Ihm folgte sein Sohn *Abulkasem Saïd*, aber nur so lange, bis ein jüngerer seiner Söhne, *Abu Taher*, den er als seinen Nachfolger bezeichnet hatte, im Stande war, die Regierung selbst zu übernehmen. Dies geschah im Jahr 305. Abu Taher war der schrecklichste aller Karmatenfürsten. Im Jahr 311 eroberte er Bassra. Das Jahr darauf plünderte er die Mekka-Karawane und eroberte Kufa, das er aber wieder verliess, nachdem er es ausgeplündert hatte. Im Jahr 315 erschien er wieder in Kufa und Irak und verbreitete Schrecken bis nach Bagdad. Im Jahr 317 nahm er Mekka ein, entweihte alle heiligen Orte und nahm den schwarzen Stein hinweg. Im Jahr 332 starb er an den Masern, wie auch sein Bruder *Abu Mansur Ahmed*. Ihre Nachfolger wurden ihre beiden Brüder *Abulkasem Saïd* und *Abulabbas*. Unter ihrer Regierung wurde auf das Verwenden Obeïdallah's, des ersten fatimitischen Khalifen, der schwarze Stein nach Mekka zurückgebracht. Im Jahr 360

kam *Hasan*, Sohn des Abu Mansur Ahmed und Enkel des Abu Saïd Dschenabi, an den die Herrschaft über die Karmaten Hadschars übergegangen war, nach Syrien, über welches damals der fatimitische Khalife Moëzz Herr war, und eroberte, von den Akschiden, sowie von Bakhtijar, einem buidischen Prinzen, und von Abu Tagleb unterstützt, Damascus und andere Städte Syriens. Von Syrien aus zog er nach Aegypten gegen Moëzz, der ihn — aber vergebens — einlud, sich mit ihm zu vereinigen, da die Lehre, zu welcher er sich bekenne, von der der Karmaten nicht verschieden sey. Hasan rückte bis Aïn-schems vor, belagerte Kairo und bemächtigte sich des Grabens. (Vgl. auch Hammer, Gemäldesaal Bd. III. S. 219.) Moëzz wäre verloren gewesen, wenn nicht ein Anführer der Truppen Hasan's, Namens Mofarradsch, zu ihm übergegangen wäre. Nun aber musste Hasan fliehen 363. Im folgenden Jahre riefen die Einwohner von Damascus, das von Moëzz wieder genommen worden war, die Karmaten zu Hülfe; aber Aziz, der Nachfolger des Moëzz, schlug sie. (S. Hammer a. a. O. S. 229.) Hasan starb zu Ramla 366. Sein Nachfolger wurde *Dschafar*, einer seiner Vettern. In demselben Jahre ist (nach Abulfeda) noch ein anderer Karmate von Bedeutung gestorben, nämlich *Jusuf ben Hasan*. Nach dessen Tode sind (nach Abulfeda) die Karmaten von sechs Verwaltern regiert worden, welche den Titel „Saïd" führten. Zwei derselben, Namens *Dschafar* und *Ishak*, nahmen im Jahr 375 Kufa, wurden aber darauf von den Truppen des Samsan-eddaula geschlagen. Von dieser Zeit an hörte man von den Karmaten in Irak und Syrien nicht mehr [viel] sprechen. Im Jahr 378 schloss ein Araber, Asfar, die Karmaten in Lahsa ein, bemächtigte sich der Stadt Elkatif und nahm den Karmaten Alles. Dieser Verlust zerstörte die Macht der Karmaten und von nun an, sagt Nowaïri, sey von ihnen in der Geschichte nicht mehr die Rede gewesen. Nach den Büchern der Drusen aber sind die Karmaten von Lahsa noch im Jahr 429 von sechs Verwaltern (Saïd) regiert worden (s. Sacy II, S. 343 ff.).

- 3. Um dieselbe Zeit, wo Hoseïn Ahwazi in Kufa zu wirken anfing, fing *Ebn Hauscheb* an, die ismaëlitische Lehre in *Jemen*, wiewohl nur versteckt, vorzutragen. Er fand zunächst unter dem schiïtisch gesinnten Stamme der Benu-Musa grossen Anhang *). Zwei

*) Näheres über Ebn Hauscheb (nach Nowaïri) bei Sacy I, CCCCXLV f.

andere Dai's (entweder von Kufa aus, oder von Ebn Hauscheb ab-
gesandt), Namens *Holwani* und *Abu Soffan*, kamen nach *Magreb*
und fanden daselbst ebenfalls bald grossen Anhang. Nach deren fast
gleichzeitig erfolgtem Tode wurde von Ebn Hauscheb ein gewisser
Abu Abdallah Hoseïn Alschii nach Magreb beordert. Derselbe kam
im Jahr 280 in Ketama an und sagte den Ketamiten, dass er „der
Herr des Samens" sey, von welchem ihnen Holwani und Abu Soffan
gesagt haben, und dadurch gewann er dieselben ganz für sich. Unter
seiner Anführung schlugen die Ketamiten mehrere berbersche Stämme.
Dies veranlasste den Ibrahim Aglabi, der damals in Afrika herrschte,
eine Armee, unter dem Befehle seines Sohnes Ahwal, gegen Abu
Abdallah zu senden. Ahwal schlug zwar den Abu Abdallah in einer
Schlacht, ward aber durch Schneegestöber verhindert, denselben zu
verfolgen. Abu Abdallah erbaute hierauf in Ankidschan eine Stadt,
welche er „*Haus der Flucht*" nannte; und schon unter Ziadet-allah,
dem Nachfolger Ibrahims in der Herrschaft über Afrika, verbreiteten
sich die Armeen des Abu Abdallah in dem ganzen Lande und er
verkündigte aller Orten die baldige Ankunft des Mehdi. Nun lud er
den *Obeïdallah*, Sohn des Hoseïn ben Ahmed oder vielleicht Sohn
des Ahmed selbst (vgl. Hammer, Gemäldesaal III, S. 209 u. 210)*),
ein, nach Magreb zu kommen, um das Imamat zu übernehmen. Obeïdallah zeigte sich hierzu bereit. Er (ohnedies von dem Khalifen
Mostacfi verfolgt) verliess Salamia, ging nach Aegypten, floh, von
dem dortigen Statthalter verfolgt, nach Tripoli und von da nach
Kastilia, wo er aber auch nicht lange bleiben konnte. Unterdessen
hatte Abu Abdallah Alschii Meïla, Satif und andere Städte erobert.
Bei Constantine besiegte er auch noch ein Heer des Ziadet-allah von
vierzigtausend Mann, dessen Anführer Ibrahim ben Hauscheb war;

---

*) Obeïdallah gab sich selber folgende Abstammung: Obeïdallah ben
Hasan, ben Ali, ben Muhammed, ben Ali, ben Musa, ben Dschafar,
ben Muhammed, ben Ali, ben Hasan, ben Ali, ben Abu Taleb. — Nach
gewichtigen Genealogen war sein Name eigentlich Saïd und seine Genealogie folgende: Saïd ben Hoseïn, ben Ahmed, ben Abdallah Kaddah,
ben Abu Schakir Maimun, ben Daïsan, ben Saïd beigenannt Gadhban.
Jener Saïd (der Ahnherr Obeïdallah's) gehörte zu den Bewohnern von
Ram-Hormuz, einer Gegend von Ahwaz, und war Anhänger einer
magischen Secte der Khorremiten. Man sehe Sacy, Einleitung S.
CCCCXXXVIII, vgl. S. CCCCLII.

ebenso ein zweites Heer desselben unter Harun ben Tabni, und 295 ein drittes unter der Anführung des Ibrahim ben Abulaglab. Nun unterwarf sich Abu Abdallah die Städte Kastilia und Kafsa. Im Jahr 296 traf Abu Abdallah wieder, und zwar an der Spitze von zweimalhunderttausend Mann, mit Ibrahim, dessen Mannschaft unzählbar war, zusammen und auch diesmal ward Abu Abdallah Sieger. Ibrahim floh nach Kaïrowan, Abdallah aber zog sich nach diesem letzten Siege nach Comuda zurück. Ziadet-allah rettete sich nach Aegypten und wollte von da nach Bagdad, um bei dem Khalifen Moktader Hülfe zu suchen. Der Khalife von Bagdad aber liess ihn ein Jahr lang in Rakka warten und nach Verfluss dieses Jahres musste er unverrichteter Dinge nach Magreb zurückkehren. Nachdem er daselbst lange auf die Truppen gewartet, welche ihm der Gouverneur von Aegypten verschaffen sollte, um seine Staaten (Afrika) wieder zu gewinnen, ging er — ungeduldig und krank — nach Missr, von da nach Jerusalem und starb zu Ramla. Nach der Flucht des Ziadetallah zog aber Abu Abdallah in Rakkada ein und gewann Kaïrowan und ganz Afrika. Nun dachte er an die Befreiung Obeïdallah's, der damals in Sedschelmessa gefangen lag. Zu dem Zwecke verliess er Afrika, dessen Regierung er seinen Brüdern Abulabbas (dem ehemaligen Begleiter Obeïdallah's) und Abu Zaki überliess, und begab sich selbst nach Sedschelmessa. Er versuchte von dem Emir dieser Stadt, Elisa, zuerst durch gute Worte die Auslieferung des Obeïdallah zu erlangen; als diese aber nichts halfen, brauchte er Gewalt. Elisa verliess nun die Stadt, wurde aber aufgefangen und getödtet. Der befreite Obeïdallah wurde nunmehr von Abu Abdallah dem Volke als „ihr Herr" vorgestellt. Im Jahr 297 zog Obeïdallah nach Rakkada und nahm den Titel *Mehdi*, Fürst der Gläubigen, an. Nun aber verwandelte sich der Eifer Abu Abdallah's für ihn in Eifersucht wider ihn, so dass er ihn aus dem Wege schaffen wollte, aber Obeïdallah kam ihm zuvor. Im Jahr 298 fielen Abu Abdallah und seine Brüder Abulabbas und Abu Zaki meuchelmörderisch durch Obeïdallah, der die für Abu Abdallah eingenommenen Gemüther durch Erlass einer Amnestie beruhigte, und nunmehr unumschränkter Herrscher von Afrika wurde. So kamen denn die Zügel der ismaëlitischen Herrschaft wieder in die Hände des Hauses, welches dieselbe begründet hatte. Obeïdallah starb im J. 322. Wie aber er, so waren auch seine Nachfolger Anhänger der ismaëlitischen (batenitischen) Lehre.

Unter dem sechsten derselben, dem Hakem, sehen wir die ismaëlitische Secte in die der *Drusen* übergehen, und ein Jahrhundert später
erwuchsen aus demselben Stamme (der Ismaëliten) die *Assassinen*.
Bevor wir aber zu den Drusen übergehen, müssen vorher in einem
besondern Capitel die Nossaïriten abgehandelt werden.

8. *Die Nossaïriten (und Ishakiten).*

Die Nossaïriten, auch Ishakiten genannt, sind im Wesentlichen
— was Tendenz und Lehre betrifft — mit den Ismaëliten oder Kar-
maten Eins, aber sie werden doch nirgends blos als ein Nebenzweig
derselben, sondern überall als eine eigene Secte aufgeführt. Stellen
wir zuvörderst die verschiedenen sie betreffenden Stellen aus Pococke,
Marracci, Hammer, Sacy zusammen, wodurch wir dann eine klarere
Einsicht in das Wesen und die Stellung dieser Secte gewinnen werden.
Abulfaradsch bei Pococke (S. 24) sagt über dieselben: „Zu den
Ultra-Schiiten gehören auch die Nossaïriten, welche behaupten, dass
Gott in der Gestalt Ali's erschienen sey und dass er die tiefsten
Geheimnisse durch dessen Zunge geoffenbart habe. Einige von ihnen
sind so weit gegangen, dass sie ihre Imame über alle Menschen er-
höben und denselben göttliche Eigenschaften beigelegt haben."
Zu dieser Stelle gibt Pococke in den Noten folgende Erklärung:
„Schahristani verbindet sie mit den Ishakiten (dasselbe thut auch
Dschordschani bei Hammer), aber er gibt nicht an, wie er dies bei
andern Secten zu thun pflegt, woher sie ihren Namen erhalten haben; sondern er sagt blos: sie seyen aus der Zahl derjenigen,
welche das Maas überschritten, und es sey eine grosse Menge, die
ihrer Secte anhange. Sie sagen: Es sey eine ausgemachte Sache,
dass geistige Wesen in körperlichen Gestalten erscheinen; so seyen
die Engel und der Teufel erschienen. Sie behaupten daher auch:
Gott erscheine in der Gestalt menschlicher Personen; und da seit
Muhammed kein Trefflicherer erschienen sey als Ali, und da nach
diesem seine Söhne die ausersehenen, die besten der Geschöpfe
gewesen seyen, so sey Gott in ihrer Gestalt erschienen und habe
durch ihre Zunge gesprochen und habe sich ihrer Hände bedient,
und deshalb, sagen sie, haben wir ihnen den Namen der Gottheit
beigelegt." „Sie", lesen wir bei Pococke weiter, „erzählen auch
viele wunderbare Handlungen Ali's; unter anderen, dass er die Thore

Chaibar von ihrer Stelle weggetragen, worin sie einen klaren Beweis sehen, dass in ihm etwas von der Gottheit und eine allmächtige Kraft gewesen, und dass er es gewesen sey, in dessen Gestalt Gott erschienen und durch dessen Hände er [seine Werke] erschaffen und durch dessen Zunge er seine Befehle gegeben; weshalb sie denn auch sagten: er habe vor der Erschaffung der Himmel und der Erde existirt. So," fügt Pococke bei, „tragen sie gottloser Weise, was in der heiligen Schrift von Christus ausgesagt wird, auf Ali über."

Ganz kurz äussert sich Dschordschani (bei Hammer Journal asiat. Bd. VI.) über unsere Secte also: „Die Nossaïriten (Num. 36) und Ishakiten (Num. 37) behaupten, dass Gott sich in Ali verkörpert habe, dass der Geist sich in einer körperlichen Form offenbare, wie Gabriel und Satan unter einer menschlichen Gestalt erschienen sey; dass Ali und seine Söhne von Gott begünstigt worden, die Mittheilung der geheimsten Mysterien zu erhalten; daher sie dieselben Götter nennen; dass Muhammed die Götzenanbeter und Ali die Heuchler umbrachte."

Aehnliches lesen wir über unsere Secte bei Marracci S. 84, nämlich: „Die Nossaïriten und Ishakiten behaupten, dass die Erscheinung des Geistes in einem materiellen Körper nicht geläugnet werden könne, da Gabriel in der Gestalt eines Menschen, und Satanas in der Gestalt eines unvernünftigen Thieres erschienen sey; so sey denn Gott in der Gestalt Ali's und seiner Söhne erschienen und habe durch ihre Zunge gesprochen und durch ihre Hände gewirkt."

Genauere Nachrichten über die Secte ertheilt Sacy. Zuerst gibt er (S. CLXXXIII der Einleitung) nach Mittheilung des nach unserer Zählung sechsten Documents über die Ismaëliten (S. 187 ff.) über die Nossaïriten folgende Bemerkung: „Es geht aus dieser Erzählung hervor, dass die Karmaten und Nossaïriten eine und dieselbe Secte sind, oder vielmehr, dass die Ismaëliten, der Stamm der Karmaten, von den Nossaïriten nicht verschieden sind. Und wirklich erzählt Abulfaradsch in seiner syrischen Chronik von den Nossaïriten, was er in seiner arabischen Chronik von den Karmaten erzählt (s. weiter unten), indem er beifügt, dass er alles dies berichte, weil eine grosse Zahl von Menschen den Ursprung der Nossaïriten kennen zu lernen wünsche. Auch geht", bemerkt Sacy weiter, „aus den Drusenbüchern hervor, dass die Nossaïriten wirklich zu den meisten Dogmen der Ismaëliten sich bekannten, dass sie alle gesetzlichen Bestimmungen allego-

risirten und von der buchstäblichen Befolgung derselben dispensirten
dass sie ohne alle Schaam Ehebruch und alle Arten von Unzucht
zuliessen *); dass sie an eine Seelenwanderung glaubten; endlich
dass sie eine Vereinigung der Gottheit mit Ali und seinen Abkömmlingen annahmen."

Ausführlicher spricht Sacy über die Nossaïriten in dem zweiten
Bande seines Exposé, wo er denselben einen besondern Abschnitt,
S. 559 — 586, widmet **). Nachdem er hier zuvörderst die von
Pococke (von uns oben) mitgetheilten Notizen über die Nossaïriten
beigebracht hat, fährt er also fort:

„Das Formular der Drusen spricht auch von einem Sectirer,
Namens Nossaïri, welcher gewiss das Haupt der in Rede stehenden
Secte ist. Man liest in demselben Folgendes. Frage 44: Wie haben
sich die Nossaïriten von den Unitariern (damit sind hier die Drusen
gemeint) getrennt und die unitarische Religion verlassen? Antwort:
Sie haben sich getrennt, indem sie der Lehre Nossaïri's folgten, welcher sagte, dass er der Diener unsers Herrn, des Emirs der Gläubigen sey, und der die Gottheit unsers Herrn Hakem läugnete und
sich zu dem Glauben an die Göttlichkeit Ali's, des Sohnes des Abu
Taleb, bekannte; er sagte auch, dass die Gottheit sich der Reihe
nach in den zwölf Imamen der Familie des Propheten geoffenbart
habe; dass sie verschwunden sey, nachdem sie sich in Muhammed,
dem Mehdi, dem Kaïm, geoffenbart habe; dass sie sich in dem Himmel verborgen habe, und dass sie, nachdem sie sich in einen blauen

---

*) Sacy theilt S. 518 des II. Bandes seines Exposé folgende Stelle
aus der Schrift eines nossaïritischen Lehrers mit: „Wehe, unendliches
Wehe dem gläubigen Weibe, welches ihrem Bruder ihre Gunst versagt,
denn die Schaamtheile des Weibes sind das Emblem der Imame der Gottlosigkeit. Das Glied des Mannes aber, wenn es in die Natur des Weibes eingeht, ist das Emblem der geistigen Lehre. Diese Handlung ist
also die Figur der Niederlage der Schüler des äussern Gesetzes und der
Imame der Gottlosigkeit. Das Verbot des unerlaubten Umgangs gilt nur
für diejenigen, welche der Wahrheit entgegengesetzte Dinge sagen; nur
dies ist die Unzucht; aber was diejenigen, welche die innere Lehre kennen, betrifft, so sind sie dem Joche des äussern Gesetzes nicht mehr
unterworfen."

**) Vgl. auch eine Abhandlung Sacy's Sur la doctrine des Nossaï-
riens im X. Bande des Journal asiatiq. S. 321.

Mantel verhüllt, in der Sonne ihren festen Aufenthalt genommen habe.
Er sagte auch, dass jeder Nossaïrite, wenn er, während er die verschiedenen Revolutionen durchlaufe und auf die Welt wieder komme,
und das Kleid der Menschheit wieder annehme [heisst wohl: während seiner irdischen Laufbahn], sich gereinigt habe, er nach dieser
Reinigung ein Stern an dem Himmel werde, was sein erster Mittel-
punkt *) sey. Wenn er aber im Gegentheil sich einer Sünde schuldig gemacht habe, was durch Uebertretung der Befehle Ali's, des
Sohnes des Abu Taleb, des obersten Herrn, geschehe, so komme er
wieder auf die Welt als ein Jude, oder sunnitischer Muselman
oder als ein Christ, was sich so lange auf gleiche Weise wieder-
hole, bis er eben so rein sey wie das Silber, welches man durch
das Blei gereinigt hat; dann werde er ein Stern am Himmel. Was
aber die Ungläubigen betreffe, welche Ali, den Sohn Abu Taleb's,
noch nicht angebetet haben, so werden sie Kameele, Maulesel, Esel,
Hunde, Schafe, die zur Schlachtung bestimmt seyen, und andere
ähnliche Dinge werden. Indess würde es uns, wenn wir dieses alles,
und namentlich die Wanderung der Seelen in Bestien und unver-
nünftige Thiere näher auseinandersetzen wollten, zu weit führen.
Sie haben mehrere andere Dogmen und eine grosse Zahl gottloser
Bücher, welche von ähnlichen Dingen handeln."

Der Verfasser des Formulars der Drusen scheint — so fährt
Sacy fort — den Anfang der Secte der Nossaïriten in die Zeit des
Hakem, demzufolge in den Anfang des fünften Jahrhunderts d. H.
zu setzen; indess hat man allen Grund zu glauben, dass die Nossaïriten lange Zeit vor dieser Epoche existirten. Dies scheint wenigstens aus folgender Stelle der syrischen Chronik des Gregorius Bar
Hebraeus hervorzugehen **): „Da viele Personen", sagt Gregorius,
„zu erfahren verlangen, wer die Nossaïriten sind, so wollen wir hier
ihre Geschichte geben: Im Jahr 1202 der griechischen Zeitrechnung,
d. i. 270 d. H. (891 der christlichen Zeitrechnung) erschien in der

---

*) Ce qui est son premier centre. Was soll das heissen? etwa:
Ort, wo es ihm wohl gefällt, gut geht, Himmel? Sacy sagt nichts
hierüber.

**) S. Gregorii Abulfaragii sive Bar Hebraei Chron. syriac. Bd. 1,
S. 173; II, S. 176. Diese Stelle ist auch mitgetheilt von Assemani in
seiner Biblioth. or. Bd. II, S. 318. (Sacy.)

Gegend von Akula (d. i. Kufa) in einer Burg, Namens Nassaria, ein Mann von sehr hohem Alter, welcher viel fastete und betete und von ausserordentlicher Armuth schien. Eine grosse Anzahl von Bewohnern dieses Ortes schloss sich ihm an. Er wählte sich nach der Zahl der Apostel zwölf Männer und beauftragte sie, den Menschen eine bisher unbekannte Lehre zu verkündigen. Sobald aber der Statthalter des Ortes von der Sache hatte reden hören, liess er ihn festnehmen und schloss ihn in eins der Zimmer seines Hauses ein, indem er schwur, ihn des andern Tages in aller Frühe kreuzigen zu lassen. Diese Nacht aber wurde der Statthalter, da er übermässig viel Wein getrunken hatte, trunken; als man ihm ein Bett bereitet hatte, dass er darauf ausruhen könnte, verlangte er den Schlüssel des Zimmers, in welchem der Greis eingeschlossen war, und legte denselben unter sein Kopfkissen. Die Magd aber, welche in seiner Nähe schlief und welche wusste, dass jener Greis ein dem Fasten und Beten ergebener Mann war, hatte Mitleid mit seinem Schicksal. Als sie daher ihren Herrn in tiefen Schlaf versunken sah, nahm sie den Schlüssel und ging hin, dem Greise die Freiheit zu verschaffen; hierauf legte sie, nachdem sie die Thüre wieder verschlossen hatte, den Schlüssel wieder dahin, wo sie ihn weggenommen hatte. Als der Statthalter erwacht war, nahm er den Schlüssel und öffnete die Thüre jenes Zimmers, aber er fand Niemand darin. Darüber war er ausserordentlich erstaunt. Die Magd wagte es nicht bekannt zu machen, dass sie die Thüre geöffnet und dass sie ihn habe hinausgehen lassen; solcher Weise verbreitete sich das Gerücht, dass er bei verschlossenen Thüren hinausgekommen sey. Kurze Zeit hierauf trafen ihn zwei seiner Schüler an einem von der Burg weit entfernten Orte, und er machte sie glauben, dass ihn Engel aus der Gefangenschaft befreit und in eine Wüste geführt hätten. Er schrieb ein Buch über seine Lehre und gab es ihnen, um sich desselben beim Unterricht der Menschen zu bedienen. Man las darin Folgendes: »Ich, der und der, den man für einen Sohn Othman's aus der Burg von Nassaria hält, ich habe in einer Vision den Messias gesehen, welcher ist Jesus, welcher ist das Wort und der Führer, welcher ist Ahmed ben Muhammed, ben Hanefijja aus der Familie Ali's, welcher ist der Engel Gabriel. Er hat mir gesagt: Du bist der, welcher verkündigt (der Daï), du bist die Wahrheit, du bist das Kameel, welches den Zorn gegen die Ungläubigen

bewahrt, du bist das Thier der Last, welches die Bürde der Gläubigen trägt, du bist der Geist, du bist Johannes, Sohn des Zacharias.
Unterweise nun die Menschen, dass sie in ihren Gebeten vier Kniebeugungen machen, zwei vor dem Aufgange und zwei nach dem
Untergange der Sonne, dass sie dabei das Antlitz gegen Jerusalem
zu richten und jedesmal die drei Worte zu sprechen haben: *Gott
ist erhaben über Alles, Gott ist höher als alle Dinge, Gott ist
grösser als alle Dinge*; dass sie am zweiten und sechsten Tage
der Woche nicht arbeiten sollen; dass sie in jedem Jahre zwei
Tage fasten sollen; dass sie sich der häufigen Abwaschungen ihrer
Geschlechtstheile enthalten sollen; dass sie kein Bier trinken, dass
sie aber Wein so viel sie wollen trinken dürfen; dass sie sich blos
des Fleisches der wilden Thiere zu enthalten haben.« Nachdem er
ihnen diese lächerliche und unsinnige Lehre gegeben hatte, verliess
er sie und kam nach Palästina. Hier machte er den Pöbel und die
Landleute mit dieser seiner Lehre bekannt. Er verschwand noch
einmal aus diesem Lande und seit der Zeit bis heute hat man nicht
erfahren, wo er hingekommen.“ *)

Saey fährt nun weiter also fort: Nach diesem Texte der syrischen Chronik des Abulfaradsch fällt der Anfang der Secte der Nossaïriten in das Jahr 270 d. H. und hat sie ihren Namen von der
Burg Nassaria, wo der Gründer derselben wohnte, erhalten. Wenn
man indess mit dem eben vernommenen Berichte das, was Abulfeda,
andere arabische Schriftsteller, und Abulfaradsch selbst in seiner ab-
gekürzten Geschichte der Dynastien, über den Ursprung der Karmaten
(s. oben S. 107 ff.) erzählen, vergleicht, so wird man sich überzeugen, dass der Sectirer, von dem in dieser Stelle der syrischen Chronik die Rede ist, kein anderer ist, als der Stifter der Secte der
Karmaten. Abulfeda sagt von dem Urheber der Lehre der Karmaten,
dass er sich gerühmt habe, vom Himmel eine in folgenden Ausdrücken abgefasste Schrift erhalten zu haben (vgl. oben S. 187 ff.):
„Im Namen des gnädigen und barmherzigen Gottes; Alfaradsch ben

---

*) Assemani bemerkt, dass Bar Hebraeus noch an einem andern
Orte von den Nossaïriten spreche (nämlich S. 281 des syrischen Textes
und S. 288 der lateinischen Uebersetzung). Er sagt dort, dass die Fran-
ken, nach der Einnahme von Maarra, auf den Libanon gekommen und
daselbst eine grosse Zahl von Nossaïriten getödtet haben. (Sacy.)

Othman, von der Burg Bassrana *), sagt, dass er sey der Daï des Messias, welcher ist Jesus, welcher ist das Wort, welcher ist der Mehdi, welcher ist Ahmed, Sohn des Muhammed, Sohnes des Hanefija, welcher ist Gabriel. Der Messias, nachdem er die Gestalt eines Menschen angenommen hat, hat ihm gesagt: »Du bist der Daï, du bist der Hoddscha, du bist das Kameel, du bist das Lastthier, du bist Johannes, Sohn des Zacharias, du bist der heilige Geist.« Er hat ihn wissen lassen, dass das Gebet in vier Kniebeugungen — zwei vor dem Aufgange und zwei nach dem Untergange der Sonne — bestehe . . . . und dass der Ort, gegen den man sich im Gebet zu richten habe, Jerusalem sey . . ." Eins seiner Gebote war, zwei Tage im Jahre zu fasten . . . er verbot den Genuss des Palmenweins und erlaubte den Traubenwein . . .

Abulfeda erzählt also, was Bar Hebraeus von dem Stifter der Nossaïriten erzählt, von dem der Karmaten. Dasselbe thut auffallender Weise Abulfaradsch selbst in seiner Geschichte der Dynastien (die nichts als eine Abkürzung seiner syrischen Chronik ist), während er hier nicht mit einem Worte der Nossaïriten erwähnt. Er nennt hier als Stifter der Karmaten den Alfaradsch ben Othman von der Burg Nasrana.

Man könnte nun glauben, sagt Sacy, aus der Vergleichung der Texte dieser verschiedenen Historiker und namentlich des syrischen und arabischen Textes des Abulfaradsch gehe hervor, dass die Nossaïriten und Karmaten eine und dieselbe Secte seyen; aber er glaube, dass dieser Schluss nicht ganz richtig sey. Sacy spricht nun seine Ansicht in folgenden Worten aus: Die Karmaten theilten sich in mehrere Secten; eine derselben waren die Bateniten, aus welcher die Drusen hervorgegangen; es ist wahrscheinlich, dass die Nossaïriten, deren Lehre so viel Aehnlichkeit mit der der Bateniten hat, auch ein Zweig der Karmaten waren, welcher in den Staaten der Fatimiten ausgebreitet war. Es ist gewiss, dass derselbe von der Zeit Hakem's an unter dem Namen „Nossaïriten" bekannt war, dass er von dem der Bateniten unterschieden wurde; aber, sagt Sacy, er könne nicht sagen, ob dieser Name von dem der Burg Nasraja

---

*) Es ist wahrscheinlich, dass man lesen muss Nasraja. (Sacy.) (بصرانا statt نصرانا)

oder Nasrana, von welch letzterer das Haupt der Karmaten ausgegangen, herkomme.

Sacy theilt nun noch eine die Nossairiten betreffende Stelle aus
einer Schrift des Drusenschriftstellers Hamsa mit, welche wir hier
in getreuer Uebersetzung wiedergeben wollen:

„Es ist mir ein Buch in die Hände gekommen, verfasst von
einem Manne, der zu den Nossairiten gehört, zu jenen Leuten, die
an unsern Herrn nicht glauben, die ihm andere beigesellen, die
gegen ihn Lügen vorbringen; von einem Manne, welcher die Gläubigen beiderlei Geschlechts verführt, welcher nichts sucht als die
Befriedigung viehischer Begierden und der schändlichsten Neigungen
der Sinne, dessen Religion die der gemeinen Nossairiten ist; der
Fluch des Herrn sey über ihn und über sie, der Fluch, der den
Schweinen, den Dienern des Iblis (Teufels) und seines Anhangs zu-
gedacht ist. Er hat sein Buch betitelt: »Das Buch der Wahrheiten
und die Offenbarung dessen was verborgen war.« Jeder, der dieses
Buch annimmt, ist ein Diener des Teufels; er glaubt an die Seelenwanderung, er erlaubt alle Arten unerlaubter Verbindungen, er billigt die Lüge und den Betrug. Dieser Schriftsteller schreibt diese
Lehre den Unitariern zu; aber Gott verhüte es, dass die Religion
unsers Herrn verbrecherische Handlungen autorisire; Gott verhüte es,
dass die Unitarier verabscheuungswürdige Verbrechen billigen; Gott
verhüte es, dass man den Dienern unsers Herrn eine jener viehischen
und rohen Neigungen, eine jener vom Polytheismus angesteckten Reden zuschreibe..... Nachdem ich diese Schrift gelesen hatte, glaubte
ich, meine Brüder, euch vor derselben warnen und über der Erhaltung unsers Glaubens wachen zu müssen; und ich habe vorliegende
Schrift verfasst, um das Werk jenes verbrecherischen Nossairiten, den
Gott verdammen möge, zu widerlegen, auf dass sich in eure Religion kein Irrthum einschleiche (Glosse: wie der Glaube an die Göttlichkeit des Asas, und die Autorisation der schändlichen, von jenem
Nossairiten erlaubten Handlungen)... und auf dass sich gegen euch
kein Verdacht erhebe ..." Nach diesem geht Hamsa zur directen
Widerlegung der nossairitischen Dogmen über. Fürs erste, sagt er,
gibt dieser verbrecherische Nossairite an: alle den Menschen verbotene Dinge, der Mord, der Diebstahl, die Lüge, die Verläumdung,
die Hurerei, die Knabenschänderei seyen denjenigen, welche unsern
Herrn bekennen, erlaubt. Er verläumdet und verfälscht die Lehre

des Tensil und des Tawil; denn es ist ihm nach jenen Lehrsystemen nicht erlaubt, das was einem andern gehört zu stehlen, und die Religion erlaubt ihm nicht zu lügen, sondern die Lüge ist das Fundament der Religion, welche er bekennt, des Unglaubens und des Polytheismus; während die Wahrhaftigkeit für den Glauben das ist, was das Haupt für den Leib ist *). Was den Mord betrifft, so kann ihn Niemand gutheissen, ausser wer auf die Gnade unsers Herrn verzichtet hat und wer in Polytheismus gefallen ist. Was sodann die Worte betrifft, wo er sagt: „Der Gläubige darf seinen Bruder nicht verhindern, ihm sein Gut oder seine Ehre zu rauben; er soll seinem gläubigen Bruder die Freiheit lassen, die Leute seines Hauses (d. h. seine Weiber und Töchter) zu sehen, und er dürfe sich dem, was unter ihnen vorkommen könne, nicht widersetzen, wenn sein Glaube nicht ein unvollkommener seyn solle", so lügt er, der Verfluchte; er hat den ersten Theil dieser Phrase, d. h. die Worte „er darf seinen Bruder nicht verhindern, ihm sein Gut oder seine Ehre zu rauben", aus den „Sitzungen der Weisheit" gestohlen und hat diese Worte zur Verhüllung seiner Gottlosigkeit und seiner Lügenhaftigkeit gemissbraucht. Es ist vielmehr im Gegentheil Jeder, der nicht mit Eifersucht die Ehre der Leute seines Hauses wahrt, ein Ungläubiger, ein Khorremite **), der nichts anderes sucht, als eine ausschweifende Ruhe, der sich von seinen ungeordneten Leidenschaften und seinen Irrthümern dahinreissen lässt; denn die fleischliche Vereinigung gehört nicht zu den Pflichten der Religion; diese Vereinigung steht mit dem Dogma von der Einheit in keinerlei Beziehung; dies ist nur der Fall mit der geistigen Vereinigung, welche nichts anderes ist, als der von dem Daï durch die Lehre der Weisheit gewonnene Sieg, nachdem er zum Predigen autorisirt worden

***

*) Die Stelle ist undeutlich. Sacy ist geneigt zu glauben, dass Hamsa geschrieben habe: „denn das Fundament seiner Religion ist die Wahrhaftigkeit, und die Lüge ist das Fundament des Unglaubens und des Polytheismus d. h. des Tensil und des Tawil; denn die Wahrhaftigkeit u. s. w."

**) Die Khorremiten sind, nach dem Zeugnisse der Bibars Mansari, eine Secte der Karmaten; sie haben also gemeinschaftlichen Ursprung mit den Bateniten. Sie haben ihren Namen von einem gewissen Babek erhalten, welcher vor den ersten Anfängen der Karmaten lebte. Man nennt sie auch Mohammariten. (Sacy. Vgl. oben S. 212.)

ist und nachdem er den Beistand der wahrhaftigen Weisheit erhalten hat. Wenn er sagt, die unitarische (d. i. Drusen-) Religion lehre, dass eine gläubige Frau ihrem Bruder ihre Gunstbezeigungen nicht versagen dürfe, dass sie gehalten sey, ihm dieselben zu gewähren, so oft er sie verlange, dass die geistige Vereinigung erst durch die fleischliche vollkommen werde, so lügt er gegen unsern Herrn ..... Gläubige Frauen, wenn ihr achtet auf das, was selbst die irrthümlichen Religionen lehren, so werdet ihr vollkommen die Wahrheit entdecken, so werdet ihr euch aller ungeordneten und verabscheuungswürdigen Leidenschaften enthalten und ihr werdet nachdenken über die Medschli's (Sitzungen) der Lehre des innern Gesetzes, des Tawil. Nie hat einer der Diener unsers Herrn von einer Frau die fleischliche Beiwohnung verlangt, nie hat euch einer gesagt, dass die Religion, welche er euch predigte, nicht anders vollkommen werden könne als durch körperliche Berührung .... Dies ist ein Beweis der Falschheit der Reden jenes Verbrechers, welcher sagt, dass die fleischliche Beiwohnung die Religion vervollkommnen helfe, und dass die eine ohne die andere nicht seyn könne, was eine Lüge ist: denn wenn ein unitarischer Gläubiger, der in die ganze Religion eingeweiht ist, auch hundert Jahre leben würde ohne eine gesetzliche Ehe zu schliessen und ohne irgend eine ungesetzliche Verbindung sich zu erlauben, so würde das den Grad seiner Auszeichnung in der Religion um nichts mindern; ebenso würde, wenn eine gläubige, unitarische Frau, die eingeweiht ist in die Religion unsers Herrn und treu ihm aufrichtig zu dienen, hundert Jahre unverehelicht leben und als Jungfrau sterben würde, dies ihrer Religion keinen Schaden thun. Wenn aber im Gegentheil ein ungläubiger Mann oder eine ungläubige Frau nichts anderes thäten, als Tag und Nacht mit einander fleischlichen Umgang zu pflegen und ohne Aufhören ihre Sinnenlust zu befriedigen, so würde das ihnen von keinem Nutzen seyn und würde sie durchaus nicht von den auf ihrem Unglauben lastenden Strafen befreien. Wir sehen also, dass alles, was jener Verbrecher sagt, nur Abgeschmacktheit und Falschheit ist. Was sodann seine weitern Worte betrifft: „Wehe, unendliches Wehe der gläubigen Frau, die ihrem Bruder ihre Gunstbezeigungen versagt, dieweil die Geschlechtstheile des Weibes das Emblem der Imame der Gottlosigkeit sind. Das in die Natur des Weibes eingehende Glied des Mannes ist das Emblem der geistigen Lehre.

Diese Handlung ist daher das Bild der Niedermachung (Besiegung) der Schüler des äussern Gesetzes und der Imame der Gottlosigkeit. Das Verbot des unerlaubten Umgangs ist nur für diejenigen, welche der Wahrheit entgegengesetzte Dinge sagen, ja dies ist die Unzucht; aber was diejenigen betrifft, welche die innere Lehre kennen, so sind sie dem Joche des äussern Gesetzes nicht mehr unterworfen": so lügt er gegen die Religion unsers Herrn, er verfälscht sie, sucht die Gläubigen zu verführen und die Schaamhaftigkeit der gläubigen Frauen zu vertilgen. Denn es ist nicht wahr, dass, wer den innern Sinn einer Sache kennt, verbunden sey, den äussern Sinn davon zu verwerfen. Es gibt Dinge, bei denen man den äussern Sinn durchaus nicht verlassen darf, wenn man auch davon sogar siebenzig innere Bedeutungen kennt. Zu diesen Dingen gehört z. B. die Vorschrift der Reinigung. Ihrer innern Bedeutung nach heisst dieselbe: aller Gemeinschaft mit den Dämonen entsagen, ein reines und von aller Zuneigung für sie gesäubertes Herz haben und mit dem Imam sich vereinigen. Indess ist es Niemandem gestattet, und kein verständiger und unterrichteter Mann wird, obwohl er den innern Sinn der Vorschrift über die Reinigung kennt, es sich erlauben, auf einen Abtritt zu gehen, dort das Wasser abzuschlagen oder seine Noth durft zu verrichten und dann aus demselben wieder herauszugehen, ohne sich hernach von vorn und von hinten zu waschen, ohne seinen Mund auszuspülen und Wasser durch die Nasenlöcher einzuziehen, unter dem Vorwande, dass er mit dem innern Sinne der Vorschrift bekannt sey; denn wenn einer hierbei die äussere Sitte vernachlässigte, würde sein Körper unreinlich werden, er würde einen stinkenden Geruch bekommen und er würde den Namen eines schmuzigen Mannes verdienen. Es muss im Gegentheil derjenige, welcher den innern Sinn der Vorschrift kennt, um so aufmerksamer auf die Unterhaltung der Sauberkeit und Reinheit seines Körpers seyn; denn es ist ja eine weise Vorschrift, von welcher er ebenso den buchstäblichen wie den geistigen Sinn billigt. Ebenso würde ein Mensch, welcher die Bedeutung der Kleidungsstücke, mit denen er sich bedeckt, kennt, welcher weiss, dass sie die Obliegenheit bezeichnen sich klug zu betragen, sich vor den Ungläubigen zu verbergen, gegen sie alle Regeln des Gesetzes zu erfüllen und sie mit Schonung zu behandeln, von sich selbst sagen machen, dass er ein Narr geworden sey, wenn er sein Oberkleid und seine Beinkleider

ablegte und ganz nackend durch die Strassen ginge; denn er würde
sich gegen die Gesetze des Anstandes vergehen, er würde, wenn er
seine Kleider wegwürfe und seine Nacktheit zeigte, alle Sitte ver-
letzen. So verhält es sich auch mit dem, welcher den geistigen
Sinn des Verbots der Unzucht kennt; er darf sich der äussern Unzucht nicht schuldig machen; würde er es thun, so würde er den
Namen eines Schaamlosen und eines seiner Religion Untreuen verdienen, er würde mit Recht seinen Brüdern ein Abscheu seyn und
mit Schmach bedeckt werden. — Indess, fügt Sacy bei, muss man
gestehen, dass der nossairitische Schriftsteller, welchen Hamsa widerlegt, bis auf einen gewissen Punct sich auf das hätte berufen können, was Hamsa selbst sagt, wo er die lächerlichen oder bizarren
Handlungen Hakém's damit erklärt, dass die Zeugungsglieder das
Emblem des Natik und des Asas seyen. An einer andern Stelle erklärt er ebenso die auf Adam und Eva sich beziehenden Worte:
„Ihre Schaamtheile zeigten sich nun ihren Augen", indem er sagt:
dies bedeutet die Eitelkeit der gesetzlichen Beobachtungen der zwei
Gesetze (des Tensil und des Tawil), welche dem Urin und den
Excrementen gleichen, und deren Urheber gleich sind den hintern
und vordern Schaamtheilen des Körpers. Aehnlich sagt der Verfasser
des Formulars der Drusen: „Wie das männliche Glied arbeitet mit
Kraft und seine Bewegung auf das Zeugungsglied des Weibes ein-
drückt, ebenso bezähmt unser Herr Hakem, dessen Macht erhaben
ist, die Polytheisten durch seine Kraft." Solche Allegorien konnten,
setzt Sacy bei, sicherlich zu sehr unmoralischen Consequenzen führen.

Hamsa schliesst seine Widerlegung dieser nossairitischen Schrift
mit Aufstellung folgender Regeln: Jeder Mann, welcher ein gläubiges
Weib fleischlich erkennt, ohne die ihm von der wahrhaftigen Lehre
des geistigen Gesetzes auferlegten Bedingungen, ist ein Rebell gegen
unsern Herrn; denn, indem er also handelt, verletzt er die Religion
und zerstört die unitarische Lehre . . . . Die Frau, die einen Mann
hat, kann in keinem Falle einen andern Mann als den ihrigen sich
nähern lassen; es sey denn, dass sie sich von demselben trenne und
auf gesetzliche Weise mit einem andern sich vereinige. — Der nossairitische Schriftsteller hatte gesagt, unser Herr sey der reine Geist,
von welchem im Koran die Rede sey in den Worten: „Sie fragen
dich hinsichtlich des Geistes. Sage ihnen: der Geist ist eins der
Dinge, deren Kenntniss meinem Meister zugehört" (Sur. 17, Vs. 87),

und er sey es, der den Menschen bilde im Bauche seiner Mutter in dem Moment der Beiwohnung. Hamsa antwortete ihm hierauf also: Ein Jude dürfte wohl nicht also von einem der Lehrer seiner Nation sprechen, noch ein Christ also von einem seiner Bischöfe. Und was mich betrifft, so achte ich einen Diener unsers Herrn zu sehr, als dass ich von ihm sagen möchte, er bilde die Menschen in dem Bauche ihrer Mütter, er sey in dem Moment der Beiwohnung vorhanden und bei der Bildung des Menschen in dem Bauche seiner Mutter gegenwärtig. Die Bildung (des Menschen) ist das Product der himmlischen Sphären und ihrer vier elementarischen Eigenschaften; nun aber sind die himmlischen Sphären rein materielle Körper ohne irgend eine Intelligenz. Auf dieselbe Weise aber, wie der Mensch in dem Schoosse seiner Mutter gebildet wird, wie er hier erhält das Vermögen zu fühlen, das Wachsthum, die Unterscheidungskraft in Bezug auf Essen und Trinken, die Kenntniss seines Vaters und seiner Mutter, eine Art von physischer Intelligenz, welche er von den Urhebern seines Lebens hat: ebenso macht sich die Bildung des Hundes, des Affen, des Schweines, aller Hausthiere oder wilden Thiere. Es gibt selbst Thiere, welche eine höhere Intelligenz haben als die des Menschen ist. Von der Art ist die Taube; bringt man sie nur einmal von einem Orte an einen andern und lässt sie hernach, nachdem man zwanzig Tage lang mit ihr gegangen, los, so kommt sie wieder und zwar in einem einzigen Tage in ihr Nest zurück. Es gibt dagegen Menschen, welche ihr tausendmal in einer Lehre (Glosse: der unitarischen Lehre) unterweisen möget, einer Lehre, welche ihr Glück und das Heil ihrer Seele bereiten kann, — sie begreifen dieselbige nicht (Glosse: dies gilt von einem an Intelligenz nothleidenden Gläubigen). Es gibt auch andere, mit denen ihr euch viele Mühe geben möget, ohne sie belehren zu können (Glosse: dies gilt von einem Ungläubigen). Ebenso gibt es Thiere, deren Wuchs grösser und deren Empfindungen feiner sind als die des Menschen, wie beim Elephanten, dem Kameel, dem Pferde und dem Maulesel. Wir wissen, dass alle Figuren (lebendigen Geschöpfe) gebildet werden durch den Samenerguss des Männlichen, die Wärme der Gebärmutter, den Einfluss der himmlischen Sphären und die Mitwirkung der elementarischen Qualitäten für die Bildung des Embryo. Die Bildung geht nicht in dem Augenblicke der Beiwohnung vor sich, wie es jener verdammte Nossairite behauptet, der sie unserm Herrn zuschreibt. Der Same bleibt in der Gebärmutter einen ganzen Tag, dann verwandelt er sich in Blut, und er hört nicht auf von einem Zustande in einen andern überzugehen, bis dass er eine aus allen Elementen vollkommen gebildete Creatur wird. Auf dieselbe Weise bildet sich aus dem Ei, welches eine Henne brütet, ein dem Wesen, von welchem es gebrütet wird, ähnliches Wesen. Noch merkwürdiger ist die Bildung des Käfers, des Scorpions, der Würmer und der Ameisen und anderer Thiere dieser Art, welche sich ohne irgend einen männlichen Samen und ohne Gebärmutter-Wärme bilden und welche ihre Bildung nur den elementarischen Qualitäten und der Materie verdanken. Diese Bildungen und Formationen dürfen also, wie wir sehen, nicht unserm Herrn zugeschrieben werden, noch irgend einem seiner geistigen Diener. Was man seinen Dienern zuschreiben darf, das sind die geistigen Bildungen und ihre wahrhaftige Erschaffung, wie gesagt ist: „Das ist das Werk Gottes und wo ist ein Künstler geschickter als er."*) Unter „Gott" ist hier der Daï (der belehrende Missionär) zu verstehen; „sein Werk" das sind die Schüler des äussern Gesetzes und ihr Uebertritt zum Tawil und dem innern Gesetz. Jeder nämlich, der eine Sache macht, ist ihr Schöpfer. In diesem Sinne hat der Messias gesagt: „Wer nicht wiedergeboren wird aus dem Bauche seiner Mutter, wird nicht in das Reich der Himmel und nicht zu der Kenntniss der Erdgegenden kommen (Glosse: die Himmel sind die Natik's und die Erdgegenden die Asas')." Ebenso hat der Natik (Muhammed) in diesem Sinne gesagt: „Ali und ich, wir sind der Vater und die Mutter der Gläubigen", womit er das innere und das äussere Gesetz bezeichnen wollte. Diese und keine andere Art der Bildung und Erschaffung ist den Dienern unsers Herrn, welche die unitarische Lehre predigen, zuzuschreiben.

Hierauf widerlegt Hamsa die von dem nossairitischen Schriftsteller in Betreff der Seelenwanderung gegebene Lehre also: „Wenn dieser behauptet, dass die Seelen der Feinde Ali's in Hunde, Affen und Schweine übergehen und zuletzt ins Eisen kommen werden, wo sie ins Feuer gebracht und durch den Hammer werden geschlagen werden; und dass andere in Vögel oder Kröten oder in den Leib einer Frau übergehen werden, welche zu frühzeitig gebiert: so

---

*) Diese Citation, bemerkt Sacy, sey nicht aus dem Koran und er wisse nicht, woher sie genommen sey.

lügt er gegen unsern Herrn und behauptet eine grosse Unrichtigkeit; denn es ist gegen allen guten Verstand und widerspricht der Gerechtigkeit unsers Herrn, dass, wenn ein mit Vernunft und gutem Verstande begabter Mensch sich eine Unbill gegen ihn zu Schulden kommen lässt, er ihn die Strafe dafür unter der Gestalt eines Hundes oder eines Schweines ausstehen lasse, denn diese Thiere hätten ja keine Kenntniss von dem was sie gethan haben, während sie in einer menschlichen Gestalt waren, und wüssten nicht die Fehler, welche sie begangen haben; oder dass er sie in Eisen verwandle, welches man ins Feuer wirft und welches man mit dem Hammer schlägt. Wo wäre hier die Weisheit und was für eine Gerechtigkeit wäre in dieser Behandlung? Weisheit ist es im Gegentheil, einen Menschen auf eine solche Weise zu bestrafen, dass er die Züchtigung begreife und erkenne, auf dass sie ihm zu einer Lehre diene und dass sie ihn zur Reue führe. Die Züchtigungen, die man einem Menschen zufügen kann, bestehen darin, dass man ihn von einer erhabenen Stufe in der Religion in eine niederere setze." — Hamsa schliesst diesen Artikel mit den Worten: „Wer an eine Seelenwanderung glaubt, wie die Nossaïriten, indem er das *Mana* *) (d. h.

---

*) Das Wort *Mana*, welches in den Büchern der Drusen gewöhnlich die unitarische Lehre bezeichnet, ist die Bedeutung aller Allegorien, die Wirklichkeit (Realität), hinsichtlich welcher alle andern Religionen nur Embleme und Figuren sind; die Dogmen dieser Religion werden auch *Maâni* genannt, was der Pluralis von Mana ist. Hamsa, fügt Sacy noch bei, hat gewiss diesen Ausdruck von den Secten der Schiiten entlehnt, welche Ali die Gottheit zuschreiben. Er war namentlich in der Sprache der Nossaïriten eingeführt, bei welchen noch heute das Mana die unter einer menschlichen Gestalt verborgene Gottheit bedeutet, wie man dies aus Niebuhr's Reisebeschreibung (ed. Amsterdam 1780, Bd. II, S. 357 ff.) ersehen kann, sowie auch aus jener Stelle des Catechismus der Nossaïriten (unter diesem ist die Sammlung verschiedener auf die Religion dieser Secte sich beziehenden Abhandlungen, welche Niebuhr aus Syrien gebracht hat, zu verstehen), wo nach der Anführung verschiedener Texte der von Ali ausgesprochenen Khotba's gesagt wird: „Alle diese Zeugnisse und lichtvollen Khotba's zeigen die Existenz des Mana, des Schöpfers der Creaturen, unter einer menschlichen Gestalt." Und an einer andern Stelle: „Das Wort *allah* ist abgeleitet von *alaha* (anbeten) und der Name Gott setzt nothwendigerweise ein angebetetes Wesen voraus, aber der Name ist verschieden von der benannten Sache.

die Bedeutung aller Figuren) in Ali, den Sohn Abu Taleb's, setzt, und wer ihn anbetet, wird jeglichen Guts in dieser und der andern Welt beraubt werden."

Weiter hatte der nossairitische Schriftsteller gesagt, dass die Polytheisten die gegen Ali feindseligen Secten seyen, welche keinen Unterschied machen zwischen Abu Bekr, Omar, Osman und Ali. Hamsa antwortet ihm hierauf, dass, wenn das so wäre, Ali selbst des Polytheismus schuldig wäre, weil er den Abu Bekr, Omar und Osman als rechtmässige Khalifen anerkannt habe.

Ferner wirft er diesem Schriftsteller vor, dass, wenn er von Ali spreche, er die Formel gebrauche: „Mögen sein Friede und seine Barmherzigkeit auf uns ruhen!" während er dagegen, wenn er von Hakem spreche, sich mit der Formel begnüge: „Möge sein Friede auf uns ruhen!" Er bittet hier, sagt er, um die Barmherzigkeit dessen, der gar nicht existirt und nur ein Nichts ist, und er verläugnet das vorzugsweise (eigentliche) Wesen .... Die unterrichteten Unitarier wissen, dass der nie verzeihliche Polytheismus darin besteht, dass man unserm Herrn den Ali ben Abu Taleb zugesellt, und dass man von Ali sagt, er sey unser Herr, das vorzugsweise Wesen; und von unserm Herrn, er sey Ali; und dass unter ihnen kein Unterschied sey. Die Gottlosigkeit besteht in dem Glauben, zu welchem sich jener schändliche Nossairite bekennt, indem er Ali, den Sohn Abu Taleb's, anbetet und unsern Herrn verläugnet.

Wenn er, fährt Hamsa fort, behauptet, dass Muhammed der ausgezeichnetste der Schleier sey, unter welchen unser Herr Hakem erschienen, dass wer nicht an sein Werk glaube (Glosse: an die Schrift dieses Nossairiten), ein Genosse Haman's (Glosse: eines Wesirs Pharao's), des Satans (Glosse: des Asas) und des Iblis (Glosse: des Natik) sey, und dass die Augen der Herzen solcher blind seyen: so lügt er, der Unglückselige, in allem dem was er hier sagt, er kennt weder die Religion noch den Schleier; denn Muhammed ist der Schleier Ali's, des Sohnes Abu Taleb's, aber nicht der unsers

---

Der, welcher den Namen anbetet, mit Ausschluss des Mana (der Bedeutung), ist ein Ungläubiger, er betet nichts Reelles an; der aber, welcher den Namen und die Bedeutung (das Mana) anbetet, ist ein Polytheist; das Mana (die Bedeutung) mit Ausschluss des Namens anbeten, dies nur ist die reine unitarische Religion." (S.)

Herrn gewesen . . . . . Der Schleier — das heisst: eine Sache verbergen, aber nicht, sie zeigen. Derjenige, unter welchem unser Herr
sich gezeigt hat, wie er gewollt hat, ohne irgend eine Opposition
zu erfahren, nennt sich Hoddschat alkaïm. Dies ist der Mehdi (Glosse:
Saïd), vermittelst dessen er die Menschen berufen hat durch sich
selbst, zu sich selbst, und vermittelst dessen er mit seinen Dienern
verkehrt hat, unter einer menschlichen Gestalt und auf menschliche
Weise mit ihnen sich benehmend . . . . Was den Iblis, Haman und
Satan betrifft, so täuscht er sich in seiner Erklärung und Meinung
. . . . er will nämlich unter dem Iblis, Haman und Satan den
Abu Bekr Teïmi, den Omar Adewi und den Osman Amavi verstehen. Er erinnert in der That an jenen Koranvers: „der Wein,
die Glücksspiele, die Götzenbilder und das Pfeilloos sind Gräuel und
gehören zu den Werken des Satans; hütet euch vor ihm" (Sur. 5,
Vs. 92). Hamsa weist dann noch nach, dass die Namen Haman,
Satan und Iblis vier der Diener der falschen Gesetze bezeichnen,
deren Haupt der Satan sey, durch welchen sie hervorgebracht worden seyen und welche bildlich dargestellt werden durch den Wein,
die Glücksspiele, die Idole und die Pfeile, die man zu Sortilegien
braucht. Er schliesst diese Schrift mit Verwünschungen gegen den
nossairitischen Schriftsteller und mit Ermahnungen an die Gläubigen
beiderlei Geschlechts, sich vor seiner schlechten Lehre zu hüten.

Bevor wir das Capitel über die Nossairiten beschliessen, möge
zuvor noch der Bericht Abulfeda's *) über einen gewissen Schalmagani, welchen Bericht Sacy am Schlusse seiner Einleitung S. CCXLI
— CCXLVI mittheilt, hier Platz finden; denn wir sind geneigt, mit
Sacy zu glauben, dass die Lehre dieses Schalmagani wohl keine
andere ist als die der Nossairiten. Dieser Bericht lautet also:

„Im Jahr 322 wurde Muhammed, ben Ali, Schalmagani hingerichtet. Er hatte seinen Beinamen von Schalmagan, einem kleinen
Marktflecken in dem Territorium von Wasset. Er war der Urheber
einer neuen Secte, deren Fundamental-Dogmen die Einwohnung der
Gottheit (in gewissen Menschen), die Seelenwanderung und andere
den Schiiten eigenthümliche Meinungen waren. Man sagt, Anhänger
seiner Meinungen seyen gewesen: Hoseïn ben Kasem ben Obeïdallah,
welcher Moktader's Wesir war; Abu Dschafar und Abu Ali, beide

---

*) Annal. muslem. Bd. II, S. 382 ff.

Söhne Bastam's; Ibrahim ben Abu Aun und Ahmed ben Muhammed ben Abdus. Muhammed Schalmagani und seine Schüler hielten sich zuerst verborgen; als aber Schalmagani im Monat Schowal des Jahres 322 sich öffentlich zeigte, liess der Wesir Ebn Mokla ihn festnehmen. Schalmagani, von welchem seine Anhänger glaubten, dass die Gottheit in ihm wohne, läugnete die Lehre, die man ihm beimass; man ergriff ihn daher und führte ihn vor den Khalifen Radhi, sammt dem Sohne des Abu Aun und dem Sohne des Abdus. Man befahl diesen Zweien, dem Schalmagani Faustschläge zu geben; sie weigerten sich dessen; aber als man sie dazu zwang, streckte zuerst der Sohn des Abdus seine Hand aus und schlug seinen Meister. Hierauf streckte auch der Sohn des Abu Aun seine Hand aus, um ihn zu schlagen, aber seine Hand zitterte, er küsste den Bart und das Haupt Schalmagani's, indem er ausrief: »Mein Herr, mein Gott, mein Wohlthäter, der mir die Existenz gegeben!« Man sagte sodann zu Schalmagani: »Habt ihr nicht geläugnet, jemals Ansprüche auf das Inwohnen der Gottheit in euch gemacht zu haben?« — worauf er erwiederte: »Ich habe nie darauf Anspruch gemacht, und wenn der Sohn Abu Aun's solche Worte spricht, wie er eben gesprochen, so bin ich dafür nicht verantwortlich.« Auf dies hin führte man sie fort. Man liess den Schalmagani mehreremal vor den Rechtsgelehrten erscheinen, welche am Ende erklärten, dass er den Tod verdient habe. Im Monat Dsul-kaada des Jahres 322 liess man den Schalmagani und den Sohn des Abu Aun kreuzigen und hierauf verbrannte man ihre Körper. — Nach dem System des Schalmagani steigt Gott in jedes Ding herab, im Verhältniss als jedes Ding fähig ist ihn aufzunehmen. Gott hat den Gegner erschaffen, auf dass dieser helfen sollte, den, dessen Gegner er ist, kennen und unterscheiden zu lernen *). Gott hat sich in den Adam und den Iblis, welche Gegner zu einander sind, herabgelassen; derjenige, welcher als Führer zur Erkenntniss dient, die Wahrheit kennen zu lehren, hat den Vorzug vor der Wahrheit selbst; der Gegner einer Sache hat mehr Analogie mit dieser Sache, als eine andere Sache, welche ihr gleichen würde. Indem sich Gott in einen menschlichen Körper gehüllt hat, hat er Zeichen von Kraft und Schwäche gegeben, dazu

---

*) Aehnlich hat bei den Drusen jeder geistige und gute Minister einen bösen Gegner.

bestimmt, kennen zu lehren, wer er sey. Die Gottheit hat sich ganz vollkommen mit Noah und seinem Iblis (Gegner) vereinigt; hierauf hat sie sich getrennt, sodann hat sie sich ganz vollkommen vereinigt mit Sâleh und seinem Iblis, das heisst, mit jenem Gottlosen, welcher die Sehnen an dem weiblichen Kameele zerschnitt *); nachdem sie sich hierauf wieder getrennt hat, hat sie sich ganz vollkommen vereinigt mit Abraham und seinem Iblis Nemrod; sie hat sich hierauf wieder getrennt und derselbe Wechsel von Vereinigung und Trennung hat nach und nach Statt gefunden bei Aaron und Pharâo, bei Salomo und seinem Iblis, bei Jesus und seinem Iblis; hierauf hat sie sich getheilt unter die zwölf Apostel, dann hat sie sich nochmals vollkommen vereinigt mit Ali und seinem Iblis. *Jeder Mensch, welcher den andern Menschen nothwendig ist, ist Gott.* Er hiess, wie auch seine Anhänger thaten, den Moses und Muhammed die zwei Treulosen, indem er behauptete, dass sie ihre Mission von Aaron und Ali erhalten und dass sie an denselben treulos gehandelt hätten; dass Ali dem Muhammed für die Dauer seiner Religion die ganze Zeit, welche die Siebenschläfer in ihrer Höhle zugebracht haben, das heisst dreihundert und fünfzig Jahre, gelassen habe, und dass nach Verfluss jener Zeit seine Religion abgeschafft worden sey. Er hob das Gebet, das Fasten und die andern religiösen Observanzen auf; er gestattete alle Arten unerlaubter Verbindungen und erlaubte den Männern ihren nächsten Verwandtinnen beizuwohnen, indem er behauptete, dass der, welcher besser sey, Umgang haben dürfe mit dem, welcher weniger gut sey, um diesem das Licht einzuflössen; und dass der, welcher ermangeln würde, diese Pflicht zu erfüllen, in einer andern Weltumwälzung ein Weib werden würde; denn er nahm eine Seelenwanderung an."

Dies sind die uns zu Gebote stehenden Berichte über die Nossairiten. Nach denselben ist es nun freilich noch nicht möglich, auf sichere Weise die Stellung derselben anzugeben; — selbst Sacy weiss nicht recht, welche Stellung er denselben anweisen soll (vgl. oben S. 216 u. 221) —; indess dürfte folgende Ansicht über die Stellung der Nossairiten von der Wahrheit vielleicht nicht ferne liegen. Die Nossairiten **) gehören zu der grossen Classe der Bateniten (die,

---

*) S. Sure 7.
**) Ueber die Abkunft ihres Namens s. oben S. 219.

während sie äusserlich für Ali eiferten, einer innern, d. i. allegorischen, Erklärungsweise der heiligen Schriften folgten), unter welchen die Ismaëliten und Karmaten die Hauptzweige bildeten. Aeusserlich, politisch, waren die Nossairiten von den letztern getrennt; sie liefen als ein Nebenzweig, fast unbemerkt (denn ihre Zahl scheint gegen die der Ismaëliten und Karmaten klein gewesen zu seyn), neben diesen einher. Dieselben liessen sie, als Geistesverwandte, gewähren. (Wegen dieser ihrer grossen Geistesverwandtschaft konnten sie aber leicht verwechselt werden, wie dies offenbar von Bar Hebraeus geschehen ist.) Anders gestaltete sich die Sache, als zu Anfang des fünften Jahrhunderts d. H. die aus den Bateniten hervorgewachsene neue Secte der Drusen um sich griff. Von da an erhielten die Nossairiten eine historische Bedeutung; denn während ein grosser Theil der Ismaëliten mit den Drusen verschmolz, andere Ismaëliten aber, um die neu entstandene Secte sich nicht bekümmernd, ruhig ihre Wege fortgingen: waren es die Nossairiten, welche sich wider dieselbe in offene Opposition setzten, indem sie sich zunächst blos sträubten, das von den Drusen aufgestellte Dogma von der Gottheit Hakem's anzuerkennen. Daraus erklären sich die feindseligen Ausfälle der Drusenschriftsteller, namentlich des Hamsa, wider die Nossairiten, die doch ihre Geistesverwandten waren. — Als die Hauptpuncte der nossairitischen Lehre sind zu bezeichnen: der Glaube an die Einwohnung der Gottheit in Ali und seinen Nachfolgern, den rechtmässigen Imamen, und der Glaube an eine Seelenwanderung. Was wir sonst noch als Lehrstücke der Nossairiten angegeben finden, sind spätere Auswüchse, oder — wie bei Schalmagani — Einfälle Einzelner, oder von ihren Gegnern ihnen aufgebürdete Consequenzen. Im Uebrigen waren sie demselben Materialismus und Atheismus ergeben wie die Ismaëliten, Karmaten und Drusen. — Wir erlauben uns noch die Vermuthung auszusprechen, dass die Nossairiten vielleicht christlichen Ursprungs sind. Wir hätten dann muhammedanische, jüdische und christliche Bateniten. — Ueber die neuern Nossairiten ist nachzusehen: Volney, Voyage en Syrie et en Egypte, Bd. II; Niebuhr, Voyage en Arabie, Band II; und der Artikel „Nossairiten" in der Encyclopädie von Ersch u. Gruber.

Wir sind nun (vgl. Vorwort u. S. 214), nach einer ziemlich langen und mühseligen Wanderung, bei dem Zielpuncte unserer Reise, den Drusen, angelangt.

9. Die Drusen

sind, kann man sagen, unter allen muhammedanischen Secten die unbegreiflichste, darum, dass sie den grausamsten und aberwitzigsten aller Tyrannen, den ägyptischen Khalifen Hakem, als Gott verehrt haben. Lernen wir zuerst diesen Drusen-Gott näher kennen!

Geschichte Hakem's.

Wir geben diese Geschichte nach Sacy (Exposé sur la religion des Druzes, I, CCLXXVIII ff.), der dieselbe aus nicht weniger als sechszehn orientalischen, meist arabischen, Schriftstellern zusammengetragen hat.

Hakem biamr-allah, der sechste Khalif aus der Dynastie der Fatimiten und der dritte der Fürsten dieses Hauses, welche in Aegypten herrschten, hiess eigentlich *Mansur;* er war ein Sohn des Asis billah Abu Mansur Nesar und ein Enkel des Moëzz lidin allah Abu Temim Maadd. Er hatte den Beinamen Abu Ali, den er aber erst hatte erhalten können, als er einen Sohn Namens Ali hatte; den Ehrennamen Hakem biamr-allah, d. i. „der durch Gottes Befehl Richtende", erhielt er erst, als er den Thron bestieg. Er wurde geboren im Schlosse von Kaïro, eines Donnerstags, am 23. des ersten Rebi im Jahr 375 d. H., in dem Augenblicke, wo der siebenundzwanzigste Grad des Krebses am Horizonte stand. Er war der erste der Fürsten dieser Dynastie, der in Aegypten geboren wurde. Im Monat Schaban des Jahres 383 erklärte ihn sein Vater Asis billah zu seinem Nachfolger im Khalifat. Nach dem zu Bilbeïs am 28. Ramadhan des Jahres 386 erfolgtem Tode seines Vaters wurde Hakem alsbald zum Khalifen proclamirt (in einem Alter von 11 Jahren, 5 Monaten und 6 Tagen) und er zog mit grossem Glanze in Kaïro ein. Ohne Zweifel gleich nach seiner Thronbesteigung ernannte er zu seinem ersten Minister mit dem Titel „Wasita" d. i. Vermittler *) den Abu

---

*) Der Name des Amtes war *wisâta*, d. i. Vermittlung. S. Sacy Chrest. I, S. 126.

MuhammedHasan ben Ammar, Ketami, gewöhnlich *Ebn Ammar* genannt, mit dem Ehrentitel Emin eddaula. Diesen zu verdrängen gab
sich *Bardschewan*, der weisse Eunuche, dem Asis die Obhut des
jungen Fürsten übertragen hatte, alle Mühe. Nachdem Ebn Ammar
elf Monate und fünf Tage die oberste Gewalt in den Händen gehabt,
wurde er seines Amtes entsetzt und Bardschewan nahm am 28. Ramadhan des Jahres 387 seine Stelle ein, indem er einen Christen,
Namens Fahd ben Ibrahim unter dem Titel Reïs zu seinem Secretär
machte. Aber auch er blieb nicht lange am Ruder. Eines Tages
liess Hakem ihm sagen: „Die kleine Eidechse (ein Name, den Bardschewan dem Knaben Hakem gegeben) ist ein grosser Drache geworden und sie verlangt nach euch." Bardschewan erschien voll
Zittern vor Hakem und es wurde ihm der Kopf abgehauen. Dies
geschah 389 am 26. des andern Rebi *). Der Tod Bardschewan's,
der bei den Aegyptiern beliebt war, erregte einen Aufstand unter
dem Volke, welches sich in Masse an der Pforte des Palastes versammelte. Da bestieg Hakem ein oberes Zimmer und sprach von
da zu dem Volke: „Ich habe in Erfahrung gebracht, dass Bardschewan gegen mich intriguirte, deshalb habe ich ihn umbringen lassen.
Ich bitte euch, mich mit eurer Hülfe zu unterstützen und mich nicht
zu unterdrücken, denn ich bin noch ein Kind." Diese Worte, die
Hakem mit Thränen begleitete, rührten das versammelte Volk und —
es zog sich zurück. Auf Bardschewan folgte *Hoseïn ben Dschauhar*,
der den Titel „Kaïd alkowwad" d. i. Kaïd der Kaïden, oder General en chef, erhielt. Der Christ Fahd behielt seine Stelle als Secretär.
In demselben Jahre 389 fing Hakem an, während der Nacht Versammlungen (Medschli's) zu halten, bei welchen sich die vornehmsten Männer seines Hofs einfanden; später aber hob er diese Versammlungen wieder auf **). Im Jahr 390, im andern Rebi, starb

---

*) Bardschewan hinterliess vier tausend Pferde, eine Million Goldstücke u. s. w.

**) Diese Versammlungen (Medschli's) waren verschieden von den
Medschli's der Bateniten, welche der Kadhi'lkodhat hielt. Vgl. oben
S. 205. In Hammer's Gemäldesaal, III, S. 235, heisst es: „Von Zeit
zu Zeit wurden die Doctoren der sieben Disciplinen vor den Khalifen
gerufen, um in seiner Gegenwart zu disputiren, und wurden mit Ehrenkleidern beschenkt."

der Statthalter von Syrien, Dscheisch ben Samsama. Hakem ernannte zu seinem Nachfolger Fahl, aus der Familie des Temim, der aber nach einigen Monaten durch Ali ben Dschafar ben Fellah ersetzt wurde. Dscheisch hatte in seinem Testamente den Hakem zu seinem Erben eingesetzt. Sein Sohn begab sich daher, das Testament seines Vaters in der Hand, mit seiner ganzen Hinterlassenschaft, deren Werth zweimalhunderttausend Goldstücke betrug, nach Kaïro und legte dieselbe am Fusse der Mauern des Palastes nieder. Als Hakem das Testament genommen und gelesen hatte, gab er es den Kindern des Dscheisch zurück, liess ihnen Ehrenkleider austheilen und sagte zu ihnen in Gegenwart der Herren seines Hofes: „Ich habe das Testament eures Vaters gelesen und die Willensbestimmung, die er über seine Gelder und seine Habschaft gemacht hat; behaltet alles für euch und möge es euch glücklich machen." So kehrten sie mit der ganzen Hinterlassenschaft ihres Vaters zurück.

In demselben Jahre übertrug Hakem das Amt des Requetenmeisters *) dem Abd-alasis, ben Muhammed, ben Noman.

Er verbot ihm, beim Sprechen mit ihm oder beim Schreiben an ihn die Titel Sejjidna und Maulana (unser Herr und unser Meister) zu geben, und gebot bei Todesstrafe, dass man ihm keinen andern Titel gebe als den: Emir almumenin (Fürst der Gläubigen).

Im Monat Schawal dieses Jahres liess er den Ebn Ammar umbringen.

Im folgenden Jahre 391 nahm Hakem die Gewohnheit an, jede Nacht in den grossen Strassen sowie in den Nebenstrassen zu Pferde herumzureiten. Bei dieser Gelegenheit suchte Jeder mit Illumination und Decoration seiner Wohnung den Andern zu überbieten. Man gab unermessliche Summen für Gastmähler, Musik und Lustbarkeiten aus. Da man bei diesen Ergötzlichkeiten gar kein Maas hielt, verbot Hakem den Weibern bei Nacht auszugehen, und den Männern gebot er in ihren Butiken zu bleiben. In demselben Jahre gab er ein Beispiel von Strenge gegen die Feinde Ali's. Man hatte nämlich im Monat des ersten Dschumadi einen Mann aus Syrien arretirt, weil er

---

*) L'office des requêtes en redressement de griefs. Ueber die Verrichtungen dieses Amtes s. Sacy Chrest. ar. Bd. 1, S. 132. Man könnte vielleicht statt Requetenmeister übersetzen: Vorsteher der Beschwerdenuntersuchungscommission.

gesagt hatte, dass er keinen Ali ben Abu Taleb, Fürsten der Gläubigen, kenne. Der Kadhi'lkhodat Hosein ben Muhammed, ben Noman, dessen Jurisdiction sich über Kairo, ganz Aegypten, die zwei
heiligen Städte, Syrien und Magreb erstreckte, liess ihn ins Gefängniss werfen und schickte ihm ins Gefängniss vier Notare, die ihn
verhörten. Dieser Mann erkannte wohl den Muhammed als Propheten
und Gesandten Gottes an, aber als die Frage auf Ali kam, so versicherte er, dass er denselben durchaus nicht kenne. Hierauf nahm
ihn noch der Kaïd alkowwad in besonderes Verhör und sprach mit
vieler Güte zu ihm, aber er konnte seine Halsstarrigkeit nicht besiegen. Da brachte man ihn zuletzt vor Hakem, welcher den Befehl
gab, ihn zu enthaupten. Dies geschah, und sein Leichnam wurde
an einen Galgen gehängt. — Im Monat Ramadhan des Jahres 392
nahm Hakem die Statthalterschaft von Damascus dem Ali ben Dschafar, ben Fellah, und setzte an seine Stelle den Ausila ben Bakkar.
Das Jahr 393 hat eine grosse Zahl von Ereignissen aufzuweisen,
welche für den damaligen Eifer Hakem's für den Islam und die
Lehre der Schiiten Zeugniss ablegen. Den 17. des andern Rebi
wurde die Moschee von Raschida zu bauen angefangen. Ebenso wurde
in diesem Jahre der von Asis angefangene Bau der grossen Moschee
Kairo's, welche ausserhalb des Bab alfotuh (Thors der Siege) liegt,
und welche nach Hakem die Moschee Hakem's heisst, wieder aufgenommen. Dreizehn Personen, die überwiesen wurden, das Gebet
Salat eddhoha, d. i. das Gebet der Mitte des Morgens *), gesprochen
zu haben, wurden zu Ruthenhieben verurtheilt, auf Kameelen umher-
geführt und auf drei Tage ins Gefängniss geworfen. In Damascus
wurde ein Mann, Namens Aswad Hakemi, der sich zu einer antischiitischen Secte hielt, geschlagen und auf einem Esel herumgeführt,
während man vor ihm herrief: „Das ist das den Anhängern Abu
Bekr's und Omar's aufbehaltene Loos!" Hierauf schlug man ihm
den Kopf ab **). Später in demselben Jahre liess Hakem den Chri-

---

*) Dieses Gebet war von den Schiiten nicht zugelassen. S. Sacy
Chrest. ar. I, S. 162.

**) Abulfeda erzählt die Sache anders. Nach ihm war Aswad der
Statthalter von Damascus; er nannte sich Abu Muhammed Aswad; er
ward zum Statthalter von Damascus im Jahr 393 ernannt. Der Schuldige war ein Mann von Magreb; es wurde ihm nicht der Kopf abge-

sten Isa ben Nesturos, der einen bedeutenden, dem eines Wesirs gleichstehenden Posten hatte, ergreifen und ihm den Kopf abschlagen *). Das Datum seines Todes ist nicht angegeben, aber Makrisi stellt ihn vor den des Fahd, den er ins Jahr 393 setzt. Es scheint, dass der Tod von beiden die Folge einer Verfolgung war, welche namentlich auf die Christen fiel, welche die Functionen von Schreibern hatten, oder welche gewisse Plätze in den Bureau's einnahmen. Makrisi erzählt den Ursprung und die Motive dieser Verfolgung folgendermaassen: Zur Zeit des Patriarchen Zacharias trafen die Christen Unfälle, wie man noch nie dergleichen gesehen. Eine grosse Anzahl von ihnen war im Verwaltungsfache angestellt, sie waren mächtig geworden, hatten grosse Reichthümer erworben und hatten einen unbegränzten Credit. Diesen hatten sie aber zu Quälereien der Muselmanen gemissbraucht. Dadurch ward der Zorn Hakem's geweckt, der demselben, wenn er einmal erwacht war, keinen Einhalt thun konnte. Schon von der Regierung des Asis an hatten die Moslimen einen heftigen Hass wider die Juden und Christen gefasst, denn dieser Fürst hatte dem Christen Isa ben Nesturos eine wichtige Stelle anvertraut, und ein Jude, Namens Mischa (oder wahrscheinlich Minscha d. i. Manasse) behauptete eine andere wichtige Stelle in Syrien, die ihn höchst mächtig machte. Daher kam es, dass die Christen und Juden sich übermüthig über die Moslimen erhoben. Die Bewohner von Missr machten daher eine weibliche Figur aus Pappendeckel, gaben ihr eine Bittschrift in die Hand und stellten sie auf den Weg des Asis. Der Khalif nahm das Papier und las auf demselben folgende Worte: „Bei dem Namen desjenigen, der die Juden zu Ehren gebracht hat durch Manasse, und die Christen durch Isa ben Nesturos, und der durch seine Person die Moslimen erniedrigt hat, möchtest du uns erlösen zu rechter Zeit von der Schmach, in der wir sind." (Abulf. Annal. II, S. 591.) Als nun durch Hakem die Verfolgung gegen die Christen eröffnet wurde, liess

---

schlagen, sondern er wurde aus Damascus gejagt. Annal. musl. Bd. II, S. 609.

*) Bar Hebraeus setzt den Tod des Isa in die ersten Regierungsjahre Hakem's, vielleicht sogar in das erste Jahr, denn er spricht davon zwischen den Jahren 386 u. 389 und lässt den Fahd ben Ibrahim seinen Nachfolger seyn. (S.)

er zehn der obersten Schreiber festnehmen. Einer der ausgezeichnetsten war Abu Nedschah, zubenannt Alkebir (der Grosse), welcher
ein Orthodoxer war *). Hakem liess ihn vor sich kommen und gebot ihm der christlichen Religion zu entsagen, indem er versprach,
ihn, wenn er ein Moslim würde, zu der Wesirswürde zu erheben
und ihm die Verwaltung seines Reichs anzuvertrauen. Abu Nedschah
verlangte und erhielt von Hakem einen Tag Bedenkzeit. Nach Hause
zurückgekehrt liess er alle seine Freunde zu sich kommen, zu denen
er, nachdem er ihnen den Vorfall zwischen ihm und Hakem erzählt,
also sprach: „Ich bin bereit, mein Leben für den Namen Jesu
Christi herzugeben. Indem ich mir einen Tag Bedenkzeit ausgebeten,
wollte ich nur Zeit gewinnen, euch um mich zu versammeln, euch
Abschied zu sagen und euch meinen letzten Willen kund zu thun.
Jetzt nun, meine Brüder, suchet nicht auf Kosten des dauernden und
ewigen Ruhms bei unserm Herrn Jesu Christo den unbeständigen und
vergänglichen Ruhm dieser Welt. Er hat uns gesättigt mit den Gütern der Erde; heute ruft uns seine Barmherzigkeit ins Himmelreich;
stärket nun eure Herzen.“ So ermuthigte er sie durch seine Reden
und munterte sie auf, für den Namen Jesu Christi zu sterben. Er
bereitete ihnen diesen selben Tag ein grosses Mahl und nachdem
sie bis zum Abend bei ihm geblieben, kehrte ein Jeder nach Hause
zurück. Des andern Morgens begab sich Abu Nedschah zu Hakem.
Bei seinem Eintreten redete der Khalif ihn also an: „Nun, Abu
Nedschah Gabriel, hast du dich entschlossen?“ Ja, Herr, antwortete er ihm. „Welches ist“, fragte ihn dann Hakem, „dein Entschluss?“ Fest zu bleiben in meiner Religion, versetzte Abu Nedschah.
Hakem versuchte nun zuvörderst ihn durch Versprechungen und Drohungen zu besiegen; da er aber hierdurch ihn nicht wankend machen
konnte, befahl er, ihm die Kleider abzunehmen, ihn an zwei Pfähle
zu binden und zu schlagen. Man schlug ihn mit Ochsenziemern.
Er erhielt zuvörderst fünfhundert Schläge, die ihn so zerfleischten,
dass von seinem ganzen Körper das Blut strömte. Hakem befahl
nun, ihm bis auf tausend Hiebe zu geben. Als er weitere dreihundert erhalten, sprach er: mich dürstet. Da hörte man auf, ihn zu
schlagen, und unterrichtete den Hakem davon, welcher befahl, dass

---

*) Dieser Bericht ist genommen aus Severus d' Oschmunein. Vgl.
auch Renaudot, Hist. patriarch. alex. S. 395. (Sacy.)

man ihm zu trinken geben solle, sofern er verspreche, ein Moslim zu werden. Man reichte ihm also Wasser dar, indem man ihm den Befehl Hakem's berichtete. Da sprach Abu Nedschah: „Bringet ihm sein Wasser wieder; ich brauche es nicht, denn unser Herr Jesus Christus, der wahrhaftige König, hat mir zu trinken gegeben." Mehrere von den Anwesenden versicherten gesehen zu haben, dass wirklich Wasser auf seinen Bart träufelte. Nachdem er jene Worte gesprochen, verschied er. Hakem, von seinem Tode benachrichtigt, befahl, dass man die zu tausend noch fehlenden Ruthenhiebe dem Leichnam geben solle. — Unter jenen zehn Christen, von denen oben die Rede war, befand sich auch der Reïs Fahd ben Ibrahim. Hakem liess ihn kommen und forderte ihn auf, den Islam anzunehmen, indem er ihn an die vielen von ihm erhaltenen Wohlthaten erinnerte und indem er ihm versprach, neue hinzuzufügen und ihn als seinen Bruder anzusehen. Da er sich aber beharrlich weigerte, liess ihm Hakem den Kopf abschneiden und befahl, dass sein Körper verbrannt würde. Von den acht andern Cateb's (Schreiber) unterlagen vier der Tortur und gingen zum Islam über, die vier übrigen aber blieben fest und hauchten ihr Leben unter den Schlägen aus. Von den vier Apostaten starb einer die folgende Nacht, die drei andern kehrten nach dem Ende der Verfolgung wieder zur christlichen Religion zurück. Makrisi setzt den Todestag des Reïs Fahd auf den 8. des andern Dschumadi des Jahres 393. Er hatte seiner Stelle fünf Jahre, neun Monate und zwölf Tage vorgestanden. Sein Nachfolger wurde Ali ben Omar Addas, den aber Hakem noch in demselben Jahre umbringen liess, wie auch den Ostad Reïdan Saklabi und viele andere. In demselben Jahre wurde die Statthalterschaft von Tiberias dem Emir Baruh gegeben. Nachfolger Ausila's, des Statthalters von Damascus, wurde Moflih Lihjani. Im Monat Moharram des folgenden Jahres 394 gab Hakem die Statthalterschaft von Barka dem Sandal Aswad. Im Monat Ramadhan wurde das Amt des Kadhi'lkodhat und Daï'ldoat *) (Oberrichters u. Oberwerbers) dem Hosein ben Muhammed ben Noman, der es 5 Jahre, 6 Monate und 23 Tage verwaltet hatte, genommen und dem Abd-alasis ben Muhammed ben Noman gegeben, indem er seine bisherige Stelle behalten durfte.

---

*) Ueber die Stellung und Wirksamkeit des Ober-Daï s. Sacy Chrest. I, S. 142; vgl. Exposé II, S. 494.

Das Jahr·395 ist eine merkwürdige Epoche in dem Leben des Hakem, denn in demselben erliess er eine Menge Befehle, die an sich lächerlich und deren Folgen für seine Unterthanen von jeder Religion grausam waren. Man proclamirte in diesem Jahre in den Moscheen von Kairo, Missr und der Insel Raudha einen Befehl, welcher den Juden und Christen auferlegte, an ihren Kleidern Unterscheidungszeichen zu tragen, die von schwarzer Farbe seyn sollten, weil diese Farbe die der abbassadischen Khalifen war, — sowie auch Gürtel. Dieser Befehl enthielt die beschimpfendsten Ausdrücke wider Abu Bekr und Omar *). Durch einen andern Befehl wurde verboten, Melukhia — ein Gemüse, welches Moawia ben Abu Sofjan sehr liebte — zu essen; ebenso wurde verboten das Essen der Rauke, eines Küchenkrautes, dessen Gebrauch durch Ajescha eingeführt worden; ferner das der Pflanze Motawakkelijja (so benannt von dem Khalifen Motawakkel, welcher sie zuerst gebraucht hatte), sowie das der Tellmuscheln, einer Art von Schalthieren; derselbe Befehl verbot auch, das Brod mit den Füssen zu kneten, andere Stiere als kranke oder schwache zu schlachten, ausgenommen an dem ·zur Schlachtung der Opferthiere geweihten Tage; auch enthielt dieser

---

*) Abulmahasin sagt: Die Christen wurden gezwungen, blaue, und die Juden, gelbe Kleider zu tragen; es war ihnen auch auferlegt, schwarze Mützen zu tragen. Nach Dschehebi, den Abulmahasin citirt, und dem Tarikh Ishaki scheint die Verpflichtung, schwarze Mützen zu tragen, nur den Juden gegolten zu haben. Indess versichert Severus, dessen Autorität hier gross ist, dass die Christen auch verbunden waren, schwarze Mützen zu tragen; doch scheint es, dass die Oberhäupter der Christen von dieser Verpflichtung dispensirt waren. Die Christen waren ferner genöthigt, sich hölzerner Steigbügel zu bedienen und keiner von ihnen durfte eiserne haben. Hakem befahl ihnen auch, Kreuze in der Länge von einer Spanne zu tragen, und kurz darauf verlangte er, dass sie eine Länge von einem oder, nach Andern, anderthalb Ellbogen haben sollten. Statt eines Kreuzes waren die Juden genöthigt, hölzerne Anhänger in der Form von einem Balle (Knäuel) am Halse zu tragen als Symbol des Kalbskopfes, den sie in der Wüste angebetet hatten. Es kann nicht gesagt werden, ob diese verschiedenen Befehle im Jahre 395 erlassen wurden oder im Jahre 400, wo die Juden wie die Christen neue Gräuel erdulden mussten, denn Makrisi gibt die Zeit davon nicht genau an. Nach Ibrahim ben Wasifschah wies Hakem den Juden ein abgesondertes Stadtviertel in der Nähe des Thores von Kairo, Thor von Zawila genannt, an.

16

Befehl Drohungen gegen die Sklavenhändler, welche männliche oder
weibliche Sklaven an Juden verkaufen würden. Ein anderer Befehl
hiess das Mittagsgebet auf sieben Uhr und das Nachmittagsgebet auf
neun Uhr verkündigen. Wieder eine andere Ordonnanz verbot die
Fabrication des Biers und den Verkauf desselben auf den Märkten,
ein Verbot, zu welchem die Sage, dass Ali ben Abu Taleb einen
Widerwillen gegen dieses Getränk gehabt habe, Veranlassung gab.
Wiederum liess er durch Ausschellen auf den Strassen und Märkten
bekannt machen: Niemand dürfe ohne Unterhosen in ein Bad gehen;
kein Weib dürfe sich öffentlich ohne Schleier zeigen, selbst nicht
bei einem Leichenbegängniss; kein Fischer dürfe einen Fisch ohne
Schuppen fischen und verkaufen. Unter den durch seine Befehle
verbotenen Speisen waren auch die Wolfsbohnen. Alle diese Befehle
wurden aufs Strengste gehandhabt und die Uebertreter dieser lächerlichen Gesetze ohne Schonung gestraft. So wurden einmal einige
Personen, die sich in den Bädern ohne Unterhosen ertappen liessen,
gehauen und öffentlich zur Schau gestellt. Im Monat Safar desselben
Jahres wurden auf Befehl Hakem's Anatheme gegen die ersten Khalifen und gegen diejenigen Begleiter des Propheten, welche bei den
Anhängern Ali's Gegenstand des Hasses sind, ausgefertigt, das heisst
gegen Ajescha, die Frau des Propheten; die drei ersten Khalifen
Abu Bekr, Omar und Osman; gegen Talha und Sobeir, den Khalifen
Moawia und den Amru ben Alas. Diese Anatheme wurden geschrieben an alle Moscheen, an die alte Moschee von Missr, sowohl innerhalb als ausserhalb und an alle Seiten, an die Thüren der Häuser,
wo die zum Dienste der Khalifen bestimmten jungen Leute erzogen
wurden, an die Kramläden und Kirchhöfe und sogar an die Mauern
der Sahra, ja auch an die Thüren von Privathäusern. Diese Ver-
wünschungsschriften wurden mit goldenen Buchstaben und in verschiedenen Farben geschrieben und dem Volke waren sie ein grosser Anstoss. Der Schrecken, den sie einflössten, bewirkte indess, dass
man sich beeilte, sich in die Secte des Herrscherhauses aufnehmen
zu lassen. Der Kadhi'lkodhat Abd-alasis hielt für diejenigen, welche
sich einweihen lassen wollten, Vorträge, zu welchen man in Masse
von allen Gegenden und Orten lief. Hakem bestimmte dazu wöchent-
lich zwei Tage, den Sonntag für die Männer und die Mittwoch für
die Frauen. Ein besonderer Vortrag wurde am Dienstag für die
Leute vornehmen Ranges gehalten. Die Menge derer, welche, um

sich einweihen zu lassen, sich herzudrängten, war so bedeutend, dass eine grosse Anzahl Personen, Männer und Frauen, dabei erdrückt wurden. Als die Pilgerkarawane in Kairo ankam, war sie von Seiten des Volks aller Art von Beleidigungen und Gewaltthätigkeiten ausgesetzt; denn das Volk wollte die Pilger zwingen, die bei den Schiiten gehassten Begleiter des Propheten zu verfluchen, und ihre Weigerung zog ihnen alle Arten muthwilliger Handlungen zu. Im andern Dschumadi wurde in Kairo das Dar alhikma, d. i. das Haus der Weisheit oder der allegorischen Lehre der Bateniten *), eröffnet; man stellte dabei Vorleser an und brachte die Bücher dahin, welche aus den Schätzen des Palastes gezogen wurden. Das Publicum hatte freien Eintritt; es wurden bei diesem Hause angestellt: Vorleser des Koran, Rechtsgelehrte, Astronomen, Grammatiker, Lehrer der arabischen Sprache, Arzneikundige; es wurde dabei eine Sammlung von Büchern aus allen Wissenschaften angelegt und nie hat man eine ähnliche gesehen. Bedeutende Gehalte wurden den an dieser Anstalt angestellten Rechtsgelehrten und Dienern angewiesen und dieselbe wurde mit allen zum Studiren nöthigen Geräthschaften, als Dinte, Federn, Papier und Schreibzeugen ausgestattet. In demselben Jahre verbot Hakem Jedermann, sich nach Sonnenuntergang auf den Strassen und Wegen zu zeigen und daselbst zu erscheinen, um etwas zu kaufen oder zu verkaufen. Ueberall liess er die Gefässe, in denen man Wein aufbewahrte, zerbrechen, und der Wein wurde auf die Strassen geschüttet. Er befahl, die Hunde zu tödten, und man tödtete deren eine so grosse Zahl, dass man keinem mehr begegnete. Dieser sonderbare Befehl ward nach Severus dadurch veranlasst, dass ein Hund den Esel, auf welchem Hakem ritt, also erschreckte, dass derselbe einen Sprung machte und durchging. Indess ist an der Richtigkeit dieses Factums zu zweifeln, weil Hakem erst in späterer Zeit anfing auf Eseln zu reiten; vielleicht war es anstatt eines Esels ein Pferd. Im Monat Ramadhan liess er die Moschee Raschida mit Teppichen und Lampen zieren, er versah sie mit allem Nothwendigen und begab sich Freitag Abends den funfzehnten dieses Monats zu Pferde dahin. Um dieselbe Zeit verbot Hakem Jedermann ohne Unterschied, zu Pferde nach Kairo zu kommen, sowie den Maulthier-Vermiethern,

*) Es findet hier eine Verwechslung zwischen dem Hause der Weisheit und dem Hause der Wissenschaft Statt. Vgl. oben S. 205 u. 235.

16 *

mit ihren Eseln in der Stadt zu erscheinen; auch verbot er Jedermann, an seinem Palaste vorüberzugehen. Im Monat Dhulhiddscha
des vorangehenden Jahres hatte Hakem angefangen, an der Seite des
Berges Mokattam ein grosses Magazin erbauen und dasselbe mit
Acazienholz, Schilfrohr und Binsen füllen zu lassen. Diese Anstalt,
deren Zweck man nicht kannte, verursachte allgemeinen Schrecken;
alle diejenigen nämlich, welche eine Anstellung oder einen Dienst
bei Hakem hatten, bildeten sich ein, dass dieses Magazin erbaut worden sey in der Absicht, sie umkommen zu lassen. Dieses Gerücht
verbreitete sich immer mehr und man sagte öffentlich auf den Strassen, dass in jenem Gebäude die Schreiber und Angestellten der
Büreau's verbrannt werden sollten. Die Schreiber versammelten sich
daher, verbanden sich mit allen denjenigen, welche irgend eine Anstellung bei den Schreibstuben hatten, sowohl Christen als Moslimen,
gingen alle zusammen am fünften des ersten Rebi nach einem Platze
in Kairo, Namens Alriahin, und begaben sich von da die Strassen
Kairo's entlang den Boden küssend, nach dem Palaste. An dem
Thore des Palastes angelangt hielten sie an, die Luft mit ihrem
Geschrei und ihren Seufzern erfüllend und mit Thränen um Gnade
flehend; sie hatten eine im Namen Aller verfasste Bittschrift in der
Hand. Hierauf gingen sie durch die grosse Pforte in den Palast
und flehten, dass der Khalif ihnen verzeihen und auf die gegen sie
vorgebrachten Verläumdungen nicht achten möchte. Sie übergaben
ihre Bittschrift dem Kaïd alkowwad, Hosein ben Dschauhar, welcher
sie dem Hakem vorlegte. Ihr Gesuch wurde bewilligt und Hosein
kam, ihnen zu sagen, dass sie sich entfernen und des andern Tages
in der Frühe kommen könnten, um eine, Amnestie verheissende Ordonnanz vorlesen zu hören. Des andern Morgens las man ihnen
eine, allgemeine Amnestie verheissende Ordonnanz vor, von welcher
drei Exemplare verfasst wurden, eins für die Moslimen, eins für die
Christen und eins für die Juden *). Auch eine grosse Anzahl von

---

*) Es scheint, dass Hakem, der vielleicht so etwas, wie das öffent-
liche Gerücht ihm zuschrieb, beabsichtigte, sich begnügte, jenes Magazin anzuzünden; denn Severus erzählt: Hakem habe, als er eines Tags
an den mit einer grossen Menge von Schneckenklee, Holz und Schilfrohr
angefüllten Magazinen vorbeigekommen, dieselben anzünden lassen und
sey, an dem Feuer sich ergötzend, herumgeritten, bis dass alle jene

Bürgern, Kaufleuten und Andern erhielten Schutzbriefe. Der Zorn Hakem's fiel hierauf auf diejenigen, welche man Rikabi oder Rikabdar nannte, das heisst auf die an den Marställen Angestellten, als Stallknechte, Fussbedienten u. s. w.; er liess deren eine grosse Anzahl sterben, hierauf verzieh er den übrigen und gab ihnen Schutzbriefe. Der Merkwürdigkeit halber lassen wir hier einen solchen Schutzbrief, der den an der Moschee Obeïdallah's Angestellten ausgestellt wurde, folgen. Er lautet also:

„Im Namen Gottes, des Gnädigen und Barmherzigen. Der Diener und Stellvertreter Gottes, Mansur Abu Ali Hakem biamr-allah, Fürst der Gläubigen, an die Diener der Moschee Obeïdallah's: Ihr seyd in Sicherheit, unter dem Schütze Gottes, des wahrhaftigen Königs und höchsten Herrschers; unter dem unsers Ahnherrn, Muhammed's, des Siegels der Propheten; unsers Stammvaters Ali's, des ausgezeichnetsten Gesandten (Gottes); der Familie des Propheten und des Mehdi, unserer Vorfahren (Gott sey ihnen gnädig und möge ihnen Heil gewähren!), und unter dem Schutze des Fürsten der Gläubigen; ihr, euer Stand, euer Blut und alles was ihr besitzet, ihr habt nichts zu fürchten, es wird euch kein Uebel treffen ausser im Fall einer gesetzlichen Strafe und einer gerechten Rache, der Bitte dessen zugestanden, der gesetzlich Recht hat sie zu verlangen. Man darf auf dieses sich verlassen und sich darauf stützen, wenn es Gott will. Geschrieben im andern Dschumadi des Jahres 395. Gott sey gepriesen, und Gott sey gnädig Muhammed, dem Fürsten der Gesandten, und Ali, dem besten der Abgeordneten, und den Imamen, die vom Mehdi kommen, der Nachkommenschaft der Prophetenfamilie, und er lasse ihnen Heil widerfahren."

Unter den Vielen, die in diesem Jahre als Schlachtopfer der Grausamkeit Hakem's fielen, war der Kadi'lkodhat Hosein ben Noman, den er lebendig verbrennen liess. Im Anfange des Jahres 396, an dem Feste Aschura, das heisst in den zehn ersten Tagen des Monats Moharram, an welchen die Schiiten das Andenken an das Märtyrerthum Ali's und seiner Söhne feiern, war, wie dies an diesem Feste gewöhnlich der Fall war, ein grosser Zusammenlauf des Volks und

---

Vorräthe verzehrt und für ihre Besitzer gänzlich verloren gewesen seyen. (Sacy.)

man verfluchte hier öffentlich die gegen Ali feindlich gesinnten Begleiter Muhammed's. Man ergriff einen Mann, welchen man öffentlich zur Schau stellte, indem man ausrief: „Dies ist der Lohn eines Jeden, der Ajescha und ihren Gemahl verwünscht" *); um denselben versammelte sich eine unzählige Masse Volkes, welches die Feinde Ali's verfluchte. Zum Schluss wurde demselben der Kopf abgeschnitten. Der Monat Redscheb fing in diesem Jahr mit einer Mittwoch an; da erschien eine Ordonnanz Hakem's, man solle diesen Tag für einen Dienstag halten. — Hakem liess wahrscheinlich in Folge der Furcht, welche der Aufstand eines gewissen Abu Rakwa in ihm hervorgebracht, einige Mässigung eintreten. So erliess er namentlich am neunten des andern Rebi des Jahres 397 den Befehl, dass jene Verwünschungen der Feinde Ali's, welche er an öffentliche und Privathäuser hatte schreiben lassen, ausgelöscht werden sollten. Die andern Ordonnanzen Hakem's aber blieben in Geltung; es wurden viele Fischhändler, Gemüsehändler und Bierfabricanten wegen Uebertretung jener Befehle arretirt; unvermuthet wurden auch die öffentlichen Bäder untersucht, und wer sich in denselben ohne Unterhosen befand, wurde festgenommen. Alle diese Arretirten wurden aber sofort dann gehauen und öffentlich ausgestellt. In demselben Jahre machte Hakem den beiden heiligen Städten reiche Schenkungen und stiftete in die Kaaba eine Decke von dem weissen Zeuge, das man „Kabati" nennt. In demselben Jahre 397 trat auch, weil der Nil nicht hoch genug gestiegen war, eine Theuerung in Aegypten ein, welche im Laufe des folgenden Jahres 398 noch zunahm. Hakem befahl daher, dass die Thore Kaïro's, und ebenso die Kaufläden die ganze Nacht geöffnet bleiben sollten, auf dass Jeder verkaufen und kaufen könnte. An den Thüren der Häuser und an dem Eingange der Bazare brannten Fackeln. So erging sich das Volk alle Nächte auf den Märkten und Strassen bis zum Tagesanbruch, und Hakem lief, von seinen vertrautesten Dienern begleitet, mitten unter demselben herum, so dass Jedermann sich ihm nähern und mit ihm sprechen konnte. Indess liess Hakem über die Christen neue Quälereien

---

*) Wie das geschehen konnte, ist nicht klar, denn Ajescha — als Feindin Ali's — gehörte ja zu denen, welche (von den Schiiten) zu verwünschen waren oder verwünscht wurden.

ergehen; er bemächtigte sich der Kirchengüter und bereicherte damit den Staatsschatz. Er liess viele Kreuze an dem Thore der Moschee von Missr verbrennen und liess Befehle in die Provinzen ergehen, dass daselbst ebenfalls die Kreuze verbrannt werden sollten. Um dieselbe Zeit liess Hakem auf den Dächern der christlichen Kirchen kleine Moscheen errichten, um von denselben herab die Gebetsstunden der Moslimen auszurufen. In dieselbe Zeit gehört auch das Verbot des Glockenläutens, von dem Severus berichtet, und der Befehl der Kreuzabnahme von allen Kirchen und des Abwischens der auf den Händen und Armen eingeprägten Kreuze. Gegen Ende des Jahres wurden, weil der Nil wieder nicht wuchs, zweimal öffentliche Gebete veranstaltet, um Wasser zu erflehen. Das Brod wurde ausserordentlich selten und theuer. Als deshalb das Volk dem Hakem seine Noth klagte, gab er zur Antwort: „Morgen werde ich zu Pferd steigen und werde jeden Hausbesitzer, in dessen Hause ich kein Getreide finde, hängen oder köpfen lassen." Wirklich ritt er den andern Tag nach der Moschee Raschida in Missr und er traf auf dem ganzen Wege dahin kein Haus, in dem nicht Getreide war. Dies beruhigte die Gemüther und die Theuerung nahm ab. Hakem verbot, dass Niemand mehr Lebensmittel in seinem Hause aufbewahren sollte, als er für seinen Haushalt bedurfte und setzte den Preis derselben fest. Dies ist eine glaubliche Sache; denn, wie Makrisi bemerkt, so entstand oft, wenn der Nil nicht gehörig steigen zu wollen schien, eine künstliche Theuerung, indem Jedermann sich mit Frucht zu versehen suchte und Viele sie aufbewahrten in der Hoffnung, sie theuer zu verkaufen. In demselben Jahre wurde Ali ben Fellah zum Statthalter von Damascus ernannt; und den sechszehnten des Redscheb wurde Abd-alasis ben Muhammed ben Noman seiner Stelle als Kadhi'lkodhat entsetzt und dieselbe dem Malek ben Saïd, Fareki, übertragen. Dass derselbe zugleich der Daï'ldoat war, ersieht man aus der Bemerkung Makrisi's, dass ihm die Bücher der Secte, welche in dem Palaste den Eingeweihten vorgelesen wurden, zugestellt worden seyen. Den siebenten Schaban wurde der Kaïd alkowwad, Hosein ben Dschauhar, seiner Stelle als ersten Ministers entsetzt, und dieselbe dem Salib ben Ali Rudbari übertragen. Eine andere Stelle, in dem Diwan der Angelegenheiten Syriens, die er verwaltete, wurde dem Schreiber Abu Abdallah Museli übertragen. Jene beiden in Ungnade gefallenen Männer, der erste Minister Hosein und der Kadhi'lkodhat Abd-alasis erhielten Befehl, in ihren Wohnungen zu bleiben, und es wurde ihnen wie ihren Söhnen verboten, sich auf den öffentlichen Märkten unter dem Gefolge Hakem's zu zeigen; aber nach wenigen Tagen hob Hakem dieses Verbot wieder auf und schenkte denselben wieder seine Gunst. — Als im Jahr 399 der Nil wieder nicht die gehörige Höhe erreichte, verbot Hakem, weil er ohne Zweifel hierin eine Strafe des Himmels für die Verletzung der Gesetze des Islam erblickte (denn manchmal zeigte sich bei ihm noch ein Gefühl für Religion), alle öffentlichen Belustigungen, wie das Singen, das Spazierengehen und das Spazierenfahren auf dem Wasser des Flusses oder der Canäle. Er erliess strenge Verbote gegen das Erscheinen auf öffentlichen Plätzen vor dem Aufgang oder nach dem Untergang der Sonne. Im andern Rebi wurde ein Befehl verkündigt, dass man keinen Wein, keine Art von Bier, keine Schalthiere, keinen schuppenlosen Fisch, keine noch gährenden Wolfsbohnen auf den Markt bringen dürfe. Vielleicht war es in derselben Zeit, dass Hakem alle Schweine in Aegypten schlachten liess, was namentlich den Bewohnern von Baschmur, wo es deren eine sehr grosse Menge gab, einen grossen Verlust verursachte. — Der Schrecken, welchen das Betragen Hakem's verursachte, verbunden mit der Hungersnoth, erzeugte eine allgemeine Niedergeschlagenheit; die Krankheiten wurden sehr häufig und viele Menschen starben daran. Mit der Zunahme der Krankheiten wurden auch die Arzneimittel immer seltener und theurer. Indess nahm die Theuerung im Monat Redscheb ab. Im Monat Ramadhan wurde in den Moscheen eine Ordonnanz verkündigt, welche den Moslimen der verschiedenen Secten volle Gewissensfreiheit zusagte. Es war darin gesagt, dass Jeder in Bezug auf die Bestimmung des Anfangs und des Endes des Fastens im Ramadhan sich entweder an die astronomischen Berechnungen für den Anfang des neuen Mondmonats, oder an das Zeugniss der Augen und die Erscheinung des Neumondes halten und demnach das Fasten des Ramadhan anfangen und endigen könne, wann er es für gut halte; dass die, welche sich an das Letztere hielten, deshalb auf keine Weise beunruhigt werden sollten; dass sie nicht gehindert werden sollten, sich hinsichtlich der fünf canonischen Gebete an die Gebräuche anzuschliessen, welche sie den von ihnen angenommenen Traditionen gemäss beobachteten; dass es ihnen ganz freistehen sollte, das Gebet Eddhoha *) und das Gebet Terawih **) zu sprechen; dass bei den Leichenbegängniss-Gebeten Jeder nach Belieben vier- oder fünfmal die Formel Tekbir ***) sprechen dürfe; dass die Gebetausrufer die Formel „Laufet herbei zu dem herrlichsten Werke" gebrauchen könnten, und die, welche sie nicht gebrauchen wollten, deshalb nicht beunruhigt werden sollten; dass man sich jede Verwünschung gegen diejenigen ersten Moslimen, deren Name den Anhängern Ali's verhasst ist, verbitten dürfe; dass Jeder, wenn er von jenen spreche, ihrem Namen ein beliebiges Epitheton geben, oder bei ihnen schwören könnte; endlich dass jeder Moslim in seinen Andachtsübungen und seinen Religionsgebräuchen derjenigen Ansicht folgen dürfe, welcher er ergeben sey: „Denn", war darin gesagt, „Alle sollen zu Gott zurückkehren; ihre Handlungen sind vor ihm aufgezeichnet und bei ihm steht es, sie zur Rechenschaft zu fordern." — Hakem hatte, wie gesagt, mehrere Auflagen abgeschafft, aber sie wurden vor Ende des Jahres 399 wieder eingeführt. Mehrere Kirchen an dem Wege von Maks wurden zerstört. Ebenso wurde eine Kirche zu Kairo in dem Stadtviertel der Griechen zerstört und beraubt. Salih ben Ali Rudbari, der erste Minister, erhielt von Hakem den Ehrentitel Thikat thikât asseïf ualkalem, d. i. der Vertraute der Vertrauten des Schwertes und der Feder. Der Kadhi'lkodhat Abd-alasis ben Noman wurde in sein früheres Amt, das eines Requetenmeisters, das er ehemals mit dem Amte des Kadhi'lkodhat verwaltet, wieder eingesetzt. In demselben Jahre wurde eine grosse Anzahl von Eunuchen, von Schreibern und Kammerdienern hingerichtet, nachdem man ihnen zuvor die Hände mit einem Hackmesser auf einem Blocke um die Mitte des Armes abgeschnitten. Im Monat Dhulkaada fiel auch der Kaïd Fadhl ben Salih als Schlachtopfer der Grausamkeit Hakem's. Die Statthalterschaft Syriens, welche im Jahre 398 Ali ben Fellah erhalten hatte, wurde im Jahre 399 dem Kaïd Abuldscheisch Ali ben Melhem übertragen, der sie ein Jahr und vier Monate inne hatte. Im Laufe dieses Jahres wurde Hakem krank.

---

*) S. oben S. 237.

**) Dieses Gebet ist für die dreissig Nächte des Ramadhan bestimmt und ist den Schiiten eigenthümlich. (S.)

***) Das ist die Formel „Gott ist gross" الله اكبر.

Der ihn behandelnde Arzt Ebn Mokasschar erhielt zehntausend Goldstücke. In demselben Jahre starb der berühmte Astronom Ebn Junis,
Verfasser der astronomischen Tafeln, die nach seinem Namen oder
dem des Hakem benannt werden. Dieselben umfassen vier Bände und
sind nach Einigen auf den Befehl des Asis, des Vaters Hakem's, verfasst worden. Den elften Safar des Jahres 400 verlor Salih ben Ali
Rudbari seine Stelle als erster Minister. Hakem ernannte zu seinem
Nachfolger einen christlichen Schreiber Ebn Abdun, welcher zugleich
das Amt des ersten Ministers und das des Staatssecretärs verwaltete.
Bar Hebraeus heisst ihn Mansur ben Abdun und gibt der Stelle, die
er inne hatte, den Titel des Gross-Proximus. Dieser Minister wurde
nach dem genannten Schriftsteller von den Grossen verabscheut, die
ihn bei Hakem verläumdeten. Dies gab zu einer schrecklichen Chri-
stenverfolgung Anlass. Eine grosse Anzahl Schreiber wurde todt
gepeitscht und ihre Körper den Hunden hingeworfen. Mansur selbst
wurde geschlagen bis man ihn für todt hielt und dann den Hunden
vorgeworfen. Als man aber bemerkte, dass er sich noch ein wenig
rührte, trug man ihn nach Hause und er wurde wiederhergestellt.
Hakem setzte ihn wieder in sein Amt ein und gab ihm den Ehrentitel „Cafi" d. i. der Genügende. In diesem Jahre liess Hakem die
Auferstehungskirche zu Jerusalem zerstören. Die Veranlassung dazu
gab, nach Bar Hebraeus, die Entdeckung eines frommen Betrugs, den
sich die Priester an derselben erlaubten; nach Severus veranlassten
diesen Befehl die verläumderischen Klagen eines Mönches, Namens
Johannes, gegen den Patriarchen Zacharias. Kurze Zeit hernach
schickte Hakem in alle Provinzen seines Reichs den Befehl, die Kirchen zu zerstören und die goldenen und silbernen Gefässe in seinen
Palast zu bringen; er befahl auch, dass man überall die Bischöfe
verfolgen und dass man an keinem Orte etwas von den Christen kaufen oder etwas an sie verkaufen sollte. In Folge hiervon entsagten
Viele ihrer Religion; die Meisten aber liessen blos die von den
Moslimen sie unterscheidenden Kennzeichen weg und den Moslimen
lag selbst daran, sie nicht zu verrathen. Der Zerstörung entgingen
allein die Kirchen des Thales Habib *). Hakem verbot den Christen
auch die Feier des Erscheinungsfestes, die sie am Ufer des Nils zu

---

*) Ueber dieses Thal siehe Quatremère Mémoires géographiq. et
historiq. sur l'Egypte I, S. 462.

halten pflegten und untersagte die Spiele und Belustigungen, welche sonst an diesem Feste Statt fanden; ebenso verbot er ihnen die Feier des Hosianna, d. i. des Palmsonntages, und das Fest des Kreuzes. An die Stelle der zerstörten Kirchen wurden Moscheen erbaut. Nach einem glaubwürdigen Schriftsteller sind bis zu Ende des Jahres 405 mehr als dreissigtausend Kirchen und Klöster in Aegypten und Syrien zerstört worden. Die Synagogen der Juden hatten dasselbe Loos, wie die Kirchen der Christen. Im Jahre 400 wurden die Krankheiten wieder sehr häufig und die Arzneimittel sehr theuer. Eine Ordonnanz vom neunzehnten Schawal hob den Fünften, das am Ende des Ramadhan zu gebende Almosen und die freiwilligen Beiträge, Nedschwa genannt *), auf, welche bei der Secte der Bateniten oder Ismaëliten eingeführt waren. Hosein ben Dschauhar und seine Söhne, sowie Abd - alasis ben Noman und Abulhasem Hosein ben Magrebi ergriffen um diese Zeit die Flucht. Eine unermessliche Zahl von Leuten aus allen Classen verschaffte sich Schutzbriefe. Die Vorlesungen über die batenitische Geheimlehre, die im Palaste gehalten wurden (vgl. oben S. 235 u. 243; Sacy, Exposé II, S. 494 ff.), wurden unterbrochen. Das Verbot der berauschenden Getränke wurde aufs Strengste vollzogen, und eine grosse Anzahl von Eunuchen, Schreibern und Kammerdienern wurde hingerichtet. Im Monat Schawal liess Hakem den Salih ben Ali Rudbari aus dem Leben schaffen. In demselben Jahre entsagte Hakem feierlich den Gebräuchen der Schiiten und befahl, dass man bei der Gebetankündigung wieder das Tethwib einführen solle, welches darin besteht, dass man die Formel der Ankündigung zweimal wiederholt. Man verkündigte öffentlich das Gebet Eddhoha und das, welches man Konut nennt **)- Es wurde allen Gebetsausrufern befohlen, sich der Formel „Laufet herbei zu dem herrlichsten Werke" nicht mehr zu bedienen, und sie erhielten Befehl, wenn sie das Morgengebet ausriefen, zu sagen: „Das Gebet hat mehr Werth als der Schlaf." In demselben Jahre schenkte Hakem der Moschee Raschida Lampen und einen grossen silbernen Tannur, eine Art von Kronleuchter, welcher mehrere tausend Pfund wog. Ausserdem liess er ein Colleg erbauen, an welchem er zwei

---

*) Siehe hierüber Sacy Chrest. ar. I, 132.

**) S. über dieses Gebet Abulfeda, Annal. musl. III, S. 151; Muradjea, Tableau de l'empire ottoman I, S. 199.

sunnitische Lehrer anstellte, die er mit allen Ehren überhäufte.
Dies alles that er, um die Gemüther zu beruhigen und den meistens
sunnitisch gesinnten Aegyptiern zu schmeicheln. Abulmahasin bemerkt, Hakem habe drei Jahre lang Vieles für die Verschönerung
und Verzierung der Moscheen gethan, dann sey er aber andern
Sinnes geworden und habe alles, was er zu Gunsten der Moscheen
und Collegien gethan, wieder zerstört. Im Jahr 400 wurde das
Verbot aller geistigen Getränke wieder eingeschärft. Im Anfang dieses Jahres oder zu Ende des vorhergehenden starb zu Aleppo Lulu,
der Grosse zubenannt. Ihm folgte in der Herrschaft über Aleppo
sein Sohn Abu Nasr Mansur, dem Hakem den Ehrentitel Mortadha
eddaula gab. Dessen zwei Söhne Abulganaïm und Abulberekat be-
lehnte er mit sieben Städten in Palästina. In demselben Jahre folgte
auf Abuldscheisch Hamid ben Meshem in der Statthalterschaft von
Damascus und Syrien Muhammed ben Nesal. Den vierten Moharram
des Jahres 401 wurde der erste Minister Mansur ben Abdun al Cafi
seines Amtes entsetzt und durch Ahmed ben Muhammed Kaschuri
ersetzt. Mansur wurde im Laufe dieses Jahres hingerichtet und seine
Güter confiscirt. Kaschuri behauptete seine Stelle blos zehn Tage
und wurde dann enthauptet. Ihm folgte der Cateb (Schreiber) Zara
ben Isa ben Nesturos, welcher den Ehrentitel Schafi, d. i. der Hei-
lende, erhielt. Hosein ben Dschauhar und Abd-alasis ben Noman, die
geflüchtet waren, wurden nach Kairo zurückberufen und daselbst mit
Ehren empfangen; aber den zwölften des andern Dschumadi wurden
sie hingerichtet und ihre Güter confiscirt. Im Anfange dieses Jahres
wurde die Moschee Raschida eingerissen und im Monat Safar fing
man an, sie wieder aufzubauen. Hakem verbot um diese Zeit die
Spazierfahrten auf dem Canal und liess die auf denselben gehenden
Thüren und Fenster versperren. Er verbot auch die Musik, die
Spiele und Versammlungen in der Sahra *), die ausschweifenden
Lustbarkeiten und den Verkauf der Sängerinnen. In demselben Jahre
wurde der Kadhi'lkodhat Malek ben Saïd auch Requetenmeister (Vor-
steher der Beschwerden-Untersuchungscommission, s. oben S. 236).
Auch wurden um diese Zeit, nach Verfluss von nicht mehr als fünf
Monaten, die Vorlesungen im Palaste wieder eröffnet und die Bei-
träge der in die batenitische Lehre Eingeweihten wieder eingeführt.

---

*) Ueber die Sahra s. Sacy Chrest. ar. 1, S. 238.

Zu gleicher Zeit wurde bei den Gebetsankündigungen wieder die Formel „Laufet herbei zum herrlichsten Werk" eingeführt, das Tethwib aufgehoben und die Formel „Das Gebet hat mehr Werth als der Schlaf" verboten; ebenso wurden auch das Gebet Eddhoha und das Gebet Terawih verboten. Ein Imam, der diesem Verbote zuwiderhandelte, wurde hingerichtet. Am Dienstag den 24. Schaban machte der Kadhi'lkodhat Malek ben Saïd allen Notaren und Commissären bekannt, dass Hakem das Fasten des Ramadhan am Freitage angefangen und am Montage beendigt wissen wolle. In demselben Jahre wurden mehrere Personen, die das Gemüse Melukhia und schuppenlose Fische verkauft, und andere, welche berauschende Getränke getrunken hatten, geschlagen und öffentlich ausgestellt. Viele Trunkenbolde wurden aufgesucht und bestraft. In demselben Jahre wurden auch verschiedene Auflagen aufgehoben. In Syrien wurde die Statthalterschaft von Damascus einem gewissen Lulu ben Abdallah Schirasi übertragen. Nach sehr kurzer Zeit folgte ihm Abulmotaa Dhulkarneïn ben Hamdan. Lulu wurde nach Baalbek gebracht und dort hingerichtet. In dieselbe Zeit fällt der durch Hosein Magrebi veranlasste Aufstand in Syrien, an dessen Spitze ein gewisser Mofarridsch und dessen Sohn Hasan standen. Sie riefen den Sultan von Mekka, Abulfotuh, zum Khalifen aus, liessen ihn aber hernach im Stich und versöhnten sich mit Hakem.

Im Jahre 402 erneuerte Hakem die meisten der früher gegebenen Gesetze und gab dazu noch neue. So verbot er den Weibern die Theilnahme an Leichenbegängnissen und den Besuch der Gräber; er liess die Schachspiele verbrennen, verbot den Verkauf der Rosinen und deren Einfuhr und liess innerhalb vierzehn Tagen 2840 Kisten mit Rosinen verbrennen. Es wurde auch verboten, mehr als vier Pfund Trauben auf einmal zu verkaufen und Wein aus denselben zu bereiten. Eine grosse Menge Trauben wurden auf die Strasse oder in den Nil geworfen und in Dschizeh wurden alle Weinstöcke ausgerissen. Auch der Honig wurde verboten und 5051 Honigkrüge zerbrochen und in den Nil geworfen. Ebenso wurden 51 Krüge mit Dattelnsaft in den Nil geworfen. Auch die frischen Datteln wurden verboten und eine grosse Menge derselben verbrannt. Severus erzählt hierzu folgende Geschichte. Es war ein Kaufmann, der sein ganzes Vermögen in Rosinen und Honig gesteckt hatte. Derselbe belangte nun, da ihm seine sämmtliche Waare verbrannt oder in

den Nil geworfen wurde, den Hakem bei dem Oberrichter und verlangte tausend Goldstücke Schadenersatz. Vor den Richterstuhl berufen wandte sich Hakem an den Kaufmann mit den Worten: „Du
hast jene Waaren eingeführt, um daraus ein verbotenes Getränk zu
machen. Verhält es sich aber anders, so beschwöre es, dass es
deine Absicht war, dass sie zum Essen oder zu Bereitung von Con-
fituren verwandt werden sollten; in diesem Falle soll dir der Werth
derselben ersetzt werden." Der Kaufmann verlangte, dass, bevor er
schwöre, das Geld herbeigeschafft werde. Dies geschah; der Kaufmann legte darauf den verlangten Eid ab und — erhielt die verlangte Summe. Hierauf verlangte er einen Schutzbrief von Hakem,
welchen er auch erhielt. Nach vollendeter Gerichtssitzung erhob sich
dann der Kadhi und begrüsste den Hakem mit allen dem Khalifen
gebührenden Ehrenbezeugungen. Hakem aber liess dem Kadhi in
Folge dieses Vorfalls noch höhere Gunst angedeihen.

In demselben Jahre liess der bagdadische Khalife Kadir billah
eine Schrift verfassen, in welcher die Ansprüche der fatimitischen
Khalifen und ihre Genealogie einer harten Kritik unterworfen wurden.
Hakem gerieth über dieselbe in Wuth und zog öffentlich über die
Verfasser derselben los. — Im Jahre 403 war abermals eine grosse
Theuerung. Am zweiten des ersten Rebi wurde Zara ben Isa ben
Nesturos, der erste Minister, hingerichtet, und den 29. desselben Monats erhielt die Stelle eines ersten Ministers und Staatssecretärs Hosein
ben Taher, mit dem Beinamen Wazzan (d. i. Gewichter- und Waa-
gen-Fabricant oder -Händler), dem Hakem den Ehrentitel Emir alo-
mara (d. i. Emir der Emire) gab. Als dieser Minister dem Hakem
wegen seiner ausserordentlichen Freigebigkeit gegen die Fakire, die
Dürftigen, die Wittwen und Waisen, Vorstellungen machte und ihm
bedeutete, dass dieselbe den Staatsschatz erschöpfen würde, erliess
Hakem folgende Antwort an ihn: „Im Namen Gottes des Allbarmherzigen, ihm werde das Lob, das ihm gebührt! Ich habe keinen
andern Gegenstand meiner Hoffnung und meiner Furcht als meinen
Gott, der die Güte selber ist. Mein Prophet ist mein Ahnherr und
mein Imam ist mein Vater; meine Religion ist die Aufrichtigkeit und
Gerechtigkeit. Die Reichthümer sind die Reichthümer Gottes, und die
Menschen sind die Diener Gottes; was uns betrifft, so sind wir
seine Sachwalter auf Erden. Bezahlet also einem Jeden, was ihm
zugesagt ist und hütet euch wohl, etwas davon zu thun. Damit

Gott befohlen." Der Minister liess sich dies gesagt seyn, entwarf nun aber einen ganz genauen Specialetat über alle Ausgaben und fügte die Bemerkung bei, dass, wenn diese Ausgaben, und namentlich die Spenden an die Fremden, nicht beschränkt würden, die Reichthümer des Königreichs sich erschöpfen müssten. Da schrieb Hakem auf die Rückseite dieses Blattes: „Fremdseyn ist erniedrigend und Armseyn ist bitter; die Reichthümer gehören Gott; er ist es, der sie vertheilt; die Menschen sind die Familie Gottes und er ist ihr Schöpfer. Fahret also fort, jedem zu geben, was ihm angewiesen ist und was er zu empfangen gewohnt ist, und bezahlet es zur Verfallzeit; denn es wäre nicht gut, wenn man von uns in der Geschichte schriebe, dass wir entzogen hätten, was andere gegeben. Guten Gebräuchen zu folgen gehört zur Tugend. Was man besitzt, geht durch den Gebrauch dahin, aber was Gott besitzt, bleibt ewig. Damit Gott befohlen." Auf diese Antwort hin liess sich der Minister keine weitern Einwendungen einfallen.

Im Jahr 403 wurden die Juden- und Christenverfolgungen noch weit heftiger. Den Christen wurde befohlen, schwarze Kleider und Turbane und am Halse hölzerne Kreuze, eine halbe Elle lang und breit und fünf Pfund schwer, sowie Gürtel zu tragen; es wurde ihnen verboten auf Pferden zu reiten und nur gestattet, Maulthiere und Esel mit hölzernen Satteln, schwarzen Riemen und Steigbügeln von Sykomorenholz ohne irgend eine Verzierung zu reiten; es ward ihnen untersagt, einen Muselman in Dienst zu nehmen oder Sklaven männlichen oder weiblichen Geschlechts zu kaufen. Ebenso wurde den muselmanischen Vermiethern von Reitthieren verboten, ihre Thiere an Juden oder Christen zu vermiethen, und den Schiffleuten, sie in ihre Schiffe aufzunehmen. Die Juden wurden genöthigt, am Halse Stücke von Holz in der Form eines Knäuels (einer Kugel) und an Gewicht von fünf Pfund zu tragen. Juden und Christen wurde es aufs Strengste untersagt, Ringe an der rechten Hand zu tragen. Diese Ordonnanzen wurden in Missr und Kairo vermittelst einer Schelle bekannt gemacht. Die Strenge, mit welcher man den Juden und Christen aufpasste, veranlasste viele, zum Islam überzutreten. Die Zerstörung der Kirchen in Aegypten und Syrien wurde in diesem Jahre noch strenger als in den vorigen verfolgt. Durch eine Ordonnanz vom dritten Redscheb verbot Hakem, dass man den Boden vor ihm oder dass man seine Hand oder seinen Steigbügel küsse, indem

er behauptete, dass das sich Bücken vor einer Creatur éine Erfindung der Griechen sey; er gebot, ihn mit der einfachen Formel
„Heil dem Fürsten der Gläubigen; Gottes Barmherzigkeit und Segnungen
seyen mit ihm", ohne weitern Zusatz zu grüssen; dass man nie,
weder beim Sprechen mit ihm noch beim Schreiben an ihn, die Formel „Gott sey ihm huldvoll" gebrauchen solle; dass man, wenn man
ihm schreibe, sich auf die Worte beschränken solle: „Der Friede
Gottes, seine Gunst und seine reichlichen Segnungen mögen ruhen
auf dem Fürsten der Gläubigen"; dass in dem Gebete für ihn man
nur ähnliche Formeln und keine andern gebrauchen; dass die Khatib's in dem Freitagsgebet nichts weiter sagen sollten als: „O Gott,
sey gnädig dem Muhammed deinem Auserwählten; verleihe Frieden
dem Fürsten der Gläubigen, Ali, den du mit deinem Wohlwollen
beehrt hast; o Gott, verleihe den Frieden den Fürsten der Gläubigen, den Vorfahren des Fürsten der Gläubigen; o Gott, lass deinen köstlichsten Frieden ruhen auf deinem Diener und Stellvertreter!"
Er verbot Paukenschlag und Trompetenschall bei den Umzügen um
den Palast. Auf sein Siegel liess er die Worte prägen: „Durch
Gottes sehr grosse und wohlthuende Hülfe wird der Imam Abu Ali
siegreich seyn." Im Monat Ramadhan verrichtete er das Freitagsgebet in der Moschee von Raschida. Er trug hierbei einen Turban
ohne irgend einen Edelstein, und sein Schwert war einfach mit
dünnen Silberplatten geziert. Auf dem Wege dahin nahm er eigenhändig Bittschriften an und schenkte Jedem, der mit ihm sprechen
wollte, Gehör. Am letzten Tage des Ramadhan begab er sich zu
Pferde nach dem Orte des Gebets, ohne irgend einen Pomp, ohne
Handpferde und ohne Begleitung; sein ganzes Gefolge bestand aus
zehn Pferden, deren Sattel und Zügel vergoldet und mit leichten
Silberverzierungen besetzt waren, aus ganz einfachen Fahnen und
einem weissen Sonnenschirm ohne irgend eine Goldverzierung; er
war weiss gekleidet ohne Besetzungen oder Goldverzierungen; hatte
keine Edelsteine in seinem Turban; die Kanzel war nicht mit Tape-
ten geziert. Er feierte das Gebet der Schlachtopfer und verrichtete
das Gebet dieses feierlichen Tages wie das des vorangegangenen Festes, ohne allen äussern Glanz. Abdalrahim ben Eljas ben Ahmed
ben Mehdi opferte für ihn die Schlachtopfer. Er ritt dieses Jahr
oft in der Sahra spazieren, mit Sandalen an den Füssen und einem
einfachen Tuche um den Kopf. Im andern Dschumadi wurde das

Verbot des Verkaufs von Bier, schuppenlosen Fischen und Rosinen erneuert; und mehreren Personen, bei denen man Rosinen fand, wurde der Kopf abgeschlagen. Im Monat Schawal wurde ein Mann gefangen genommen und öffentlich ausgestellt, indem man vor ihm ausrief: „Das ist der Lohn eines Jeden, der dem Abu Bekr flucht und Unruhe erregt." Die schiitisch Gesinnten erregten deshalb einen grossen Tumult; aber Hakem bekümmerte sich so wenig darum, dass er, anstatt denselben zu willfahren, vielmehr den Befehl gab, alle Inschriften, welche Verwünschungen gegen die dem Ali feindseligen Genossen Muhammed's enthielten, anzulöschen. In demselben Jahre wies Hakem für die Armen und Dürftigen, und für die Lehrer und Gebetausrufer der Dschami's, Moscheen *) und Klöster, Ländereien, ein Local und Einkünfte an. In diesem Jahre liess der Emir von Mekka Hakem's Namen auf die Münze setzen und nahm denselben in die Khotba auf. Im Jahre 403 forderte Hakem auch den Sultan Mahmud ben Sebektekin, den Herrscher von Gazna, in einem Schreiben auf, ihn als Khalifen anzuerkennen; aber Mahmud schickte dieses sein Schreiben, nachdem er es zerrissen und bespieen, an den Khalifen Kadir. Der Befehl zur Erbauung einer Sternwarte zu Karafa, die aber nie vollendet wurde, gehört wahrscheinlich auch in das Jahr 403; ebenso der Befehl zu dem Voranschlag für die in die Hakem - Dschami (den Namen Hakem's führende grosse Moschee) erforderlichen Verzierungen an Ketten, Lampen, Tragebändern, Matten u. dgl.; derselbe betrug 5000 Goldstücke und der Bedarf an Matten wurde auf 18,000 Ellen angegeben. Den fünften Ramadhan, wahrscheinlich desselben Jahres, stiftete er in die Moschee Amru, in der Stadt Missr, eine grosse Lampe (einen Kronleuchter) von Silber, Tannur genannt, im Gewicht von hunderttausend Drachmen, an welcher 1200 Dochte brannten, und zwei andere Lampen. Sie wurden unter Trommel- und Trompetenschall und unter dem Rufen des Tehlil und des Tekbir **) dahingebracht. Den Zug begleitete der Kadhi'lko-

---

*) „Dschami" ist ein grösserer Tempel (templum synagogam i. e. majus et cathedrale, in quo omnes conveniunt die sacro Veneris, s. Freytag, Lexic. I, S. 305); „Moschee" ein kleinerer (delubrum, templum Muhammedis asseclarum, s. Freytag a. a. O. II, S. 285).

**) Das *Tehlil* besteht in den Worten: „Es ist keine Kraft und Macht ausser bei Gott"; das *Tekbir* in den Worten: „Gott ist gross."

dhat. Um die grosse Lampe dahin bringen zu können, müsste man die Masstabeh *) abheben und den Boden der Strassen ausgraben; auch musste man den obern Theil des Thores jener alten Moschee deshalb abbrechen. Zudem stiftete Hakem in diese Moschee 1290 Korane, von denen mehrere ganz mit goldenen Buchstaben geschrieben waren. Den 27. Ramadhan begab sich Hakem selbst zu Pferde in diese Moschee und verrichtete daselbst die Khotba und das Freitagsgebet, was kein Fürst seines Hauses vor ihm daselbst gethan hat. Den ersten Tag des Ramadhan begab er sich in die grosse Moschee von Kairo und liess in dieselbe viele Teppiche und goldene und silberne Lampen schaffen, was ihm viele Segenswünsche eintrug. Im Jahr 403 oder auch 404, vielleicht sogar erst 405, fing er an, ein wollenes Gewand zu tragen und nur auf Eseln zu reiten. Dabei nahm er alle äussere Zeichen der Selbstverläugnung an, trug im Aermel Papierrollen, wie es die Rechtsgelehrten thun; verkündigte die Khotba und verrichtete das Gebet öffentlich. Er verbot, ihn „Unsern Herrn" zu nennen und den Boden vor ihm zu küssen. Er errichtete Fonds zur Unterhaltung der Fakire, der Koranleser, der Fremden und Armen, welche sich in die Moscheen zurückzogen. Er liess eine grosse Altarnische, Mihrab, und zehn silberne Lampen machen; schmückte den Mihrab mit Edelsteinen und liess ihn in der grossen Moschee aufstellen. Drei Jahre lang fuhr er also zu handeln fort, liess Räucherwerk und Ambra in die Moscheen bringen und überbot in dieser Hinsicht alle seine Vorgänger.

Im Jahr 404 legte Hakem den Juden und Christen noch andere schwere Pflichten auf. Die Juden sollten, wenn sie ins Bad gingen, Schellen am Halse tragen und ebenso sollten die Christen im Bade ihre Kreuze an sich behalten, ohne Zweifel damit sie, auch unbekleidet, von den Moslimen unterschieden werden könnten. Später wies er ihnen besondere Bäder an, und liess vor die Christenbäder Kreuze und vor die Judenbäder hölzerne Kugeln aufpflanzen. Im Laufe dieses Jahres gab Hakem den Juden und Christen, welche weder den Islam annehmen noch den ihnen auferlegten Gesetzen sich unterwerfen wollten, die Erlaubniss, mit Hab und Gut in die Länder der Griechen oder nach Nubien und Abyssinien auszuwandern. Viele

---

*) Die *Masstabeh* sind Estraden oder Bänke von Stein vor den Kaufläden. Vgl. Abdallatif edid. Sacy S. 386.

machten von dieser Erlaubniss Gebrauch. Nicht besser wurden die
Astrologen behandelt, obwohl Hakem selbst Astrologie trieb. Eine
Ordonnanz vom Jahr 404 verbot die Beobachtung der Gestirne und
alles Sprechen von Astrologie, und verbannte alle Astrologen aus dem
Lande. Da sich dieselben aber vor dem Oberrichter Malek ben Saïd
bereit erklärten, ihrem Geschäft zu entsagen, hob derselbe das gegen
sie ausgesprochene Verbannungsurtheil auf. Dasselbe Loos, wie die
Astrologen, traf auch die Musiker. Dabei zeichnete sich Hakem auch
in diesem Jahre durch Spenden grosser Almosen und reichliche
Schenkungen aus; er schenkte auch einer grossen Anzahl von Sklaven die Freiheit; und gab viele in Beschlag genommene Ländereien
und Güter ihren Eigenthümern zurück. Am zweiten des ersten Rebi
dieses Jahres ernannte er seinen Vetter Abdalrahim ben Eljas zu
seinem Nachfolger und befahl, dass man denselben mit den Worten
grüssen sollte: „Heil dem väterlichen Vetter des Fürsten der Gläubigen, dem designirten Nachfolger des Beherrschers der Moslimen."
Abdalrahim wohnte in dem Palaste. Sein Name wurde auf die Münzen
geprägt und in der Khotba erwähnt. Er leitete in Wirklichkeit alle
Angelegenheiten, während Hakem, in ein Gewand von weisser Wolle
gekleidet, mit einem einfachen Tuche um den Kopf und mit arabischen, mit zwei Riemen befestigten Sandalen am Fusse auf seinem
Esel spazieren ritt, was er oft sogar bei Nacht that. Er liess alle
Hunde umbringen und hob verschiedene Abgaben auf. Im andern
Rebi liess er dem Abulkasem Dschardscherai *), Secretär des Kaïd
Aïn, die Hände abhauen; hierauf schickte er demselben mehrere
tausend Goldstücke und Gewänder, hernach liess er ihm die Zunge
ausschneiden. Eine grosse Zahl von Menschen verloren um diese
Zeit das Leben; Viele ergriffen daher die Flucht; in Folge davon
wurden die Märkte geschlossen und gerieth der Handel ins Stocken.
Ohne Zweifel fällt in diese Zeit die veränderte Gesinnungsweise Hakem's gegen die sunnitisch Gesinnten, die Aufhebung der im Jahr 400
errichteten sunnitischen Lehranstalt, und die Tödtung der an derselben angestellten Lehrer und vieler Sunniten. Auch fing er um diese
Zeit wieder an, alle Rechts- und Gesetzgelehrte aufs grausamste zu
verfolgen. Und also fuhr er bis an sein Ende zu handeln fort. In
demselben Jahre 404 oder spätestens 405 untersagte er den Wei-

---

*) Ueber diesen s Journ. asiatiq Bd. XV, S. 349 ff.

17 *

bern das Ausgehen sowohl bei Tage als bei Nacht; die Weiberbäder
wurden geschlossen und die, an die Thüren derselben hingemalten
Weiberfiguren, die wohl keinen andern Zweck hatten, als diese
Bäder als Weiberbäder kenntlich zu machen, wurden ausgelöscht.
Den Schuhmachern wurde verboten, ihnen Schuhe zu machen; so
dass sie ganz arbeitslos wurden. Ja es wurde den Weibern sogar
verboten, zu den Thüren oder Fenstern heraus oder von den Ter-
rassen herab zu sehen. Diese beengenden Verhältnisse dauerten für
sie bis zu seinem Tode, das heisst, sieben Jahre und sieben Monate.
Mehrere, die jenem Gesetze entgegenhandelten, kamen ums Leben.
Wahrscheinlich gehört hierher folgender, von mehrern Schriftstellern
mitgetheilter Bericht. Als Hakem eines Tages an den sogenannten
„goldenen Bädern" vorbeikam, hörte er ein Geräusch im Innern derselben. Er erkundigte sich nach der Ursache desselben und als er
erfuhr, dass Weiber darinnen wären, liess er alsbald alle Ausgänge
zumauern, so dass alle Weiber, die darinnen waren, umkamen. Als
Beweggrund oder Vorwand zu diesem Befehle wurde die ausschweifende Lebensart der ägyptischen Weiber angegeben. Hakem hatte
alle möglichen Mittel angewandt, um hinter ihre Geheimnisse zu
kommen. Er bediente sich dazu namentlich alter Weiber, die sich
in die Häuser einzuschleichen wussten. Sobald ihm aber ein ge-
heimes Liebesverhältniss entdeckt war, liess er die betreffende Weibs-
person, mochte sie nun einem höhern oder niedern Stande angehören, durch einen von Soldaten begleiteten Eunuchen in ihrem Hause
ergreifen und vor sich bringen, und wenn er so fünf oder zehn
beisammen hatte, liess er sie in den Nil werfen. In Folge jenes
Befehls aber, der allen Weibern das Ausgehen untersagte, kamen
viele Wittwen, die keinen Bruder oder Sohn, noch sonst Jemand
hatten, der für sie sorgte, in ihren Häusern vor Mangel an Nahrung
und Kleidung um, weil sie weder ihre Bedürfnisse kaufen, noch
ihre Arbeiten verkaufen konnten. Diesem traurigen Umstande zu begegnen erlaubte er nach einiger Zeit den Kaufleuten, die mit Waaren,
welche die Weiber bedurften oder verkauften, handelten, an die Häuser zu gehen. Bei diesem Handel durften aber die Weiber weder
Gesicht noch Hände sehen lassen, und ebensowenig sprechen. Zu
diesem Behuf mussten die Waaren mit beigefügtem Preiszettel sowie
das Geld auf Schippen durch die leicht geöffneten Thüren hinein-
und herausgegeben werden.

In demselben Jahre 404, in welchem die Dynastie der Benu Hamdam in Aleppo unterging, wurde dem Sohne Lulu's, Mansur, der Hakem's Hülfe gegen Seïf eddaula's Enkel, Abulheidscha, angefleht hatte, der Besitz Aleppo's und seines ganzen Gebiets von Hakem zugesichert und demselben der Beiname Mortadha eddaula verliehen.

Höchst merkwürdig ist der in einem Drusenbuche sich vorfindende Bericht über eine zwischen Juden und Christen mit Hakem gepflogene Unterredung, die wohl nicht später als im Jahr 404 Statt gefunden haben kann. Eine Anzahl Juden und Christen, so lautet dieser Bericht, näherte sich eines Tages dem Khalifen, als sich derselbe zu Karafa, auf dem Kirchhofe Kibab attaïr, erging. Auf die erhaltene Freiheit, ihm ihre Beschwerden unumwunden und ungestraft erklären zu dürfen, stellten sie ihm vor, dass sein Benehmen gegen sie dem von dem Propheten und allen seinen Nachfolgern beobachteten geradezu widerspreche. „Jene", sprachen sie zu ihm, „haben uns zu nichts von alle dem genöthigt, wozu du uns nöthigest, wie zur Zerstörung unserer Tempel und Klöster, zum Zerreissen unserer von Gott unsern Aposteln geoffenbarten Bücher .... Du dagegen hast das mosaische Gesetzbuch und das Evangelium entweiht und der Plünderung preisgegeben; und man wickelt nun in diese heiligen Bücher Salbe und Seife, und verkauft sie auf den Märkten um denselben Preis wie unnütze Papiere." Nachdem sie noch mehr dergleichen Worte gesprochen, baten sie ihn, ihnen zu sagen, wie er seine Handlungsweise rechtfertigen könnte, indem sie versprachen, seine Antwort mit Bescheidenheit anhören, oder, wenn er ihnen keine geben wollte, sich zurückziehen zu wollen. Hakem gab auf dies Alles nicht den geringsten Unwillen zu erkennen, sondern bestellte sie auf die folgende Nacht (woraus zu ersehen ist, dass diese Begebenheit auf einem nächtlichen Spaziergange Hakem's vorfiel), und hiess sie die gelehrtesten Leute ihrer Religionen mitbringen, um an diese seine Antwort zu richten. Sie stellten sich in der angekündigten Nacht zu Elf ein, während sie die Nacht vorher nur Sieben waren. Nach einigen Vorfragen sagte ihnen Hakem, dass er sie unter seinen Schutz nehmen und ihnen keinerlei Uebel zufügen werde, sofern sie der Wahrheit und ihrer Erkenntniss gemäss antworteten; dass sie aber schwere Strafen zu erwarten hätten, wenn sie die geringste Lüge aussprächen. Sie nahmen seine Bedingungen an. Hierauf erzählte ihnen Hakem die ganze Unterredung Muhammed's mit den

Häuptern der Juden und Christen seiner Zeit, die von ihm denselben gegebenen Beweise seiner Mission, ihre Einwürfe, das Versprechen Muhammed's, sie nicht zur Annahme seiner Religion zwingen, sondern sich mit einer Kopfsteuer begnügen zu wollen. Von Zeit zu Zeit fragte er sie auch, ob, was er ihnen erzähle, der Wahrheit gemäss sey. Sie bejahten dies stets. Hierauf fuhr er also fort: „Muhammed sprach nun zu ihnen: Da dies also zwischen euch und mir feststeht und da ihr mir einige Einwürfe entgegengehalten und ihr euch geweigert habt, den hohen Rang, zu dem mich Gott berufen hat, anzuerkennen, indem ihr behauptet, dass der, dessen Kommen ihr den Weissagungen eurer heiligen Schriften gemäss erwartet, einen von dem meinigen verschiedenen Namen haben und anders handeln müsse als wie ich handle, und dass er von jetzt an erst in vierhundert Jahren kommen solle, so wollen wir (jetzt) einen Vertrag abschliessen, dass ihr mir während der ganzen Zeit bis zur Ankunft dessen, den ihr erwartet, einen Tribut bezahlet. Bin ich ein Lügner und Betrüger, so werdet ihr dann für von mir erlittenen Druck gerächt werden, und die Herrschaft wird, wenn der, den ihr erwartet, kommt, in eure Hände übergehen. Wenn er dagegen nicht erscheint . . . ., wird der Fürst, der dann meine Stelle einnimmt, euch aufs neue zur Annahme meiner Religion einladen. Die Annahme derselben wird euch retten; weigert ihr euch aber dessen, so wird er euch das Leben nehmen, ohne eine Entschuldigung von euch anzunehmen; er wird eure Religion abschaffen, euer Gesetz umstossen, eure Tempel zerstören und eure Bücher der Verachtung preisgeben, ... er wird euch unterjochen und euch ausrotten, euch und alle Ungläubigen, bis zur Wurzel." „Man weiss", fügte dann Hakem noch bei, „wann Muhammed geboren ist; keiner seiner Nachfolger hat bis jetzt die eingegangenen Verbindlichkeiten aufheben können; aber heute, da die Macht in meinen Händen ist, habe ich, da die euch von Mukammed gewährte Frist verstrichen ist, das Recht, die zwischen ihm und euren Vorfahren geschlossene Uebereinkunft zu vollstrecken. Habt ihr etwas hiergegen einzuwenden?" Sie entfernten sich, ohne zu antworten.

Im andern Rebi des Jahres 405 liess Hakem den Oberkadhi Malek ben Saïd Fareki hinrichten, nachdem er sechs Jahre, neun Monate und zehn Tage seinem Amte vorgestanden. Sein jährliches Einkommen betrug über 15,000 Goldstücke. Um diese Zeit verviel-

tältigte Hakem seine Spazierritte, er machte deren täglich mehrere.
Im andern Dschumadi wurde Hoseïn ben Taher Wazzan hingerichtet,
nachdem er die Stelle eines ersten Ministers und Staatssecretärs zwei
Jahre, zwei Monate und zwanzig Tage behauptet hatte. Die an den
Diwanen Angestellten erhielten Befehl, in ihren Schreibstuben zu bleiben, das heisst wohl, den Hakem auf seinen Spazierritten nicht mehr
zu begleiten. Hakem ritt um diese Zeit nur Esel und trug eine einfache Mütze ohne Turban darüber. Die Stellen eines ersten Ministers und Staatssecretärs wurden zwei Brüdern, dem Schreiber Abd.
alrahim, Sohn des Abu Saïd, und dessen Bruder Hoseïn Abu Abdallah
gegeben. Sie behaupteten diese Stellen aber nur 62 Tage, nach Verfluss welcher Zeit sie hingerichtet wurden. Ihr Nachfolger wurde
Fadhl ben Dschafar ben Ferat, welcher schon fünf Tage nach seiner
Ernennung hingerichtet wurde. Ihm folgte Ali ben Dschafar ben Fellah,
beigenannt Dsu'lriasateïn Kotb eddaula. Nach Makrisi scheint derselbe diese seine Stelle bis zum Tode Hakem's behauptet zu haben,
was aber nicht sehr wahrscheinlich ist. Abulmahasin sagt, der Wesir
d. i. der erste Minister Hakem's, der in dem Todesjahre Hakem's
am Ruder gewesen, habe Khatir almulk geheissen. Die Stelle eines
Kadhi'lkodhat wurde nach dem Tode Malek's des Sohnes Saïd's, an
Ahmed ben Muhammed, ben Awwam übertragen. Hakem überschritt
alle Grenzen in seinen Schenkungen, er gab sogar den Besitzern von
Barken, den Laternenträgern und den Arabern der Benu Korra Leibgedinge. Unter den Orten, welche er so als Leibgedinge verlieh,
waren Alexandrien, Bohaïreh und die davon abhängigen Orte. Die
Benu Korra setzten sich in Besitz von Alexandrien und dessen Territorium. Die Promenaden Hakem's wurden immer häufiger; er machte
deren sogar sechs an einem Tage, bald zu Pferde, bald auf einem Esel,
bald auf einer von Menschen auf den Schultern getragenen Sänfte, bald
auf dem Nil in einer Barke und ohne Turban. Auch wurde er immer
freigebiger in Verleihung von Leibgedingen an Militärs und Leibbediente.

Im Jahr 406 übertrug Hakem die Statthalterschaft von Damascus
an Saktekin oder Schatkin Schems eddaula, nahm sie ihm aber schon
im Jahr 408 wieder. Im Laufe des Jahres 406 kam Hakem, in
Folge eines Aufstandes des Salih ben Merdas, eines Häuptlings der
Benu Kelab gegen Mortadha eddaula und vermittelst des Commandanten der Citadelle von Aleppo, Fatah Kalaï, in den vollkommenen
Besitz von Aleppo, welche Stadt er sofort von allen Auflagen befreite.

In das Jahr 407 (nach Elmakin erst ins Jahr 408) fällt das Auftreten des Muhammed ben Ismaël *Darasi*, welcher zuerst die Gottheit Hakem's behauptete. Darasi war nach Elmakin ein Daï, d. i. ein Missionär der batenitischen Secte, und ein Perser. Es ist aber wahrscheinlicher, dass er ein Türke war, denn nach den Büchern der Drusen hat er den Namen Neschtekin, was türkisch lautet. Woher er den Beinamen Darasi erhalten, gibt kein Schriftsteller an. Nach Aegypten gekommen trat er in den Dienst Hakem's, der ihn mit Wohlthaten und Gnadenbezeigungen überhäufte. Darasi gab sich dafür alle Mühe, den hohen Ansprüchen Hakem's Geltung zu verschaffen und trat öffentlich mit der Lehre auf, dass Hakem Gott der Schöpfer der Welt sey, und lud das Volk zur Annahme dieser Lehre ein. Er verfasste ein Buch, in welchem er behauptete, dass die Seele Adam's übergegangen sey in Ali ben Abu Taleb, dass die Seele Ali's sodann gewandert sey in die Vorfahren Hakem's und dass sie nun in Hakem ihren Sitz habe. Auf solche Weise bemächtigte er sich des Geistes Hakem's, der ihn in seine nächste Umgebung zog, ihm die Leitung der Geschäfte überliess und zu dem höchsten Range erhob, so dass die Wesire, die Befehlshaber der Truppen und die Diener des Fürsten genöthigt waren, ihm den Hof zu machen, und sie von dem Fürsten keinerlei Bescheid ausser durch seine Vermittlung erhalten konnten. Der Zweck Hakem's war hierbei, sie an eine blinde Unterwürfigkeit gegen Darasi zu gewöhnen. Als aber Darasi das von ihm verfasste Buch in der Moschee von Kaïro vorlas, fiel das dadurch entrüstete Volk über ihn her; er entkam indess durch die Flucht. Nach Elmakin fiel ein Türke über ihn her, als er auf dem eigenen Stuhle Hakem's sass, und tödtete ihn. Sein Haus wurde geplündert, es entstand ein allgemeiner Aufstand und die Thore Kaïro's wurden geschlossen; der Tumult dauerte drei Tage und es kamen dabei viele Anhänger Darasi's ums Leben. Hernach wurde jener Türke, der den Darasi ermordet, festgenommen und unter dem Vorwande eines ihm zur Schuld gelegten Verbrechens hingerichtet. Aus den Büchern der Drusen aber geht mit Bestimmtheit hervor, dass Darasi bei jener Gelegenheit nicht ums Leben gekommen. Am nächsten möchte der Wahrheit Abulmahasin's Bericht kommen, der in der Hauptsache also lautet: Hakem wagte nicht, die Partei Darasi's offen zu ergreifen, aber er liess ihm heimlich Geld zukommen mit dem Bedeuten, sich nach Syrien zurückzuziehen und seine Lehre in dem Gebirge zu verbreiten, wo er ein ungebildetes und leichtgläubiges Volk finden würde. Darasi kam also nach Syrien, in das Thal Teïm allah, westlich von Damascus und auf dem Gebiet von Paneas.. Er las den Einwohnern dieser Gegend sein Buch vor, lud sie ein, die Gottheit Hakem's anzuerkennen, vertheilte Geld unter sie, lehrte sie das Dogma von der Seelenwanderung, erlaubte ihnen das Weintrinken und die Unzucht, und überliess ihnen die Güter und das Leben derjenigen, die sich weigern würden ihren Glauben anzunehmen *).

Abulmahasin erzählt noch einen ähnlichen Vorfall (und nach Nowaïri [s. unten] ist dies nicht etwa blos ein abweichender Bericht des eben erwähnten Vorfalles, sondern wirklich ein anderer Vorfall) mit folgenden Worten: „Hakem setzte sich in den Kopf, sich wie Gott verehren zu lassen; da näherte sich ihm ein Mann, Namens *Akhram*, der ihn in diesem Vorhaben unterstützte. Derselbe gewann bald eine Anzahl von Menschen, denen er die unsittlichsten Handlungen erlaubte. Eines Tages zog dieser Akhram mit funfzig seiner Anhänger, sämmtlich zu Pferde, von Kairo aus, kam nach Missr und trat daselbst, was auch seine Begleiter thaten, zu Pferde in die Moschee ein in dem Augenblicke, wo der Oberkadhi ben Awwam seine Audienz in der Moschee hielt. Jene seine Begleiter beraubten die Versammelten und vergriffen sich an den Umstehenden; hierauf überreichten sie dem Kadhi eine Schrift, welche die Entscheidung einer Rechtsfrage enthielt und mit den Worten anfing: »Im Namen Hakem's, des Gnädigen und Barmherzigen.« Als der Kadhi, voll Entrüstung über den Inhalt dieser Schrift, dieselbe laut vorlas, fiel alsbald das Volk über Akhram her; er selbst entkam durch die Flucht, aber alle seine Begleiter verloren das Leben."

Mehr Glück als Akhram und Darasi hatte in den Versuchen, den Ansprüchen Hakem's Geltung zu verschaffen, derjenige, den die Drusen noch heut zu Tage als den Stifter ihres religiösen Systems ansehen, *Hamsa* ben Ali ben Ahmed, beigenannt Hadi, d. i. der Leiter. Derselbe war wahrscheinlich ein Perser. Elmakin berichtet über ihn Folgendes: „Nach jenem Darasi erschien ein anderer per-

---

*) Nach dem Tarikh Dschafari kämpfte Darasi gegen die Türken im Jahre 411. Nach den Berichten der Drusen wurde er im Jahre 410 mit mehrern Anhängern getödtet; vielleicht kam er in einer Schlacht gegen die Türken im Jahre 410 oder 411 um. (Sacy.)

aischer Daï, Namens Hamsa ben Ahmed, beigenannt Hadi. Er nahm
seinen Aufenthalt ausserhalb Kairo's bei der Moschee Bir, und lud
das Volk ein, die Lehre des Darasi anzunehmen. Dazu stellte er
eine Anzahl Daï's auf, welche Aegypten und Syrien zu bereisen hatten.
Dieselben verbreiteten eine lächerliche Lehre, erlaubten blutschänderische Verbindungen mit Schwestern, Töchtern und Müttern *), und
unterdrückten alle äussern Gebräuche der Religion, wie das Fasten,
das Gebet und die Pilgerfahrt. Sie machten eine grosse Anzahl Proselyten. Hakem nahm ein lebhaftes Interesse an Hadi und erforschte
von ihm alle Neuigkeiten über seine Anhänger und deren Anzahl.
Er hielt sogar das Gebet und die Khotba nicht mehr, welche er an
den Freitagen während des Ramadhan und an dem Feste des Fasten-
schlusses und dem Opferfeste zu halten pflegte, unterdrückte mehrere
Jahre lang die Pilgerfahrt nach Mekka unter dem Vorwande, dass
Ueberfälle von den Arabern zu befürchten wären, und schickte auch
keine Stoffe mehr zur Bedeckung der Kaaba. Dies alles erregte Entsetzen bei den Moslimen, welche wahrnahmen, dass Hakem der muhammedanischen Religion entsagen zu wollen schien. So bildete sich
die Secte der *Darasiten*, welche einen grossen Namen erlangte. Die
Orte, wo sie in grösserer Anzahl sich vorfinden, sind Wadi'ltin,
Tyrus, Seïda, der Berg Berytus und die benachbarten Orte in Syrien." — Bei Severus liest man Folgendes: „Hakem hatte einen Mann,
Namens Hadi, um sich, welchem zwölf andere Männer als seine
Schüler ergeben waren und welche Anhänger für ihn warben. Hadi
sagte diesen seinen Schülern, dass Hakem der Messias sey **), und
andere dergleichen Dinge, welche zu berichten unschicklich ist." —
Wann Hamsa, bemerkt hierzu Sacy, nach Aegypten gekommen sey
und seine Lehre zu predigen angefangen habe, darüber hat man keine
bestimmten Nachrichten. Es geht indess aus seinen eigenen Schriften
hervor, dass dies erst nach der Ernennung des Ahmed ben Awwam
zum Oberkadhi, also gegen das Ende des Jahres 405, geschehen
sey. Gewiss ist, dass Hamsa seine Lehre erst im Jahre 408 offen
zu predigen angefangen, und mehr als wahrscheinlich, dass er die-

*) Dies mögen wohl einzelne Daï's sich erlaubt haben; Hamsa selbst
aber war fern von einer solchen Lehre.

**) Hiervon ist so viel richtig, dass Hamsa die Christen zu über-
reden suchte, dass in Hakem der Messias wiedergekommen sey.

selbe längere Zeit vorher im Geheimen vorgetragen und Proselyten gewonnen habe. Unter diesen Proselyten war Neschtekin Darasi, der durch einen Daï, Namens Ali ben Ahmed Habbal, gewonnen worden war und der in der Folge sich über Hamsa erheben wollte *). Nach einer Glosse in einer Drusenschrift war Darasi im Anfang des Jahres 408 zu der Secte des Hamsa übergetreten; es sey aber, meint Sacy, glaublicher, dass dies schon im Jahre 407 geschehen sey. Jeden, falls aber, fügt Sacy bei, ist das (geheime) Auftreten Hamsa's früher als das von Darasi gemachte Aufsehen; denn Hamsa sagt von dem, selben, dass er sich anmaassender Weise des Dienstes der Offenbarung habe bemächtigen wollen, dass er anfangs zu der Zahl der Gläu-bigen gehört, später aber hochmüthig geworden, sich nicht mehr unter den Rock des Imams habe fügen wollen, das heisst, dass er das ihm von Hamsa anempfohlene Geheimniss verletzt habe; dass er sich selbst den Rang eines Imam und die Superiorität über Hamsa angemaasst habe, indem er die Titel „Seïf aliman", d. i. Schwert des Glaubens, und „Herr der Anhänger des Leiters" angenommen. Da Hamsa ihm vorwirft, er habe bei der Fabrication der Gold- und Silbermünzen untreu gehandelt, könnte man glauben, dass er Inten-dant der Münze gewesen. Hamsa sagt selbst an mehr als einer Stelle, dass Hakem seine Gottheit im Jahre 408 geoffenbart habe, und dass er, Hamsa, und seine Diener, in treuer Beobachtung seines Willens, solches auch im Jahre 408 proclamirt haben. Wenn daher Darasi, wie oben angenommen worden, die Lehre Hamsa's schon im J. 407 angenommen hat, so kann dies nur im Geheimen geschehen seyn.

Wir fügen hier noch den mehr oder weniger abweichenden **) Bericht Nowaïri's (bei Sacy, Einl. S. CCCCXXXI ff.) in Betreff der drei genannten Sectirer Darasi, Akhram und Hamsa bei.

„Im Monat Redscheb des Jahres 409 erschien ein Mann, Na-mens Hasan ben Haïdara, Fergani, mit dem Beinamen *Akhram*.

---

*) Vgl. Sacy, Exposé I, S. 99 u. 101 ff.; II, S. 157 ff. 169 ff., welche Stellen sich nicht gut zusammenreimen.

**) Das Abweichende zwischen dem Berichte Nowaïri's und dem Elmakin's ist in die Augen fallend und liegt, ausser in der Zeitbestim-mung, namentlich darin, dass von dem Einen Hamsa, von dem Andern Darasi vorangestellt wird. Die Vermittlung liegt in der Unterscheidung eines geheimen und eines offenen Auftretens Hamsa's. Die offene Bewegung für Hakem (dass er Gott sey) scheint aber von Darasi ausgegangen zu seyn.

Derselbe lehrte, dass Gott in Hakem wohne, und forderte die Menschen auf, diese Lehre anzunehmen. Er läugnete die Prophetenschaft Muhammed's und erlaubte den Gebrauch alles dessen, was durch das Gesetz verboten ist. Hakem liess ihn zu sich kommen und beschenkte ihn mit prächtigen Kleidern; am zweiten Tage des Ramadhan 409 liess er ihn ein Pferd besteigen, das fürstlichen Sattel und Zaum trug, und nahm ihn unter seine Begleitung auf. Eines Tages aber, als er so in der Mitte der fürstlichen Begleitung sich befand, trat ein Mann von Carkh zu ihm, riss ihn vom Pferde herab und schlug ihn so lange, bis er todt war. Der Mörder wurde ergriffen und auf Befehl Hakem's alsbald umgebracht. Die Wohnung Akhram's in Kairo wurde von dem Volke geplündert. Zwischen jenem Tage, an welchem Akhram von Hakem also ausgezeichnet wurde, und seinem Todestage lag nur ein Zeitraum von acht Tagen."

„Später, im Jahre 410, erschien einer der Daï's Hakem's, Namens *Hamsa*, der Filzfabricant, ein Perser von Susen. Derselbe verweilte beständig in der Moschee, welche bei der Wasserleitung von Reidan gelegen ist, ausserhalb des Thores Bab alnasr. Er lud die Menschen zur Anbetung Hakem's ein und lehrte, dass Gott sich in diesen Fürsten niedergelassen habe. Mehrere der Ultra-Schiiten von der Secte der Ismaëliten schlossen sich an Hamsa an, der sich den Titel „Leiter der sich Unterwerfenden" gab. Wenn Hakem hier vorbeikam, trat Hamsa aus der Moschee und liess sich in ein Gespräch mit Hakem ein. Als dies so einige Zeit gedauert hatte, erwarb sich Hamsa grossen Credit und er gewann einige Personen für sich, denen er Ehrentitel gab. Einem derselben, den er zu seinem Gesandten machte, beehrte er mit dem Titel Sefir alkodra! Derselbe musste, während er (Hamsa) mit Hakem sprach, die Leute auffordern, die Gottheit Hakem's anzuerkennen, und dieselben wagten nicht ihm zu widerstehen, weil sie die Gewaltthätigkeit Hakem's fürchteten."

„Nach diesem trat ein junger Mann auf aus der Zahl der türkischen Mulatten (eine Menschengattung, wo der Vater ein Türke, die Mutter eine Fremde ist), Namens Anuschtekin Bokhari, bekannt unter dem Namen *Darasi*; derselbe trat in die Fusstapfen Hamsa's und gewann viele Anhänger. Hakem hatte auch besondere Unterhaltungen mit ihm. Darasi gab sich selbst den Titel: »Die Stütze des Leiters und das Leben der sich Unterwerfenden.« So blieben die Dinge bis zum 12. Safar des Jahres 411. An diesem Tage versammelte sich

eine Anzahl der Anhänger Hamsa's (namentlich Berdhaï, s. Sacy
II, S. 177), auf Pferden oder Mauleseln reitend, drangen in die
Dschami und näherten sich dem Orte, wo der Oberkadhi zu sitzen
pflegte, und hielten Reden, über welche das Volk sich entsetzte.
Wie nun der Kadhi erschien und seinen Platz einnehmen wollte,
überreichte ihm Einer im Namen Hamsa's eine Schrift, auf welcher
geschrieben stand: »Im Namen Hakem's, des gnädigen und barmherzigen Gottes«, und in welcher er aufgefordert wurde, die Gottheit
Hakem's anzuerkennen. Der Kadhi versetzte hierauf blos: »Wartet,
bis ich die Majestät unsers Herrn aufgesucht habe.« Da aber jener
Mann fortfuhr zu sprechen, tödtete ihn das Volk wie auch die Uebrigen, die mit ihm gekommen waren, ohne alle Barmherzigkeit. Auch
über Andere, von denen bekannt war, dass sie sich zu diesem Glauben bekannten, fiel das Volk her und tödtete und verbrannte sie.
Als Hakem hiervon Nachricht erhielt, befahl er die Auflösung seiner
Garde, errichtete dafür eine andere und befahl derselben, diejenigen
aufzusuchen, welche sich gegen die Anhänger Hamsa's Gewaltthätigkeiten erlaubt hätten. Mehr als vierzig wurden ergriffen, welche auf
verschiedene Male hingerichtet wurden. Die Türken zogen nach der
Wohnung Hamsa's, um sie anzugreifen. Hamsa schloss sich darin
ein und wehrte sich von dem obern Theile seines Hauses herab
gegen die Türken; aber diese zerstörten das Haus, plünderten es
aus und tödteten gegen vierzig Personen, die sich darin befanden.
Hamsa entkam in das Schloss, wo ihn Hakem verbarg *). Die Türken, die solches erfuhren, verlangten von Hakem seine Auslieferung.
Hakem versprach ihnen, denselben den andern Tag ausliefern zu
wollen. Als sie aber den andern Tag erschienen, liess ihnen Hakem
sagen, dass er hingerichtet worden wäre. Solches nicht glaubend,
zogen sie nach der Moschee von Reïdan, wo sie ihn zu finden hoff-
ten, fanden ihn aber nicht. Hakem war den ganzen Monat des
ersten Rebi sehr aufgebracht über alle seine Truppen. Da er sich
aber überzeugte, dass die Einwohner von Missr dieselben gegen ihn
aufgereizt und sie zum Morde seiner Daï's veranlasst hatten, wandte
er seinen Zorn von ihnen ab und liess denselben dafür die Ein-

---

*) Hamsa selber erzählt das ganz anders, zn seinen Gunsten,
s. Sacy Exposé II, S. 161 ff.

wohner von Missr fühlen, indem er seine Soldaten zur Plünderung und Zerstörung von Missr ausschickte."

Im Jahre 408, um in der Geschichte Hakem's fortzufahren, fing Hakem auch an, sich das Ansehen zu geben, als ob er die verborgenen Dinge wüsste. Diese verborgenen Dinge erfuhr er aber auf ganz natürlichem Wege durch die vielen, männlichen und weiblichen, Spione, die er hielt und die Tag und Nacht thätig waren und in alle Häuser drangen, sowie durch eigenes Spioniren, indem er auf seinen nächtlichen Umzügen an den Thüren der Häuser lauschte. Wenn er nun aber auf solche Weise ein Geheimniss erforscht hatte, sagte er dann den andern Tag: „Der und der hat das und das in seinem Hause gethan; diesem oder jenem ist das und das begegnet." Das Volk glaubte deshalb wirklich, dass er die verborgensten Dinge wisse. Einmal aber überreichte ihm ein Mann, der nicht so leichtgläubig war, ein Schreiben, in welchem folgende Worte standen: „Wohl haben wir die Ungerechtigkeit und die Tyrannei ertragen können, aber die Gottlosigkeit und Narrheit können wir nicht ertragen; wenn du die verborgenen Dinge kennst, so sag uns den Namen des Schreibers dieser Zeilen." Diese Verspottung hatte die Folge, dass Hakem nicht mehr von einer Kenntniss der verborgenen Dinge sprach. Er rühmte sich auch, in einem besondern Verkehr mit Gott zu stehen, sowie Moses mit Gott auf dem Berge Sinai verkehrt habe. Er befahl, dass, wenn der Khatib seinen Namen in der Khotba ausspräche, Jedermann sich erheben sollte, was in allen seinen Staaten und selbst in den zwei heiligen Städten ausgeführt wurde. Die Einwohner von Missr gingen noch weiter, denn sie warfen sich nieder, wenn der Khatib den Khalifen nannte, und der Pöbel that dies sogar ausserhalb der Moschee. Wenn er durch die Strassen ging, warfen sich Manche vor ihm nieder und riefen: „O des Einzigen, des Einen! o du, der du Leben und Tod verleihst!" Es sollen sogar mehrere Personen, weil sie solches unterliessen, den Kopf verloren haben. Die Emissäre Hakem's gewannen viele gemeine und schwachsinnige Leute, aber auch Andere liessen sich durch Ehrgeiz oder die Hoffnung, ihr Glück zu machen und des Fürsten Gunst zu gewinnen, zur Annahme der von denselben gepredigten absurden Lehre verleiten. Es geschah auch, dass Juden oder Christen, die ihm begegneten, zu ihm sprachen: „Mein Gott, ich habe Verlangen, zu meiner alten Religion zurückzukehren"; worauf Hakem

zu antworten pflegte: „Thue, was dir gut dünkt", und da haben
sie dann den Islam abgeschworen, zum grossen Skandal der Moslimen.
Bar Hebraeus vergleicht ihn wegen solcher Gottlosigkeit mit Pharao.
„Er sagte, erzählt er, nach dem Ausdrucke des Propheten: Der Nil ist
mein, ich bin's, der ihn geschaffen." Gewisse Leute begrüssten ihn
beim Eintritte mit den Worten: „Heil dir, dem Einzigen und Einen;
Heil dir, der du Leben und Tod verleihst, der du Reichthum und
Armuth austheilst"; und — solches gefiel ihm. Einer seiner schmeich-
lerischen Verehrer ging sogar so weit, dass er in Mekka den schwarzen Stein mit einer Lanze warf und beschädigte, indem er zu den
daselbst Betenden sprach: „Warum, Unsinnige, verehret und küsset
ihr etwas, was euch weder nützen noch schaden kann, während ihr
den ausser Acht setzet, welcher in Aegypten ist, welcher Leben und
Tod verleiht." Ibn Challikan erzählt folgenden Vorfall: Als Hakem
einmal von den Grossen seines Hofes umgeben war, las Einer der
Anwesenden folgende Stelle aus dem Koran vor: „Nein, bei Gott,
nein, sie werden nicht wahrhaft gläubig werden, bis dass sie dich
(und hier zeigte der Lesende auf Hakem) zum Schiedsrichter über
die unter ihnen waltenden Streitigkeiten erwählen und bis sie sich
deinem Urtheilsspruch mit vollkommener Ergebung unterwerfen und
sich dadurch ganz befriedigen lassen" (Sur. 4, Vs. 68). Nach Vorlesung dieser Stelle schlug der anwesende Schriftgelehrte Ebn almoschaddschar — ein durch seine aufrichtige Frömmigkeit bekannter
Mann — den Koran auf und las dagegen folgende Stelle vor: „O
Menschen, man hat euch ein Gleichniss vorgelegt, merket wohl auf;
denn diejenigen, welche ihr an Gottes Statt anrufet, könnten nicht
eine Fliege erschaffen, auch wenn sie sich alle dazu vereinigen würden; und wenn eine Fliege ihnen etwas nähme, könnten sie es ihr
nicht entreissen. Der Flehende und der Angeflehte sind gleich
schwach; sie haben von Gott keinen seiner würdigen Begriff, denn
Gott ist stark und mächig" (Sur. 22, Vs. 92). Als Ebn almoschaddschar diese Stelle gelesen hatte, veränderte Hakem auf einmal
sein Gesicht; hierauf liess er demselben hundert Goldstücke geben,
während er dem andern Vorleser nichts geben liess. Ein Freund
des Ebn almoschaddschar sagte später zu demselben: „Ihr kennet
den Charakter Hakem's und ihr wisset, wie wenig er sich gleich
bleibt in seinem Benehmen; ihr habt Grund zu fürchten, dass er
euch ergreifen lasse und euch wie einen Verbrecher behandle. Ihr

könnet daher nichts besseres thun als euch aus seiner Nähe entfernen." Ebn almoschaddschar befolgte diesen Rath und schiffte sich nach Mekka ein, aber er kam unterwegs auf dem Meere um. Da erschien er seinem Freunde im Traume und sprach zu ihm: „Ich habe mich nicht zu beklagen über die Langsamkeit meines Steuermanns, den er hat mich in den Hafen des Paradieses geführt."

Hakem konnte natürlicherweise, seitdem er sich für einen Gott ausgab, sich nicht mehr einen Beschützer des Islam gegen Juden und Christen, noch einen eifrigen Schiiten heissen. Und die Bücher der Drusen berichten auch wirklich, dass er seit jener Zeit allen Religionsgebräuchen des Islam entsagt und verschiedene Gesetze des Islam aufgehoben habe. Diese seine Irreligiosität musste ihn tolerant machen. Eine Folge dieser Toleranz war es ohne Zweifel, dass er im Jahre 408 das seit 401 verboten gewesene Gebet Terawih wieder erlaubte und dass er den Juden und Christen nach neunjähriger Verfolgung eine volle Gewissensfreiheit gab. Um diese Zeit erschienen einmal Christen, welche den Islam angenommen hatten, vor Hakem mit dem Gesuche, ihnen zu erlauben, dass sie zu ihrer frühern Religion zurückkehren dürften. Von Hakem befragt, wo sie denn ihre Kreuze, Gürtel und andere Abzeichen der christlichen Religion hingebracht hätten, erklärten sie, dass sie dieselben immer unter dem Oberkleid getragen hätten, und zogen sie hervor. Da erlaubte ihnen Hakem, sie offen zu tragen und also dem Islam zu entsagen, indem er ihnen dazu noch Schutzbriefe ausstellen liess. In Folge dieses Vorfalls kehrten Viele, welche aus Furcht oder Schwachheit den Islam angenommen hatten, zum Christenthum zurück. Später erlaubte Hakem, nach einer mit dem Patriarchen Zacharias gepflogenen Unterredung, dass die christlichen Kirchen in seinen Staaten wieder geöffnet und die zerstörten wieder erbaut würden. Auch befahl er, dass den Christen alle ihre frühern Besitzungen zurückgegeben werden sollten, und erlaubte ihnen, die Abzeichen, die sie früher zu tragen hatten, abzulegen und in ihren Kirchen mit Glocken zu läuten. Nach Ibn Challikan, Severus und Bar Hebraeus geschah dies im Jahre 411. Ja um diese Zeit sollen sechstausend abgefallene Christen den Islam abgeschworen haben.

Im Jahre 409 wurde Abdalrahim ben Eljas zum Statthalter von Damascus ernannt. Nachdem er daselbst zwei Monate gewesen, wurde er einmal auf einem Spaziergange von einer Truppe Räuber überfallen, welche einige seiner Leute tödteten, ihn selbst aber gefangen nahmen, in eine Kiste steckten und so nach Aegypten brachten. Von da würde er wieder nach Damascus zurückgebracht, und erst am Tage nach dem Ende des Ramadhan aus seiner Kiste herausgelassen. Aller Wahrscheinlichkeit nach war dieses auf Befehl Hakem's geschehen, denn man liest in den Büchern der Drusen: „Wir haben den Abdalrahim ben Eljas, den Diener und Knecht unsers Herrn, den designirten Nachfolger in der Herrschaft über die Moslimen, gesehen, wie er reich war an Schätzen, Gütern, Mannschaft, Dienern, Familie, Sklaven; aber er besass nicht den Glauben an das Dogma von der Einheit seines Schöpfers, und er verkannte den, von dem er alle jene Wohlthaten hatte. Alle seine Macht, alle seine Schätze und Knechte konnten ihn nicht vertheidigen. Er (Hakem) hat ihn aufheben lassen aus der Mitte seiner Besitzungen, die ihm nur geliehen waren, aus seiner Macht, seiner Stärke, seiner Grösse und Herrlichkeit und zwar vermittelst eines schwachen und verächtlichen Dieners. Dieser hat auf Befehl seines Herrn jenen verkehrten, hochmüthigen, heuchlerischen und undankbaren Menschen aufgehoben, ohne dass ihm weder seine Macht noch die Menge seiner Schätze und Diener hätten irgend zur Vertheidigung dienen können." Abdalrahim verliess, nach Makrisi, die Statthalterschaft oder wenigstens die Stadt Damascus im Monat Ramadhan des Jahres 409; aber er muss wieder dahin zurückgekehrt seyn, denn er war bei dem Tode Hakem's, zu Ende des Jahres 411, daselbst.

In das Jahr 411 gehören nach aller Wahrscheinlichkeit noch folgende Ereignisse. Hakem hatte die Gewohnheit, auf seinen Promenaden bei Tag und Nacht alle die Bittschriften anzunehmen, die man ihm überreichte. Er gab entweder sogleich Bescheid darauf oder nahm dieselben, um sie zu prüfen, mit heim, je nach dem Wunsche der Ueberreicher. Die Aegyptier benutzten öfters diese Gelegenheit, ihm versiegelte Schriften, in der Form von Bittschriften, zu überreichen, welche Schmähungen oder Sarkasmen gegen ihn oder seine Vorfahren, oder seine Weiber enthielten; und da sie ihm dieselben bei Nacht überreichten, wusste er nicht, wer sie ihm übergab. Auf dieselbe Weise rächten sich auch die Weiber an ihm, denen er so viele Schmach und Gewalt angethan. Einmal machten sie eine weibliche Figur aus Pappe, versahen sie mit einem Rocke von weissem Papier, mit Schuhen und einem Gürtel, und gaben ihr

eine mit höchst beleidigenden Vorwürfen gegen die unverheirathete
Schwester Hakem's, die Sitt almulk, angefüllte Schrift in die Hand.
Diese Figur war in einer Strassenecke von Missr aufgestellt, an welcher Hakem vorbeigehen musste. Beim Anblick dieser Figur gerieth
Hakem, der sie für ein wirkliches Weib hielt, in solche Wuth, dass
er seinen Leuten Befehl gab, sie in Stücke zu hauen. Als dieselben
aber wahrnahmen, dass es nur ein Gliederweib war, begnügten sie
sich, die Schrift aus der Hand derselben zu nehmen und sie dem
Fürsten zu überreichen. Der Inhalt dieser Schrift brachte ihn in
die höchste Entrüstung. Er kehrte alsbald nach Kairo zurück, liess
die Officiere und Anführer seiner Truppen zu sich kommen und befahl ihnen, auf der Stelle nach Missr zu gehen, die Stadt anzuzünden, sie zu plündern und alle Einwohner derselben, die in ihre
Hände fielen, zu tödten. Diesen Befehl auszuführen wurden die Sklaven Hakem's, die griechischen und afrikanischen Soldaten und alle
Truppen aufgeboten. Den Angriff derselben abzuwehren ergriffen die
Einwohner von Missr die Waffen und kämpften drei Tage einen heftigen Kampf, während an mehrern Orten der Stadt Feuer angelegt
wurde. Hakem bestieg an jedem dieser Tage den Berg bei Karafa,
von wo aus er den Kampf mit ansehen und das Geschrei der Käm-
pfenden hören konnte. Da fragte er einmal, was denn das wäre,
und als man ihm antwortete, dass das seine Sklaven seyen, welche
die Stadt anzündeten und plünderten, that er als ob ihn das betrübe,
und sagte: „Gott soll sie verdammen! Von wem haben sie den Befehl dazu erhalten?" Den vierten Tag versammelten sich die Scherife
in den Moscheen, hoben die Korane empor, machten ein grosses
Geschrei und Geheul und flehten die Hülfe des Himmels an. Dieses
ihr Geschrei und ihre Verzweiflung rührte die Türken, und in Folge
davon gingen sie auf die Seite der Einwohner über; denn die meisten dieser Türken hatten Verwandte oder Verbündete unter der Bevölkerung von Missr. So gewannen die Einwohner den Sieg über
die Sklaven Hakem's. Hierauf sendeten die Türken einige von den
Ihrigen an Hakem ab und liessen ihm sagen: „Wir sind Eure Diener
und Sklaven; diese Stadt gehört Euch; unsere Weiber, unsere Kinder und Alles was wir besitzen, ist in derselben. Wir wussten
nicht, dass die Einwohner einen Fehler begangen, der eine solche
Behandlung verdiente. Habt Ihr einen geheimen Grund dazu, so
würdiget uns, uns denselben wissen zu lassen und vergönnet dann

uns Zeit, unsere Familien und unsere Güter aus der Stadt zu entfernen; wenn dagegen Eure Sklaven gegen Eure Absicht handeln,
so erlaubet uns dieselben zu behandeln, wie man Räuber und Rebellen behandelt." Hakem gab ihnen zur Antwort, dass, was in Missr
vorgefallen, gegen seine Absicht sey, dass er die, welche solche Gewaltthätigkeiten begingen, und die, welche den Befehl dazu gegeben,
verfluche, und dass er den Türken erlaube, die Einwohner von Missr
zu vertheidigen. Zu gleicher Zeit aber liess er seinen Sklaven sagen,
dass sie sich brav halten sollten, und schickte ihnen Waffen, was
ihren Muth erhöhte. Seine Absicht hierbei war, die Einen gegen
die Andern aufzubringen und so sich an den Einen durch die Andern
zu rächen; aber die Türken erkannten seine Absichten. Sie liessen
ihm daher sagen, dass sie sich nicht entschliessen könnten, ihrer
eigenen Sicherheit wegen die Moslimen dem Blutbade zu überlassen,
und dass, wenn er nicht für Abhülfe sorgte, sie Kairo anzünden
würden. Nachdem Hakem diese Botschaft erhalten, bestieg er seinen
Esel, stellte sich zwischen die beiden Heere und gab seinen Leuten
ein Zeichen, sich zurückzuziehen. Hierauf liess Hakem die Türken
und die Truppen von Ketama sammt den Vornehmsten von Missr vor
sich kommen, entschuldigte sich wegen des Vorgefallenen und be-
theuerte, dass er keinen Theil daran gehabt habe. Dafür küssten
sie die Erde vor ihm, sagten ihm Dank und baten ihn um Amnestie
für die Bewohner von Missr. Hakem bewilligte diese Amnestie,
welche von den Kanzela der Moscheen herab verkündet wurde, wodurch die Ruhe wieder hergestellt ward. Die Kaufläden wurden
wieder geöffnet und Jedermann kehrte zu seiner frühern Lebensweise
zurück. Ungefähr ein Drittel der Stadt war abgebrannt und die
Hälfte der Stadt war ausgeplündert worden. Die Einwohner von
Missr kauften ihre gefangen gemachten Weiber und Töchter und
Schwestern los, nachdem dieselben von den Sklaven Hakem's entehrt
worden waren; einige derselben hatten, um dieser Schande zu entgehen, sich selbst entleibt.

Der Zorn Hakem's traf nun seine Schwester. Er warf ihr vor,
dass sie die Ursache der ihm zugefügten Schmach gewesen und be-
schuldigte sie, unerlaubten Umgang mit Männern zu haben. Sie
erfuhr auch, dass ihr Bruder Weiber beauftragt habe zu erforschen,
ob sie noch Jungfrau sey. Die Folge hiervon war, dass sie sich
gegen das Leben ihres Bruders verschwor. Sie wandte sich deshalb

an einen der obersten Scheikh's von Ketama, Namens Jussuf Seïf eddaula ben Dawwas, welcher schon längst Misstrauen gegen Hakem hegte. Nachdem sie denselben in dessen Wohnung, wohin sie sich bei Nacht und verkleidet begeben hatte, die Bewahrung des ihm anzuvertrauenden Geheimnisses hatte beschwören lassen, stellte sie ihm vor, welchen Gefahren sie beide durch die Narrheit ihres Bruders ausgesetzt seyen, und dass, um dieselben abzuwenden, nichts anderes übrig bleibe als denselben aus dem Wege zu schaffen und seinen Sohn auf den Thron zu erheben. „Ihr", fügte sie bei, „werdet sofort dann der Oberbefehlshaber der Truppen, der Verwalter des Reichs und der Vormund des jungen Prinzen werden. Ich aber werde in Stille in meinem Palaste verbleiben, wie es sich für mein Geschlecht schickt, und mich in nichts mischen." Nach einem Berichterstatter versprach sie, ihn zu heirathen. Sie verlangte sodann von Ebn Dawwas, der sich zu allem bereitwillig zeigte, zur Ausführung ihres Planes zwei zuverlässige und unerschrockene Männer. Ebn Dawwas verschaffte ihr dieselben. Die Prinzessin nahm ihnen den Schwur ab, beschenkte sie mit tausend Goldstücken und versprach ihnen schriftlich Ländereien, Pferde und andere Gegenstände; hierauf sprach sie zu denselben: „Begebt euch morgen auf den Berg; Hakem wird ohne Zweifel dahin kommen und nur den Mann von Karafa, der sein Fussbedienter ist, bei sich haben; vielleicht wird er sogar auch diesen zurückschicken. Wird er in das Thal hinabgehen, so lauft ihm nach und tödtet ihn; tödtet auch den Fussbedienten, und wenn er den jungen Sklaven bei sich hat, auch diesen." Sie gab ihnen sofort zwei Dolche, und hierauf zog sie sich zurück. Hakem wusste, sagt man, aus seinem Horoskop, dass er für diese Zeit von einer sehr grossen Gefahr bedroht sey und dass, wenn er derselben entginge, die Gestirne ihm achtzig Lebensjahre verhiessen. Er verfehlte nie, bei Nacht auf seinem Esel auszureiten. Dabei erwarteten ihn immer eine Masse Leute am Thore seines Palastes, und begleiteten ihn auf seinen Spazierritten. Er hatte ein Corps von tausend Mann aufgestellt, welche bei Nacht die Runde um seinen Palast machen mussten mit kleinen Trommeln und Trompeten; und der Befehlshaber dieser Garde, Namens Abu Arus, begleitete ihn mit seinen Leuten bis an das Thor Kairo's. Hier entliess ihn Hakem mit dem Befehle, die Thore zu schliessen und sie erst bei seiner Rückkehr wieder zu öffnen. Als jene bedrohliche Nacht erschien, sprach Hakem zu seiner Mutter: „Ich komme diese Nacht und den darauf folgenden Tag in eine grosse Gefahr; ein gewisses Zeichen, das am Himmel erscheinen soll, und der Aufgang eines bestimmten Sternes sind das Zeichen des bedenklichen Augenblicks. Mir ist's, als sehe ich dich sammt meiner Schwester schwer darniederliegen und erliegen, ja ich fürchte für dich sogar noch Schlimmeres." Er übergab ihr hierauf einen Schlüssel zu einer Truhe, in welcher dreissigtausend Goldstücke enthalten waren, mit dem Bedeuten, dieses Geld möchte ihr als Nothpfennig dienen. Seine Mutter küsste die Erde und drang ihm das Versprechen ab, die bevorstehende Nacht nicht auszugehen. Er suchte sich nun die halbe Nacht durch Geschäfte zu zerstreuen, brannte aber dabei immer vor Verlangen auszugehen. Seine Mutter gewann nun auch noch das über ihn, dass er sich ein wenig schlafen legte; aber wie etwa zwei Drittel der Nacht um waren, wachte er auf und sprach mit Seufzen: „Wenn ich diese Nacht nicht ausgehe und wenn ich nicht ein wenig Zerstreuung suche, werde ich umkommen." So erhob er sich denn, bestieg seinen Esel und machte sich auf den Weg. Seine Schwester, deren Palast gegenüber von dem seinigen war und die alle seine Schritte beobachtete, sah ihn ausgehen. Hakem ging durch die Strasse Derb alsiba, schickte den Befehlshaber der Nachtwache, den Eunuchen Nesim, und seinen Stallmeister zurück und kam nach Karafa, nur von seinem Fussbedienten von Karafa und dem jungen Sklaven, der gewöhnlich bei ihm war, begleitet. Er war noch nicht weit geritten, als er auf einer etwas höher gelegenen Stelle anhielt und die Sterne betrachtend sagte: „Wir gehören Gott an und werden zu ihm zurückkehren"; hierauf schlug er die Hände gegeneinander und sagte: „Du bist also erschienen, unheilvolles Gestirn!" Darauf setzte er seinen Weg auf dem Berge fort und begegnete zehn Reitern aus dem Stamme der Benu Korra, welche ihn um eine Unterstützung ansprachen, indem sie sagten, dass sie lange an seinem Thore gewartet hätten. Hakem befahl seinem Fussbedienten, sie zu dem Intendanten seines Schatzes zu führen und ihnen zehntausend Silberstücke geben zu lassen. Die Reiter aber, fürchtend, er möchte gegen sie, weil sie ihn angehalten, aufgebracht worden seyn und deshalb einen geheimen Befehl zu ihrer Bestrafung gegeben haben, verlangten von ihm einen Schutzbrief. Hakem gab ihnen denselben, worauf sie mit dem Fussbedienten sich weiter begaben.

Er selber aber begab sich nun mit dem jungen Sklaven nach dem Thale, nach welchem er gewöhnlich zu gehen pflegte. Da kamen jene zwei gedungenen Sklaven aus ihrem Hinterhalt hervor, fielen über ihn her, als es schon bald Tag war, und warfen ihn zu Boden. Er schrie: „Unglückselige, was wollt ihr?" aber unbekümmert um sein Geschrei, hieben ihm die Meuchelmörder die beiden Arme hart an der Schulter ab, schlitzten ihm den Bauch auf, zogen die Eingeweide heraus und verhüllten den Leichnam in einen Rock. Sie tödteten auch den jungen Sklaven, der bei ihm war, schnitten dem Esel die Kniekehlen ab und gingen hierauf mit dem Leichnam Hakem's zu Ebn Dawwas. Dieser, begleitet von den beiden Sklaven, brachte ihn der Sitt almulk, welche ihn in ihrem Palaste vergrub. Sie beschenkte den Ebn Dawwas und die beiden Meuchelmörder reichlich, liess hierauf den Wesir Hakem's, Khatir almulk, zu sich kommen, theilte ihm das Geheimniss mit und liess sich von ihm Gehorsam und Treue schwören. Auch beauftragte sie ihn, an den zum Nachfolger Hakem's bestimmten Prinzen, der damals in Damascus als Statthalter residirte, den Abdalrahim, zu schreiben, dass er sich sofort an den Hof begeben solle; zu gleicher Zeit aber schickte sie einen der Officiere der Armee, den Ali ben Daud, nach Ferma, mit dem Befehle, sich des Prinzen, wenn er in jener Stadt angekommen wäre, zu bemächtigen und ihn nach Tennis zu bringen; was alles ausgeführt wurde. Sie liess sich auch von dem Statthalter von Tennis, im Namen Hakem's und wie auf seinen Befehl, den in jener Stadt aufgehäuften Schatz von einer Million Gold- und eben so viel Silberstücken zuschicken. Den andern Morgen fiel es auf, dass Hakem nicht zurückkam, und Abu Arus duldete der Anweisung Hakem's gemäss nicht, dass die Thore geöffnet wurden. Den zweitfolgenden Morgen ging das Volk hinaus, in der Richtung nach dem Berge, um Hakem aufzusuchen, aber man fand ihn nicht. Die Officiere des Palastes liessen nun bei seiner Schwester fragen, ob sie nicht wisse, was mit ihrem Bruder vorgegangen, worauf sie antworten liess: „Er hat mir zu wissen gethan, dass er sich sieben Tage verborgen halten müsste, und man darf wohl seinetwegen ohne Sorgen seyn." Sitt almulk wusste diese Zeit zu benutzen. Sie vertheilte Geschenke und liess zuerst von den Truppen sich den Schwur leisten; hierauf beauftragte sie den Ebn Dawwas, dem Sohne Hakem's, Abulhasan Ali, die Anerkennung als Nachfolger des Khalifen von den

Ketamiten und den andern Soldaten zu verschaffen. Am siebenten
Tage liess sie dem jungen Prinzen prächtige Kleider anlegen. Hierauf beorderte sie den Ebn Dawwas zu sich und sagte ihm: „Euch
wird die Leitung des Reichs anvertraut, Ihr habt es zu regieren.
Dieses Kind ist (sey) Euer Sohn; thut also für dasselbe, was in
Euren Kräften steht." Ebn Dawwas küsste die Erde, und versprach
ihr, allen ihren Befehlen nachzukommen. Sie setzte sodann dem
jungen Prinzen die Krone des Moëzz aufs Haupt und liess ihn eins
der Pferde des Khalifen besteigen. So ritt der junge Prinz aus;
ihm voran ritten der Wesir und die Oberofficiere des Palastes. Am
Thore des Palastes angekommen rief der Wesir Khatir almulk mit
lauter Stimme: „Diener dieses Reichs, unsre Herrin, die Prinzessin,
lässt euch wissen, dass dies euer Gebieter ist." Alle Umstehenden
begrüssten ihn, küssten die Erde und erhoben ihre Stimme, indem
sie Gott lobten und priesen. Sie gaben ihm den Beinamen Dhaher
liezaz din allah, d. i. der da erscheint die Religion Gottes zu Ehren
zu bringen. Sofort kam das Volk in Masse herbei, ihn zu begrüssen
und als seinen Herrscher anzuerkennen. Er vertheilte Geld und die
Freude war allgemein. Um Hakem wurde drei Tage Trauer angelegt. Hierauf liess Sitt almulk den Ebn Dawwas, den Wesir Khatir
almulk und alle bei der Verschwörung Betheiligten umbringen. Dieser
Bericht ist von Abulmahasin aus der Geschichte des Ebn alsabi entlehnt. —— Etwas verschieden lautet der Bericht über Hakem's Tod
nach Ibn Challikan und Kodhai. Nach ihnen kam Hakem in der
Nacht des 27. Schawal des Jahres 411 auf den Berg Mokattam und
ritt die ganze Nacht spazieren; bei Tages Anbruch befand er sich an
dem Grabmale des Fokkai. Von hier ging er nach der östlichen
Seite von Holwan, einer reizenden auf dem Berge gelegenen Burg.
Er war begleitet von zwei Fussbedienten; den einen derselben schickte
er nach Kaïro zurück, um neun Araber, denen er ein Geschenk aus
dem Staatsschatz anwies, zu begleiten; später entliess er auch den
andern Bedienten, welcher, nach Kairo zurückgekommen, berichtete,
er habe Hakem in der Nähe des Grabhügels von Fokkai und des
Ortes Maksaba verlassen. Den andern Morgen machten sich die
Kadhi's, Scherife und die Officiere, welche die gewöhnliche Begleitung Hakem's waren, auf den Weg, demselben entgegenzugehen;
sie warteten auf ihn am Fusse des Berges, bis es Abend wurde,
und kehrten dann nach Kairo zurück. Dies wiederholten sie drei

Tage. Den zweiten Sonntag des Dhulkaada verliessen Modhaffer
Saklabi der Sonnenschirm-Träger, Nesim der Pförtner, der Türke
Baschkin der Lanzenträger, eine grosse Anzahl ketamitischer und
türkischer Officiere, viele Kadhi's, Notare und Hofleute Kairo und
kamen bis zu dem Kloster Deïr alkosaïr und nach Holwan. Als sie
tiefer in das Gebirge kamen, gewahrten sie auf einer Anhöhe den
grauen Esel Hakem's, den man den Mond nannte; er war mit Sattel
und Zaum versehen, an seinen Vorderfüssen aber bemerkte man
Spuren von Schwerthieben. Vor und hinter dem Esel bemerkten sie
Fusstritte eines Menschen, deren Spuren sie bis zu dem östlich von
Holwan gelegenen Teich verfolgen konnten. Einige von ihnen begaben sich an den Teich und fanden daselbst die Kleider Hakem's,
an welchen Dolchstiche bemerklich waren. Man brachte dieselben
nach Kairo und Niemand zweifelte mehr daran, dass er ermordet
worden. Wie Ebn alsabi, so schreibt auch Kodhai den Mord Hakem's seiner Schwester zu; er fügt bei: Diese Prinzessin liess hierauf den Ebn Dawwas zu sich kommen, angeblich um ihn mit einem
Ehrenkleide zu beschenken und ihm alle Gewalt zu übertragen. Sie
hatte ihm früher schon hundert Sklaven geschenkt, welche ihrem
Bruder gehört hatten und deren Geschäft es war, ihn auf seinen
Promenaden zu begleiten, das Schwert vor ihm her zu tragen und
die Todesurtheile, die er aussprach, auf der Stelle zu vollstrecken.
Diese Sklaven begleiteten nun an jenem Tage den Ebn Dawwas und
hielten sich in seiner Nähe. Hierauf befahl die Sitt almulk dem
Nesim, vor Ebn Dawwas zu treten und seinen Sklaven zu sagen:
„Unsere Gebieterin lässt euch sagen: »Dies ist der Mörder Hakem's,
tödtet ihn«!" Nesim befolgte den erhaltenen Befehl und die Sklaven fielen über Ebn Dawwas her und hieben ihn in Stücke. Sie
machten auch die zwei Meuchelmörder nieder. Nach Bar Hebraeus
liess Sitt almulk ihre drei Mitverschwornen hängen und öffentlich
ausrufen, dass dieselben ihrem Bruder das Leben genommen.

Mit den angeführten Berichten über den Tod Hakem's stimmen
die der meisten Historiker überein, indess finden sich auch Berichte
über diesen Tod vor, die von den angeführten sehr abweichen.
Severus d'Oschmunein z. B., der blos dreissig Jahre nach Hakem's
Tode geschrieben, erwähnt bei dem Berichte über den Tod Hakem's
der Sitt almulk gar nicht, und lässt es ganz unbestimmt, wie Hakem
aus dem Leben gekommen. „In einer Nacht", erzählt er, „kam Hakem

nach Holwan, blos von einem einzigen Fussbedienten begleitet. Er
stieg von seinem Esel, hiess seinem Diener dem Esel die Kniekehlen
abschneiden und schickte ihn nach dem Palast zurück. Des andern
Morgens, wie Hakem nicht zurückkam, gab der nach Hakem befragte
Diener an, er sey von ihm bei Holwan entlassen worden. Bei den
Nachforschungen, die man anstellte, fand man den Esel mit abge-
hauenen Kniekehlen, aber von Hakem fand und erfuhr man nichts."
Bekannt ist ausserdem, dass sehr Viele an den Tod Hakem's nicht
glaubten. Ohne von den Drusen zu sprechen, die heut zu Tage noch
seine Rückkehr erwarten, bezeugt Bar Hebraeus, dass Viele glaubten,
Hakem habe sich in die Wüste zurückgezogen und sey daselbst als
Mönch gestorben. „Ich selbst", fügt er bei, „habe in Damascus von
koptischen Katebs sagen hören, Jesus Christus sey dem Hakem in
der Zeit, wo er die Christen verfolgte, erschienen, wie einst dem
Paulus, und Hakem habe sofort den Glauben angenommen, sey heimlich in die Wüste gegangen und dort gestorben." Wie sehr der
Zweifel an dem Tode Hakem's verbreitet gewesen, sieht man auch
aus dem Berichte des Severus, welcher sagt: „Seit dem Verschwinden Hakem's bis an das Ende der Regierung seines Sohnes, das
heisst sechszehn Jahre lang, hörte das Volk nicht auf, zu behaupten,
dass Hakem noch am Leben sey. Viele Leute suchten, indem sie
seine Kleidung annahmen, sich für ihn auszugeben und zeigten sich
von Zeit zu Zeit auf den Bergen, um sich Geld geben zu lassen.
Unter diesen war ein Mann, Namens *Scherut*, welcher vom Christenthum zum Islam übergetreten war und die Magie mit vielem Erfolge
studirt hatte. Viele versicherten, dass, wenn er mit ihnen gegangen,
er manchmal, vermöge seiner Kunst, plötzlich verschwunden sey. Er
hatte in Gestalt und Stimme viel Aehnlichkeit mit Hakem, und war
nur ein wenig grösser. Er nahm den Namen Abularab an und gewann eine beträchtliche Partei für sich. Er liess bei den Reichen
Gelder erheben, mit dem Versprechen, dieselben zurückzugeben, sobald er den Thron wieder bestiegen. Wenn Jemand zu ihm »Unser
Gebieter« oder »Unser König« sagte, legte er ihm Stillschweigen auf.
Er setzte dieses Spiel zwanzig Jahre fort, indem er sich selten sehen
liess, und die meisten Aegyptier hielten ihn wirklich für Hakem.
Zur Zeit des Maadd Mostansir billah (bestieg den Thron 427) kam
er in die Provinz Bohaïreh zu einem Araber der Benu Korra, Namens
Mofarrih (oder Mofarridsch) ben Temam. Dieser Araber errichtete

ihm ein Zelt, und der angebliche Hakem brachte bei ihm mehrere
Jahre zu, sich kasteiend und nur schlechte Kleider tragend. Von
Zeit zu Zeit gab er diesem Araber reiche Gewänder und schöne
Waffen, und wenn ihn derselbe fragte, warum er denn nicht selber
von jenen schönen Kleidern Gebrauch mache, antwortete er ihm:
»Ich warte damit, bis der gefürchtete Augenblick vorüber ist.« Mofarrih und viele Andere liessen sich von ihm täuschen, begrüssten
ihn als Khalifen und warfen sich vor ihm auf die Erde nieder. Er
verbot ihnen übrigens solches; sie glaubten aber, er thue dies nur,
um bis auf den Augenblick verborgen zu bleiben, wo er es für gut
fände, sich zu offenbaren. Als die Regierung dahinter kam, entfloh
er und man konnte nicht erfahren wohin. Er wusste sogar den
Patriarchen Anba Schenudi so zu täuschen, dass ihm dieser Geld
schickte.“

Ganz Aehnliches erzählt Abulfeda (III, S. 119) von einem andern
Betrüger, Namens *Sikkin*. „Im Monat Redscheb des Jahres 434“,
so erzählt Abulfeda, „erhob sich zu Missr ein Mann, Namens Sikkin,
der dem Hakem ähnlich war und welcher sich wirklich für denselben ausgab. Eine Anzahl von Leuten, welche an die Rückkehr Hakem's glaubten, folgten ihm und begaben sich nach dem Palast des
Khalifen zu einer Zeit, wo sich Niemand darin befand, indem sie
riefen: »Hier ist Hakem!« Die am Thore des Palastes wachhabende
Mannschaft war von Schrecken ergriffen; da sie aber bald merkten,
dass der angebliche Hakem ein Betrüger sey, ergriffen sie ihn und
er wurde hierauf mit seinen Anhängern gehängt.“ Wie hätte auch,
fügt Sacy bei, wenn man an den Tod Hakem's allgemein geglaubt
hätte, Hamsa mit jener Schrift *) hervortreten dürfen, in welcher er
seinen Anhängern verkündet, dass Hakem nur ihrer Sünden halber
verschwunden sey, und in welcher er denselben verbietet, ihn aufzusuchen und den Ort seines Rückzugs zu erforschen. Aus allem,
meint Sacy, gehe hervor, dass man über den Hingang Hakem's in
der ersten Zeit nur Vermuthungen gehabt habe, und dass es nicht
historisch gewiss sey, dass Sitt almulk seinen Tod herbeigeführt
habe. Nach Mesihi bei Makrisi wäre sie von jenem Verdachte frei-
zusprechen. Derselbe erzählt nämlich Folgendes: „Im Monat Mokar-
ram des Jahres 415 wurde ein Mann aus dem Stamme der Benu

---

*) Ist abgedruckt in Sacy's Ar. Chrestom. Bd. II.

Hosein ergriffen, welcher in Saïd eine Empörung angezettelt hatte.
Dieser Mann gestand, dass er den Hakem ermordet habe, mit Hülfe
von vier Andern, welche die Flucht ergriffen hätten, und er zeigte
ein Stück von der Haut seines Kopfes, sowie ein Stück von dem
Tuche, das Hakem auf dem Kopfe trug. Auf die Frage, warum er
ihn getödtet habe, erwiederte er, er habe dies aus Eifer für Gott
und die Religion gethan. Auf die weitere Frage, wie er ihn getödtet habe, zog er einen Dolch hervor und sagte, indem er sich
denselben in die Brust stiess: »So habe ich ihn getödtet.« Man
schnitt ihm hierauf den Kopf ab und schickte denselben mit Allem,
was man bei ihm gefunden hatte, an den Hof. Dies ist", fügt
Mesihi bei, „das Wahre über den Tod Hakem's, und unwahr ist,
dass seine Schwester ihn habe aus dem Leben schaffen lassen."

Es sind noch zwei Ereignisse, welche der Regierungszeit des
Sohnes, oder vielmehr der Schwester Hakem's angehören, zu berichten übrig. Das eine betrifft den zum Nachfolger Hakem's bestimmten Abdalrahim ben Eljas. Dieser wurde, nachdem er, wie wir
oben gesehen, auf den Befehl der Sitt almulk in Ferma ergriffen
und nach Tennis gebracht worden war, nach Kairo gebracht, wo
ihn die Sitt almulk gefangen hielt, sonst aber rücksichtsvoll behandelte. Da sie aber erkrankte und keine Hoffnung der Genesung
mehr haben durfte, liess sie ihn in seinem Gefängniss umbringen.
Sie starb drei Tage hernach. Abweichend hiervon berichtet Kedhaï
also: Abdalrahim leistete der durch Sitt almulk unmittelbar nach
Hakem's Tode an ihn ergangenen Aufforderung, nach Aegypten zu
kommen, keine Folge; er erklärte sich vielmehr zum unabhängigen
Herrscher von Damascus und gewann die Einwohner dadurch für
sich, dass er denselben die ihnen von Hakem entrissene Freiheit des
Weintrinkens und der öffentlichen Belustigungen wiedergab. Bald aber
machten ihn sein Geiz und seine Erpressungen verhasst. Diesen
Umstand benutzte Sitt almulk, um die Soldaten Abdalrahim's zu gewinnen, welche ihn auch sofort ergriffen und gefesselt nach Aegypten
schickten. Er ward in dem Schlosse gefangen gehalten, und nach
einiger Zeit tödtete er sich mit einem Dolche, den er sich in einer
Melone hatte bringen lassen.

Das andere Ereigniss betrifft den von Hakem im Jahr 407 zum
Statthalter von Aleppo ernannten Asis eddaula Fatik Wahidi. Derselbe
hatte noch zu den Lebzeiten Hakem's das Joch des Gehorsams abge-

schüttelt und den Kaiser Basilius um Hülfe angegangen, mit dem Versprechen, ihm Aleppo zu überliefern. Als er aber von dem Tode Hakem's Nachricht erhielt, liess er dem Basilius, der schon auf dem Wege nach Aleppo war, sagen, dass, wenn er nach Aleppo käme, er ihn als Feind empfangen würde. Diesen Asis eddaula suchte nun Sitt almulk aus dem Wege zu schaffen, was ihr auch durch einen gewissen Bedr gelang, dem sie sofort die Statthalterschaft von Aleppo übertrug. Sitt almulk soll in den vier Jahren ihrer Regierung den Glanz Aegyptens hergestellt, den öffentlichen Schatz gefüllt und die Herzen der Unterthanen sich gewonnen haben; dabei aber scheint sie es mit den Mitteln zur Erreichung ihrer Zwecke, wie ihr Bruder, nicht genau genommen zu haben.

Wir fügen nun noch, dem Beispiele Sacy's folgend, verschiedene Einzelnheiten über Hakem bei, welche da und dort bei den Historikern sich zerstreut vorfinden und die der chronologischen Erzählung nicht eingereiht werden konnten.

Hakem liess mehrere Jahre Tag und Nacht in seinem Palaste Wachslichter brennen; später fiel es ihm ein, auch bei Nacht kein Licht anzünden zu lassen.

Hakem versah oft selbst die Dienste der Polizei, bei Tag wie bei Nacht. Begegnete er (in jener Zeit, wo es den Weibern verboten war, auszugehen) einem Weibe auf der Strasse, so übergab er sie dem Commandanten seiner Garden, um sie todt zu hauen. Traf er Jemand, der etwas Verbotenes that, so überliess er ihn der Brutalität eines schwarzen Sklaven, Namens Masud, der ihn begleitete. Zu jener Zeit, wo das Arbeiten und alles Handeln bei Tage verboten war, begegnete er einem Zimmermann, welcher nach dem Abendgebet, aber noch vor Sonnenuntergang, arbeitete; an diesen wandte er sich mit den Worten: „Habe ich euch nicht verboten, um diese Zeit zu arbeiten?" „Es ist wahr, Herr", versetzte dieser, „aber ehedem, wo man bei Tage arbeitete, um sich Brod zu verdienen, geschah es manchmal, dass man den Abend der Unterhaltung widmete. Was ich jetzt thue, ist aber auch eine Abendunterhaltung." Hakem lachte über diese Antwort, liess den Mann arbeiten und erlaubte Jedermann, wieder den Geschäften auf gewohnte Weise nachzugehen. Einigemal liess er Bratenköche, die (zu jener Zeit, wo alles Arbeiten bei Nacht verboten war) bei Nacht Braten machten, in ihre Bratöfen werfen und darin verbrennen. Und als er einmal

in einer Nacht einen Mann traf, der in einer Bratpfanne Fleisch rö-
stete, befahl er, demselben die Hände abzuhauen und sie in die
Pfanne zu werfen. Als aber dieser Mann ausrief: „Wann hat doch
der Fürst der Gläubigen das Fleischrösten gelernt? Wir wussten
wohl, dass er das Braten versteht; seit wann versteht er nun auch
das Rösten?" lachte Hakem und liess ihn gehen.

Eine seiner Belustigungen war, versiegelte Zettel durch die Fenster zu werfen. Die einen derselben enthielten den Befehl, dem
Ueberbringer eine gewisse Summe Geldes auszuzahlen; die andern,
diese oder jene Strafe über ihn zu verfügen. Diese Zettel waren
einem Emir zu überbringen, der nach dem Inhalte derselben verfuhr.

Hakem verbot einmal, die Thüren der Kauflöden und Häuser bei
Nacht zu schliessen, indem er versprach, Jeden, der bestohlen werden sollte, zu entschädigen. Nun traf es sich einst, dass mehrern
Privatleuten in einer einzigen Nacht vierhundert Stücke von ihren
Waaren gestohlen wurden; des andern Morgens kamen die Bestoh-
lenen zu Hakem, um ihren Unfall ihm zu klagen. Hakem liess sich
bei der Art Klagen eine Bildsäule bringen, welche er Abulhul (das
ist der Name der Sphinx) nannte; der Kläger musste sich sodann
vor dieselbe setzen und sprechen: „Abulhul, mir ist das und das
weggekommen." Ein in der Bildsäule versteckter Mann nannte sofort den Dieb und den Ort, wo das Gestohlene aufbewahrt war.
Nicht unwahrscheinlich ist, dass Hakem selbst, um den Leuten von
seiner guten Polizei hohe Begriffe beizubringen, Diebe ausgeschickt
hat, um sie hernach hängen zu lassen. Und dieses sein strenges
Verfahren gegen Diebe hatte die Wirkung, dass man in der Folge
von keinem Diebstahle mehr hörte. — Wenn Jemand ein Stück Geld
verlor, blieb es liegen, denn Niemand wagte es aufzuheben. Einmal
soll Jemand an dem Thore der Moschee des Ebn Tulun einen Geld-
beutel mit tausend Goldstücken verloren haben und derselbe soll
eine volle Woche unberührt liegen geblieben seyn, bis endlich der
Besitzer desselben vorbeikam und ihn aufhob.

Ein Mann deponirte einmal bei einem Freunde einen Sack mit
tausend Goldstücken und verreiste sodann. Als er zurückkam, wollte
er sein Geld wieder haben; aber der Freund läugnete, solches von
ihm empfangen zu haben. Nun wandte sich jener klagend an Hakem,
worauf ihm derselbe sagte: „Stelle dich morgen auf dem Wege ein,
den ich passiren werde, und gehe dann, mit mir sprechend, eine

Zeit lang neben mir her; ich werde thun, als ob ich dich mit grosser Aufmerksamkeit anhörte." Dies geschah. Wie nun aber jener
untreue Freund seinen Freund also mit Hakem sprechen sah, wurde
er deshalb bedenklich und brachte ihm seinen Sack versiegelt, wie
er ihn empfangen hatte, zurück. Hakem wurde davon benachrichtigt. Den andern Tag sah man den untreuen Freund an seiner Thüre
hängen, zum grossen Erstaunen Jedermanns, da Niemand wusste,
warum oder auf welche Weise er gehängt worden. — Ein andermal
brachte man einen Dieb vor ihn, der auf dem Markte Jemandem einen
Beutel mit Silber gestohlen hatte. Hakem sagte zu demselben: „Ich
möchte wohl wissen, wie du es gemacht hast um zu entfliehen."
Da lief der Dieb, um ihm dies zu zeigen, auf und davon, und Niemand wagte ihn aufzuhalten. — Einmal begegnete Hakem auf seinen
nächtlichen Wanderungen auf dem Berge Mokattam zehn wohlbewaff-
neten Männern, die ihn um Geld ansprachen. Zu denselben sprach
Hakem: „Trennet euch in zwei Abtheilungen und kämpfet mit einander; wer den Sieg davon trägt, dem werde ich Geld geben." Sie
thaten dies und kämpften so heftig, dass neun ums Leben kamen.
Dem noch übrigen Zehnten warf nun Hakem aus seinem Aermel eine
grosse Menge Goldstücke hin; aber während er sie auflesen wollte,
liess ihn Hakem von seinen Fussbedienten in Stücke hauen, worauf
er sein Geld wieder in seinen Aermel steckte.

Hakem hatte in seinem Palaste ein grosses Bassin machen lassen, welches vermittelst hydraulischer Maschinen sein Wasser erhielt.
Dieses Wasserbehältniss war von einem Pflaster aus Marmorsteinen
von verschiedenen Farben, das man für einen Teppich oder eine
Matte halten konnte, eingefasst. In einer Wand neben diesem Bassin
hatte er einen sehr schwachen Balken anbringen lassen, dessen äus-
serstes Ende in gerader Linie mit dem Rande des Bassins war. Nun
liess er bekannt machen, dass er demjenigen 600 Silberstücke geben
würde, welcher von diesem Balken aus in das Wasser springen
würde. Aber Alle, welche sich zu diesem Kunststücke verleiten liessen, fielen, anstatt in das Wasser, auf den steinernen Boden und
büssten so ihr Leben ein.

Hakem trieb seine Mordlust so wenig insgeheim, dass er eines
Tages an dem Thore der Moschee von Missr von seinem Esel stieg,
einen seiner Fussbedienten mit der Hand ergriff, ihn auf den Boden
sich legen hiess, ihm mit eigener Hand den Bauch aufschnitt, die

Eingeweide herauszog, sodann sich die Hände wusch und weiter ging. Wenn er Jemanden hatte umbringen lassen, liess er ihn beerdigen und gebot der Familie des Gestorbenen, die Nacht an seinem Grabe zuzubringen.

Hatte sich einer der Oberofficiere seine Ungunst zugezogen, so nannte er ihn anstatt bei seinem Ehrentitel, den er ihm gegeben, bei seinem gewöhnlichen Namen. Nannte er ihn wieder bei seinem Ehrennamen, so war das ein Zeichen der wiedergewonnenen Gunst.

Hakem hörte eines Tages, dass ein Kadhi sich an seine Mütze zwei Ochsenhörner habe machen lassen, mit denen er die Kläger vor Gericht stosse, weshalb man ihn Nattach (d. i. den Hornstosser) nannte. Er liess ihn sofort vor sich kommen und machte ihm deshalb Vorwürfe. Der Kadhi entschuldigte sich mit der Halsstarrigkeit, der Treulosigkeit und dem Ränkegeist der Kläger, und forderte den Khalifen auf, sich incognito bei einer Gerichtssitzung einzufinden, worauf er dann, wenn er meinte, dass er, der Kadhi, Unrecht hätte, über ihn nach Belieben verfügen sollte. Hakem nahm dies an, und ging in eine Gerichtssitzung dieses Kadhi, indem er sich hinter einem Vorhange verbarg. Es kamen Zwei vor Gericht, von denen der Eine von dem Andern die Bezahlung von hundert Goldstücken verlangte. Der Beklagte erkannte die Schuld an, aber er bat, dieselbe nach und nach in mehrern Raten abzahlen zu dürfen. Der Kadhi erkannte nun, dass die Summe in monatlichen Raten von zehn Goldstücken bezahlt werden sollte. Da der Schuldner aber behauptete, dass es ihm unmöglich sey, solche Bedingungen anzunehmen, wollte ihm der Kadhi gestatten, seine Zahlung in monatlichen Raten von fünf Goldstücken, hernach von zwei, hernach von einem, endlich sogar von zehn Silberstücken zu machen. Als aber der Beklagte auch hierauf nicht eingehen wollte, fragte ihn der Kadhi, zu was er denn erbötig sey. „Ich will“, erwiederte hierauf dieser, „jährlich drei Silberstücke bezahlen, aber unter der Bedingung, dass mein Gläubiger gefangen gehalten werde; denn wenn dieser Mensch Freiheit genösse, und wenn ich meiner Verbindlichkeit nicht nachkommen könnte, müsste ich fürchten, von ihm getödtet zu werden.“ Nun fragte Hakem den Richter, wie viel Hornstösse er dem halsstarrigen Schuldner geben wollte. „Einen einzigen“, erwiederte dieser. „Gebt ihm“, versetzte sofort Hakem, „zwei, oder gebt ihm meinetwegen einen und ich will ihm auch einen geben.“ Dies geschah, und darauf ging Hakem, von dem Betragen des Kadhi befriedigt, weiter.

Vernehmen wir noch zum Schluss, wie Severus d'Oschmunein den Hakem schilderte: „Hakem war", sagt dieser, „so fürchterlich anzusehen wie ein Löwe *); seine Augen waren gross und von einem dunkeln Blau, man konnte seinen Blick nicht ertragen; seine Stimme war stark und Entsetzen-erregend. Sein Charakter war Narrheit und Unbeständigkeit, verbunden mit Grausamkeit; Gottlosigkeit, verbunden mit Aberglauben. Er betete, sagt man, auf eine besondere Weise den Planeten Saturn an und glaubte Umgang mit dem Satan zu haben. Man versichert, dass in dem Laufe seiner Regierung 18,000 Menschen Opfer seiner Grausamkeit geworden seyen." Und dies, fügt Sacy bei, ist der Gott, den die Drusen seit mehr als achthundert Jahren anbeten!

Wir glauben hier ein paar Worte über die Frage: „*Woher kommt der Name Drusen?*" (eine Frage, die von Sacy auffallender Weise nicht untersucht wird), sowie Einiges zur *Literatur* Gehörende einschieben zu müssen.

Nach dem oben, im Leben Hakem's S. 266, Mitgetheilten kann es kaum einem Zweifel unterliegen, dass die Drusen ihren Namen von *Darasi*, von dem oben S. 263 ff. die Rede gewesen, erhalten haben. Es bleibt indess auffallend, dass der Name unserer Secte nicht von Hamsa, dem Urheber des religiösen Systems und dem eigentlichen Haupte der Secte, oder von Hakem, dem Gott derselben, hergenommen wurde; denn Darasi hat jedenfalls nur eine kurze und unbedeutende Rolle gespielt. Andererseits aber dürfte die Benennung „Drusen" als Beweis dafür gelten, dass Darasi *vor* Hamsa aufgetreten und dass Hamsa nur in seine Fusstapfen getreten ist (vgl. oben S. 268).

Eine ganz erkünstelte, offenbar dem Hamsa (der nicht gut dazu sehen konnte, dass die Secte, deren Haupt er war, den Namen von

---

*) Aehnlich heisst es bei Nowaïri: „Er war in der Mitte der Menschen wie ein wüthender Löwe."

seinem Rival haben sollte) zu Liebe erfundene Etymologie ist die, welche ein Drusenschriftsteller (in Sacy's arab. Chrestom. Bd. II, S. 230, vgl. dessen Exposé, Bd. II, S. 408) gibt, indem er sagt: „Wir [Drusen] sind diejenigen, welche gesetzt worden sind in Besitz *) (*indarasna*, siebente Conjugation von *darisa*) des Glaubens nach der Religion Muhammed's."

Blos der Merkwürdigkeit wegen erwähnen wir noch der ganz unsinnigen Ableitung des Namens Drusen von dem Grafen v. Dreuz, der sich während des ersten Kreuzzugs in Palästina niedergelassen (s. Taylor, Geschichte des Muhammedanismus, S. 180), sowie der (ebendaselbst S. 181 mitgetheilten) von „einem arabischen Worte *durz* **), das Glück bedeute." Nach dieser letztern Etymologie sollen die Drusen nämlich den Namen erhalten haben, „weil man glaubte, die Hoffnung auf zeitlichen Vortheil habe sie zu ihrem Glauben bewogen, oder weil sie die ewige Glückseligkeit ausschliesslich für sich in Anspruch nahmen."

Es ist noch zu bemerken, dass die Drusen selber sich „Einheitsbekenner, *Unitarier*" heissen.

---

*) So übersetzt Sacy (.... avons été mis en possession....). In Freytag's arab. Lex. Bd. II, S. 22, findet man blos angegeben: „*darisa*, n. a. *darasun*, potitus fuit commodis deliciisque mundi", und sonst nichts.

**) Nach Freytag a. a. O. bedeutet das Wort *dars* (wohl gleich mit *durz*) pl. *dorusun*, 1. sutura vestis, 2. commoda ac voluptates mundi. Nach demselben bedeutet der Name *auladu darsaha* (d. h. filii Darsae): viliores et inferioris ordinis homines, oder sartores.

Was die *Literatur* betrifft, so ist vor Sacy nicht viel Wichtiges über die Drusen geschrieben worden. Die wichtigern Werke sind, nach Sacy's Angabe in der arab. Chrestom. Bd. II, S. 228:

Adler, Museum Cuficum Borgianum, Romae 1782 (enthält unter anderm einige Auszüge aus Drusenschriftstellern).

Venture, Mémoire historique concernant les Druzes, suivi de diverses pièces tirées du recueil de leurs religieux. Dieses Mémoire ist aber, wie Sacy bemerkt, nie französisch edirt worden, sondern blos in einer englischen in dem Werke „Appendix to the Memoirs of baron *de Tott*, London 1786" sich vorfindenden Uebersetzung. Es enthält dasselbe namentlich das in nachfolgender Darstellung öfters angeführte Formular (Catechismus) der Drusen.

J. G. Worbs, Geschichte und Beschreibung des Landes der Drusen in Syrien, Görlitz 1799.

Dazu kommen zwei Abhandlungen von *Sacy*: eine lateinische (Commentatio de notione vocum *Tenzil* et *Tawil* in libris qui ad Druzorum religionem pertinent) im 16. Bd. der Comment. soc. reg. scient. Gotting. class. hist. et philol. p. 3 sqq.; und eine französische unter dem Titel: Mémoire sur l'origine du culte que les Druzes rendent à la figure d'un veau, im 3. Bd. der Mémoires de l'Institut, classe d'hist. et de littér. anc. p. 74 sqq. Ferner: 11 Stücke aus Drusenschriften in Sacy's arab. Chrestom. Bd. II, S. 191 — 227 *).

Die arabischen Manuscripte, aus denen Sacy' sein Exposé gezogen hat, sind folgende **):

---

*) Von geringer Bedeutung ist die Abhandlung: Recherches sur les Druzes et sur leur religion par M. le chevalier *Regnault*, in Nro. 45 des Bulletin de la société de géographie (vgl. Sacy im Journ. asiatiq. Bd. X. S. 321) sowie die „Notizie sull' origine della religione dei Drusi raccolte da varj istorici arabi" in den Fundgruben des Orients, Bd. I, S. 27 ff.

**) Sacy gibt hierüber ausführlichen Bericht in dem 1. Bde. seines Exposé S. CCCCLIV—DXVII; ausserdem gibt er über Drusenbücher

1) Nro. **1580** der k. Bibliothek zu Paris (ancien fonds). **Dieses** Manuscript (von **231** Seiten) enthält **14** Abhandlungen, meistens von Hamsa. Es finden sich von demselben weitere Exemplare in Oxford, Leyden, Wien und sonst.

2) Nro. **1581** in ders. Bibl. Dieser Band von **288** Seiten enthält **26** Stücke. Von demselben finden sich weitere Exemplare in der Bibl. des Vaticans und in der Universitätsbibl. zu Leyden, und in Paris.

3) Nro. **1582** und **1583** ders. Bibl. Diesen beiden Manuscripten, von denen das erstere **164**, das zweite **156** Seiten hat, entspricht ein früher im Besitze der Dominicaner der rue St. Honoré gewesenes, jetzt auch in der k. Bibl. zu Paris befindliches Manuscript von **326** Seiten. In diesen Bänden sind **28** Stücke enthalten, die sich in einem Manuscripte der Bodlejana vorfinden.

4) Ein Oxforder Manuscript, von dem sich Sacy ein Facsimile verschafft und von dem er sich *une analyse assez étendue* gemacht hat (die andern Manuscripte hat er sich vollständig übersetzt). Dasselbe enthält **43** Abhandlungen oder Briefe, fast sämmtlich von Moktana (von dem im 8. Abschnitte des II. Capitels die Rede ist). Sacy hat demnach nicht weniger als **111** grössere und kleinere Drusenschriften vor sich gehabt. Dazu kommt

5) ein zweites Oxforder Manuscript, das einen ausführlichen Commentar über zwei Drusenschriften (Nro. 4 und 5 der in Sacy's Chrestomathie abgedruckten Auszüge aus den Drusenbüchern) enthält.

Aus dem Angegebenen geht hervor, dass die Literatur der Drusen nicht klein war oder ist; und es braucht wohl kaum bemerkt zu werden, dass die genannten Manuscripte nicht die ganze Literatur

Bericht im Journal asiatiq. 1824. Bd. V. und in den Mémoires de l'Académie des inscriptions et belles lettres Bd. IX. Vgl. Fundgruben des Orients, Bd. II, S. 409 ff.

der Drusen sind, wiewohl man vielen Grund hat anzunehmen, dass
dieselben das Wichtigste dieser Literatur enthalten *).

———————

*) Nach einer Anzeige im Journal asiatiq. Dec. 1841, S. 614, ist
jetzt auch in Upsala eine *Collection des livres des Druzes* (aus 5 starken Bänden bestehend). Ebenso kamen, nach Zeitungsnachrichten, im
Jahr 1840 mehrere die Religion der Drusen betreffende arabische Manuscripte in die k. Hofbibliothek zu München. Möchten doch die dortigen
Orientalisten über diese Manuscripte bald nähere Mittheilungen machen!

Das religiöse System der Drusen.

Erstes Capitel.

Gott. Gottheit Hakem's.

Gott ist Einer, und er ist das einzige Wesen, welches anzubeten ist. Seine Gottheit ist unbegreiflich und kann nicht definirt, beschrieben werden. Er hat sich den Menschen mehreremal unter einer menschlichen, der ihrigen ähnlichen Form geoffenbart. In der letzten seiner Menschwerdungen ist er erschienen unter dem Namen Hakem, und er hat ausserordentliche Thaten verrichtet, voll tiefer Weisheit. Es ist keine weitere Offenbarung oder Menschwerdung der Gottheit zu erwarten; sondern Hakem, der verschwunden ist, wird wiedererscheinen unter den Menschen, um der unitarischen Religion den Sieg zu verschaffen und die Ungläubigen zu bestrafen.

Erster Abschnitt.

Einheit Gottes. Seine göttliche und unbegreifliche Natur.

Gott, sagt Hamsa, ist der Ewige, der Alte, der Herrscher voll Freigebigkeit, der barmherzige Herr. Er ist einzig, ohne dass man irgend eine der Eigenschaften der einzigen Wesen auf ihn anwenden kann; er ist alleinig, aber ohne den Wesen zu gleichen, von denen man sagt, dass sie alleinig seyen (d. h. er ist nicht durch Negirung alleinig). Er ist viel zu erhaben, als dass er durch Zahlen oder Vergleichungen bezeichnet werden könnte; viel zu gross, als dass man ihm ein Weib oder Kinder zuschreiben könnte. Niemand kann ihn auf eine seiner Wesenheit entsprechende Weise definiren; die Augen derjenigen, die ihn betrachten, können ihn nicht erfassen; seine Wesenheit kann durch die tiefste Reflexion und Meditation nicht begriffen werden .... Ihm allein kommt die Gottheit zu. Er ist weit erhaben über das Wie oder Wo; er ist zu herrlich, als dass er mit den schärfsten Augen und Blicken gesehen werden, oder dass ihm Bewegung und Ruhe zugeschrieben werden könnte. Er ist sehr verschieden von allen den falschen Meinungen, welche die Menschen von ihm haben, weit erhaben über alle die Benennungen, welche die Menschen erdenken um ihn zu bezeichnen, und welche nur auf seine Creaturen passen. Die menschliche Vernunft kann nicht dringen zur Erkenntniss seiner Werke, und sie bekennt ihre Unmacht, das was sie davon kennt (d. h. seine menschliche Figur) zu begreifen; die Zunge bleibt stumm und schweigsam, weil sie in der Vernunft, die sich ihrer (als Werkzeug) bedienen wollte, kein Mittel sieht, die Einheit ihres Schöpfers auf würdige Weise auszudrücken. Wie könnte man auch, ruft Hamsa aus, die Einheit dessen auf gebührende Weise ausdrücken, welcher weder Ursprung noch Gränzen, weder Anfang noch Ende hat, denn die ältesten Gegenstände (d. h. die Bevollmächtigten und die Seelen, s. unten Cap. II.) bekennen, dass er sie hervorgebracht hat als sie nicht existirten, und die Wesen, welche (unter den Creaturen) der Endpunct sind, erkennen, dass sie eine neue Existenz haben; hat ja doch nothwendigerweise der Endpunct eine spätere Existenz als der Anfang! Gepriesen sey der, unter dessen Productionen gehört der Anfang und welcher der Schlusspunct aller Dinge ist und ihr Ende. — Unser Herr ist der Herrscher der Herrscher, auf den keine der unter den Menschen gebräuchlichen Benennungen passen, und nichts, was die Zunge aussprechen oder die Feder schreiben kann.

Diese Ansicht von Gott heisst *Tewhid*, d. h. Bekenntniss der Einheit, und diejenigen, welche sich zu derselben bekennen, heissen *Muwahhidun*, d. h. Bekenner der Einheit, oder Unitarier. Das Fernhalten aller Attribute von Gott, oder das Bekennen der Einheit Gottes mit Abstraction von allen Eigenschaften, wird bezeichnet durch das Wort *tenzih*, das eigentlich bedeutet: entbinden, losmachen, reinigen von Schmutz, den Geist von aller ernsten Beschäftigung frei halten.

Ueber diese Lehre von der Einheit Gottes sagt Moktana Folgendes: Die Lehre von der Einheit Gottes ist das Gut, das am meisten würdig ist, gesucht zu werden, der köstlichste Schatz, das herrlichste Gut, das man erwerben kann. Sie, diese Lehre, ist die Frucht aller in den vorangegangenen Jahrhunderten dagewesenen Culte, sie ist die Waage der Wahrheit, durch welche Himmel und

Erde sich halten. Durch ein aufrichtiges Bekenntniss der Lehre von
der Einheit gelangen die reinen Seelen zu ewiger Belohnung und zur
letzten Vollendung, bei Nichtannahme derselben bleiben die unreinen
Seelen ewiglich in Qual, Verwirrung und einem schrecklichen Elend.
— Die Einheit des Herrn bekennen, das ist die erste der Pflichten,
deren Beobachtung unerlässlich ist, das ist der wahrhaftige, unter
dem Emblem aller religiösen Handlungen verborgene Gottesdienst, wie
dies derjenige gesagt hat, welcher das Bekenntniss des Dogma's von
der Einheit des Herrn im Auge gehabt und welcher ihn von all den
Attributen befreit hat, die nur seinen Creaturen und Dienern zukommen, mit den Worten: „Der Anfang der Frömmigkeit gegen Gott ist
die Erkenntniss Gottes." Gott vollkommen erkennen heisst: seine
Einheit auf gebührende Weise bekennen; und seine Einheit auf gebührende Weise bekennen heisst: von ihm alle Attribute der erschaffenen Wesen fern halten, indem die heiligen und aufgeklärten Geister
darüber einig sind, dass das Attribut eine von dem Subject, und
das Subject eine vom Attribut verschiedene Sache sey. Eine Sache
vollkommen erkennen heisst: sie sehen und betrachten mit seinen
Augen, nach jenen Worten des Imam in der Schrift (d. h. im Koran):
„Sie werden das Geschenk Gottes erkennen, hernach werden sie es
misskennen"; das heisst: sie werden denjenigen erkennen, von dem
hier auf eine sinnbildliche Weise die Rede ist (d. h. den Hakem, der
unter „dem Geschenk Gottes" gemeint ist), was seine Existenz betrifft;
aber sie werden nicht erkennen, worin der Wahrheit gemäss das
Bekenntniss seiner Einheit besteht; sie werden im Gegentheil das
Geschenk, das Gott ihnen gemacht hat, verkennen, weil ihre Geister
sich keine Idee von der vollkommenen Art, seine Einheit zu bekennen, sich werden machen können, und weil sie es nicht begreifen
werden, wie man ihn, mit Abstraction von allen Attributen der geschaffenen Wesen und seiner Diener, zu betrachten habe. So bekennen in der Wirklichkeit die Menschen aller Secten und aller Religionen die Existenz des anbetungswürdigen Wesens; aber wenn man
sie auffordert, die wahrhafte Natur seiner Existenz zu bekennen, so
verkennen sie ihn, nach jenem Worte: „Sie werden das Geschenk
Gottes erkennen, hernach werden sie es misskennen"; das heisst:
sie bekennen, dass sie einen Schöpfer haben, der ihnen das Daseyn
gegeben, aber wenn man sie zur Erkenntniss des Dogma's seiner
Einheit ruft, misskennen sie seine Existenz. Dabei unterwerfen sich

alle jene Leute, d. h. die Anhänger aller Secten und Religionen, den Gebräuchen irgend eines Cultus, indem sie durch dieses Mittel sich seiner Belohnungen würdig zu machen und seinen Strafen zu entgehen glauben. Aber die Vernunft beweist auf eine unwidersprechliche Weise, dass man nur dann eine Belohnung erwarten und darauf Anspruch machen kann, wenn man den, von welchem diese Belohnung kommt, kennt; weil die Creatur ein viel grösseres Bedürfniss hat, denjenigen, der belohnt, als die Belohnung selbst zu kennen. — Nach den Anhängern der vorangegangenen Religionen nämlich und nach allen denjenigen, welche dem Bekenntniss der Einheit des Herrn sich nähern, besteht die vollkommenste Art seine Einheit zu bekennen darin, dass man ihm aller Attribute, Grünzen, Eigenschaften u. dergl., wie des Gesichts*) und anderer Dinge der Art, entkleidet. In der Wahrheit aber heisst solche Entkleidung Gottes von allen Eigenschaften, wie jene sie verstehen, nichts anderes, als dass er (auf sichtbare Weise) nicht existire und dass die Augen ihn nicht wahrnehmen können. Wenn er aber, wie es die Meinung Jener ist, nicht existirt (auf eine in die Sinne fallende Weise), so ist das für ihn nichts Ruhmwürdiges, dass ihn die Augen nicht wahrnehmen können, weil es nur der Mangel einer sichtbaren Existenz ist, die ihn ihren Augen unwahrnehmbar macht, und weil ihre Augen ihn wahrnehmen würden, wenn er eine (sichtbare) Existenz hätte, und sie (dann) im Stande wären, auf ihn sich zu richten. Dieser ihrer Lehre könnte man nichts anhaben, wenn nicht die Augen ihn wahrnehmen könnten. Aber, bei Gott, was am meisten seine Macht hervorhebt (um den äussern Erscheinungen gemäss zu sprechen) und der unwidersprechlichste Beweis seiner Gottheit ist, ist, dass er existirt (auf eine wahrnehmbare Weise) in der Mitte seiner Creaturen und dass jede derselben seine Einheit und seine Existenz bekennt, indem sie nach Verhältniss des Grades der ihr inwohnenden Wahrheit **) und des ihr von Gott mitgetheilten Lichtes ihn der Attribute entkleidet. — Betrachten wir die Dogmen aller derjenigen, welche

---

*) Heisst wohl „des Gesehenwerdenkönnens", könnte übrigens auch activ genommen werden. (Sacy.)

**) „Die Wahrheiten" sind in dem Systeme der Drusen substantielle Emanationen der Gottheit, welche sich identificiren und so zu sagen, incarniren in demjenigen, welcher die Erkenntniss davon erhält. (S.)

sich zu Religionen bekannt haben, die so zu sagen Embleme der unitarischen Lehre, das heisst, des Cultus des allein anbetungswürdigen Wesens waren: so finden wir, dass die Menschen in dieser Hinsicht in drei Classen zerfallen. Die eine sucht ihn durch das Zeugniss der Augen und des leiblichen Gesichts; die andere durch die Worte, die Logik und Dialektik; und die dritte, solches alles vermeidend, begnügt sich, seine Einheit zu bekennen durch die Intelligenz.... Die erste Classe besteht aus den Anhängern des *Tensil* *) und der gesetzlichen Observanzen; in dieser Classe ist Keiner der Wahrheit näher oder entfernter als die Andern, wie, wenn man eine Sache sieht, wie sie ist, durch das Organ der Augen, man nicht mehr oder weniger sehen kann. Die zweite Classe besteht aus den Anhängern des *Tawil* **); in dieser können die Einen mehr oder weniger von der Wahrheit entfernt seyn als die Andern, wie man, wenn man spricht, mehr oder weniger sprechen kann. Die dritte Classe umfasst diejenigen, welche die Einheit des Herrn bekennen in ihrem Herzen; welche in ihrem richtigen Verstande und in ihrer Intelligenz ihn aller Eigenschaften entkleiden; welche seine Einheit nicht unter das Verhältniss des Anschauens und der Figuren, noch unter das gewisser Worte oder einer gewissen Definition bringen, sondern seine Einheit bekennen durch einen einfachen richtigen Gedanken, und die Realität seiner Existenz behaupten, indem sie von ihm alles das fern halten, was die Menschen der beiden erstern Classen sich einbilden, und indem sie zugleich von ihm jede Idee von Nichtexistenz entfernen.

Nach den Drusenschriftstellern sind also in der Ansicht, die man sich von Gott macht, zwei Klippen zu vermeiden. Diese beiden Klippen werden gewöhnlich durch die Worte *teschbih* und *tatil* bezeichnet. Das erstere heisst: *vergleichen*, assimiliren; in der Theologie: zwischen Gott und den geschaffenen Wesen Aehnlichkeit statuiren, anthropomorphisiren. Das andere Wort bezeichnet *entkleiden*, von Gott gebraucht: ihn aller Attribute, als mit seiner Einheit unvereinbar, entkleiden. Dies war die Lehre der Motasiliten, daher sie denn auch den Namen *Moattilun* erhielten (s. Einl. Abschn. 2). Es ist

---

*) d. h. des Buchstabens des Korans, die Sunniten.

**) d. h. der Allegorie. Die Anhänger des Tawil sind die Schiiten, welche den Koran allegorisiren. (Sacy.)

nun aber leicht zu erkennen, dass die Drusen von jener Lehre der
Motasiliten nicht sehr entfernt sind (wie sie auch in der Lehre vom
freien Willen mit einander übereinstimmen), obwohl ihre Schriftsteller von dem Tatil frei seyn wollen. Was ihnen, den Drusen,
eigenthümlich ist, ist, dass sie, während sie in Gott die Gottheit
mit der Menschheit vereinigt seyn lassen, seine göttliche Menschheit
unterscheiden von der sichtbaren Gestalt, unter welcher die Menschen ihn sehen.

Zu näherer Beleuchtung der Lehre von der Einheit Gottes möge
hier noch folgende Stelle aus einer Schrift Hamsa's Platz finden.
„Ich sage also", spricht Hamsa, „durch die Gnade und mit dem
Beistande unsers Herrn, des Preiswürdigen, dass der Herr unter
keinen Namen, unter kein Attribut, unter keinen Ausdruck gefasst
werden kann. Ich sage von ihm nicht: *der Alte, der Ewige*, weil
der Alte, der Ewige geschaffene Wesen sind, und weil der erhabene
Herr, der Preiswürdige, derjenige ist, der ihnen Daseyn und Existenz
gegeben hat. Die wahrhafte Natur seiner Gottheit kann weder durch
die Vorstellungen, noch durch die Sinne erfasst werden. Man kann
ihn weder durch die Vernunft noch durch die Urtheilskraft erkennen.
Er hat keinen bestimmten Ort, wo er sich aufhielte, mit Ausschluss
anderer Orte, oder so dass er sonst nirgends wäre. Es ist kein Ort,
wo er nicht ist; wäre das anders, so wäre das Mangel an Macht.
Er ist weder ein Erster, was den Gedanken an einen Letzten in
sich schliesst, noch ein Letzter, was einen Ersten voraussetzt. Er
ist weder äusserlich, was nothwendig den Gedanken an etwas Inner-
liches voraussetzt, noch innerlich, denn er müsste dann durch etwas
Aeusserliches verborgen seyn; alle jene Namen führen nothwendig
auf den Gedanken an irgend ein anderes Wesen. Ich sage von ihm
nicht, dass er eine Seele oder einen Geist habe, weil er dann eine
Aehnlichkeit mit den geschaffenen Wesen hätte und für ein Mehr
oder Weniger empfänglich wäre. Ebensowenig sage ich, dass er
einen Umfang, einen Körper, eine Masse, eine Figur, eine Substanz,
ein Accidens habe, denn alle diese Namen setzen nothwendigerweise
ein Verhältniss zu sechs Gränzen oder Schranken voraus, die da
sind: das Oben, das Unten, das Rechts, das Links, das Vorn und
das Hinten. Alle Dinge nämlich, die bezeichnet werden können
mit einem Namen, welcher ein Verhältniss anzeigt, haben ein anderes Ding nöthig, mit dem sie in Verhältniss zu setzen sind; jene

sechs erstern Ideen verlangen nothwendig sechs correlative Ideen, und so geht es fort ohne Ende und Gränzen; aber der Herr, der Erhabene und Preiswürdige, ist weit erhaben über Zahlen und gleiche oder ungleiche Wesen. Ich sage von ihm nicht, dass er eine Sache ist, denn als solche wäre er der Vernichtung unterworfen. Ebensowenig sage ich von ihm, dass er keine Sache sey, denn dann wäre er ein reines Nichts. Ich sage nicht, dass er über einer Sache ist, denn er würde dann über ihr liegen; auch nicht, dass er in einer Sache ist, denn er wäre dann von ihr umgeben; und so auch nicht, dass er von einer Sache abhange, denn er hätte sich ja dann zu derselben geflüchtet. Er ist weder stehend noch sitzend, weder schlafend noch wachend; er hat nicht seines Gleichen; er geht nicht davon, er kommt nicht daher, er wandelt nicht vorüber; er ist weder fein noch grob, weder stark noch schwach. Unser Herr, der Preiswürdige, ist ohne alle Analogie, mit was es auch sey. Ich sage daher, und zwar aus Nothwendigkeit, wiewohl mit keinem wahrhaft genauen Ausdrucke, dass er der Schöpfer aller Dinge ist, dass er denselben das Daseyn gegeben und sie gebildet hat, dass er aus seinem Licht sowohl die allgemeinen als die besondern Dinge hervorgebracht hat, dass alle Dinge zu seiner Macht und Grösse zurückkehren. Die wahrhaftige Natur seiner Gottheit kann nur unter einer Figur begriffen werden, welche von der Einbildung gebildet wird, aber nicht wahrhaftig und substantiell ist. Aber er hat uns sehen lassen den *Schleier* *), unter welchem er verborgen ist, und den *Ort*, von welchem aus er zu uns spricht, auf dass er unter der Form eines äusserlichen und sichtbaren Wesens angebetet werde, und dies alles aus Barmherzigkeit und Güte gegen die Menschen. Der Cultus und die Anbetung müssen in jedem Jahrhundert und in allen Zeiten gerichtet werden an diesen *Ort* *), den wir sehen, den wir wahrnehmen, dessen Worte wir hören und zu dem wir sprechen."

---

*) Unter „Schleier", „Ort" ist zu verstehen die menschliche Gestalt Hakem's, unter welcher sich die Gottheit offenbart; s. den folgenden Abschnitt.

Zweiter Abschnitt.

Offenbarungen der Gottheit unter einer menschlichen Gestalt.

Hierüber liest man in dem Formular der Drusen, Fr. **21**: Wie oft ist unser Herr Hakem in körperlicher Gestalt erschienen? A.: Er ist in solcher zehnmal erschienen, und er hat den Namen der Orte (d. h. der menschlichen Gestalten), in denen er erschienen ist, getragen. Diese sind: Ali, Albar, Alja, Moïll, Kaïm, Moëzz, Asis, Abu Zacaria, Mansur, Hakem. Fr. **22**: An welchem Platze ist der erste jener Orte erschienen? A.: In Indien, in einer Stadt Namens Tschinmatschin. Fr. **23**: Wo ist Albar erschienen? A.: In Persien, in einer Stadt Namens Ispahan. Deshalb nennen ihn die Perser Bar khodaï *). Alja ist in Jemen erschienen; Moïll in Magreb; er war unter der Gestalt eines Mannes, welcher Kameele auslich und deren mehr als tausend besass. Kaïm ist in Magreb erschienen, in einer Stadt Namens Mehdijja; von da ist er nach Aegypten gekommen, hat dort seine Gottheit geoffenbart und daselbst einen Hafen Namens Raschida **) erbaut; Abu Zacaria und Mansur sind beide in Mansurijja ***) erschienen. Der Name Mansur's war Ismaël.

Nach andern Drusenschriftstellern waren es blos neun Offenbarungen der Gottheit in menschlicher Gestalt und zwar in folgender Ordnung: Albar, Abu Zacaria, Alja, Moïll, Kaïm, Mansur, Moëzz, Asis, Hakem. Ueber die Offenbarung Gottes in der Person des *Albar* (bei den Persern Bar khodaï) — die erste unter den Menschen (vorher hatte er sich oftmals, aber nicht unter den Menschen geoffenbart, s. Sacy S. 20 ff.) — bemerkt Hamsa, dass sie Statt gefunden habe zur Zeit des *Schatnil*, d. i. des Adam alsafa. Ueber die übrigen Offenbarungen der Gottheit unter der Menschheit berichtet

---

*) *Bar khodaï* ist im Persischen einer der Namen Gottes.

**) *Raschida* scheint ein Ort bei Kairo zu seyn, wo eine Moschee war, welche Hakem wieder herrichten liess, wo er selbst manchmal das Freitagsgebet verrichtete und wohin er bei seinen Spaziergängen kam. (Sacy.)

***) *Mansurijja* ist der Name einer Stadt, erbaut von dem Dritten der fatimitischen Khalifen, Mansur, an der Stelle, wo er einen Rebellen, Namens Abu Jesid, besiegt hatte. Mansur schlug daselbst im Jahr 337 seine Residenz auf. (Sacy.)

am ausführlichsten Ismaël ben Muhammed Temimi, der die Titel
„der Daï, die Seele, Dsu massa" u. dgl. hatte. Derselbe lässt sich
ungefähr so vernehmen: „Nachdem sich die in der Person Albar's
erschienene Gottheit aus der Mitte der Menschen wegen der Verkehrtheit ihrer Werke zurückgezogen hatte, erschien sie nicht früher
wieder in menschlicher Gestalt als zur Zeit des dritten Himmels,
d. h. des dritten verborgenen Imam, des Ahmed ben Muhammed.
(Der erste Himmel oder verborgene Imam war Ismaël ben Muhammed, der zweite Muhammed ben Ismaël, s. oben S. 121.) Sie trug
in dieser Gestalt, die übrigens in dieser Welt keine königliche Würde
besass, den Namen *Abu Zacaria*. Mit ihm (dem in Abu Zacaria
erschienenen Gott) erschien auch die universelle Intelligenz unter einer
Gestalt, welcher der Herr den Namen *Karun* gab; derselbe war
gross in dem Dienste der Verkündigung und brachte keinen Irrthum
in die Lehre der Einheit. Gegen das Ende seiner Zeit, als er schon
alt war, wurde der Mehdi nach Jemen geschickt [*]). Der Herr liess
auch seinen Hoddscha (Karun's Hoddscha) erscheinen, welcher ist
die universelle Seele, unter der Gestalt des Abu Saïd Malati. Als
der vierte Himmel zu erscheinen anfing, das heisst, als Abdallah ben
Ahmed, aus dem Geschlecht des Maimun Kaddah, die Regierung übernahm, erschien der Herr unter einer Gestalt, welcher er den Namen
Alja gab. Hierauf erschien der fünfte Himmel, welcher ist Muhammed ben Abdallah, und welchem man insgeheim den Namen Mehdi
gab. Derselbe stammte auch von Kaddah ab und war von dem
Geschlecht Hosein's. Zu seiner Zeit erschien der Herr unter dem
Namen *Moïll*. Er erschien in der Gegend von Palmyra und in den
Provinzen des Orients, und war dem Anschein nach ein Kaufmann,
hatte aber dabei ein majestätisches Antlitz, welches einen lebhaften
Eindruck auf alle Herzen machte, und vereinigte tiefe Weisheit mit
grossen Reichthümern und Wohlhabenheit. Hierauf erschien der

---

[*]) „Als er schon alt war" dies kann sich beziehen auf Karun oder
auf Abu Zacaria, oder auch auf Ahmed ben Muhammed. Anstatt „wurde
der Mehdi geschickt" ist vielleicht zu übersetzen: „wurde er unter dem
Namen Mehdi's", oder „mit dem Mehdi geschickt." Wir haben S. 129
gesehen, dass ein Daï der Ismaëliten, Namens Abu Zacaria Samami, von
Abdan in die Gegend von Elkatif geschickt worden ist; vielleicht wird
hier auf diese Sendung angespielt. (Sacy.)

sechste Himmel, welcher ist Hosein ben Muhammed, aus dem Geschlecht des Maimun Kaddah. Unter ihm blieb die Gestalt (Person),
unter welcher die Einheit verborgen war, dieselbe. Nach dem erschien der siebente Himmel, wie Abdallah, Vater des Mehdi, die
Herrschaft übernahm; unter ihm blieh die Gestalt (die Person) der
Einheit immer noch dieselbe. Abdallah nannte sich auch Ahmed,
daher sein Sohn Saïd den Namen ben Ahmed trägt. Er *) ist der
Thron; in ihm hatte unser Herr Moïll das Imamat niedergelegt und
ihm hatte er befohlen, im Dienste unsers Herrn Kaïm zu bleiben.
Denn die erste Offenbarung unsers Herrn mit königlicher Würde
geschah unter dem Namen *Kaïm* **)." Nachdem Temimi so weit in
seiner Darstellung gekommen, ruft er aus: „Lernbegierige Schüler,
nehmet an, was ich euch entwickelt habe durch die göttliche Gnade,
und seyd dafür dankbar. Ihr habt vernommen, was wir von den
Erscheinungen der Gottheit wissen, aber der Herr weiss besser als
wir, was daran ist; er theilt mit Niemandem sein Königthum und
Keiner kann seinen Werken Hindernisse bereiten. Es geziemt sich
nicht für euch zu verlangen, das Vergangene kennen zu lernen,
weil ihr in eurer Mitte gegenwärtig habt, offen und offenbar, unsern
Herrn Hakem."

Ueber die spätern Offenbarungen der Gottheit sagt Temimi an
einer andern Stelle: „Als unser Herr sich zur Zeit des Adam alsafa,
des Universellen, verborgen hatte, verfielen die Menschen in den
Unglauben und folgten dem Nichtigen. Der Name unsers Herrn und

---

*) „Er ist der Thron" dies muss von Saïd verstanden werden.
Saïd wurde der Thron genannt, weil Kaïm, in dem sich die Gottheit
personificiren sollte, bevor er auf die Welt kam, in ihm ruhte. (Sacy.)

**) Es ist auffallend, dass Saïd, d. i. Obeïdallah, der Gründer der
fatimitischen Dynastie, der sich für den Mehdi ausgab und auch als solcher anerkannt wurde, in dem Systeme der Drusen nicht als eine der
Personificationen der Gottheit aufgeführt wird. Diese Ehre ward seinem
Sohn und Nachfolger, Kaïm, vorbehalten. Man kann sich dies erklären,
wenn man annimmt, dass (die) Moïll (genannte Person) zu derselben Zeit
gelebt habe wie Saïd, aber vor der Geburt des Kaïm gestorben sey.
Denn war die Gottheit in Moïll personificirt, so konnte man nicht annehmen, dass sie zu gleicher Zeit in der Person des Saïd residirt habe. (S.)
Ausführlichere Erörterungen der Drusenschriftsteller über Obeïdallah
und seine Stellung s. bei Sacy I, S. 74—90.

seine Kenntniss waren damals verborgen; es war nicht erlaubt, ihn aufzudecken, noch davon zu sprechen; er war verborgen in den Herzen bis zu der Zeit, wo unser Herr unter der Gestalt Kaïm's erschien. Da wurde die Gestalt sichtbar, aber das Dogma der Einheit blieb noch verborgen, aus Gründen einer tiefen Weisheit, welche solches nöthig machten. Niemand von denen, welche an das Dogma der Einheit glaubten, konnte öffentlich den Glauben, den er von der Einheit unsers Herrn hatte, aussprechen; er war verborgen und im Geheimen. Ebenso verhielt es sich unter den Regierungen des *Mansur*, des *Moëzz* und des *Asis*, aber mit dem Anfange der Herrschaft unsers Herrn Hakem (denn sie sind alle nur Einer) hat er uns seine Weisheit geoffenbart. Wie unser Herr Hakem zu erscheinen angefangen hat als die Figur, in welcher die Einheit enthalten ist, ist das Geheimniss aufgedeckt worden und hat man öffentlich, offen und in seiner Gegenwart das Dogma seiner Einheit bekennen können, ohne irgend einen Vorwurf zu leiden und ohne dafür dem Tode und oder dem Gefängniss ausgesetzt zu seyn."

Diese Personificationen der Gottheit, bemerkt hierzu Sacy, werden „göttliche, menschliche, königliche oder himmlische Erscheinungen" genannt. Man unterscheidet zwei Arten derselben: erstens solche, in denen die Menschheit der Gottheit (d. h. die Figur [Person], unter welcher die mit der Gottheit vereinigte Menschheit verborgen oder verhüllt war) nackt war oder entkleidet, das heisst, nicht bekleidet mit der Königs- oder Imamswürde; und zweitens solche, wo die Menschheit mit königlicher Macht ausgestattet war. Die erstern werden zusammengefasst unter den Ausdruck „Zeit der Entkleidung"; die andern mit dem Ausdruck „Zeit des Imamats"; die Bezeichnung „königlich" oder „himmlisch" kommt beiden Arten zu. — Die menschlichen Gestalten, unter welchen Gott erschienen ist, werden entweder Figuren (Gestalten) oder Oerter, manchmal auch „Einhüllungen" genannt. — Diese Gestalten werden auch bezeichnet als göttliche, menschliche, leibliche (fleischliche).

Die Gestalten (Personen), unter denen die Gottheit erschienen ist, sind aber nicht die Gottheit selbst; dabei sind diese Personen nicht verschiedene Personen, sondern nur eine und dieselbe. Hierüber drückt sich Ismaël ben Muhammed Temimi also aus:

„Gepriesen sey der, welcher ewig ist in alle Ewigkeit, der sich geoffenbart hat, ohne dass man dem Alter seiner Existenz

20

irgendwelche Gränzen und ohne dass man ihm irgend einen Anfang zuschreiben kann! Er ist preiswürdig und unendlich erhaben über die Idee, welche sich die Völker von ihm machen. Er hat sich uns genähert, indem er uns gleich wurde; er hat sich unsern Geistern zugänglich gemacht, indem er unsere Gestalt annahm. Er hat sich uns gezeigt, indem er in allem handelte, wie wir handeln, auf dass unser Verstand ihn fassen könnte. Aber wir dürfen nicht sagen, dass diese menschliche Gestalt, welche wir sehen, er selbst ist; noch dürfen wir ihn in einen Raum oder in Gränzen einschliessen, er ist über solches Alles weit erhaben und unendlich höher als solche Ideen. Wir können nur sagen, dass er diese Gestalt ist, da er sich so zu sagen unter ihren Anschein verborgen hat, um sich uns zu nähern und sich mit uns zu verbinden; dürfen ihm aber weder Gränzen, noch Aehnlichkeit, noch irgendwelche Gleichmässigkeit zuschreiben, wie im Koran gesagt ist: » . . . oder wie jener feuchte Dunst, der in der Wüste aufsteigt; von ferne hält ihn der dürstende Wanderer für Wasser; kommt er ihm aber nahe, so erkennt er, dass es nichts ist, und er findet Gott in diesem Dunst.« (Sur. 24, Vs. 39) *). Ebenso verhält es sich mit der Gestalt, unter welcher die Gottheit sich geoffenbart hat. Denn wenn ihr dieselbe mit den leiblichen Augen betrachtet, so haltet ihr sie für eine der menschlichen ähnliche Gestalt; wenn ihr euch derselben aber nähert mit den Augen der Wissenschaft, so findet ihr keine Gestalt mehr, sondern ihr findet Gott in ihr. Diese äusserliche Gestalt, die ihr sehet, kann auch verglichen werden mit dem, was geschieht, wann sich ein Mensch in einem Spiegel betrachtet. Er sieht da eine der seinigen ähnliche Gestalt, kann dieselbe aber nicht berühren, noch begreifen, wie sie ist, noch bestimmen, was sie ist. Wollet ihr sie berühren, so berühret ihr nur eure eigene Gestalt; ändert ihr etwas an eurer Gestalt, so ändert sich für eure Augen auch jene Spiegelgestalt. Solches ist der Fall, wenn eure Augen gesund sind, frei von aller Unreinigkeit und aller Krankheit; wenn ihr dagegen an irgend einem Augenübel leidet, so sehet ihr eure Gestalt im Spiegel nicht mehr genau. Ebenso erscheint jene menschliche Gestalt der Gottheit ver-

---

*) Die letzten Worte dieser Stelle und überhaupt die ganze Stelle haben im Koran einen ganz andern Sinn. (Sacy.)

schieden je nach dem Grade des Wissens und der Erkenntniss dessen, der sie anschaut."

Hamsa sagt (in Bezug auf die Natur der menschlichen Gestalt, in der Gott erscheint): Hütet euch wohl zu sagen, dass unser Herr der Sohn des Asis oder der Vater Ali's sey; denn unser Herr, der Preiswürdige, ist immer derselbe, zu jeder Zeit und in allen Zeitaltern; er erscheint in einer leiblichen Gestalt und unter einer menschlichen Form, wie er will und wo er will. Ihr sehet nur die Ursache, welche in eurer Mitte ist, und nach dem Wechsel der Umstände sehet ihr eine verschiedene Gestalt. Was aber ihn selbst betrifft, so ändern an ihm die Jahre und die Monate nichts. „Er ist", wie es im Koran heisst (Sur. 55, Vs. 29) „alle Tage mit etwas beschäftigt", das heisst: er erscheint in allen Zeitaltern unter einer verschiedenen Gestalt; aber eine Angelegenheit hält ihn nicht ab von einer andern. — Jetzt, sagt Hamsa an einer andern Stelle, sind die Perioden verstrichen; alles, was in den frühern Jahrhunderten bestanden hat, ist zu Ende. . . . Lob und Dankpreisung unserm Herrn von wegen der Offenbarung des Lichtes der Lichter. . . . Denn er hat uns und euch eine ganz besondere Gnade erwiesen, dadurch dass er sich unter einer menschlichen Form zeigt und dass er sich unter einer leiblichen Gestalt sehen lässt, auf dass ihr zum Theil seine Menschheit möget erkennen können. Ich brauche von ihm die Ausdrücke „Wesen, Seele, Gestalt, Bedeutung *), Eigenschaften, Schleier, Ort, Antlitz" blos aus Noth, um mich den Gläubigen verständlich zu machen, um etwas zu sagen, was von denen, die es hören, begriffen werden kann und für ihr Fassungsvermögen passt; denn wenn wir anders sprächen, könnten sie unsere Rede nicht begreifen und unsere Worte hätten für sie keinen verständlichen Sinn. Wenn aber Jemand fragt: Wie ist es möglich, die Worte des Schöpfers, des Preiswürdigen, durch die Vermittlung eines leiblichen Körpers zu verstehen, oder unter Figuren seine wahre Substanz zu sehen? so werden wir ihm antworten: Durch die Gnade und mit der Hülfe unsers Herrn. Ihr alle, wer ihr seyd, Moslimen, Juden oder Christen, glaubt, dass Gott mit Moses aus einem Strauch heraus

---

*) Der Ausdruck „Bedeutung" (*Mana*) ist das Gegentheil von Figur; es ist so viel als das Innere, Reelle, im Gegensatz von dem Aeussern, dem Ansehen. (Sacy.)

gesprochen und dass er aus dem Schooss eines unbeseelten und harten Berges zu ihm geredet; ihr habt ihm sogar deswegen den Beinamen „der mit Gott in Verkehr steht" gegeben, und über diesen Punct seyd ihr alle vollkommen einverstanden. Ihr sagt auch, dass unser Herr (Hakem) ein König sey, aus der Zahl der Könige der Erde, und es ist anerkannte Sache, dass, wer die Herrschaft über einen grossen Theil der Menschen erhalten hat, für seine Person allein ebensoviel Intelligenz hat, wie alle seine Unterthanen zusammen (!!). Nun erstreckt sich die Herrschaft unsers Herrn über unzählige Tausende von Menschen, und seine Herrlichkeit kann nicht verglichen werden mit der Natur eines Strauchs oder eines Felsens; daher verdient er (d. h. die menschliche Gestalt, in welcher er erschienen ist) mehr als ein Strauch oder ein Fels, dass der Schöpfer durch seinen Mund spricht, dass er durch seine Vermittlung den Menschen seine Macht sehen lässt, und dass er sich unter seine Person wie unter einen Schleier verbirgt, um sich ihren Blicken zu entziehen. Wenn wir die Worte unsers Herrn, dessen Name gepriesen werde, hören, so sagen wir: „Der Herr hat dieses oder jenes gesagt"; dies ist etwas anderes (mehr), als wenn Moses ein Säuseln aus dem Strauche heraus hörte und sagte: „Ich habe von Gott dieses oder jenes gehört".... Und wenn schon ein Strauch oder ein Felsen, die unfähig sind, Gottes Worte zu verstehen, Gott als Schleier gedient haben, so ist gewiss der, welcher fähig ist, seine Worte zu hören und zu begreifen, würdiger ihm als Schleier zu dienen. Wie konnte aber auch der Schöpfer, der Preiswürdige, sich unter einem Strauche verhüllen und aus demselben heraus Worte vernehmen lassen, da, wenn man jenen Strauch angezündet hätte, seine Hülle vernichtet worden wäre? Gepriesen sey Gott, der Anbetungswürdige; er ist weit erhaben über die Beschreibungen, welche die Polytheisten von ihm machen. Er kann nicht begriffen oder beschrieben werden, unser Herr Hakem, dessen Name und Hülle gepriesen werden in allen Jahrhunderten und Zeitaltern, unter verschiedenen Gestalten und verschiedenen Namen, wie im Koran gesagt ist: „Jeden Tag ist er in einer andern Sache" (Sur. 55, Vs. 29); aber eine Sache hält ihn nicht ab von einer andern. Wisset, sagt Hamsa an einer andern Stelle, dass, obwohl kein Name für unsern Herrn passt, und obwohl er in keinem Körper personificirt werden kann, doch jeder Mensch ihn sieht auf eine seiner eigenen Natur und der

Fähigkeit seines Erkenntnissvermögens entsprechende Weise. Gelobt, fügt er bei, sey seine Gottheit, die uns verborgen ist, gepriesen sey seine Menschheit, welche uns geoffenbart (vor Augen) ist! Er ist seinen Creaturen erschienen unter ihrer Form, mit ihrer Gestalt und auf eine der ihrigen ähnliche Weise; er kann nicht erfasst werden mit der Einbildungskraft, noch erkannt werden durch den Gedanken und den Geist. An einer andern Stelle sagt Hamsa noch: Unser Herr ist nicht getrennt von seiner Menschheit; die Werke, die sie (seine Menschheit) thut, sind die Werke jener Gottheit, die uns verborgen ist, und die Worte, die sie ausspricht, sind wiederum die Worte jener Gottheit. Nicht *er* trennt die Gottheit von der Menschheit, sondern ihr, die ihr ihn nicht sehen könnt und die ihr unfähig seyd, sein wahrhaftiges Wesen zu begreifen. Mann kann ihn, um menschlich zu sprechen, vergleichen mit einem körperlichen Wesen, das mit der Rede begabt und in welchem ein feiner Geist mit einem groben Körper vereinigt ist; er hat eine Intelligenz, durch welche er seine Handlungen leitet, und er weiss, welches der Zweck ist, den seine Intelligenz sich vorsetzt. Die andern Menschen kennen seine Intelligenz nicht; sie kennen davon weder den Ort, noch das wahrhaftige Wesen; sie kennen von seiner Intelligenz nur, was er ihnen davon offenbart. Diese Intelligenz ist jener obenerwähnte feine Geist, aber sie offenbart sich nur durch das Organ jenes groben Körpers. Niemand kann sagen, dass die Intelligenz anders sich kund thue als vermittelst des Körpers, weil die Seele nur vermittelst des Körpers wahrgenommen oder erfasst werden kann. So gibt unser Herr uns seine Gottheit zu erkennen durch das äussere Organ seiner Menschheit; er spricht zu uns unter einer der unsrigen ähnlichen Form und unter einer der unsrigen ähnlichen Gestalt; ohne das könnten wir ihn nicht erkennen noch erfassen. Er hat uns also gezeigt seine menschliche Gestalt, seinen fleischlichen Ort; denn die königliche Majestät seiner Gottheit kann durch die Augen nicht begriffen werden; man kann von ihr kein Wie oder Wo angeben. Er kennt eure geheimen Gedanken, bevor sie in euren Herzen entstehen. Er ist würdig der Lobpreisungen und über alle Beschreibung erhaben.

Behaëddin lässt sich, in Uebereinstimmung mit Hamsa, über die Offenbarungen der Gottheit also vernehmen: Wisset Brüder, sagt er, dass jene Gestalt, die den Menschen erschienen ist, zur Einführung

der Anbetung des wirklich existirenden Gottes, nur den Augen des
Leibes erschien; denn wie wir sehen, dass die Menschen unwissend
geboren werden, dass sie nichts wissen, als was sie lesen oder
lernen, und dass sie die geistigen Dinge so, wie sie sind, nur vermittelst der in die Sinne fallenden Dinge zu erkennen vermögen, so
hat die göttliche Weisheit für ihre Augen eine Gestalt erscheinen
lassen, welche der ihrigen ähnlich ist. Diese Gestalt ist also ein-
gerichtet gewesen nach ihrem Fassungsvermögen, insofern sie von
ihrer Art war; aber ihre unfeinen Augen waren Ursache, dass sie
unter sich noch nie einig waren: denn die göttliche Macht hatte
gewollt, dass die Gottheit nach und nach unter verschiedenen fleischlichen und menschlichen Hüllen erschiene, um durch dieses Mittel
die fleischlichen Menschen zu prüfen; diese Probe aber des succes-
siven Wechsels der Hüllen hatte sie in mehrere Secten geschieden.
Als aber der Schöpfer gewollt hat, dass die Dinge äusserlich offenbart würden, hat er seine Einheit erscheinen lassen auf eine besondere Weise unter der Gestalt, die Hakem heisst; denn unter dieser
Gestalt hat er unsere Verpflichtungen angenommen, und er hat sich
offen geoffenbart, auf dass die Menschen seine Einheit bekenneten
und ihm ihre Anbetung darbrächten. Wenn hingegen, sagt Behaëddin
an einer andern Stelle, mir Jemand den Einwand machte und sagen
würde: „Wenn du die Offenbarungen der Gottheit in menschlicher
Gestalt, die in den vergangenen Zeiten Statt gefunden haben, zählst,
so vermehrfachst du (die Gottheit), geräthst in Irrthum und machst
dich des Polytheismus schuldig; und wenn du sie dagegen, gegen
die Wahrheit, läugnest, so bist du ein Ungläubiger, verwirfst eine
auf das Zeugniss der Augen gestützte Wahrheit und vernichtest die
Existenz Gottes; gib mir hierauf eine genaue Antwort und erkläre
mir solches auf genügende Weise": so wird man ihm antworten,
dass das Dogma der Einheit unsers Herrn, dessen Macht gepriesen
werde, keine Sache sey, deren Wahrheit durch das Zeugniss der
Augen und des Gesichts erkannt, oder durch Hülfe der Rede und
der Worte erklärt werden könne; sondern dass nur derjenige die
Einheit des Herrn erkannt habe, welcher, voll von Intelligenz, seine
Gedanken auf das Dogma der Einheit in seiner ganzen Reinheit
richtet; dessen Seele, entbunden von allem, was ihre Klarheit trüben
könnte, in einer vollkommenen Ruhe die *eine* Wesenheit der Gottheit betrachtet, abstrahirend von jedem Attribut und jeder accessori-

schen Idee; dann ist sie gänzlich entbunden von aller Betrachtung der vergangenen Zeiten und gewisser Perioden. In solchem Zustande der Ruhe befindlich bringt seine Seele keinen Irrthum in das Bekenntniss, das sie von der Einheit gibt, und lässt keine Idee von Zahlen bei dem Wesen, welches der Gegenstand ihrer Anbetung ist, zu; dann ist sie auf dem höchsten Puncte der Betrachtung und des Bekenntnisses der göttlichen Natur, der einen und von allen Attributen entkleideten, und ist so entfernt sowohl von dem Irrthum der Vernichtung der Realität Gottes, wie von dem der Assimilation Gottes mit den Creaturen und seiner Einschränkung in gewisse Gränzen. Gepriesen sey, fügt Behaëddin bei, der Herr Ḥakem, welcher durch seinen Ruhm weit erhaben ist über die Nichtigkeit der Ideen, welche die Frucht der Einbildungskraft der Menschen und der lügnerischen (falschen) Religionen sind; der frei ist von all den Eigenschaften der geschaffenen Wesen, die nur Schwachheit und Unmacht sind; der sich von allen andern Wesen unterscheidet durch die reelle Existenz, welche er in den göttlichen Oertern gehabt hat (d. h. in den Personificationen, unter denen er in der Welt erschienen ist), um hierdurch den Menschen ein unwidersprechliches Zeugniss seiner Existenz zu geben und gegen sie alle Gerechtigkeit zu erfüllen, indem er sich ihnen auf eine reelle Weise offenbarte; um alle falschen Meinungen zu zerstören, welche zur Läugnung der Gottheit und zur Vernichtung seiner Realität führten, und um die Anhänger des Glaubens zu unterscheiden von den Genossen der Lüge und des Irrthums, auf dass alle Menschen mit derselben Leichtigkeit den wahren Gott finden könnten und dass die heiligen Seelen durch eifrige Bestrebung, die Einheit des anbetungswürdigen Wesens mit Abstraction von allen Attributen zu bekennen und ihm zu gehorchen, ein Verdienst erwerben könnten, das sie von den andern unterschiede.

Vernehmen wir noch, was über diesen Gegenstand der anonyme Verfasser einer Abhandlung, die sich hinter den Schriften Behaëddin's findet, sagt: Wir haben, lässt sich dieser vernehmen, schon gesagt, dass der Herr, dessen Name gepriesen werde, gerecht ist und keine Ungerechtigkeit begeht. Er ist unendlich erhaben an Ruhm und Grösse über das, was die Gottlosen von ihm sagen. Oder was wäre das für eine Gerechtigkeit, wenn er, wie die Polytheisten behaupten, sich erhoben hätte über die sieben Himmel, auf einen über dem siebenten Himmel aufgestellten Thron, und wenn er uns bei dem die

Verpflichtung auferlegt hätte, ihm zu dienen und ihn zu erkennen?
Gibt es wohl einen Menschen, der im Stande wäre, das was hinter
einer Mauer ist zu erkennen, wenn er auch noch so nahe dabei
wäre? Müssen wir nicht sagen, dass er es erst dann erkennen kann,
wenn er es mit seinen Augen sieht und wenn er sich selbst davon
überzeugen kann? Behüte uns der Herr davor, dass wir von ihm
sagten, er habe sich unter solche Schleier verhüllt und er habe uns
doch dabei die Verpflichtung auferlegt, ihm zu dienen und ihn zu
erkennen. Im Gegentheil, er hat sich geoffenbart, dieser erhabene
Gott, unter dieser menschlichen Figur, welche der unsrigen ähnlich
ist, insoweit als sie von derselben Art ist und sie der unsrigen entspricht. Und dies ist eine vollkommene Gerechtigkeit. Ein anderer
Beweis noch, den man anführen kann, ist, dass der Mensch der
Zweck des Schöpfers ist bei allen seinen Werken; denn die ganze
untere wie obere Welt ist für den Menschen da und ist seinetwegen
gemacht worden; da nun aber von allen denen, welche mit Wissen,
Erkenntniss und Urtheilskraft begabt sind, anerkannt wird, dass der
Mensch das vortrefflichste aller Dinge ist, so war es angemessen,
dass der Schöpfer, dessen Macht gepriesen werde, das vortrefflichste
Ding wählte, um sich darein zu verhüllen; denn das Entgegengesetzte
der vortrefflichsten Sache ist die am wenigsten achtungswürdige Sache.
Er hat zum Schleier genommen die edelste der Creaturen; das Gegentheil von dem Edeln ist das Verworfene (Geringe). Er hat zum
Schleier genommen die weiseste aller Sachen; das Gegentheil von
dem Weisen ist das Unwissende. Behüte uns Gott vor dem irrthümlichen Glauben derer, die denken, dass der Herr in leblosen, unwissenden Dingen wohne, in Dingen, die weder sehen noch hören können und die weder Böses noch Gutes zu thun im Stande sind. —
Es sind auch alle Menschen darin vollkommen einig, dass der
Schöpfer mächtig sey. Aber wo wäre seine Macht, wenn er immer
verborgen geblieben wäre, ohne sich jemals zu offenbaren? Wäre
das nicht ein Zeichen, dass er unmächtig gewesen, sich zu offenbaren? Wenn er dagegen sich immer geoffenbart hätte, ohne sich
jemals zu verhüllen, so müsste man sagen: es habe ihm an der
Macht gefehlt sich zu verhüllen. Ebenso wäre auch das ein Zeichen
von Unmacht, wenn er bei allen Offenbarungen unter einer einzigen
Figur und in einem einzigen Stande erschienen wäre. Was ist doch
das für ein Gott, der Gott derer, welche behaupten, dass ihr Gott

verborgen sey, wenn er nicht die Macht hat sich zu offenbaren?
sintemal die Unmacht kein Attribut ist, das dem zukommen kann,
der mächtig ist. Aber der Herr, dessen Name gepriesen werde, ist
der Gott der ersten und der letzten Zeitalter; mächtig in allen
Ständen; er ist verborgen gewesen und er hat sich geoffenbart mehreremal, unter verschiedenen Figuren; denn dieser Gott, dessen Ruhm
unbegränzt sey, ist äusserlich erschienen in dem Stande der Kind-
heit, hierauf in dem vollkommenen Alter; er ist erschienen, dieser
Gott, dessen Macht gepriesen werde, was die äussere Erscheinung
betrifft, mit Schwachheiten an seinem Leibe behaftet, auf dass ihn
auch in dieser Hinsicht nicht der Verdacht der Unmacht treffen
könnte; was zeigt, dass die Schwachheit bei diesem mächtigen Gott
eine Wirkung eben seiner Macht ist. — Ueberdies hätte man, wenn
er immer verborgen gewesen wäre, ohne sich je zu verhüllen, das
anbetungswürdige Wesen nicht mit Gewissheit erkannt, noch mit
vollkommener Ueberzeugung gewusst, wer denn der sey, den die
Diener Gottes verkündigten. Wenn er dagegen sich immer geoffenbart hätte ohne je sich zu verhüllen, so wäre es unumgänglich gewesen, ihn anzubeten, und unmöglich, es nicht zu thun. Alle Bewohner der Erde würden dann in dieser Hinsicht gleich gewesen
seyn und es hätte dann Niemand eine verschiedene Ansicht haben
können. Aber eben dieses wäre in Bezug auf Gott ein Zeichen von
Unmacht bei der Schöpfung gewesen, weil dann alle Menschen weise
gewesen wären und kein Einziger unweise, alle Unitarier, und keiner
ein Polytheist. Alle Menschen wären dann nur einer unwidersteh-
lichen Nothwendigkeit gefolgt, keiner unter ihnen wäre dann einer
Belohnung oder Bestrafung würdig gewesen, weil der, welcher aus
Zwang handelt, weder Belohnung noch Strafe verdient. Es wäre
daher eine offenbare Unmacht, wenn er nicht hätte erschaffen können Weise und Unweise, Unvollkommene und Ausgezeichnete, eine
Sache und ihr Gegentheil, auf dass die Vollkommenheit seiner Macht
erschiene, dass seine unendliche Weisheit sich zeigte, dass das anbetungswürdige Wesen mit Gewissheit erkannt würde und dass alle
Diener Gottes, mit Gunstbezeigungen und Wohlthaten überhäuft, offenbar würden. — Auch das ist eine von jedem mit Vernunft, mit einer
wahrhaften Urtheilskraft und einigem Talent begabten Menschen anerkannte Sache, dass, wenn ein Kind Eltern hätte, die nicht sprechen
könnten, und es auch keine andern Personen würde sprechen hören,

es nicht sprechen lernen könnte, und dass dagegen, wenn die Eltern sprechen, auch das Kind sprechen lerne. Steigen wir von den Wirkungen zu den Ursachen hinauf, so werden wir zu einem Urheber aller Dinge gelangen müssen, über welchen hinaus man nicht mehr steigen kann. Die Figur kann nur entspringen aus einer Figur. Es ist daher gewiss, dass der Schöpfer, dessen Name gepriesen werde, schon in den ältesten Zeiten erschienen ist unter dieser menschlichen Figur, um die Menschen nach diesem Muster zu bilden und sie ihm ähnlich zu machen. Ebenso muss es, bei allen Wissenschaften und Künsten, wenn ihr von den Wirkungen zu den Ursachen hinaufsteigen wollt, einen äussersten Gränzpunct geben, über welchen ihr nicht hinauskönnt, und dieser Gränzpunct ist unser Herr, dessen Name gepriesen werde. Der Beweis hiervon liegt darin, dass es keinen Menschen auf der Erde gibt, der seine Kunst durch sich selber erfindet, oder dem nicht ein anderer in dieser Kunst, oder einer verwandten, vorausgearbeitet hat. Dies alles beweist, dass alle Dinge einen einigen Ursprung haben, auf den sie sich beziehen; und dieser Ursprung ist der Schöpfer, dessen Ruhm unendlich erhaben ist über alles, was die Gottlosen behaupten.

Diese weitläufigen Erörterungen über die Person Hakem's und seine Verbindung mit der Gottheit, den wesentlichsten Punct der Drusen-Religion, lassen sich, nach Sacy, auf folgende Sätze reduciren: Die göttliche Menschheit des Herrn (Gottes) ist immer eine und dieselbe in ihren verschiedenen Offenbarungen, obwohl sie unter verschiedenen Figuren erscheint; Gott und die menschliche Figur, welche ihm als Schleier (Hülle) dient, sind so vereinigt, dass die Handlungen und Worte dieser Figur in Wahrheit die Handlungen und Worte des Herrn selber sind. Das Verdienst des Glaubens besteht darin, zu glauben, dass Gott, indem er sich den Sinnen zugänglich macht durch die Figur, die ihm zum Schleier dient, dabei doch nicht aufhöre, unendlich, unfassbar, den Sinnen unzugänglich zu seyn; wie es, unerachtet der Verschiedenheit und der Aufeinanderfolge seiner Offenbarungen, doch in Beziehung auf ihn keine Zeitfolge gibt, noch Zahlen. Die göttliche Menschheit Gottes ist früher als alle erschaffenen Dinge, und ist der Prototyp, das Urbild der menschlichen Gestalt. Die Art und Weise, wie die Menschen ihn sehen in der Gestalt, in die er sich einhüllt, steht im Verhältniss zu dem Grade der Reinheit eines Jeden und zu seinem Standpuncte.

in der Erkenntniss der unitarischen Religion. Es war nothwendig, dass die Gottheit sich solcher Weise unter einer menschlichen Gestalt offenbarte, auf dass es den Menschen möglich wurde, eine vollkommene Ueberzeugung von seiner Existenz zu erlangen, und auf dass die göttliche Gerechtigkeit die Gläubigen belohnen und die Ungläubigen bestrafen könnte. Diese Offenbarungen mussten aber zu gleicher Zeit etwas Dunkles und Unbegreifliches haben, auf dass der Glaube ein Verdienst werden und eine freie Anschliessung des menschlichen Geistes an die Wahrheit Statt finden konnte. Die letzte Offenbarung der Gottheit unter dem Namen Hakem ist die vollkommenste, und alle frühern Offenbarungen waren gewissermaassen nur ein Schatten und Anfang davon.

Dritter Abschnitt.

Die Gottheit Hakem's bewiesen durch seine ausserordentlichen Handlungen und durch die tiefe Weisheit, welche sein ganzes Benehmen geleitet hat. Nähere Erörterung der Personification der Gottheit unter dem Namen Hakem.

Gehen wir auch hier von dem Catechismus der Drusen aus. Die hierauf bezüglichen Fragen und Antworten lauten in demselben so:

Fr. 6: Auf welche Weise und zu welcher Zeit ist unser Herr Hakem erschienen? A.: Im Jahre 400 d. H.

Fr. 7: Wie ist er erschienen? A.: Er gab sich für einen Abkömmling Muhammed's aus, um auf solche Weise seine Gottheit zu verbergen.

Fr. 8: Warum hat er seine Gottheit verborgen? A.: Weil er wenig Ansehen genoss und weil seine Freunde wenige waren.

Fr. 9: Wann hat er seine Gottheit geoffenbart? A.: Im achten Jahre nach 400.

Fr. 10: Wie viel Jahre ist seine Gottheit geoffenbart geblieben? A.: Das ganze achte Jahr. Das neunte Jahr aber hat sie sich verborgen, weil das eine Zeit der Prüfung und des Geheimnisses war. Aufs neue hat sie sich dann geoffenbart im Anfang des zehnten und während des elften Jahres. Hierauf hat sie sich wieder verborgen im Anfange des zwölften Jahres, und von da an soll sie nicht wieder erscheinen bis zum Tage des Gerichts.

Fr. 54: Wie begrüssten die Bevollmächtigten (Minister, s. unten S. 320) den Hakem, wann sie vor ihm erschienen? A.: Sie sprachen mit leiser Stimme: „Der Friede fliesse aus von dir, unser Herr, und kehre zu dir zurück, denn der Friede gehört dir vorzugsweise; deine Religion ist der Aufenthalt (die Wohnstätte) des Friedens. Du bist würdig, gesegnet und erhöhet zu werden, unser sehr erhabener Herr, dem Ruhm und Ehre gehören."

Fr. 61: Wie ist das zu verstehen, was in dem an Khomar ben Dscheïsch Soleimani gerichteten Schreiben gesagt ist, dass er der Bruder unsers preiswürdigen Herrn sey? A.: Als sich unser Herr geoffenbart hatte, hat er äusserlich auf eine Weise gehandelt, die glauben machen konnte, dass er wirklich seines Vaters Sohn sey, was den Khomar veranlasst hat, sich einzubilden, dass unser Herr sein Bruder und wirklich geboren sey, obwohl dies nur dem Anschein nach so war. Dies hat dazu gedient, die Verirrung Khomar's zu vermehren und unserm Herrn einen Beweggrund gegen ihn zu geben, ihn zum Tode zu verurtheilen.

Fr. 62: Was bedeutet die Handlung unsers Herrn, dass er sich zum Reiten ungesattelter Esel bediente? A.: Der Esel ist das Emblem des Natek; unser Herr reitet darauf, zum Zeichen, dass er das Gesetz niedermacht und abschafft. Einen Beweis hiervon findet man im Koran, wo man liest (Sur. 31, Vs. 18): „Dass von allen Thieren der Esel die unangenehmste Stimme habe." Die Esel bedeuten in dieser Stelle die Propheten, welche der Welt das äusserliche Gesetz gebracht haben.

Fr. 63: Was bedeutet das schwarze Wollenzeug, in das sich unser Herr kleidete? A.: Das ist ein Trauerkleid, welches die Prüfungen anzeigte, denen seine Anbeter nach seinem Hingange ausgesetzt seyn würden.

Fr. 75: Was hat unser Herr in Bezug auf Muhammed gesagt, welcher unsers Herrn Sohn zu seyn behauptete? A.: Das war ein Bastard, er war einer Sklavin Sohn; unser Herr aber sagte nur zum Schein, dass er sein Sohn sey.

Fr. 76: Was that er, nachdem Hakem verschwunden war? A.: Er stieg auf den Thron und sagte: „Ich bin Hakem's Sohn; betet mich an, wie ihr ihn angebetet habt."

Fr. 77: Was antwortete man ihm? A.: Hamsa antwortete ihm: „Unser Herr, der Preiswürdige, Hakem, hat weder Kinder noch einen

Vater gehabt." Auf die Entgegnung Muhammed's aber, „wessen
Sohn bin ich dann?" sagte man ihm: „Wir wissen es nicht." Und
als er beifügte: „So bin ich also ein Bastard?" antwortete ihm
Hamsa: „Du hast es gesagt und hast gegen dich selbst Zeugniss
abgelegt."

Fr. 78: Was war aber denn jener Muhammed, welcher äusserlich als ein Sohn Hakem's erschien? A.: Das war Muhammed, Sohn
des Abdallah.

Fr. 79: Wie hat es doch Hakem dulden können, dass er äusserlich für seinen Sohn galt und warum hat er ihn doch nicht
umbringen lassen? A.: Aus einem weisheitsvollen Grunde, auf dass
er die Ursache einer Verfolgung würde, auf dass die Geduld der
Diener Hakem's erprobt würde und auf dass sie eine grössere Belohnung verdienten; dass dagegen die Polytheisten, welche unter
ihnen sich befanden, nicht fest bleiben könnten, sondern abfallen
müssten.

Fr. 97: Was bedeuten jene Possenreissertänze, jene Peitschenhiebspiele, und jene gemeinen Worte, bestimmt die Geschlechtstheile
des Mannes und des Weibes auszudrücken, welche man in Gegenwart unsers Herrn Hakem, des Preiswürdigen, aussprach? A.: Er
handelte hierbei aus einem Beweggrunde von tiefer Weisheit, welcher seiner Zeit geoffenbart werden wird.

Fr. 98: Worin bestand jene tiefe Weisheit? A.: Durch den
Tanz stellte er vor die Gesetze und die Propheten, weil jeder von
ihnen gekommen ist zu seiner Zeit, er aufgesprungen ist, seine Gebote abgeschafft worden sind und er verschwunden ist.

Fr. 99: Welches ist die unter dem Peitschenhiebspiele verborgene Weisheit? A.: Wenn man mit Peitschen spielt, wird man geschlagen, ohne verwundet zu werden; dies ist das Emblem der
Wissenschaft, welche weder schädlich noch nützlich ist.

Fr. 100: Was für einen Beweggrund der Weisheit hatten die
rohen Reden, wo man die Geschlechtstheile des einen und des
andern Geschlechts nannte? A.: . . . . das männliche Glied wirkt
mit Kraft und drückt seine Bewegung dem Geschlechtstheile des
Weibes ein; ebenso bezähmt unser Herr Hakem, dessen Macht über
alle Maassen gross ist, die Polytheisten durch seine Kraft, wie wir
dies lesen in der Abhandlung, welche den Titel führt: „Der wahr-
hafige Sinn der lächerlichen Handlungen."

Auf diese Fragen und Antworten, welche einen vollständigen Abriss der Lehre von der Person Hakem's geben, lässt nun Sacy I, S. 97—199 in elf Paragraphen Erörterungen aus verschiedenen Drusenschriftstellern folgen, von welchen wir hier das Wesentliche ausziehen.

1. Ueber die Epoche der Personification der Gottheit unter dem Namen Hakem.

Aus welchem Grunde, so beginnt Sacy, in dem Drusenformular (Fr. 6) die Erscheinung Hakem's in das Jahr 400 gesetzt wird, ist schwer anzugeben. Vielleicht hat sich der Verfasser des Formulars hierbei an eine vom Monat Dhulkaada des Jahres 400 datirte (ein Weinverbot enthaltende) Ordonnanz gehalten. Es ist dies um so mehr anzunehmen, als diese Ordonnanz die älteste unter allen in der Drusensammlung enthaltenen ist und sich Hakem in derselben einfach einen Fürsten der Gläubigen nennt und darin Muhammed als seinen Ahn anerkennt, was mit dem in dem Formular (Fr. 7) Gesagten übereinstimmt. Nimmt man an, dass der Verfasser des Formulars nichts Anderes von Hakem kannte als jene Ordonnanz, so hat er glauben können, dass dies die erste Handlung der unter dem Namen Hakem geoffenbarten Gottheit war, oder dass Hakem in dem Jahre 400 aufgetreten sey.

Was sodann die Angabe der neunten Frage betrifft, dass Hakem im Jahre 8 nach 400 seine Gottheit habe erkennen lassen, so stimmt dieselbe mit andern Nachrichten überein (s. oben im Leben Hakem's). Hamsa sagt auch ausdrücklich, dass seine Schrift „Die verborgene Zerstörung" (wahrscheinlich die erste, die er veröffentlichte) seiner göttlichen Majestät im Monat Safar des Jahres 408 übergeben worden sey. Und bekannt ist, dass mit dem Jahre 408 die neue Zeitrechnung der Drusen, die sie Zeitrechnung des Hamsa oder Zeitrechnung des Dieners unsers Herrn nennen, anfängt.

Mit der Angabe in der zehnten Frage, „dass die Gottheit Hakem's geoffenbart geblieben sey das ganze achte Jahr, dass sie sich aber während des neunten verborgen und im Anfange des zehnten und während des elften Jahres sich aufs neue geoffenbart habe", stimmen gleichfalls die andern Drusenschriftsteller überein. In den Glossen zu den Schriften Hamsa's werden jene Jahre kurzweg bezeichnet als das achte, das neunte und das zehnte (Jahr). Was aber die Angabe betrifft, dass die Gottheit (Hakem's) sich wieder verborgen habe (oder verschwunden sey) im Anfange des 12. Jahres, so passt dieselbe nicht zu den Angaben der Historiker, welche den Hakem am 27. Schawal des Jahres 411 verschwinden lassen. Sacy glaubt daher annehmen zu müssen, dass der Verfasser des Formulars anstatt der Zeit, wo Hakem verschwunden, die Zeit im Auge gehabt habe, wo durch den Rückzug Hamsa's die öffentliche Verkündigung der unitarischen Religion aufgehört habe, was ohne Zweifel nur einige Monate nach dem Verschwinden Hakem's, also im Anfange des Jahres 412, Statt gefunden habe.

2. *Ueber die Namen und Formeln, welche man brauchen muss, wenn man von Hakem spricht.*

Nichts konnte der Idee, welche Hamsa von Hakem hatte oder zu haben vorgab, mehr widersprechen als der Name, den Hakem bei seiner Thronbesteigung angenommen hatte. Dieser Name, *Alhakem biamr-allah*, bedeutet: „Welcher richtet (rechtet) nach dem Befehl Gottes." Hamsa verwandelte daher diesen Namen in den Namen *Alhakem bidsatihi* „welcher durch seine Wesenheit (durch sich selbst) regiert", und lehrte dabei, dass der erstere Name dieselbe Bedeutung habe, insofern als das erste Wort *Alhakem* (der Regierende) die Menschheit, und das Wort *allah* (Gott) die Gottheit bezeichne.

Zur nähern Begründung dieser seiner Lehre stellt Hamsa den Satz auf, dass der Name Allah auf dreierlei Weise aufgefasst werden könne, nämlich erstens einfach als ein aus verschiedenen Elementen (Buchstaben) zusammengesetztes Wort, zweitens als das Wesen, dem dieser Name zukomme, und drittens als derjenige, welcher auf eine emblematische Weise durch das Wesen, dem dieser Name zukommt, bezeichnet werde.

Als Wort, sagt er dann, ist Allah der oberste Daï, Khatkin*); als das durch dieses Wort benannte Subject ist es der Imam oder

---

*) Hamsa gründet diese Erklärung des Wortes Allah auf eine Stelle im Koran (3, 17), wo man liest: „Gott ruft die Menschen zu der Wohnstätte des Friedens." Weil *Gott ruft*, ist also Gott der Name eines Rufers, Daï, denn Daï bedeutet: „der ruft". Also ist unter Gott

Hamsa; als das auf eine emblematische Weise bezeichnete Subject aber ist es unser Herr. Hier (bei dem Titel Albakem biamr-allah), fügt er weiter bei, ist der wahre Sinn und die wahrhaftige Bedeutung des Wortes Allah, der Herr..., der Schöpfer des Namens und der genannten Sache (d. h. des Daï und des Imam), die Gottheit unsers-Herrn, welche nicht begriffen werden kann, welche die vier geistigen Elemente (das sind die vier Bevollmächtigten, Minister) in sich schliesst, ohne etwas mit ihnen gemein zu haben. Unter Allah muss man (hier) die Gottheit jenes allgemeinen (Wesens) verstehen, welches unsern Augen verborgen ist. Unser Herr (Gott) ist nicht getrennt von seiner Menschheit; die Werke, welche sie thut, sind die Werke derselben Gottheit, welche uns verborgen ist, und die Worte, welche sie ausspricht, sind wiederum die Worte derselben Gottheit. Er trennt die Gottheit nicht von der Menschheit, sondern ihr seyd es, die ihn nicht sehen können, und ihr seyd unfähig, sein wahrhaftes Wesen zu begreifen. Unter Alhakem ist zu verstehen derjenige, welcher eine oberste Autorität hat über alle Natek's, Asas', Imame und Hoddscha's, der sie alle seiner Macht und seiner Herrschaft unterwirft. Sie sind die Diener seines Reichs, die Knechte seiner Herrschaft. *Er* ist der durch seine Wesenheit (durch sich selbst) Regierende (Alhakem bidsatihi). Seine Wesenheit aber ist seine Gottheit. Gelobt sey der, der durch sich selbst regiert und nicht durch die Befehle eines Andern, der ihm seine Gebote oder Verbote eingibt (mittheilt).

Hamsa lehrt auch an verschiedenen Orten, dass keiner der Titel, welche man Hakem zu geben gewohnt sey, auf seine Majestät passen, und dass dieselben alle nur seine Bevollmächtigten (Minister) und seine Diener bezeichnen. So sagt er an einer Stelle: „Was die äussern oder innern Würden (d. h. die zeitlichen oder geistigen) betrifft, die dem Natek oder dem Asas angehörten, so hat sie unser Herr seinen Dienern und Knechten gegeben. Dergleichen sind die Titel: Herr der zwei Gewalten, der zwei Oberaufsichten, der zwei

---

der oberste Daï, *Khatkin*, zu verstehen; in einem erhabenern Sinne bedeutet Gott Hamsa, das Haupt aller der Diener (Minister), welche den Beruf haben, die Menschen zur unitarischen Religion *zu rufen*; in einem mystischen Sinne aber bezieht sich das Wort „Gott" auf Hakem selbst, als die Personification Gottes. (S.)

Herrlichkeiten, der zwei Gränzen *), und andere ähnliche. Er hat sie also angewandt, um dadurch seine Kenntniss und das Bekenntniss seiner Einheit zu bezeichnen. Er wollte den intelligenten und verständigen Menschen zu erkennen geben, dass er seinen Dienern alle die Würden übertragen hat, welche der Natek und der Asas inne hatten, und dass auf ihn selbst kein Name und keine Benennung anwendbar seyen. Alle Namen also, die man ihm gibt, wie *Imam, Saheb alseman, Emir almumenin* und *Maulana,* kommen nur seinen Dienern zu. Er selbst ist zu erhaben und zu gross, als dass er gemessen, definirt oder beschrieben werden könnte. Wenn wir ihn daher Emir almumenin nennen; so ist das nicht eigentlich, sondern metaphorisch zu verstehen. Wollten wir uns anders ausdrücken, so würde man nicht verstehen, von wem wir sprechen wollten, und die Herzen der blinden Menschen könnten den Sinn dessen, was wir sagten, nicht fassen; aber jenes preiswürdige Wesen hat nichts, das ihm ähnlich wäre, er ist der sehr Erhabene und sehr Grosse." — An einer andern Stelle sagt Hamsa: „Die vornehmsten Namen Gottes, welche sich im Koran finden, nach dem Geständniss aller Secten und aller Parteien, sind die zwei Namen Allah und Alrahman (der Barmherzige); diese beiden Namen zeigen übrigens blos den Daï des Tensil und den des Tawil an." — Und anderswo sagt er: „Wenn einige von euch unsern Herrn *Saheb alseman, Imam alseman, Kaïm alseman, Weli alseman* oder *Khalifet allah* nennen, oder ihn *Alhakem biamr-allah* heissen, wie ihr thut, oder von ihm die Ausdrücke brauchen *Selam allah aleïhi* (der Friede Gottes sey über ihm) oder *Salawat allah aleïhi* (die Gunst Gottes sey über ihm) . . .: so heisst dies alles sich gegen ihn des Polytheismus schuldig machen, der Gewohnheit nachgeben und den alten Irrthümern folgen, welche eingewurzelt geblieben sind in den Herzen." — So sagt auch Ismaël ben Muhammed Temimi in seinem „Lobgesang der Seele" von Hakem: Man nennt ihn Imam, aber der Imam ist sein Diener.

Indess ist unter den dem Hakem gegebenen Namen einer, dessen Gebrauch durch Hamsa autorisirt ist; es ist dies der Name

---

*) Sacy meint, dass diese Titel denjenigen gegeben worden seyen, welche die Functionen des Ober-Daï und die des obersten Richters hatten.

21

Alkaïm (d. i. der sich Erhebende, metaphorisch: der Befehlende).
Dieser Name ist dem Hakem und Hamsa gemeinschaftlich, aber mit
dem Unterschiede, dass man von Hakem (auf allgemeine, unbe-
schränkte Weise) sagen muss *Alkaïm* (mit dem Artikel), und von
Hamsa *Kaïm alseman* (der Befehlende des Jahrhunderts). Der Name
Alkaïm, sagt Hamsa bei Erklärung einer Koranstelle, wird unserm
Herrn gegeben, weil, als er angefangen hat sich der Welt zu offenbaren in der Gestalt eines Königs und in menschlichem Fleische, in
der Zeit der Natek's, der Urheber der mit gesetzlichen Observanzen
angefüllten und vom Polytheismus angesteckten Gesetze, er den Menschen mit Kraft und Macht befohlen hat *), weil er da aufgestellt
hat seine Wahrheit, das heisst an dieser Stelle: seine Gerechtigkeit **),
und weil er da gelegt hat die Grundlage der Religion der Einheit,
deren Gebäude in unserer Zeit durch seinen Willen vollendet wird.
Wenn aber Einer fragt: Warum trägt der Herr denselben Namen wie
sein Diener und worin besteht das Geheimniss hiervon? so werden
wir ihm antworten mit der Hülfe und Gnade unsers Herrn, dass alle
Namen, mit welchen der Herr genannt wird, sowohl im Koran als
anderwärts, die Namen seiner Diener und seiner Bevollmächtigten
(Minister) seyen. Der vornehmste dieser Namen im Koran ist Allah.
Dieser Name ist, was das Aeusserliche betrifft, gebildet aus geschaffenen Zügen und Linien; was das Innere betrifft, so bezeichnet er
menschliche und der Gunst des Herrn sich erfreuende Diener. Sein
Aeusseres ist ein Name, sein Inneres eine genannte Sache. Aber das
anbetungswürdige Wesen ist verschieden von dem einen und dem
andern; er ist die wahrhaftige *Bedeutung*, und die Gottheit unsers
Herrn ist des Lobes würdig und über alle Beschreibung. Da aber
die Diener (d. i. die Menschen) die Einheit ihres Schöpfers nicht
anders zu betrachten (erfassen) fähig waren, als unter ihrem Ge-
sichtskreise und in ihren fleischlichen Gestalten: so haben ihn seine
Weisheit und Gerechtigkeit genöthigt, sich mit ihren Namen benennen
zu lassen, auf dass sie wenigstens einen Theil dessen, was er wirk-

---

*) „Er hat befohlen" — *kama* und *akama*. Diese beiden Wörter
gehören zu derselben Wurzel wie Kaïm. (S.)

**) „Die Gerechtigkeit" ist einer der Namen, mit denen die unita-
rische Religion bezeichnet wird. (S.)

lich ist, erkennen könnten. Aber in dem Namen „Alkaïm" liegt eine
feine Bedeutung, welche die Augen der blinden Menschen nicht
wahrnehmen; es ist nämlich keinem der Unitarier erlaubt, unsern
Herrn „Kaïm alseman" zu nennen, weil sein Name Alkaïm ist mit
einem Elif und Lam (d. i. mit dem Artikel). Ebensowenig ist es
erlaubt, seinen Diener Alkaïm zu nennen; man muss das Elif und
Lam (den Artikel) weglassen und sagen: Kaïm alseman, und dies
darum, weil das Wort Kaïm aus vier Buchstaben besteht, was auch
die Zahl der Buchstaben des Wortes Allah ist. Allah aber (als Wort)
ist der Daï; Allah, nach seiner Bedeutung, ist der Imam, ein ebenfalls aus vier Buchstaben bestehendes Wort. Der Daï, der Imam,
Allah, sind alle Diener unsers Herrn, des Herrschers, des weisen
Hakem, dessen Name gepriesen werde. Die zwei Buchstaben Elif
und Lam (al), welche der Name unsers Herrn mehr hat, und welche
man dem Namen seines Dieners nicht beifügen darf, zeigen an, dass
man kein Wesen mit ihm vergleichen darf; diese beiden Buchstaben,
Elif und Lam, bilden nämlich auch die negative Partikel la (nicht),
das bedeutet: es gibt nichts unter den geschaffenen Wesen, das ihm
ähnlich ist, und Niemand, der mit ihm die Macht und die Vollkommenheit theilt. Was seinen Diener betrifft, so nennt man ihn Kaïm,
das heisst derjenige, welcher an der Spitze der Diener (Minister)
der Einheit ist; er hat weder Macht noch Vollkommenheit, sondern
er bedarf der Hülfe unsers Herrn und bedarf gestärkt zu werden
durch die Vollkommenheit dessen, welcher preiswürdig und über alle
Beschreibung ist. Alkaïm, aus sechs Buchstaben zusammengesetzt,
ist das anbetungswürdige Wesen; Kaïm, aus vier Buchstaben bestehend, ist der Diener (Minister). Man findet denselben Unterschied
von zwei Buchstaben bei dem Worte Abd, Diener, und Mabud, der
Angebetete. „Abd" hat nur drei Buchstaben und „Mabud" hat fünf.
Die zwei Buchstaben, welche das letztere Wort mehr hat, sind Mim
und Waw. Der numerische Werth von Mim ist vierzig, und der
von Waw sechs. Dies zeigt an, dass alle Diener, deren 46 sind,
und die da sind die Diener des Imamats und des unitarischen Bekenntnisses, unserm Herrn, dem Herrscher, dem Weisen, Hakem
angehören, und nicht seinem Diener, welcher an der Spitze dieser
Diener ist. Diese Diener (Minister) sind: die Intelligenz, die Seele,
das Wort, der Sabek (der Vorangehende), dann zwölf Hoddscha's,
der Tali (d. i. der Folgende, gehört zu den 12 Hoddscha's) und

30 Daï's, was zusammen 46 macht *). Hakem aber ist es, der dem
Haupte aller dieser Diener, das heisst ihrem Imam, die Gewalt gegeben hat. Dies ist der Grund und dies ist das Geheimniss, warum
unser Herr „Alkaïm" genannt wird **).

3. *Ueber die Respectsbezeigungen, mit denen man sich Hakem zu nähern hat.*

Darüber gab Hamsa in einem Schreiben an Abu Abdallah Muhammed ben Wahab folgende Vorschriften: Erscheinet nicht vor seiner
Majestät, es sey denn, dass er euch gerufen habe. Richtet an ihn
kein einziges Wort, bevor er euch hat sprechen heissen. Vor euch
hin aber, und zwar ganz still, so dass man es nicht merkt, habt
ihr bei seinem Anblick zu sprechen: Friede (alselam). Möge der
Friede von dir kommen, o unser Herr, möge der Friede zu dir
zurückkehren; dir ja kömmt vorzugsweise der Friede zu; deine Religion ist die Wohnstätte des Friedens. Du bist gesegnet und erhöhet, o unser erhabener Herr, dem Ruhm und Ehre gebühren ***).
Ihr werdet diese Gebetsformel bis zum Ende hersagen. Ihr werdet an
ihn keine zudringlichen Fragen machen; werdet eure Stimme nicht sehr
erheben, werdet die Hände nicht bewegen, werdet kein Zeichen machen
mit den Augen, werdet beim Sprechen den Kopf nicht hoch halten.

Weitere Formalitäten, die man zu beobachten hatte, wenn man
sich Hakem näherte, waren folgende: Man durfte ihn nicht „Maulana"
(unser Gebieter) nennen, noch in Bezug auf ihn sagen: „Der Friede
Gottes sey über ihm"; verboten war auch, in seiner Gegenwart die
Erde zu küssen, oder wenn man ihm begegnete, vom Pferde zu

---

*) Sonst zählt Hamsa 164 Diener. Wahrscheinlich rechnet er hier
diejenigen nicht mit, welche unter dem Range eines Daï stehen. (S.)

**) Trotz der bestimmten Erklärung Hamsa's, dass der Titel „Alkaïm"
nur dem Hakem gebühre, wird doch derselbe zum öftern, namentlich in
den Schriften Behaëddin's, auch dem Hamsa gegeben. Dagegen wird
der Titel „Imam" auch dem Hakem, selbst von Hamsa, gegeben. Besonders auffallend und unerklärlich ist, dass ein Drusenschriftsteller,
wahrscheinlich Behaëddin, bei der Nennung Hakem's die Formel beisetzt:
„Der Friede Gottes sey über seinem Namen."

***) Ganz wie in Frage 54, s. oben S. 316.

steigen; es musste ferner Jedermann, der ihn grüssen wollte, sich auf die rechte Seite stellen; die Bittschriften, die man ihm überreichte, mussten eine ungerade Zahl von Linien haben; so mussten auch die Geschenke, die man aus seinem Schatze nahm, in ungerader Zahl seyn; zur Audienz bei ihm durfte nur eine ungerade Zahl von Personen zugelassen werden; es durften nicht zu gleicher Zeit Männer und Weiber bei ihm erscheinen; Jedermann sollte bei allen seinen Handlungen und Worten die ungerade Zahl einhalten. — In allen diesen Geboten und Verboten (die übrigens aus verschiedener Zeit sind, und nicht blos die Verehrer Hakem's angehen, also eigentlich auch nicht hierher gehören) finden die Drusenschriftsteller Allegorien in Bezug auf die unitarische Religion.

Ausserdem werden von Hamsa noch folgende Handlungen als respectwidrige genannt: Seiner göttlichen Majestät eine Schrift überreichen, ohne deren Sinn recht zu verstehen; ihn um Geld bitten, ohn' dessen zu bedürfen, oder um Vermehrung von Wohlthaten ohne Noth; an ihn das Wort zu richten oder ihm eine Neuigkeit zu überbringen, ohne von ihm dazu aufgefordert zu seyn.

4. *Ueber die Verwandtschaftsverhältnisse Hakem's.*

Hamsa lehrte seine Anhänger nicht blos im Allgemeinen, dass Hakem keine Verwandten, Eltern oder Kinder haben könne, weil er dazu zu heilig und zu gross sey, sondern er verbot ihnen auch insbesondere, zu sagen, dass Asis sein Vater und dass Ali sein Sohn sey. „Hütet euch wohl", sagte er ihnen, „zu sagen, dass unser Herr der Sohn des Asis, oder dass er der Vater Ali's sey! denn unser Herr, der Preiswürdige, ist immer derselbe, zu aller Zeit und in jedem Zeitalter." Zwei Verwandte Hakem's aber, den Khomar ben Dscheïsch und den Abdalrahim ben Eljas (beide Hakem's Cusin's von väterlicher Seite), suchte Hamsa durch Drohbriefe zu bestimmen, ihren Ansprüchen auf Verwandtschaft mit Hakem zu entsagen, oder sich nicht mehr Vettern Hakem's zu heissen *). Wir wollen hier

---

*) Wer dieser Khomar gewesen, ist nicht mit Bestimmtheit anzugeben. Vgl. oben S. 316. — Ueber Abdalrahim vgl. oben im Leben Hakem's S. 259. — Die beiden Briefe sind abgedruckt in Sacy's Chrestomathie; der erste in Bd. II, S. 211 ff.; der andere Bd. II, S. 409 ff.

den an Abdalrahim beisetzen: „Es ist Zeit", schrieb er ihm, „dass
der designirte Nachfolger den Schleier hebe (Glosse: dass er dem
Geheimniss ein Ende mache), und dass er erfahre, warum er »der
Sohn des väterlichen Onkels des Emirs der Gläubigen« genannt worden. Behüte uns Gott davor, dass wir unserm Herrn einen Vater
oder Sohn, einen väterlichen oder mütterlichen Onkel zuschreiben;
er zeugt nicht und ist nicht gezeugt, und kein Wesen ist ihm gleich.
Er hat dir aber diesen Namen gegeben und diesen Beinamen zuge-
legt, in der vergangenen Zeit, als du im Dienste warst und an der
Spitze der Secte der Muselmanen standest. Dieser Name wurde dir
gegeben, nach deiner Meinung, als ein Zeichen der Aehnlichkeit und
Verwandtschaft; aber unser Herr will dich heute erkennen lassen
den Rang, den du behauptest, auf dass du wegen des Vergangenen
um Verzeihung bittest. Nun also muss der designirte Nachfolger
unsern Herrn demüthig um Verzeihung bitten, muss seine Unterschrift
auf jeglicher Schrift auslöschen, und darf sich nicht mehr den Sohn
des väterlichen Onkels des Emirs der Gläubigen nennen, da dieses
preiswürdige Wesen mit gar Niemandem verglichen werden kann....
Jetzt sind alle Perioden (Glosse: die Zeitalter der falschen Religionen)
vollendet; die Sonne (Glosse: die Intelligenz) der Sonnen (Glosse:
der vier andern Diener [Minister]) und der Mond (Glosse: die Intelligenz) der Monde (Glosse: der vier andern Diener) ist aufgegangen;
jetzt, in dieser Zeit (Glosse: der Zeit der Offenbarung) müssen die
Geheimnisse aufgedeckt, muss das reine Bekenntniss der Einheit und
der Cultus unsers Herrn, des Einzigen und Mächtigen, eingeführt
werden. Ich habe in Bezug auf dich meine Functionen als Leiter
erfüllt, und habe dir genügend eröffnet, den Cultus unsers Herrn
auf den Kanzeln zu verkündigen, mit eigenem Munde zu bekennen,
dass du sein Diener und Knecht seyst, und den Ansprüchen auf Verwandtschaft mit ihm zu entsagen" *).

Wer der in den Fragen 75—79 des Formulars (s. oben S. 316 f.)
erwähnte Muhammed, der ein Sohn Hakem's seyn wollte, gewesen,
ist nicht klar. Es scheint, der Verfasser des Formulars habe hier

---

*) Es geht aus diesem Briefe hervor, dass Abdalrahim einige Kennt-
niss von der Lehre des Hamsa hatte, und dass dieser ihn bestimmen
wollte, sich zu derselben öffentlich zu bekennen, weshalb anzunehmen
ist, dass dieser Brief im Jahr 410 geschrieben worden. (S.)

Namen verwechselt: denn die Historiker wissen von keinem andern Sohne Hakem's als von Abulhasan Ali, der bei seiner Thronbesteigung den Namen Dhaher liesas din allah annahm. Das in den genannten Fragen Gesagte passt zum Theil auf diesen Ali, zum Theil auf den Neffen Hakem's Abdalrahim. Indess könnte wohl Hakem einen Sohn Namens Muhammed von irgend einer Sklavin gehabt haben; und das Stillschweigen der Historiker über denselben liesse sich durch die Annahme erklären, dass er keine Rolle gespielt habe und jung gestorben sey.

5. Ueber das Benehmen Hakem's in Bezug auf die Lehren und die Gebräuche des Islam.

Hiervon ist in dem Leben Hakem's schon die Rede gewesen und wir haben nur noch einiges hierauf Bezügliche aus den Drusenschriften beizufügen.

Während der Verfasser der „aufgehängten Urkunde" *) es rühmt, dass Hakem die Vorschriften des Islam pflichtlich erfüllt und dass er für den Islam alles Mögliche gethan habe (dies war wirklich in einer gewissen Zeit der Fall, s. oben in der Gesch. Hak.), bezeugt auf der andern Seite Hamsa, dass Hakem seit mehreren Jahren weder das Freitagsgebet bei versammelter Gemeinde, noch das bei Leichen übliche Gebet gesprochen, dass er das Freitagsgebet in der ersten Moschee Kaïro's, der Dschami alazhar, verboten und die Opferfeste aufgehoben, ebenso dass er die Abgabe des Zehnten und Fünften, sowie alle gesetzlichen Almosen abgeschafft habe. Auch die Gebote des Fastens, des Pilgerns nach Mekka und des Kriegs gegen die Ungläubigen hat Hakem, nach den Zeugnissen Hamsa's, aufgehoben. Das Aufheben des Fastengebots rechtfertigt Hamsa durch allegorische Erklärung des Wortes „Fasten": dieses heisse nämlich nichts anderes, als entsagen, nämlich dem Tensil und dem Tawil, um sich zu dem Tewhid, d. i. der unitarischen Religion, zu bekennen **). Ganz am

---

*) *La charte suspendue*, abgedruckt in Sacy's Chrestomathie Bd. II, S. 67 ff.

**) Bei den Ismaëliten bedeutet „das Fasten" das Stillschweigen, welches der Eingeweihte in Betreff dessen, was man ihn lehrt, zu beobachten hat.

Platze fand aber Hamsa namentlich die Aufhebung des Pilgergebots, „denn, sagte er, alle die von den Pilgern zu beobachtenden Ceremonien, wie das Entblössen des Hauptes, das Ablegen der Kleider, das Kieselsteinwerfen, das Aussprechen gewisser Antworten, in welchen man den Gehorsam verspricht, ohne dass Jemand zuvor Fragen gethan, sind die Handlungen eines Narren." Unter dem Aufheben des Gebots des Kriegs gegen die Ungläubigen ist wohl nichts anderes zu verstehen, als die den Christen und Juden gegebene Erlaubniss zur freien Bekennung ihrer Religionen, eine Erlaubniss, die Hakem darum gegeben haben mochte, um Anhänger für seine Person zu gewinnen. — Natürlich war auch, dass Hakem das Gebot der Unterwerfung unter die gesetzliche Autorität (welches den Muselman verpflichtet anzuerkennen, dass die Autorität zuerst den Khalifen Abu Bekr, Omar, Osman und Ali gehört habe, dann aber auf die Ommiaden und von diesen auf die Abbassiden übergegangen sey, und dass, wer auf diesem Throne der Khalifen gesessen, der rechtmässige Herrscher der Moslimen gewesen sey) aufgehoben hat.

6. *Ueber das Benehmen Hakem's gegen die Sunniten und gegen die Schiiten.*

Hakem hatte eine Zeit lang, wie wir dies oben in seinem Leben gesehen haben, die sunnitisch Gesinnten auf jegliche Weise bedrängt und dem sunnitischen Glauben in seinem Reiche ein Ende zu machen gesucht. Später gab er die Erlaubniss, dass Jeder nach Belieben „seinen Ring an die rechte oder linke Hand stecken" d. h. zu den Schiiten oder Sunniten sich halten könne. Dieselbe Inconsequenz hatte er sich gegen die ultra-schiitischen Ismaëliten zu Schulden kommen lassen, indem er ihre Medschlis (Versammlungen, in welchen die ismaëlitische Lehre vorgetragen wurde) mehreremal verbot und wieder erlaubte.

7. *Ueber das Benehmen Hakem's gegen die Juden und Christen.*

Was wir hierüber oben im Leben Hakem's vernommen, wird durch die Drusenbücher bestätigt. In einem derselben heisst es: Die den Christen gegebene Erlaubniss, ihre Kirchen wieder zu erbauen, die Zurücknahme des Gebotes des Kreuztragens und der Vorzug, der den Christen unter allen Umständen eingeräumt worden, dies alles liefert einen der stärksten Beweise, dass der Islam aufgehoben und zu nichte gemacht wurde.

8. *Ueber die wunderbaren Handlungen Hakem's als Beweise seiner Gottheit.*

Hierüber lässt sich Hamsa also vernehmen: „Ich wollte euch wohl von allen wunderbaren Thaten und Zeichen, die von dem Herrn ausgegangen sind, berichten, aber dazu reichte kein Papier zu, und keine Feder vermöchte das zu schreiben, wie es im Koran heisst (Sur. 31, Vs. 27): »Wenn alle Bäume der Erde Federn wären, wenn das Meer ganz in Tinte verwandelt würde, und wenn es zudem noch sieben andere solcher Meere gäbe, so würde das nicht hinreichen, um alle Worte Gottes zu schreiben.« Gott (Allah) aber bedeutet hier die Menschheit unsers Herrn. Ich werde mich also begnügen, euch an einige wenige, aber wichtige und für Jeden, der darüber nachdenken, die Einheit unsers Herrn erkennen und ihn anbeten wird, nützliche Handlungen desselben zu erinnern. Er ist preiswürdig und seine Macht geht über das Fassungsvermögen des Geistes der Menschen. — Das Erste, woran ich hier erinnern will, ist das, was unser Herr in Bezug auf Bardschewan und Ebn Ammar gethan hat. Jedermann weiss heute, auf welche Weise man jene Handlung erzählt, nach dem Fassungsvermögen der gemeinen Geister. Man sagt: Er war noch jung; Bardschewan war über alle Orientalen, Ebn Ammar über alle Abendländer gesetzt. Unser Herr liess den Todesbefehl über sie ergehen und sie wurden getödtet wie Hunde. Er fürchtete nicht das Gemurmel und den Aufstand der Truppen. Im Gegentheil ist unter den Königen der Erde keiner, der etwas Aehnliches zu thun wagte. Er liess auch die Häuptlinge von Ketama und die mächtigen Männer dieses Stammes umbringen, ohne ihre Söhne oder ihre Genossen zu fürchten. Er ging mitten in der Nacht ohne Schwert und ohne Dolch in die Mitte dieses Stammes. — Ihr habt auch zu der Zeit des Abu Rakwa Welid, den Sohn Hescham's, den Verfluchten, gesehen. Als dieser Mensch den Brand des Aufruhrs angezündet hatte und die Herzen der Soldaten von Schrecken ergriffen waren auf ihrem Ruhebette, von wegen der Niederlage der Armee und der Niedermetzlung der Männer, wovon sie Zeugen gewesen waren: da trat der Herr, dessen Macht gepriesen werde, mitten in der Nacht heraus auf die Ebene, die man das Brunnenfeld heisst. Als er dort dem Hasan ben Olajjan Keli mit fünfhundert Reitern begegnet war, blieb er stehen, ohne Waffen und ohne Vertheidigung, um jeden von ihnen zu fragen, was er wolle. Er trat allein auf das Brunnenfeld, oder schien es wenigstens, indem er nur die Stallbedienten und die Muëssin's bei sich hatte. — Wiederum, zur Zeit der Empörung des Mofarridsch ben Dagfal ben Dscherrah, seiner Brüder und seiner Söhne, aus dem Stamme des Bedr ben Rebia, und aller Araber, als die Völker von Hedschas mit ihrem Sultan Hosein ben Dschafar, Hoseïni, der sich in Mekka empört hatte, vorrückten, in dem Augenblicke, wo dieser Fürst nach Ramla gekommen war und sich mit ben Dscherrah und seinen Söhnen verbunden hatte, und Jedermann, sowohl die Krieger als das Volk, nichts anderen gewärtig war, als dass in jedem Augenblicke des Tags oder der Nacht Hosein ben Dschafar Hoseïni mit Mofarridsch ben Dagfal und seinen Söhnen anrücken und sich Kairo's bemächtigen würde: da ritt der Herr jeden Tag und jede Nacht auf seinem Thiere aus, er ging bei Nacht aus Kairo und erging sich auf dem Brunnenfeld, und zwar auf der Seite nach dem Berge gegen die Stelle hin, von woher man sagte, dass Mofarridsch ben Dscherrah kommen müsste. Als aber Uneinigkeit ausgebrochen zwischen Hosein und ben Dscherrah, und Mofarridsch sogar den Hosein hatte tödten wollen, zog sich dieser nach Mekka zurück. Mofarridsch aber kam kurze Zeit hernach um. Es gibt keinen König der Erde, der gewagt hätte, also zu handeln, wie es Hakem that.“

„Eine der wunderbarsten Proben aber und ein glänzendes Zeichen seiner Macht ist das, was vor euren eigenen Augen geschehen ist und was von keinem Menschen, wäre es auch ein Natek, Asas, Imam oder Hoddscha, hätte gethan werden können. Aber dies hat gerade eure Blindheit und euren Mangel an Unterscheidungskraft vermehrt. Die Sonne ist warm und austrocknend, von Natur und nicht aus Strafe; denn sie ist ein rein materieller Körper, der weder Intelligenz noch Unterscheidungskraft hat; es gehört zu ihrer Natur, dass sie die Dinge austrocknet und die Farben verändert. Nun war es eine der Gewohnheiten unsers Herrn, um Mittag während der grössten Hitze spazieren zu reiten. Ja er ritt aus, oder schien es wenigstens zu thun, nach dem Brunnenfeld an Tagen, wo der Mittags-

wind mit der grössten Heftigkeit blies, wo die Luft von einem unge-
heuern Staube erfüllt war und wo man selbst im Innern der Häuser
von dem Winde und dem Staube belästigt wurde. Während nun
nach einem solchen Spazierritte allen seinen Begleitern die Augen in
Folge des Windes und des Staubes thränten, während ihrer Aller Zunge
nicht mehr frei sprechen konnte, und dieselben sämmtlich aufs Höchste
müde und matt waren, befand sich dagegen unser Herr in demselben
Zustande, in welchem er bei dem Ausritte aus seinem heiligen Ha-
rem war. Ja man hat selbst bei der heftigsten Hitze oder dem tödt-
lichsten Samumwind nie sein Antlitz, um nach dem äussern Scheine
zu reden, sich schwärzen, oder ihn selbst müde oder matt werden
sehen. Niemand kann sagen, dass so etwas unserm Herrn begegnet
wäre, während seinen Begleitern allen die Gesichter schwarz wurden,
ihre Zungen vertrockneten und sie selber vor Müdigkeit und Mattheit
fast umkamen. Niemand kann sagen, er habe ihn Wasser trinken
oder irgend etwas essen sehen; man hat ihn auch nie das Wasser
lassen oder seinen Leib entleeren sehen. Fern von ihm war alles
das! Nichtsdestoweniger hat eine grosse Zahl derer, die ihn auf
seinen Spazierritten begleiteten, ihn fälschlicher Weise solches nach-
gesagt, weil sie gern ihn eine jener Handlungen hätten thun
sehen; aber sie haben ihn nichts dergleichen thun sehen. Von
denen, die bei ihm waren, um nach dem äussern Scheine zu
sprechen, an den Orten, wo er von dem Volke nicht gesehen wurde,
ist keiner, der sagen könnte, dass er ihn habe essen oder trinken
oder müde werden sehen. Fern von ihm alles das! Er ist weit
über alle dem, was die Polytheisten sagen. Es gibt keinen König,
noch irgend einen andern Menschen, der ihm hierin ähnlich wäre. —
Was sodann die Polytheisten sagen von seinen körperlichen Krankheiten, welche er ihnen verbarg, so ist das eine Wirkung der Bös-
artigkeit ihrer Herzen. Er schien, um nach dem äussern Scheine zu
sprechen, in einer von vier polytheistischen Feinden getragenen Sänfte
sich zu befinden, die ihn so den Rebellen, den Ungehorsamen, den
Gottlosen, entgegentrugen; denn es war in der Armee kein Stamm,
dessen Häuptlinge er nicht hätte umbringen lassen; das ganze Volk
war sein Feind wegen der Religion, mit Ausnahme sehr Weniger,
welche seine Einheit erkannten, an ihn glaubten und sich seinen
Beschlüssen unterwarfen. Die Könige wagen es meistens nicht, sich
einem ihrer Soldaten anzuvertrauen, selbst nicht einmal ihren Söh-

nen, aus Furcht verrathen zu werden. Wie können sie sagen, dass
er krank war und nicht gehen konnte, während er also in einer
Sänfte in ihrer Mitte erschien, nachdem er die Mächtigen und die
Könige der Erde hatte tödten lassen. — Alle diese Handlungen, von
denen ich euch hier berichtet habe", schliesst Hamsa, „und andere
derselben Art können nicht die eines Menschen seyn. Damit ist
übrigens nicht viel für unsern Herrn gesagt; aber ich habe sie euch
berichtet, auf dass ihr darüber nachdenken und sie erwägen möget *)."

9. *Ueber die lächerlichen, sonderbaren und ungereimten Handlungen Hakem's.*

Diese suchte Hamsa durch allegorische Erklärung zu rechtfertigen. Er lässt sich darüber in einer besondern Abhandlung also
vernehmen: „Es ist mir von Seiten einiger unitarischer Brüder eine
Schrift zugekommen, worin sie von den Reden berichten, welche die
der Religion entfremdeten und an die Lehre der reinen Einheit nicht
glaubenden Menschen führen, Menschen, die ihre Zungen ungescheut
Worte aussprechen lassen, welche ihren verabscheuungswürdigen
Werken und ihren niedrigen und verworfenen Religionen gemäss sind,
in Bezug auf die Handlungen unsers Herrn und seine Worte, so,
wie sie ihnen äusserlich erscheinen, sowie in Bezug auf die Dinge,
die in seiner Gegenwart geschehen. Indess ist in diesen Handlungen
eine unendliche Weisheit verborgen (freilich aber sind ihnen die Belehrungen von keinem Nutzen), und sie sind sehr verschieden von
den Handlungen dieser unwissenden und ungebildeten Welt, deren
Werke zum grossen Theil nur Scherz und Spiel sind. Es sind uns
auch Reden zugekommen voll bitterer Kritik und beissenden Spöt-
tereien. Jene Leute wissen nicht, dass alle Handlungen unsers Herrn,
des Preiswürdigen, sowohl die ernsten wie die spasshaften, von
unendlicher Weisheit erfüllt sind; und dass er deren Weisheit be-

---

*) Aller der von Hamsa hier erwähnten Ereignisse, des Todes des
Bardschewan u. s. f., ist oben in dem Leben Hakem's Erwähnung geschehen, aber auf eine ganz andere, für Hakem nicht so schmeichel-
hafte Weise; vielmehr wird er dort als ein feigherziger Mensch
geschildert. Möglich wäre es übrigens, meint Sacy, dass ein so incon-
sequenter Mensch, wie es Hakem war, zugleich Zeichen des höchsten
Kleinmuths und des kühnsten Muths gegeben.

kannt machen und offenbaren wird, wann es Zeit seyn wird. Sie würden nicht also sprechen, wenn sie in ernste Betrachtung ziehen wollten, was die Geschichte sie von Dschafar ben Muhammed ben Ali ben Hosein ben Ali ben Abd Menaf ben Abd almotalleb*) lehrt, der gesagt hat: »Hütet euch wohl, irgend einen andern ausser Gott anzubeten, oder ihn zu verkennen, indem ihr euch den Zweifeln hingebet, welche sich in euren Herzen in Bezug auf seine Werke erheben; hütet euch auch wohl, die Handlungen des Imam zu kritisiren, selbst wenn ihr ihn auf einem Stocke würdet reiten sehen, oder ihn sein Kleid hinten aufbinden um mit den Kindern Knöchel zu spielen; denn unter allen jenen Handlungen ist eine tiefe Weisheit für die Menschen, eine Weisheit, fähig den Unterdrückten von dem Unterdrücker zu unterscheiden.« Wenn diese Worte schon in Bezug auf Dschafar, welcher nichts anderes war als ein Diener unsers Herrn gleich seinen Vätern und Vorfahren, gesagt worden sind, was muss man dann erst sagen von den Handlungen dessen, den der menschliche Geist nicht fähig ist zu begreifen, und von seiner göttlichen Weisheit? Sie sind sämmtlich Figuren und Vorbilder der Aufhebung der gesetzlichen Observanzen, der gänzlichen Vertilgung der Büffel und der unwiderruflichen Auflösung der Pfauen **). — Das erste Merkzeichen, das unser Herr von seiner Weisheit hat sehen lassen, eine Sache, die man in keiner Zeit, keinem Zeitalter, keinem Jahrhundert und keiner Epoche gesehen hatte und die noch Niemand einen König hatte thun sehen, ist, dass er seine Haare wachsen lässt, dass er nur wollene Kleider trägt, dass er auf keinem andern Thiere reitet als auf einem Esel, dessen Satteldecke und Geschirr aller Verzierung von Gold oder Silber entbehren. Diese drei Dinge haben in der Wahrheit nur eine und dieselbige Bedeutung; denn die Haare sind das Emblem der äusserlichen Gebräuche des Tensil (der Lehre der Sunniten); die Wolle ist das Emblem der innerlichen Gebräuche des Tawil (der Lehre der schiitischen Bateniten), und der Esel ist das Bild der Natek's.... Das Tragen wollener Kleider und das Wachsenlassen der Haare zeigt an die äusserliche Anschliessung

*) Das ist Dschafar, zubenannt *Sadik*, Sohn des Muhammed Baker, der sechste der zwölf Imame. Abd Menaf ist Abu Taleb. (S.)

**) Die „Büffel" und die „Pfauen" bezeichnen die falschen Religionen, oder die Stifter derselben. (S.)

an die gesetzlichen Observanzen und die scheinbare Anhänglichkeit an Ali ben Abu Taleb und seine Religion. Dadurch aber, dass er einen Esel zu seinem Reitthiere machte, wollte er anzeigen, dass die Lehre der Wahrheit über die alten Gesetze der Natek's triumphiren würde. Durch das einfache Geschirrwerk seines Esels hat er die Aufhebung der zwei Religionen des Natek und des Asas (der Religion Muhammed's und der Ali's, des Tensil und des Tawil) angedeutet. Die eisernen Verzierungen an seinem Geschirr bedeuten, dass er gegen die Anhänger der alten Gesetze das Schwert ziehen und sie vernichten wird. — Wenn unser Herr in die Sahra *) gegangen ist, oder wenigstens zu gehen geschienen hat, wenn er an jenem Tage durch das unterirdische Gewölbe **) in den Garten, und von da vor die Stadt hinaus gekommen ist, ohne also durch ein Thor der Stadt zu gehen (und dieses Gewölbe und dieser Garten sind von Niemandem gekannt ausser von denen, welche zum Dienste daselbst angestellt sind und welche dort innere und besondere Functionen haben), so ist das ein Bild des Benehmens unsers Herrn, welcher seine Einheit und seine Ewigkeit zuvörderst den zwei Dienern (Ministern) geoffenbart hat, von welchen Niemand etwas weiss, diejenigen ausgenommen, welche sie kennen unter den sie verhüllenden Gestalten und Mysterien. Diese zwei Diener sind der Wille und das Wollen ***), nach den Worten des Koran (Sur. 36, Vs. 82 u. 83): »Alles, was er zu thun hat, wenn er etwas will, ist, dass er sage: *Es sey!* und es ist. Gepriesen sey der, welcher in seiner Hand den Besitz aller Dinge hat, und vor welchem ihr eines Tages wiedererscheinen werdet.« Der Wille ist dasselbe, was der Dsumaat; das Wollen ist sein Nachfolgender, nach den Worten des Koran (Sur. 76, Vs. 30): »Ihr wollet nichts, es sey denn, dass Gott (es) ge-

---

*) d. h. das wüste Land, wahrscheinlich hier das Brunnenfeld, s. oben S. 330.

**) *Serdab.* Die Ismaëliten und andere schiitische Secten nennen so den Ort, in welchem nach ihrer Annahme der Imam, dessen Rückkehr sie erwarten, verborgen ist. (S.)

***) Diese beiden Diener, sonst gewöhnlich „die Intelligenz und die Seele" genannt, sind Hamsa und Ismaël ben Muhammed Temimi. Wegen der Benennungen „der Vorangehende und der Nachfolgende" s. oben S. 159 und weiter unten. Vgl. auch Sacy II, S. 22.

wollt habe.« Diese zwei Diener sind von Niemandem gekannt ausser von denen, welche die Einheit unsers Herrn, des Preiswürdigen,
kennen. Er geht durch das unterirdische Gewölbe, um in den Garten zu kommen; ebenso geht die Wissenschaft von dem Dsumaat
zu dem Dsumassat, der da ist wie ein mit Bäumen und Bächen an-
gefüllter Garten. Nachdem er das Gewölbe und den Garten durch-
schritten, kommt er nach Maks *), und der erste Ort, dem er begegnet, ist der Garten Bardschewan's, welcher Garten unter dem
Namen Hidschasi bekannt ist. Er geht nicht in demselben hinein
und geht auch nicht um ihn herum. Dieser Ort ist das Bild der
ewigen Lehre. Sondern er geht sogleich in den Garten von Dekkat **). Dieser Garten ist das Bild des Sabek (des Vorangehenden),
welcher der Gipfel des Universums ist und von welchem alle Wissenschaften der Menschen ausfliessen, weil sie nichts Erhaberes als
ihn kennen ***). Der Garten Dekkat ist am Ufer des Flusses. Der
Fluss ist das Emblem der Lehre des Tawil, denn der, welcher sich
der Einweihung unterwirft, glaubt, wenn er zu der Erkenntniss des
Vorangehenden gekommen ist, den höchsten Grad und das letzte Ziel
der Religion erreicht zu haben. So schön aber der Garten Dekkat
an sich selbst ist, so ist er ganz in der Nähe eines Orts, wo alle
Arten Abscheulichkeiten und Schändlichkeiten begangen werden, was
bei den andern Gärten nicht der Fall ist. Dies zeigt an, dass die
Lehre des Vorangehenden angränzt an die der Natek's, welche die
Minen und Quellen der gesetzlichen Observanzen, der eiteln und verächtlichen, und der niedrigen und verbrecherischen Handlungen sind.
Maks ist das Emblem des Natek (d. i. Muhammed's); und die ver-
werflichen und verbrecherischen Handlungen, die in Maks geschehen,

---

*) *Maks* ist nach Makrisi ein alter Ort. In der vorislamitischen
Zeit war dort eine Burg, jetzt ist es ein Weiler vor Kaïro. Von der
Gründung Kaïro's an war dort der Hafen des Nils... Hakem liess da-
selbst eine Moschee erbauen. (S.)

**) *Dekkat* war nach Makrisi eins der Belvedere der fatimitischen
Khalifen, an welches ein sehr grosser Garten, in der Nähe von Maks,
anstiess. (S.)

***) Nach Hamsa hatten die Anhänger des Tawil die drei ersten
Minister, welche über dem „Vorangehenden" sind, nämlich den Willen,
das Wollen und das Wort, nicht gekannt.

sind. das Bild seiner Religion. Die liederlichen Weiber, welche diesen Ort bewohnen, sind das Emblem der Prediger, welche die äusserlichen Gebräuche der Religion des Natek lehren, sowie das Emblem der Verbrechen, denen diese sich hingeben, um ihre viehischen Leidenschaften zu befriedigen, und welche sie mit der Unterwerfung unter sein Gesetz verbinden. — Von da kommt unser Herr (sein Friede und seine Barmherzigkeit sey über uns) auf den Bauhof (das Werft) *), er geht durch eine der Thüren hinein, durch die andere heraus. Dieses Werft ist das Bild des Stifters des Gesetzes (Muhammed's). Es ist der gemeinen Menschenclasse nicht erlaubt, dort ein- oder auszugehen, was den Zwang andeutet, dem sie das Gesetz unterwirft. Unser Herr geht dort hinein durch ein Thor und geht durch das andere wieder heraus; dies stellt die Aufhebung und Abschaffung des Gesetzes vor. Hierauf geht er um den Garten Hidschasi **) herum, welcher das Bild der ewigen Lehre ist. Um diesen Garten herumgehen heisst zu der Offenbarung gelangen, wo kein Schleier die Religion verhüllt."

Auf jenem Spaziergange kommt dann Hakem unter anderm an die Moschee Reïdan. Diese Moschee, sagt Hamsa, ist das Bild des Hoddscha der Offenbarung, der das Schwert und die Rache in den Händen hat und welcher die Menschen einladet zur Bekenntniss der Einheit, welche von Jedermann verkannt und verworfen ist.... Es gab keine andere Moschee, deren Kuppel eingefallen war und die da völlig einzustürzen drohte, als die Moschee Reïdan. Unser Herr hat befohlen, ihre Kuppel wiederherzustellen und er hat sie der Länge, Breite und Höhe nach vergrössert. Dies ist ein Sinnbild der Auflösung des äussern Gesetzes durch die Hand seines Dieners, welcher in dieser Moschee wohnt, sowie der Aufstellung der reinen Lehre der Einheit unsers Herrn in dieser Moschee, auf eine offene Weise und öffentlich.... Unser Herr steigt von seinem Esel ab und besteigt einen andern vor dem Thore dieser Moschee. Dies bezeichnet den Wechsel

---

*) Nach Makrisi war das bei Maks befindliche Werft, wo man kleine Fahrzeuge für den Nil erbaute, von dem Khalifen Moëzz errichtet worden. (S.)

**) Makrisi bemerkt, dass die fatimitischen Khalifen ausserhalb Kairo's, an den Ufern des Nils, bei Maks und anderwärts, viele Gärten besassen, von denen jeder einen besondern Namen hatte. (S.)

des Gesetzes, die Aufstellung des Dogma's der Einheit und die Offenbarung des geistigen Gesetzes durch die Thätigkeit seines Dieners Hamsa, seines Knechtes, des Leiters der Gläubigen, der Rache nimmt an den Ungläubigen durch das Schwert unsers Herrn und durch die Kraft der alleinigen Macht jenes einzigen Wesens, dem nichts gleich ist. — Er hält an, oder scheint wenigstens anzuhalten (denn man muss sich hüten zu glauben, dass er wirklich anhalte oder gehe oder sitze oder schlafe oder erwache) bei einem Meilenstein. Dieser Gränzstein ist das Bild der göttlichen Inspiration, denn die Meilensteine helfen zum Auffinden des Weges; ebenso geht die göttliche Inspiration von dem anbetungswürdigen Wesen zu seinem Diener und kehrt zurück zu diesem existirenden Wesen. — Er steigt ab gegenüber von dem Thore der Moschee. Hierdurch bezeichnet er seinen Diener, welcher das Thor der Schleier ist, die ihn seinen Creaturen verbergen, und derjenige, welcher mit seiner Hülfe und auf seine Befehle die Menschen zu sich ruft; denn die göttliche Inspiration ist der erhabene Befehl, der sich ohne irgend ein menschliches und fleischliches Mittel vernehmen lässt, und das Thor ist das Bild des Hoddscha. — Er steigt von seinem Esel ab und besteigt einen andern in dem Augenblicke, wo der Muëssin das Abendgebet ankündigt. Dieses Gebet ist das Sinnbild des Natek. Dass aber unser Herr sein Reitthier wechselt in dem Augenblicke des Rufs zu diesem Gebete, dies zeigt die Aufhebung des äussern Gesetzes an. — Unser Herr kehrt in den Palast zurück durch dasselbe Thor, durch welches er hinausgegangen, und durch denselben unterirdischen Gang. Dies bezeichnet, dass *die Sache* (die unitarische Religion) fest begründet, und dass ihre Tendenz durch die schriftlich abgefassten Eidesformulare in helles Licht gesetzt ist, sowie auch dass *die Sache* (die Religion) wieder das wird, was sie im Anfange gewesen, das heisst, eine rein geistige Lehre, entbunden von allen peinlichen Gebräuchen, und nichts gemein habend mit den Gesetzen der Satane und den Täuschungen der Hamane *).

Unser Herr, sagt Hamsa, auf einen andern Spazierritt Hakem's übergehend, geht nach Missr, oder scheint wenigstens dahin zu gehen,

---

*) *Haman* ist im Koran der Wesir Pharao's. In den Drusenbüchern bedeuten die Iblis', die Satane, die Pharaone, die Hamane: die Stifter der falschen Religionen, die Natek's. (S.)

22

und er thut dort die Dinge, von denen wir Zeuge gewesen sind. Hier nun hat sich Satan, der dem Irrthume anheimgefallen ist (dass der Herr ihn verdamme!), der gemeinen und groben Herzen und der plumpen und dem Gesetz ergebenen Geister bemächtigt in Betreff der Worte, welche sie die Stallbedienten Hakem's in seiner Gegenwart haben aussprechen hören, welche Worte ihren groben Geistern als läppisch und närrisch erschienen sind. Sie wissen nicht, dass diese Worte eine tiefe Weisheit in sich schliessen, und die Belehrungen sind für sie von keinem Nutzen. — Unser Herr geht zuvörderst zu den drei Bethäusern, in denen keine öffentliche Ankündigung des Gebets, kein gewöhnliches und kein Freitagsgebet Statt findet, ausgenommen in dem der Mitte, welches das Sinnbild ist des rechten Weges, der orthodoxen Secte, in welcher man Rettung findet und ausserhalb welcher man umkommt und sich verirrt. Von hier kommt er nach Raschida. Es gibt auch an diesem Orte drei Moscheen, deren Bauwerk verschieden ist. Die schönste, höchste, prächtigste, in welcher der Khatib das Freitagsgebet hält und wo alle Tage die fünf Gebete gehalten werden, ist die der Mitte (die mittlere). Sie ist das Sinnbild des Bekenntnisses der Einheit unsers Herrn und der Aufstellung der fünf Hauptdiener dieser Religion. Diese Moschee ist auch das Sinnbild des Hoddscha der Offenbarung (Hamsa's), und die zwei andern Moscheen, welche in der Bauart von einander verschieden sind, sind das Bild des Natek und des Asas (Muhammed's und Ali's); denn der Natek und der Asas sind ebenso unter einander verschieden: der Natek ist mehr als der Asas in Hinsicht auf die innere Einrichtung seiner Gebote, und der Asas hat vermöge der Einführung der innern Lehre und seiner Allegorien mehr Verdienst als der Natek, der sich auf Dinge beschränkt, die von der einfachen Vernunft gefasst und durch die Sprache ausgedrückt werden können. — Jener Moschee gegenüber ist eine schwer zu besteigende Anhöhe, und es gibt keinen andern Weg um nach Karafa zu gehen. Dies ist ein Sinnbild des Aufhörens aller Verbindung mit den Dämonen, den Stiftern der Gesetze, die nur falschen Anschein und falsche Schönheit haben, und man kann nur gerettet werden, wenn man ihnen gänzlich entsagt; dass aber der Weg, der auf diese Anhöhe führt, mühsam ist und dass doch auf derselben die Gefangenen befreit werden, dies zeigt die Befreiung der äussern und innern Religion an (d. h. die Freiheit, welche die Unitarier durch Abschüttelung

des Joches des Tensil und des Tawil erhalten). Unser Herr hält an
in der Mitte der Sofi's, er hört ihre Gesänge an und betrachtet ihre
Tänze. Dies bezeichnet den Gebrauch, der von einigen Observanzen
des Gesetzes gemacht worden ist, des Gesetzes, welches nur eine
leere Zierde ist, eine frivole Sache und ein Spiel, und dessen Aufhebung nahe ist. — Was, fährt Hamsa fort, den Bir alsibak (Queck-
silberbrunnen) betrifft, so ist derselbe ein Symbol des Natek (Muhammed) und seines Gesetzes. Dieser Brunnen ist oben weit und
in der Tiefe eng. Ebenso ist es mit dem Tensil; der Eingang dazu
ist weit und leicht, aber der Ausgang ist eng und schwer. Der
Bir alhofra *) (der Brunnen der Grube) aber ist das Bild des Asas
und seiner Lehre; aus diesem unverletzt herauszukommen ist noch
schwerer als aus jenem; so ist auch die Bekehrung eines Anhängers
des Tawil zu der unitarischen Religion weit schwerer als die eines
Genossen des Tensil. — Was, sagt Hamsa weiter, die Spiele mit
Stöcken und Peitschen betrifft, welche die Stallbedienten in der Gegenwart unsers Herrn machen, so ist das ein Emblem, das anzeigt,
dass er die Polytheisten und das gemeine Volk besiegen wird, dass
er sie zu Schanden machen wird vor den Augen der Menschen und
dass er ans Licht bringen wird ihre verbrecherischen Religionen;
er wird ihre Verderbtheit offenbaren durch die Kühnheit, die sie
haben werden, in seiner Gegenwart zu sprechen. Der Kampf ist das
Emblem der Niederlage der Daï's, die sich gegenseitig besiegen.
Der Mord Soweïd's und Homam's **) ist eine Lehre (Instruction)
gewesen für die, welche hierüber haben nachdenken wollen, und die
Befreiung von dem Unglauben für die, welche darüber nachgedacht
haben; denn jene Männer waren die zwei besten Kämpfer; jeder von
ihnen hatte eine Partei, die ihn beschützte. Sie sind das Emblem
des Natek und des Asas, und ihr Mord ist ein Bild der Abschaffung
des Tensil und des Tawil, sowie der Verachtung, welche auf die
beiden Parteien des Unglaubens und der Gottlosigkeit fallen wird.
Was die schaamlosen, von den Stallbedienten ausgesprochenen Worte

---

*) Diese zwei Brunnen waren ohne Zweifel in der Nähe des Klo-
sters der eben genannten Sofi's. (S.)

**) Die Geschichtschreiber wissen nichts von diesen zwei Kämpfen;
vielleicht ist hier eine Anspielung auf das oben (S. 285 u. 286) im Leben Hakem's Mitgetheilte. (S.)

— die Nennung der männlichen und weiblichen Schaamtheile — betrifft, so sind diese beiden Dinge die Embleme des Natek und des Asas. — In jenen Worten, welche unser Herr gesagt hat: „zeige mir deinen Mond", deren Sinn ist: „zeige mir deinen Asas" bedeutet das Wort „Mond" den Hintern, was den Polytheismus bezeichnet; denn wenn ein Mensch seinen Asas und seine Schaamtheile, das heisst den Cultus des Asas, dem er ergeben ist, an den Tag gelegt hat, wird er von den Qualen und dem Irrthume seines Glaubens befreit. Derjenige aber, welcher im Zweifel bleibt, ist verloren, wie ein Mensch, der das Wasser nicht lassen kann und keine Oeffnung hat und daher Unterleibsschmerzen bekommt, die ihn das Leben kosten. Das Feuer bedeutet hier die Wissenschaft der Wahrheit und die Inspiration unsers Herrn; es verbrennt, was die beiden Religionen herzugebracht hatten, wie jene Leute sich gegenseitig Feuer an ihre Schaamtheile legen, was da bedeutet das Aufhören der Macht jener Religionen, das Ende ihrer Zeit und die Epoche, wo die Lehre der Einheit unsers Herrn geoffenbart wird, ohne dass Jemand daran zweifelt oder ihm ein anderes Wesen beigesellt *).

In einer anonymen und undatirten Schrift findet sich noch folgende kurze Erklärung einiger der ausserordentlichen Handlungen Hakem's: „Unser Herr", liest man hier, „hat vor seinem Hingange sieben Jahre lang schwarze Kleider getragen, er hat sieben Jahre lang seine Haare wachsen lassen, er hat sieben Jahre lang die Weiber nicht ausgehen lassen, er hat sieben Jahre lang sich eines Esels zum Reiten bedient. Er hat dies alles gethan, um sich an unsere Gewohnheiten und Gebräuche anzuschliessen, weil er wusste, dass wir, was von unseren Gewohnheiten abweicht, schwer begreifen, und aus Barmherzigkeit und Güte für uns. Er hat schwarze Kleider getragen, um seinen Hingang vorzubilden und um anzuzeigen, dass nach seinem Hingange seine Getreuen und Diener sieben Jahre lang in Drangsal und Finsterniss seyn würden. Er hat seine Haare wachsen lassen, um vorzubilden, dass der Imam sich verbergen würde; denn der Kopf ist dem Menschen wie der Imam; durch jenes Vorbild, das er uns gegeben hat, sind wir unterrichtet, dass der Imam sieben Jahre lang verborgen bleiben wird. — Er hat die Weiber

---

*) Etwas anders werden diese Handlungen Hakem's erklärt in den Fragen des Formulars 62, 63, 97, 98, 99 u. 100 s. oben S. 316 f.

eingeschlossen, um das Schweigen der Diener (Minister) vorzubilden;
daher werden die vier Weiber genannt die Weiber des Imam *);
und alles, was er uns also unter Sinnbildern vorgebildet hat, haben
wir erfahren und empfunden. — Dadurch dass er einen Esel zu
seinem Reitthier nahm, hat er die verschiedenen Gegenstände der
Erwartung und der Wünsche der Menschen vorgebildet, ob die Menschen zu erkennen wissen, welches der wahrhaftige Gegenstand ihrer
Erwartung ist; denn die Juden glauben, dass der, dessen Ankunft
der Gegenstand ihrer Wünsche ist, auf einem Esel kommen soll.
Die Christen glauben, dass der, dessen Ankunft sie erwarten, unter
einer Gestalt erscheinen werde, die ähnlich ist derjenigen, unter
welcher unser Herr verborgen war, und unter welcher er sich hat
sehen lassen vor allen Menschen, ohne dass sie ihn erkannt haben.
So hat er denn, indem er einen Esel zu seinem Reitthier nahm,
ein Sinnbild gewählt, das allen Parteien conveniren konnte.“

10. *Ueber die Vorwürfe, welche die Ungläubigen dem Hakem machten.*

Aus der Formel, welche man am Anfange oder Ende mehrerer
Schriften Hamsa's liest: „Diese Schrift ist von der göttlichen Majestät
eingesehen und ihre Publication genehmigt worden“, geht hervor,
dass Hamsa, dem Beispiele der ismaëlitischen Daï's folgend (s. Einl.
Cap. IV, B, 7), seine Schriften dem Oberhaupte der Secte zur Genehmigung vorlegte. Nun gab es aber, was man von Hamsa selbst erfährt,
Leute, die daran zweifelten, dass Hakem die ihm zur Genehmigung
vorgelegten Schriften verstehe. Gegen diese lässt er sich in einem
Schreiben an einen Unitarier also vernehmen: „Was die betrifft,
welche sagen, dass ich alles das erfunden habe durch meine Einbildungskraft, dass diese ganze Lehre die Frucht meiner Erfindung
sey, dass Hakem nichts davon wisse und es nicht genehmige, dass
er Schriften, deren Sinn er nicht fassen könne, sein »Gesehen«

---

*) „Die vier Frauen des Imam“ d. h. des Hamsa, sind die vier
der Intelligenz untergeordneten Diener (Minister, Daï's), nämlich: die
Seele, das Wort, der Vorangehende und der Nachfolgende. In der
unitarischen Hierarchie ist jeder Minister im Verhältniss zu dem
ihm Vorangehenden „Weib“ und im Verhältniss zu dem ihm Folgenden
„Mann.“ (S.)

beisetze, dass mein Geist dem unsers Herrn weit überlegen sey und meine Worte beredter seyen als die seinigen, dass ich ihn über Dinge, die er nicht wisse, unterrichten müsse und er mir dafür zu danken habe: so nehmen diese irriger Weise an, dass einer mit ihm das Imamat theile."

11. Ordonnanzen und andere Schriften Hakem's.

In der Sammlung der Drusenschriften finden sich zwei, welche von Hakem zu seyn scheinen, oder welche wenigstens in seinem Namen geschrieben sind. Die eine ist die Ordonnanz vom Dhulkaada des Jahres 400, welche ein Verbot des Weins und anderer berauschender Getränke enthält (s. oben S. 251). Die andere ist ein Brief Hakem's ohne Datum, an einen Fürsten, welcher der Karmate genannt wird. Ausserdem werden in den Drusenschriften verschiedene Ordonnanzen Hakem's citirt und allegorisch erklärt. Wir glauben diese Erklärungen, als nichts Neues bietend, übergehen zu müssen.

Vierter Abschnitt.
Hingang und Wiederkehr Hakem's.

Hierüber enthält das Formular (der Catechismus) der Drusen Folgendes:

Fr. 11: Was versteht man unter dem Tage des Gerichts? A.: Man versteht darunter den Tag, wo unser Herr wiedererscheinen soll in seiner menschlichen Gestalt und Gericht halten über die Menschen mit dem Schwerte und mit Strenge.

Fr. 12: Wann und wie wird das eintreffen? A.: Das ist etwas, was man nicht weiss, aber es werden gewisse Zeichen erscheinen, welche jenen Augenblick ankündigen.

Fr. 13: Welches werden diese Zeichen seyn? A.: Wann die Könige regieren werden nach ihren Launen und wann die Christen die Oberhand haben werden über die Moslimen.

Fr. 14: In welchem Monat wird dies geschehen? A.: Im Monat Dschumada oder Redscheb, nach der Berechnung derer, welche die Zeitrechnung der Hedschra annehmen.

Fr. 74: Was hat unser Herr bei seinem Hingange hinterlassen?
A.: Er hat eine Urkunde geschrieben, hat sie an das Thor der Moschee aufgehängt und sie die *aufgehängte Urkunde* genannt.

So weit das Formular. Vernehmen wir nun das Nähere, zuerst über den Hingang und dann über die Wiederkehr Hakem's. Ueber den Hingang Hakem's, dessen Ursachen u. dgl., verbreitet sich am ausführlichsten die eben erwähnte aufgehängte Urkunde. Wir lassen hier eine Analyse derselben folgen. Sie beginnt also: „Im Namen Gottes des Allbarmherzigen! Der zukünftige Lohn ist bestimmt für Jeden, der aufwacht aus dem Schlafe der Unklugen und sich zurückzieht von der Thorheit der Unsinnigen; allen denen, deren Glaube aufrichtig und unerschütterlich ist und die sich beeilen, sich zu bekehren zu Gott dem Erhabenen und zu dem, der sein Stellvertreter ist und sein Zeuge gegen die Menschen, sein Stellvertreter auf Erden, dem er die Sorge über seine Creaturen anvertraut hat, dem Emir der Gläubigen. Dieser Lohn ist bestimmt Jedem, der sich beeilt, einzutreten in die Gemeinschaft der reinen und Gott fürchtenden Menschen, und sich nicht weigert an den Tag des Gerichts zu glauben, sondern im Gegentheil daran glaubt von Grund seines Herzens, mit einem aufrichtigen und festen Glauben; Jedem, der sich zu dem Glauben bekennt, dass jene Stunde plötzlich kommen werde und dass Gott diejenigen, die das Gute gethan haben werden, der verdienten Belohnung nicht berauben werde. Die Strafe Gottes trifft nur die Gottlosen, die Rebellen, die Dämonen, die Sünder, die Abtrünnigen, alle die gemeinen, aufrührerischen, verkehrten, übelthuenden Ungehorsamen; alle die, welche sich der Wahrheit widersetzen, die Heuchler, und diejenigen, welche den Tag des Gerichts läugnen, Leute, über die Gottes Zorn entbrannt ist und die auf dem Pfade des Irrthums wandeln" (Sur. 1, Vs. 7).

Nach diesem Eingange folgen die Lobpreisungen Gottes und die gewöhnlichen Wunsch- und Segensformeln für Muhammed und seine Nachfolger. Hierauf geht der Verfasser zur Sache selbst über; er wirft den Unitariern die Erstarrung und Unwissenheit vor, in die sie trotz der vielen erhaltenen Belehrungen und Anweisungen gefallen, und erinnert sie an die zeitlichen und geistigen Wohlthaten, mit denen Hakem sie überhäuft habe. „Was die geistigen Geschenke betrifft", sagt er, „so gehört dahin namentlich die Freundschaft und

Gemeinschaft, die ihr äusserlich mit ihm gehabt habt, was euer Ruhm in dieser Welt und die Hoffnung eures Glücks und eures Heils für die Ewigkeit ist. Ihr thut durch euren Glauben eine Gott und seinem Stellvertreter wohlgefällige Sache; aber *es ist Gottes Gnade, die euch zum Glauben führt.* Alle jene Wohlthaten haben indess nur dazu gedient, die Undankbarkeit der Menschen recht deutlich zu zeigen und ihre Schuld zu erhöhen. Zwar haben die Feinde Gottes und des Emirs der Gläubigen nicht gewagt, ihn selbst anzugreifen, weil sie seine Rache gefürchtet haben; aber sie haben einander gegenseitig bekriegt. Sie fallen sich an und verfolgen sich gegenseitig, wie die Griechen und Khozaren, indem sie sich also verwegen gegen Gott erheben, ohne Furcht vor ihm und ohne Achtung gegen ihn. Sie lassen sich weder durch die Religion, noch durch die Gegenwart des Emirs, noch durch den Glauben von dem Blutvergiessen und der Schändung der Weiber abhalten. Deshalb sind sie geschlagen worden an sich selber und in ihrer Religion, und ist der Statthalter Gottes, der Emir der Gläubigen, in ihnen geschlagen worden. Gott", fährt der Verfasser fort, "und sein Stellvertreter, der Emir der Gläubigen, sind in Zorn gerathen wegen des entsetzlichen Ungehorsams Aller insgemein. Deshalb ist er (der Emir der Gläubigen) aus eurer Mitte hinweggegangen, denn der ruhmvolle und majestätische Gott hat gesagt: »Gott hat sie nicht strafen wollen, so lange ihr in ihrer Mitte wart« (Sur. 8, Vs. 33). Dieses Zeichen des Zorns des Stellvertreters Gottes ist also ein Anzeichen des Zorns des erhabenen Gottes. Andere Zeichen des Zorns des Imams waren: dass er die Thore seiner Secte geschlossen, die Zusammenkünfte (im Hause) der Weisheit unterdrückt, die Amtsstuben seiner Officiere und Diener aus seinem Palaste entfernt, dass er sich den Begrüssungen des Volks entzogen (denn früher ging er aus und liess sich vor dem Volke sehen), dass er das Sitzen auf den seinen unverletzlichen Palast umgebenden Bänken verboten, dass er sich des öffentlichen Gebetsprechens an den Festtagen und im Monat Ramadhan enthalten, dass er den Muëssin's untersagt, ihm das Heil zu wünschen und seiner Erwähnung zu thun (bei dem Ankündigen der Gebetsstunden), dass er verboten ihn Maulana (unsern Herrn) zu nennen und die Erde vor ihm zu küssen, dass er Jedermann untersagt vor ihm abzusteigen, dass er wollene Kleider, bald von dieser bald von einer anderen Farbe, getragen, dass er seinen Officieren und Dienern

verboten hat ihn zu begleiten, dass er sich enthalten hat Bevollmäch-
tigte (Minister) über die Menschen seines Zeitalters aufzustellen, und
gar viel andere Dinge, an welche die Menschen nicht denken. —
Der Statthalter Gottes, der Emir der Gläubigen, hat alle Sterbliche
sich selbst überlassen . . . . Er ist aus ihrer Mitte getreten. Sie
wissen nicht, was sie von ihm denken sollen; sie haben darüber
verschiedene und in Ungewissheit schwankende Meinungen, aber sie
gehorchen der Wahrheit nicht und kehren sich nicht zu dem Statthalter Gottes. Indess hat Gott gesagt: »Wenn sie hierüber Gott,
seinen Gesandten und ihre Oberhäupter befragten, so würden sie darüber unterrichtet werden von denen, an die sie sich wenden würden,
um ihre Zweifel aufzuhellen« (Sur. 4, Vs. 82) . . . . . Gott der Erhabene hat gesagt: »Wenn meine Diener euch über mich befragen,
so sagt ihnen, dass ich nahe bin und dass ich die Gebete derer
erhöre, die mich anrufen« (Sur. 2, Vs. 187). Wohlan denn, ihr
Menschen! wenn ihr euch in jenen wüsten und unbebauten Orten
befindet, so werden eure Augen gerichtet werden auf den Anfang
jenes Pfads, auf welchem der Emir der Gläubigen gewandelt in dem
Augenblicke seines Hinganges; versammelt euch dort mit euren Kindern, reiniget eure Herzen, fasset gute Vorsätze vor Gott, dem Herrn
des Weltalls; bekehret euch zu ihm in aufrichtiger Bekehrung, wendet bei ihm an die kräftigste Vermittlung, auf dass er euch verzeihe,
dass er euch Nachsicht angedeihen lasse, dass er euch Barmherzigkeit erzeige und dass er euch seinen Stellvertreter wieder sende. . . .
Niemand aber von euch soll die Spuren des Emirs der Gläubigen
(auf dem ruhe der Friede Gottes!) aufsuchen wollen oder darüber
nachforschen, was aus ihm wohl geworden sey. Haltet an zu beten
alle zusammen an dem Eingange jenes Weges und zu sprechen:
»Dies ist unser Aufenthalt.« Und wenn der Augenblick der Barmherzigkeit für euch gekommen seyn wird, wird der Statthalter Gottes
an eurer Spitze erscheinen, aus freiem Willen, befriedigt durch euer
Benehmen, und er wird sich in eurer Mitte zeigen. Seyd also
fleissig in jenen Uebungen bei Tag und bei Nacht, bevor der letzte
Tag anbricht, ehe der Augenblick des Gerichts kommt, ehe das Thor
der Barmherzigkeit sich schliesst und die Rache losbricht über die
abtrünnigen und ungehorsamen Menschen." — Der Schluss dieser
Urkunde lautet: „Der Diener des Reichs des Emirs der Gläubigen
hat dieses geschrieben, im Monat Dhulkaada des Jahres 411." Bei-

gefügt ist noch der Befehl, dass man Niemanden hindern solle diese Schrift abzuschreiben und zu lesen, und Verwünschungen gegen alle die, welche sie abschreiben könnten aber dies zu thun versäumen*).

Eine andere wichtige Schrift in Bezug auf den Hingang Hakem's ist „*die Abhandlung über die Abwesenheit*", wahrscheinlich die letzte Schrift Hamsa's. Die Hauptstellen dieser Schrift sind folgende: „Ich setze", lautet der Anfang, „mein Vertrauen auf unsern Herrn, der über alle Mächte triumphirt, der sich offenbart, um an sich zu ziehen und mit sich zu vereinigen die Figuren **), der, wenn er sich verbirgt, nichtsdestoweniger dem Untergange ausgesetzt ist." — Hierauf wendet sich der Verfasser an die Genossen der Secte mit den Worten: „O ihr, Gemeinschaft der Gläubigen, die ihr bekennet die Einheit unsers Herrn, des Herrn am Gerichtstage; die ihr mit Freude und Ergebung euch allem unterwerfet, was er in Bezug auf euch befiehlt, die ihr mit festem Glauben annehmet, dass er der Herr über eure Geister und über die aller Menschen sey: ihr habt euch durch eine unverletzliche Verpflichtung verbindlich gemacht, keinem andern als ihm zu dienen, hütet euch vor Gedanken des Zweifels, welche eure Seelen euch einflössen könnten, hütet euch, einem Menschen (Glosse: dem Apostaten) euch zu nähern, der ein Stück Aloë in seiner Hand haltend (Glosse: der Act der Verpflichtung) sich durch seine Gefrässigkeit verleiten lässt zu glauben, dass dasselbe süss an Geschmack und angenehm zu essen sey, und der es, wenn er es gekostet, wegen seiner Bitterkeit wegwirft, da er nicht weiss, was für einen Nutzen es für ihn haben könnte. — Brüder", fährt er fort, „ihr sollt vielmehr den fürchten, der mächtig ist (Glosse:

---

*) Da diese Schrift für ein grösseres Publicum bestimmt war, so darf man sich, sagt Sacy, nicht verwundern, dass der Styl derselben nicht recht zu der Lehre des Hamsa passt, und dass Hakem in derselben blos unter den Titeln „Emir der Gläubigen" und „Statthalter Gottes" vorkommt. Es ist aber leicht, alles hier Gesagte auf die unitarischen Dogmen zurückzuführen. Zu dem Zwecke darf man nur das Wort „Gott" auf die Gottheit Hakem's, und die Worte „Emir der Gläubigen", „Statthalter Gottes" auf seine Menschheit deuten.

**) Die Figuren sind die Unitarier, in denen sich so zu sagen die Wahrheiten der unitarischen Religion verkörpert haben. S. oben S. 177.

den Ort) *), als den, welcher einer höhern Macht unterworfen ist
(Glosse: den falschen Propheten)." Nachdem er ihnen hierauf vor
Augen gehalten, dass des Glaubens Festigkeit nur durch Verfolgung
erprobt werden könne, richtet er sofort folgende wichtige Worte an
sie: „Brüder, da ihr die Zuversicht habt, dass unser Herr nicht
wirklich aus dem Hause **) entfernt ist, obwohl eure Augen ihn
nicht sehen, was ist da wohl das Hinderniss, das ihn euren Blicken
verhüllt? Es ist kein anderes, als eure verkehrten Werke und eure
verbrecherischen Handlungen... Darum Brüder, fährt er fort, wachet
auf vor der Erscheinung der Figur (d. h. der Menschheit unsers Herrn,
welche am Tage der Auferstehung, d. i. der Zeit des Triumphs der
unitarischen Religion, Statt haben wird); denn ihn erst nach seiner
Erscheinung anbeten, heisst ihn gezwungen anbeten; wer ihn aber
gezwungen anbetet, der hat keinen Nutzen davon. Brüder, was euch
fern war, ist euch nun nahe. Brüder, reinigt die Gedanken, die
ihr von unserm Herrn habt, und er wird wegnehmen von euren
Augen die Schleier, mit denen die falschen Meinungen, die ihr von
ihm gefasst habt, dieselben bedeckt haben. Brüder, hütet euch, dass
ihr nicht getäuscht werdet durch die Verführungen des Satans (Glosse:
des falschen Propheten); denn der Gegner (der falsche Prophet) wird
hervorgehen aus dem Hause des Freundes; sein Aeusseres ist lauter
Frömmigkeit, im Innern aber ist er lauter Trug: Hütet euch wohl
vor ihm ***). Brüder, nachdem die Lehre der Einheit geoffenbart

---

*) „Der Ort", das ist die Personification der Gottheit unter dem
Namen Hakem. (S.)

**) „Das Haus" bedeutet nach einer Glosse den Stand der Entäus-
serung (Hakem's) in den drei Jahren, d. h. den drei Jahren der Aera
des Hamsa, den Jahren 408, 410 u. 411 der Hedschra, in welchen Hakem, sich darauf beschränkend seine göttliche und einzige Natur erkennen zu lassen, das Imamat dem Hamsa übertragen hatte, wie es dieser
behauptet. Sacy ist mehr dazu geneigt, unter dem Worte „Haus" hier
die unitarische Religion zu verstehen.

***) Unter dem falschen Propheten, dem Antichrist, ist wohl kein
anderer zu verstehen als Ali ben Hakem, der demselben unter dem Namen Dhaher nachfolgte; denn es wird gesagt, dass er in dem Hause des
Weli (d. i. des Imams) erscheinen werde. Möglich wäre es jedoch auch,
dass unter dem Weli Hamsa zu verstehen und dass der Sinn wäre, dass
der Verführer einer der vertrautesten Schüler Hamsa's seyn werde. (S.)

worden ist, nachdem das anbetungswürdige Wesen unter einer äusserlichen Gestalt erschienen ist und nachdem es unter dieser Gestalt das Bekenntniss angenommen hat, welches ihr von seiner Einheit gethan habt, indem ihr es wahrhaftig und mit aufrichtiger Frömmigkeit angebetet: so wird es aus dieser Gestalt, welche der Gegenstand ist, den man euch vor Augen gestellt als das Wesen, dessen Einheit ihr erkennen solltet, und unter welcher er euere Verpflichtungen angenommen hat; so wird es, sage ich, aus dieser Gestalt in keine andere übergehen. Wenn dies geschehen könnte, wie ihr wähnet, so würde der Cultus, den ihr ihm erwiesen, aufgehoben werden und die Versprechungen, die euch für den Tag der Auferstehung gemacht worden sind, würden null und nichtig seyn." — Eine nähere Begründung und Ausführung dieses letztern Gedankens, dass, nachdem sich die Gottheit einmal unter der „Hakem" genannten Gestalt geoffenbart habe, sie in keine andere Gestalt übergehen könne, gibt ein anonymer Schriftsteller bei Sacy, I, S. 213—216. Derselbe sucht dabei namentlich die Meinung zu widerlegen, dass die Gottheit von Hakem auf seinen Nachfolger Ali übergegangen sey. Auch Behaëddin hat in einer besondern Abhandlung diesen Satz erläutert und insbesondere zu zeigen gesucht, dass die Gottheit sich der Ungerechtigkeit schuldig gemacht hätte, wenn sie, nachdem sie die unitarische Lehre geoffenbart, wie sie es unter der „Hakem" genannten Gestalt gethan, sie noch andere Gestalten auf diese hätte folgen lassen.

Die Zeit der Abwesenheit Hakem's wird genannt: Zeit der Abwesenheit oder der Prüfung, der Aufschub, der Zwischenraum. Hamsa liess anfangs hoffen, dass diese Abwesenheit nicht lange dauern werde. „Brüder", sagte er, „seyd immer bereit, haltet euren gegenwärtigen Zustand nicht für ein Uebel, denn er ist vielmehr gut für euch. Ihr dürfet nur kurze Zeit warten, so werdet ihr die Weiber eurer Feinde als Wittwen sehen, sie selbst aber gestürzt in Unglück und Elend, beraubt ihrer Güter und ihrer Provinzen, und überliefert in die Hände eines Meisters (Glosse: der Intelligenz). Er wird sie nöthigen, Abzeichen an ihren Kleidern zu tragen, wird sie umkommen lassen und euch an ihnen für alles erduldete Böse rächen. Ihr aber, ihr werdet Fürsten und Scherife genannt werden." Später scheinen die Verkündiger der unitarischen Lehre die Dauer der Abwesenheit Hakem's und Hamsa's auf sieben Jahre festgesetzt zu haben. So liest man in einer anonymen und undatirten Schrift: „Unser Herr hat schwarze Kleider getragen, um seinen Hingang vorzubilden und um anzuzeigen, dass seine Getreuen und seine Diener sieben Jahre lang, nach seinem Hingange, in Trübsal und Finsterniss seyn würden. Er hat seine Haare wachsen lassen um vorzubilden, dass der Imam (Hamsa) sich verbergen würde, denn der Imam ist für den Menschen wie das Haupt. Durch dieses Vorbild, das er uns gegeben hat, wissen wir, dass der Imam sieben Jahre verborgen bleiben wird." Nach Abfluss dieser sieben Jahre begnügte man sich, die Rückkehr Hakem's als eine sehr nahe zu bezeichnen.

Was nun diese Zeit der Rückkehr Hakem's, die gewöhnlich „Zeit des Trostes, der Offenbarung, der Auferstehung" genannt wird, betrifft, so sagt darüber Behaëddin: „An jenem Tage wird der Herr, der sehr starke Gott Hakem, sich enthüllen den Creaturen in seiner Creatur (d. h. in der Gestalt seiner Creaturen) . . . . der Herr, der Gott Hakem, der Heilige, wird sich zeigen in der ganzen Reinheit seiner attributlosen Grösse; umgeben, wie von Schleiern, von einer Menge heiliger Engel, und von Heerschaaren geflügelter und lichtvoller Cherubinen, die an ihrer Spitze haben werden den, der das Haupt, der Imam der Nationen ist in allen Zeitaltern und Jahrhunderten. Diese Gestalt, in welcher Hakem am Tage seines Triumphs erscheinen wird, heisst die Auferstehungs-, die geistige Gestalt. Und auf diese Gestalt ist das den Brahmanen, Juden, Christen und Moslimen gemeinschaftliche Dogma zu beziehen, dass der Schöpfer sich seinen Creaturen deutlich offenbaren werde am Tage der Auferstehung, dass er die Menschen zur Rechenschaft fordern, die Himmel zertheilen und die Erde verändern werde."

Der Wiederkehr Hakem's werden verschiedene Zeichen vorangehen. Sie ist nach Behaëddin zu erwarten, wann die Schleier, welche den grössten der Dämonen verhüllten, den, der von den alten Zeiten her der Urheber der falschen Religionen gewesen ist, werden zerrissen werden; wann derselbe sich gemeinen Handlungen und falschen Meinungen überlassen wird; wann seine Verkehrtheit, seine Verdorbenheit, seine schlechte Gesinnung sich offenbaren wird; wann seine Leidenschaften, aus denen er seinen Gott und seinen Imam gemacht hat, zu seiner Schande werden enthüllt werden; wann sein Geist und seine Augen, nachdem sie die Wahrheit erkannt hatten, der Verblendung anheimgefallen seyn werden. — Dieser falsche Prophet — wie es scheint, ein unitarischer Apostat — wird genannt:

der Einäugige, der Betrüger der Zeit der Auferstehung; er soll mit dem Hause des Imamats Krieg führen. Sein Untergang wird angekündigt werden durch einen grossen Tumult in dem Lande der Kopten, durch ein die Gebäude von Fostat zerstörendes Erdbeben, und durch die Erscheinung eines andern Betrügers in derselben Stadt. — Ein anderes Zeichen des jüngsten Tages ist die Zerstörung von Aleppo durch die Heere des Antichristen, der aus dieser Stadt ausgehen wird. — Ferner zählt man unter die Zeichen der baldigen Wiederkehr Hakem's das Getroffenwerden des Tempels von Mekka von einem Blitz, die Zertrümmerung verschiedener Gebäude Mekka's durch einen heftigen Orkan, die Zerstörung der Tempel, Moscheen und Kirchen in Syrien durch Erdbeben. Endlich gehören zu den Zeichen der nahen Rückkehr Hakem's heftige Verfolgungen des unitarischen Glaubens und die Erhebung der Christen zu den ersten Würden *).

Fünfter Abschnitt.

Anbetung Hakem's unter dem Bilde eines Kalbes.

Man glaubt, sagt Sacy, heutzutage allgemein, dass die Drusen in ihren Versammlungen den Ḥakem unter dem Bilde eines Kalbes anbeten, und der gelehrte *Adler* hat eins jener Monumente ihres Aberglaubens herausgegeben. Dass dem nicht so sey und dass die Drusen das Bild eines Kalbes keineswegs als ein Symbol ihrer Gottheit betrachten, hat zuerst der Engländer *Venture* in dem „Appendix to the Memoirs of baron de Tott" nachzuweisen gesucht, wo er S. 98 sagt: „Wir können uns nur vage und unvollkommene Vorstellungen machen von dem, was in jenen mysteriösen Versammlungen der Eingeweihten vorgeht; was man davon entdecken konnte, ist, dass sie in denselben ein goldenes Kalb zeigen, die heiligen Bücher lesen und auf kabbalistische Weise erklären. Nach der gewöhnlichen Meinung ist jenes goldene Kalb der Gegenstand der Anbetung der Eingeweihten; allein ich glaube versichern zu können, dass jenes Kalb nichts anderes als ein Sinnbild derjenigen Religionen seyn

---

*) Fast alle diese Zeichen sind aus der Lehre der Moslimen über die Vorzeichen des jüngsten Tages entlehnt.

soll, welche die Drusen für falsch halten. Ich gründe diese meine Meinung auf ihre heiligen Bücher, welche gegen alle Idololatrie eifern, und welche das Judenthum, Christenthum und den Islam mit einem Kalbe und einem Büffel vergleichen."

Diesem fügt Sacy bei: „Nichts ist mehr wahr als diese letzte Bemerkung, und sie hat mich schon vor langer Zeit vermuthen lassen, dass das angebliche Götzenbild der Drusen vielmehr das Emblem des Iblis, des Gegners des Hakem, sey *). Nunmehr ist dies für mich eine erwiesene Wahrheit, und ich habe die Beweise davon in einer besondern Abhandlung, im dritten Bande der Mémoires de la classe d'histoire et de littérature ancienne de l'Institut, gegeben. Da ich überzeugt bin, dass der Cultus des Kalbes, weit entfernt, durch die primitive Lehre der Drusen oder Hamsa's vorgeschrieben oder auch nur autorisirt zu seyn, vielmehr blos eine durch das Haupt einer häretischen Secte in die unitarische Religion eingeführte Neuerung ist, so will ich hier nicht weiter darüber sprechen, sondern diesen Gegenstand für den Theil dieses Werks aufbewahren, wo die Veränderungen in der Glaubens- und Sittenlehre der Drusen zur Sprache kommen werden" **).

Zweites Capitel.

Die Mittler ***) der unitarischen Religion.

Erster Abschnitt.

Nothwendigkeit der Erkenntniss derselben. Ihre gewöhnlichen Namen.

Es wird von den Drusenschriftstellern vielfach eingeschärft, dass es für einen Unitarier nicht genüge, die Einheit Gottes zu erkennen und bekennen und an die Offenbarung der Gottheit in der Person

---

*) Im Widerspruch hiermit bezeichnet Sacy (Exposé II., S. 703, Anm. 1) dieses Kalbsbild als eine figure qui'ls honorent comme symbole de l'humanité de Hakem. Vgl. auch a. a. O. S. 354 u. 629.

**) Dieser Theil ist nicht mehr erschienen.

***) So übersetze ich das Wort *ministre* nach dem ihm hier hauptsächlich zu Grunde liegenden Begriffe. Man könnte etwa auch über-

Hakem's zu glauben, sondern dass einem Unitarier ebensosehr die Erkenntniss der Mittler dieser Religion obliege. So sagt Hamsa in einer zur Unterweisung der unitarischen Weiber bestimmten Schrift: ... „Wenn eine von euch sagte: Ich habe die Einheit unsers Herrn bekannt, ich habe dies immer bewiesen und ich bedarf keines Mittlers (Glosse: Imams), so ist der Pfad der Wahrheit (Glosse: die Lehre der unitarischen Religion) für dieses Weib verborgen. Habt ihr nicht in euren Medschlis (Versammlungen), in den Medschlis der Weisheit, das Gleichniss von dem Wachslicht vernommen, dass nämlich Wachs allein oder ein Docht allein, oder das Licht allein oder der Leuchter allein kein Wachslicht sey, sondern dass zu einem Wachslicht Wachs, Docht, Feuer und Leuchter gehören. Nun — dieses Gleichniss *) hat man euch vor Augen gehalten, um euch zu zeigen, dass ihr die Erkenntniss der Religion der Einheit nur dann besitzen könnet, wenn ihr alle Mittler dieser Religion erkennet."

In einer andern Schrift „Mahnung und Aufforderung zum Erwachen" sagt Hamsa, nachdem er an die Pflichten gegen Hakem erinnert hat: „Bringet auch mir Dankbezeigungen, erkennet mich mit einer vollkommenen und dem, was ich bin, conformen Erkenntniss; denn ich bin unter euch mit der Vollführung seiner Willensbestimmungen beauftragt, *ich* bin mit dem Geschenk seines heiligen Geistes (Glosse: der allgemeinen Inspiration) ausgestattet. Wisset meinen Rang von dem meiner Diener und meiner Daï's zu unterscheiden. Erkennet die Mittler nach ihren Namen und Attributen, gebet einem jeden von ihnen den ihm gebührenden Rang und Platz, denn sie sind die Thore der Weisheit und die Schlüssel der Barmherzigkeit."

Und Ismaël ben Muhammed Temimi sagt geradezu: „Wer also die fünf Mittler nicht kennt, der kennt die unitarische Religion nicht, sowie sie in unserer Zeit ist; sein Bekenntniss der unitarischen Religion ist eitel und weiter nichts als Schein."

---

setzen: Priester, Prediger, Verkündiger (Daï), oder auch Verwalter, Stellvertreter, Bevollmächtigter; aber keiner dieser Ausdrücke ist überall brauchbar. „Diener" ist zu allgemein. Bei Sacy II, S. 19, werden die *ministres* definirt als „êtres employés à l'administration de l'univers et à l'instruction des hommes."

*) Eine nähere Ausführung und Anwendung dieses Gleichnisses gibt Ismaël ben Muhammed Temimi bei Sacy II, 5—8.

Die *Namen*, mit denen diese Mittler oder Priester der unitarischen Religion und insbesondere die Oberpriester gewöhnlich bezeichnet werden, sind: *Hodud* und *Ajat.* Der erste Name *Hodud* (Pluralis von Hadd) bedeutet eigentlich „Gränzen, Schranken", und dann metaphorisch „Gesetze, Vorschriften, Befehle" (vgl. Sur. 4, 17; 58, 5; 65, 1). Ohne Zweifel haben die Drusen diesen Namen von den Bateniten entlehnt, welche, gewohnt, alle Ausdrücke des Korans zu allegorisiren, unter dem Namen „Befehle Gottes" die mit der Verkündigung dieser Befehle beauftragten Prediger verstehen konnten *). Der andere Name *Ajat* (Plur. von Aja) bedeutet eigentlich „Zeichen", im Koran und im Sprachgebrauch der Muhammedaner „die Verse des Korans". Diese Benennungen, bemerkt Sacy, sind um so natürlicher, als in dem Systeme Hamsa's die Mittler die Wahrheiten der Religion selbst, die Personificationen derselben sind (s. weiter unten). Behaëddin nennt sich in Bezug auf die von ihm unterrichteten Daï's den Hadd, die Gränze.

Zweiter Abschnitt.

Hierarchie der Mittler; ihre Eintheilung in zwei Classen und fünf Kategorien.

Was von dem Gott der Drusenreligion gilt, das gilt auch von den Mittlern derselben. Sie können von einem doppelten Gesichtspuncte aus betrachtet werden, nämlich entweder als rein geistige, oder als mit einer Seele und einem Körper vereinigte und zu sichtbaren Personen gewordene Wesen. Nach dem ersten Gesichtspuncte tragen sie immer dieselbigen Namen; nach dem zweiten wechseln ihre Namen in den verschiedenen Epochen ihrer Offenbarung. Dies hindert aber nicht, dass sie auch unter dem ersten Gesichtspuncte mit verschiedenen Namen bezeichnet werden, je nach ihren Functionen, ihren Rangstufen, ihrem Verhältniss untereinander oder zu der Gottheit oder auch zu den Menschen; aber alle diese Namen, welche einem jeden von ihnen gegeben werden, kommen ihnen alle zu gleicher Zeit und in allen Epochen ihrer Existenz zu und schliessen

---

*) Auch die Prediger das Islam werden von den Drusenschriftstellern *Hodud* genannt.

einander nicht aus. Diese Namen (der Mittler als rein geistiger Wesen) sind folgende:

Der *erste* derselben, der einzige, dessen Erschaffung das unmittelbare Werk der Gottheit ist, heisst *die allgemeine Intelligenz*. Sie schliesst alle Dogmen, alle Wahrheiten der Religion in sich, oder vielmehr sie ist selber die Vereinigung aller jener personificirten Wahrheiten, welche sie unmittelbar von der Gottheit hat. Alles was die andern Mittler und alle Gläubigen von Kenntnissen jener Wahrheiten besitzen, sind nur Emanationen der Intelligenz, Eindrücke, hervorgebracht durch ihre unmittelbare oder mittelbare Wirkung.

Der *zweite* Mittler heisst *die allgemeine Seele*. Diese ist aus der Intelligenz durch eine Art von Emanation hervorgegangen; sie hat den Rang eines Weibes im Verhältniss zu der Intelligenz; im Verhältniss aber zu den niederern Mittlern hat sie den Rang eines Mannes. Von ihr haben die andern Mittler ihre Existenz, durch die befruchtende Wirkung der Intelligenz. Der Intelligenz untergeordnet, ist sie weit erhaben über alle andern geschaffenen Wesen.

Der *dritte* Mittler ist *das Wort*; dieses ist von der Seele durch die Intelligenz hervorgebracht. Er steht in fast gleichem Range mit der Seele.

Der *vierte* Mittler ist *der Vorangehende (Sabek)*; er ist hervorgebracht von dem Worte durch die Thätigkeit der Seele. Dieser Name ist ihm gegeben, weil in dem System der Bateniten, welche die drei eben genannten Mittler nicht haben, dieser vierte Mittler die erste Stelle einnahm.

Der *fünfte* Mittler ist *der Nachfolgende (Tali)*, so benannt, weil er unmittelbar auf den Vorangehenden folgt; er ist von dem Vorangehenden hervorgebracht und hat von demselben die Macht zur Hervorbringung der niedern, untergeordneten Mittler. Er wirkt auf alles ihm Untergebene unmittelbar ein, während die vier oberen Mittler nur mittelbar wirken.

Unter diesen fünf Oberpriestern, welche die erste Classe in der drusischen Hierarchie bilden, stehen die *Daï's*, die *Madsun's* und die *Mokaser's*. Diese — die zweite Classe von Mittlern bildend — sind keine geistigen, immer existirenden Wesen; sie sind von den einfachen Gläubigen nur durch einen höhern Grad der Tugend und Religionskenntniss unterschieden, und erhalten alle ihre Macht von dem Nachfolgenden. Die *Daï's*, d. h. die Rufenden, Einladenden, stehen an der Spitze der Missionäre, deren Beruf ist, die Menschen zur Erkenntniss und zum Bekenntniss der unitarischen Lehre einzuladen. Die *Madsun's* stehen unter den Daï's und haben denselben Beruf. Ihr Name bedeutet „die Licentiaten, die mit der Erlaubniss Versehenen". Sie wurden nach Moktana so benannt, weil sie die Erlaubniss haben *zu lösen und zu binden*, das heisst, den Menschen die Falschheit der andern Religionen zu zeigen und sie in die Kenntniss der Dogmen der wahren Religion einzuführen. Die *Mokaser's* sind die unterste Classe der Missionäre. Die etymologische Bedeutung des Wortes Mokaser ist: der Lösende, Auflösende; metaphorisch: der Misstrauen-Einflössende, Ueberzeugung-Schwächende. Sie scheinen demnach namentlich dazu berufen gewesen zu seyn, den Menschen Zweifel an ihren Religionen einzuflössen; der Name kommt aber auch in der weitern Bedeutung „Lehrer, Prediger" vor.

Diesen dreierlei Missionären werden auch folgende allegorische Namen gegeben. Der Daï heisst die *Aufmerksamkeit*, weil er Aufmerksamkeit angewendet hat, die unitarische Lehre von dem Imam zu erlernen. Der Madsun heisst die *Eröffnung*, weil er den darnach Verlangenden das Thor der Einweihung öffnet. Der Mokaser heisst *die nächtliche Lichterscheinung*, weil er leuchtet durch seine Wissenschaft und seine Predigt, wie eine nächtliche Lichterscheinung, ohne dass er ein wahres Licht oder ein volles Verständniss der erleuchtenden, von ihm gepredigten Lehre geben könnte.

Die Bateniten (Ismaëliten), denen Hamsa dieses sein hierarchisches System nachgebildet hat, hatten gleichfalls zwei Classen von Mittlern; jede derselben war aus fünf zusammengesetzt. Die der ersten Classe hiessen: der *Vorangehende*, der *Nachfolgende*, die *Aufmerksamkeit*, die *Eröffnung* und die *nächtliche Lichterscheinung*; die der zweiten Classe hiessen: der *Natek* oder Gesetzgeber, der *Asas* oder Grund, der *Imam* oder Oberpriester, der *Hoddscha* oder Zeuge, und der *Daï* oder Missionär. Den fünf der ersten Classe als den geistigen, unsichtbaren, obern (d. i. im Himmel befindlichen) entsprechen (nach Hamsa's Darstellung) die fünf der zweiten Classe als die leiblichen, sichtbaren, untern (d. i. auf der Erde befindlichen).

Das hierarchische System Hamsa's unterscheidet sich demnach von dem der Bateniten in folgenden Puncten. Für's Erste nimmt Hamsa drei über dem Sabek stehende Mittler an, die Intelligenz, die Seele und das Wort. Dadurch entfernt er für's Zweite aus der ersten

Classe die Aufmerksamkeit, die Eröffnung und die nächtliche Lichterscheinung, von welchen man in seinen Schriften kaum einige Züge findet. Für's Dritte sind nach Hamsa der Natek und der Asas eigentlich Prediger des Irrthums und der Verführung, denn wenn er manchmal diese Namen den ersten Priestern seiner Religion gibt, so thut er dies nur metaphorisch. Für's Vierte waren die fünf ersten geistigen Mittler der Bateniten himmlische, unsichtbare, den Sinnen unzugängliche Wesen, die des Hamsa dagegen sind auf der Erde lebende und auf sichtbare Weise existirende Personen, oder vielmehr geistige Wesen, vereinigt zu den verschiedenen Epochen der Offenbarung der Gottheit mit menschlichen Personen (Figuren). Für's Fünfte hat die zweite Classe von Mittlern bei Hamsa blos drei Mittler, während es bei den Bateniten fünf sind. Eine genauere Darstellung des batenitischen hierarchischen Systems, sowie die Polemik Hamsa's gegen dasselbe ist früher gegeben worden (Einl. Cap. IV, B, 7).

Nach einer andern Classification werden die Mittler in fünf Kategorien getheilt, und werden in derselben bezeichnet als *lichtige*, *seelische* *), *geistige*, *materielle* und *körperliche* Wesen oder Personen. Nach einigen Glossen könnte man meinen, dass unter den lichtigen, seelischen und geistigen die fünf Obermittler, und dagegen unter den materiellen und körperlichen die fünf von Hamsa verworfenen Mittler der Bateniten zu verstehen seyen. Indess gibt Hamsa an mehreren Stellen seiner Schriften zu erkennen, dass die fünf angegebenen Benennungen alle sich auf die Obermittler seiner Religion beziehen. Welchen Sinn aber Hamsa diesen Benennungen gegeben und welches ihr Ursprung sey, darüber, sagt Sacy, geben die Schriften Hamsa's keine Auskunft.

Noch ist zu bemerken, dass Hamsa — in Nachbildung des batenitischen Systems, in welchem den fünf geistigen, himmlischen Mittlern fünf körperliche, sichtbare entsprechen — den fünf Obermittlern seiner Religion fünf Mittler des Irrthums, das heisst des Tensil und des Tawil, entgegensetzt. Diese fünf Mittler des Irrthums sind ihm: Muhammed, Ali, Abu Bekr, Omar und Osman, die sich zu seiner oder Hakem's Zeit geoffenbart haben sollen in den Personen des Abdalrahim ben Eljas (s. oben S. 325), des Abbas ben

---

*) Animaux c. a. d., sagt Sacy, relatifs à l'âme.

Schoaïb, des Daï Khatkin, Dschafar's des Blinden, und des Oberkhadi
Ahmed ben Awwam. Diese alle seyen, sagt Hamsa, Leiber ohne
Seele, denn die wahrhaftige Seele sey das Bekenntniss der Einheit
Gottes. In den Glossen werden diese fünf Mittler des Irrthums ver-
achtungswürdige (*madsmum* oder *dsamm*) genannt und mit fünf
schwarzen Puncten bezeichnet, während die erstern preiswürdige
(*mahmud* oder *hamd*) genannt und mit fünf rothen Puncten bezeichnet werden *).

Dritter Abschnitt.

Primitive Production der Mittler. Verschiedene Namen der einzelnen.

Hierüber als über einen der wesentlichsten Puncte der unitarischen Religion, lässt sich Hamsa in der Abhandlung „die Offenbarung
der Wahrheiten“, die man die Theogonie der Drusen nennen könnte,
da sie die Entstehungsgeschichte jener Halbgötter (der Mittler) enthält, also vernehmen:

Der preiswürdige Schöpfer erschuf aus seinem strahlenden Lichte
eine vollkommene und reine Figur, welche da ist der Wille. *Sie
ist der Grundstoff aller Dinge* und diese sind durch sie hervorgebracht, jenem Worte gemäss: „Wenn er eine Sache will, hat er
nur zu ihr zu sagen: Sey! und sie ist.“ (Sur. 36, Vs. 82). Er
nannte diese Figur *Intelligenz*. Die Intelligenz war vollkommen an
Licht und an Kraft, vollendet an Werken und an Gestalt; in ihr
waren vereinigt die fünf Grundstoffe (elementarischen Eigenschaften),
und der Schöpfer fasste in ihr alles zusammen was existirt, in seiner möglichsten Ausdehnung. Er setzte sie ein zum Imam der Imane,
welcher in allen Zeiten und Zeitaltern existirt. Sie ist der wahrhaftige Vorangehende. Sie wurde Vorangehender (Sabek) genannt,
weil ihre Natur und ihre Substanz allen andern Mittlern vorangegangen ist, in dem Bekenntniss der Einheit des Schöpfers. Die
Intelligenz ist ein erfassbares und in die Sinne fallendes Wesen,

*) Diese Puncte stehen in horizontaler Richtung über dem Worte,
das sie (die Mittler) allegorisch anzeigt. So stehen z. B. fünf schwarze
Puncte über dem Worte „fünf“ in dem Satze: „Diese fünf (Abdalrahim,
Abbas etc.) sind ein jeder ein Imam für die, welche ihnen folgen.“ (S.)

welches isst und trinkt, und nicht, wie die frühern Lehrer gelehrt haben, ein für die Einbildungskraft und den Gedanken unfassbares Wesen. Sie ist das erste der Wesen, die von dem Erhabenen und sehr Erhabenen, der alles Preises würdig ist, hervorgebracht worden sind; er hat sie auch die *Ursache der Ursachen* genannt. Diese Intelligenz ist vollkommen an Fähigkeit und im Wirken, weise in der Ruhe, mächtig in der Bewegung; sie ist das Princip des Ruhe-punctes*), der Grundstoff der fünf elementarischen Stoffe, fein, durchsichtig, die alle weltlichen und himmlischen Dinge regiert. In sie hat er (der Schöpfer) die Ehre und den Ruhm der Menschen gesetzt, sowohl in Betreff der zeitlichen Dinge, als in Betreff der Religion; er hat ihren (der Menschen) Rang bestimmt nach Maasgabe des Lichtes, das sie aus ihr ziehen und nach dem Maase, in welchem sie aus ihrem süssen und frischen Wasser schöpfen. Gott, der Erhabene und sehr Erhabene, sprach zu der *Ursache der Schöpfung*, die eins ist mit der allgemeinen Intelligenz: *Schreite vor*, das heisst, komm herbei mich anzubeten und meine Einheit zu bekennen. Und dieses Wesen schritt vor in Gehorsam und Gelehrigkeit gegen diese zwei Dinge (die Anbetung und das Bekenntniss der Einheit). Er (Gott) sprach hierauf zu ihr: *Tritt zurück*, das heisst, entferne dich von jedem, der ausser mir noch einem andern dient und ausser mir noch einen andern anbetet. Und dieses Wesen hielt sich fern von dem einen und dem andern. Hierauf sprach Gott: Ich schwöre bei meinem Ruhme, meiner Majestät und meinem Range, dem höchsten: Niemand soll in meinen Garten eintreten, das heisst in meinen Bund, es sey denn durch dich und deine Liebe, und Niemand soll von meinem Feuer verzehrt werden, das heisst von den lästigen Obser-vanzen des Buchstabens und des Gesetzes, die da sind wie eine trockene und brennende Hitze, als wer sich von dir entfernt und gegen dich empört. Wer dir gehorcht, gehorcht mir; und wer dir

---

*) „Der Ruhepunct" ist eigentlich die Offenbarung der unitarischen Lehre, von welcher an alle Revolutionen, das heisst die Aufeinanderfolge der verschiedenen Religionen, aufgehört haben. Das soll wohl, fügt Sacy bei, bedeuten „den Mittelpunct, den unbeweglichen Punct, den Pol, um welchen alles Uebrige sich bewegt." Da diese Manifestation durch den Dienst (das Mittleramt) Hamsa's geschieht, so ist *er* das Princip des Ruhepunctes.

widerstrebt, widerstrebt mir selber; durch dich wird man zu den erhabenen Würden gelangen, und ich habe dich für alle meine Diener und für alle, die mir sich unterwerfen werden, aufgestellt zum Canal, der zu meiner Barmherzigkeit führt. — Als die Intelligenz diese Worte Albar's (d. i. Gottes, s. oben S. 302) vernommen hatte, warf sie einen Blick auf sich selber, und sie gewahrte da, dass kein Wesen ihr gleich sey, dass keins ihr die Superiorität bestreiten, keins sich neben sie stellen könne. Sie fand daher Wohlgefallen an sich selber und glaubte, dass sie nie Jemandes bedürfen würde, dass sich nie ein Gegner gegen sie erheben und sich ihr widersetzen, kein Wesen sich ihr gleichstellen könnte, dass sie durch alle Perioden allein und ohne Rival seyn würde. Aber Gott liess aus ihrem Gehorsam hervorgehen die Widerspenstigkeit, aus ihrem Lichte die Finsterniss, aus ihrer Demuth den Hochmuth und aus ihrer Weisheit die Unwissenheit; was vier böse elementarische Eigenschaften machte, die im Gegensatz sind zu den vier guten elementarischen Eigenschaften, die da sind die Intelligenz und ihre Eigenschaften, nämlich: die Wärme der Intelligenz, die Kraft des Lichtes, die Ruhe der Demuth, die Kälte der Weisheit, und die Feuchtigkeit der Materie, welch letztere zu den elementarischen Substanzen gehört und doch ihnen fremd ist. Es trat also im Gegensatz zu jedem geistigen Werkzeug ein gegentheiliges Werkzeug ein, das der Intelligenz entgegengesetzt ist, widerspenstig gegen ihre Befehle und Verbote, das sich nach dem Geiste und der Form als ihr gleich seyend betrachtet und als ob es von der Intelligenz ohne Zuthun irgend einer Mittelsperson gebildet worden wäre. — Die Intelligenz erkannte, dass das eine Probe war, durch welche ihr Schöpfer sie hatte prüfen wollen, zur Strafe dafür, dass sie sich selber als ein vollkommenes und mächtiges Wesen betrachtet hatte. Sie bekannte ihre Schwäche und ihre Unmacht, bat um Verzeihung ihrer Sünde, und richtete demüthiges Gebet an Gott, um seine Hülfe gegen ihren Gegner zu erhalten, und sie sprach: „Es gibt keinen andern Gott als unsern Herrn"; indem sie hiermit erkannte, dass es keinen an Macht und Kraft vollkommenen Gott gebe ausser dem Hohen und sehr Hohen, dem Gott der Götter, der gepriesen und erhöhet werden muss, der keinen Gegner, keinen ihm Gleichen oder Aehnlichen hat, der hoch ist und Lobes würdig. Sie bat ihn, ihr einen Beistand zu geben gegen den empörerischen Gegner, einen Stellvertreter, der gegenüber ihrem treuen Freunde *) ihre Stelle behaupten könnte, auf dass sie nicht mehr nöthig hätte, persönlich mit ihrem Gegner zu streiten und dem ihr Gleichseynwollenden sich selbst irgendwie zu nähern.

Aus diesem ihrem Verlangen und diesem ihrem demüthigen Gebete erschuf der sehr Hohe die *Seele der Mittler*, die er aufstellte zum *Dsu-massa* **) der Intelligenz, zu dem zu ihrem Dienste berufenen und ihren Befehlen unterworfenen *Tali* ***). Er gab ihr die Hälfte der Bewegung und des Wirkens zum Antheil †). Sie war gleichsam das Weibliche, und die Intelligenz das Männliche. Alle Mittler sind die Kinder dieser zwei Wesen. Sofern nun aber die Seele Licht besitzt von der Intelligenz, versteht sie ihre Befehle und macht sich ihre Belehrungen zu nutze; und sofern sie Antheil hat an der Finsterniss des Gegners, kann sie seine Genossen und Anhänger besiegen. Sie kennt seine Ränke, die ganze Feinheit seiner Kunstgriffe und seine Art und Weise sich zu insinuiren; denn der Gegner, welcher kein anderer ist als Haret ††), ist fein und durchsichtig; seine Kraft dringt in die Canäle des Blutes ein, weil er seinen Ursprung aus dem Lichte der Intelligenz zieht. Er ist, im Verhältniss zu dem Lichte der Intelligenz, nichts als Finsterniss; aber im Verhältniss zu allem andern ist er Licht; er ist gegenüber der Geistigkeit der Intelligenz fleischlich (leiblich), aber im Verhältniss zu jedem andern ist er geistig; er ist grob im Vergleich zu der Feinheit der Intelligenz, aber fein und zart im Vergleich zu der Grobheit der irdischen Wesen. Die Intelligenz kann mit einem feinen Feuer verglichen werden; gibt man ihr Holz zur Nahrung, so ver-

---

*) Soll wohl, meint Sacy, „ihren treuen Freunden", d. h. den Unitariern, heissen.

**) Dies Wort bedeutet „den, der saugt, der saugend zieht". Der zweite Mittler wird so genannt, weil er unmittelbar von der Intelligenz die Kenntniss der Religionswahrheiten empfängt.

***) *Tali*, d. i. der Folgende, heisst die Seele im Verhältniss zu der Intelligenz, die *Sabek*, d. i. der Vorangehende, genannt wird.

†) Das heisst: die Intelligenz habe in der Hervorbringung der andern Mittler und bei Allem, was die Religion betrifft, noch einmal so viel Einfluss und Thätigkeit als die Seele. (S.)

††) Nach der moslimischen Tradition hiess der Iblis, vor seinem Sündenfalle, *Haret*. (S.)

zehrt sie dasselbe; das Feuer kehrt in sein Princip zurück, das
Holz aber verwandelt sich in Kohlen. Diese Kohle ist im Verhältniss
zum Feuer grob, aber im Verhältniss zum Holz ist sie fein; denn
überlässt man die Kohle eine Zeit lang sich selbst, so wird sie ein
dunkler Körper und Asche; wirft man aber von Neuem Holz auf
diese Kohle, so wird sie sich wieder entzünden und ihre frühere
Farbe wieder erhalten. Die (brennenden) Kohlen aber kann man,
wenn sie nicht von selbst erlöschen, nur mit viel Wasser löschen.
Ebenso ist der geistige Gegner fein und durchsichtig, weil er seinen
Ursprung aus der Intelligenz zieht; er ist dunkel und grob, weil er
den Befehlen der Intelligenz sich widersetzt hat. Wenn er sich der
Herzen der Gläubigen bemächtigt, gewinnt er sie durch die Feinheit,
die er von der Intelligenz, von welcher er abstammt, hat; dies ist
wie die in der Kohle enthaltene Feinheit des Feuers. Wenn der
Gläubige schwach ist und nicht jene Kraft besitzt, welche da ist die
Kraft der Wissenschaft, so hört der Gegner nicht auf, kräftig auf
ihn einzuwirken, um ihn zu verführen, gleichwie die Kohle auf das
Holz einwirkt, bis dass sie sich dasselbe assimilirt hat, bis sie beide
in Asche verwandelt und zu nichts mehr nütze sind. Wenn dagegen
der Gläubige einen gesunden und vollkommenen Glauben hat und er
mit den Beweismitteln seiner Religion wohl bewaffnet ist, so löscht
er das Feuer des Gegners aus durch das Wasser der Wahrheiten,
und der Gegner hat auf keinerlei Weise etwas über ihn gewonnen.

Hierauf stellte sich die Intelligenz hinter den Gegner, und die
Seele vor ihn; aber der Gegner entwischte ihnen nach rechts und
nach links. So hatte die Intelligenz eines Beistandes nöthig, der
sich zur Rechten des Gegners, und die Seele hatte eines Beistandes
nöthig, der sich zur Linken des Gegners zu stellen hatte, damit
dieser zwischen sie eingeengt würde. Es wurde daher von der Intelligenz erschaffen *das Wort*, und von der Seele *der Vorangehende*.
Das Wort hielt sich rechts und der Vorangehende links; da wurde
der Gegner, als er sich so zwischen der Intelligenz, der Seele,
dem Worte und dem Vorangehenden eingeengt sah, betäubt und
suchte nach unten zu entwischen. Er wurde *Haret* genannt wegen
der Verlegenheit und der Bestürzung, worein er kam; später nannte
man ihn *Iblis*, das heisst *vaterlos* *), weil er ursprünglich von der

---

*) Nach einer willkührlichen falschen Etymologie.

Intelligenz, aber ohne ihre Zustimmung und gegen ihren Willen, hervorgebracht worden war.

Dem Systeme Hamsa's wäre es gemäss gewesen, nun weiter zu lehren, dass, um dem Gegner auch den Ausweg nach unten zu versperren, ein weiterer Mittler, der Nachfolgende, sey erschaffen worden. Allein er sagt an dieser Stelle auffallender Weise nichts von diesem fünften Mittler. Anderwärts aber lehrt Hamsa, dass aus dem Lichte des Vorangehenden der Nachfolgende sey erschaffen worden.

Gehen wir zu den Namen der fünf Mittler, als geistiger Wesen, über.

Der *erste* heisst gewöhnlich: *die Intelligenz, die allgemeine Intelligenz, der Wille, Dsu-maa* d. h. der Verbundene, *der wahre Vorangehende, die Ursache der Ursachen, der Befehl, der Imam, das Thor, Kaïm alseman* d. h. das Haupt der Zeit. Der letztere Name ist mehr persönlicher Name Hamsa's.

Der *zweite* Mittler heisst: *die Seele* oder *die allgemeine Seele, das Wollen, Dsu-massa* d. i. der Saugende, *der Nachfolgende* im Verhältniss zu der Intelligenz als dem wahren Vorangehenden, *Hoddscha des Imam,* dessen *Daï.*

Der *dritte* Mittler heisst: *das Wort, der Flügel, der Flügel seiner Herrlichkeit* (der oberherrliche Flügel), *der Daï des Kaïm, der Redner* oder vielmehr *der Secretär der Macht.* Der letztere Name ist mehr persönlicher Name des Abu Abdallah Muhammed ben Wahab.

Der *vierte* Mittler heisst: *der Vorangehende, der kleine Vorangehende* im Verhältniss zu der Intelligenz, dem wahren Vorangehenden, *das Thor, das Thor des Hoddscha des Kaïm, das grosse Thor, der rechte Flügel* im Verhältniss zu dem fünften Mittler, dem linken Flügel.

Der *fünfte* Mittler heisst: *der Nachfolgende, der linke Flügel, der vierte und letzte der Mittler* *).

---

*) Der fünfte Mittler kann der vierte und letzte genannt werden, wenn man den ersten (Hamsa) als eine besondere Classe ansieht, was öfters der Fall ist. — Dass ein und derselbe Name verschiedenen Mittlern zukommt, erklärt sich daraus, dass sie von verschiedenen Standpuncten aus im Verhältniss zu ihren Vorder- oder Hintermännern betrachtet werden können.

Ausserdem haben diese Mittler noch verschiedene symbolische oder metaphorische Namen. So heisst die Intelligenz der *Natek*, und die Seele der *Asas*, die drei übrigen Mittler aber *die Aufmerksamkeit, die Eröffnung* und *die nächtliche Lichterscheinung*, oder der *Daï*, der *Madsun* und der *Mokaser*, was sämmtlich batenitische oder ismaëlitische Benennungen sind.

Allen fünf Mittlern gemeinschaftlich sind die Namen: *Hodud* (Gränzen), *Ajat* (Zeichen), was so viel ist wie Diener, Gesandte Gottes (s. oben S. 353), *die Ajat der unitarischen Lehre, die klaren, verständlichen Ajat.* (Der erste unter ihnen, Hamsa, heisst: das grosse Zeichen, das Zeichen des Unitarismus, das Zeichen der Offenbarung, das Zeichen der Wahrheit, das Zeichen, der Vers des Thrones.) Ferner heissen sie: *die Sachen*, unter welcher Benennung bald sämmtliche fünf Obermittler, bald blos die vier dem Hamsa untergeordneten verstanden werden, *die Ursachen, die geistigen* (verständigen) *Ursachen, die Hoddscha's* d. i. die Beweise, hier so viel als die Zeugen. (Hamsa heisst der Hoddscha des Kaïm, der grosse Hoddscha, der Hoddscha der Gottheit Hakem's, der Hoddscha der Offenbarung; der zweite Mittler heisst manchmal kurzweg der Hoddscha, sonst der Hoddscha der Intelligenz, des Kaïm alseman, Hamsa's; die drei ersten Mittler heissen die drei Oberhoddscha's, deren erster Dsu-maa ist.) Ferner werden sie, aber weniger häufig, genannt: *die Zahlen, die Productionen, die Creaturen, die geschaffenen Wesen, die Engel die sich Gott nähern dürfen* d. h. die Erzengel und Cherubinen, *die Lichter, die Elemente, die universellen Wesen, die intellectuellen oder emanirten Gedanken der Intelligenz, die Namen und die Attribute, die Substanzen, die in der Zeit hervorgebrachten Wesen, die Fundgruben der Weisheit, die Thore der Weisheit und die Schlüssel der Barmherzigkeit, die Thore der Wahrheit, die Thore, die Bäume, die Gärten, die Quellen und Brunnen der Weisheit, die Winde der Barmherzigkeit, die Wolken der Gnade, die Flüsse und Ströme der Weisheit, die Gefässe des Heils;* auch *die Sonnen und die Monde der Religion, die Gestirne des Tages der Auferstehung* (die Intelligenz wird genannt *die Sonne der Sonnen*, oder blos *die Sonne* im Gegensatz zu den andern Mittlern, die nur *Monde* sind). Die dem Hamsa untergeordneten Mittler heissen auch: *seine Instrumente; stumme Dinge*, im Gegensatz zu der Intelligenz, die *der Beweger der stummen Dinge* genannt wird. Häufig werden auch den fünf Obermittlern die allgemeinen Namen *Imame*, *Hoddscha's*, *Daï's* gegeben, obwohl mit dem Namen „Imam" sonst insbesondere die Intelligenz, und mit dem Namen „Hoddscha" und „Daï" die untergeordneten Diener bezeichnet werden.

Die Intelligenz und die Seele haben noch den besondern Namen: *die zwei Wurzeln* oder Grundursachen, *die zwei Asas*, *die zwei Kibla's*. Sie werden trotz des Unterschiedes, der zwischen ihnen Statt findet, zum öftern zusammengestellt, weil sie gemeinsam — die Intelligenz als Vater, die Seele als Mutter — die andern Mittler hervorgebracht. Vier der Obermittler haben den gemeinschaftlichen Namen *„die Weiber"*. Das eine Mal heisst man so die vier Hamsa untergeordneten Mittler, das andere Mal die vier ersten Mittler; im erstern Falle wird Hamsa als Mann, im andern — Hakem gegenüber — als Weib angesehen; wie denn überhaupt jeder Mittler im Verhältniss zu seinem Vordermann als Weib und im Verhältniss zu seinem Hintermann als Mann bezeichnet wird. Einige der Obermittler, nämlich die Seele, das Wort und der Vorangehende, haben auch noch den gemeinschaftlichen Namen: *Ermahner* oder *Prediger*.

Vierter Abschnitt.
Der erste Mittler. Die Intelligenz oder Hamsa.

Vernehmen wir zuvörderst, was das Drusenformular über Hamsa lehrt.

Fr. 24: Wie oft ist Hamsa erschienen? A.: Er ist in allen Revolutionen erschienen, von Adam an bis auf den Propheten Hamed [*]); im ganzen siebenmal.

Fr. 25: Welchen Namen hat er da jedesmal getragen? A.: Zur Zeit Adam's nannte man ihn *Schatnil*; zur Zeit Noa's *Pythagoras*; zur Zeit Abraham's *David*; zur Zeit des Moses hiess er *Schoaïb*; zur Zeit Jesu war er der wahre Messias und nannte sich *Eleazar*; zur Zeit Muhammed's nannte man ihn *Salman Faresi*, und zur Zeit Said's *Saleh*.

---

[*]) Dieser Name ist offenbar unrichtig. In zwei Manuscripten liest man *Samed*. Vielleicht ist *Ahmed* zu lesen, was einer der Namen Saïd's ist. (S.)

Fr. 32: Wodurch haben wir die Vortrefflichkeit des Dieners der Wahrheit, des Hamsa ben Ali (sein Friede ruhe auf uns!) erkannt? A.: Durch das Zeugniss, das er sich selbst gegeben hat, indem er in der Abhandlung „Ankündigung und Aufmunterung." gesagt hat: „Ich bin die erste der Creaturen des Herrn, ich bin sein Mittel (Weg), ich bin derjenige, welcher seine Befehle kennt. Ich bin der Berg, ich bin die freie Schrift, das erbaute Haus. Ich bin der Herr der Auferstehung und des jüngsten Tages, ich bin der, welcher die Trompete bläst, ich bin der Imam der Frommen, der Herr der Gnaden. *Ich* schaffe ab und hebe auf alle Religionen, *ich* zerstöre die Welten, *ich* annullire die zwei Artikel des muselmanischen Glaubensbekenntnisses. *Ich* bin jenes angezündete Feuer, das die Herzen beherrscht."

Fr. 45: Was versteht man unter dem Puncte der Ruhe. A.: Den Hamsa ben Ali.

Fr. 46: Was versteht man unter dem rechten Wege? A.: Den Hamsa ben Ali. Man nennt ihn auch den Kaïm (den Führer) der Wahrheit, den Imam des Jahrhunderts, die Intelligenz, den Vorangehenden, den grossmüthigen Propheten, die Ursache der Ursachen.

Fr. 69: Wer ist das Haupt der Zeit (der Kaïm alseman)? A.: Hamsa ben Ali.

Fr. 86: Was soll man von dem Evangelium denken, das in den Händen der Christen ist, und was ist in Bezug auf dasselbe unsere Anweisung? A.: Das Evangelium ist wahr; es enthält das Wort des wahrhaftigen Messias, der zur Zeit Muhammed's den Namen Salman Faresi trug, und der kein anderer ist als Hamsa ben Ali. Der falsche Messias ist derjenige, welcher von Maria geboren wurde, denn er ist Joseph's Sohn.

Fr. 91: Wer ist daher derjenige, der aus dem Grabe auferweckt wurde und der bei verschlossenen Thüren in die Mitte der versammelten Jünger eingetreten ist? A.: Das ist der lebendige und unsterbliche Messias, welcher ist Hamsa, der Diener und Sklave unsers Herrn Hakem.

Dies ist die Lehre des Drusenformulars in Betreff Hamsa's, eine Lehre, die mit der von Hamsa selbst und seinen ersten Schülern gegebenen nicht ganz übereinstimmend seyn dürfte.

Wir gehen nun zur Darstellung der Offenbarungsgeschichte Hamsa's oder vielmehr des ersten Mittlers über, wie sich dieselbe aus den ältern Drusenschriften ergibt.

Die erste Offenbarung der Intelligenz unter den Menschen hat unter dem Namen *Schatnil* Statt gefunden, zu der Zeit, wo die Gottheit den Namen Albar trug; aber zwischen der primitiven Production der Intelligenz und seiner ersten Manifestation unter den Menschen liegt eine lange Reihe von Jahrhunderten, während deren sie unter andern Creaturen gewirkt hat. Hierüber spricht sich Hamsa selbst also aus: „Der Herr hat mich gewählt, hat mich gebildet aus seinem strahlenden Lichte, bevor ein Ort, eine Macht, ein Mensch, ein Geist existirte, das heisst siebenzig Generationen vorher, ehe er Adam den Rebellen und Adam den Vergesslichen erschuf. Jede dieser Generationen aber umfasste siebenzig Wochen, jede Woche siebenzig Jahre und jedes Jahr tausend gewöhnliche Jahre. In allen diesen Generationen ist keine Zeit gewesen, wo ich nicht unter verschiedenen Gestalten und unter verschiedenen Namen die Creaturen zum Bekenntniss der Einheit unsers Herrn und zu seinem Dienste aufgefordert hätte.....“ Er sagt dann weiter: „Ich werde euch auch die Namen angeben, die ich in jeder dieser Generationen getragen habe, und den unterscheidenden Charakter der Wesen, welche in jenen Generationen existirten; ebenso werde ich euch sagen, wie in jeder derselben der geistige Rival, den man Iblis nennt, geheissen hat,“ Aber Hamsa scheint dieses Versprechen nicht gehalten zu haben; es findet sich wenigstens in den vorliegenden Schriften Hamsa's keine Spur von solcher Angabe. Wir können daher sogleich zur ersten Offenbarung der Intelligenz unter den Menschen, wo sie den Namen Schatnil trug, übergehen. Hamsa spricht sich hierüber, etwas weiter ausholend, also aus: „Die Anhänger der falschen Lehren der Natek's“ (so sagt Hamsa in der Schrift „der wahrhaftige Bericht“) „lehren, dass der Schöpfer Adam aus dem Staube erschaffen habe, dass er ihn mit seiner eigenen Hand nach seinem Bilde erschaffen und geformt habe. Sie berufen sich für diese Behauptung auf den Koran; und die Juden sagen nach dem Pentateuch, dass Adam nach dem Bilde Gottes erschaffen und gebildet worden sey, dies gelte blos von den Kindern Israel's. Aber dies ist eine Sache, die unvernünftig ist und nicht wahr seyn kann; denn die Gestalt ist ein Körper, und Jeder, der einen Körper hat, ist jeder Art von Veränderung ausgesetzt.

Wie? Adam und seine Kinder sollten dem Schöpfer gleichen, dem preiswürdigen, über solches weit erhabenen? Wo wäre dann der Unterschied zwischen dem Anbetenden und dem Angebeteten, zwischen
dem Schöpfer und dem Geschöpf, zwischen dem Spender und Em-
pfänger der Wohlthaten? Das ist eine Abgeschmacktheit, das ist der
offenbarste Irrthum und Polytheismus. Der Koran straft sie Lügen
durch die Worte: »Es gibt kein Ding, das ihm gleicht; aber« (sagt
auch der Koran) »sie haben an einen Theil des Buchs geglaubt und
in Bezug auf einen andern Theil sind sie ungläubig gewesen.« Wenn
sie aber behaupten, Adam habe keinen Vater und keine Mutter gehabt, so ist das eine unmögliche Sache, dass ein körperliches, mit
dem Worte begabtes Wesen anders hervorgebracht worden, als durch
einen ihm ähnlichen, männlichen und weiblichen Körper. Die phy-
sische Erde bringt ja doch keine andern belebten Wesen hervor, als
Würmer, kriechende Thiere, Scorpione, Käfer und andere Thiere der
Art; aber ein Mensch kann nicht von der Erde erzeugt werden.
Wenn aber, wie sie behaupten, es ein besonderer Vorzug bei Adam
gewesen wäre, dass er nicht aus den Lenden eines Mannes hervorgegangen, nicht in die Gebärmutter eines Weibes eingegangen und
nicht mit dem Blute (der Entbindung) bespritzt worden, so hätte
der Schöpfer auch den Muhammed aus der Erde bilden müssen,
hätte ihn nicht aus den Lenden eines Ungläubigen ausgehen lassen
und nicht mit dem Blute einer ungläubigen Heidin besudelt werden
lassen können*). Nun glauben aber alle Moslimen, dass die Eltern
Muhammed's Ungläubige waren, dass sie in ihrem Unglauben gestorben sind und dass Muhammed sich bei Gott für sein Volk nicht
wird verwenden können, bevor er nicht seinen Vater und seine Mutter
verlassen haben, ihnen gänzlich entsagt, sein Volk seinem Vater und
seiner Mutter vorgezogen und zugegeben haben werde, diese in der
Hölle zu lassen. Es ist dies also ein Wort, dessen buchstäblicher Sinn
verwerflich, dessen allegorischer Sinn unzulässig ist, der der Vernunft widerstreitet und den kein verständiger Mensch annehmen kann."

„Es gibt", fährt Hamsa fort; „drei Adame: der erste ist *Adam
alsafa* **), *der allgemeine*; ihm entgegengesetzt ist *Adam der Rebell*,

*) Hamsa urtheilt hier nach der Meinung der Moslimen, welche den
Muhammed die vortrefflichste der Creaturen nennen. (S.)

**) *Alsafa* d. h. die Reinheit. Vielleicht ist es der Name des Petrus *der einzelne,* und von diesem kommt her *Adam der Vergessliche, der materielle* (körperliche). Sie sind sämmtlich von einem Manne und einem Weibe erzeugt worden, und sind nicht, wie es die Schüler der Lüge und des Irrthums behaupten, aus der Erde gebildet worden. Behüte Gott, dass der preiswürdige Schöpfer seinen Auserwählten und seinen Stellvertreter aus der Erde, die das niedrigste aller Dinge ist, gebildet hätte!...“ Nachdem Hamsa also noch mit Mehrerem die gewöhnliche Ansicht von Adam bekämpft hat (bei Sacy II, S. 115—118), fährt er dann also fort: „So wisset denn (möge euch der Herr die Gnade verleihen, ihm zu gehorchen!), dass Adam alsafa, der allgemeine, einer und derselbe ist mit *Dsu-maa* *). In den frühern Jahrhunderten, wo man ihm den Namen Adam gegeben hat, hatte er bereits an der Verkündigung des Dogma's der Einheit gearbeitet, aber in diesem letzten Jahrhundert erschien er in der Mitte von Wesen, die man *Dschinn's* nennt und welche das Nichts (Nichtige) anbeteten. Adam alsafa wurde in einer Stadt Indiens, Namens Adminia, geboren. Er nannte sich Schatnil und der Name seines Vaters war Danil. Er war dem Scheine nach ein Arzt für den Körper, aber in der Wahrheit war er ein Arzt der Seelen durch die Lehre der Einheit. Nachdem er sein Vaterland verlassen, kam er bis in das Land Jemen in eine Stadt, Namens Sirna, welcher Name gleichbedeutend ist mit dem arabischen Modschisa (Wunder). Als er sah, dass alle Einwohner dieser Stadt Polytheisten waren, lud er sie ein, die Lehre der Einheit Gottes anzunehmen und denselben anzubeten. Die Stadt theilte sich hierauf in zwei Parteien, die der Unitarier und die der Polytheisten. Der weise Schatnil sprach sofort zu den Unitariern: Unterscheidet euch (*binu*) von den Polytheisten, das heisst, entfernet euch von ihnen. Sie gehorchten ihm und trennten sich von den Polytheisten, woher sie den Namen *Binn* bekamen. Iblis versah den Dienst eines Daï unter den Dschinn's, und er war

oder Kephas, den Hamsa von den Christen entlehnt hat, um ihn seinem Adam zu geben. Er sagt in derselben Abhandlung, wo er von Jesus spricht, dass derselbe den Simon alsafa zu seinem Asas erwählte. (S.)

*) Dieser erste Adam, die erste der Emanationen der Gottheit, scheint Aehnlichkeit zu haben mit dem Adam Kadmon der Rabbinen. S. Basnage, Hist. des Juifs VII. 164, 167 etc. (S.)

dem Schöpfer gehorsam. Sein Name war *Haret* *), und der Name seines Vaters *Termah*. Er war gebürtig von Ispahan, aber er wohnte zu Modschisa. Der Name Ispahans auf Griechisch ist *Damir*. Es gab damals keinen Imam, der auf äusserliche Weise existirte, und keinen geschickten mit dem Unterricht der Geschöpfe beauftragten Hoddscha, sondern alles Licht war in Schatnil, dem Sohne Danil's, vereinigt. Man sagt, er habe keinen Vater und keine Mutter, weil er die Eigenschaft eines Imam nur durch sich selber erhielt. Man sagt, er sey aus Erde gebildet worden, weil er aus der Mitte der Gläubigen hervorgegangen ist, welche wie Erde sind. Man sagt, der Schöpfer habe ihn mit seiner eigenen Hand erschaffen, weil er ihn aus dem reinen Licht hervorgebracht und mit der allgemeinen Inspiration ausgestattet hatte. Nun sind das Licht und die Inspiration wie die zwei Hände, dieweil das strahlende Licht und die allgemeine Weisheit die beiden Beweger sind, welche die Diener (Mittler) in Bewegung setzen, und dieweil sie durch ihre Operation von den Zweifeln und dem Polytheismus befreit werden, gleichwie die beiden Hände die Körper in Bewegung setzen und diese durch ihre Operation von dem Unrathe des Urins und der Excremente befreit werden." **)

„Nachdem nun unser Herr Albar den Adam gesandt hatte, befahl er den Engeln, das heisst den Daï's, den Adam anzubeten (Sur. 7, 11), das heisst, ihm zu gehorchen. Alle Diener und alle Daï's gehorchten ihm, ausgenommen Haret ben Termah von Ispahan; dieser erhob sich in Hochmuth, betrachtete den Schatnil als einen der einfachen Gläubigen, maasste sich den höhern Rang in dem Dienste des Predigers an und sprach: *Ich gelte mehr als er* (Sur. 7, 12), das heisst, ich stehe an Würde über ihm; *ihr habt mich aus dem Feuer erschaffen*, das heisst, aus der Wissenschaft der Wahrheiten und aus dem Lichte der Verkündigung; *und ihn habt ihr gebildet aus Koth*, das heisst, aus der mündlichen Belehrung, welche die

---

*) *Haret* ist auch nach den Moslimen der Name, den Iblis vor seinem Falle trug. (S.)

**) Der Urin und die Excremente bezeichnen den Zweifel und Unglauben, das heisst das Tensil oder die buchstäbliche Lehre des Islam, und den Polytheismus d. h. das Tawil oder die allegorsiche Lehre der Bateniten s. oben S. 102. (S.)

(einfachen) Gläubigen erhalten, die da sind wie der Staub der Milch-
strasse *). Die Wissenschaft der Wahrheit ist das Wasser, Wasser
mit Erde vermischt bildet den Koth, der zum Bauen dient; ebenso
wird der Gläubige, wenn er die Wissenschaft der Wahrheit erkennt,
vollkommen und geschickt zu der Verkündigung; darum sprach Haret:
Ihr habt ihn aus Koth gebildet."

„Wenn man sagt, der Schöpfer habe den Adam nach seinem
Bilde geschaffen, so heisst das, er habe allen Menschen geboten,
demselben zu gehorchen wie ihm selbst. Wer ihm gehorcht, gehorcht dem Schöpfer selber, und wer gegen ihn widerspenstig ist,
ist gegen Gott widerspenstig: denn Adam ist sein Stellvertreter und
er ist es, durch den man sich Gott nähert. Es gehorchten ihm also
alle Diener und Daï's, mit Ausnahme Haret's. Haret aber wurde deshalb aus dem Dienste der Verkündigung, welches da ist der Garten,
gejagt und aus der Zahl der Diener entfernt. Schatnil blieb in
Sirna, und er schickte Hoddscha's und Daï's aus, zwölf an der Zahl.
Er bekam den Beinamen Adam, das heisst Fürst und Imam der
Diener. Man nannte ihn auch *Abulbaschar*, den Vater des menschlichen Geschlechts, das heisst der Unitarier, dieweil er als Verkündiger der unitarischen Lehre ihr Vater in der Religion geworden ist.
Ebenso wurde sein Weib Eva, das heisst sein Hoddscha, Hawa genannt, dieweil sie alle Gläubigen umfasst **), und sie wurde auch
Ommolbaschar (die Mutter des menschlichen Geschlechts) genannt,
weil dieser Hoddscha dazu bestimmt ist, die Menschen zu ernähren
mit der Milch der wahren Wissenschaft; sie zu erziehen und heran-
zubilden, bis dass sie das vollkommene Alter erreichen. — Als die
Diener Adam's vollzählig und seine Daï's nach allen Seiten ausgesandt waren, als die Zahl der Gläubigen sich vermehrt, Haret aber
seine Widersetzlichkeit offen gezeigt und die Stadt sich in zwei Parteien, die der Unitarier und die der Polytheisten, getheilt hatte, befahl Schatnil den Seinigen, allem Umgange mit den Andern, das
heisst mit Iblis und seinem aus Dschinn's bestehenden Anhange, zu
entsagen. Wenn ein Unitarier einem Bruder begegnete, sagte er zu
ihm: *Ich fliehe Iblis und seine Anhänger*, und dieser versetzte:

---

*) Diese Art mündlicher und ganz menschlicher Belehrung ist der
unmittelbaren Inspiration entgegengesetzt. (S.)

**) *hawa* bedeutet umfassen, einschliessen. (S.)

Ich fliehe ihn auch. Daher kam es, dass die Stadt Sirna *Hadschar* *), das ist die Stadt, deren Einwohner den Iblis und seine Genossen geflohen haben, genannt wurde."

„Die Bewohner von Lahsa kamen häufig nach Sirna, um dort einzukaufen und zu verkaufen. Es kam auch einer der Weisen von Lahsa dahin, Namens *Sarsar*. Derselbe wurde von einem der Daï's bekehrt und nachdem ihm alsobald der übliche Eid abgenommen war, zu Adam, welcher kein anderer als Schatnil ist, gebracht. Adam übertrug ihm das Amt eines Daï für Lahsa und die Umgegend. Er machte sich sogleich an sein Geschäft, nahm einer grossen Zahl von Menschen den Eid ab und empfahl ihnen, sich fest an die Lehre der Einheit Gottes und an seinen Dienst anzuschliessen, Schatnil und sein Imamat anzuerkennen, und dem Iblis und seinen Anhängern zu entsagen. Er sagte ihnen auch: Wenn ihr nach Hadschar kommet, so machet ein saures Gesicht gegen ihre Einwohner und runzelt eure Stirn; denn es ist in dieser Stadt ein Mann, Namens Haret ben Termah von Ispahan, welcher viele Anhänger hat. Diese sind alle widerspenstig gegen unsern Herrn Albar, den Weisen, und sie erkennen nicht die hohe Würde des Imam an. Sprechet mit keinem der Einwohner über das, was die Wissenschaft (d. h. die unitarische Lehre) betrifft, ausser mit denjenigen, die sich mit euch in der Versammlung des weisen Schatnil einfinden. Sie gehorchten den Befehlen des Daï Sarsar und runzelten, seiner Mahnung gemäss, die Stirn. Daher erhielten sie den Namen *Karmaten* d. i. Stirnrunzler, ein Name, der sich bis heute erhalten hat (s. oben S. 111). Dieser Name wurde namentlich in Persien und Khorasan üblich, so dass man, wenn man Jemanden für einen Unitarier erkannte, sagte: *das ist ein Karmate;* daher gab man denn den Ismaëliten den Namen Karmaten. Abu Taher, Abu Saïd und mehrere Andere sind Daï's Albar's, des Preiswürdigen, gewesen; sie dienten ihm, erkannten seine Einheit an, verehrten seine Majestät und seine Grösse und glaubten, dass er nichts gemein habe mit seiner Creatur. Der Herr gab ihnen den Titel *Seïd* d. i. Fürsten. Sie haben für die

---

*) *Hadschr*, sagt Golius, ist der Name der Hauptstadt der Provinz Bahrein. Niebuhr nennt die Provinz Lahsa *Hadschar* (Descr. de l'Ar. p. 293) oder Bahrein (Carte du golfe persique p. 270). Abulfeda schreibt den Namen dieser Stadt *Chadschr*, Alfergan schreibt *Hadschr*. (S.)

Kundmachung der unitarischen Lehre mehr gethan als irgend ein anderer Daï, und haben eine weit grössere Anzahl Polytheisten getödtet als irgend ein anderer Daï; aber unser Herr hat nicht gewollt, dass seine Offenbarung durch sie vollendet würde, weil er wusste, dass nach ihnen sich Streitigkeiten erheben müssten, dass die Lehre der Einheit würde verdorben werden, dass Irrthümer auftauchen, dass die Kinder des Abbas ihren Leidenschaften folgen und dass sie in den Irrthum und Abgründe fallen würden. Aber die Zeit der Offenbarung ist nahe; der Zeitpunct des Schwertes, des Umsturzes, des Unterganges der Gottlosen durch die Gewalt, rückt schnell heran. Es ist nicht zu zweifeln, dass die Einwohner von Lahsa, Hadschar und Persien wieder zu der Erkenntniss der Einheit Gottes und zu seinem Dienste sich wenden werden. Ich werde Prediger der Lehre der Einheit unter sie schicken, werde die zerstreuten Reste der Freunde und Diener vereinigen, und ich werde durch das Schwert unsers Herrn besiegen jeden widerspenstigen Rebellen, bis dass in den beiden heiligen Städten (Mekka und Medina) kein Mensch mehr ist, der unserm Herrn einen andern beigesellt, der ihn läugnet oder gegen ihn mit Heuchelei handelt, und bis dass es nur Eine Religion gibt ohne Widersacher und Gegner; ich werde dies alles vollführen durch die Autorität unsers Herrn Hakem, des Einen, Einzigen, Ewigen, der keine Gattin und keine Kinder hat, und durch die Kraft seiner Macht."

Nach dieser Abschweifung fährt Hamsa also fort: „Adam alsafa würde also in Adminia geboren. Er offenbarte sich in Sirna. Sein erster Hoddscha war von Bassra, und hiess *Enoch (Akhnukh)*. Der zweite Hoddscha war von einer Stadt, Namens *Sirmena*, und heisst *Scharkh*. Als Adam ihm seinen Eid abnahm und er ihn für einen solchen erkannte, wie er ihn wollte, sagte er zu ihm: Ich will aus dir den Grund (*asas*) meiner Diener machen, wenn du es willst. Scharkh versetzte: Wenn du es willst, will ich's (*schitu*). Adam machte ihn also zum Asas seiner Diener und nannte ihn Seth (Schit) *). Er wurde sein geistiger, nicht sein natürlicher Sohn. Der dritte Hoddscha Adam's war *Juscha (Josua) ben Amran*; der vierte *David ben Hermes*; der fünfte *Isa (Jesus) ben Lamech*; der sechste *Abid ben Sirhan*; der siebente *Azrawil ben Salmu*; der achte *Habil* ben

---

*) Hamsa leitet merkwürdigerweise den Namen „Seth" von dem arabischen Worte *schita*, ich will, ab. (S.)

Badis; der neunte *Danil* ben Hirataf; der zehnte *Ajjasch* ben Habil;
der elfte *Aflatun* (Plato) ben Kaïsun; der zwölfte *Kaidar* ben Lamk.
Diese Zwölf sind die Diener seines Gesetzes und die Engel seiner
Verkündigung. Es war in seinem Gesetze keine äusserliche Obser-
vanz, kein Kälber- und Büffeldienst, keine mönchische Strenge und
kein Dualismus oder Polytheismus *). Sein Gesetz war einfach und
unitarisch. Wir sind jetzt, durch den Adam unsers Jahrhunderts,
Hamsa ben Alí ben Ahmed alsafa, zurückgekommen zu dem, was im
Koran gesagt ist, wo man (Sur. 21, Vs. 104) liest: »Wir wollen es
also wiederherstellen, wie wir es das erste Mal erschaffen haben.«
Das ist unser Herr, der solches thut, denn er ist der Mächtige und
Siegreiche."

„Der andere Adam, von dem es im Koran heisst (Sur. 20, 119),
dass er sich gegen seinen Herrn *empörte*, ist *Enoch*, der Hoddscha
Adam's *alsafa*; und der Adam, von dem gesagt ist (Sur. 20, 114),
dass er *vergesslich* gewesen sey und dass Gott keine Beständigkeit
in ihm gefunden habe, ist *Scharkh*, mit dem Beinamen *Seth*. Schatnil
wählte sie beide unter seine Diener; sie sollten in dem Dienste der
Verkündigung seine Stelle ersetzen; jeder von ihnen hat den Beinamen Adam, weil er sie beide zu Vätern der Unitarier und zu
Imamen derjenigen, die unter ihnen standen, aufgestellt hat. Er ist's,
der sie in den Garten gesetzt hat; Enoch behauptete darin den Rang
eines Mannes und Seth den eines Weibes. Adam gab aus eigenem
Munde seine Befehle an Enoch und er nahm aufs neue dem Seth
den Schwur ab, dass sie nur den Schöpfer, den weisen, anbeten, und
ihm keinen andern beigesellen, dass sie auch ihrem Imam Schatnil,
der der Vermittler zwischen ihnen und Albar war, sich nicht widersetzen wollten; denn zur Zeit Schatnil's trug unser Herr, dem
Aeusserlichen nach, in seiner Menschheit und seiner Verbindung mit
dem menschlichen Geschlechte den Namen *Albar*. — Albar sprach
zu Enoch (Sur. 7, 20): *Wohnet, du und dein Weib Scharkh, in
dem Garten!* dies bedeutet die Verkündigung der unitarischen Lehre;
und esset von seinen Früchten, das heisst, geniesset darin eines

---

*) Hamsa will mit diesen Ausdrücken wohl auf nichts anderes an-
spielen als auf das Tensil und Tawil (die buchstäbliche und allegorische
Auffassung des Islam), das christliche Mönchthum und den persischen
Dualismus. (S.)

erhabenen Ranges; *aber nähert euch nicht jenem Baume, sonst wäret ihr von der Zahl der Sünder*, das heisst, machet keine Ansprüche auf den eminenten Rang Schatnil's, sonst wäret ihr Eidbrüchige. *Satan aber machte, dass sie daraus kamen*, das heisst, dass sie ihren Schwur brachen und dass sie ihren früheren Rang verloren. Satan ist nicht Iblis, es ist ein Madsun (untergeordneter Daï), der von Iblis ausgeschickt war und der sich mit ihm gegen Schatnil verband. Er nannte sich *Hobal* oder *Habbal*. Daher haben die Araber den Namen Hobal einem Idol *) gegeben. Die Schlange war ein Daï, der von Enoch ausgesandt war und *Anil* hiess. Der Pfau **) war ein Madsun, Namens *Tajuch*. Habbal sprach zu Anil und Tajuch: Ich habe unserm Fürsten Enoch und seinem Bruder Scharkh eine wichtige Kunde zu geben, die auch euch beiden von Nutzen seyn wird. Anil und Tajuch führten ihn daher zu Enoch und Scharkh. Er warf sich vor Enoch nieder und betete ihn an. Da sprach Enoch (d. i. der zweite Adam) zu ihm: Hast du vielleicht deiner Gottlosigkeit und deiner Widerspenstigkeit gegen den Imâm, sowie deinen Verbindungen mit Iblis und seiner Partei entsagt? Ihm versetzte Habbal: Nein, das schwöre ich bei dir selbst und bei Albar, ich bin nur gekommen, euch beiden einen guten Rath zu geben (Sur. 7, 22), denn es beseelt mich ein Eifer für euch wegen der Ungerechtigkeit, welche euch Schatnil anthut und nach welcher er von euch verlangt, euch ihm zu unterwerfen. Ich habe nämlich unsern Herrn Albar sagen hören, dass das Imamat dem Enoch gehöre und dass Scharkh sein Stellvertreter seyn solle. Enoch liess ihn schwören, dass er die Wahrheit gesprochen. Er schwur, dass er nur Wahres gesprochen und in vollkommener Aufrichtigkeit. Der Reiz der Leidenschaft riss Enoch dahin und liess ihn zurückgehen seinem Verderben entgegen. Auch Scharkh vergass den geleisteten

---

*) *Hobal* ist der Name eines Idols, das in der vormuhammedanischen Zeit in Mekka verehrt wurde. (S.)

**) Wie bringt Hamsa einen „Pfauen" in diese Geschichte? Er scheint eine Tradition vor Augen gehabt zu haben, nach welcher Satan der Eva unter der Gestalt einer Schlange und dem Adam unter der Gestalt eines Pfauen erschien. Nach einigen Muselmanen erschien Adam blos der Eva in der Figur einer Schlange, dem Adam aber in seiner wirklichen Gestalt. (S.)

Schwur; sie assen in ihrer Widersetzlichkeit gegen Adam alsafa von dem Baume. Enoch maasste sich einen Rang an, zu dem er kein Recht hatte, und sie bemerkten ihre Schaamtheile (Sur. 7, 23). Dies bedeutet die eitle Lehre der gesetzlichen Observanzen der zwei Gesetze, deren Urheber sie waren, von Observanzen, die gleich sind dem Urin und den Excrementen, und deren Urheber entsprechen den vordern und hintern Schaamtheilen. Sie fingen nun an, sich Kleider aus den Blättern des Gartens zu machen (Sur. 7, 23), das heisst, sie fingen an, als sie die Schlinge wahrnahmen, die ihnen gelegt worden war, ihre äusserliche Lehre unter den Unitariern zu verbergen; aber das half ihnen nichts, es wurde mit lauter Stimme unter den Gläubigen ausgerufen: *Enoch hat sich gegen Adam, seinen Imam, empört, der Satan Habbal hat ihn verführt,* und beide, Enoch und Scharkh, wurden ihres Ranges verlustig. Sie beweinten hierauf eine lange Reihe von Jahren das von ihnen Gethane und gaben sich alle Mühe, Verzeihung bei dem Imam zu erhalten. So liest man im Koran (Sur. 7, 24): »Herr, wir haben an uns selbst gesündigt; wenn du uns nicht verzeihst und kein Mitleiden mit uns hast, so werden wir alles Antheils an der Religion beraubt werden.« Schatnil hatte mit ihnen Mitleiden, bat Albar ihnen zu verzeihen, und er verzieh ihnen, auf die Vermittlung des Dieners des Imamats, seines ersten Dieners, hin. Das ist's, was man im Koran liest, wo es (Sur. 2, 37) heisst: »Adam empfing Worte von seinem Herrn, und er (Gott) neigte sich zu ihm.« Das Wort *kelimat* (Worte) besteht aus fünf Buchstaben und Schatnil hat auch fünf Buchstaben. So schliesst auch der Imam fünf Würden in sich, er ist der Minister (*hadd*, Gränze) aller körperlichen, materiellen, geistigen, seelischen und lichtigen Wesen (s. oben S. 356). Schatnil setzte sie in ihren frühern Rang wieder ein und schenkte ihnen wieder seine Gunst."

Dies der Bericht Hamsa's über die erste Offenbarung der Intelligenz unter dem Namen „Schatnil" oder „Adam alsafa". Etwas abweichend lautet der Bericht des Ismaël ben Muhammed Temimi, der den Namen Adam auch dem Noah gibt. Er sagt: „Die *Binn's* *)

---

*) Temimi sagt zuvörderst, es seyen vor Adam die Zeitalter *Altimm, Alrimm, Alhinn, Aldschinn* und *Albinn* gewesen. Hierüber sagt eine Glosse: Das sind die Zeitalter der Gesetze, die vor Albar waren. *Altimm*

sind diejenigen, die, nachdem sie den falschen Lehren entsagt haben, das anbetungswürdige Wesen erkannt und angebetet haben. Der Herr war in ihrer Mitte unter einer menschlichen und in die Sinne fallenden Gestalt; er bequemte sich zu ihren Manieren und erschien unter gewissen Namen und gewissen Attributen. Als sie, (Glosse: die Schüler des Tawil und die Apostaten) sich aber, treulos gegen das anbetungswürdige Wesen, von der Wahrheit und dem, der ihr anhängt (Glosse: von der unitarischen Lehre und der Intelligenz), entfernten, und als sie ihre verkehrten Neigungen mit ihrer Religion verbinden wollten, da hat sich der Herr ihnen verborgen wegen der Verkehrtheit ihrer Werke und hat in ihrer Mitte erscheinen lassen den sogenannten Adam (Glosse: Noah), den niedrigsten Adam (Gl.: Noah). Der Koran sagt von demselben (Sur. 23, 12), dass er aus der Quintessenz des Kothes gebildet worden (Glosse: aus der Lehre, die von den Mittlern ausfliesst); er bezeichnet mit diesem allegorischen Ausdrucke die geistige Schöpfung: denn zu der Zeit, wo die vorangegangenen (Wesen) (Glosse: die Schüler des Tawil und die Apostaten) ihre Religion verkehrten, dienten Adam der einzelne (der rebellische) und Adam der dritte, das heisst Scharkh (Glosse: Enoch und Scharkh) vor Adam alsafa, dem allgemeinen (Glosse: der Intelligenz); als aber das »dschinn« genannte Volk den Rücken gekehrt und den Herrn verlassen hatte, bildeten Adam (Gl.: die Intelligenz) und sein Volk, das heisst seine von der Eva (Glosse: der Seele) geborenen Kinder, die Gesellschaft der Gläubigen, der Unitarier, welche die Erkenntniss des Herrn nicht verlassen hatten. Nach diesem, als das Volk jenes Jahrhunderts den Rücken gekehrt hatte und nur seinen Leidenschaften folgte, ereignete sich die Geschichte Abel's (Glosse: der Seele) und Kabel's (Glosse: des Asas) *) und alle die ausserordentlichen Dinge, die man von ihnen erzählt. Adam der Ein-

---

gleicht dem Gesetze Noah's und dem Abraham's; *Alrimm* ist das Gesetz des Moses; *Alhinn* das Jesu; *Aldschinn* ist das Gesetz Muhammed's; *Albinn* theilt sich in drei Classen: die Anhänger des Tawil, die Unitarier, und die Apostaten, die in die Predigt Albar's eingegangen sind. (Sacy.)

*) *Kabel* ist der Name, den die Moslimen nach dem Koran dem Kain geben. Nach einer Glosse bezeichnet er hier den Asas d. h. den Seth oder Scharkh, den Asas des Adam alsafa. (S.)

zelne (Glosse: die Seele) und seine Anhänger bewohnten den Berg Serendib *) und predigten daselbst die Lehre der Einheit des Herrn; Iblis aber und seine Partei erfüllten die Welt mit ihrer Gottlosigkeit und einem Gemisch von eigenen Vorstellungen und Religion bis zu der Zeit, wo Noah ben Lamech in der Eigenschaft eines Natek auftrat. Er war der erste Gründer einer Religion; er verbot den Menschen, Adam zu gehorchen, und lud sie zu dem Dienste des Nichts und seiner selbst ein. Deshalb wird er der *zweite Adam* genannt, weil er, als der erste, den Schülern seines Gesetzes ein Haupt und Muster gewesen; er ist den Abtrünnigen gleichsam ihr Vater gewesen, und hat den Sem zu seinem Asas gehabt."

„Die Intelligenz hat sich also zuerst unter dem Namen Schatnil oder Adam geoffenbart. Was nun die weitern Offenbarungen derselben (in der ersten Periode, d. i. der vordrusischen Zeit, unter Noah, Abraham, Moses, Jesus, Muhammed, und Muhammed ben Ismaël), von denen das Drusenformular (s. oben S. 364) spricht, betrifft, so sind es namentlich zwei, deren die ältern Drusenschriften nähere Erwähnung thun, nämlich derjenigen, die zur Zeit Jesu, und derjenigen, die zur Zeit des Muhammed Statt hatte. Was die erstere betrifft, so hatte die Intelligenz nach dem Drusenformular zur Zeit Jesu den Namen *Eleazar* (s. oben Fr. 25, 86 u. 91). Nach einer Stelle Hamsa's (bei Sacy II, S. 146) scheint sie sogar den Namen Jesus getragen zu haben. Von den ältern Drusenschriftstellern hat sich besonders Behaëddin bemüht, nachzuweisen, dass der Messias (d. h. nicht Jesus, Maria's Sohn, sondern der sogenannte wahre Messias) eine und dieselbe Person mit Hamsa sey. Er beruft sich hierbei namentlich auf die Stellen Evangel. Joh. 2, 19—22; 7, 3—6; Evangel. Matth. 26, 26—29, die er auf eine merkwürdige Weise erklärt oder verdreht. Es werden daher Hamsa alle jene Namen beigelegt, die Jesu im N. T. gegeben werden, wie: das Wort, das mit dem Geiste der Wahrheit vereinte Wort, der heilige Geist, der Geist der Wahrheit, der zur Vergebung der Sünden erschienen, der Gesalbte, der Geopferte u. s. w., sogar Sohn Gottes, indem Hakem sein Vater genannt wird."

---

*) Man kann bei Herbelot unter dem Worte „Serandib" lesen, was die Orientalen über den Aufenthalt Adam's auf der Insel Serendib oder Ceylon erzählen. (S.)

Was die Offenbarung der Intelligenz zur Zeit Muhammed's betrifft, so lässt sich darüber Ismaël ben Muhammed also vernehmen:
„Hierauf kam Muhammed, der zu seinem Asas den Ali ben Abu
Taleb hatte. Der Grad der Erkenntniss von der Lehre der Einheit,
den Muhammed und Ali sowie die Imame der Religion Muhammed's
besassen, kann mit dem Grade der Formation eines Menschen verglichen werden, wo die Gebeine mit Fleisch bekleidet sind, die äusserliche Form vollendet ist, wo aber die Seele noch fehlt. Die Weisheit unsers Herrn erlaubte ihm nicht, sich in der Mitte jener Völker
zu offenbaren, die wie Todte waren; dies ist im Koran gesagt, wo
es heisst (Sur. 39, 31): »Du bist ein Todter und sie sind auch
Todte«, was von den Imamen seiner Religion und den Menschen
seines Jahrhunderts zu verstehen ist . . . . . Wenn die menschliche
Figur vollkommen formirt ist, braucht man nur noch einen Geist in
sie zu bringen, auf dass sie ein lebendiges und vernünftiges Wesen
werde; nun — dieser Geist ist die Kenntniss der Lehre der Einheit.
Deshalb haben wir gesagt, der Natek und der Asas (Muhammed und
Ali) haben, obwohl sie stärker gewesen als ihre Vorgänger, den
Herrn keineswegs gekannt; denn wenn sie ihn gekannt hätten, hätte
er sich ihnen frei geoffenbart; aber er hat sich ihnen nach seiner
Weisheit verborgen, wegen ihres irrthümlichen und verbrecherischen
Glaubens. Indess begleiteten die Intelligenz und sein Hoddscha in
jenem Zeitalter den Natek und den Asas, um ihr Unternehmen zu
unterstützen und so der Offenbarung der Weisheit den Weg zu bahnen, auf dass die Religion der Einheit mit der Erscheinung des siebenten Natek vollendet dastehen möchte. Deshalb mussten die Intelligenz und ihr Hoddscha dem sechsten Natek, der dem siebenten den
Weg bahnen sollte, beistehen; sie thaten dies übrigens, ohne sich
seinem Gesetz zu unterwerfen, oder seine Religion anzunehmen.
Die Intelligenz stand in jener Zeit in dem Rufe grosser Weisheit
und die heidnischen Scheikh's jener Zeit suchten fleissig ihren Rath.
Muhammed stand mit ihr in nahem Verhältniss, denn sie hat ihn
erzogen. Ebenso stand der Asas mit ihr in nahem Verhältniss, denn
er ist von ihr erzogen worden. Sie war aber nicht ihr leiblicher,
sondern blos ihr geistiger Vater. Der leibliche Natek wurde auf
dem Gebirge Syriens geboren, und wuchs unter den Karawanen auf;
er war beständig auf Reisen. Er kam so nach Hedschas, wo ihm
die Hut über die Kameele Abu Taleb's anvertraut wurde; daher kam

sein nahes Verhältniss zu Abu Taleb. Was aber den Asas (Ali) betrifft, so stammte er aus Mekka."

Nach dieser Stelle war also die Intelligenz zur Zeit Muhammed's personificirt in *Abu Taleb*, dem Vater Ali's und dem väterlichen Onkel Muhammed's. Nach zwei Stellen Hamsa's aber und nach dem Drusenformular hat sie sich zu dieser Zeit in der Person des *Salman Faresi*, eines freigelassenen Sklaven und eines der ersten Schüler Muhammed's, geoffenbart. Dieser Widerspruch lässt sich dadurch heben, dass man annimmt, die Intelligenz habe sich zuerst in Abu Taleb und hernach nach dessen bald (drei Jahre vor der Hedschra) erfolgtem Tode in Salman (der erst im Jahre 33 oder 35 d. H. starb) personificirt.

Noch wird, von einem der ältern Drusenschriftsteller, Temimi, einer Offenbarung der Intelligenz in der vordrusischen Zeit kurze Erwähnung gethan, nämlich derjenigen, die zur Zeit Muhammed's ben Ismaël, des Urhebers der batenitischen Lehre, Statt hatte. „Diese Zeit", sagt Temimi, „hatte sieben Imame, deren erster der Vater des genannten Muhammed Ismaël, und deren letzter Abdallah Vater des Saïd, oder Obeïdallah der Mehdi war. Unter dem dritten jener Imame, Ahmed, geschah die zweite Offenbarung der Gottheit unter den Menschen, unter dem Namen *Abu Zacaria*. Mit ihm erschien auch die Intelligenz in einer Gestalt, welcher der Herr den Namen *Karun* gab; er war ein Perser, gross in dem Dienste der Predigt und er mischte keinen Irrthum in das Dogma der Einheit. Gegen das Ende seiner Zeit, als er schon alt war, schickte er den Mehdi nach Jemen. Der Herr liess auch seinen Hoddscha erscheinen, welcher die allgemeine Seele ist, in der Person des Abu Saïd Malati." Vgl. oben S. 303.

Alle die bisher besprochenen Offenbarungen der Intelligenz waren aber nur so zu sagen das Vorspiel derjenigen, die am Ende der Zeiten, zur Zeit der Personification der Gottheit in der menschlichen Figur Hakem's, in der Person Hamsa's Statt finden sollte. Stellen wir das Wichtigste über Hamsa's Person und Wirken, sowie die wichtigern, in die Zeit seiner Wirksamkeit fallenden Ereignisse hier kurz zusammen.

Hamsa war ein Fremder, sein Vater hiess Ali, sein Grossvater Ahmed. Dies ist alles, was die Drusenschriften über Herkunft oder Abstammung Hamsa's enthalten. Mit der Offenbarung der Intelligenz

In seiner Person beginnt die Aera der Drusen. Die Jahre dieser Zeitrechnung heissen die Jahre Hamsa's. Das erste Jahr dieser Zeitrechnung ist das Jahr 408 d. H. (s. oben im Leben Hakem's). Die Hauptwirksamkeit Hakem's fällt in die Jahre 408, 410 und 411; das Jahr 409 ist aus der Aera Hamsa's ausgeschlossen (s. oben). Nach dem Tode Hakem's musste sich Hamsa, in den ersten Monaten des Jahres 412, verbergen.

Dem Jahre 408 gehören folgende Ereignisse an: der Aufstand des Volks gegen die Leute Hamsa's in der grossen Moschee, veranlasst durch den Kadhi (s. oben S. 269), ein Angriff auf die Wohnung Hamsa's, in welcher er mit blos zwölf seiner Leute war, von Seiten der Türken (s. oben S. 269) und die ärgerliche Geschichte mit Darasi, dem Hamsa allerlei Schimpfnamen, als: Kalb, Satan, Schwein, gibt (s. oben S. 263 ff.); anderer minder wichtiger Ereignisse, die Sacy II, S. 159 u. 160 erwähnt, nicht zu gedenken. Seine ersten Daï's bis in das Jahr 408 waren: Ali ben Ahmed Habbal, der den Darasi für die Lehre Hamsa's gewann, und Mobarek ben Ali.

Das Jahr 409 wird in den Drusenschriften als ein Jahr der Prüfung und der Trübsal geschildert. Diese Prüfung scheint darin bestanden zu haben, dass Hamsa sich verborgen halten musste und dass er seine Lehre nur im Geheimen mittheilen konnte. In diesem Jahre hat Hamsa eine grosse Anzahl Schriften verfasst, in denen er sein System näher ausgeführt hat. Auch scheint er in dieser Zeit die bedeutendsten seiner Apostel (den zweiten und dritten Mittler) gewonnen zu haben. Gegen das Ende dieses Jahres scheint ihm Hakem seine volle Gunst zugewendet zu haben. Diesem Jahre gehört auch ein Brief Hamsa's an den Oberkadhi, Ahmed ben Muhammed ben Awwam, an, in welchem er denselben ernstlich vermahnte, sich in die Sachen der Unitarier nicht zu mischen, und in dem er ihn aufforderte, alle Unitarier, die Streitsachen vor ihn brächten, zu ihm zu schicken, auf dass er dieselben nach dem geistigen Gesetze schlichte.

Im Jahre 410 verliess Hamsa, ohne Zweifel durch die ihm zugewandte Gunst Hakem's kühn gemacht, seinen Schlupfwinkel (s. oben S. 268). Darasi, Berdhai und mehrere ihrer Anhänger scheinen in diesem Jahre auf den Befehl Hakem's zu Gunsten Hamsa's das Leben verloren zu haben. In diesem Jahre wurden von Hamsa die ihm an Rang zunächst stehenden Mittler ausgesendet.

Das Jahr 411 bietet kein merkwürdiges Ereigniss bis zum Hingange Hakem's, der im Monat Schawal d. J. geschah. Im Monat Dhulkaada d. J. verfasste Hamsa die Schrift: „Das aufgehängte Diplom". Sonst scheint er in diesem Jahre nicht viel geschrieben zu haben. Dem Ende dieses Jahres oder auch dem Anfange des Jahres 412 gehört die Schrift an, welche den Titel führt: „Abhandlung über die Abwesenheit (Hakem's)".

Nach Hakem's Tode musste sich Hamsa zurückziehen. In Beziehung auf diesen seinen Rückzug schreibt Behaëddin im Jahre 430 d. H.: „Nachdem er den Menschen das Zeugniss gebracht, das er ihnen zu bringen berufen war, ist er verschwunden (der Friede Gottes sey über seinem Namen!) und hat er sich zurückgezogen in das Reich seines Vaters bis zu einer Zeit, deren Dauer oder Ende er bestimmen wird nach den Beschlüssen seiner Weisheit." An einer andern Stelle beschreibt Behaëddin den Rückzug Hamsa's unter dem Gleichniss einer Reise, das er einem neutestamentlichen Gleichnisse nachgebildet hat. Ein anderer Schriftsteller sagt in Bezug auf die Dauer der Abwesenheit Hamsa's: „Hakem hat schwarze Kleider getragen, um seinen Hingang vorzubilden und um anzuzeigen, dass seine Anhänger nach seinem Hingange sieben Jahre lang in Trübsal und Finsterniss seyn würden. Er hat seine Haare wachsen lassen, um vorzubilden, dass der Imam (Hamsa) sich verbergen würde: denn das Haupt ist dem Menschen gleich dem Imam. Wir sind also hierdurch unterrichtet, dass der Imam sieben Jahre verborgen bleiben wird." Hamsa selber spricht sich, ausser in der oben genannten Abhandlung „Ueber die Abwesenheit" noch in einer besondern Schrift, die kurz nach dem Hingange Hakem's geschrieben zu seyn scheint, über seinen Rückzug aus, nämlich in der Schrift, die den Titel führt: „Ankündigung und Aufmunterung zu heilen die treuen Freunde der Wahrheit von der Krankheit und Bestürzung." In diesem Schreiben hat er nach einer Glosse namentlich beabsichtigt, seine Anhänger vor der Verführung eines gewissen Ebn albarbarijja, der sich die Würde eines Imams anmaasste, zu warnen. Er sagt darin unter anderm: „So wisset denn, o Brüder, dass meine Abwesenheit aus eurer Mitte nur eine Abwesenheit der Prüfung ist, für euch und für die Anhänger der andern Religionen. Lasset euch also nicht verführen durch die lügenhaften Vorstellungen Satans (Glosse: des Ebn albarbarijja), sondern wandelt vor den Predigern des Barmherzigen (den vier Mittlern) und pflücket die Früchte der Weisheit und der Wahrheit, auf dass ihr seyet unter der Zahl derer, die das Heil und die Barmherzigkeit erlangen. Es wird in Kurzem ein Ereigniss *) eintreten (Gl.: die Ereignisse des andern Lebens), von dem ihr Zeugen seyn werdet und deren Erscheinung den Unitariern unermessliche Güter, den Feinden der unitarischen Religion aber eine vollkommene Strafe bringen wird. Diese Belohnungen und Bestrafungen werden ausgeführt werden durch einen von seinem Wohnort entfernten Menschen (Gl.: die Intelligenz), von dem man nur mit Mühe etwas erfahren kann, der hinter Schleiern verborgen ist, der in die Ferne wie aus der Nähe sieht, welcher der eine der Vertheidiger (Glosse: ihr Oberhaupt) ist, dessen Person und Rang zu kennen zur wahren Frömmigkeit und zum wahrhaftigen Ruhm gehört, der weder von den Türken noch von den Khozaren ausgegangen ist, der bei seiner Wiedererscheinung der Sieger genannt werden wird, der erscheinen wird als ein Fremder (Gl.: fremd in Hinsicht auf sein Vaterland [das man nicht kennt], und fremd d. i. ausserordentlich **) in Bezug auf seine Thaten), der vom Himmel unterstützt werden und seine Unternehmungen glücklich vollenden wird. Wachet also auf aus eurem Schlafe, denn die Zeit seiner Erscheinung ist nahe, der bezeichnete Augenblick (Glosse: die Auferstehung) ist nicht fern."

Sacy lässt zum Schlusse dieses Abschnitts noch einige Stellen aus ältern Drusenschriften folgen, die geeignet sind, die Stellung oder den Rang Hamsa's sowie seinen Beruf in näheres Licht zu setzen. Wir theilen daraus das Wichtigere mit. In einer Schrift, „Die Ursache der Ursachen u. s. w." betitelt, schreibt Hamsa an einen Daï, der den Sinn einer seiner Schriften nicht recht verstanden und der sich bei ihm in einem besondern Schreiben Raths erholt hatte, also: „Die Wissenschaft der Einheit, mein sehr werther Bruder, ist nicht wie die der Philosophen oder die der Gottlosigkeit, auch nicht wie die, welche die Prediger und die Diener aufgestellt haben. Eine

---

*) Das Wort *amr* (Sache, Ereigniss) bedeutet auch Befehl, und dies ist einer der Namen Hamsa's. Unter dem zukünftigen Leben ist die Rückkehr Hakem's und Hamsa's zu verstehen. (S.)

**) Das Wort *gharib* (غريب) bedeutet *fremd* und *ausserordentlich*. (S.)

kostbare Perle ist nicht wie ein grober Kiesel; das Eine Wesen ist
nicht gleich dem einzigen Meister, der lehrt; und der oberste Urheber, der Schöpfer, darf nicht mit dem verglichen werden, der nur
Ursache der Wissenschaft *) ist; aber die genaue Kenntniss der Wahrheiten ist ein Geschenk, das von dem ewigen Schöpfer seinem Diener,
der Ursache der Ursachen gemacht worden ist. Der Schöpfer ist der
Eine, die Ursache ist der Einzige, der alle Welt, das heisst die Daï's,
die Madsun's, die Mokaser's und die einfachen Gläubigen unterrichtet
durch seine Wissenschaft und durch den ihm von dem preiswürdigen
Herrn gewährten Theil seiner Barmherzigkeit und seiner Weisheit.
Alle andern Menschen verhalten sich zu ihm wie Schulkinder. Ein
Kind liebt nun zwar seinen Vater mehr als seinen Lehrer, aber es
fürchtet seinen Lehrer mehr als seinen Vater, weil dieser dem Lehrer
die ganze Leitung seiner Erziehung übergeben hat. Dem Vater gehört zwar die oberste Autorität über das Kind, aber der Lehrer lehrt
es das Gute und verbietet ihm das Böse. Der Schullehrer ist die
Ursache der Kinder, ihre Züchtigung und ihre Barmherzigkeit; er
schlägt von den Kindern, welches er zu schlagen für gut findet und
belohnt, welches zu belohnen ihm gefällt. Nur vier Dinge sind dem
Erzieher zu thun verboten: er darf den Kindern keine groben und
unanständigen Schmähworte geben, darf sie nicht so schlagen, dass
ihnen ein Glied ihres Leibes zerbrochen wird, darf sie nicht zu
schändlichen Handlungen missbrauchen und darf sie nicht tödten.
Thut er eins von diesen Dingen an einem Kinde, so zieht er sich
den gerechten Zorn des Vaters eines solchen Kindes zu. Hat er
grobe Schmähungen gegen ein Kind gebraucht, so kann er sich entschuldigen und sagen, dass er diesen Fehler nicht wieder begehen
wolle. Ebenso kann er sich entschuldigen, wenn er ein Kind zu
hart geschlagen; und wenn er einem Kinde ein Glied entzwei geschlagen hat, so ist er verbunden, dasselbe heilen zu lassen und
alle Kosten der Heilung zu bezahlen; er kann sich aber nicht ent-

---

*) Das „Eine Wesen", oder genauer „die Natur des Wesens, das
Eins ist", ist Hakem; „der einzige Meister, der lehrt" ist Hamsa; wiederum ist „der oberste Urheber" d. i. der Urheber der Ursache der
Ursachen, Hakem, und „die Ursache der Wissenschaft", d. h. das Werkzeug, durch welches ein mehr oder weniger grosser Theil der unitarischen Wissenschaft den Gläubigen mitgetheilt wird, Hamsa. (S.)

schuldigen, wenn er ein Kind zu einem schändlichen Verbrechen missbraucht, und ebensowenig, wenn er eins getödtet hat, es sey denn, dass der Vater eines solchen Kindes ihm aus reiner Nachsicht verzeihen will. Ebenso nun verhält es sich mit dem Imam des Jahrhunderts, der da ist der Diener unsers Herrn, dem Lehrer und Erzieher des Menschengeschlechts in der wahren Wissenschaft. Ihm sind alle Daï's, Madsun's, Mokaser's und alle Gläubigen unterthan; er setzt ab und ein, wen er will, er gibt einem Jeden, den er dessen würdig hält, den ihm passend scheinenden Antheil der wahren Lehre, nach dem Lichte, das er von dem Herrn empfängt. Er hat aber nicht das Recht, einem Gläubigen die Kenntniss seiner Religion zu verbergen oder vorzuenthalten, und wenn er es für einige Zeit aus Nothwendigkeit thut, wird er sie ihm zu einer andern Zeit enthüllen und ihm eine vollständige Kenntniss verschaffen. Er darf die Erziehung eines Gläubigen keinem unwürdigen Daï anvertrauen und so dem Gläubigen ein Glied zerbrechen. Hätte er indess solches gethan, bevor er die Unwürdigkeit jenes Daï kannte, und hätte er sie erst später erfahren, so müsste er denselben absetzen und einen andern an seinen Platz setzen, um das zerbrochene Glied des Gläubigen wieder zu heilen. Ebenso darf er keinen Gläubigen auffordern, ihm selber göttliche Anbetung zu erweisen, das hiesse ein Kind zu einem schändlichen Verbrechen missbrauchen. Auch darf er keinen Gläubigen auffordern oder veranlassen, irgend eine Creatur oder einen Menschen anzubeten; dies wäre ein wahrhaftiger Mord, den er auf keine Weise abbüssen könnte, sondern den nur der Herr allein verzeihen kann."

„Der Imam", fährt Hamsa fort, „ist der Emir, seine Diener sind die Soldaten, und die Gläubigen sind die Unterthanen. Sie sind verbunden, ihm zu gehorchen, da der Herr ihn zu ihrer Kibla und zu ihrem Imam aufgestellt hat, auf dass sie durch ihn zur Erkenntniss des Schöpfers, der über alle Beschreibung ist, kommen." „Gepriesen sey", sagt Hamsa an einer andern Stelle, „derjenige, der mich aus seinem Lichte erschaffen hat, der mir den Beistand seines heiligen Geistes gegeben, der mich mit der Wissenschaft ausgestattet, der mir seinen Befehl anvertraut, der mir das Geheimniss seiner Mysterien offenbart hat. Ich bin die Wurzel der Creaturen, ich bin der rechte Weg, ich bin derjenige, der seinen Willen kennt. Ich bin der Berg (Sinai), das geschriebene Buch (das Buch, in welchem durch gewisse Engel die Handlungen der Menschen aufgeschrieben werden); ich bin das bewohnte Haus (die Kaaba), der Herr der Auferstehung und des jüngsten Tages. Ich bin es, der in die Trompete blasen wird. Ich bin der Imam der Frommen, das deutliche und sichere Signal, die Zunge der Gläubigen, die Stütze der Unitarier. Ich bin der Herr des letzten Ungewitters und durch mich werden alle Belohnungen vertheilt. Ich bin der, welcher die frühern Gesetze abschafft und der die Anhänger des Polytheismus und der Lüge vertilgt. Ich bin der, welcher die zwei Kibla's zerstört, der die zwei Glaubensbekenntnisse (dass Ali die Gottheit inwohne und dass Muhammed ein Gesandter Gottes sey) aufhebt. Ich bin der Messias der Nationen, ich bin das brennende Feuer, das in das Innere der Herzen dringt (Sur. 104, 7). Ich theile die Lehre den Mittlern mit, ich zeige den Weg der Anbetung des Einen anbetungswürdigen Wesens. Ich werde aus der Scheide ziehen das Schwert der unitarischen Lehre und werde jeden übermüthigen Rebellen vernichten. Ich bin der Anführer des Jahrhunderts, ich leite die Menschen zum Gehorsam des barmherzigen Gottes." „Es ist", sagt Hamsa anderwärts, „keinem der (vier) Mittler erlaubt, eine Schrift zu verfassen und sie den Gläubigen vorzulesen, ausser auf den Befehl dessen, der gesandt worden ist, sie zu leiten; wer solches ohne seinen Befehl thut oder wer der Vorlesung einer solchen Schrift zuhört, ist ein Rebell." Die vier Mittler gleichen den Imamen der Moscheen, der Leiter der Gläubigen aber dem Grossimam.

Ein anderer Drusenschriftsteller, Ismaël ben Muhammed, sagt über Hamsa: „Gott hat uns ein strahlendes Licht gegeben, aus welchem ausfliessen die wahren Wissenschaften und durch welches die animalischen (seelischen) Figuren hervorgebracht werden *). Das ist jenes Licht, welches da ist die allgemeine Intelligenz, der erste Vorangehende, dem aller Anfang und alles Ende zugehört. Diese Intelligenz ist gegenwärtig der Diener unsers Herrn und sein Knecht, Hamsa ben Ali, der Leiter der Gläubigen." Auf ähnliche Weise spricht sich Behaëddin aus (s. bei Sacy II, S. 225).

---

*) Diese „Wissenschaften" und „Figuren" sind die aus der Intelligenz emanirten und durch den zweiten Mittler, die Seele, den Menschen mitgetheilten Wahrheiten. (S.)

Fünfter Abschnitt.

Der zweite Mittler. Die Seele, oder Ismaël ben Muhammed Temimi.

Was die Drusenschriftsteller über die frühere Geschichte der Offenbarung dieses zweiten Mittlers berichten, ist im vorigen Abschnitte mitgetheilt worden. Ebenso sind schon oben (S. 362) die verschiedenen Namen desselben angegeben worden. Hier ist daher blos noch die Geschichte seiner Offenbarung zur Zeit Ḥakem's und Ḥamsa's zu erzählen.

Die Seele ist zur Zeit Ḥamsa's erschienen in der Person des *Abu Ibrahim Ismael ben Muhammed* (an einigen Stellen ist noch beigesetzt: *ben Ḥamid*), *Temimi*. Das Schreiben, in welchem ihm Ḥamsa die Stelle des zweiten Mittlers übertrug und das den Titel führt: „Bestallungsbrief des Auserwählten" lautet im Auszuge also:

„Ich setze mein Vertrauen auf unsern Herrn; sein Friede und seine Barmherzigkeit seyen mit uns! Er ist es, dessen Beistand ich in allen Dingen anflehe. Von dem Diener dessen, der wahrhaftig unser Herr ist, von seinem Knechte, Ḥamsa ben Ali, dem Leiter der Gläubigen, an seinen Bruder, seinen Nachfolger, den Dsu-massa (den Sauger) seiner Lehre, seinen Zweiten, den einzelnen Adam, den er durch seine Wissenschaft erwählt, durch seine Huld geleitet und durch seinen heilsamen Schutz ernährt hat, den Enoch dieses Jahrhunderts, den Edris dieser Zeit, den Hermes der Hermesse, meinen Bruder, meinen Verbündeten, den Daï Abu Ibrahim Ismaël ben Muhammed, Temimi. Der Herr verleihe dir ein langes Leben, lasse wachsen deinen Ruhm und deine Erhebung, behüte mich durch dich von Uebeln, erfülle meine Wünsche für dich, denn er kann es thun, ihm stehet dazu die Macht zu." Nach diesem Eingange beginnt Ḥamsa also: „Mein Bruder Abu Ibrahim, ich habe dich angesehen durch das Licht unsers Herrn und stelle dich hiermit auf zu meinem Stellvertreter über alle Daï's, Madsun's, Nakib's, Mokaser's und über alle, welche bekennen die Einheit der heiligen Majestät, in allen Theilen und Klimaten der Erde; ich ernenne dich zu dem Ausgewählten der Gläubigen, zur Zuflucht der Unitarier, zum Dsu-massa der Wissenschaft der Alten und der Neuen. Ich gebe dir über alle Mittler die Macht zu befehlen und zu verbieten. Du kannst ein-

und absetzen, wen du willst. Was dir zu thun gefallen wird, soll
seyn wie wenn es ein von mir ausgegangener Befehl wäre, und
wenn du etwas verbietest, soll es seyn, wie wenn ich es verboten
hätte. Wer gegen dich unfolgsam ist, ist es gegen mich selbst,
und wer dir gehorcht, gehorcht mir. Wer mir gehorcht, indem er
die Lehre unsers Herrn und die Religion seiner Einheit bekennt,
der hat den letzten Grad erreicht, das höchste Ziel, den Baum Sidra,
über welchen man nicht hinausgehen kann (Glosse: die Intelligenz),
und bei welchem der Garten ist, wo die Glückseligen wohnen *).
Merke dir dieses, erflehe die Gunst unsers Herrn, diene ihm, wie
du ihm zu dienen verbunden bist, erkenne die Rechte und die Rangstufen der Diener, wie ich dieselben in der Schrift „Die Vortrefflichkeit und der gute Rath" angegeben habe. Entferne von dir die Gottlosen und bekämpfe sie muthig und offen; danke unserm Herrn für
die grossen Wohlthaten und die herrlichen Geschenke, die er dir
hat zukommen lassen, auf dass er dich mit neuen Gnadenbezeigungen
erfreue und dich in seinem Gehorsam befestige; denn er kann es
und hat die Macht dazu." **)

Ismaël spricht sich über sein Verhältniss zu der Intelligenz und
zu den ihm untergeordneten Dienern (Mittlern) selber also aus:
„Nachdem der Schöpfer die Intelligenz unmittelbar aus seinem Lichte
erschaffen, hat er gemacht, dass ich von der Intelligenz hervor-
gebracht wurde vermittelst ihrer hervorbringenden Kraft und ihrer
Belehrung. Er hat mich gemacht zu ihrem Nachfolgenden, ihrem
Hoddscha und Weibe, zu dem, der ihre Figur annimmt, zu dem
Schatze, wo er seine Geheimnisse und seine Weisheit niederlegt.
Er (der Schöpfer) hat auf mich ihr (der Intelligenz) Licht und ihre
Segnung ausströmen lassen. Er hat aus mir die (übrigen) Diener

---

*) Dies ist aus dem Koran Sur. 53, 14 u. 15. Der genannte Baum
ist nach den Commentatoren in dem siebenten Himmel zur Rechten des
Thrones Gottes. Dies ist das Ziel, über welches hinaus selbst die
Engel nicht kommen können. (S.)

**) Dieser Bestallungsbrief ist zwar nicht datirt, es kann aber mit
Bestimmtheit behauptet werden, dass er vor dem Monat Schawwal des
Jahres 410 geschrieben wurde, denn in dem Bestallungsbriefe des dritten
Mittlers, welcher vom Monat Schawwal des zweiten Jahres Hamsa's
datirt ist, ist Ismaël als der zweite Mittler erwähnt. (S.)

(Mittler) seiner Religion ausgehen lassen. Er hat mich gemacht zu ihrem Untergange, während sie der Aufgang ist. Die geistigen Wissenschaften und die erhabene Weisheit, welche von der Intelligenz als dem Ausgange kommen, sind eine Emanation der göttlichen Kraft. Ich bin die Seele, und mein Rang im Verhältniss zu dem Imam, der auf den rechten Weg führt, ist wie der Rang des Mondes im Verhältniss zu der Sonne." Noch mehr spricht er seine Abhängigkeit von Hamsa in einer andern Stelle aus, wo er sagt: „Als mir von dem vollkommenen Lichte der Auftrag ertheilt worden war, ein Buch »Die Eintheilung der Wissenschaften und die Offenbarung der Geheimnisse« zu schreiben, da fühlte ich eine Kraft, wie ich sie noch nie in meinem Leben verspürt hatte, und ich, der ich mich vordem so schwach und unfähig fühlte, habe durch seinen Beistand wirklich dieses Buch geschrieben, auf dass es zur Belehrung diene und dass es unter die Zahl der geistigen Bücher gesetzt werde. Was in demselben wahr und beredt ist, kommt von ihm und muss ihm zugeschrieben werden, was aber darin mangelhaft ist, ist mir zuzumessen."

Ueber das innere nothwendige Verhältniss zwischen der Intelligenz und der Seele drückt sich die Schrift „Der Feuerschwamm", die wahrscheinlich von Ismaël ben Muhammed ist, also aus: „Der Feuerschwamm kann, obwohl das Feuer in ihm verborgen ist, doch aus sich selbst kein Feuer hervorbringen; es wird erst, wenn der Stein darauf gelegt wird und dieser ihm die Bewegung mittheilt, sich sein Feuer offenbaren. Ebenso kann der Feuerstein ohne den Beistand des Stahls kein Feuer, weder aus sich selbst, noch aus einer andern Sache entlocken. Wir sagen daher, Feuerschwamm und Feuerstein sind verpaart, wie Mann und Weib. Das Feuer entsteht aus ihrer Mitte vermittelst des Stahls, der ihnen beiden die Bewegung mittheilt. Der Stein ist die Intelligenz, der Schwamm die Seele; das Feuer offenbart sich dem Schwamme erst vermittelst des Stahls und des Steines. Ebenso erzeugt die Seele die geistigen Figuren nur durch die Belehrung, die sie von der Intelligenz erhält und durch die Kraft, welche ihr der Schöpfer mittheilt; ihre Operation wird erst durch den göttlichen Beistand vollendet, wie sich die Production des Feuers erst durch den Stahl macht."

Das Drusenformular hat in Betreff des zweiten Mittlers folgende Fragen:

Fr. 47: Wer ist der Dsu-massa? A.: Das ist Adam der Einzelne, Hermes, Enoch, Edris, Johannes *), Ismaël ben Muhammed Taïmi (soll Temimi heissen), der Daï. Zur Zeit Muhammed's ben Abdallah nannte man ihn Mikdad **).

Fr. 48: Was versteht man unter dem Alten (*kadim*) und dem Ewigen (*azel*)? A.: Der Alte ist Hamsa, der Ewige ***) ist sein Bruder Ismaël, welcher ist die Seele.

Fr. 50: Welches sind die drei Prediger? A.: Das sind Johannes, Marcus und Matthäus.

Fr. 60: Welches sind die drei Mittler, welche sich nur zur Zeit des Kaïm alseman, der da ist Hamsa, offenbaren? A.: Das sind der Wille, das Wollen und das Wort. Zur Zeit des Messias waren es Johannes, Matthäus und Marcus; zur Zeit Muhammed's waren es Mikdad, Madhaun ben Jaser und Abu Dharr Ghifari †); zur Zeit Hamsa's waren es Ismaël, Muhammed, das Wort genannt, und Ali Behaëddin ††).

---

*) Diesen Namen scheint der Verfasser des Formulars aus gewissen Aeusserungen Behaëddin's entlehnt zu haben. S. Sacy II, S. 253—259.

**) *Mikdad* war einer der Begleiter Muhammed's, der im Jahr 34 d. H. starb. Den Verfasser des Formulars scheint eine Stelle in Hamsa's Schriften (s. Sacy II, 251 f.) zu dieser Angabe veranlasst zu haben.

***) Nach den ältern Drusenschriften heisst nicht Ismaël, sondern Hamsa der Ewige (*azel*); wohl aber wird der zweite Mittler, als ein Product der Intelligenz, *azelijja* d. h. der Ausfluss des Ewigen genannt. (S.)

†) *Ghifari*, Patronymicum von *Ghifar*, Name des Oberhauptes eines Zweiges des Stammes Kenana, s. Eichhorn Mon. ant. hist. Ar. p. 74. Ueber *Abu Dharr* s. Pococke Spec. hist. Ar. p. 566; Abulf. Annal. musl. I, 260.

††) Der Verfasser des Formulars bringt hier alle Mittler untereinander, denn nachdem er die drei ersten — den Willen, das Wollen und das Wort — genannt hat, schreibt er ihnen verschiedene Offenbarungen zu, deren keine auf den ersten Mittler, den Willen, passt und die nur einen der ihm untergeordneten Mittler betreffen; denn der Wille war zur Zeit Jesu der Messias selbst; zur Zeit Muhammed's war es Abu Taleb oder Salman Faresi; und zur Zeit Hamsa's war es Hamsa selber. Ismaël war die Seele; Muhammed das Wort; Behaëddin der linke Flügel (s. oben S. 362).

Es dürfte wohl überflüssig seyn, die Ungenauigkeit oder vielmehr Confusion, welche in diesen Fragen des Formulars Statt hat, näher nachzuweisen.

Wir bemerken nur noch, dass Ismaël der Verfasser einiger bedeutenden Schriften gewesen ist. Die eine derselben führt den Titel: „Die Eintheilung der Wissenschaften“; eine andere ist betitelt: „Die Wachskerze“; eine dritte, poëtische, die zum Singen bestimmt war, hat den Titel: „Geistliches Lied der Seele“.

Ismaël war höchst wahrscheinlich früher ein Daï der Secte der Bateniten, was daraus zu schliessen ist, dass seinem Namen immer die Benennung „der Daï“ beigefügt ist. In Betreff seines Wiedererscheinens am Tage des Triumphs der unitarischen Religion lässt er sich selber in seinem geistlichen Liede also vernehmen: „Das Schwert Temimi's wird aus der Scheide gezogen werden über euch alle, und seine Arbeit wird kein Verbrechen seyn. Der Auserwählte der Gläubigen wird nicht aufhören, euch zu bekämpfen, ohne Furcht und ohne Ende.“

Sechster Abschnitt.

Der dritte Mittler. Das Wort, oder Muhammed ben Wahab.

Indem wir auf das über den dritten Mittler S. 354 u. 362 Mitgetheilte verweisen, bemerken wir hier, dass die Drusenschriften nur über die zur Zeit Hakem's Statt gehabte Offenbarung dieses dritten Mittlers sprechen. Die ausführlichste Kunde hierüber, sowie über die Rechte und Pflichten dieses Mittlers, bietet sein Bestallungsbrief. Dieser lautet im Auszuge also:

„Lob sey gesagt in der Freude und im Leid, in der Trübsal und im Glück unserm Herrn und zwar ihm allein, ihm, der keinen Genossen hat! Von dem Diener unsers Herrn, dem Leiter der Gläubigen, an den Scheikh Ridha (Beiname Muhammed's ben Wahab), den Secretär der Macht *), den Ruhm der Unitarier, den Evangelisten der Gläubigen und ihr erhabenes Wort, den Daï Abu Abdallah Muhammed ben Wahab Koreschi . . . . Ich habe umhergeschaut mit dem

---

*) „Die Macht“ ist hier so viel wie die göttliche Menschheit Hakem's.

Lichte unsers Herrn, und habe deine geheimen Gedanken entdeckt.
Ich habe an dir, während des Laufes der Tage und der Nächte und
in der Zeit der grössten Drangsal immer nur wahrgenommen ein
aufrichtiges Bekenntniss der Einheit des Herrn der Menschen, und
eine vollkommene Entfremdung von den Anbetern der Götzen und der
falschen Gottheiten, eine vollkommene Aufrichtigkeit und Geradheit
in deinen prosaischen wie poëtischen Reden. Ich biete dir daher
die schönsten Grüsse, weise dir deshalb eine erhabenere Stellung an
und erhöhe deine Würde. Diese Würde ist die, welche der Scheikh
Mortadha besass (der Herr möge seine Seele heiligen!). Du bist
nun in Besitz seiner Wissenschaften und seines Ranges gesetzt, du
hast ihn in sein Grabmal und seine Grube verborgen (Glosse: als
die Persönlichkeit Ridha's zum Auftreten bereit war, hat sich die
Persönlichkeit Mortadha's verborgen). Ich überlasse dir alle seine
unitarischen Bücher; ich mache dich zum Oberhaupte aller Daï's,
Madsun's, Nakib's, Mokaser's und aller Gläubigen. Es steht keine
Person über dir, ausser der Auserwählte der Gläubigen, der Daï
Abu Ibrahim Ismaël ben Muhammed Temimi. Flehe nur um die
Gunst des Herrn, diene ihm, wie du es zu thun verpflichtet bist,
folge der Lehre unsers Herrn und behandle mit Güte die Daï's und
alle Unitarier. Befiehl ihnen, was ihnen gut ist, und verbiete ihnen,
was ihnen schädlich ist, und erwecke sie zum Dienste, den man
seiner Gottheit schuldig ist. Die Nakib's (Glosse: die Mokaser's)
sollen dir, das lass sie wissen, emsig dienen, sie sollen dich von
allem unterrichten was geschieht, sollen dir Rechenschaft geben von
allem, was sich in Kaïro, in Missr und den davon abhängigen Orten
begibt, denn ich habe dir die Macht zu befehlen und zu verbieten
über alle Gläubige gegeben. Wenn du einen Menschen siehst, der
würdig ist, ein Schüler Ridha's und ein Anbeter Hakem's zu werden, so thue ihnen Gutes, nähere ihn dir und lass mich seine Lage
kennen. Ist er ein Unterdrückter, so werde ich ihm helfen; ist er
ein Unterdrücker, so werde ich ihn zähmen. Wenn du einen wegen
irgend eines von ihm begangenen Verbrechens oder Fehlers hast gefangen setzen lassen, derselbe sich aber der Verzeihung würdig zeigt,
so lass ihn in dein Haus bringen und mit Stockschlägen also züchtigen, dass er Schmerzen empfindet, auf dass er nicht wieder in
Fehler verfalle, die sich Unitariern nicht geziemen; vollstrecke solche
Züchtigung in deinem Hause, an einem Orte, wo Niemand von der

feindlichen Partei zugegen ist. Wache über alle Interessen der Unitarier, siehe darauf, dass sie bei Entbindungen, Heirathen, Leichen-
bestattungen die von mir vorgeschriebenen Regeln befolgen. Wenn
einer der Daï's, Madsun's und Nakib's sich in seinem Dienste ver-
fehlt oder einen auffallenden Fehler begeht, so setze einen andern
an seine Stelle; doch muss sein Fehler zuvor klar erwiesen seyn
durch das in seiner Gegenwart abgelegte Zeugniss zweier glaubwürdiger Unitarier. Zeigt er Reue, so verzeihe ihm, nachdem er bei
unserm Herrn geschworen, in den begangenen Fehler nicht wieder
zurückfallen zu wollen. Thu ihnen zu wissen, dass Jeder über die
Sicherheit des Andern wachen und dass keiner ohne Waffen, zum
wenigsten nicht ohne einen Dolch ausgehen solle. Du aber fülle
den Platz aus, zu dem ich dich erhoben habe, und halte dich an
die heilige Majestät. Hüte dich, die dir von mir gesteckten Gränzen
zu überschreiten. Sey aufrichtig und wahr (Glosse: in dem, was
du mir von Seiten seiner Majestät zu berichten hast); hüte dich zu
lügen, etwas zu den Worten hinzu- oder hinwegzuthun; denn gegen
einen gläubigen Bruder zu lügen, ist Apostasie; wie vielmehr, etwas
zu den Worten des Herrn hinzuzuthun! Sprich also die Wahrheit,
schäme dich nicht oder fürchte dich nicht, mir die Wahrheit zu
sagen, denn ein Abgeordneter soll nur klar und unzweideutig sprechen. Sprich die Wahrheit (Gl.: in den Berichten, die du Seiner
Majestät zu machen hast), selbst wenn sie etwas Unangenehmes enthalten sollte. Gehe nie zu Seiner Majestät, ausser wenn er dich
berufen hat. Sprich zu ihm kein einziges Wort, ausser wenn er
dich fragt. Du hast die Formel herzusagen, die ich dir in deinem
ersten Bestallungsbriefe (Glosse: im Jahr 408) vorgeschrieben habe.
Zuvörderst wirst du ganz leise und ohne dass man es merkt, sagen:
»Alselam (das Heil). Der Friede (Gl.: das Leben) komme von dir,
o unser Herr, der Friede (Gl.: die Resignation) kehre zu dir zurück;
dir kommt vorzugsweise der Friede (Gl.: die Existenz, die Dauer,
die Ewigkeit) zu; deine Verkündigung ist die Wohnstätte des Friedens (Gl.: die Wohnstätte ist die Offenbarung; der Friede ist der
Imam). Sey gesegnet und erhöht, o unser sehr erhabener Meister,
dem der Ruhm und die Ehre gebühren!« Du hast diese Gebetsformel bis an's Ende herzusagen. Du wirst keine Fragen auf unge-
stüme Weise machen, wirst die Stimme nicht laut erheben (nicht
ungebührlich laut sprechen), wirst die Hände nicht bewegen, kein

Zeichen mit den Augen machen, wirst während des Sprechens den Kopf nicht erheben. Sprich die Wahrheit, fürchte nichts als deine Fehler, und diene nur deinem Herrn, dem Hohen, dem sehr Hohen, Hakem, dem Einzigen, Einen, Ewigen, der kein Weib und keine Kinder hat. Verbirg mir nichts von dem, was du thust und von dem, was sich Neues ereignet in Betreff der Angelegenheiten der Gläubigen, sey es Gutes oder Böses, und ich werde dir für sie Befehle geben, wie ich sie von unserm Herrn erhalte. Sey für sie ein zärtlicher Vater und ein nachsichtiger Lehrer, denn unser Herr ist voll Güte für uns und für sie. Alle Einweihungsacten, Schriften (Gl.: Bittschriften) und Briefe, die bei dir eingehen, wirst du der mit Empfangnahme von Bittschriften beauftragten Dienerin übermachen; sie wird die Antworten darauf an dich besorgen, vermittelst meiner zwei Söhne, Ali und Hosein, die beide Madsun's sind. Der Herr gebe ihnen Gnade, dass sie beide zu dieser Dienerin (Gl.: die Dienerin ist hier der Ort, durch welchen die Angelegenheiten gehen, um zu Seiner Majestät zu kommen) gelangen, wenn es unserm Herrn gefällt, von dem der gute Erfolg bei allen Dingen kommt. Versieh deinen Dienst also, dass du die Wohlthaten und die Gnade verdienest, gerettet zu werden von dem Polytheismus und der Rache. Danke dem Herrn, dem preiswürdigen und sehr erhabenen, und dem Mittler (der Intelligenz), der dir solche Gunst erwiesen hat; wache über die Sicherheit deiner Brüder, und stehe ihnen bei insgeheim und öffentlich. Du wirst diesen Brief mittheilen allen Daï's, Madsun's, Nakib's, Mokaser's und Unitariern, auf dass sie erfahren den Rang, den ich dir gegeben, und die Würde, zu der ich dich erhoben, wenn es unserm Herrn gefällt, von dem bei allen zeitlichen und geistigen Dingen der gute Erfolg kommt. Lob und Dank unserm Herrn und ihm allein; er genügt uns und er ist ein guter Vertheidiger und Beschützer. — Geschrieben im Monat Schawwal des zweiten Jahres der Jahre des Dieners unsers Herrn und seines Knechtes Hamsa ben Ali ben Ahmed, des Leiters der Gläubigen, der Rache nimmt an den Polytheisten und den Abtrünnigen durch das Schwert unsers Herrn und durch die Kraft seiner Autorität. Auf ihn setze ich mein Vertrauen, ihn rufe ich an um Beistand, an ihn richte ich meine Bitten, von ihm erflehe ich Hülfe."

Man sieht aus diesem Bestallungsbriefe des Muhammed ben Wahab, dass er, bevor er zu dem Range des dritten Mittlers erhoben wurde, eine minder wichtige Stelle innegehabt hat. — Sonst enthalten die Drusenschriften fast nichts über den dritten Mittler. Häufig wird er *der Flügel*, oder *der Flügel des Herrn*, *der grossherrliche Flügel* genannt. Ausserdem werden ihm noch folgende Namen gegeben: *der Daï* (in einem speciellern Sinne, dem fünften der batenitischen Mittler, der Daï genannt wurde, entsprechend); *die Aufmerksamkeit; die Macht, die Grösse; die Ambe* (zwei verbundene Nummern im Lottospiele), und die zwei folgenden Mittler, *die Terne* und *die Quaterne.*

Siebenter Abschnitt.

Der vierte Mittler. Der rechte Flügel, oder Selama, ben Abd-alwahhab, Samurri.

Ueber diesen Mittler enthalten die Drusenschriften am wenigsten. Von früheren Offenbarungen desselben findet sich keine Spur. Sein Bestallungsbrief ist nicht mehr vorhanden. Aus dem des fünften Mittlers, der vom Jahr 411 ist, geht aber hervor, dass er vor diesem ernannt wurde. Selama hatte den Beinamen *Mostafa*, d. i. der Auserwählte. Sein vollständiger Name ist: der Daï Abulkhaïr Selama ben Abd - alwahhab Samurri. Manchmal wird er kurzweg blos Abulkhaïr genannt. Gewöhnlich wird er genannt: *der rechte Flügel* und *der Sabek* d. i. der Vorangehende, in Bezug auf den fünften Mittler. Andere Namen, die ihm gegeben werden, sind: *das Thor, das grosse Thor* (s. oben S. 362).

Achter Abschnitt.

Der fünfte Mittler. Der linke Flügel, oder Abulhasan Ali, ben Ahmed, Taï, Semuki, mit den Beinamen Moktana und Behaëddin.

Dieser fünfte Mittler, gewöhnlich Moktana oder Behaëddin genannt, spielt eine grosse Rolle in der Geschichte der unitarischen Religion. Er ist der Verfasser des grössten Theiles der Drusenschriften und er scheint sehr lange seinem Amte vorgestanden zu haben, denn sein Bestallungsbrief ist vom dritten Jahre Hamsa's, 411 d. H., und aus dem Datum einer seiner Briefe geht hervor, dass er noch im Jahre 430 geschrieben. Sein Bestallungsschreiben lautet im Auszuge also:

„Wisse: der Herr möge dir guten Erfolg verleihen, er möge dir die Gnade verleihen, dem Pfade der Leitung zu folgen, er möge dich bewahren vor dem Irrthume und der Leidenschaft, er lasse dir gute und deinen Wünschen gemässe Nachrichten zukommen, er segne dich in diesem ausgezeichneten Range, er befestige dich in dieser erhabenen Würde und diesem hohen Platze! — Von Seiten des Kaïm alseman, des Leiters der Gläubigen, Hamsa. Decret an den Scheikh Moktana, den Glanz der Religion, die Zunge der Gläubigen, die Stütze der Unitarier, Abulhasan Ali ben Ahmed, Semuki, bekannt unter dem Namen Dhaïf. Der Herr verleihe ihm glücklichen Erfolg und leite ihn wohl! Lob unserm Herrn und ihm allein, in Freude und Leid, in Glück und Trübsal! Er wird schreiben *) in dem Diwan der Unitarier, wenn es unserm Herrn gefällt, von dem der Erfolg kommt; er wird schreiben in dem Diwan der Nakib's, wenn es unserm Herrn gefällt, von dem der Erfolg kommt; er wird schreiben in dem Diwan der Unitarier, Lob unserm Herrn in allen Dingen! er wird schreiben in dem Diwan der Nakib's; der Herr verfügt nach seinem Willen über alle seine Diener. — Ich setze mein Vertrauen auf unsern Herrn Hakem, den einzigen.... Von dem Diener unsers Herrn (Hamsa) an den Scheikh Moktana Heil (d. i. meinen Gruss). Ich lobe deinetwegen unsern Herrn, ausser welchem wir keinen andern Herrn haben, und ich danke ihm für den Ueberfluss seiner Geschenke und Wohlthaten. Ich diene ihm im Geheimen und öffentlich, ich ertrage geduldig seine Prüfungen. In kurzem wird die festgesetzte Zeit an ihr Ziel (Glosse: die Auferstehung) kommen, und der Gläubige zum Gegenstand seiner Hoffnung; das Aeussere (Gl.: die falschen Religionen) und ihre Vorschriften werden aufgehoben werden. Ich lobe deinetwegen den Herrn, dessen Name gepriesen werde, weil er dir eine Wohlthat hat zukommen lassen, deren du dich nicht versahst, weil er dir ein unaussprechliches Geschenk gemacht, weil er dir einen unermesslichen und herrlichen Ruhm gegeben, weil er dich in die Zahl der begünstigten Engel (Glosse: fünf

---

*) Man wird weiter unten sehen, dass das Geschäft Moktana's war, die Verpflichtungsschreiben (Eidesformeln) der in die Secte Aufzunehmenden zu schreiben.

rothe Puncte; s. S. 357) und der erhabenen Diener (Gl.: fünf rothe
Puncte) gesetzt hat. Die Gesinnungen, welche er mir in Bezug auf
dich eingeflösst hat, als ich deine Worte, die bewundernswürdige
Eleganz deiner Schreiben und die weisen Gedanken deiner Schriften
kennen gelernt habe, sind eine Wirkung seines Wohlwollens gegen
dich. Man könnte sagen, ich habe, als ich dich schon vordem (Gl.:
vor diesem Bestallungsbriefe) betrachtete, an dir Geist und Urtheilskraft und den Charakter eines weisen Mannes erkannt. Die Venus
deiner Worte (Gl.: der Ausdruck deiner religiösen Kenntnisse) hat
ihren Glanz verbreitet an dem Himmel deiner Einsicht, deines Geistes, deiner Gedanken und deiner Einbildungskraft; und der Wohl-
geruch deiner Blume (Gl.: deiner religiösen Kenntnisse) hat, als er
sich entwickelte, die Reinheit deines Glaubens erkennen lassen. Deshalb bist du für würdig erachtet worden, auf einen höhern Rang
und eine erhabenere Stufe erhoben zu werden; aber der Augenblick
erlaubte nicht, da die Rangstufen der Diener (Gl.: fünf rothe Puncte)
zuvor festgestellt waren, dass wir hier eine Aenderung machten.
Wir haben dich also zum linken Flügel gemacht, weil der rechte
Flügel, das heisst Selama, vor dir ernannt worden war. Dieser
Rang wurde dir in unserm Geiste bestimmt für den Tag des festgesetzten Augenblicks (Gl.: der Offenbarung der unitarischen Lehre);
dies ist die Würde des Nachfolgenden (Gl.: Moktana's); dies ist der
Nachfolgende, dessen Wirken sich allen offenbart, die von ihm unter
der Autorität des Vorangehenden Belehrung erhalten. Die Macht,
welche dem Vorangehenden zusteht, ist verhüllt und verborgen, das
Wirken aber, das dem Nachfolgenden eigen ist, besteht in reellen
und sichtbaren Wirkungen. Es ist in unserm Zeitalter nicht wie in
den frühern, und die Mittler unserer Zeit dürfen nicht verglichen
werden mit denen anderer Zeiten. Unser Nachfolgender (Moktana)
behauptet unter jenen einen Rang, der viel höher ist als der irgend
eines der frühern Diener (Mittler). So diene denn, mit dem Segen des
Herrn, in diesem glorreichen Berufe, dessen du für würdig erachtet
worden, und versiehe dich, wie dein Bruder, der rechte Flügel, mit
dreissig Dienern, Daï's, Madsun's, Nakib's und Mokaser's. Wisse,
dass die erste der sieben Vorschriften die Wahrhaftigkeit ist. Die
Wahrhaftigkeit (sidk) ist der Weli (d. h. der Freund, worunter Hamsa
gemeint ist), und die Lüge (kidsb) ist ihr Gegner. Die Wahrhaftigkeit und die Lüge gleichen einander, was die Form dieser zwei

Worte betrifft; ebenso entspricht der Gegner (Gl.: der Iblis) dem Weli (Gl.: der Intelligenz); denn was den Herrn betrifft, so hat er keinen Gegner. Das Wort *kidsb* (Lüge) besteht aus drei Buchstaben, ebenso das Wort *sidk* (Wahrhaftigkeit). Der numerische Werth aber dieser zweimal drei Buchstaben ist sehr verschieden. Die drei ersten geben zusammen die Zahl 26 (diese 26 sind Iblis, sein Weib und ihre 24 Kinder); die drei letztern aber die Zahl 164 (dies sind die 164 Diener): von dieser Zahl sind 99 die Diener des Imam, jenem Worte gemäss: »Gott hat 99 Namen; wer sie zählt, kommt ins Paradies«, das heisst, der Imam der Religion der Einheit hat 99 Daï's; wer sie kennt, ist in die Wahrheit der Lehre des Imam eingedrungen. Zu jenen 164 gehören auch der rechte Flügel und seine 30 Diener, und der linke Flügel mit seinen 60 Dienern, was zusammen 161 Diener macht. Zu den 164 fehlen daher noch drei; diese drei sind die seelischen Diener, die drei verborgenen Kleinode, die über dem Vorangehenden stehen und die sich nur in dem Jahrhundert des Kaïm alseman offenbaren und personifieiren. Diese drei sind der Wille, das Wollen und das Wort. Der Wille ist der Dsu-maa, der Leiter der Gläubigen; das Wollen ist der Dsu-massa, die allgemeine Seele, der Daï Abu Ibrahim Ismaël ben Muhammed Temimi; das Wort ist mein Bruder der Scheikh Ridha. Lobe daher den Herrn und danke ihm für seine fortlaufenden Wohlthaten. Beobachtet beim Schreiben der Einweihungsformulare der Gläubigen die materielle Form (Gl.: die äussere Form des Papiers) und alle Formalitäten, welche sie authentisch machen. Sey gut und barmherzig gegen sie. — Dies sind die Befehle, die mir, um nach dem äussern Scheine zu sprechen, unser Herr, dessen Macht gepriesen werde, gegeben hat. Schreibe nun die Schrift der Einweihung und den Brief (Gl.: der Brief ist das von Seiner Majestät ausgegangene Decret, das Niemand widerrufen kann), der in den Händen des Secretärs der göttlichen Macht ist. Nimm auch von den zwei Scheikh's der unitarischen Religion, den zwei gesegneten Brüdern voller Freundschaft und Aufrichtigkeit [*]), dir zu Handen die Einweihungsacten und alles, was du erhalten kannst. Wisse auch, dass Hasan ben Hibat alrefa, der oberste der Nakib's, und seine Leute beauftragt sind, die Schwierigkeiten, welche

---

[*]) Dies sind wahrscheinlich die Madsun's der unitarischen Religion, Ali und Hosein. (S.)

dir in der Stadt (Gl.: in Missr) begegnen können, zu ordnen. Du darfst an den Gläubigen keine anderen Strafen vollziehen, als die in dem Bestallungsbriefe deines Bruders Mostafa bezeichneten. — Der Friede des Herrn, ein Friede des Wohlwollens und der Liebe, sey mit dir und allen Unitariern, wie auch seine Barmherzigkeit und seine Segnungen! — Eigenhändig geschrieben von dem Leiter der Gläubigen, der Rache nimmt an den Polytheisten durch das Schwert unsers Herrn und die Kraft seiner Autorität, Freitag den 13. Schaban des dritten seiner gesegneten Jahre (411 d. H.). Der Herr genügt uns, seine Hülfe erflehe ich; er ist ein guter Vertheidiger und Beschützer, er ist allein des Lobes würdig, er hat keinen Genossen." *)

Die verschiedenen Namen des fünften Mittlers sind schon oben (S. 362) angegeben worden. Hamsa nennt ihn am häufigsten den Tali d. i. den Nachfolgenden. Sehr häufig wird er auch „der linke Flügel" genannt. Der Beiname Moktana bedeutet „der erworben, in Besitz genommen worden ist", womit wohl gesagt werden soll, dass er dem Herrn oder dem Imam angehöre. Der Name Behaëddin bedeutet Glanz der Religion. Er selbst gibt sich die hochtrabendsten und wiederum die demüthigsten Titel, als da sind: der Glanz der Religion, die Zunge der Gläubigen, der vierte und geringste der Diener, der weise Rathgeber aller Menschen, der schwache, unmächtige, arme, der Barmherzigkeit seines Herrn, des Imam, bedürftige Diener. Auch nennt er sich das Gefäss des Heils.

Nach dem Tode Hakem's, in Folge dessen Hamsa und die obersten seiner Collegen sich vom Schauplatze zurückziehen mussten oder sich zurückzuziehen für gut fanden, scheint Moktana allein die Leitung des Ganzen übernommen zu haben; er erliess Schriften in grosser Anzahl zur Aufmunterung der Wankenden, ernannte untergeordnete Diener (Daï's), stellte Bestallungsbriefe aus u. dgl., und bot alles auf, die sinkende Drusenreligion aufrecht zu erhalten. Der erste seiner Bestallungsbriefe ist datirt von dem Monat Moharrem des Jahres 418 und gerichtet an einen Scheikh *Mokhtar* mit dem Eigennamen *Abulfewaris;* er ernennt denselben in diesem Briefe zu

---

*) In diesem Bestallungsbriefe weist Hamsa dem Moktana einen hohen Rang an. Nichtsdestoweniger scheint ihn Hamsa nicht immer unter die höhern Mittler gerechnet zu haben.

einem Seïd der unitarischen Religion oder Hauptprediger, gibt ihm
die Vollmacht zur Aufstellung dreier Daï's und beliebig vieler Madsun's, wie auch zur Absetzung aller derjenigen Daï's, die von der
reinen unitarischen Lehre abgewichen. Ein anderer Bestallungsbrief
Moktana's von demselben Jahre ist gerichtet an einen Scheikh *Mortadha* mit dem Beinamen *Sikkin;* derselbe sollte zwölf Daï's und
sechs Madsun's in seinem Districte (in Obersyrien) bestellen. (Mokhtar
und Mortadha sind aber später selbst von der Lehre Hamsa's abgewichen und haben Neuerungen eingeführt.) Weiter wurden von Moktana zu Predigern (Daï's) ernannt: der Scheikh *Abulcataïb* zu Baïdha,
einer Stadt in Saïd; *Ebn Jusuf Abulfewaris Modhad* (dieser war
dem Sikkin untergeordnet), endlich zwei Söhne des Mosarridsch,
dessen im Leben Hakem's öfters Erwähnung geschehen, Namens:
Dschaber und *Zemmakh.* — Die vielen andern Briefe Moktana's zeigen, theils wie sehr die Secte der Drusen ausgebreitet war und wie
viele Gemeinden sie gehabt hat, theils wie sehr Moktana für die
Verbreitung seiner Secte bemüht war. Denn die einen derselben sind
an die Einwohner Kaïro's und Oberägyptens oder die verschiedenen
Gegenden Syriens; andere an die unitarischen Bewohner Bagdads,
der beiden Irak und Persiens; noch andere an die Unitarier von
Jemen und Hedschas oder an die arabischen Fürsten von Lahsa gerichtet. Auch mehrere Gegenden Kleinasiens und namentlich die Stadt
Albostan hat Moktana mit Briefen bedacht. Im Osten erstreckten sich
seine Send- und Mahnungsschreiben bis nach Multan und die Gränzen
Indiens, und im Westen bis nach Constantinopel. Drei seiner Briefe
sind an Christen gerichtet. Der erste, vom 22. Safar des 11. Jahres
Hamsa's und des 7ten seiner Entfernung (419 d. H.), ist gerichtet
an den Kaiser Constantin VIII; der zweite, ohne Datum, an alle Christen und besonders an die Priester, Patriarchen und Metropoliten;
der dritte, gleichfalls ohne Datum, an den Kaiser Michaël den Paphlagonier. Diese drei Briefe haben einen und denselben Zweck, nämlich zu zeigen, dass Hamsa kein anderer sey als der Messias, dass
sein Erscheinen unter dem Namen Hamsa das letzte Kommen des
Messias sey und dass die Christen die Lehren ihrer Religion entstellt
haben. Er citirt in diesen Briefen viele Stellen der Evangelien, theilt
darin ganze Parabeln, auch das constantinopolitanische Symbolum mit,
und spricht von der Liturgie der Christen. Besonders war Moktana
auch bemüht, die Reste der Karmaten zu Lahsa für sich oder die

Lehre Hamsa's zu gewinnen. In andern Schriften, die er an in ihrem Glauben wankende Unitarier richtet, sucht er die Meinung derjenigen zu widerlegen, die glaubten, dass die Gottheit von Hakem auf seinen Sohn und Nachfolger, Ali, übergegangen sey. Anderwärts zieht er heftig los gegen die allzu freien Lehren Sikkin's und anderer abtrünniger Unitarier, welche die ursprüngliche Lehre Hamsa's entstellten und eigene Secten zu bilden suchten. Namentlich bekämpft er heftig einen gewissen *Ebn alcurdi*, welcher behauptete, dass das Imamat auf Moktana selber übergegangen sey.

Nachdem Moktana sich also alle Mühe gegeben, durch Mahn- und Drohschreiben, durch Einladungen und Versprechungen die Lehre Hamsa's aufrecht zu erhalten und zu verbreiten, nachdem er namentlich auch versucht hatte, die geistesverwandten Karmaten zu Lahsa für seine Secte zu gewinnen, erklärte er, da alle seine Anstrengungen vergeblich waren und er selbst immer grösserer Gefahr sich ausgesetzt sah, in einem Briefe an sämmtliche Unitarier, dass er sich, wegen der Ueberhandnahme der Satane, zurückziehen und die Verwaltung seines Amtes niederlegen werde, indem er zugleich den Tag des Gerichts und den Tag des Triumphs der unitarischen Lehre, als dessen deutliche Vorboten er ein bedeutendes Erdbeben in Mekka und Syrien bezeichnete, in nahe Aussicht stellte. Dieser Brief ist, wie Sacy es nachzuweisen gesucht hat, aus dem Jahre 17 oder 18 der Zeitrechnung Hamsa's. Moktana hat übrigens nicht unterlassen, auch später noch, mehr oder weniger im Verborgenen, für die Aufrechterhaltung der Lehre Hamsa's zu thun, was er konnte. Man hat Briefe von ihm aus den Jahren 21 und 26. Moktana scheint erst im Jahre 32 sich gänzlich zurückgezogen zu haben, denn es heisst in einer spätern Drusenschrift, welche eine Uebersicht des historischen Verlaufs dieser Secte gibt: „Der Zeitraum, während dessen man Aufnahmen in die unitarische Religion vernahm, umfasste 26 Jahre von dem Jahre 408 bis zum Rückzuge Behaëddin's."

Wir lassen zum Schlusse dieses Abschnittes noch den letzten der Briefe Behaëddin's, „Die Verschwindung oder der Rückzug" betitelt, folgen. Derselbe lautet also: „Im Namen Gottes des Allbarmherzigen! Die Diener des Hauptes der Religion an diejenigen, welche sich zur Entsagung und Unterwerfung bekennen, welche sich der Reinheit, der Frömmigkeit und Heiligkeit ergeben haben, welche den Weli der Religion, den Herrn des Tages der Auferstehung erkennen.

Heil denjenigen, welche entsagt und sich ihrem Imam unterworfen haben, welche die Erscheinung seiner Fahnen und Feldzeichen erwarten, welche ihre Blicke gerichtet haben auf die klaren Instructionen seiner Weisheit, die bis zu ihnen gekommen sind, und welche seinem Worte Glauben schenken. — Brüder in der Religion, behaltet in eurem Andenken die Dogmen der unitarischen Religion und des Glaubens und erwägt mit Aufmerksamkeit, was euch gelehrt worden ist in Betreff des Verbots der Dinge, welche in den Abhandlungen »Alchakaïk«, »Alkasia«, »Altemjis«, sowie in dem Briefe an den heiligen Märtyrer Abuljakdhan verboten worden sind. Was mich armen Diener betrifft, so bin ich unschuldig in Betreff aller jener schändlichen Lehren, welche die Neuerer erfunden haben, indem ich mich an die Religion und den Glauben halte. Gott ist mein Zeuge für das beharrliche Bestreben, mit welchem ich die verbrecherischen, von einem Lahik, Sikkin, Mosab und Andern eingeführten Neuerungen zu verhindern gesucht habe, und ich habe solches von dem ersten Augenblicke an gethan, wo mich der Weli der Religion und der Mittler der (göttlichen) Offenbarungen mit dem Dienste der Verkündigung beauftragt hat. Wer von euch die Weisheit in seinem Andenken behalten, wer seine Seele rein erhalten wird von aller Gemeinschaft mit denen, die sich der Apostasie, schändlicher Handlungen und frecher Lehren schuldig machen; wer erwarten wird, was plötzlich eintreten wird an dem zur Vergeltung festgesetzten Tage, wer unter geduldigem Hinblick auf die grossen bevorstehenden Ereignisse wachen wird über die Erhaltung seiner Brüder in der Religion: der kann hoffen, dass er von allen Calamitäten errettet werde an dem Tage, wo jede Seele alle ihre guten und bösen Handlungen aufgezeichnet finden wird. Wisset, meine Brüder, dass ihr in der Zeit der schrecklichsten der Prüfungen seyd; sie (diese schrecklichste Prüfung) ist bereits gekommen, bereits haben sich ihre Wirkungen auf alle Gegenden, Völker und Länder erstreckt in einer so grossen Zahl, dass, wenn alle angeschwollenen Meere in Tinte verwandelt würden, sie nicht hinreichen würden, um den zehnten Theil davon aufzuschreiben. Hierdurch ist ein gültiges Zeugniss gegen alle Völker und alle Religionen ausgesprochen, und er (der Diener, der gute Rathschläge gibt) hat ihnen mit lauter Stimme angekündigt, öffentlich und im Geheimen bekannt zu machen, ohne einen von euch oder denen zu vergessen, welche sich dem Schöpfer in dem Innern ihres Gewissens nähern,

26

dass sie sich vor den Schlingen der Feinde und der Schändlichen
zu hüten hätten. Der unterthänige Diener hat seine Pflichten gegen
die Religionen und Völker erfüllt; er überlässt sich seinem Herrn
und ist bereit zu verschwinden und sich zu verbergen; er übergibt
alle Anhänger der Wahrheit, die nahen wie die fernen, der Herrschaft dés Herrn, des Gottes Hakem, des allmächtigen. Wenn einem
von euch ein Leid widerfährt, und wenn man von euch verlangt,
über diesen Herrn übel zu sprechen, so behauptet, dass ihr nichts
mit ihm gemein habt und sprechet über ihn Schimpfworte aus;
wenn man von euch verlangt, ihn zu verfluchen, so verfluchet ihn,
wenn ihr dazu gezwungen werdet, und Gott wird euch verzeihen;
lasset ja nichts von ihm wissen, verberget ihn vielmehr; denn es
sind in Folge falscher Zeugnisse und Verläumdungen Dinge geschehen,
wegen deren Gott nicht säumen wird zu züchtigen sowohl diejenigen,
welche falsch gezeugt haben, als auch diejenigen, welche die Verläumdungen der Lügner und ihre treulosen Reden angenommen haben.
Er wird bald die schuldige Vergeltung üben an denen, die solches
gethan haben, denen, die es ausgesprochen, und denen, die es geglaubt haben; er wird bald ihren Meineid ihnen vor die Augen halten
und wird sie keine Barmherzigkeit finden lassen, weil sie die Wahrheit entstellt und Lügen erfunden haben .... Der Friede ruhe auf
dem Weli der Auferstehung, der beauftragt ist mit der Vollstreckung
aller Dinge, die am Tage der Auferstehung und des letzten Gerichts
geschehen sollen. Er genügt dem schwachen Diener, der auf die
Barmherzigkeit seines Herrn hofft, für den Tag, wo alle Verwandt-
schafts- und Familienbande werden gelöst und wo alle Entschuldi-
gungssysteme verschwinden werden."

Neunter Abschnitt.

*Die untergeordneten Diener (Mittler). Die Daï's, Madsun's, Mokaser's
oder Nakib's. Die Aufmerksamkeit, die Eröffnung, die nächtliche
Lichterscheinung.*

Das Verhältniss dieser drei untergeordneten Classen unitarischer
Diener (Mittler) wird in „Der Wachskerze" des Ismaël ben Muhammed klar bestimmt. Nachdem daselbst klar auseinandergesetzt worden, dass den fünf zu einer vollständigen Wachskerze gehörenden

Theilen die fünf obern Mittler entsprechen (der fünfte, letzte Theil ist der Leuchter und entspricht dem Nachfolgenden), heisst es weiter: „Der Leuchter hat drei Füsse, ebenso hat der Nachfolgende drei von ihm abhängige Diener. Der erste ist *die Aufmerksamkeit*, das ist *Ajjub ben Ali*; der zweite *die Eröffnung*, das ist *Rifaa ben Abdalwarith*; der dritte ist *die nächtliche Lichterscheinung*, das ist *Mohsin ben Ali.*" *) Da in andern Drusenschriften als die auf die fünf obern Mittler folgenden Diener die Daï's, Madsun's und Mokaser's genannt werden, so hat man anzunehmen, dass Ajjub, Rifaa und Mohsin die Häupter dieser drei untergeordneten Classen unitarischer Diener gewesen seyen. Vielleicht gehörten aber auch alle jene drei zu der Classe der Daï's.

Ueber die Pflichten und Geschäfte dieser verschiedenen Classen untergeordneter Mittler ist wenig zu bemerken. Der Beruf eines *Daï* (d. i. Rufenden, Einladenden) war: die Menschen zur Erkenntniss und zum Bekenntniss der unitarischen Lehre einzuladen. Sein Dienst war nach Hamsa ein nothwendiger. „Wie ein Sohn", sagt er, „aus den Lenden des Mannes nur durch seinen Willen und seine Bewegung hervorgeht, um in die Gebärmutter des Weibes einzugehen, ebenso kann ein geistiger Sohn, ein Sohn im religiösen Sinne, nicht ohne einen Daï und eine Bewegung von seiner Seite erzeugt werden." Wie die Daï's überhaupt vorsichtig zu verfahren hatten, so sollten sie namentlich gegen Weiber alle Vorsicht beobachten, sollten z. B. zu ihnen nur sprechen, wenn wenigstens drei bei einander wären, sollten sie während des Sprechens nicht ansehen, sollten ihre Männer oder männlichen Verwandten dazuziehen u. dgl., um allen bösen Verdacht von sich ferne zu halten.

Die *Madsun's* (d. h. die Licentiaten, die mit der Erlaubniss zur Verkündigung Versehenen) hatten im Allgemeinen denselben Beruf wie die Daï's, waren aber diesen untergeordnet. Eins ihrer Hauptgeschäfte scheint darin bestanden zu haben, die geschriebenen und unterzeichneten Verpflichtungen der neuen Proselyten anzunehmen.

Das Geschäft der *Mokaser's* (d. h. der Brechenden, Lösenden)

---

*) Jene fünf obern und diese drei niedern Mittler machen zusammen acht, welche paarweise verbunden sind. Sie heissen auch mit Beziehung auf Sur. 69, Vs. 17 *die acht Träger des Thrones Gottes.*

oder *Nakib's* *) scheint darauf beschränkt gewesen zu seyn, in den Seelen der Menschen Zweifel über ihre Religion zu erregen und sie dadurch zur Annahme der unitarischen Religion vorzubereiten. „Der Mokaser", sagt Hamsa, „heisst auch *Khijal* d. i. nächtliche Lichterscheinung, weil er durch seine Verkündigung leuchtet wie eine nächtliche Lichterscheinung; denn er hat", fügt Hamsa bei, „eine Art Schein (Glanz), ohne übrigens die Wahrheit entwickeln oder enthüllen zu können."

Was die Zahl der Diener dieser untergeordneten Classen betrifft, so wird sie sehr verschieden angegeben, bald zu 30 oder 32, bald zu 46, 70, 164. Es werden hierbei, um diese Zahlen herauszubringen, allerlei kabbalistische Erklärungen gewisser Namen angewendet. Die Verschiedenheit dieser Zahlenangaben erklärt sich nach Sacy erstens daraus, dass Hamsa manchmal die Secte der Bateniten und nicht die der Drusen im Auge gehabt zu haben scheint; sodann daraus, dass Hamsa bald nur die unmittelbar von ihm abhängigen, bald auch die von andern obern Mittlern abhängigen Diener zählt; wie auch daraus, dass Hamsa oft Aenderungen in seiner Hierarchie vorgenommen zu haben scheint.

Drittes Capitel.

Die einfachen Unitarier.

Erster Abschnitt.

Primitive Production der Unitarier.

Wir haben oben vernommen, dass die Intelligenz (das erste aller Geschöpfe, das unmittelbare Geschöpf Gottes) im Anfange aller Zeit erschaffen worden und dass sie zu jeder Zeit in verschiedenen Gestalten oder Personen da gewesen ist. Dasselbe haben wir auch in

---

*) Die *Mokaser's* und *Nakib's* werden einander gewöhnlich gleichgestellt; nach einer Bemerkung Sacy's (II, S. 392) aber waren nicht alle Mokaser's auch Nakib's.

Bezug auf die andern der Intelligenz untergeordneten Mittler vernommen. Dieser Theorie gemäss wird nun von den Drusenschriftstellern auch die Lehre aufgestellt, dass nicht blos jeder Unitarier, sondern überhaupt jeder Mensch im Anfange der Zeiten erschaffen worden und dass nur die äussern Gestalten oder Personen, in denen die Menschen erscheinen, wechseln. Dies ist der Grundgedanke der drusischen Anthropogenie.

Lassen wir nun die einzelnen auf diese Lehre sich beziehenden Stellen der Drusenschriften, wie sie Sacy zusammengestellt hat, folgen. Ein ungenannter Drusenschriftsteller lässt sich hierüber also vernehmen: „Wir thun euch nun zu wissen, Gemeinschaft der Unitarier, die ihr in die Glaubensreligion eingeführt worden seyd, dass, als der Schöpfer diese existirende Welt erschaffen wollte, er sie in demselben Zustande erschuf, in welchem ihr sie heute sehet, bestehend aus Menschen männlichen und weiblichen Geschlechts, aus Greisen und jungen Leuten, aus Kleinen, Grossen und Kindern, zu Tausenden und Millionen, in einer für jeden Andern als ihn unzählbaren Zahl. Er hat ihnen in den Kopf gesetzt, dass sie Väter, Grossväter und Mütter hätten. Es bildete sich daher z. B. Einer ein, dass sein Vater so und so geheissen und dass er dies und dies Handwerk gehabt habe. Sie besuchten die Grabhügel und der Eine sagte: hier ruht mein Vater; ein Anderer: hier ruht meine Mutter u. s. f. In Beziehung auf das Geschäft, das sie trieben, sagten sie: sie haben's von dem und dem erlernt, der jetzt todt sey. Es gab solche, welche meinten, Kinder zu haben, grosse wie kleine; Andere meinten, in verschiedenen Ländern der Erde Handel zu treiben. Dies alles existirte übrigens nur in ihrer Einbildung, durch eine Wirkung der Allmacht des Schöpfers. Hierauf gingen die Seelen nach und nach von einer Körperhülle in eine andere über. So ging es immer fort während der Umwälzungen der verschiedenen Zeitalter."

Diese Behauptungen eines unbekannten Drusenschriftstellers finden gewissermaassen ihre Bestätigung durch einen Ausspruch Moktana's, der, den Ursprung aller Künste auf den Schöpfer selbst zurückführend, sagt: „Es ist gewiss, dass der Schöpfer in den ältesten Zeiten in menschlicher Gestalt erschienen ist, um uns nach diesem Muster zu bilden, wie durch den Wiederschein eines Spiegels, und uns ihm ähnlich zu machen. Muss es ja doch auch in allen Wissenschaften und Künsten, wenn man von den Wirkungen auf die Ursachen zurückgeht, einen letzten Punct geben, über den man nicht hinaus kann; dieser Punct ist unser Herr, der Preiswürdige. Der Beweis hiervon ist, dass es keinen Menschen auf der Erde gibt, der selber seine Kunst erfindet oder dem nicht ein anderer in derselben oder einer ähnlichen, verwandten Kunst vorausgegangen wäre. Dies alles ist ein Beweis, dass alle Dinge einen einzigen, gemeinschaftlichen Ursprung haben müssen, und dieser Ursprung ist der Schöpfer."

Aus dieser Meinung über die Entstehung des Universums floss, sagt Sacy, ziemlich natürlich ein anderes, auf die Erschaffung der Seelen bezügliches Dogma, welches der Verfasser des Drusenformulars also ausdrückt:

Fr. 35: Zu welcher Zeit sind die Seelen aller Menschen erschaffen worden? A.: Sie sind erschaffen worden nach der Erschaffung der Intelligenz, welche ist Hamsa ben Ali. Alle Seelen sind aus seinem Lichte gebildet worden; ihre Zahl ist bestimmt, sie nimmt in dem Laufe der Jahrhunderte weder zu noch ab.

Ganz übereinstimmend hiermit liest man in einer Schrift, die sich unter denen des Moktana findet (nachdem daselbst gesagt worden, dass alle Dinge einen einzigen Ursprung haben, nämlich den Schöpfer, und dass die Unitarier das voraushaben, dass ihnen die Gottheit in einer sichtbaren Gestalt erschienen sey, während die übrigen Menschen nur einen unsichtbaren Gott anbeten): „Alle verständigen Menschen stimmen darin überein (und nur ein Narr oder Unsinniger kann das bestreiten), dass von allen geschaffenen Wesen der Mensch der Endzweck des Schöpfers ist, und dass wegen des Menschen sowohl die obere Welt (der Himmel und was er umfasst) als die untere mit den Thieren und Vegetabilien, die auf ihr sind, erschaffen worden ist. Wäre es nun der Weisheit gemäss, dass dasjenige Wesen, welches unter allen erschaffenen Dingen der Zweck des Schöpfers ist, verschwände und hinginge ohne wiederzukehren, und dass dagegen diejenigen Wesen, die nur zu seinem Dienste erschaffen sind, blieben so lange als die Welt? Wenn wir ein solches Verfahren dem Schöpfer zuschrieben, wovor uns Gott behüte, so würden wir ihm gewiss eine grosse Unmacht beimessen. Ist es daher nicht für jeden verständigen Menschen erwiesen, dass die Personenzahl nicht zunehmen und nicht abnehmen kann, sondern dass sie festgesetzt ist und dieselbe bleiben muss von Anfang bis zum Ende der Welt? Der Beweis hiervon ist, dass die ganze Schöpfung,

die obere und untere Welt, nicht eine auf eine gewisse Zeit beschränkte oder eine durch gewisse den Menschen bekannte Schranken begränzte Existenz hat. Denn wenn die Welt in jedem Jahrtausend auch nur um eine Person sich vermehrte, so würde die Erde
zu enge werden um sie zu fassen; und umgekehrt, wenn die Welt
in jedem Jahrtausend nur um eine Person abnähme, so würde am
Ende keine einzige mehr da seyn. Es ist also für jeden verständigen Menschen erwiesen, dass die Personenzahl weder zu- noch
abnehmen kann, und dass die Menschen nur unter verschiedenen Gestalten erscheinen, je nachdem sie gut oder böse gehandelt haben.
Es stimmt ja Jedermann darin überein, dass der Schöpfer mächtig
sey; da er aber mächtig ist, so kann er den Menschen in diesem
Leibe Wohlthaten oder Züchtigungen zukommen lassen." Auf den
Einwurf, den Moktana sich selber macht, dass, wenn die Menschen vor dieser ihrer Existenz schon existirt haben, sie sich dessen erinnern sollten, antwortet er: dass, wenn es so wäre, der
Mensch Theil hätte an der tiefen Weisheit Gottes, dass ihm dann
nichts verborgen wäre und dass alle an Wissen und Einsicht gleich
wären. „Aber", sagt er, „die Macht Gottes und seine Weisheit haben sich im Gegentheil darin gezeigt, dass er Weise und Unwissende,
Schwache und Ausgezeichnete, die Sache und ihr Gegentheil erschaffen hat." Hierauf fährt er also fort: „Einer der stärksten Beweise, dass diejenigen, welche die Einheit (Gottes) in dieser Zeit
bekannt haben, sie schon in allen frühern Zeitaltern bekannt haben,
liegt darin, dass, als der Kaïm alseman, der Leiter, sie gerufen hat,
sie auf seinen Ruf geantwortet und seine Einladung als eine ihnen
schon bekannte, ihnen nicht neue Sache angenommen haben und
zwar mit Geistesgegenwart und mit Herzen voll Eifer für die Wahrheit, ohne irgend ein weltliches Interesse." Ebenso wird von Moktana an mehrern Stellen behauptet, dass alle, welche der unitarischen Lehre abgeneigt oder derselben abtrünnig geworden seyen, auch
in den frühern Zeitaltern abgeneigt und abtrünnig gewesen seyen.

Diese ganze Lehre von der Erschaffung der Menschen im Anfange der Zeiten und von der Unveränderlichkeit der Personenzahl
beruht auf der Idee der Seelenwanderung. Bevor aber die Lehre von
der Seelenwanderung entwickelt werden kann, muss zuvor erwogen
werden, was die Drusenschriftsteller unter der Seele verstehen.

Zweiter Abschnitt.

Natur und Wesen der menschlichen Seele.

Ismaël ben Muhammed, der zweite Mittler, unterscheidet an dem
Menschen drei verschiedene Theile: zwei, welche er mit dem Namen
Substanzen bezeichnet, dies ist die Intelligenz und die Seele; und
einen, dessen Name eigentlich *Accidenz* bedeutet, dies ist der materielle Theil oder der Körper. Die Seele kann sich entweder ernie-
drigen, in welchem Falle sie dann nur eine thierische Seele ist,
darauf beschränkt, die Eindrücke, welche ihr von den körperlichen
Organen mitgetheilt werden, zu empfangen; oder sie kann sich ver-
edeln, wenn sie sich mit den Eindrücken oder Emanationen der
Intelligenz verbindet. Diese Emanationen werden von der Seele aufgenommen, wie ein Spiegel die Figur der ihm vorgehaltenen Dinge
aufnimmt; sie sind nichts anderes als die Lehren der wahren Religion und man heisst sie wegen der Art und Weise, wie sie sich
der Seele mittheilen, Spuren oder *Eindrücke der Intelligenz, Figuren,*
geistige Figuren. Sie ergreifen die Seele, wie ein durch das Aneinan-
derschlagen eines Feuerstahls und Feuersteins entstandener Funke den
Zunder ergreift. Wenn sie einen starken Eindruck auf die Seele
gemacht haben und wenn sie sich vervielfältigt und ausgebreitet haben, bilden sie eine vollkommene geistige Figur, das heisst einen
unitarischen Gläubigen. Diese Figuren sind aber der Vervollkommnung
fähig, wie sie auch abnehmen und weniger vollkommen werden können.
So sagt Ismaël ben Muhammed: „Es begnüge sich Niemand von euch
mit dem, was er einmal gelernt hat, und es höre Niemand auf, die
Weisheit zu studiren und seine Vorräthe zu vermehren; es sage
Keiner: Ich habe nicht mehr nöthig zu arbeiten und mich zu er-
müden, um mehr zu lernen; dadurch würde einer verlieren, was er
besitzt. Ein scharfes glänzendes Schwert, das lange Zeit in der
Scheide bleibt, nimmt Rost an und wird untauglich, oft sogar wird
es schartig; es hat dann wenig Werth, und es zu poliren kostet
viele Mühe. Ebenso fällt die edle Seele, welche rein und glänzend
geworden ist, welche die Einheit ihres Schöpfers erkannt und welche
geglaubt hat, sobald sie sich von der Barmherzigkeit entfernt, sobald
sie ihrer Nahrung, welche das Licht der Weisheit ist, entbehrt,
zurück in den Irrthum, nachdem sie auf dem rechten Wege gegangen,

und in die Unwissenheit, nachdem sie den Weg der Frömmigkeit gewandelt ist."

Dritter Abschnitt.

Die Lehre der Seelenwanderung.

Die Hauptsätze dieser Lehre sind in Kurzem folgende: Die Seele geht nach und nach in verschiedene Körper *) über, und sie bildet auf diese Weise verschiedene Personen, denn die Verbindung einer Seele mit einem Körper bildet eine Person. Die Seele (des Menschen) kann aber blos in Menschenkörper und nicht in Thierkörper **) übergehen; wohl aber kann sie zur Strafe in recht schlechte oder hässliche Körper versetzt werden. Die Vereinigung sämmtlicher Personen bildet eine Welt oder eine Classe von Wesen, welche von der obern und der untern Welt ***) verschieden ist. Die Zahl der Personen ist immer dieselbe in allen Jahrhunderten, sie nimmt nicht zu und nicht ab.

Ueber die Dauer der Seelenwanderung dürfte, meint Sacy, Folgendes als die Lehre Hamsa's festzustellen seyn: Die Seelen sind der Wanderung unterworfen während der Dauer aller Zeitalter und aller Umwälzungen, und erreichen ihren letzten Grad der Vollkommenheit erst in der letzten aller Umwälzungen, in der Zeit Hakem's und Hamsa's. Aber mit der Erscheinung der Intelligenz in der Person

---

*) Der Körper, als Hülle oder Kleid der Seele, wird oft *kamis* (Hemd) genannt, ein Name, der auch den verschiedenen körperlichen Gestalten, unter welchen die Gottheit erschienen ist, gegeben wird. (S.)

**) Moktana sagt zwar einmal von Christen (bei Sacy II, S. 430), dass sie zur Strafe in Affen und Schweine verwandelt werden sollen, aber dies ist wohl blos bildlich von Versetzung ihrer Seelen in hässliche Körper zu verstehen. Wenigstens bestreitet Hamsa die Ansicht, als ob Menschenseelen in Thierkörper übergehen könnten, auf's bestimmteste (s. a. a. O. S. 433).

***) Es werden *drei Welten* unterschieden: die obere Welt, die untere Welt und die geistige Welt. Die obere Welt ist der Himmel und alles was er enthält; die untere Welt ist die Erde und alles was auf der Erde ist; die geistige Welt — das sind die Wissenschaften, das heisst die Dogmen der Religion und die Seelen (Sacy II, S. 443).

Hamsa's sind alle Umwälzungen zu Ende; es ist nichts mehr zu erwarten als die Auferstehung, das Gericht, welches die Ungläubigen von den Unitariern auf immer trennen und das ewige Loos beider bestimmen wird. Im Laufe dieser neuen Epoche werden die Seelen, welche, nachdem sie den Gipfel der geistigen Kenntnisse und durch ihre Verbindung mit den von der Intelligenz emanirten Wahrheiten eine vollkommene Figur erreicht haben, durch den Tod von ihrem Körper getrennt werden, in keine neuen Körper zu wandern haben; sie werden sich mit dem Imam, der der Aufenthalt der Lichter ist, vereinigen, sich mit ihm vermischen und wie in ihm verborgen bleiben, in Erwartung des Augenblicks, wo er voll Ruhms zum Gericht erscheinen wird, und sie werden dann mit ihm wiedererscheinen und sein Gefolge bilden. Diese also von den Banden des Körpers befreiten und in dem Imam vereinigten Seelen werden genannt: *das erhabene Volk, das sehr hohe Volk, die Bewohner von Araf* *), *die Pferde von Araf, die Lichter, die heiligen Lichter, die Dochte der grossen Lampe* u. dgl. Hamsa selber aber wird genannt *der Aufenthalt der Lichter, der Aufenthalt der Heiligkeiten* d. h. der heiligen Seelen.

---

*) *Araf* ist der Name jener Mauer, welche nach dem Koran (vgl. Sur. 7, Vs. 46) das Paradies von der Hölle trennt. Wer die Bewohner von Araf seyen, darüber herrscht unter den Erklärern des Korans Meinungsverschiedenheit. Die Drusen schliessen sich der Meinung derjenigen an, welche unter denselben die Patriarchen, die Propheten, die Märtyrer, ausgezeichnete Heilige verstehen. (S.)

Viertes Capitel.
Die Vorzüge der unitarischen Religion.

Erster Abschnitt.

Vorzug der unitarischen Religion vor dem Tensil und dem Tawil*) d. h. der buchstäblichen und der allegorischen Auffassung des Islam.

Die Kenntniss der Dogmen der unitarischen Religion wird von den Drusenschriftstellern genannt: *die wahre Wissenschaft, die einzige dieses Namens wirklich würdige Wissenschaft.* Dies wird von Ismaël ben Muhammed ausführlich auseinandergesetzt in einer Schrift, die den Titel hat: „Die Eintheilung der Wissenschaften, die Bestätigung der Wahrheit und die Offenbarung der Geheimnisse." Der Inhalt des in dieser Schrift Gelehrten wird kurz angegeben in der 39sten und 40sten Frage des Drusenformulars, welche also lauten:

Fr. 39: In wie viel Theile theilt man die Wissenschaft? A.: In fünf. Zwei davon gehören der Religion an, zwei der Natur, und der fünfte ist der ausgezeichnetste von allen; er ist die wahre Wissenschaft, der eigentlich allein den Namen der Wissenschaft verdient.

Fr. 40: In wie viele Theile zerfällt wieder jeder dieser Haupttheile? A.: Sie zerfallen in mehrere Theile. Unter den genannten vier Haupttheilen sind zwei, welche in ihren Unterabtheilungen alle Religionen enthalten, und zwei, deren Unterabtheilungen alle diejenigen Wissenschaften enthalten, deren Gegenstand die natürlichen Dinge sind. Der fünfte Haupttheil, von dem gesagt worden, dass

---

*) Das Wort *Tensil* bedeutet eigentlich „vom Himmel gesandte Offenbarung" und wird im Koran gebraucht, um die Worte und Gesetze zu bezeichnen, die dem Muhammed geoffenbart worden. In der Sprache Hamsa's aber und überhaupt der Drusenschriftsteller, und, wie es scheint, auch nach dem gewöhnlichen Sprachgebrauche zur Zeit der fatimitischen Khalifen bezeichnet das Wort Tensil die an dem Buchstaben des Korans hängenden Moslimen, während mit dem Worte *Tawil* (eigentl. „Erklärung") die allegorische oder mystische Lehre gewisser ultraschiitischer Secten, insbesondere die der Ismaëliten oder Bateniten bezeichnet wird. Dass zur Zeit Hakem's das Tensil und das Tawil in Aegypten neben einander bestanden haben, haben wir in dem Leben Hakem's gesehen.

er keine Unterabtheilungen habe, dass er vorzugsweise die Wahrheit selber, die wahre Wissenschaft sey, ist die Wissenschaft der Religion der Drusen, die Lehre Hamsa's.

Zur Erläuterung dieser beiden Fragen mit ihren Antworten lassen wir noch einen Auszug aus der oben genannten Schrift Ismaël's folgen. „Die Wissenschaft", heisst es hier, „theilt sich in fünf Theile; zwei haben die geistigen, zwei die natürlichen Dinge zum Gegenstande; der fünfte, welcher der beste ist und ausgezeichnetste, ist die wahrhaftige Wissenschaft; diese ist es, auf welche sich alles bezieht, sie ist der Gegenstand, auf den alles hinweist. Ihretwegen (Glosse: der unitarischen Religion wegen) ist das Haus (Glosse: die Welt) gemacht worden, und ist der Befehl unsers Herrn Hakem des Schöpfers (d. h. Hamsa) in der Mitte der Bewohner der Welt erschienen. Jeder der vier ersten Theile theilt sich in mehrere Zweige. .... Der fünfte ist untheilbar, er ist keinem Wechsel und keiner Abnahme unterworfen. Von den zwei ersten Wissenschaften, welche die Religion zum Gegenstand haben (dem Tensil und Tawil), ist die eine die Wissenschaft der äussern Religion, die andere die der innern; sie bilden ein aus zwei unterschiedenen Theilen zusammengesetztes Paar; sie bilden nicht eine Einheit und erscheinen als herrschende Religion nicht zu derselben Zeit. Die erstere Wissenschaft, die der äussern Religion, gehört den Natek's an. Die Natek's sind: Noah, Abraham, Moses, Jesus und Muhammed .... Keiner dieser Natek's ist erschienen, ohne zuvor denjenigen angezeigt zu haben, der sein Asas werden sollte. Der Asas hat sodann die allegorische Erklärung der Religion verkündet, die von dem Natek eingeführt worden war, so dass jeder Natek mit seinem Asas ein Paar bildet. Darauf weisen die Worte im Koran hin (Sur. 51, 19): »Wir haben von allen Dingen ein Paar erschaffen«; wodurch zu verstehen gegeben wird, dass die Sache, welche einzig ist und allein in ihrer Art, in der Mitte derjenigen, welche ein Paar bilden, der hauptsächliche Gegenstand ist, den man im Auge hat und den man sucht; denn das Erste dieses Paares hat auf das Zweite hingewiesen, und das Zweite auf das Dritte, und dieses Dritte ist der Hauptgegenstand, das letzte Ziel, der eigentliche Endpunct. Hierauf weisen jene andern Worte im Koran hin (Sur. 57, 13): »Zwischen ihnen ist eine Mauer aufgeführt, die ein Thor hat; in dem Innern ist die Barmherzigkeit, vor der Mauer draussen sind die Züchtigungen.«

Hiermit wird angezeigt, dass die äussere Religion (das Tensil) nur von Züchtigungen weiss, dass diese Religion und ihr Urheber (der Natek) eine Züchtigung sind, und dass dagegen in der innern Religion (dem Tawil) die Barmherzigkeit (Gl.: die Lehre der Einheit) sich findet. Es heisst (im Koran) nicht, die innere Religion (das Tawil) sey die Barmherzigkeit (Gl.: die Lehre der Einheit) selber. In dem Dinge (dem Tawil) ist das, was man daselbst niedergelegt hat (Gl.: die in dem Tawil niedergelegte Lehre der Einheit); aber dieses Ding (das Tawil), in welchem die Niederlegung gemacht worden, ist nicht das Ding selber (Gl.: die unitarische Religion). Der Koran lehrt also, dass die innere Religion (das Tawil) zu der Barmherzigkeit (der Lehre der Einheit) führt.... *) Was die dritte und vierte Abtheilung der Wissenschaft betrifft, so sind das zwei verschiedene Wissenschaften, nämlich die Menschen- und die Thierarzneikunde. Die Inhaber der erstern Wissenschaft heisst man Aerzte, die der andern Thierärzte; beiderlei sind nur Empiriker und keine wahren Aerzte, denn sie behandeln, was sie nicht kennen; sie haben ihre Kenntnisse von den ihnen vorangegangenen Philosophen, und sind hierin den Anhängern der äussern Religion gleich, welche ihre Kenntnisse von den Natek's erhalten haben. Alles, was die Philosophen haben thun können, war, den Bauch eines Verstorbenen zu öffnen, das Innere desselben zu betrachten und hierauf ein Urtheil zu gründen; aber der Zustand eines Verstorbenen, dem man den Bauch geöffnet hat, ist nicht wie der eines lebendigen Menschen. Daher passen ihre Urtheile nicht auf einen lebendigen Menschen. Sehen wir ja doch viele geschickte und ihrer Wissenschaft sich rühmende Aerzte durch ihre Arzneien die Kranken tödten! Ebenso ist es mit den Thier- und Vogelärzten; denn sie handeln auf gut Glück und urtheilen nach den Wünschen des Kranken; es gibt aber kein schwächeres Mittel als dieses, um zur Erkenntniss der Wahrheiten zu gelangen. So findet sich denn die Wahrheit in der dritten und vierten Abtheilung der Wissenschaften ebensowenig wie in der ersten und zweiten, sondern in der fünften, welche den Vorzug hat vor allen andern, wie überhaupt in allen Arten von Dingen das fünfte

---

*) Es ist wohl kaum zu bemerken nöthig, dass Ismaël unter dem Tawil oder den Anhängern des Tawil die Ismaëliten oder Bateniten versteht.

den Vorzug hat. So ist es z. B. bei den Elementen, es gibt deren vier, und das ausgezeichnetste ist das fünfte (d. i. die Materie); ebenso gibt es vier Hoddscha's, und der Imam, welcher der fünfte ist, ist der ausgezeichnetste."

Auf ähnliche Weise suchte Hamsa die Vorzüge der unitarischen Religion nachzuweisen. Es werden derselben von Hamsa (und Andern) folgende auszeichnende allegorische Namen gegeben: *der dritte Theil, dritte Pfad* oder *dritte Seele; die Weisheit; das Heute*, im Gegensatz von dem Gestern und Morgen; *eine unangenehme Sache* (mit Beziehung auf Sur. 54, 6, — nämlich für die Gegner derselben); *die Barmherzigkeit; die Gerechtigkeit; das Wort; das Wort der Wahrheit; das mit dem Messias vereinte Wort; das Himmelreich; die Waage der Gerechtigkeit* oder *der Billigkeit* [*]). Dem Tensil und Tawil dagegen werden die Schimpfnamen gegeben: Unglaube, Polytheismus, Gesetz des Natek, Gesetz des Asas.

Zweiter Abschnitt.

Vorzug der unitarischen Religion vor der jüdischen und christlichen.

Wie der Koran, so werden von den Drusenschriftstellern auch der Pentateuch, der Psalter und das Evangelium unter die Zahl derjenigen Schriften gerechnet, in welchen die Dogmen der unitarischen Religion und die Offenbarung dieser Religion angekündigt und vorgebildet seyen. Wiederum sagen sie, dass in diesen Büchern eine Mischung der wahren Lehre und der falschen Lehre der Natek's enthalten sey. So sagt ein anonymer Drusenschriftsteller: „Was sich in dem Pentateuch, dem Evangelium und dem Koran Wahres und

---

[*]) Den Namen „Gerechtigkeit" gaben die Drusenschriftsteller ihrer Religion in demselben Sinne, in welchem ihn die Kadariten ihrer Religionsansicht beilegten, denn die Drusen haben die kadaritische Ansicht von dem freien Willen der Menschen (s. Sacy II, S. 474 ff.). — Mit dem Namen „Gerechtigkeit, Waage der Gerechtigkeit" wird aber von den Drusen nicht blos die unitarische Religion, sondern eben so oft auch der Imam und das Haupt dieser Religion bezeichnet, worüber man sich nicht verwundern darf, denn Hamsa ist, als alle Kenntnisse und Dogmen der unitarischen Religion in sich schliessend, mit dieser Religion identisch. (Sacy.)

von uns Angenommenes findet, kommt von unserm Herrn; was aber
bei uns nicht angenommen ist, gehört nur ihrer Lehre und ihrer
eiteln Ruhmredigkeit an."

In den Schriften Hamsa's und Ismaël's ist wenig Bezug genommen auf die Juden und Christen. Um so mehr beschäftigte sich mit
den letztern Behaëddin, der in Syrien lebte, wo viele Christen waren
und wo dieselben oft mit den Muhammedanern gemeinschaftliche
Sache gegen die Drusen gemacht zu haben scheinen. Wir lassen
hier aus den drei seiner oben S. 399 erwähnten an Christen gerichteten Briefe Auszüge folgen. In dem ersten derselben aus dem
Jahre 419, der an Constantin VIII. gerichtet und daher „Constan-
tinijja" betitelt ist, wirft er den Christen zuvörderst vor, die Lehren
der Apostel vergessen und seit sehr langer Zeit dem Judaïsmus und
Muhammedanismus sich genähert zu haben. Nachdem er hierauf die
gewöhnlichen Lobpreisungen über Hakem und Hamsa ausgesprochen,
wendet er sich folgendermaassen an die Christen: „Versammlung der
Heiligen! Wenn ihr annehmet, was der Apostel Johannes Goldmund *)
in seinem Evangelium geschrieben hat, wenn ihr fest glaubet an das,
was einstimmig von allen Häuptern eurer Religion angenommen wird,
wenn ihr den Dreihundertundachtzehn Glauben beimesset, welche
in Constantinopel durch Inspiration des heiligen Geistes gesprochen
haben; wenn ihr das Symbol eures Glaubens als wahr anerkennet,
welches alle christliche Secten, trotz der Verschiedenheit ihrer Meinungen, täglich in ihrer Liturgie und ihren Messen recitiren: dann
leihet mir ein aufmerksames Ohr und erwäget, was eure Priester in
jeder Messe vorlesen und das Wort von der erwarteten Wiederkunft
Christi ...." Behaëddin citirt nun mit einigen, wohl absichtlichen
Entstellungen das nicänische Glaubensbekenntniss und knüpft dann
daran unter anderem folgende Bemerkungen: „Von jenen drei Tagen
(zwischen dem Tode und der Auferstehung Christi) ist der erste die
Sendung des Messias selber, zu der Zeit, wo der Natek Jesus, der
Sohn Joseph's, der nicht der wahre Messias war, erschienen ist;
der zweite ist die Sendung des Paraklets, welcher ist Muhammed **),

---

*) Behaëddin verwechselt oft Johannes den Täufer, Johannes den
Evangelisten, und Johannes Chrysostomus miteinander. (S.)

**) Dies ist die Meinung aller Muhammedaner, eine Meinung, die
auf Verwechslung der Worte παράκλητος und παράκλυτος beruht, deren

denn wie Moses auf das Kommen Jesu hingewiesen hat (Joh. 5, 46),
ebenso hat auch Jesus auf das Kommen Muhammed's hingewiesen;
der dritte Tag ist der der Sendung des Mehdi, welcher erschienen
ist, die Menschen aufzufordern, die allegorische Lehre des Tawil
anzunehmen und sie auf den letzten Tag aufmerksam zu machen,
an welchem der Messias erscheinen sollte. Dieser Messias ist Hamsa,
und der letzte Tag ist die Zeit der Offenbarung der Intelligenz unter
dem Namen und der Figur Hamsa's. Dieser letzte Tag ist nur die
Erfüllung des ersten Tages; von ihm hat der Messias gesprochen,
wo er sagte: Meine Zeit ist noch nicht gekommen (Joh. 7, 6), und
wiederum, wo er sagte: Denn ich bin vom Himmel gekommen u. s. w."
(Joh. 6, 38 — 40).

Behaeddin citirt zu weiterer Begründung seiner Behauptungen in
Betreff Hamsa's als des wiedererschienenen Messias eine grosse Anzahl Stellen aus dem Evangelium Johannes, z. B. die Stelle Joh. 3,
19 — 21: „Das ist aber das Gericht, dass das Licht in die Welt
gekommen ist u. s. w."; 10, 14 — 17: „Ich bin ein guter Hirte
u. s. w." Hierauf fährt er also fort: „Wachet also auf, ihr Heiligen,
aus dieser Trunkenheit und Betäubung; erkundiget euch bei den
wahrheitliebenden Obern eurer Religion, auf dass sie euch diese
gewisse Wahrheit mittheilen, nämlich: dass der Messias das *Wort*
an seine Apostel gerichtet, dass er sie aufgefordert hat die Einheit
und die Heiligkeit Gottes anzuerkennen, dass er ihnen die weltlichen
Werke untersagt und dass er nicht ein in Werken bestehendes Gesetz eingeführt hat, wie die Stifter der andern Religionen." Hierfür beruft er sich auf die Stelle Joh. 8, 39—45: „Sie (die Juden)
antworteten ihm: Abraham ist unser Vater u. s. w.", wozu er bemerkt: „er hat ihnen mit diesen Worten zu verstehen gegeben, dass
die Lüge die Religionen seyen, welche äusserliche Gesetze vorschreiben...." Zu dem weitern Ausspruche Christi Joh. 8, 51: „Wahrlich, ich sage euch, so Jemand mein Wort wird halten, der wird
den Tod nicht sehen ewiglich" bemerkt Behaeddin: „Er sagt nicht:
wer meine Werke thun wird, sondern: wer mein Wort halten wird.

---

letzteres dem Worte „Muhammed" (der Gepriesene, Preiswürdige) entspricht. Auffallend ist aber, dass Behaeddin die Worte Jesu „denn es
kommt der Fürst dieser Welt u. s. w.", Joh. 14, 30, auf seinen Paraklet bezieht. (S.)

Dieses Wort ist die wahrhaftige Lehre der unitarischen Religion. Der Beweis hiervon ist, dass er seinen Aposteln befohlen hat, die Menschen in fliessendem Wasser zu taufen, denn das Wasser ist das Symbol der unitarischen Lehre und der Wissenschaft der Religion. So heissen auch die Orte, wo man tauft, Kirche (*bia*) und Altar (*medhbah*). Das Wort Altar (*medhbah*, Opferort) gibt zu verstehen, dass er an diesem Orte die Lehrer der falschen Religionen und die Secten der Polytheisten tödtet und opfert, und dass er ihnen die unitarische Lehre in ihrer Reinheit verkündigt. Was das Wort *bia* (Kirche) betrifft, so bezeichnet es einen Schwur, eine Verpflichtung, eine Zusicherung. Nun nimmt man ja eine solche Verpflichtung allen denjenigen ab, welche die unitarische Religion annehmen. Diese Religion ist das Wort, das mit dem Herrn, dem Messias, sich vereinigt hat, denn seine Substanz hat sich vereinigt mit der Substanz der unitarischen Religion."

Der zweite Brief Behaëddin's an Christen, *Mesihijja* betitelt, enthält fast nichts als grobe Vorwürfe und Beschimpfungen. „Wo ist", heisst es gleich im Anfange desselben, „o Kirche von Betrügern, der Gehorsam, den ihr dem Herrn schuldig seyd; wo ist, lügnerische Menschen, die Unterwerfung, die ihr seinen Befehlen schuldig seyd, wenn ihr an seine Worte glaubet, und wenn ihr den Glauben habt, dass er wiederkommen werde, um die Anhänger der Wahrheit von ihren Sünden zu befreien? Hat er euch nicht im Evangelium des Matthäus die Vorschrift gegeben: Liebet eure Feinde u. s. w. (Matth. 5, 44 — 47)?..... Euch gelten die Worte, die der Messias gesagt hat (Matth. 21, 31 u. 32): Wahrlich ich sage euch, die Zöllner und Huren mögen wohl eher ins Himmelreich kommen denn ihr u. s. w., und das Gleichniss, das er ausgesprochen (Matth. 21, 33 — 41): Es war ein Hausvater, der pflanzte einen Weinberg u. s. w." . . . Hierauf wendet er sich nach Citirung von Matth. 24, 9: „Alsdann werden sie euch überantworten in Trübsal u. s. w." mit folgenden Worten an die Christen: „Unreine Heuchler, wann seyd ihr wegen eurer Religion gemartert worden? wer hat euch überliefert? wer hat euch den Tod gebracht? wer hat euch gehasst? Nicht ihr, sondern die Heiligen des Herrn, die die Menschen zu seiner Erkenntniss eingeladen haben, sind allen Arten von Prüfungen ausgesetzt worden von Seiten eurer und eures Gleichen; indem ihr euch ihnen öffentlich widersetztet, seyd ihr Ursache gewesen, dass sie erkannt und entdeckt

27

wurden, dass man sie allen Qualen und selbst dem Tode überliefert hat. Und ihr, Gottlose, ihr habt dies gebilligt, ihr habt dazu mitgewirkt. Ihr habt sie gehasst, ihr und alle Völker, ihr habt euch gegenseitig geholfen sie zu vertilgen; euer Hass gegen sie ist in euren Herzen und auf euren Zungen gewesen."

Ein drittes an die Christen, zunächst an Michaël den Paphlagonier gerichtetes Schreiben Behaëddin's ist ähnlichen Inhalts. Er bezieht in demselben auf die Christen und namentlich die Priester folgende Stellen: Matth. 23, 29—36: „Wehe euch, Schriftgelehrte und Pharisäer u. s. w."; 7, 15: „Sehet euch vor vor den falschen Propheten u. s. w."; das Gleichniss von der königlichen Hochzeit Matth. 22, 1—14; den Weheruf Jesu über Jerusalem Matth. 23, 37—39; das Gleichniss von den zehn Jungfrauen 25, 1—12, und droht ihnen grosses Unheil, das am Tage des Triumphs der unitarischen Religion über sie kommen werde. — Vernehmen wir noch, was das Drusenformular in Beziehung auf die Christen und ihre Religion enthält.

Fr. 28: Welchen Zweck haben wir, wenn wir mit Lob von dem Evangelium sprechen? A.: Unser Zweck hierbei ist, zu preisen den Namen des Alkaïm biamr-allah, welcher eins ist mit Hamsa; denn dieser ist es, der das Evangelium verkündigt hat. Ausserdem sind wir verpflichtet, vor Menschen jeder Religion den Glauben, zu dem sie (die Christen) sich bekennen, zu billigen. Zudem ist ja das Evangelium auf eine göttliche Weisheit gegründet, und seine allegorische Bedeutung bildet die unitarische Religion vor.

Fr. 30: Was sollen wir in Bezug auf die Märtyrer sagen, deren Muth und Anzahl die Christen rühmen? A.: Wir sagen, dass Hamsa nicht beliebt hat, sie anzuerkennen, dass er im Gegentheil die Geschichten derselben, obwohl durch das Zeugniss aller Geschichtschreiber bestätigt, für erdichtet hält.

Fr. 31: Wenn sie uns sagen, dass die Gewissheit ihrer Religion auf festere und stärkere Beweise gegründet sey als das Wort Hamsa's, was wollen wir ihnen antworten? Wodurch haben wir die Vortrefflichkeit des Dieners der Wahrheit, Hamsa's, erkannt? A.: Durch das Zeugniss, welches er sich selbst gegeben hat, wo er sagte: Ich bin das erste der Geschöpfe des Herrn.

Fr. 86: Was soll man von dem Evangelium, das in den Händen der Christen ist, denken, und was ist hierüber unsere Anweisung? A.: Das Evangelium ist wahr, denn es enthält das Wort des wahrhaftigen Messias, der zur Zeit Muhammed's den Namen Salman Faresi trug, und welcher Hamsa ben Ali ist. Der falsche Messias ist der, welcher von Maria geboren ist, denn er ist Joseph's Sohn.

Fr. 87: Wo war der wahrhaftige Messias, während der falsche Messias bei den Jüngern war? A.: Er begleitete ihn und war unter der Zahl seiner Jünger; er verkündigte die Worte des Evangeliums und er unterrichtete den Messias, Joseph's Sohn, schrieb ihm vor, was er den Gesetzen der christlichen Religion gemäss thun sollte, und dieser hörte mit Aufmerksamkeit alle seine Worte an. Als er aber später gegen die Worte des wahren Messias ungehorsam war, flösste dieser den Juden Hass gegen ihn ein und sie kreuzigten ihn *).

Fr. 88: Was ist ihm nach seiner Kreuzigung widerfahren? A.: Man hat ihn ins Grab gelegt; aber der wahrhaftige Messias kam, stahl ihn aus dem Grabe und verbarg ihn in dem Garten; hierauf verbreitete er unter den Menschen das Gerücht, dass der Messias von den Todten auferstanden sey.

Fr. 89: Warum handelte er also? A.: Um die christliche Religion einzuführen und auf dass die Menschen die Lehre annehmen möchten, welche er (der falsche Messias) ihnen verkündigt hatte.

Fr. 90: Warum hat er also gehandelt, so dass er die Ungläubigen täuschte? A.: Er hat also gehandelt, auf dass die Unitarier unter dem Schutze der Religion des Messias verborgen bleiben könnten, ohne dass sie Jemand erkennete.

Fr. 91: Wer ist nun derjenige, der aus dem Grabe auferstanden und der bei geschlossenen Thüren zu den Jüngern gekommen ist? A.: Das ist der lebendige und unsterbliche Messias, welcher ist Hamsa, der Diener unsers Herrn Hakem.

Fr. 92: Wer hat das Evangelium kund gethan? A.: Matthäus, Marcus, Lucas und Johannes, das sind die vier Weiblichen, von denen oben die Rede gewesen.

---

*) Dies ist die gewöhnliche Meinung der Muhammedaner (vgl. Sur. 4, 156), mit der gewisse Häretiker, z. B. Basilides, übereinstimmen. S. Basnage, hist. des Juifs VI, p. 703. Die muhammedanische Lehre über Christus setzen näher auseinander Marraccius in seinem Prodr. III. Cap. 19. S. 63 ff. Gerock, Christologie des Korans, Hamb. u. Gotha 1839.

Fr. 93: Warum haben die Christen die Religion der Einheit nicht erkannt? A.: Das ist das Wort Gottes, welcher ist Hakem biamrihi.

Fr. 94: Wie kann aber Gott das Schlechte und den Unglauben gut finden? A.: Es ist der Gebrauch unsers Herrn, des Preiswürdigen, die Einen irre zu führen und die Andern recht zu leiten, wie es im Koran heisst: „Er hat den Einen die Kenntniss gegeben, und von den Andern hat er sich weggewandt" (Sur. 66, 3).

Fr. 95: Wenn aber der Unglaube und der Irrthum von ihm kommen, warum wird er sie dann strafen? A.: Er wird sie strafen, weil es ihm zusteht, sie zu täuschen, und weil sie ihm nicht gehorcht haben.

Fr. 96: Aber wie kann ein Mensch, der irre geführt worden ist, gehorchen; ist ja doch die Sache für ihn dunkel gewesen, wie es im Koran heisst: „Wir haben sie in Irrthum geführt und haben sie getäuscht" (Sur. 6, 9; vgl. 27, 50)? A.: Man darf von ihm hierüber keine Rechenschaft verlangen, denn man kann Hakem nicht zu Rede stellen über die Art und Weise, wie er gegen seine Diener handelt. Es heisst: Man stellt nicht ihn zur Rede über das, was er thut; von ihnen wird man Rechenschaft fordern.

Fünftes Capitel.

Die letzten Dinge, oder der Triumph der unitarischen Religion.

Die Worte „jüngstes Gericht" und „Auferstehung" bezeichnen in den Drusenschriften nichts anderes als den Augenblick, wo die unitarische Lehre öffentlich aller Welt wird verkündigt, wo alle andern Religionen ihr Ende erreichen, wo das Schicksal aller Menschen, der Gläubigen wie der Ungläubigen, wird entschieden und wo die Unitarier die ihnen bestimmten Belohnungen, die Ungläubigen und Abtrünnigen die ihnen gedrohten Züchtigungen erhalten werden. Dies ist die allgemeine Idee von dem Tage der Auferstehung in allen Drusenschriften. Abweichend aber von einander sind diese Schriften je nach der

Zeit ihrer Abfassung über die jenen Tag begleitenden Umstände. Vor dem Tode Hakem's wurde gelehrt, dass die Gottheit, die sich zuletzt in der Person Hakem's geoffenbart habe, in keiner andern Person mehr erscheinen werde, und dass der Augenblick nahe sey, wo Hakem vermittelst Hamsa's über alle seine Feinde triumphiren werde. Nach dem Tode Hakem's wurde den Unitariern gesagt: sie sollten sich wegen des Hinganges von Hakem, der nur ein augenblicklicher sey, nicht aus der Fassung bringen und durch diesen kurzen Aufschub sich nicht entmuthigen lassen, sie dürften mit voller Zuversicht seine Rückkehr erwarten, mit welcher (wiederum vermittelst Hamsa's) seine Religion ihren Triumph feiern werde. Nach dem Tode oder vielmehr dem Rückzuge Hamsa's hiess es: Hamsa werde bald wiederkehren und mit seiner Wiederkehr werde jener grosse Tag anbrechen, dessen Vorzeichen sich jetzt schon bemerken lassen.

Vernehmen wir nun einige der wichtigern hierher sich beziehenden Aussprüche aus den angegebenen dreierlei Perioden. In einer *vor dem Tode* Hakem's geschriebenen Schrift, betitelt „Die Ergänzung und Vollendung der unitarischen Lehre" äussert sich Hamsa also: „Bald wird unser Herr sein Schwert erscheinen lassen durch mein Mittleramt; er wird die Rebellen vertilgen, wird die Abtrünnigen entschleiern und sie den Augen aller Menschen aussetzen. Denjenigen, welche dem Schwerte entgehen werden, wird eine Auflage auferlegt werden, die sie mit Schande bedecken wird; dazu werden sie eine besondere Tracht tragen müssen. Sie werden in drei durch verschiedene Zeichen und Abgaben unterschiedene Classen getheilt werden. Die Feinde Ali's werden zwei bleierne, zwanzig Drachmen schwere Ohrgehänge tragen müssen; der untere Theil ihres linken Aermels muss die Farbe von Quittenblüthe haben; ihre Abgabe wird dritthalb Drachmen betragen. Dies sind die Juden unter den Muhammedanern (d. h. die sunnitisch-gesinnten, dem Buchstaben ergebenen Moslimen). Die Kennzeichen der Anhänger des Tawil werden seyn: zwei eiserne, dreissig Drachmen schwere Ohrgehänge und ein schwarzer Streifen am untern Theile ihres Aermels; ihre Abgabe wird vierthalb Drachmen betragen. Dies sind die Polytheisten, die Christen unter den Muhammedanern (d. h. die schiitisch-gesinnten, der allegorischen Erklärung ergebenen Moslimen). Die Kennzeichen der Abtrünnigen, welche die Religion der Einheit unsers Herrn verlassen haben, werden seyn: zwei gläserne schwarze, vierzig Drachmen schwere Ohrgehänge, eine Mütze von Fuchspelz, ein bleifarbener Streifen an ihrem Kleide über die Brust; ihre jährliche Abgabe wird fünf Drachmen betragen. Dies sind die Ungläubigen, die Magier unter den Muhammedanern. Diese Abgaben werden zu bezahlen haben Greise und Jünglinge, Weiber und Kinder, selbst die, welche noch in der Wiege sind. Alle Jahre werden ihre Ohrgehänge gewechselt werden, und den Ungehorsamen wird der Kopf abgeschlagen werden. Jene Abgaben werden gesammelt werden zu Missr in der Moschee des Amru ben Alâs an der Stelle der Kibla, zu Damascus in der Moschee des Moawîa, und zu Bagdad in der im westlichen Theile der Stadt liegenden Moschee. Abbas (soll wohl heissen: der abbassidische Khalife) wird ergriffen werden, wie man von einem starken und mächtigen Manne ergriffen wird; man wird ihn von Land zu Land schleppen, bis er nach Balkh in Khorasan kommt. Hier wird er den Zorn unsers Herrn fühlen, das Wort wird seine Erfüllung finden und das Buch seine gänzliche Vollstreckung; es wird seine Kehle in ein goldenes Gefäss hinein abgeschnitten werden; dies wird der Tag des Unheils und der Reue seyn; die alten Gesetze werden gänzlich abgeschafft, die ewige Secte wird geoffenbart werden. Unser Herr wird in allen Sprachen angebetet werden, man wird ihn unter allen Namen und Benennungen anerkennen. Dann wird man mit lauter Stimme in allen Gegenden der Erde und aller Orten rufen: Wem gehört das Königreich heute und in aller Zeit? und man wird antworten: Unserm Herrn Hakem, dem Siegreichen, dem Mächtigen, Starken; er ist preiswürdig und über alle Beschreibung. Jeder wird nach seinem Verdienst und ohne Ungerechtigkeit behandelt werden. — Von den Unitariern dagegen sagt Hamsa an einer andern Stelle: „Sie werden eine beständige Glückseligkeit, überflüssige Güter und ein dauerhaftes Reich besitzen, wie es der Diener unsers Herrn gesagt hat: »Wir haben entfernt den Hass, der in ihrem Herzen war (d. h. das Tensil und Tawil); sie werden Brüder seyn (dies bezeichnet die unitarische Religion) und einander gegenüber auf Thronen sitzen« (dies bezeichnet die verschiedenen Rangstufen der Anhänger dieser Religion)."

In einer *nach dem Tode* Hakem's abgefassten Schrift äussert sich Hamsa also: „Wachet auf aus eurem Schlafe, denn die Zeit seiner Erscheinung ist nahe. Daher, Brüder, seyd immer gerüstet; sehet den gegenwärtigen Zustand (den Aufschub und die Prüfung) nicht als ein Uebel an, sondern vielmehr als etwas Gutes; denn ihr habt nur noch kurze Zeit zu warten, so werdet ihr die Weiber eurer Feinde als Wittwen sehen, eure Feinde ins Unheil gestürzt, ihrer Güter und ihrer Reiche beraubt, überliefert in die Hände eines Herrn (Gl.: der Intelligenz), der sie nöthigen wird, besondere Zeichen zu tragen, der an ihnen Rache nehmen und sie vertilgen wird. Ihr werdet Fürsten und Scherife (Edle) genannt werden. Die, denen ihr gutes Zeugniss gebet, werden das Heil und alle Arten von Gütern erlangen; die aber, für welche ihr euch nicht verwendet, werden aus der Zahl der Glücklichen ausgeschlossen werden. Ihr werdet das erste der Völker seyn, werdet ausgezeichnet werden vor allen, welche auf der Erde wandeln, weil ihr dem ausgezeichneten Wesen gedient habt, während die Andern einem Nichts Anbetung erwiesen haben. Die ersten von diesen werde ich zu Sklaven der Geringsten unter euch machen. Der vornehmste unter jenen (Gl.: der Rival) wird sich vor einem von euch (Gl.: der Intelligenz) in Gehorsam niederwerfen. Ich werde die Polytheisten und die Abtrünnigen ausrotten durch das Schwert unsers Herrn Hakem, dem das Weltall zugehört und der der Schöpfer aller erschaffenen Wesen ist."

In einem kurzen Lebensabrisse Hakem's, der sich zu Anfange des 1. Bandes der Drusenschriften findet, heisst es: „Hakem verschwand in der Montagsnacht am 27. Schawal 411. Wir erwarten in Kurzem seine Wiederkehr, wenn es ihm gefällt. Er wird über die ganze Erde herrschen von Jahrhundert zu Jahrhundert. Die, welche die Einladung zum Bekenntniss seiner Einheit abgewiesen haben, werden ihm unterworfen, in Fesseln geworfen und zu einem jährlichen Tribut gezwungen werden; aber die Unitarier werden mit ihm ewiglich herrschen."

Unter den spätern Drusenschriftstellern, welche *nach dem Hingange oder Rückzuge Hamsa's* schrieben, hat besonders Moktana höchst dichterische und schauerliche Gemälde von dem Tage der Auferstehung entworfen. So sagt er z. B.: „Die Erfüllung des den Heiligen und Gläubigen gegebenen Versprechens ist ihnen sehr nahe, und der ihren Feinden angedrohte Zorn wird diese sehr schnell erreichen. Die Anzeichen hiervon sind: das vereinte Bestreben aller Religionen, die Anhänger der unitarischen Religion zu vertilgen, und die gemeinschaftliche Verschwörung aller Völker, sie auf jede Weise zu beschimpfen und zu verfolgen. Aber wartet nur, abscheuliches

Volk, ihr werdet bald eine Stimme, das Signal eures Unterganges vernehmen, wann die Sonne der Sonnen am Horizont erschienen seyn wird und wann die Pforten des Himmels sich für die Erscheinung des Befehls des Herrn Hakem (d. i. Hamsa's) geöffnet haben werden. In diesem Augenblicke wird das Kind, von Schrecken ergriffen, die Brust, an welcher es trinkt, verlieren, und in den Herzen wird sich in Erinnerung der verletzten Pflichten eine Flamme entzünden, und alle Angesichte werden sich tief beugen vor dem Befehle des Herrn. Wohin werdet ihr dann fliehen, abtrünnige und treulose Menschen? Denn bereits sind die schnellfüssigen Kameele gesattelt, um das Blut der Schüler der Wahrheit zu rächen; die behenden Rosse sind am Ziele ihres Laufes. Wohin wollet ihr fliehen, wann das scharfe und sehr hartstählerne Schwert von Osten her erscheinen wird, wann der, welcher verborgen und unter Schleier war, erscheinen wird, um die Erde zu reinigen, die Gesetze zu verändern, die Teufel (Iblis) der Religion auszurotten und die Königreiche anders zu besetzen? O welche Rache wird er ausüben an dem Orte, wo er so viel Wohlthaten gespendet hat, um die Bewohner von Ober- und Unter-ägypten auszurotten. Welche Uebel werden die Pharaone des zwischen den beiden Meeren gelegenen Landes treffen, wann der Ein-äugige, der Deddschal (Antichrist) der Araber erschienen, wann dieser verkehrte Mensch über die befleckte Stadt, ich meine Tell alkhamr, gewöhnlich Aleppo genannt, hergefallen seyn wird, und wann alle Arten von Gewaltthätigkeiten nach einander über dieselbe losgebrochen seyn werden! Der Schöpfer wird sich also an den Abscheulichen rächen durch die Abscheulichkeit jenes Menschen, und hierauf wird der bestimmte Zeitpunct eintreffen, wo er mit den Ungläubigen umkommen muss. Dann wird von Morgen her erscheinen das schneidende und hartstählerne Schwert; dann wird der Imam, der Leiter, der Kaïm mit seiner Schärfe schlagen alle, die gottlos gewesen sind. Wann ihr sehen werdet, und das ist jetzt schon zu sehen, dass der Glaube selten wird, dass die Frommen mit Schimpf und Spott überhäuft werden, wann die Religion in dem Munde der aus ungesetzlichem, unreinem Umgange erzeugten Menschen zum Gespött seyn wird, wann sie behandelt werden wird wie ein abgeschnittener Nagel, den man weit von sich wirft, wann die Erde, so weit sie ist, zu eng seyn wird (vgl. Sur. 9, 25) für die Schüler der Wahrheit und sie auf derselben keinen sichern Zufluchtsort finden können:

dann dürfet ihr erwarten, bald das Geschrei zu vernehmen, welches das Signal eures Unterganges seyn wird, o Hefe der Nationen, Ueberreste der Kalbs- und Götzen-Anbeter. Schlaget Wege ein, welche ihr wollet, verletzet alles, was die Religion Heiligstes hat; denn schon sind die Federn (zum Unterschreiben der Eidesformulare) euch entzogen, alles ist vollendet, das Wort wird nicht mehr verkündigt; was die göttlichen Prediger in ihren Schriften niedergelegt haben, ist erfüllt."

Vernehmen wir noch, wie sich das Drusenformular über die letzten Dinge äussert:

Fr. 11: Was versteht man unter dem Tage des Gerichts? A.: Man versteht darunter den Tag, wo Er in seiner Menschheit erscheinen und die Menschen richten soll mit dem Schwerte und auf eine strenge Weise.

Fr. 12: Wann und wie wird das geschehen? A.: Das ist etwas, was man nicht weiss; aber es werden gewisse Zeichen erscheinen, die diesen Tag ankündigen werden.

Fr. 13: Was sind das für Zeichen? A.: Ein solches ist, wann ihr die Könige werdet regieren sehen nach ihrer Willkühr und die Christen die Oberhand haben über die Moslimen.

Fr. 14: In welchem Monat wird dies geschehen? A.: Im Monat Dschumada oder Redscheb, nach der Zeitrechnung der Hedschra.

Fr. 15: Was für ein Gericht wird er über die Menschen der verschiedenen Secten und Religionen üben? A.: Er wird mit dem Schwerte und mit Strenge über sie fallen und wird sie alle niedermachen.

Fr. 16: Was wird geschehen, wann sie niedergemacht seyn werden? A.: Sie werden wieder in die Welt kommen, indem sie zum zweiten Mal geboren werden durch die Seelenwanderung, und dann wird er sie richten, wie es ihm gut dünkt *).

Fr. 17: Wie wird er sie richten? A.: Sie werden in vier Classen eingetheilt werden, nämlich: die Christen, die Juden, die Abtrünnigen und die Unitarier.

---

*) Dieses Dogma ist in den ältern Drusenschriften nicht ausgesprochen, ist aber eine consequente Folgerung. (S.)

Fr. 18: Wie wird jede Classe wieder abgetheilt? A.: Unter den Christen sind zu verstehen die Nossairiten und Mutaweliten (d. h. die Ultra-Schiiten, die Allegoristen), unter den Juden die (am Buchstaben klebenden) Moslimen, unter den Abtrünnigen diejenigen, welche die Religion unsers Herrn Hakem verlassen haben.

Fr. 19: Wie wird er die Unitarier behandeln? A.: Er wird ihnen Autorität, Herrschaft, Macht, Reichthümer, Gold und Silber geben, und sie werden in der Welt Emire, Pascha's und Sultane seyn.

Fr. 20: Wie wird er die Abtrünnigen behandeln? A.: Die Strafe, die sie treffen wird, wird ausserordentlich schmerzhaft seyn; alles nämlich, was sie essen und trinken werden, wird bitter schmecken; sie werden in Unterwürfigkeit leben und mühselige Arbeiten unter den Unitariern verrichten müssen; sie werden Mützen von Schweinshaut in der Länge einer Elle tragen, dazu schwarze gläserne Ohrgehänge, welche im Sommer brennen werden wie Feuer und im Winter ihnen so kalt vorkommen werden wie Schnee. Die Juden und Christen werden ähnliche, doch etwas weniger strenge Strafen erdulden.

Fr. 48: Werden die Dschohhal (d. i. Unwissenden) *) unter den Drusen Heil und einen Platz bei Hakem erlangen, wenn sie sich bei ihrem Tode noch im Zustande der Unwissenheit befinden? A.: Sie werden nie das Heil erlangen; sie werden ewiglich in einem Zustande der Unterwürfigkeit und der Schande bei unserm Herrn seyn.

Was die Frage betrifft, die aufgeworfen werden kann, ob Hakem am jüngsten Tage in seiner alten oder in einer herrlichern Gestalt (Figur) auftreten werde, so geben die Drusenschriften darauf keine bestimmte Antwort. Uebrigens lässt der Ausdruck: „die geistige Figur der Auferstehung", welchen Behaëddin von dem wiedererscheinenden Hakem braucht, auf das Letztere schliessen.

---

*) Ueber die Unterscheidung der Drusen in *Okkal* (d. i. Verständige, Geistige, oder näher Eingeweihte) und *Dschohhal* (Unwissende, Rohe) s. Niebuhr, Voyage en Arabie II, S. 399. (S.)

Sechstes Capitel.

Die Moral der Drusen oder die sieben Hauptgebote derselben.

Indem Hamsa die sieben Hauptgebote des Islam*) aufhob, setzte er an die Stelle derselben sieben andere. Er gibt dieselben selber also an: „Die erste und wichtigste Pflicht, die euch obliegt, ist die Wahrhaftigkeit in euren Worten; die zweite, dass ihr gegenseitig über eure Sicherheit wachet; die dritte, dass ihr eurer frühern Religion und dem Dienste des Nichtigen und der Lüge entsaget; die vierte, dass ihr euch gänzlich von den Dämonen und denen, welche im Irrthume sind, trennet; die fünfte, dass ihr anerkennet die Existenz der Einheit unsers Herrn in allen Jahrhunderten, Zeitaltern und Epochen; die sechste, dass ihr mit seinen Werken, von welcher Art sie auch seyen, zufrieden seyd; die siebente, dass ihr seinen Vorschriften, im Glück wie im Unglück, Folge leistet.

Diesen sieben, so zu sagen, *moralischen Pflichten* stehen zur Seite oder gehen voran: drei *Glaubenspflichten*, welche darin bestehen, zu glauben und zu wissen, erstens: was über Hakem, zweitens was über Hamsa, drittens was über die übrigen Mittler gelehrt wird. Die genannten sieben moralischen Pflichten lassen sich aber auf folgende vier Hauptpflichten reduciren:

1. *Die Pflicht der Wahrhaftigkeit.*

Wahrhaftig seyn, sagt Sacy, hat in den Drusenschriften eine doppelte Bedeutung, erstens: die Dogmen der unitarischen Religion, welche die Wahrheit ist, bekennen (nämlich im Leben, das heisst, nicht heucheln vor Gott); und zweitens: sich keine Lüge gegen einen unitarischen Bruder erlauben. Dagegen sind die Unitarier gegen Be-

---

*) Diese sind: das Bekenntniss, dass es blos Einen Gott gebe und dass Muhammed sein Gesandter sey; das Gebet; Bezahlung des Zehnten; das Fasten; das Pilgern nach Mekka; der Krieg gegen die Ungläubigen; die Unterwerfung unter die legitimen Machthaber. Eine allegorische (bâtenitische) Erklärung dieser Gebote s. bei Sacy II, S. 502 f.

kenner anderer Religionen durchaus nicht zur Wahrhaftigkeit verpflichtet *). Wir lassen einige Belegstellen folgen.

„Das Herz und die Zunge", sagt Hamsa, „sind die zwei Organe,
welche offenbaren, was in dem Geiste ist. Wer ein Lügner ist in
seinen Worten, ist gewiss noch mehr ein Lügner und Heuchler in
seinem Herzen. Wisset daher, dass man unter Wahrhaftigkeit das
Bekenntniss der unitarischen Lehre in ihrem ganzen Umfange zu verstehen hat. Wer gegen seinen gläubigen Bruder lügt, lügt gegen
seinen Daï; wer aber gegen seinen Daï lügt, lügt gegen seinen
Imam, und wer gegen seinen Imam lügt, lügt gegen unsern Herrn;
wer aber gegen unsern Herrn lügt, verläugnet seine Wohlthaten und
zieht sich seinen Zorn zu. Lügen heisst: seinem Bruder falsche
Dinge aufbürden, seine Worte verdrehen, ihm erlauben, was ihm sein
Imam verboten hat, oder von unserm Herrn Dinge sagen, welche
selbst von seinen Dienern zu sagen nicht erlaubt ist. Wer also handelt, entsagt der empfangenen Gnade und dem Glauben, und offenbart seine Abtrünnigkeit."

Und ein ungenannter Drusenschriftsteller sagt: „Wer sich einen
Gläubigen und Unitarier heisst, dabei aber die Befehle unsers Herrn
nicht befolgt, und in seinen Reden keine Wahrhaftigkeit und in seinen Handlungen keine Tugend zeigt, der hat von einem Unitarier
nur den Namen, sein Leben aber ist das eines Polytheisten und eines
Gottlosen." Nachdem dieser Schriftsteller dann seinen Lesern die
Pflicht der Wahrhaftigkeit gegen ihre Mitbrüder dringend ans Herz
gelegt, fährt er also fort: „Aber, Brüder, ihr seyd nicht verpflichtet,
die Wahrheit zu sagen vor den andern Menschen, die in der Unwissenheit, der Dunkelheit, der Verblendung und der Finsterniss
sind." Dabei räth er ihnen aber doch nur da zu lügen, wo es
nothwendig oder politisch sey, z. B. wenn einer von ihnen einen
Mord, oder Betrug, oder Diebstahl begangen habe, oder wenn einer
einem Ungläubigen etwas schuldig sey und er die Schuld nicht bezahlen könne (wenn einer die Schuld bezahlen könne, soll er sie
nicht abläugnen; denn, sagt er, „irdische Güter sind nicht so viel
werth, dass man ihretwegen den gegenseitigen Verkehr in dieser
Welt stören oder aufheben dürfte"), auf dass ihnen das Lügen

---

*) Nach Makrisi hatten dieselbe Erlaubniss zu lügen alle Khatta-
biten, welche in fünfzig Secten zerfallen (s. oben Einl. Cap. IV, B, 2).

nicht zur Gewohnheit werde. Dagegen, sagt dieser Schriftsteller, darf ein Unitarier in gar keinem Falle einen Bruder anlügen, weder in weltlichen noch in religiösen Dingen. Wenn einer z. B., sagt er, seinem Bruder Geld geliehen hat, und er weiss, dass sein Schuldner nicht bezahlen kann, so soll er geduldig warten, ja er soll ihm sogar noch mehr leihen, wenn er darum angegangen wird; der Schuldner aber soll, wenn er auch nicht bezahlen kann, seine Schuld nicht abläugnen. Nur in dem einzigen Falle dürfe ein Unitarier vor einem Bruder lügen, wenn ein Feind ihrer Religion zugegen sey, der die Wahrheit nicht vertragen könne, oder von dem zu fürchten sey, dass er sie zum Nachtheil eines Bruders missbrauchen könne. In diesem Falle soll aber dann der Unitarier dem Bruder nachher, „wenn jener Satan fort sey", die Lüge gestehen.

2. *Die Pflicht des gegenseitigen Schutzes und Beistandes.*

Von dieser auf dem Bruderverhältniss beruhenden Pflicht spricht Hamsa in dem Bestallungsbriefe Ismaëls (s. oben S. 386) also: „Befiehl den Unitariern, dass sie gegenseitig über einander wachen; keiner von ihnen soll ohne Waffen, wenigstens nicht ohne einen kurzen Säbel, ausgehen *)." Jn einer andern Schrift fügt er zur Erläuterung dieser Pflicht folgende Worte bei: „Ich empfehle euch, über eure Brüder zu wachen, denn dadurch wird euer Glaube vollkommen werden; entsprechet ihren Wünschen (Glosse: sowohl in religiösen als in weltlichen Dingen); befriedigt ihre Bedürfnisse; nehmet ihre Entschuldigungen an (Gl.: wenn sie sich bei euch entschuldigen); erklärt euch als Feinde derjenigen, welche sie betrügen; besuchet sie, wenn sie krank sind, unterstützet die Armen und stehet ihnen bei. — Der Verfasser des Drusenformulars gibt bei der 103ten Frage: „Was bedeutet das Almosen und seine Abschaffung?"

---

*) Dieses Gebot beobachten die Drusen noch heute, s. Voyage de Pagès I, S. 396, wo man liest: „Kein Druse geht aus seinem Hause, ohne mit einem Dolch oder einem langen krummen Messer versehen zu seyn, und er geht nicht weit ohne seine Flinte und seine Pistolen.... Die Familien sind so mit einander verbunden, dass, wenn man eins ihrer Mitglieder angreift, man es mit der ganzen Familie, die gewöhnlich ziemlich zahlreich ist, zu thun bekommt. (S.)

folgende Antwort: „Bei uns darf nur eingeweihten Unitariern (Okkal's) Almosen gegeben werden; sonst ist es verboten."

3. *Die Pflicht der Lossagung von jeder andern Religion oder Gottesverehrung.*

Ismaël ben Muhammed Temimi lehrt diese Pflicht in folgenden Worten: „Wer sich rühmt ein Unitarier zu seyn, und dabei sich doch noch irgendwie an das äussere Gesetz hält, der ist ein Lügner, ein Häretiker, ein Gottloser. Wiederum, wer, während er sich zu dem innern Gesetze und dem Tawil bekennt, sich rühmt, ein Unitarier zu seyn, der ist gleichfalls ein Lügner, ein Polytheist und ein Gottloser." — Dabei war es aber den Drusen nicht blos erlaubt, sondern sogar geboten, äusserlich, scheinbar sich an andere Religionen anzuschliessen, oder die Gebräuche anderer Religionen mitzumachen, was auf die Lehre von der Rechtmässigkeit der Lüge, wo sie politisch oder nothwendig ist, gegründet zu seyn scheint. So heisst es z. B. im Drusenformular:

Fr. 28: Was haben wir für einen Zweck, wenn wir von dem Evangelium mit Lob sprechen? A.: Wir sind verbunden, vor den Leuten den Glauben, dem sie ergeben sind, was es auch für einer sey, gutzuheissen.

Fr. 29: Warum verwerfen wir, wenn die Rede darauf kommt, jedes andere Buch ausser dem Koran? A.: Ihr müsset wissen, dass wir, weil wir verbunden sind, uns unter den Schleier des Muhammedanismus zu verbergen, nothwendig das Buch Muhammed's annehmen müssen. Wir setzen uns, wenn wir solches thun, dadurch jetzt keinem Vorwurfe aus, ebensowenig wie wenn wir bei Leichen die üblichen Leichengebete des Islam sprechen, weil wir unsern Glauben verborgen halten müssen; denn die Religion, die wir äusserlich bekennen, verlangt das von uns.

Fr. 101: Warum hat uns Hamsa geboten, die Lehre der Weisheit zu verbergen, und sie nicht offen zu bekennen? A.: Weil in ihr die Geheimnisse und Verheissungen unsers Herrn Hakem enthalten sind, weil sie das Heil der Seelen und das Leben der Geister enthält.

Fr. 102: Aber ist das nicht Geiz von uns, wenn wir nicht wollen, dass alle Menschen gerettet werden? A.: Nein, der Beweggrund solcher Handlungsweise ist nicht der Geiz, sondern der Grund davon ist, dass die Predigt aufgehoben, das Thor geschlossen ist. Die, welche ungläubig gewesen sind, sind es auf ewig, und die, welche geglaubt haben, können ihren Glauben nicht verlieren.

Aehnlich heisst es in einer andern Schrift: „Ihr seyd alle verpflichtet, die Geheimnisse (d. h. die Drusenschriften) wohl zu verwahren und sie Niemandem mitzutheilen; ihr sollt euch gegen dieselben ganz gleichgültig zeigen und thun, als ob ihr sie nicht kennetet; ihr sollt euch zu der in eurer Umgebung herrschenden Religion, obwohl sie eine Gottlosigkeit ist, äusserlich bekennen; denn unser Herr will, dass solches also sey bis zu der Offenbarung seines Schwertes und der unitarischen Lehre, und dann werdet ihr Könige werden und triumphiren in alle Ewigkeit." Wenn aber bei einem Ungläubigen oder Abtrünnigen irgend eine Drusenschrift gefunden werde, so solle er in Stücke gehauen werden. „Sorget daher, solche Geheimnisse unter eine Mauer zu vergraben."

Während nach den angeführten Stellen es den Unitariern gestattet war, ihren Glauben zu verbergen und äusserlich den Gebräuchen anderer Religionen sich anzuschliessen, hat dagegen Behaëddin verlangt, dass die Unitarier auch äusserlich, durch Wort und That, ihren Glauben vor der Welt bekennen sollten. „Der Emir der Gläubigen", sagt er z. B., „hat Jeden aufgefordert, öffentlich seinen Glauben zu bekennen, denn es hat Keiner zu fürchten, dass Jemand die Hand nach ihm ausstrecke, um ihm Böses zuzufügen, da die Unitarier unter einem Schutze sind, wo sie Niemand zu fürchten haben. .... Mein Gott verfluche die, welche diesen Befehl nicht achten und deren Geist verblendet ist, die ihre Wahl deiner Wahl vorziehen." Diese strengere Lehre Behaëddin's fand aber wenig Anhänger; und die entgegengesetzte weit bequemere wurde mit der Zeit von den Drusen allgemein anerkannt.

4. Die Pflicht der Unterwerfung unter den Willen Gottes.

„Wenn schon", sagt Hamsa, „gewöhnliche Menschen, die in Unwissenheit und Irrthum versunken sind, sich dem Willen Gottes mit Seelenruhe unterwerfen und bei allem, was ihnen begegnet, sey es Gutes oder Böses, sprechen: »Was uns begegnet, sey uns willkommen, denn Gott hat es also verordnet, solches ist sein Beschluss«; sollten denn nicht um so mehr die dem göttlichen Willen sich unterwerfen, welche die Wahrheit erkannt und bekannt haben; sollten die nicht mehr thun als jene?" „Und wenn", sagt Hamsa an einer andern Stelle, „unser Herr von einem von euch verlangte, dass er seinen eigenen Sohn tödten solle, so wäre derselbe verbunden, solches zu thun und zwar ohne Widerstreben: denn wer eine Sache thut, aber nicht mit bereitwilligem Sinne, der darf keinen Lohn erwarten. Wem aber alle Werke des Herrn genehm sind, wer ihm die Sorge aller Dinge überlässt und wer sich gegen den Imam seiner Zeit nicht heuchlerisch benimmt, der gehört zu der Zahl der Unitarier. Der wahre Unitarier stellt alle seine Angelegenheiten dem Herrn anheim und fürchtet keine Prüfung. Die Beschlüsse Gottes werden ausgeführt, ob sich der Mensch denselben unterwerfe oder widersetze; wer sich aber denselben nicht in Geduld unterwirft, der wird als Sünder verdammt."

Ausser den genannten Pflichten lag den Unitariern auch noch *die Pflicht der Keuschheit* ob, wie aus folgenden Stellen hervorgeht.

„Die thierischen Begierden" (des Geschlechtstriebes), sagt Hamsa, „sind das Erzeugniss der vier Elemente; sie sind bei allen Thieren vorhanden; wer sie aber seiner Religion vorzieht, steht unter den Eseln und Ochsen nach jenem Worte des Koran: »Sie sind Thieren gleich und haben sich sogar in ihrer Art noch weiter verirrt« (Sur. 25, Vs. 40). Wer dagegen sich von den viehischen Leidenschaften frei hält, der steht höher als die erhabensten Engel." Hamsa ermahnt daher an vielen Stellen seiner Schriften die Männer wie die Weiber zur Keuschheit, und schärft ihnen auch ein, allen bösen Schein zu meiden, vgl. oben S. 403. Dasselbe that auch Moktana. — In dem Drusenformular findet sich die Frage:

Fr. 72: Wie wird ein Akel (Eingeweihter) behandelt, wenn er sich der Hurerei schuldig macht? A.: Wenn er Reue zeigt, muss er sich sieben Jahre demüthigen und weinend die Eingeweihten besuchen; wenn er aber keine Reue zeigt, stirbt er als Abtrünniger und Ungläubiger.

Aus den Angeführten geht hervor, dass an der Unsittlichkeit, welcher die Drusen vielfach beschuldigt werden, Hamsa oder seine Lehre keine Schuld hat. So viel aber ist gewiss, dass einzelne Daï's, wahrscheinlich auch Neschtekin Darasi, unsittliche Bestrebungen befördert haben, um sich dadurch Anhänger zu verschaffen.

Noch ist hier zu bemerken, dass die Drusenreligion eine gewisse *mönchische Zurückgezogenheit* begünstigt zu haben scheint. Darauf weist die 104te Fr. des Drusenformulars hin, wo es heisst: Was für einen Zweck setzt man sich vor, wenn man an einem abgesonderten Orte sich aufhält und wenn man seine Seele niederbeugt? A.: Unsere Absicht dabei ist, dass, wenn Hakem wiederkommen wird, er uns nach unsern Werken vergelte und uns in dieser Welt zu hohen Würdeträgern, zu Wesiren und Pascha's, mache *).

Siebentes Capitel.

Das Civilrecht der Drusen. Ehegesetze.

Aus einem Briefe Hamsa's an den Oberkadhi Ahmed ben Muhammed ben Awwam geht hervor, dass Hamsa in Rechtssachen von Unitariern sich das Recht der Untersuchung und Entscheidung vorbehalten hat. „Hüte dich wohl," sagt er in diesem Briefe, „dich in Rechtssachen von Unitariern zu mischen; sey es nun, dass es sich handle um die Schliessung oder Auflösung einer Ehe, oder um einen Vertrag, die Freilassung eines Sklaven, oder um ein Testament. Sobald du erfährst, dass ein vor deinen Gerichtsstuhl Geladener oder vor demselben Erscheinender ein Unitarier ist, so lass ihn zu mir bringen, begleitet von einem deiner Leute, auf dass ich in seiner Rechtssache entscheide nach den Verordnungen des geistigen Gesetzes, die der Emir der Gläubigen, dessen Frieden auf uns ruhe, erlassen hat."

Es finden sich aber in den Drusenschriften ausser einigen allgemeinen juridischen Regeln, wie sie z. B. in dem Bestallungsbriefe des dritten Mittlers ausgesprochen sind, nur in Beziehung auf einen Punct, nämlich in Bezug auf *Ehesachen*, besondere Vorschriften.

---

*) Von dieser Sitte spricht auch Adler (Mus. cuf. Borg. p. 115), so wie De Pagès (Voyages antour du monde), welcher sagt: „Die Häuser, worin sich die Frömmsten von ihnen einschliessen, um mehrere Wochen lang zu beten, heissen *Calué* (خلوة), und sind auf dem Gipfel der steilsten Berge, in der Nähe ihrer Dörfer." Sacy meint aber, dass De Pagès die Calué's mit den gewöhnlichen Versammlungs - und Gebethäusern der Drusen verwechselt habe.

Hierüber enthält eine Schrift, die zwar Hamsa's Namen nicht trägt, aber sich doch unter seinen Schriften befindet, Folgendes: „Die Pflichten der Religion (in Ehesachen) verlangen, dass, wenn ein Unitarier eine unitarische Schwester geehelicht hat, er sie in Allem sich gleich halte und mit ihr all sein Besitzthum theile. Handelt es sich um eine Ehescheidung, so ist zu unterscheiden, welcher von beiden Theilen seine Pflicht verletzt hat. Verlangt die Frau die Trennung und wird erkannt, dass der Mann nicht impotent ist und dass er auf gebührende Weise sich gegen seine Frau beträgen: so soll er, wenn die Frau trotz dessen auf der Trennung besteht, die Hälfte von ihrem Besitze behalten dürfen, nachdem glaubwürdige Leute bezeugt haben, dass sie ihm den schuldigen Gehorsam versagt, und dass er sie immer gut behandelt habe. Wenn dagegen glaubwürdige Leute bekräftigen, dass er sie hart behandelt, so darf das Weib ihren ganzen Besitz mit sich nehmen und der Mann hat keinen Anspruch auf denselben. Verlangt der Mann die Trennung, und findet sich's, dass das Weib den schuldigen Gehorsam versagt hat, und dass sie sich nach seiner Lebensweise nicht bequemen wollte, so darf der Mann wiederum die Hälfte von ihrem Besitze, selbst von den Kleidern, die sie am Leibe trägt, behalten. Wenn aber der Mann aus eigenem Belieben getrennt seyn will, ohne dass seine Frau sich irgend eines Fehlers gegen ihn schuldig gemacht hat, so kann sie die Hälfte von seinem Besitze an Kleidern, Meubles, Silber, Gold, Lastthieren, kurz von allem, was seine Hand besitzt, ansprechen, und das wird ihr mit vollem Recht gehören."

In einer andern Schrift, deren Authenticität aber Sacy bezweifelt, liest man in Beziehung auf Ehesachen noch Folgendes: „Unser Herr hat uns verboten, unsere Mütter, Schwestern, mütterliche oder väterliche Tanten zu ehelichen. Er hat befohlen, dass die Person, welche ein Unitarier ehelichen will, sey es nun die Tochter seines väterlichen Onkels oder irgend eine andere, der unitarischen Religion angehöre, und dass ein Unitarier der Person, welche er eheliche, den ihr gebührenden Antheil an den Gütern des Geistes und der Weisheit, welches die rechtmässigen Güter sind, gebe; dass im Falle einer Trennung von seinem Weibe er nur nach Verfluss von drei Jahren sich wieder mit derselben verbinden dürfe."

Von andern rechtlichen Verordnungen Hamsa's findet sich keine Spur. Nur dies hat er im Allgemeinen verordnet, dass alle Verträge der Unitarier, alle ihre Worte, ihre Gespräche unter einander, ihre Beglückwünschungen und Leidbezeugungen, ihre Ausdrücke in den an Hakem gerichteten Bittschriften verschieden seyn sollen von denen der Anhänger des Tensil und des Tawil. Ohne Zweifel beabsichtigte er hierdurch den Unitariern einen sie von allen andern Secten unterscheidenden Charakter aufzudrücken. Vielleicht, sagt Sacy, hängt mit dieser Verordnung Hamsa's der Gebrauch zusammen, an welchem die Drusen einander erkennen und wovon die 41ste Frage des Drusenformulars in folgenden Worten spricht: An was erkennen wir einen unitarischen Bruder, wenn wir ihm auf einem Wege begegnen, oder wenn er zu uns kommt und sich für einen der Unsrigen ausgibt? A.: Wenn wir mit ihm zusammentreffen, sagen wir zu ihm, nach der gewöhnlichen Begrüssung: »Säen die Arbeiter in eurem Lande Myrobolan-Körner?« Antwortet er darauf: »Ja, sie sind in die Herzen der Gläubigen gesäet«, so fragen wir ihn nach der Kenntniss der Mittler. Kann er Antwort geben, so erkennen wir ihn als unsern Bruder an; wo nicht, so halten wir ihn für einen Fremden. Sacy bemerkt dazu, dass die Drusen diesen Gebrauch von den Ismaëliten oder Bateniten entlehnt zu haben scheinen. Vgl. oben S. 212.

Wir schliessen mit dem *Summarium des religiösen Systems der Drusen*, das sich am Anfange des Sacy'schen Werkes findet und das also lautet:

Glauben, dass nur Ein Gott sey, ohne die Natur seines Wesens und seiner Eigenschaften ergründen zu wollen; bekennen, dass er weder durch die Sinne erfasst, noch durch Worte definirt werden könne; glauben, dass die Gottheit sich den Menschen geoffenbart habe, zu verschiedenen Zeiten, unter einer menschlichen Gestalt, ohne irgend eine der menschlichen Schwachheiten und Unvollkommenheiten an sich zu tragen; dass sie zuletzt, zu Anfange des fünften Jahrhunderts d. H., unter der Gestalt des Hakem biamr-allah erschienen sey[*]); dass dies die letzte ihrer Offenbarungen sey und dass keine andere mehr zu erwarten stehe; dass Hakem im Jahre 411 d. H. hingegangen sey, um den Glauben seiner Bekenner zu prüfen und um alle Heuchler und alle diejenigen, welche seine Religion nur wegen weltlicher und

---

[*]) Bei Sacy II, S. 375, wird bemerkt, dass der Offenbarungen der Gottheit (in menschlichen Gestalten) von Ali bis auf Hakem 72 seyen.

vergänglicher Vortheile angenommen, zum Abfall zu veranlassen; dass
er in Kurzem wiedererscheinen würde voll Ruhm und Majestät, dass
er über alle seine Feinde triumphiren, sein Reich über die ganze
Erde ausbreiten und seine treuen Anhänger auf ewig glücklich machen
werde; glauben, dass die *allgemeine Intelligenz* die erste der Creaturen Gottes, die einzige unmittelbare Production seiner Allmacht sey,
dass sie sich auf Erden bei jeder Offenbarung der Gottheit gezeigt
habe, und dass sie zuletzt zur Zeit Hakem's unter der Gestalt des
Hamsa ben Ahmed erschienen sey; dass durch sie (ihr Mittleramt)
alle andern Creaturen hervorgebracht worden seyen; dass Hamsa allein
die Kenntniss aller Wahrheiten besitze, dass er der erste Mittler der
wahren Religion sey, und dass er den andern Mittlern und den einfachen Gläubigen die ihm und nur ihm allein direct von der Gottheit
zukommenden Kenntnisse und Gnadenerweisungen, unmittelbar oder
mittelbar, nach Maasgabe ihres Fassungsvermögens und ihres Verdien-
stes mittheile; dass er allein unmittelbaren Zutritt habe bei Gott und
dass er den andern Anbetern des höchsten Wesens als Vermittler
diene; annehmen, dass Hamsa derjenige sey, dem Hakem sein Schwert
anvertrauen werde, um seine Religion zum Triumph zu führen, alle
seine Gegner zu besiegen und die Belohnungen und Strafen nach
den Verdiensten eines Jeden auszutheilen; Kenntniss haben von den
andern Mittlern der Religion und dem Range, den jeder von ihnen
einnimmt; ihnen allen den Gehorsam und die Unterwürfigkeit erweisen, die ihnen zu erweisen sind; bekennen, dass alle Seelen durch
die allgemeine Intelligenz hervorgebracht seyen; dass die Zahl der
Menschen sich immer gleich bleibe und dass die Seelen nach und
nach in verschiedene Körper übergehen; dass sie (die Seelen), wenn
sie der Wahrheit nachhängen, auf höhere, ausgezeichnete Stufen erhöhet, dagegen, wenn sie die Erwägung der Dogmen der Religion
versäumen oder unterlassen, erniedriget werden; handeln nach den sieben Geboten, welche die Religion Hamsa's ihren Anhängern auferlegt
und welche von ihnen namentlich Wahrhaftigkeit in den Worten,
Liebe gegen ihre Brüder, Lostrennung von ihrer alten Religion und
vollkommene Unterwerfung unter den Willen Gottes verlangen; bekennen, dass alle frühern Religionen nur mehr oder weniger vollkommene Vorbilder der wahren Religion gewesen seyen, dass alle
ihre Ceremonialgesetze nur Allegorien seyen, und dass das Geoffen-
bartwerden der wahren Religion die Abschaffung aller andern Glaubensbekenntnisse mit sich bringe: dies ist in Kurzem das System der
in den Büchern der Drusen gelehrten Religion, deren Gründer Hamsa
ist und deren Anhänger sich Unitarier nennen.

Verzeichniss

der angeführten arabischen Schriftsteller und Schriften.

Im Vorwort u. öfter.

1. *Schahristani*, الشهرستان, Verfasser des berühmten Buchs über
die religiösen und philosophischen Secten (كتاب الملل والنحل),
ein Ascharite, ist geboren in Schahristan im Jahr d. H. 467 oder
479, und gestorben im J. 548 oder 549. Im ersten, von
Cureton herausgegebenen Bande dieses Werkes, der mir leider
etwas zu spät zugekommen ist und daher von mir nur noch
für das Register und einigermaassen für die Zusätze und Berich-
tigungen gebraucht werden konnte, gibt Schahristani zuerst,
nach fünf Vorbemerkungen, einen Abriss der (ältern) Secten des
Islam; dann folgen von Seite 161 an die nicht-islamitischen
Secten, und zwar zuerst die der Juden, dann (S. 171) die der
Christen, zuletzt (S. 179—189) die der Heiden. Ob der zweite
Band nun erschienen, ist mir nicht bekannt. Hammer-Purgstall
hat in dem, in den Wiener Jahrbb. (1843, Heft 1) stehenden
Artikel über die Secten des Islam eine türkische Uebersetzung
dieses Werkes benutzt.

Ebendaselbst u. ö.

2. *Gregorius Abulfaradsch*, كريغوريوس ابو الفرج, oder *Barke-
braeus*, auch bekannt unter dem Namen *Ebn Koff* (المشهور بابن
قف), war ein sehr angesehener jacobitischer Christ, und Verfasser mehrerer arabischer und syrischer Schriften. Was Pococke

von dessen in 10 Dynastien getheiltem arab. Geschichtswerke in
seinem Specimen historiae Arabum mittheilt, sind, wie derselbe
in der Vorrede zu diesem Buche (S. XIII) sich ausdrückt, eine
Art Prolegomena zur neunten Dynastie. Abulfaradsch lebte nach
Pococke a. a. O. von 599 bis 675 oder 683. Nach Schnurrer
(Bibliotheca arabica S. 138) starb er 685 (d. i. 1286). Ausführlicher über Abulfaradsch handelt Assemani in seiner Biblioth.
orient, Tom. II, S. 244 u. f.

Ebendaselbst.

Dschordschani und *el Idschi*, siehe Nr. 11.

Seite 1. u. 5.

3. *Takijj - eddin Makrisi,* تقى الدين المقريزى, geboren bald nach
760 in Kaïro, gestorben daselbst im Jahr 845 (d. i. 1441), ist
ein sehr angesehener Historiker, namentlich über Aegypten. Eine
doppelte Biographie desselben findet sich in Sacy's arab. Chrestomathie I, S. 112 u. f. Ebendaselbst findet sich auch ein
Verzeichniss von 23 seiner Schriften. Eine der wichtigsten derselben ist die historische und topographische Beschreibung
Aegyptens كتاب المواعظ والاعتبار فى ذكر الخطط والاثار) wörtlich: liber monitionum et considerationis, memorans tractuum
divisiones et vestigia), aus welcher Sacy im I. u. II. Bande seiner Chrestomathie sehr werthvolle Auszüge gibt. Eine dritte
Biographie Makrisi's findet sich in Hamaker's Specimen catalogi,
S. 207 u. f. Ueber die in Text oder Uebersetzung edirten Schriften
Makrisi's, deren Zahl indess durch Wetzer, Quatremère u. A. zu-
genommen hat, vgl. Schnurrer Bibl. arab. S. 155 u. f.

Seite 2. u. 5.

4. *Das Buch der Definitionen* (Taarifât), كتاب التعريفات. Der
Verfasser dieses Buchs ist nach Pococke, Specimen S. 353, *Mu-
stafa Ebn Kassaï* مصطفى ابن القصاع, über welchen übrigens
nichts bekannt ist. Nach Hammer-Purgstall (Wiener Jahrbb. 1843,
Heft 1) ist der Verfasser der zu Constantinopel 1253 (d. i. 1837)
edirten Definitionen (und es ist dies wohl dasselbe Buch) *Es
Seid Dschordschani,* welcher 816 (d. i. 1413) starb. Ebenso

nach einem Manuscripte der Arsenal - Bibliothek in Paris (s. Sacy
Chrest. I, 444) und nach Casiri, Nr. 206 — 210 und 230.
Hadschi Khalfa nennt als Verfasser des Buchs der Definitionen
einen *Alseïd alscherif Mohammed Dschihani*, gest. 816. In
einem Manuscripte der Pariser Bibliothek heisst er bloss Alseïd
alscherif (السيد الشريف). Sacy a. a. O. weiss nicht darüber
zu entscheiden, ob hier von einem und demselben Buche, oder
von mehrern den gleichen Titel führenden die Rede ist.

Seite 4. u. 5.

5. *Das Buch al Mogreb*, المغرب في اللغة, ein Buch, wie Sacy
sagt, où il (l'auteur) s'est attaché à expliquer les mots d'un usage
peu commun dont se servent les jurisconsultes. Der Verfasser desselben ist der Motasilite *Motharresi*, المطرزى, geb. im J. 538,
gest. im J. 610, ein ausgezeichneter Philolog und tüchtiger Ju-
rist. Siehe über ihn: Sacy Chrest. II, 287 u. 305; dessen Anthologie S. 233; Schnurrer Bibl. S. 102; Pococke Specimen S. 346.

Ebendaselbst und 127. u. 5.

6. *Ebn al atsir*, ابن الاثير. So heissen zwei Brüder. Der eine
derselben (ابو السعادات المبارك بن محمد الشيبانى المعروف بابن
الاثير الجروى الملقب مجد الدين) ist geboren 544 und gest.
606; der andere (ابو الحسن على بن ابى الكرم محمد بن عبد
الكريم الشيبانى المعروف بابن الاثير الجروى الملقب عز الدين)
Verfasser des Kâmil (كامل), einer allgemeinen Geschichte, ist
geb. 555 und gest. 630. Man sehe Pococke S. 353 u. 355;
Frähn, Ibn Fozlan S. 136; Hamaker S. 164.

Seite 7.

Ebn al Kassai, siehe Nr. 4.

Ebendaselbst.

7. *El Samakhschari*, الزمخشرى, Abul Casim Mahmud ben Omar,
geb. zu Samakhschar, einem Flecken in Chowaresm, gest. 538,
ist gleich ausgezeichnet als Ausleger des Koran, wie als Grammatiker und Rhetoriker, und hat auch in den Fächern der Tra-

dition, Poësie, Lexicographie, Anthologie und Ethik schätzbare
Werke hinterlassen. Siehe über ihn namentlich Wüstenfeld,
Quellen S. 34 u. f., wo 40 Schriften (darunter die von J.
v. Hammer, Wien 1835, herausgegebenen goldenen Hals-
bänder) von ihm namhaft gemacht werden; ferner: Hamaker
S. 113 u. f., und Sacy, Anthol. S. 269 u. f.

Ebendaselbst u. ö.

8. *Ibn Khallican*, ابن خلّكان, Verfasser des berühmten und trefflichen, nun von Wüstenfeld in Göttingen und von v. Slane in
Paris edirten biographischen Lexicons كتاب وفيات الاعيان, ist
geb. 608 und gest. 681. S. über ihn Tydemann's Conspectus,
u. Wüstenfeld, die Academien der Araber, S. 100 u. f.

Seite 8.

9. *Ghassâl* الغزّال, geboren in Thus im Jahr 450, gest. 505
(d. i. 1111), einer der bedeutendsten Philosophen und Theo-
logen, ist Verfasser von 72 Werken. S. über ihn besonders
Schmoelders in seinem Essai sur les écoles philosoph. chez les
Arabes, Paris 1842, und Wüstenfeld, Quellen S. 25 u. f., die
Academien S. 13 u. f.

Ebendaselbst.

10. *Beïdhawi*, البيضاوى, Verfasser sehr vieler Bücher, namentlich
eines sehr berühmten Commentars über den Koran, der nun von
Fleischer, bei Vogel in Leipzig, auf vortreffliche Weise herausgegeben wird, sowie des Al Thawalea (الطوالع), eines Buchs
über die Fundamente der scholastischen Theologie, starb zu
Tebris im Jahr 685, nach Andern 691. S. über ihn Sacy,
Anthologie S. 37 u. f.

Seite 9. u. ö.

11. *Scharkh al Mawâkef*, شرح المواقف, „i. e. explicatio libri dicti
al Mawakef q. d. Stationes, qui doctrinae scholasticae compendium est; utriusque auctor in exemplari quo usus sum, anony-
mus." Pococke S. 368. Nach Hammer-Purgstall (Journal asiat.

Band VI, Wiener Jahrbb. 1843, Heft 1) ist der Verfasser der
Standorte: *Adhaëddin el Idschi*, gest. 756 (Casiri Nr. 1213
u. 1214: Alaiagi), der Verfasser aber des Commentars dazu:
Dschordschani (wohl kein anderer als der im Jahr 816 verstorbene Verfasser des Taarifât (s. oben Nr. 4). Dieses Werk
ist gedruckt worden zu Constantinopel im Jahr 1239 (d. i.
1824), und umfasst 635 Folioseiten. Ich habe mich in dem
vorliegenden Buche an den bekanntern Namen „Dschordschani"
gehalten, und immer diesen statt el Idschi citirt.

Seite 16. u. ö.

12. *Abulfeda*, ابو الفدا, geboren 672, gest. 732 (1332), ist wohl
der bekannteste unter den arabischen Historikern. S. über ihn
und seine Werke: Schnurrer Bibl. ar. S. 117 u. f. Fleischer,
in der Vorrede zu dem Buche: Abulfedae Historia anteislamica.

Seite 27. u. o.

13. *Hadschi Khalfa*, حاجى خليفة, ein Türke, Verfasser chro-
nologischer Tabellen und des berühmten bibliographischen und
encyclopädischen Lexicons كشف الظنون عن اسامى الكتب)
والغنون),, starb 1068. Siehe über ihn Flügel in seiner, bis
jetzt vier Bände umfassenden, vortrefflichen Ausgabe des gen.
Lexicons.

Seite 31.

14. *Maimonides*, وابو عمران موسى بن ميمون القرطبى, ein sehr
gelehrter Jude aus Cordova, starb 605. Siehe Pococke Spec.
S. 352.

Seite 88. u. o.

15. *Scharkhol thawalea*, شرح الطوالع. Der Verfasser des Thawalea
ist *Beïdhawi* (s. oben Nr. 10); der Verfasser aber des Commentars dazu (nach Pococke S. 368), ein gewisser *Ispahani*
الاصفهانى

Seite 53.

16. *Ṭograï*, الطغرايى, der Verfasser des bekannten Gedichtes La-
miato'l Adscham (vgl. darüber Schnurrer Bibl. 185 ff.), starb 515.

Der Commentator dieses Gedichtes Al Sefadi, الصفدى, starb nach 769. S. Pococke Spec. S. 366.

Seite 56. u. o.

17. *Elmakin*, Georgius, الشيخ المكين جرجس, ein Aegyptier, geboren 620, seines Geschäfts ein Schreiber (كاتب), starb zu Damascus im J. 672 (1273). Ueber seine von Erpenius edirte Historia saracenica s. Schnurrer Bibl. S. 113 ff.

Seite 69. u. o.

18. *Masûdi*, المسعودى, Verfasser des berühmten Geschichtswerkes مروج الذهب d. i. die goldenen Wiesen, oder, wie Gildemeister (Zeitschr. für Kunde des Morgenl. V, 202) übersetzt haben will, die Goldwäschen (herausgegeben durch den oriental translation fund von A. Sprenger), war von Bagdad gebürtig und starb in Aegypten im J. 345 oder 346. Siehe über ihn: Sacy Chrest. I, 352; Hamaker Specimen S. 46 u. f. Wüstenfeld, Quellen S. 8, und Quatremère im Journal asiat. 1839, Janvier.

Seite 71. u. o.

19. *Firusabadi*, الفيروزبادى, Muhammed ben Jacub ben Muhammed al Schirâsi von Firusabad, Verfasser des berühmten arabischen Lexicons Kamûs (القاموس) d. i. Oceanus, von welchem eine Ausgabe in Calcutta in 2 Foliobänden, eine andere in Constantinopel erschienen ist. Firusabadi kam mit grossen Fürsten, z. B. Bajazet und Timur, in Berührung. Er ist geboren im Jahr 729 und starb 817. Siehe über ihn: Pococke Spec. S. 347, und namentlich Hamaker, Specim. S. 177 ff.

Seite 83.

20. *Ebn Kotaïba*, ابن قتيبة, Traditionslehrer und Verfasser vieler, zum Theil sehr werthvoller Schriften, starb zu Bagdad im Jahr 276. Siehe über ihn Schnurrer Bibl. S. 160; Hamaker Spec. S. 1 ff. und Wüstenfeld, Quellen S. 2, wo 23 Schriften von ihm aufgeführt werden.

Seite 106. u. o.

21. *Nowaïri*, النويرى, Schihabeddin Ahmed ibn abd el Wehhab von Nowaira in Aegypten, éin ausgezeichneter, namentlich von Sacy benutzter Historiker, starb, wie Abulfeda, im Jahr 732. Vgl. Freytag, Selecta S. LIII; Casiri Nr. 1637; Rassmussen, Hist. praecip. Arab.; Slane im Journal asiat. 1841, Fevrier.

Seite 111. u. o.

22. *Bibars Mansuri*, ist vielleicht der in Sacy's Chrest. I, S. 136 erwähnte, nach 700 gestorbene Dewadar Bibars, mit dem Beinamen Rocneddin.

Seite 241. u. o.

23. *Abulmahasin*, ابو المحاسن, Verfasser mehrerer Schriften, namentlich eines Lexicons berühmter Männer (nach Art des Ibn Khallican'schen) starb nach 857. Vgl. Schnurrer Bibl. S. 161; Freytag, Selecta S. LIII; Sacy, Chrest. I, 112 u. f.; Möller, Catalog. Nr. 244.

Seite 241.

24. *al Dsehebi*, الذهبى, geboren zu Damascus im Jahr 673, fing in seinem achtzehnten Jahr zu studiren an, und sammelte auf Reisen seine Kenntnisse von mehr als 1200 Gelehrten; er starb 748. Siehe Wüstenfeld, die Academien der Araber S. 121; Freytag, Selecta S. LI; Möller, Catal. S. 64, 79, 108, 422.

Seite 258. u. o.

25. *Abdallatif*, عبد اللطيف, geboren zu Bagdad 557, Zeitgenosse Saladin's, berühmt als Arzt und Historiograph, starb 629 (1231). Ueber sein Compendium memorabilium Aegypti siehe Schnurrer S. 150 u. f., und Sacy in seiner Relation de l'Egypte.

Seite 279.

26. *Kodhäi*, القضاعى, Abu Abdallah Muhammed ben Selâmah ben Dschafar, Rechtsgelehrter und Kadhi von Missr. Als Schriftsteller

war er im historischen Fache ausgezeichnet. Er starb im Jahr 454. S. Pococke S. 361; Wüstenfeld, Quellen S. 20.

Ueber die S. 241, 265, 279 und 282 erwähnten Schriften und Schriftsteller — Tarikh Ishaki, Severus von Oschmunein, Ibrahim ben Wasifschah, Tarikh Dschafari, Ebn al Sabi, Mesihi — habe ich in den mir zu Gebote stehenden Quellen keine Auskunft gefunden.

Zusätze und Berichtigungen.

Zu Seite 2. Hammer-Purgstall (Wiener Jahrbücher 1843. Heft 1) sagt:
Makrisi definirt die Kadrije (Kadariten) als diejenigen, welche die
Lehre des freien Willens (kudret) übertreiben, ghollat fil kudret
(الغلاة في القدر); die Modschbire (Dschabariten) als die Ghollat
(d. i. Uebertriebenen) in der Knechtschaft des Willens; die Rewafidh (Rafediten) als die Ghollat in der Liebe Ali's. Und in einer
Anmerkung dazu: „Indessen ist das Wort nicht von kadr, die Vorherbestimmung (deren Gegner dieselben), sondern von kudret, die
Macht des freien Willens, herzuleiten." — Wir fügen hier die Bedeutung der Worte kadar und kudret nach Freytag's Lexic. arab.
(III, S. 406 u. 407) bei: قَدَر (kadar) decretum dei et providentia
ejus, qua res omnes, quae eventurae sunt, ante eventum accurate
definiuntur. (Et liberi arbitrii doctrina.) قُدْرَة (kudret) potentia,
opulentia; potestas. Ueber die Kadariten liest man bei Freytag
a. a. O. (nach dem Tarifât) folgende Definition: القَدَرِية nomen
sectae eorum, qui dicebant, hominem omnino liberum tam bona quam
mala peragere posse, ut hominum peccata ex Dei decreto non essent.

Zu Seite 7. Wassel ben 'Atâ ist geboren im J. 80, und gestorben im
J. 131 d. H. Er konnte das ر (r) nicht aussprechen. Vgl. Sacy
Chrest. III, S. 522 f.

Zu Seite 8. In dem mir leider etwas zu spät zugekommenen trefflichen
Buche von Schmoelders, Essai sur les écoles philosophiques chez
les Arabes et notamment sur la doctrine d'Algazzali, Paris 1842,
werden die Motakallimuna (Motakallim's) bestimmt von den Motasiliten unterschieden. So liest man daselbst S. 134: „Les *Motakallim's* sont les Théologiens par excellence des sectes orthodoxes;
leurs partisans sont les plus nombreux, leur systeme a duré le

plus longtemps, et forme encore aujourd'hui la matière des études des Ulemâ's et de tous les orthodoxes érudits qui ne s'en tiennent pas à une foi aveugle et mystique. Les *Mo'tazélites*, les protestants de l'église musulmane, s'étaient, à l'aide de la philosophie aristotélicienne, les premiers opposés aux dogmes religieux; acceptant les trois doctrines fondamentales de l'Islâm, l'existence d'un seul Dieu, la mission divine de Mohammed et la résurrection des morts, ils avaient le droit de se nommer Musulmans; mais là se bornait aussi leur orthodoxie etc. etc." Ich behalte mir vor, die Frage, ob oder was für ein Unterschied zwischen den Motakallim's und den Motasiliten Statt finde, bei einer andern Gelegenheit zu erörtern. Nur die Bemerkung möge hier schon Platz finden, dass das Wort Motakallim mir eine doppelte Bedeutung, eine specielle und eine allgemeinere, eine frühere und eine spätere, zu haben scheint.

Ueber die Ilm alkalâm (علم الكلام) genannte Wissenschaft ist ausser Pococke S. 199 ff. und Hammer, Journal asiatiq. Bd. VI. besonders noch nachzusehen: Sacy Chrest. arabe I, S. 467 und Schmoelders, Essai S. 25 ff. 138 ff.

Zu Seite 10. Vgl. Schmoelders, Essai S. 198, wo Beweise zu lesen sind, dass der Koran nicht ewig, sondern erschaffen sey.

- - 11, Z. 14 v. u. füge bei: لكأنه

- - 12, Z. 14 v. u. Hodhaïl wurde hundert Jahre alt und starb im J. 235 d. H. s. Schahristani S. 37.

- - 13, vorl. Z. ist nach ont einzuschieben: été.

- - 15, Z. 11. lies: *den* statt *dem*.

- - 16, letzte Z. lies: Hamaker st. Hamacker.

- - 17, Z. 11 u. 12. lies: Dschaheth u. Dschahethiten st. Dschahed u. Dschahediten.

- - 19. Nach Schahristani S. 34 u. 37 hatte Wassel 10 und Notzam 13 besondere Lehrmeinungen.

- - 21, Z. 8. lies: Ssabih st. Ssabit.

- - 22, Z. 7 u. 9 v. u. lies: Motamer u. Motameri st. Mohamer u. Mohameri.

- - 24, Z. 4. v. u. ist das Wort „abweichende" zu streichen und statt „welche" *welch* zu lesen.

- - 26. Ueber die Motasiliten ist besonders noch nachzusehen Schmoelders a. a. O. S. 190—201; ausserdem noch S. 99 u. f. 146 u. f.

- - 27. Dieselbe Ansicht über die Brüder der Reinigkeit hat auch Schmoelders, siehe sein Essai S. 200. Ueber die Abhandlungen der Brüder der Reinigkeit siehe noch besonders Hammer-Purgstall, Wiener Jahrbb. Bd. 90, S. 72, u. Bd. 98, S. 64—76; ferner Flügel, ebendaselbst, Bd. 97, Anzeigeblatt S. 28 u. f.

Zu Seite 32, letzte Z. Nach Schahristani S. 59 ist statt لا استقلّ zu

lesen استقلالاً und daher statt „Estakalam non Gebaritam"
zu übersetzen: „cum contemtu Gebaritam". Der ganze Satz
bei Schahr. lautet also: والمعتزلة يسمون من لم يثبت
للقدرة الحادثة اثرًا في الابداع والاحداث استقلالاً جبريّا

- - 37. Aschari starb im J. 330 oder 334 d. H., siehe Schmoel-
dors, Essai S. 170.

- - 39. Ueber den Imam der beiden heiligen Städte ist nachzusehen Wüstenfeld, Quellen S. 23. Er starb im J. 478. In
Schmoelders Essai, S. 150, ist als sein Todesjahr unrichtig
das Jahr 448 angegeben.

- - 45, Z. 14 u. 15. füge bei: صفات الذات صفات الفعل صفات
خبرية

- - 47, Z. 23. Nach Schahrist. (S. 79) ist st. Bannitae zu lesen:
Taunitae.

- - 47, Z. 31 lies: declivio st. declivi.

- - 49, Z. 5. v. u. lies: existence st. existance.

- - 49, Z. 3. v. u. lies: celle st. cette.

- - 50, Z. 21 und noch mehreremal z. B. 357, 358, 359, 384
steht „die da" oder „der da" st. eines einfachen „welcher"
oder „welche".

- - 53, Z. 10 v. u. lies: Ausi st. Aasi.

- - 56, Z. 7 v. u. lies: Omân st. Omman.

- - 63, Z. 7 v. u. lies: tantum st. tandum.

- - 65, Z. 4 v. u. ist nach dem Worte Ibadhije ein (:) st. eines
(,) zu setzen.

- - 66. Ueber die Jesiditen vgl. Sacy Chrest. I, 170.

- - 69. Ueber Mokanna vgl. auch Sacy Chrest. I, 49.

- - 71, Z. 12. lies: Schahristani st. Scharistani.

- - 73, Z. 15. „qui et in sectas quinque divisi". Es sind dies
nach Schahr. S. 104: die Junesiten, Obeïditen, Ghasaniten,
Thaubaniten und Taumaniten.

- - 73, Z. 18 lies: Sciobeïbi st. Sciobeidi. Ebenso S. 74, Z. 11.

- - 74, Z. 6 v. u. lies: abandon st. abondon, und une st. un.

- - 75, Z. 12 v. u. lies: Sirât st. Sorat.

- - 77, Z. 3 lies: Dschaheth st. Dschahed.

- - 77, Z. 9 lies: S. 93 u. 94 st. Cap. 4, B.

- - 79. Hammer-Purgstall sagt in den Wiener Jahrbb. 1843,
Heft 1: „Die wahre Bedeutung des Wortes Schii ist schon im
Koran angegeben, Sur. 30, Vs. 32 (Kamus II, 612), wo es
heisst: »von denen, welche ihre Religion getheilt und sich

an ihre Schaar halten.« Die Schîì sind also die Sectirer und Schismatiker κατ᾽ ἐξοχήν.‟

Zu Seite 83, Z. 10 lies: Kataïten st. Kadaïten.

- - 89. Die Seelenwanderung war nach Schahr. (S. 42) schon von den Hajethiten gelehrt. Vgl. oben S. 15 und Schahrist. S. 133.

- - 93, Z. 23. Nach Schahr. S. 137 ist st. Omaïr ben Bejan zu lesen: Omaïr ben Benan.

- - 93, Z. 13 v. u. lies: Josua st. Josue.

- - 97, Z. 4 v. u. lies: Arabie st. Aarabie.

  Hammer-Purgstall, Wiener Jahrbb. 1843, Heft 1 sagt: „Die Asshabolkesa, d. i. die Genossen des Kleids, sind dieselben mit den Ásshabolaaba, indem sowohl Aaba als Kesa ein Kleid bedeutet. Reinaud hat über dieselben sehr ausführlich gesprochen in seiner Descript. des mon. musulm. II, 182 u. 184.‟ Nach Hammer-Purgstall a. a. O. sind die Dhemmiten dieselben mit den Oljanije (soll wohl, nach Schahristani 134, heissen Albaïten العلبايية), die Asshabolkesa ein Zweig derselben.

- - 98, Z. 8 ist st. (d. i. Teufelsbrüder) zu setzen: Anhänger des Schaithan, vgl. Schahristani S. 142.

- - 99, Z. 18 v. u. lies: temimi st. temini, und el yemini st. et yemini.

- - 100, Z. 6 v. u. lies: enfants st. enfant.

- - 104, Z. 1 lies: fatimidischen st. fatimischen.

- - 105, Z. 9. Daïsan wird von muhammedanischen Schriftstellern oft mit Bardesanes verwechselt, siehe Sacy Chrest. II, 94.

- - 107, Z. 6 v. u. lies: den st. dem.

- - 108, Z. 10. Der Gegensatz von Bateniten ist: Thaheriten الظاهرية) (مذهب الظاهر; Makrisi soll sich dazu geneigt haben, siehe Sacy Chrest. II, 423. Hamaker, Specimen S. 224. In d. angef. Buche von Schmoelders führen die Bateniten den Namen Talimiten (مذهب التعليم), und S. 201 daselbst heisst es: Les Talimites avaient plusieurs noms. Dans l'Irâk on les appelait Bâtinites, Kharâmites, Mazdakhites (Khurremiten, Mosdakiten, s. oben S. 190, 212, 222); en Chorâsân Talimites et Molhadet (Molahiden, s. oben S. 190, vgl. Sacy Chrest. I, 89, 280), et ils se présentaient eux-mêmes comme appartenant aux Ismâîlites. Vgl. S. 190 u. f.

- - 111, Z. 10. Siehe S. 371.

- - 111, Z. 6 v. u. lies: die st. diese.

- - 118, Z. 7 v. u. streiche: für.

- - 126, Z. 4 v. u. lies: Karawane st. Karawanen.

- - 132, Z. 12 lies: dies bestimmte ihn, st. dies war es was ihn bestimmte.

Zu Seite 132, Z. 14 lies: Ikhschiden st. Ikschiden (vgl. über dieselben Sacy Chrest. II. 148).

- - 134, Z. 9 lies: Briefes st. Brief.
- - 140, Z. 7 u. 10 v. u. lies: Mos. st. mos.
- - 147, Z. 9 v. u. lies: Himmel st. Himme.
- - 151, Z. 6 v. u. lies: Extraits st. Extrait.
- - 155, Z. 4 lies: *eingegebene* st. angegebene.
- - 174, Z. 7 v. u. lies: dem st. den.
- - 176, Z. 10 lies: welchen st. welchem.
- - 195, Z. 18 v. u. streiche die Worte: in Betreff deren.
- - 211, Z. 14 v. u. lies: Samsam st. Samsan.
- - 212, letzte Z. füge bei: u. Makrisi in Sacy's Chrest. II, S. 18 des Textes.
- - 220, letzte Z. lies: نصرنا st. نصريا
- - 222, letzte Z. füge bei: und S. 190.
- - 231, Z. 3 lies: Schawwal st. Schowal.
- - 233, letzte Z. füge bei: und Rousseau, Mémoire sur les Ismaélis et les Nosaïris.
- - 235, letzte Z. füge bei: Ueber diese Versammlungen (مجالس الحكمة) siehe auch noch Sacy Chrest. I, 140, 158, 184; II, 72 u. 75 des Textes.
- - 241, Z. 22 lies: Dsebebi st. Dschehebi.
- - 242, Z. 5 lies: Bereitung st. Fabrication.
- - 243, letzte Z. füge bei: unten S. 251.
- - 251, Z. 14 lies: Abulkasem st. Abulhasem.
- - 251, Z. 24 lies: Gebetankündigung st. Gebetankündigung.
- - 252, Z. 14 lies: Melhem st. Meshem.
- - 252, Z. 19 lies: seine Güter wurden confiscirt.
- - 256, Z. 6 v. u. lies: Fest st. Gebet.
- - 261, Z. 2 lies: Hamdan st. Hamdam.
- - 265, Z. 19 lies: Ebn st. ben.
- - 268, vorl. Z. füge bei: سند الهادى وحياة المستجيبين
- - 271, Z. 8 v. u. lies: mächtig st. mächig, und 72 st. 92.
- - 272, Z. 6 lies: denn st. den.
- - 289, Z. 6 füge bei: نحن الذين اندرزنا بالايمان بعد ملة محمد
- - 290, Z. 3. v. u. Hier hätte noch die von Hammer-Purgstall (im Journal asiat. 1837, Decbr., S. 483 u. ff.) mitgetheilte, von dem arab. Historiker *Ibn ol Dschuzi* (gest. im J. 654) herrührende Notiz über die Drusen erwähnt werden sollen.
- - 299, Z. 4 v. u. lies: S. 45 st. Einl. Abschn. 2.
- - 303, Z. 9 lies: S. 104 st. 121.
- - 308, Z. 3 „der mit Gott im Verkehr steht" كليم الله

Zu Seite 316, Z. 2 lies: S. 351 Anm. *** st. S. 320.

- - 329, Z. 5 v. u. lies: Welid ben Hescham st. Welid, den Sohn Hescham's.
- - 330, Z. 13 u. 23 lies: Ebn Dscherrah st. ben D.
- - 332, Z. 11 v. u. lies: beissender st. beissenden.
- - 336, Z. 1 lies: welche st. weilche.
- - 341, Z. 21 lies: s. oben S. 205 st. s. Einl. Cap. IV. B. 7.
- - 347, Z. 6 lies: sey st. ist.
- - 351, Z. 4 v. u. Hammer-Purgstall (Wiener Jahrbb. 1843, Heft 1) sagt: „- - - - indessen sind die Idschlije, d. i. die Diener des Kalbes, doch eine Secte der Drusen." Vgl. dagegen oben S. 425.

- - 355. Die Aufmerksamkeit, die Eröffnung, die nächtliche Lichterscheinung: الجد الفتح الخيال

- - 386, Z. 15 lies: S. 192 u. f. st. Einl. Cap. IV. B. 7.

- - 362, Z. 11 u. f. Ich setze hier die arabischen Worte bei:

١) العقل — العقل الكلى — الأرادة — ذو معة —

— السابق الحقيقى — علة العلل — الامر — الامام

٢) النفس — قائم الزمان — الباب — النفس الكلى —

المشيّة — ذو مصّنة — التالى — حجّة الامام — داعى

٣) الامام — الكلمة — الجناح — الجناح الربّانى —

داعى القائم — سفير القدرة — صاحب السفارة والكلام

٤) السابق — الصغير — الباب السابق — باب

حجّة القائم — الباب الاعظم — الجناح الايمن (5-التالى

— الجناح الايسر — رابع الحدود — اخر الحدود

- - 369, vorl. Z. lies: allegorische st. allegorsiche.
- - 369, letzte Z. lies: S. 339 st. S. 102 (vgl. Sacy Exposé II, 86).
- - 372, 1. Z. lies: schitu st. schita.
- - 376, Z. 21 lies: Dschinn st. dschinn.
- - 395, Z. 14. Er wird schreiben ينسح
- - 401, Z. 9. الحقائق — القاصعة — التمييز
- - 410, Z. 6 v. u. lies: Mauer st. Maner.
- - 415, Z. 20. Schahristani (S. 174) und nach ihm Abulfeda (in seiner historia anteislamica ed. Fleischer S. 164) haben hier die Zahl Dreihundertunddreizehn.
- - 420, Z. 2. lies: Werk st. Wort.

Zu Seite 426, letzte Z. Ferner: Die heutigen Syrier oder gesellige und
    politische Zustände der Eingebornen in Damascus, Aleppo
    und im Drusengebirg (aus dem Englischen, Stuttg. u. Tüb.
    1845) S. 58 ff.

- - 428, letzte Z. lies: S. 93 n. 94 st. Einl. Cap. IV. B. 2.

- - 440, Z. 14 lies: Ghassâli الغوّالى st. Ghassal الغوّال

Ich füge noch Folgendes bei:

1) Manche Namen-Berichtigungen sind im Register angebracht.

2) Bei manchen Anmerkungen z. B. S. 250, 251, 258, 259, 389,
welche von Sacy sind, ist die Bezeichnung „S." d. i. „Sacy"
aus Versehen weggeblieben.

3) Um besondere Nachsicht habe ich wegen der manchen Ungleich-
förmigkeiten in der Transscription der arabischen Buchstaben zu
bitten. So ist der Buchstabe

   ث bald durch *th*, bald durch *ts*, ein paarmal (in den Worten
     Osman und Hares) durch *s*;

   ح bis zu S. 109 gewöhnlich mit *'h*, hernach mit einfachem *h*,
     manchmal auch mit *ch*;

   خ in der Regel durch *kh*, hie und da auch durch *ch*;

   ذ meistens durch *ds*, dann und wann durch *dh*;

   ز in der Regel durch *s*, ein paarmal (in dem Worte Moëzz
     immer) durch *z*;

   ص in der Regel durch *ss*, hie und da auch durch *s*;

   ط oft durch *th*, oft aber auch (in dem Worte Karmate immer)
     durch einfaches *t*,

   ظ bald durch *tz*, bald durch *th*, oder durch einfaches *t*, ein
     paarmal (in Dhaher) durch *dh*;

   غ gewöhnlich durch *gh*, ein paarmal durch *y*;

   ف durch *f* oder *ph*;

   ك gewöhnlich durch *k*, und

   ك gewöhnlich durch *c*;

   ى durch *j*, einmal aber (bei Ayescha) durch *y*,

wiedergegeben.

    Der Vocal ַ ist gewöhnlich durch *a*, manchmal durch *e*,
    der Vocal ִ gewöhnlich durch *i*, hie und da durch *e*,
    der Vocal ֻ meistens durch *u*, manchmal durch *o*

ausgedrückt.

Den in dem Vorwort angegebenen Eintheilungen der Secten füge ich hier noch folgende von Hammer-Purgstall in den Wiener Jahrbüchern a. a. O. mitgetheilte bei:

1) Im Mefatih ol olûm, d. i. Schlüssel der Wissenschaften, von Ebn Abdallah Mohammed ben Ahmed ben Jusuf, welcher, wie Hammer-Purgstall bemerkt, nicht später als Schahristani gelebt haben kann, einem Schiiten, werden sieben Classen von Secten unterschieden, nämlich: 1) Motesile (Motasiliten); 2) Chawaridsch (Kharedschiten); 3) Sunni (Sunniten); 4) Modschbire d. i. Dschebrije (Dschabariten); 5) Moschebbihe (Moschabbihten); 6) Mordschije (Mordschiten); 7) Schii (Schiiten).

2) Makrisi hat folgende 10 Classen: 1) Motesile. 2) Moschebbihe. 3) Kadrije (Kadariten). 4) Dschebrije. 5) Mordschije. 6) Harurije (?). 7) Nedscharije (Naddschariten). 8) Dschemije (Dschahmiten). 9) Rewafidh (Rafediten). 10) Chawaridsch, und, fügt Hammer-Purgstall bei, diesen 10 Irrlehrern gegenüber 11) die Eschaarije (Aschariten) d. i. die allein wahre orthodoxe Lehre.

3) In dem im Jahre 1256 (d. i. 1840) zu Constantinopel gedruckten Fasslol Chitab von Ismaël Hakki werden sechs Classen unterschieden, nämlich: 1) Charidschije. 2) Rafidhije. 3) Dschebrije. 4) Kadrije. 5) Moaththile (Moathiliten). 6) Mordschije, denen, fügt Hammer-Purgstall bei, als die siebente die Nedschije (Nadschiiten) entgegensteht.

Hammer-Purgstall selbst nimmt in der a. a. O. beigegebenen „Stammtafel der rechtgläubigen, irrgläubigen und ungläubigen Secten" auf welcher 212 Secten aufgeführt werden, 12 Classen an, nämlich: 1) Motesile, 2) Moschebbihe, 3) Kadrije, 4) Dschebrije, 5) Dschehmije, 6) Mordschije, 7) Harurije, 8) Nedscharije, 9) Chawaridsch, 10) Schii 11) Sunni, 12) Ehlol Hawa, die Ungläubigen. Dazu kommen dann noch 12 Secten der Ssofi.

Register.

A.

Aaron, 152, 193, 232.

Abbas, Onkel des Propheten, 68.

Abbas ben Schoaib, 356, 364, 372.

Abbassiden, 16, 68, 69, 328.

Abd Menaf = Abu Taleb, 333.

Abdalasis ben Muhammed ben Noman, Requetenmeister und Oberrichter unter Hakem, 236, 240, 242, 247, 249, 251, 252.

Abdallah ben Abbas, Gegner der Kharedschiten, 57.

Abdallah ben Ahmed, Begründer der ismaelitischen Lehre, 104, 105, 208, 304.

Abdallah ben Moawia, 86, 95.

Abdallah ben Omar, Gegner der kadaritischen Lehre, 3, 8.

Abdallah ben Wahab, Kharedschite, 56.

Abdallah, Vater des Mehdi, 104.

Abdallah, Vater des Saïd, 379.

Abdalmelik ben Merwan, Khalif, 3, 58.

Abdalrahim ben Eljas ben Ahmed ben Mehdi, Vetter Hakem's 256, 259, 272, 273, 278, 283, 325, 356.

Abdalrahim, Sohn des Abu Saïd, Minister unter Hakem, 263.

'Abdan, عبدان, Daï, 115, 120, 208 f.

'Abediten (العابدية Sch. 79), Secte, 47.

Abel, 376.

Abid ben Sirhan, 372.

Abraham, 151, 193, 364, 412.

Abraham Ebnol Sendi, 15.

Abtariten (Beïteriyé) = Ssâlechiten, Secte, 85. s. diese.

Abu Abdallah Hosein Alschii, Daï, 212.

Abu Abdallah Muhammed ben Omar, ben Schehab Adewi, 110.

Abu Abdallah Muhammed ben Wahab, Druse, 324, 362 u. ö.

Abu Abdallah Museli, Schreiber, 247.

Abu al Haschem, Motasilite, 11.

Abu Ali ben Bastam, 230.

Abu Arus, Befehlshaber, 276, 278.

Abu Bekr, 79, 85, 94, 241, 257, 328, 356 u. ö.

Abu Bekr, Kadhi القاضى ابو بكر الباقلانى Sch. 67 u. 69), 39.

Abu Dharr Ghifari, 15, 82, 389.

Abu Dschafar, ben Bastam, 230.

Abu dsorr Gafari, s. Abu Dharr.

Abu Ganem, Karmate, 126, 209.

Abu Hajjan Attauhidi, 26.

E.

تمّ الكتاب بعون الوهاب

Leipzig, Druck von Wilh. Vogel Sohn.

Lightning Source UK Ltd.
Milton Keynes UK
UKHW051922100119
335328UK00005B/380/P

9 781275 921281